W9-AXY-689

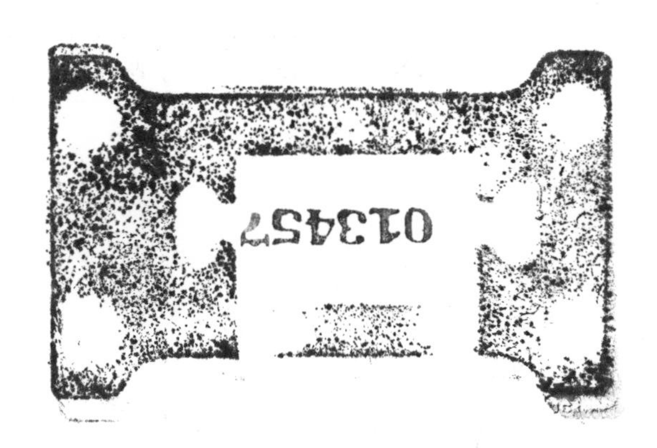

LOS ESTADOS UNIDOS:

SU HISTORIA, SU GOBIERNO

Tercera edición
Revisada y aumentada

James Killoran
Social Studies Supervisor, New York City

Mark Jarrett
Former Social Studies Teacher, New York City

Stuart Zimmer
Social Studies Teacher, New York City

Translated by
Hanna Kisiel

JARRETT PUBLISHING COMPANY

West Coast Office:
10 Folin Lane
Lafayette, CA 94549

East Coast Office:
19 Cross Streeet
Lake Ronkonkoma, NY 11779

1-800-859-7679

THE COVER FLAGS

Top:
Easton, 1776, Gadsden, 1775; Current U.S. flag; Pine Tree, 1776; 1777 (Betsy Ross flag)

Bottom:
Continental, 1775; Liberty Tree, 1775; Culpeper, 1776; Grand Union, 1775; Bunker Hill, 1775

Left:
California, South Carolina, New Mexico, Texas, Washington, Alaska, West Virginia

Right:
Arizona, Alabama, New York, Maryland, South Dakota, Tennessee, New Jersey

ISBN 1-882422-24-4

Printed in the United States of America
Third Edition

ABOUT THE AUTHORS

James Killoran, a retired Assistant Principal in New York, has written *Mastering Global Studies, Mastering U.S. History and Government, Government and You, Economics and You, The Key To Understanding Global Studies, The Key To Understanding U.S. History and Government, Nuestro Mundo: Su historia, sus culturas, Principios de economía, Historia y gobierno de los Estados Unidos, Mastering Ohio's 9th Grade Citizenship Test, Ohio: Its Land and Its People, Ohio, Its Neighbors Near and Far,* and *Texas: Its Land and Its People*. Mr. Killoran has extensive experience in test writing for the New York State Board of Regents in Social Studies and has served on the Committee for Testing of the National Council of Social Studies. His article on social studies testing was recently published in *Social Education*, the country's leading social studies journal. In addition, he has won a number of awards for outstanding teaching and curriculum development, including "Outstanding Social Studies Teacher" and "Outstanding Social Studies Supervisor" in New York City.

Stuart Zimmer is a retired Social Studies teacher. He has written *Mastering Global Studies, Mastering U.S. History and Government, Government and You, Economics and You, The Key To Understanding Global Studies, The Key To Understanding U.S. History and Government, Nuestro Mundo: Su historia, sus culturas, Principios de economía, Historia y gobierno de los Estados Unidos, Mastering Ohio's 9th Grade Citizenship Test, Ohio: Its Land and Its People, Ohio, Its Neighbors Near and Far,* and *Texas: Its Land and Its People.* Mr. Zimmer has served as a test writer for the New York State Board of Regents in Social Studies, and has written for the National Merit Scholarship Examination. He has presented numerous demonstrations and educational workshops at state and national teachers' conferences. In addition, he has been recognized by the New York State Legislature with a Special Resolution noting his achievements.

Mark Jarrett is a former Social Studies teacher and an attorney at the San Francisco office of Baker & McKenzie. He has written *Mastering Global Studies, Mastering U.S. History and Government, The Key To Understanding Global Studies, The Key To Understanding U.S. History and Government, Nuestro Mundo: Su historia, sus culturas, Principios de economía, Historia y gobierno de los Estados Unidos, Mastering Ohio's 9th Grade Citizenship Test, Ohio: Its Land and Its People, Ohio, Its Neighbors Near and Far,* and *Texas: Its Land and Its People.* He has served as a test writer for the New York State Board of Regents, and has taught at Hofstra University. Mr. Jarrett was educated at Columbia University, the London School of Economics, the Law School of the University of California at Berkeley, and Stanford University, where he is a doctoral candidate in history.

TRANSLATOR

Hanna Kisiel attended a *liceo* in Córdoba, Argentina. After receiving a B.A. from Queens College, New York, she pursued graduate studies at Hunter College, New York, and the University of Kansas, Lawrence, where she held a teaching assistantship. Ms. Kisiel received her M.A. from Columbia University, New York. From 1961 through 1994 she taught Spanish in New York City high schools, and participated in the development of Spanish Language Arts curricula for Hispanic students.

SPANISH LANGUAGE CONSULTANT

Julio Ramos is an Associate Professor of Spanish and Latin American Literature at the University of California at Berkeley. Dr. Ramos received his Ph.D. from Princeton University. He is the author of *Desencuentros de la modernidad en América Latina. Literatura y política en el siglo XIX* (published in Mexico, 1989) and the editor of *Amor y anarquía. Los escritos de Luisa Capetillo* (published in Puerto Rico, 1992). He has taught at Emory University and the University of Puerto Rico/Humacao. Dr. Ramos has lectured extensively throughout the U.S. and abroad. He is currently working on a project on the politics of language in 19th century Latin America.

READERS

We would also like to thank the following people for reading the manuscript, and for their comments and help: Samuel J. LaRocca, Assistant Principal, Supervision of Foreign Languages—Bilingual and English as a Second

Language Departments, August Martin High School; Vincent Ruggiero, Assistant Principal, Foreign Languages, Bilingual Education and English as a Second Language Departments, Jamaica High School; Guillermo Duque Martinez, formerly of Colombia, attorney and author of *Introducción al Derecho* and *Derecho Administrativo*; and Yolanda Martinez-San Miguel, Ph.D. candidate in Latin American Literature at the University of California at Berkeley.

ACKNOWLEDGEMENTS

Illustrations by Ronald Scott Zimmer. Maps by Morris Kantor. Layout and typesetting by Maple Hill Press, Huntington, New York.

Cover design by Peter R. Fleck.

Finally, we wish to thank our wives, Donna, Goska and Joan, without whose help this work would not have been possible.

¿QUE ES LA HISTORIA?

La "historia" es el estudio de los acontecimientos del pasado. Los historiadores tratan de comprender y explicar los acontecimientos; se interesan en las ideas, planes y acciones humanas, y en sus consecuencias.

LA IMPORTANCIA DE LA HISTORIA

Tu vida no tendría sentido si no recordaras cómo eras ni lo que has hecho. También cada pueblo tiene curiosidad por su pasado; en la historia busca el sentido de su propia identidad y la dirección que debe tomar. Aunque no podemos pronosticar el futuro, en algunos casos, el conocimiento de la historia nos ofrece la percepción de lo que puede ocurrir. En el caso de la Unión Soviética esto nos podría haber llevado a prever el derrumbe del comunismo soviético.

LOS DIFERENTES ENFOQUES DE LA HISTORIA

El estudio del pasado es un campo tan vasto que se han creado diferentes especialidades. Hay historiadores que se interesan en la política, la diplomacia y las guerras; otros estudian la economía, la estructura social y la de la familia; y los hay dedicados a la historia de las artes, de la cultura y de las ideas. Algunos se interesan por las series de sucesos, otros tratan de establecer teorías acerca de una época histórica.

EL SURGIMIENTO DE LA HISTORIA MULTICULTURAL

A lo largo de los siglos, la mayoría de las crónicas se llevaban a cabo por orden del gobernante y reflejaban sus intereses. En los Estados Unidos, muchos escritos históricos destacaban la historia europea, ya que fueron los inmigrantes europeos y sus descendientes los que establecieron las instituciones prevalecientes en el país. Hoy se reconoce el hecho de que ese enfoque tan estrecho produce una perspectiva histórica limitada. Por eso se investigan también las experiencias de la clase obrera, de los esclavos y de los distintos grupos étnicos; hay interés en la vida de las mujeres y de los niños. A este intento de comprender los sucesos desde diferentes puntos de vista se le da el nombre de **historia multicultural**.

COMO TRABAJAN LOS HISTORIADORES: EL METODO HISTORICO

La historia combina las características de la literatura y de la ciencia. Igual que la literatura, tiene que estar bien escrita para comunicar efectivamente las ideas. Igual que la ciencia, tiene que ser exacta.

LA FORMULACION DE UN PROBLEMA HISTORICO

El comienzo de la tarea del historiador requiere la formulación de una pregunta que se quiere resolver. Por ejemplo:

- ¿Cuándo surgió la primera civilización?
- ¿Cómo se trató a las mujeres durante la Revolución Francesa?
- ¿Cómo era la vida de los esclavos en el Brasil durante el siglo XIX?
- ¿Por qué tuvo éxito Gandhi en lograr la independencia de la India?

LAS FUENTES HISTORICAS Y SU INTERPRETACION

Una vez formulada la pregunta, se reúne la información necesaria para resolverlo. Hay dos tipos de fuentes de información:

■ Las **fuentes primarias**, o el relato original de la materia estudiada. Estas incluyen: documentación hecha por testigos, actas recopiladas en el momento en que ocurrió el suceso, textos de discursos o anuncios, correspondencia de los que participaron en el acontecimiento, fotografías, etc. A fin de cuentas, todo conocimiento de un suceso viene de las fuentes primarias.

■ Las **fuentes secundarias** que son los escritos e interpretaciones de los historiadores y otros escritores. A menudo estas fuentes, como libros y artículos, proporcionan un resumen conveniente de la información derivada de las fuentes primarias. Las fuentes secundarias se leen para conocer las ideas de otros historiadores y para encontrar las fuentes primarias.

Ya que las fuentes históricas primarias son incompletas y es difícil saber con exactitud lo que realmente aconteció, el trabajo del historiador se parece al del detective. Cuando se descubre una anotación específica, hay que interpretarla. Hay que preguntar:

- ¿Es auténtico o apócrifo el documento? ¿Es verdaderamente lo que parece ser?

- ¿Bajo qué condiciones se hizo ese relato? ¿De qué forma podría ser parcial la narración?

LA SELECCION Y LA INTERPRETACION DE HECHOS SIGNIFICATIVOS

Generalmente tenemos certeza de que ciertos eventos han ocurrido. Para seleccionar los sucesos que se van a incluir en una narración histórica, hay que interpretar los documentos y anotaciones específicas y hacer una evaluación de la importancia de las consecuencias de los hechos estudiados. En su análisis de la información, el historiador se tiene que preguntar: ¿Qué me dicen estos hechos acerca de la sociedad que estudio, o el problema histórico que trato de resolver?

LAS CONTROVERSIAS HISTORICAS

Debido a los desacuerdos en la interpretación de las fuentes primarias, la información en los textos escolares generalmente ofrece sólo un resumen de los puntos importantes de una cuestión en la que los historiadores están de acuerdo. Al juzgar una controversia o evaluar un texto, tienes que tomar en cuenta todos los aspectos del método histórico descrito antes. La pregunta final que debes hacerte es:

> Al tomar en cuenta toda la documentación original, ¿cuál habría sido la explicación más razonable de ese suceso?

COMO USAR ESTE LIBRO

No es un secreto que la comprensión de la historia y del gobierno de los Estados Unidos es tarea que exige esfuerzo. ¿Cómo puedes aprender y recordar tanto sobre un período histórico tan largo? Con este libro como guía, encontrarás menos difícil y hasta entretenido el estudio de la historia estadounidense. *Los Estados Unidos: su historia, su gobierno*, no sólo te enseñará la historia del país, sino también te proporcionará la estructura necesaria para ayudarte a responder a las preguntas sobre esta materia.

La descripción general de las secciones del texto, te dará una visión general del enfoque usado en este libro.

LA INTRODUCCION

En esta sección se presentan algunos hechos fundamentales sobre la geografía y la vida de los Estados Unidos.

ESTRATEGIA PARA TOMAR EXAMENES

Esta sección te ayudará a resolver los ejercicios en los capítulos subsiguientes y a salir mejor en las pruebas y exámenes que se den en el curso. Estas secciones te ayudarán también a analizar el material presentado más adelante.

- **COMO CONTESTAR PREGUNTAS DE SELECCION MULTIPLE**. Esta sección explora la variedad de los diferentes tipos de preguntas que aparecen en muchos exámenes uniformes. Aprenderás a diferenciar y a manejar preguntas sobre conceptos, comparaciones, causas y efectos, y otros tipos de preguntas de selección múltiple.

- **COMO CONTESTAR PREGUNTAS BASADAS EN DATOS**. En esta unidad se examinan los diferentes tipos de datos que se encuentran en ciertas preguntas: mapas, tablas, caricaturas políticas, gráficas de barra, gráficas lineales, gráficas circulares, líneas cronológicas y comprensión de lectura.

- **COMO ESCRIBIR ENSAYOS**. En esta sección aprenderás a preparar bosquejos, a organizar la información y a escribir ensayos.

CAPITULOS

Aquí encontrarás la información sobre los diferentes períodos históricos que constituyen el curso sobre la historia y el gobierno de los Estados Unidos. Además, hay un importante capítulo de conclusión, que examina los asuntos, las cuestiones y las tendencias que el país enfrenta en el presente y las que le esperan en el futuro. Cada capítulo, con excepción del último, está dividido en secciones idénticas:

- **VISION GENERAL Y LINEA CRONOLOGICA**. Esta parte introduce la época histórica al resumir los sucesos sobresalientes y mostrarte cuándo ocurrieron en relación uno con el otro.

- **LOS ACONTECIMIENTOS HISTORICOS PRINCIPALES.** Esta sección contiene la descripción de los sucesos históricos principales y de los acontecimientos que debes conocer y comprender. Cada período está dividido en unidades distintas, más pequeñas, que enfocan las tendencias históricas claves. Se recalcan las causas de los acontecimientos principales, los sucesos y sus efectos. Esta sección te ayudará a comprender los hechos de la historia y del gobierno de los Estados Unidos; también comprenderás y recordarás mejor los sucesos que son verdaderamente importantes.

- **LAS VOCES DEL PUEBLO.** En esta sección se incluyen los escritos de los individuos que tuvieron un papel importante en la vida del país; esta literatura está relacionada con la época que se estudia.

- **LOS PERSONAJES DE LA EPOCA.** Aquí se examina la vida y los logros de ciertos individuos que contribuyeron significativamente en diferentes campos de la vida de su época.

- **LA CONSTITUCION EN MARCHA.** Al recalcar la legislación importante, los casos ante la Corte Suprema y las enmiendas constitucionales, esta sección examina la importancia continua de la Constitución.

- **RESUMEN DE TU COMPRENSION.** Para comprender mejor la materia, debes aplicar de manera práctica los conocimientos adquiridos. En esta sección tienes que resumir los términos y conceptos importantes y otra información de importancia presentada en el capítulo que acabas de estudiar.

- **COMPRUEBA TU COMPRENSION.** Cada unidad concluye con una prueba de tu comprensión del capítulo. La prueba consta de preguntas de selección múltiple y de ensayos.

- **LOS RESUMENES FUNDAMENTALES.** Las secciones especiales de *Claves para la comprensión* de los diferentes asuntos que se encuentran a través del libro, y la sección del *Resumen fundamental*, al fin del libro, te ayudarán a comprender los fundamentos de la materia tratada. Estos elementos incluyen las cuestiones constitucionales duraderas, la política externa, la política económica, la política social y las artes. La sección final, el *Resumen fundamental*, te puede servir de guía de repaso para el examen final del curso.

EXAMENES

¿Cuánto aprendiste sobre la historia y el gobierno de los Estados Unidos? En esta sección se hace un repaso de tu conocimiento de la materia al ofrecerte dos exámenes de diferente nivel de dificultad. Debes escoger el que sea más apropiado para ti. Si leíste el libro con cuidado y completaste todos los ejercicios y pruebas de cada capítulo, debes salir bien en el examen final.

CONTENIDO

PARTE I: INTRODUCCION

PARTE II: COMO TOMAR UN EXAMEN

PARTE III: LA HISTORIA DE LOS ESTADOS UNIDOS

1492-1840

NOTES

CAPITULO 1

COMENCEMOS

¡BIENVENIDO A LOS ESTADOS UNIDOS!

Este libro te ayudará a conocer mejor la historia, la cultura y el sistema de gobierno de los Estados Unidos. En poco tiempo sabrás que la mayoría de los estadounidenses descienden de inmigrantes. Sabrás cómo los individuos de muchas partes diferentes del mundo y de diferentes ocupaciones y condiciones sociales, contribuyeron a convertir este país en la sociedad democrática más poderosa y más rica del mundo.

EL NOMBRE: LOS ESTADOS UNIDOS

El país se llama "Estados Unidos" porque se compone de cincuenta estados individuales. Hasta 1776, los colonos ingleses vivieron en 13 colonias. En el momento de independizarse de Gran Bretaña, cada colonia se convirtió en un estado independiente. Estos estados se unieron para formar los "Estados Unidos". Más adelante en este libro, describiremos cómo cada estado mantiene ciertos poderes y responsabilidades gubernamentales importantes.

A continuación se encuentran ciertos datos sobre los Estados Unidos, que quizás encuentres interesantes y útiles.

DIAS FESTIVOS

1 de enero	**El Día de Año Nuevo**: el primer día del año
15 de enero	**El Día de Martin Luther King**: El día del cumpleaños del Dr. Martin Luther King, Jr., activista por los derechos civiles, que fue asesinado.
12 de febrero	**El día del cumpleaños de Lincoln**: Presidente durante la Guerra Civil, que publicó la Proclamación de la Emancipación para liberar a los esclavos.
22 de febrero	**El día del cumpleaños de Washington**: líder de las fuerzas estadounidenses durante la Guerra de la Revolución y el primer presidente de los Estados Unidos.
Mayo	**El día de recordación de los soldados muertos en campaña**: actualmente se observa el último lunes de mayo y señala el aniversario del fin de la Segunda Guerra Mundial.
4 de julio	**El Día de la Independencia**: se conmemora la publicación de la Declaración de la Independencia de Inglaterra. Generalmente se celebra con fuegos artificiales, desfiles y comidas al aire libre.
Septiembre	**El Día del Trabajo**: se celebra el primer lunes de septiembre.
11 de noviembre	**El Día del Veterano**: aniversario del fin de la Primera Guerra Mundial, observado en honor a los hombres y las mujeres que participaron en las guerras del pasado.
Noviembre	**"Thanksgiving"**, o **Día de Acción de Gracias**: se celebra el último jueves de noviembre; es una fiesta conmemorativa de las gracias que los peregrinos dieron al sobrevivir su primer año en el Nuevo Mundo; el pavo y el pastel de calabaza son las comidas tradicionales del día.
25 de diciembre	**Navidad**: fiesta religiosa para la mayoría de los estadounidenses; se celebra el nacimiento de Jesucristo.

OTRAS FIESTAS TRADICIONALES

Los estadounidenses también celebran otras fiestas tradicionales como:

La Pascua Florida (se conmemora la resurrección de Jesucristo)
"Halloween", o **víspera de Todos los Santos**
(los niños van de puerta en puerta, recibiendo golosinas de sus vecinos)
El Día de San Valentín (los novios se ofrecen tarjetas y regalos)
El Día de los padres (los hijos honran a su padre)
El Día de las madres (los hijos honran a su madre)

ALGUNAS ESTADISTICAS DE LOS ESTADOS UNIDOS

Ciudad capital: Washington, D.C.

Lema nacional: "Confiamos en Dios"

Población: 250 millones (censo de 1992)

Indice de alfabetización: 99%

Producto Nacional Bruto: casi $5 trillones en 1990

Ingresos per cápita: $16.444 en 1990

Expectativa de vida: hombres - 71,5 años, mujeres - 78,5 años

VOCES DEL PUEBLO

"Prometo lealtad a la bandera de los Estados Unidos de América y a la República a la que representa, una nación indivisible, bajo Dios, con libertad y justicia para todos." ↔ "I pledge allegiance to the flag of the United States of America, and to the Republic for which it stands, one nation, under God, indivisible, with liberty and justice for all."

Un estudiante de Miami, Florida, escribió un ensayo sobre lo que para él significaba ser estadounidense. El ensayo fue presentado ante el Congreso de los Estados Unidos.

LO QUE SIGNIFICA SER ESTADOUNIDENSE
(Fragmento)

Cuando en la escuela cada día a las 8:15 me pongo de pie para prometer mi lealtad a ese trozo de tela de algodón que cuelga en el rincón, algo siempre me conmueve. Ahora, que soy bastante grande para comprender y cumplir con lo que digo, esto restablece mi confianza. Es algo firme a que atenerme, y suspiro un silencioso "amén" cuando mis compañeros y yo terminamos la recitación.

Me considero una persona sencilla, y de acuerdo a mis normas no espero mucho, pero esto es lo que quiero: ¡el derecho de ser YO! Quiero poder amar a los que quiero amar, creer lo que quiero creer y ser lo que quiero ser — ¡yo! Los Estados Unidos me dan esto. Lo baso todo en lo que considero el don más natural de todos: la individualidad en la vida...

A mí, como persona y como ciudadano, este país me ofrece ciertos derechos que me atraen por su carácter único y por su liberalidad...En este país, cualquiera puede llamar a la puerta de las casas y hablar en favor del candidato que le guste, y yo tengo el derecho de oír lo que quieran decir; tengo el derecho de escuchar o de cerrar luego la puerta si quiero. No tengo que oír a nadie si no lo deseo, y no se me impide que escuche a nadie.

Por supuesto que el país no es perfecto; tiene muchas fallas, pero verdaderamente creo que es el mejor de todos. Además, los derechos son sólo un lado de la moneda. Tenemos una enorme responsabilidad...y es la de aprovecharnos de la invitación que nos ofrece el país a llegar a ser lo más que podamos ser; de superarnos, de servir a la patria de cualquier modo que podamos...

En muchas escuelas en los EE. UU., el día comienza con el saludo a la bandera

COMPRUEBA TU COMPRENSION

1. ¿Cuál es la reacción de este estudiante cuando recita la "promesa de lealtad"?
2. ¿Crees que todos deben recitar la promesa de lealtad a la bandera? ¿Por qué sí, o por qué no?
3. En tu opinión, ¿cuáles son los derechos más importantes que tienen los estadounidenses?
4. ¿Hay una promesa de lealtad a la bandera en tu país de origen?

LA BANDERA NACIONAL

La bandera original

La bandera de hoy

- Cada estrella representa uno de los estados, aunque ninguno tiene una estrella específica.
- Cada una de las 13 listas representa uno de los 13 estados originales.
- La bandera con 50 estrellas se usa desde el 4 de julio de 1960.

LA GEOGRAFIA DE LOS ESTADOS UNIDOS

Los Estados Unidos son el cuarto país más grande del mundo. Se extienden desde el Océano Atlántico hasta el Pacífico —más de 3.000 millas en su punto más ancho. Además de los cuarenta y ocho estados continentales, el país incluye también a Hawai y a Alaska (el estado más grande). Puerto Rico es un territorio, como un Estado Libre Asociado de la comunidad de las naciones de los Estados Unidos.

UN VIAJE A TRAVES DE LOS ESTADOS UNIDOS

Los Estados Unidos tienen todos los climas y características geográficas imaginables: montañas enormes, selvas tropicales, desiertos, llanuras onduladas, praderas llanas y glaciares árticos. Imagínate un viaje en avión a través de los Estados Unidos, desde la ciudad de Nueva York hacia el oeste hasta San Francisco. Un vuelo sin paradas toma unas cinco horas, a una velocidad de más de 600 millas por hora.

SALIMOS DE LA CIUDAD DE NUEVA YORK

Partimos de Nueva York, la ciudad más grande de los EE.UU. y el centro financiero del mundo; el centro del arte, del teatro y de la música del país y el hogar de las Naciones Unidas. Nueva York también es el punto de llegada de más inmigrantes que cualquier otra ciudad, y sigue siendo el crisol de razas, religiones y nacionalidades. A medida que se eleva nuestro avión, vemos el famoso horizonte de Manhattan, con sus conocidos rascacielos que se reconocen con facilidad: el Empire State Building, el Centro del Comercio Mundial y la Estatua de la Libertad.

El horizonte de la Ciudad de Nueva York

LAS LLANURAS COSTANERAS DEL ESTE

Al volar hacia el oeste, rápidamente pasamos la llanura costanera del este, con sus pueblos, suburbios, granjas y bosques. Vemos las carreteras y los ríos llenos de movimiento. A medida que vamos hacia el oeste, alcanzamos el Piedemonte montañoso y luego los Montes Apalaches. Pasamos a lo largo del litoral del sur de los Grandes Lagos—unos de los lagos de agua dulce más grandes del mundo—que a la distancia parecen manchas azules. Pronto volamos por encima de Chicago en la costa del Lago Michigan. Chicago, con más de tres millones de habitantes, es la tercera ciudad más grande de los Estados Unidos. Es el centro de la preparación de comestibles y recibe los productos de las fábricas y las granjas del Medio Oeste.

LAS PRADERAS

En el viaje hacia el oeste, volamos por encima de las praderas. Estas planicies, cubiertas de hierbas, están entre las tierras más fértiles del mundo. Se producen grandes cantidades de trigo, maíz, heno y ganado en lo que parece un tablero de manchas amarillas, verdes y pardas. Volamos sobre el Río Misisipí, uno de los ríos más grandes del mundo, que desagua casi todo el territorio del país; corre hacia el sur a lo largo de más de mil millas y desemboca en el Golfo de México en Nueva Orleans.

LAS GRANDES LLANURAS

Más hacia el oeste, el terreno se vuelve más abundante en colinas y más árido. El verde cede al amarillo y al pardo. Esta es la región conocida como las Grandes Llanuras. Hay cada vez menos rastros de moradas. Los pueblos son más pequeños y más apartados. Los caminos parecen hilos y hay poco tráfico. De vez en cuando pasamos por montes pedregosos , conocidos como las "tierras malas" (Badlands).

LAS MONTAÑAS ROCOSAS

Luego llegamos a las Montañas Rocosas. Estas cadenas de montañas, con sus cumbres que llegan a 12.000 pies sobre el nivel del mar, se extienden hacia nosotros desde abajo. Estas montañas abarcan muchas millas, hasta que llegamos al altiplano conocido como la Gran Cuenca (Great Basin). El terreno se ve árido y polvoriento, casi como un desierto. Entonces pasamos por encima de otra cadena montañosa, más angosta, llamada las Sierras.

LLEGAMOS AL PACIFICO

Alcanzamos un gran valle central verde, con indicios de cultivo. Luego hay otra cadena de montes bajos, parduscos. Finalmente, vemos una franja angosta de llanura costanera a lo largo del azul profundo del Océano Pacífico. El clima es soleado y caliente. Abajo, vemos un puente rojo, brillante—el Golden Gate Bridge (Puente de la Puerta Dorada)—a medida que comenzamos el descenso hacia San Francisco, una ciudad soleada, de colinas, famosa por sus universidades, sus restaurantes y sus carros de tracción por cable.

El Puente de la Puerta Dorada en San Francisco

Hoy podemos atravesar los Estados Unidos continentales sólo en cinco horas en un avión de propulsión a chorro. Sin embargo, en 1959 el país se expandió más allá de sus fronteras continentales cuando se añadieron dos estados: Alaska (situada al norte del Canadá) y Hawai (2.100 millas al oeste de la costa californiana). Pero fue apenas hace 120 años que los primeros ferrocarriles comunicaron las costas del este y del oeste. A los colonos que viajaban en carretas de caballos hacia Oregón o California en los años 1850, la travesía de la misma distancia les tomaba meses enteros. Y si retrocedemos aún más—hasta hace unos 500 años—la existencia de la América del Norte fue totalmente desconocida para los europeos, al igual que la existencia de Europa fue desconocida para los indígenas norteamericanos.

¿COMO ES UN ESTADOUNIDENSE TIPICO?

Ahora que conoces la vasta extensión de tierras que abarcan los Estados Unidos, quizás te intrigue cómo es el pueblo que vive allí. ¿Cómo es el estadounidense típico? La respuesta es que los habitantes de este país representan una gran mezcla de pueblos y culturas. Hay estadounidenses negros, blancos, amarillos y de todos los colores intermedios. Hay protestantes, católicos, judíos, musulmanes, budistas, hindúes y fieles de muchas otras religiones. Hay descendientes de ingleses, irlandeses, escoceses, alemanes, suecos, polacos, judíos, rusos, ashantis, zulúes, ibos, sudaneses, japoneses, chinos, coreanos, puertorriqueños, italianos, vietnamitas, cubanos y de muchas otras tribus y nacionalidades. Lo que tienen en común los estadounidenses típicos son la herencia cultural, el sistema de gobierno, el idioma y el sistema económico.

AL ALUMNO HISPANOHABLANTE QUE VIVE EN LOS ESTADOS UNIDOS

Con el tiempo, tú también te convertirás en un estadounidense típico. En tu clase de inglés, aprendes el idioma común de todos los estadounidenses. Con la ayuda de este libro, llegarás a adquirir información sobre la herencia, el sistema político y económico que compartimos todos. Los Estados Unidos tienen la democracia más exitosa y la economía más productiva del mundo. Pero el éxito no fue fácil. Los estadounidenses tienen que cuidar siempre su democracia y el sistema de la libre empresa. Nuestra historia incluye fracasos tanto como logros. A fin de cuentas, tú mismo tienes que juzgar el funcionamiento del sistema. Pero no puedes hacer una evaluación justa, ni puedes participar de lleno en la sociedad, hasta que sepas cómo llegó a desarrollarse y cómo funciona el sistema.

INCLUYE A TUS PADRES

La vida en un país adoptivo requiere mucho esfuerzo. Tus padres se criaron en un medio diferente, hablando un idioma distinto. La adaptación a la vida en este país será difícil para ti; pero no olvides que también será difícil para tus padres. Por lo tanto, a medida que vayas aprendiendo cosas sobre tu país adoptivo, recuerda incluir a tus padres en esta aventura. Te lo facilitará este libro, escrito en tu propia lengua. Pídeles a tus padres que también lean el texto, y que discutan contigo las ideas presentadas en cada capítulo. ¿Cómo difiere la historia de los Estados Unidos de la historia de tu país? ¿Cómo se parece? Ten presentes estas preguntas a medida que vayas explorando este libro, y habla de estos asuntos con tus padres.

En gran medida, este libro te servirá de guía en la vida en este país. ¡Buena suerte en tu aventura! ¡Bienvenido a los Estados Unidos!

CAPITULO 2

COMO RESPONDER A PREGUNTAS DE SELECCION MULTIPLE

En casi todo el mundo, los estudiantes reciben calificaciones basadas en las notas recibidas en los exámenes. En las clases de historia y de estudios sociales, a menudo hay pruebas compuestas de preguntas de selección múltiple y de ensayos. Los tres capítulos que siguen te ayudarán a comprender y a contestar estos tipos de preguntas. Sobre todo, la práctica de las destrezas en las pruebas agudizará tu pensamiento ya que cada problema requiere evaluación, análisis y comparación, y te obliga a pensar en la materia estudiada.

Al estudiante hispanohablante en los EE. UU.: Las preguntas en estas secciones, traducidas aquí al español, son exactamente iguales al tipo de preguntas que contestan tus compañeros en las clases que se dan en inglés. Al aprender a tomar estas pruebas, te prepararás para una transición a las clases que se ofrecen en inglés.

SUGERENCIAS GENERALES

AL PRINCIPIO DEL EXAMEN
Lee con cuidado todas las instrucciones para saber qué se espera de ti. Asegúrate que entiendas las instrucciones por completo.

TEN CONCIENCIA DEL TIEMPO
Lleva un reloj cuando vayas a tomar un examen de tiempo limitado. Debes tener una idea general de cuánto tiempo va a tomar cada parte o sección del examen. Si estás confundido por una pregunta específica, dirígete a otras, pero señala todas las preguntas pasadas por alto. Si el tiempo te lo permite, vuelve a las preguntas omitidas.

EN QUE TE DEBES FIJAR AL CONTESTAR UNA PREGUNTA
Lee la pregunta con cuidado. Al leer, subraya la palabra o expresión clave que consideras esencial a esa pregunta. Si encuentras una palabra desconocida, trata de separarla en palabras más conocidas. Trata de ver si el prefijo (el principio de la palabra), la raíz o el sufijo (el final) te ayudan a saber el significado de esa palabra.

LA SELECCION DE LA RESPUESTA

Considera todas las posibilidades *antes* de hacer la selección. No escojas una respuesta que generalmente puede ser correcta, pero que será incorrecta para esa pregunta específica. Siempre elige la respuesta que constituye la mejor contestación a la pregunta dada. No te afanes si no sabes la respuesta. Si la pregunta te confunde, trata de ponerla en palabras que hagan más fácil tu comprensión.

RESPUESTA ADIVINADA

Ya que no pierdes nada con adivinar, ***nunca*** debes omitir una pregunta de respuestas breves. Las respuestas en blanco siempre contarán como incorrectas. Adivina con premeditación, ya que es posible que escojas una respuesta correcta.

COMO CONTESTAR PREGUNTAS DE SELECCION MULTIPLE

Aunque en esta materia hay gran variedad de preguntas de respuestas múltiples, éstas se pueden agrupar en diferentes tipos de acuerdo a sus características comunes. El propósito de esta sección es el de familiarizarte con estos tipos fundamentales de preguntas; así podrás comprender rápidamente el objetivo de la pregunta.

TERMINOS, CONCEPTOS Y SUCESOS IMPORTANTES

La historia contiene un vasto caudal de información — términos, conceptos y sucesos — que los estudiantes *deben* conocer y comprender. Los siguientes ejemplos permiten ver las diferentes formas en que se pueden presentar las preguntas. Ten presente que aunque las expresiones en corchetes pueden variar según el contenido de la prueba, la forma de la pregunta permanecerá igual. Las preguntas que comprueban tu conocimiento de términos, conceptos y sucesos pueden ser formuladas así:

- El propósito de [*la Política de Libre Acceso*] era el de .....
- ¿Cuál es la aseveración más acertada con respecto al [*nativismo*]?
- El concepto del [*Destino Manifiesto*] resulta mejor ilustrado por .....
- La decisión de la Corte Suprema en el caso de [*Marbury vs. Madison*] era importante porque .....
- ¿Cuál declaración sobre *[la Guerra Hispano-Estadounidense*] es la más acertada?

Nota que es poco importante la forma de la pregunta. El factor decisivo es que en cada una se te pide que reconozcas un término, concepto o suceso importante. Por lo tanto es de gran importancia conocer los **términos**, **conceptos** y **sucesos** de cada unidad. Para ayudarte a poner atención en éstos, en cada sección de repaso se presentará una lista de términos, conceptos y sucesos. Además, a través del texto, los términos y conceptos aparecerán en **letra gruesa**.

COMPARACION Y CONTRASTE

A menudo comparamos y contrastamos dos cosas para comprender mejor cada una de ellas. Este acto de comparar y contrastar realza y separa cada suceso, idea o concepto de los otros datos, dándole más relieve. Las preguntas de comparación y de contraste pueden tener las siguientes formas:

- [*Harriet Tubman, Booker T. Washington, Martin Luther King, Jr.*] se parecen en que todos .....

- Un examen de [*la Primera Guerra Mundial*] y [*la Segunda Guerra Mundial*] muestra que en ambas .....

- La diferencia más importante entre la política externa de [*George Washington*] y [*Franklin D. Roosevelt*] fue que .....

- ¿Qué creencia es común en el [*imperialismo*] y el [*nacionalismo*]?

- Una diferencia importante entre [*la vida de la ciudad*] y [*la vida de la frontera*] hacia el fin del siglo XIX fue .....

> Nota que es poco importante la forma de la pregunta. El factor decisivo es la comparación o el contraste entre lugares, sucesos o personas importantes. Cuando leas las secciones de repaso, comprueba tu dominio del material al **comparar** y **contrastar** nuevos nombres y términos con los que ya conoces. Debes comprender qué tienen en común estas cosas y cómo difieren.

GENERALIZACIONES

Las generalizaciones son un instrumento fundamental en los estudios sociales. Al hacer una generalización, examinamos un grupo de hechos, estadísticas o tendencias. Basándonos en esta información específica, llegamos a un principio, regla, opinión o conclusión general. Por ejemplo, si tenemos varios amigos que estudian mucho y sacan buenas notas, podemos llegar a la generalización de que el estudio diligente ayuda a obtener buenas notas. Las preguntas sobre las generalizaciones pueden formularse así:

- ¿Cuál es la aseveración más acertada sobre [*la movilidad social*] en los Estados Unidos?

- En un bosquejo, uno de los siguientes temas es el principal y los otros tres son temas secundarios. ¿Cuál es el tema principal?

- La idea de que [*la política interna de una nación puede determinar su política externa*] resulta mejor ilustrada por ....

> Nota que la forma de la pregunta es poco importante. Lo fundamental es que la pregunta te exige que asocies sucesos o hechos específicos con una idea general. Para ayudarte a enfocar en este tipo de pregunta, las generalizaciones importantes están identificadas en cada unidad temática a través del libro. Además, en las pruebas al fin de cada unidad encontrarás preguntas sobre generalizaciones.

CAUSA Y EFECTO

La historia es una serie de sucesos que llevan a otros sucesos. Las explicaciones de causa y efecto dan a la historia mucho de su significado. Las preguntas de causa y efecto comprueban tu comprensión de la relación entre una acción o acontecimiento y su efecto correspondiente. Al contestar estas preguntas, ten presente cuál es el efecto. También, asegúrate que entiendes qué se pide, si la causa o el efecto. Este tipo de preguntas puede hacerse de la siguiente forma:

- ¿Cuál fue una razón importante por la que los Estados Unidos intervinieron en [*la Primera Guerra Mundial*]? (se pide la causa)

■ ¿Cuál es la mejor explicación de la formación de [*sindicatos obreros*] en los Estados Unidos hacia el fin de los años 1800? (se pide la causa)

■ ¿Qué situación llevó al [*bloqueo de Cuba*] en 1962? (se pide la causa)

■ ¿Cuál es un resultado directo de la decisión de la Corte Suprema en [*Roe vs. Wade*]? (se pide un efecto)

■ ¿Cuál es un resultado a largo plazo de [*la Doctrina Monroe*]? (se pide un efecto)

> Nota que la forma de la pregunta tiene poca importancia. El factor decisivo es que la pregunta te pide que reconozcas la **relación de causa y efecto**. Para ayudarte a enfocar en este tipo de pregunta, en cada unidad temática del libro se identifican las relaciones de causa y efecto. Además, en la prueba final de cada unidad se incluye una pregunta de causa y efecto.

CRONOLOGIA

La cronología se refiere a la relación temporal entre sucesos, o sea el orden en el que ocurrieron estos sucesos. Una lista de sucesos en orden cronológico comienza con el más remoto y progresa hasta el más reciente. Este arreglo de períodos de tiempo nos permite ver patrones de orden o secuencias entre los acontecimientos históricos. Las preguntas de cronología podrán tener la siguiente forma:

■ ¿Cuál fue [*la primera/la última*] época histórica en ocurrir?

■ ¿Cuál secuencia de acontecimientos describe mejor el desarrollo histórico del [*movimiento feminista*] en los Estados Unidos?

■ ¿Cuál serie de sucesos está en orden cronológico correcto?

■ ¿Qué acontecimiento tuvo lugar durante el gobierno de [*Woodrow Wilson*]?

> Nota que importa poco la forma de la pregunta. El factor decisivo es que se te pide que reconozcas la naturaleza continua de sucesos importantes en la historia. Para ayudarte a recordar el **orden cronológico** de acontecimientos importantes, cada unidad comienza con una línea cronológica del período histórico. Los sucesos importantes en cada sección están presentados en orden cronológico. Además, para ayudarte a enfocar en este tipo de relaciones temporales, se incluye una pregunta de tipo cronológico en la prueba al final de cada unidad.

HECHO, OPINION Y TEORIA

A veces en un ejercicio se te puede pedir que hagas la distinción entre un hecho y una opinión o teoría.

■ Un **hecho** es algo que se puede comprobar como verdadero. Por ejemplo, una declaración de hecho sería: "La Guerra Hispano-Estadounidense comenzó en 1898".

■ Una **opinión** es la convicción de alguien y no puede ser verificada. Un ejemplo de opinión sería: "Los Estados Unidos no tenían razón al declarar la guerra contra España en 1898".

■ Una **teoría** es una explicación plausible y cuidadosa de algo, basada en un conjunto de hechos. Es un tipo de opinión que se presenta como verdadera, pero está abierta a debate. Un ejemplo de teoría sería: "El maltrato de los cubanos por los oficiales españoles fue una causa importante de la Guerra Hispano-Estadounidense".

Las preguntas que exigen la distinción entre un hecho y una opinión podrían presentarse de la siguiente forma:

- ¿Cuál declaración sobre [*la Era de la Reconstrucción*] sería la más difícil de comprobar?
- ¿Cuál aseveración sobre [*la Segunda Guerra Mundial*] es una opinión y no un hecho?
- ¿Cuál declaración sobre [*el movimiento de derechos civiles*] expresa una opinión más bien que un hecho?

Nota que es poco importante la forma de la pregunta. Lo fundamental es que reconozcas la diferencia entre una declaración de **hecho** y la expresión de una **opinión**. Para ayudarte en el enfoque de este tipo de pregunta, en la prueba al final de cada unidad encontrarás preguntas referentes a hechos, opiniones y teorías.

USO DE FUENTES

Los historiadores y sociólogos a menudo tienen que consultar una variedad de fuentes históricas para descubrir lo que ocurrió en el pasado y lo que ocurre actualmente en las diferentes partes del mundo.

- Una **fuente primaria** es donde un participante u observador anota el suceso tal como ocurre. Las fuentes primarias pueden ser el diario de una persona, una autobiografía, una fotografía o un artefacto.
- Cualquier relato o descripción de un acontecimiento, que no sea una fuente primaria es una **fuente secundaria**. Los ejemplos de fuentes secundarias son los textos, enciclopedias, libros de historia, biografías o publicaciones eruditas.

Las preguntas que exigen la distinción entre las fuentes primarias y las secundarias podrían presentarse de la siguiente forma:

- ¿Cuál sería un ejemplo de fuente primaria de información sobre [*la era progresista*]?
- ¿Cuál es una fuente secundaria de información sobre el período de [*la Guerra Civil*]?

Nota que es poco importante la forma de la pregunta. El factor decisivo es que hagas la distinción entre las fuentes de información **primarias** y **secundarias**. Para ayudarte a resolver este tipo de problema, encontrarás preguntas como las anteriores en las pruebas al final de cada capítulo.

USO DE LIBROS DE CONSULTA

En una pregunta a veces se te puede pedir que nombres un tipo especial de libro de consulta donde se puede encontrar información específica sobre el tema estudiado. Por lo tanto, te conviene familiarizarte con algunas clases comunes de libros de consulta:

- Un **atlas** es un libro que contiene una colección de diferentes mapas sobre un tema dado. También puede contener información sobre la topografía, recursos, población, ciudades, etc.

- Una **enciclopedia** es un libro o serie de libros que se componen de artículos que incluyen una amplia gama de conocimientos.

- Un **almanaque** es una publicación anual que contiene datos interesantes sobre los países del mundo, acontecimientos en los deportes, etc.

- Un **diccionario** es un libro que contiene palabras en orden alfabético con sus definiciones.

LIBROS DE CONSULTA ESPECIALIZADOS

- Las **Actas congresionales** contienen los discursos y la anotación de votos de los miembros del Congreso.

- El **Abstracto estadístico de los Estados Unidos** contiene tablas de estadísticas sobre el gobierno, la economía y la población de los Estados Unidos.

- El **Informe económico del presidente** contiene el comunicado anual del presidente al Congreso sobre la situación actual de la economía nacional.

Las preguntas que comprueban tu conocimiento de libros de consulta podrían formularse de la siguiente forma:

- ¿Cuál de las siguientes fuentes de información consultarías para obtener datos sobre la [*topografía*] de una región?

- Si quisieras encontrar información sobre los primeros años del [*Presidente Nixon*] consultarías un(a).....

- ¿Cuál sería la mejor fuente de consulta para obtener información exacta sobre un reciente [*discurso de un senador de los EE. UU.*]?

> Nota que importa poco la forma de la pregunta. El factor decisivo es que nombres una clase específica de **fuentes de consulta**. Para ayudarte a enfocar en este tipo de pregunta, en las pruebas al final de cada unidad encontrarás preguntas referentes a libros de consulta.

MARCOS DE REFERENCIA

A veces en una pregunta se te puede pedir que nombres a un **investigador social** específico. Estos examinan la sociedad desde diferentes puntos de vista o "marcos de referencia". Las distintas clases de investigadores incluyen los siguientes:

- **Los antropólogos** examinan el origen, las costumbres, las creencias y las culturas de la humanidad.

- **Los arqueólogos** investigan las civilizaciones del pasado al examinar sus artefactos. A menudo se especializan en la investigación de las civilizaciones prehistóricas y antiguas.

- **Los sociólogos** examinan las relaciones y estructuras sociales, tales como las clases sociales y la movilidad social (movimiento entre las clases).

- **Los economistas** investigan la forma en que la gente produce bienes, lleva a cabo servicios, y cómo se distribuyen y consumen estos productos y servicios. Un economista podría examinar los niveles de desempleo, el desarrollo de la productividad nacional, la inflación y los métodos de producción.

- **Los politólogos** o especialistas en la política investigan las relaciones y estructuras políticas. Se interesan en cómo se gobiernan los pueblos: cómo escogen a sus líderes políticos y qué tipo de gobierno tienen; también se interesan en las relaciones entre gobiernos.

- **Los historiadores** estudian el pasado. Se interesan en las relaciones entre los sucesos del pasado, y también en todos los aspectos de las sociedades anteriores. Un historiador puede investigar las causas de la Primera Guerra Mundial, mientras que otro puede especializarse en la estructura social del Japón feudal.

Las preguntas que ponen a prueba tu conocimiento de los diferentes tipos de profesiones en las ciencias sociales podrían ser así:

- ¿Qué profesional en el campo de las ciencias sociales estaría más interesado en examinar [*el sistema de gobierno de una nación*]?

- ¿Qué especialista usa [*artefactos, fósiles y ruinas*] para investigar las culturas prehistóricas?

- ¿Con qué aseveración estaría más de acuerdo [*un historiador*]?

Nota que es poco importante la forma de la pregunta. El factor decisivo es la distinción entre los diferentes tipos de **investigadores sociales**. Para ayudarte a enfocar en este tipo de pregunta, en la prueba final de cada unidad habrá una pregunta de esta clase.

CAPITULO 3

COMO RESPONDER A LAS PREGUNTAS BASADAS EN DATOS

En los exámenes con bastante frecuencia encontrarás preguntas basadas en datos sobre un tema específico. En general, este tipo de pregunta se basa en datos o información presentada sobre el tema. Puede haber una variedad de información: mapas, tablas de datos, caricaturas políticas, gráficas lineales, gráficas circulares, gráficas de barras y líneas cronológicas.

Aunque los datos pueden ser bastante diferentes, casi todas las preguntas basadas en ellos se pueden agrupar en cuatro clases generales. Te conviene reconocer cuándo y qué tipo de pregunta se hace.

TIPOS GENERALES DE PREGUNTAS

PREGUNTAS DE COMPRENSION

Estas preguntas te piden que resumas o interpretes la información incluida en los datos. Una pregunta de comprensión podría tener una de las formas siguientes:

- El [*águila*] de la caricatura es un símbolo que representa .....
- De acuerdo a la tabla, ¿en qué época fue más grande [*la afiliación sindical*]?
- De acuerdo a la gráfica, ¿qué región del país tuvo la [*reducción más grande de empleos manufactureros*]?

PREGUNTAS DE CONCLUSION O GENERALIZACION

Estas preguntas te piden que hagas una generalización al unir varios elementos que se encuentran entre los datos estudiados. Este tipo de pregunta puede tener cualquiera de las formas que siguen:

- La idea principal de la caricatura es que .....
- ¿Cuál de las siguientes declaraciones está mejor apoyada por los datos en la tabla?
- ¿Cuál de las siguientes generalizaciones está mejor apoyada por el examen de los datos en la gráfica de barras?

PREGUNTAS DE EXPLICACION

En estas preguntas se te pide que des una explicación de la situación ilustrada por los datos. Para contestar este tipo de preguntas primero debes analizar los datos para comprender su significado total. Después debes dar un paso más y usar tu conocimiento de estudios sociales para encontrar la explicación de lo indicado por los datos. Las preguntas de este tipo pueden tener una de las siguientes formas:

- La situación ilustrada en la caricatura política fue causada por .....
- ¿Qué factor explica mejor los sucesos presentados en la línea cronológica?
- La tendencia mostrada en la gráfica con más probabilidad está relacionada a .....

PREGUNTAS DE PRONOSTICO

En estas preguntas se te pide que hagas una conjetura basada en la situación ilustrada por los datos. Para contestar este tipo de pregunta, también debes analizar todos los datos para comprender su significado global. Luego tienes que dar un paso más y usar tu conocimiento de estudios sociales para hacer un pronóstico calculado en cuanto a lo que podrá suceder en un momento futuro. Estas preguntas pueden tener una de las formas siguientes:

- El autor de la aseveración probablemente censuraría .....
- Las recientes decisiones de la Corte Suprema sobre [el debido proceso de ley] probablemente resultarán en .....
- Basándote en la información presentada en los datos de la gráfica lineal, ¿qué es probable que ocurra en el futuro?

TIPOS PRINCIPALES DE DATOS

En los exámenes de historia te vas a encontrar con diferentes tipos de preguntas basadas en datos. El conocimiento de los diferentes tipos de datos y cómo interpretarlos, será el tema principal de esta sección.

CARICATURAS POLITICAS

¿Qué es una caricatura política?

Una caricatura política es un dibujo o grabado que expresa una opinión sobre un tema o asunto. Aunque la mayoría de estas caricaturas es humorística, la observación que hacen es seria.

Claves para la comprensión de una caricatura política

Para comprender una caricatura política debes fijarte en sus componentes principales:

El medio. Las caricaturas son representaciones visuales. Los caricaturistas usan la dimensión y el tipo de objetos, las expresiones fisionómicas, la exageración, los detalles de interés o las palabras pronunciadas por uno o más personajes para persuadirte a aceptar su punto de vista.

Los símbolos. A menudo, los caricaturistas usan símbolos (cualquier objeto que reemplaza o representa otra cosa) para presentar su punto de vista. Hay ciertos símbolos comunes que con frecuencia aparecen en las caricaturas políticas. Los siguientes son algunos de los símbolos con los cuales debes familiarizarte.

Unión Soviética	*Estados Unidos*	*Partido Republicano*
Partido Demócrata	*Libertad*	*Congreso*

¿En qué otros símbolos puedes pensar?

Personas. Los caricaturistas a menudo retratan a ciertos individuos importantes que se vinculan estrechamente con un asunto o país específico. Por ejemplo, el Presidente Clinton a menudo es representado en caricaturas políticas que tratan con las cuestiones o los problemas de los EE. UU. Por lo tanto, te conviene reconocer su apariencia física igual que la de otras personas importantes que pudieran asociarse con ciertas cuestiones importantes.

Theodore Roosevelt	*Franklin D. Roosevelt*	*Nixon*
Reagan	*Bush*	*Gorbachev*

Interpretación de una caricatura

Empieza por responder a las siguientes preguntas acerca de la caricatura:

- ¿Qué objetos, personas o símbolos utiliza el artista?
- ¿Cuáles son los elementos exagerados o realzados?
- ¿Cuál es la situación presentada en la caricatura?
- En tu opinión, ¿cuál es la idea principal de la caricatura?

Una nota final

En las caricaturas no hay mensajes ocultos. Los caricaturistas tienen un punto de vista, y en sus dibujos, visualmente presentan una opinión sobre un asunto o una situación actual. ¿Puedes nombrar 2 asuntos o situaciones que pueden ser usados para hacer una caricatura política?

> NOTA: Ya que en muchos exámenes aparecen preguntas a base de caricaturas, en las pruebas al final de cada unidad encontrarás preguntas que comprueban tu comprensión de caricaturas.

Ahora que sabes en qué fijarte en las caricaturas políticas, comprueba tu comprensión de ellas al contestar las siguientes preguntas:

1 El hombre que tiene la lista en su espalda simboliza a
  1 las naciones europeas
  2 los Estados Unidos
  3 la Unión Soviética
  4 las naciones del Tercer Mundo

2 La idea principal de la caricatura es que los Estados Unidos
1 deben cobrar las deudas de guerra no pagadas
2 quisieran aumentar su comercio con Europa
3 debieran mantenerse fuera de los problemas europeos
4 quieren ayudar a las naciones europeas a resolver sus problemas

3 ¿Cuál sería el nombre más acertado para alguien que apoya la política externa sugerida por la caricatura?
1 intervencionista
2 imperialista
3 aislacionista
4 expansionista

4 ¿Cuál será el resultado más probable de la situación presentada en el dibujo?
1 Las naciones europeas se volverán más dependientes de la Unión Soviética.
2 Los países europeos tomarán el poder en Asia.
3 Los Estados Unidos se negarán a participar en alianzas europeas.
4 Una Europa unida surgirá bajo la dirección de los Estados Unidos.

PREGUNTAS A BASE DE UN DEBATE

¿Qué es una pregunta basada en un debate?

Una pregunta de este tipo presenta una serie de aseveraciones hechas por diferentes hablantes. Generalmente habrá cuatro de éstos, cada uno denominado por una letra: A, B, C y D. El objetivo principal de este tipo de pregunta es presentar una discusión en la cual se expresan diferentes puntos de vista.

Clave para la comprensión de una pregunta basada en un debate

Para entender mejor esta clase de problema, debes reconocer el hecho de que la aseveración de cada interlocutor es generalmente una opinión sobre un término, concepto o situación relativa a los estudios sociales.

Interpretación de una pregunta basada en un debate.

Empieza por hacerte las siguientes preguntas acerca de cada hablante:

- ¿Cuál es el término, concepto o situación que el interlocutor describe o debate?
- ¿Qué dice el hablante acerca del término, concepto o situación?

Nota que generalmente los hablantes están en desacuerdo.

- ¿Por qué están en desacuerdo?
- Las opiniones de los hablantes, ¿te recuerdan los puntos de vista de algunos grupos o individuos que ya conoces?

NOTA: Ya que las preguntas basadas en debates aparecen en muchos exámenes, en las pruebas al final de cada unidad encontrarás preguntas de este tipo.

Ahora que sabes en qué fijarte al responder a las preguntas basadas en debates, comprueba tu comprensión de ellas al leer el pasaje siguiente y contestar las preguntas que lo siguen:

Los hablantes A, B, C y D están debatiendo sobre la política externa de los Estados Unidos. Responde a las preguntas que siguen basándote en las aseveraciones de los debatientes y en tu conocimiento de los estudios sociales.

Hablante A: A lo largo de su historia, la política externa de los Estados Unidos generalmente ha mostrado respeto y un interés idealista por el bienestar de la humanidad entera.

Hablante B: Un examen de la política externa de los Estados Unidos muestra claramente que la intención dominante fue un deseo de extender el poder y la influencia estadounidense.

Hablante C: La política externa más exitosa fue cuando los Estados Unidos siguieron la política de no-participación en los asuntos europeos.

Hablante D: Los Estados Unidos a menudo muestran un deseo de cooperación internacional al tomar el papel de líder mundial.

1 ¿Cuál hablante expresa el punto de vista que se aproxima más al consejo que George Washington dio a la nueva nación en 1796?
1 A 3 C
2 B 4 D

2 ¿Qué dos hablantes están en mayor desacuerdo con respecto a la política externa de los EE. UU.?
1 A y B 3 A y C
2 C y D 4 A y D

3 La historia de las relaciones de los Estados Unidos con la América Latina a principios del siglo XX podría usarse como el mejor ejemplo para apoyar el punto de vista del hablante
1 A 3 C
2 B 4 D

4 Si los hablantes aparecieran en un programa de debates en la televisión, el moderador probablemente presentaría el tema del debate como
1 Nuevos caminos hacia el aislacionismo
2 El futuro de la política externa de los EE. UU.
3 El capitalismo contra el comunismo en el mundo de hoy
4 Los diferentes enfoques de la política externa

MAPAS

¿Qué es un mapa?

Un mapa es un diagrama o representación reducida de un territorio que es mucho más grande. Aunque la mayoría de los mapas sólo muestran las fronteras políticas entre países, los distintos tipos de información que se pueden presentar en un mapa son casi ilimitados.

Claves para la comprensión de un mapa

Para comprender los mapas hay que examinar sus componentes principales:

El título. La mayoría de los mapas representa fronteras políticas o características de una región. El título del mapa dirá qué información presenta. Por ejemplo, el título del mapa que sigue es: LA MIGRACION DE LA POBLACION DE LOS EE. UU., 1980-1990, COMO PORCENTAJE DE LA POBLACION DE 1980, POR REGIONES. Así, este mapa nos muestra visualmente cómo la población de los EE. UU. se movió en cada región desde 1980 hasta 1990.

La leyenda o clave. La leyenda, a menudo llamada "clave", abre el acceso a la información que se encuentra en un mapa. Es una forma breve de enumerar los símbolos usados y lo que representa cada uno. Por ejemplo, en nuestro mapa, la parte blanca representa las regiones donde la población aumentó en menos de un 10%. La parte más oscura representa regiones donde la población aumentó más del 20%.

Otras características de un mapa. Hay dos elementos más que nos ayudan a comprender un mapa:

A. **La dirección**. Para encontrar las direcciones en un mapa, debes fijarte en el indicador de direcciones, a menudo mostrado en forma de un pequeño compás. El indicador muestra las cuatro direcciones principales: norte, sur, este y oeste. A menos que se indique lo contrario, la mayoría de los mapas muestra el norte en la parte de arriba del mapa, y el sur en la parte baja.

B. **La escala**. La escala se usa para mostrar distancias y generalmente se presenta como una línea graduada marcada: escala en millas. La información de la escala se usa para calcular la distancia entre dos puntos.

Interpretación de un mapa

Empieza por fijarte en el título. Esto te dará una indicación del tipo de información presentada.

- Si es un mapa político, nota que las líneas determinan las fronteras políticas entre regiones.

- Si se trata de otro tipo de mapa, la leyenda te proporcionará la clave para comprender el significado del mapa.

LA MIGRACION DE LA POBLACION DE LOS EE. UU., 1980-1990, COMO PORCENTAJE DE LA POBLACION DE 1980, POR REGIONES

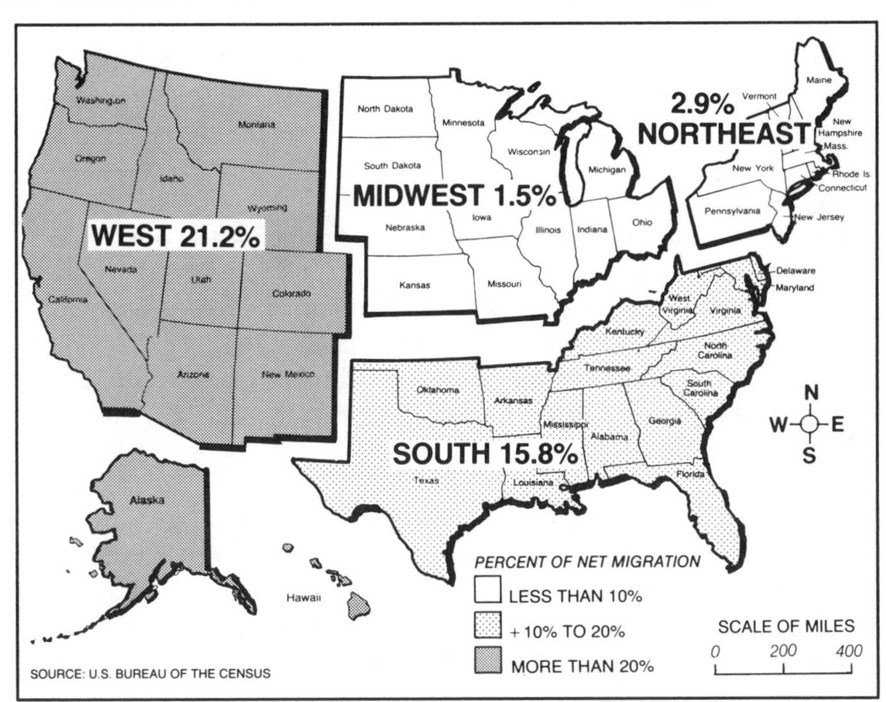

Fuente: Oficina del Censo de los EE. UU.

Ahora que estudiaste las distintas partes de un mapa, comprueba tus conocimientos al contestar las siguientes preguntas basadas en el mapa dado:

1 ¿Qué región de los Estados Unidos tuvo el porcentaje más alto en el aumento de la población?
1 el Oeste
2 el Sur
3 el Noreste
4 el Medio Oeste

2 ¿Cuál aseveración resulta mejor apoyada por la información del mapa?
1 El Medio Oeste tiene la población más grande.
2 El Oeste fue la única región del país que mostró un aumento.
3 El Medio Oeste mostró el menor aumento de población.
4 La mayoría de la población del país se encuentra en el Sur.

3 ¿Qué aseveración referente a la representación en el Congreso se puede inferir de la información del mapa?
1 El Oeste tendrá un aumento de miembros en la Cámara de Representantes.
2 El Noreste tendrá un senador más.
3 El Medio Oeste perderá un senador.
4 El Sur perderá miembros en la Cámara de Representantes.

4 ¿Cuál factor probablemente contribuyó más a la tendencia a la migración de habitantes mostrada en el mapa?
1 la disponibilidad de alojamiento barato en el Noreste
2 el deseo de la gente de gozar de los deportes del Medio Oeste
3 el aumento de empleos en el Oeste
4 el aumento de la inmigración asiática en el Sur

TABLAS

¿Qué es una tabla?

Una tabla es la ordenación de palabras o números en columnas paralelas. Su propósito principal es organizar grandes cantidades de información de tal modo que pueda localizarse y compararse fácilmente.

Claves para la comprensión de una tabla

Para comprender una tabla de información debes fijarte en sus componentes principales:

El título. El título te dará el tema general de la tabla. Por ejemplo, el título de la siguiente tabla es: ESTADISTICAS ESCOGIDAS SOBRE LOS PRESIDENTES DE LOS EE. UU. DEL SIGLO XX. La tabla enumera varios datos estadísticos (partido político, sexo y edad al tiempo de inauguración) para todos los presidentes de los EE. UU. que sirvieron en el siglo XX.

Las categorías. Cada tabla se compone de varias categorías de información. Estas categorías quedan denominadas en los encabezamientos que se encuentran horizontalmente en la parte de arriba de la tabla y verticalmente en el margen izquierdo. En nuestro ejemplo, las categorías enumeradas en la línea de arriba son: el partido político, el sexo y la edad al tiempo de inauguración. Las categorías enumeradas en la columna de la izquierda indican los nombres de los presidentes del siglo XX.

Interpretación de una tabla

Comienza por fijarte en el título; éste proporcionará el sentido general de la información presentada. Para encontrar información específica, tienes que encontrar la intersección de las columnas y de las líneas horizontales. Por ejemplo, si quieres saber el partido político del Presidente William Taft, empiezas desde el principio de la columna de "Partido Político" y vas hacia abajo, a lo largo de la columna, hasta que llegues al nombre William Taft. El punto en que se cruzan la línea vertical con la horizontal te indica que William Taft era miembro del Partido Republicano.

ESTADISTICAS ESCOGIDAS SOBRE LOS PRESIDENTES DE LOS EE. UU. EN EL SIGLO XX

Presidente	Partido Político	Sexo	Edad al tiempo de inauguración
William McKinley	Republicano	Varón	54
Theodore Roosevelt	Republicano	Varón	42
William Taft	Republicano	Varón	51
Woodrow Wilson	Demócrata	Varón	56
Warren Harding	Republicano	Varón	55
Calvin Coolidge	Republicano	Varón	51
Herbert Hoover	Republicano	Varón	54
Franklin Roosevelt	Demócrata	Varón	51
Harry Truman	Demócrata	Varón	60
Dwight Eisenhower	Republicano	Varón	62
John Kennedy	Demócrata	Varón	43
Lyndon Johnson	Demócrata	Varón	55
Richard Nixon	Republicano	Varón	56
Gerald Ford	Republicano	Varón	61
Jimmy Carter	Demócrata	Varón	52
Ronald Reagan	Republicano	Varón	69
George Bush	Republicano	Varón	65

Ahora que sabes cómo interpretar las tablas, comprueba tu comprensión de ellas al contestar las siguientes preguntas:

1 ¿Cuál fue el presidente de mayor edad en el momento de su inauguración?

1 Calvin Coolidge
2 John Kennedy
3 Gerald Ford
4 Ronald Reagan

2 ¿Qué declaración sobre todos los presidentes del siglo XX resulta mejor apoyada por la información de la tabla?

1 Tenían por lo menos 45 años al tomar el cargo.
2 Eran protestantes.
3 Pertenecían al Partido Demócrata o Republicano.
4 Eran casados.

3 ¿Porqué todos los presidentes en el siglo XX han tenido por lo menos 35 años de edad al tomar el cargo?
1 La gente vive más años en el siglo XX.
2 Los candidatos tratan de ser presidentes a una edad más avanzada.
3 La Constitución requiere que tengan por lo menos 35 años de edad.
4 La mayoría de los ciudadanos votará sólo por una persona de cierta edad.

4 A base de la información de la tabla, podríamos decir que el próximo presidente de los EE. UU. probablemente será
1 una mujer de menos de 40 años de edad
2 un varón entre los 50 y 70 años de edad
3 un varón de menos de 40 años de edad
4 una mujer entre los 50 y 70 años de edad

GRAFICAS DE BARRAS

¿Qué es una gráfica de barras?

Una gráfica de barras es un diagrama compuesto de bandas paralelas de diferentes tamaños. Su propósito principal es la comparación de dos o más cosas.

Claves para la comprensión de una gráfica de barras

Para comprender mejor una gráfica de barras debes fijarte en sus componentes principales:

El título. El título da el tema general de la gráfica. Por ejemplo, en la gráfica que sigue el título: INMIGRANTES POR REGION: AÑOS ESCOGIDOS, indica de dónde vinieron los inmigrantes en los tres años seleccionados.

La leyenda. La leyenda enumera lo que representa cada una de las barras. Por ejemplo, en la gráfica que sigue, las bandas negras representan a Europa, las sombreadas representan a las Américas y las blancas representan a Asia.

El eje vertical y horizontal. Las gráficas de barras se componen de un eje vertical y un eje horizontal que indican lo que se compara. En la gráfica que sigue, el eje vertical que va desde arriba hacia abajo, enumera la cantidad de inmigrantes. El eje horizontal, que va desde la izquierda hacia la derecha, muestra los años que se comparan.

Interpretación de una gráfica de barras

Comienza al fijarte en el título, INMIGRANTES POR REGION: AÑOS ESCOGIDOS, que te dará el sentido general de la información presentada. Para encontrar información específica, debes examinar los ejes y las bandas específicas en la gráfica. Por ejemplo, para saber cuántos inmigrantes llegaron a los EE. UU. de Europa en 1900, tienes que dirigirte al eje horizontal y encontrar el año 1900. Luego busca la barra que representa a Europa, y muévete hacia el fin de esa barra. Ahora, al dirigirte a los números a la izquierda, encontrarás que la cantidad es entre 400.000 y 450.000—o aproximadamente 425.000. Por lo tanto, la respuesta a la pregunta —¿Cuántos inmigrantes vinieron a los Estados Unidos de Europa en 1900?—es aproximadamente 425.000.

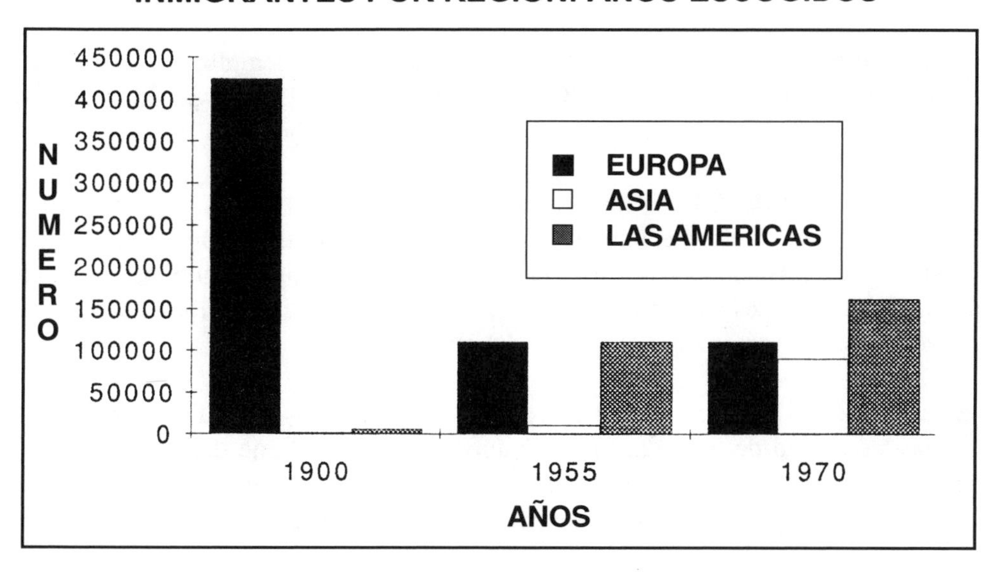

Fuente: Abstracto Histórico de los Estados Unidos

Ahora que sabes en qué fijarte al leer las gráficas de barras, comprueba tu comprensión de ellas al contestar las siguientes preguntas:

1 ¿Cuántos inmigrantes vinieron a los Estados Unidos en 1970 de las Américas?
1 cerca de 10.000
2 cerca de 90.000
3 cerca de 105.000
4 cerca de 160.000

2 ¿Cuál declaración resulta mejor apoyada por la información de la gráfica?
1 Los Estados Unidos se sobrepoblaron.
2 La inmigración de los EE. UU. fundamentalmente permaneció igual a lo largo de los años.
3 La inmigración desde las Américas aumentó desde 1900.
4 La inmigración asiática disminuyó desde 1900.

3 ¿Cuál es la mejor explicación de la ausencia de inmigrantes asiáticos a los Estados Unidos en 1900?
1 La natalidad en Asia era bastante baja en 1900.
2 Se necesitaban obreros asiáticos en las fábricas orientales.
3 A los inmigrantes asiáticos se les prohibía la entrada a los EE. UU.
4 Las leyes de inmigración de los EE. UU. acogieron bien a los inmigrantes asiáticos.

4 A base de la tendencia mostrada en la gráfica, ¿qué ocurrirá probablemente en el futuro cercano?
1 La inmigración asiática a los Estados Unidos disminuirá mucho.
2 Los sindicatos obreros apoyarán el aumento de la inmigración asiática a los EE. UU.
3 Aumentará el número de inmigrantes asiáticos a los Estados Unidos.
4 La inmigración europea pronto sobrepasará la inmigración asiática.

GRAFICAS LINEALES

¿Qué es una gráfica lineal?

Una gráfica lineal es un diagrama compuesto de una serie de puntos unidos por una línea. Su propósito principal es mostrar cómo algo aumentó, disminuyó o cambió de otra forma a lo largo de un período de tiempo.

Claves para la comprensión de una gráfica lineal

Para comprender mejor una gráfica lineal debes fijarte en sus componentes principales:

El título. El título declara el tema principal de la gráfica. Por ejemplo, en la gráfica que sigue el título es: EE. UU., IMPORTACION/EXPORTACION: 1980-1987. El título indica que se comparan la importación y la exportación a lo largo de ocho años.

El eje horizontal y vertical. Las gráficas lineales siempre incluyen un eje vertical y uno horizontal que contienen información sobre lo que se compara. En la gráfica que sigue, el eje vertical presenta las cantidades en trillones de dólares. Nota que cuando vas desde abajo hacia arriba, las cantidades aumentan. El eje horizontal, que va desde la izquierda hacia la derecha, indica los años en orden ascendente (del menor al mayor).

La leyenda. La leyenda indica lo que representa cada línea. Si la gráfica tiene una sola línea, no hay necesidad de leyenda. Sin embargo, si la gráfica tiene dos o más líneas, se necesita una leyenda. En la gráfica dada, la línea de los cuadritos negros indica la importación, y la línea de los cuadritos blancos representa la exportación.

Interpretación de una gráfica lineal

Empieza por fijarte en el título. Este ofrecerá el significado general de la información presentada. Para encontrar un dato específico, tienes que examinar la leyenda, los ejes y las líneas en la gráfica. Por ejemplo, ¿cuál era el valor en dólares de la exportación de los EE. UU. en 1981? Para saberlo, tienes que moverte a través de los "años" hasta alcanzar 1981. Ahora, muévete hacia arriba hasta encontrar la línea que representa la exportación (línea con cuadritos blancos). Para saber la cantidad, mira los números en el eje vertical de la izquierda. Este punto se cruza a los 4 trillones de dólares. Así, la respuesta a la pregunta —¿Cuál era el valor de la exportación de los EE. UU. en 1981?— es 4 trillones de dólares.

Advertencia final

En algunas preguntas se te puede pedir que nombres la **tendencia** o dirección mostrada en una gráfica lineal. La tendencia se puede inferir de los puntos específicos en la línea. Por ejemplo, una tendencia indicada por la gráfica dada es que la importación está en aumento desde 1982.

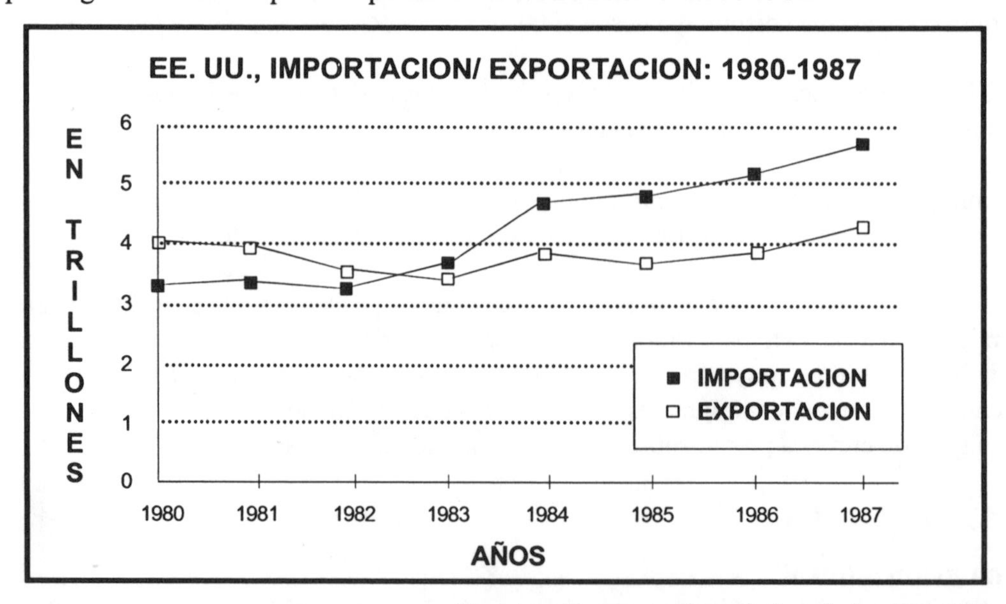

Fuente: Abstracto Estadístico de los EE. UU.

Ahora que sabes cómo interpretar una gráfica lineal, comprueba tu comprensión de estas gráficas al contestar las preguntas que siguen:

1 ¿Cuál fue el valor en dólares de los bienes importados a los Estados Unidos en 1987?
1 cerca de 3,4 trillones
2 cerca de 2 trillones
3 cerca de 5,5 trillones
4 cerca de 4,3 trillones

2 ¿Cuál declaración resulta mejor apoyada por la información de la gráfica?
1 La exportación de los EE. UU. disminuye cada año.
2 La importación a los EE. UU. disminuye cada año.
3 La importación a los EE. UU. bajó mucho en el período entre 1980 y 1987.
4 La exportación de los EE. UU. permaneció relativamente constante desde 1980 a 1987.

3 Una causa de la tendencia mostrada en la gráfica fue probablemente
1 la baja en el costo de los bienes manufacturados en los Estados Unidos
2 la creciente demanda de productos extranjeros por los consumidores en los EE. UU.
3 el declive de natalidad en los Estados Unidos
4 la elección de un nuevo primer ministro en el Japón

4 El modo más eficaz de cambiar la situación de la gráfica sería
1 un boicoteo de los consumidores contra los bienes fabricados en los EE. UU.
2 menos exportación de bienes fabricados en los EE. UU.
3 las restricciones gubernamentales sobre la compra de productos extranjeros
4 la limitación de la disponibilidad de los recursos naturales de los EE. UU.

GRAFICAS CIRCULARES

¿Qué es una gráfica circular?

Una gráfica circular es un diagrama de un círculo dividido en sectores de diferentes proporciones. Su propósito principal es mostrar la relación entre un todo y sus partes. Piensa en el círculo como un 100% de algo. Si sumas los diferentes sectores del círculo, llegas a un total de 100%.

Claves para la comprensión de una gráfica circular

Para comprender una gráfica circular debes fijarte en sus componentes principales:

El título. Este te dirá el tema general de la gráfica circular. Por ejemplo, el título de la gráfica que sigue es: EN QUE SE GASTA EL DOLAR DEL GOBIERNO FEDERAL: 1990. Nos muestra las categorías de gastos del gobierno federal en 1990.

Los sectores. Cada sector del círculo nos dice cuál es la información examinada y su proporción en relación al círculo entero. Por ejemplo, la gráfica que sigue, muestra que 26 centavos de cada dólar recibido por el gobierno federal se usaron en la defensa nacional.

La leyenda. A veces una gráfica circular tendrá una leyenda. Esta muestra lo que representan los diferentes sectores. A menudo la leyenda no es necesaria porque la información está dentro de la gráfica misma.

Interpretación de una gráfica circular

Empieza por fijarte en el título. Este te dará el significado general de la información presentada. Para encontrar información específica debes examinar la dimensión de cada sector del círculo y su relación con los otros sectores o con el círculo entero. Por ejemplo, ¿en qué gastó el gobierno federal la menor cantidad de dinero? Al mirar la gráfica, vemos que el sector que representa "Otras Operaciones Federales" (5%) es el más pequeño. Así, la respuesta a la pregunta —¿En qué gastó el gobierno federal la menor cantidad de dinero?— es "Otras Operaciones Federales".

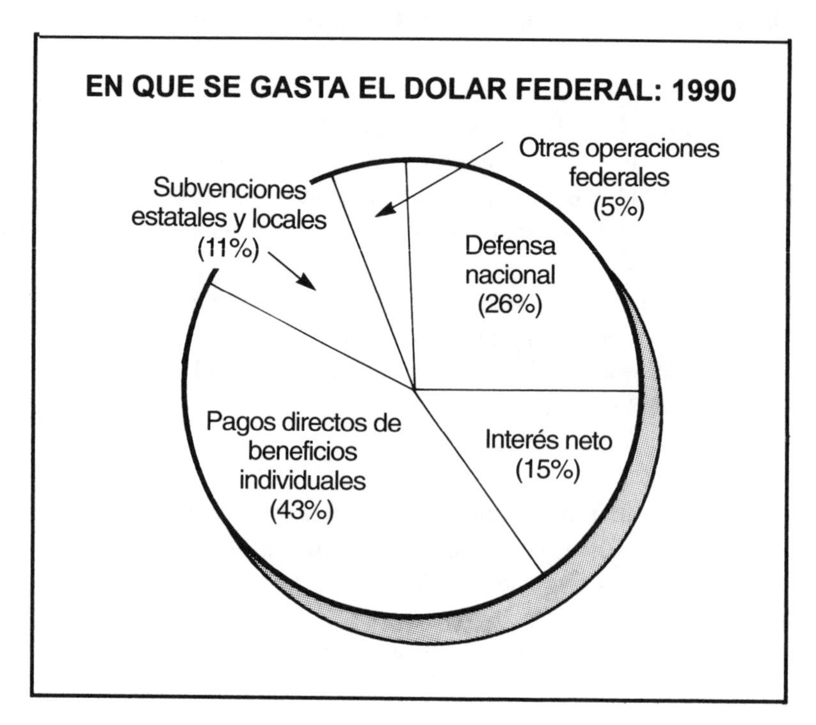

Fuente: Informe Económico del Presidente: 1990

Ahora que sabes cómo interpretar las gráficas circulares, comprueba tu comprensión de éstas al contestar las preguntas siguientes:

1 ¿En qué gasta más el gobierno federal?
 1 la defensa nacional
 2 las subvenciones estatales y locales
 3 el interés neto
 4 los pagos directos de beneficios individuales

2 ¿Cuál declaración resulta mejor apoyada por la información de la gráfica circular?
 1 Los gobiernos locales gastan más que el gobierno federal en el cuidado de la salud.
 2 Se gastan más fondos federales en asuntos civiles que en los militares.
 3 Los gobiernos estatales y locales tienen una tasa más alta de impuestos que el gobierno nacional.
 4 La defensa nacional no es una prioridad para el gobierno federal.

3 Los datos en la gráfica reflejan la preocupación de los Estados Unidos por
 1 la preparación en caso de conflicto militar
 2 imponer contribuciones a todos los ciudadanos en la misma proporción
 3 desarrollar una nueva tecnología de computadoras para el futuro
 4 formar la opinión popular sobre los asuntos económicos del momento

4 ¿Cuál sería el cambio más probable en los gastos federales si hubiera paz en el mundo?
1 un aumento de los impuestos federales recogidos
2 una disminución de los gastos estatales y locales en la enseñanza
3 un aumento de gastos federales en la reglamentación de negocios
4 una disminución de los gastos en la seguridad militar

LINEAS CRONOLOGICAS

¿Qué es una línea cronológica?

Una línea cronológica muestra un grupo de sucesos colocados en *orden cronológico* a lo largo de una línea. El orden cronológico se refiere al orden en el que ocurrieron estos acontecimientos, de modo que el suceso que ocurrió primero es el primero en la línea. La extensión de la línea cronológica puede ser cualquiera, desde un tiempo corto hasta miles de años. Su objetivo principal es mostrar relaciones entre sucesos importantes en un período dado.

Fechas especiales para recordar. No se requiere que los estudiantes recuerden las fechas de la mayoría de los sucesos en la historia estadounidense. Sin embargo, entre las fechas que debes conocer están:

- 1776—Se escribe la Declaración de la Independencia
- 1787—Se escribe la Constitución de los EE. UU.
- 1861—Principio de la Guerra Civil
- 1917—Los EE. UU. entran en la Primera Guerra Mundial
- 1929—Comienza la Gran Depresión
- 1941—Ataque japonés de Pearl Harbor, los EE. UU. entran en la Segunda Guerra Mundial
- 1945—Se rinden Alemania y el Japón; se usa la primera bomba atómica
- 1962—Crisis cubana de proyectiles
- 1969—Un astronauta llega a la luna

Claves para la comprensión de una línea cronológica

Para comprender una línea cronológica debes fijarte en sus componentes principales:

El título. Este presentará el tema general de la línea. Por ejemplo, en la línea cronológica que sigue, el título es: SUCESOS PRINCIPALES EN EL MOVIMIENTO POR LOS DERECHOS CIVILES. La línea enumera los acontecimientos importantes en la historia del movimiento por los derechos civiles en los EE. UU.

Los sucesos. Cada suceso enumerado se relaciona con el tema de la línea cronológica. Por ejemplo, si el tema fuese "Guerras en el siglo XX", cada suceso sería una guerra que ocurrió en el siglo XX.

Términos especiales. Para comprender ciertas preguntas que tratan de la cronología, tienes que conocer los siguientes términos especiales:

- **Década** se refiere a un período de diez años.
- **Siglo** se refiere a un período de cien años.
- **Siglo XX** se refiere a los 100 años desde 1900 a 1999. Nota que las fechas de los años son más bajas que el número del siglo. Por ejemplo, el siglo XIX se refiere a los años desde 1800 a 1899.

Interpretación de una línea cronológica

Empieza por fijarte en el título, que te dará el sentido general de la información presentada. Los acontecimientos están arreglados de los más remotos hasta los más recientes. ¿Qué sucedió primero: la publicación de la Proclamación de la Emancipación o la marcha a Washington? La línea cronológica muestra que la Proclamación de la Emancipación ocurrió primero.

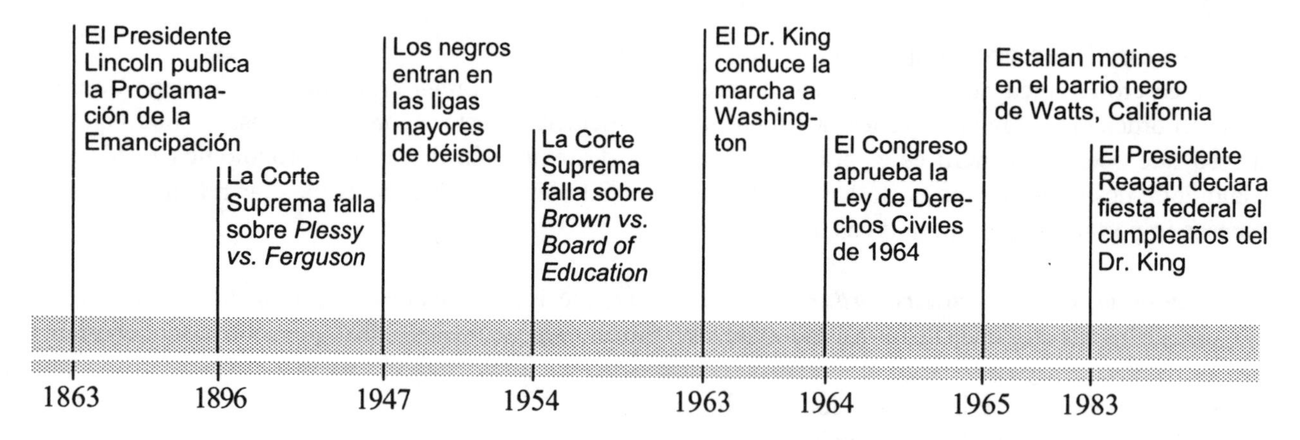

Ahora que sabes cómo interpretar una línea cronológica, comprueba tu comprensión al contestar las siguientes preguntas:

1 ¿Qué suceso ocurrió durante la época de la Guerra Civil?
 1 El Presidente Lincoln publicó la Proclamación de la Emancipación
 2 La decisión sobre *Plessy vs. Ferguson* hecha por la Corte Suprema
 3 El primer negro jugó en un partido de una liga mayor de béisbol
 4 La Corte Suprema decidió el caso de *Brown vs. Board of Education*

2 ¿En qué década ocurrieron los cambios más grandes en el movimiento por los derechos civiles?
 1 1930-1939
 2 1940-1949
 3 1960-1969
 4 1980-1989

3 ¿Cuál aseveración resulta mejor apoyada por los datos de la línea cronológica?
 1 La Corte Suprema tenía un papel importante en el asunto de derechos civiles.
 2 El Congreso se negó a sancionar la legislación de derechos civiles.
 3 La mayoría de los presidentes apoyaban el movimiento por los derechos civiles.
 4 Ya no existe el prejuicio contra los negros.

4 ¿Cuál declaración resulta mejor apoyada por los sucesos indicados en la línea cronológica?
 1 Los negros querían lograr libertad de religión.
 2 Los cambios fundamentales en una sociedad a veces toman mucho tiempo.
 3 El sistema jurídico en los Estados Unidos es débil.
 4 Todos son responsables por hacer cumplir la legislación de derechos civiles.

BOSQUEJOS

¿Qué es un bosquejo?

Un bosquejo, o cuadro sinóptico, es un breve plan en el cual el tema o la idea principal queda dividida en unidades más pequeñas. El propósito principal de un bosquejo es mostrar las relaciones lógicas entre un tema o idea principal y sus partes. El bosquejo sirve de plan para guiar el pensamiento del escritor.

Claves para la comprensión de un bosquejo

Para comprender un bosquejo debes fijarte en sus componentes principales:

El título. El título puede ser interpretado como una visión general que abarca el tema entero.

La forma. Los bosquejos siguen una forma específica que te permite comprender rápidamente cómo queda dividido el tema. Las primeras divisiones principales se denominan con números romanos (I, II, III, etc.). Si estas divisiones se llegan a subdividir, las subdivisiones se denominrán con letras mayúsculas (A, B, C, etc.). Y si estas subdivisiones se dividen aún más, se les dará números arábigos (1, 2, 3, etc.). Para ver este proceso, supongamos que quieres escribir sobre tu propia vida. Esta se podría delinear de la siguiente forma:

Título: Mi autobiografía

I. Infancia
   A. Padres
   B. Familia
   C. Compañeros de juegos

II. Pre-adolescencia
   A. Escuela elemental
      1. Maestros
      2. Amigos
   B. Vecindario

III. Adolescencia
   A. Escuela intermedia
   B. Escuela secundaria

Interpretación de un bosquejo

Recuerda que los bosquejos van de lo general a lo específico. En otras palabras, divides un concepto general en unidades cada vez menores o más específicas. Nota que en nuestro ejemplo, cada unidad menor nos ayuda a desarrollar el concepto más amplio. Por ejemplo, los "Maestros" y "Amigos" te ayudan a desarrollar el concepto general de "Escuela elemental", mientras que la "Escuela elemental" y el "Vecindario" contribuyen al desarrollo del concepto más amplio de "Pre-adolescencia". A su vez, esta unidad mayor es una de las tres unidades principales que componen el tema: "Mi autobiografía". La preparación de un bosquejo no sólo te puede ayudar a responder a preguntas basadas en datos, sino que también te proporciona un instrumento útil en la organización de tus ideas cuando escribes un ensayo.

Ahora que sabes qué buscar en los bosquejos, comprueba tu comprensión de éstos al contestar las siguientes preguntas:

Instrucciones: Se omitieron *tres* posiciones del bosquejo que sigue. Para cada espacio en blanco en el bosquejo, escoge el número del elemento de la lista dada que mejor complete el espacio en blanco.

ELEMENTOS

1 El Gabinete	3 La rama ejecutiva
2 La Corte Suprema	4 El Senado

La organización del gobierno de los EE. UU.

1 I La rama legislativa
   A ________________
   B La Cámara de Representantes

2 II ____________________
   A El presidente
   B El vicepresidente

3 III La rama judicial
   A ____________________
   B La Corte de Apelaciones
   C Cortes de Distrito

Nota: Las preguntas basadas en bosquejos también pueden tener otra forma. Por ejemplo:

4 En un bosquejo, uno de los siguientes es el tema principal y los otros son temas secundarios. ¿Cuál es el tema principal?
1 la rama ejecutiva
2 la organización del gobierno de los EE. UU.
3 la rama legislativa
4 la rama judicial

Recuerda que el tema principal es el más amplio que abarca todas las unidades menores. En el caso de este bosquejo, el tema principal es "La organización del gobierno de los EE. UU."

LECTURA ESCOGIDA

¿Qué es una lectura escogida?

Un trozo de lectura consiste en una declaración o en un grupo de aseveraciones acerca de un tema o asunto específico. Puede ser una cita breve o un párrafo corto. El propósito principal de la lectura es presentar las ideas de una persona sobre un tema.

Claves para la comprensión de una lectura escogida

Para comprender mejor un trozo escogido debes notar que el autor presenta una serie de hechos para comprobar un punto de vista.

Interpretación de la lectura escogida

Empieza por hacerte las siguientes preguntas sobre cada trozo:

1. ¿Qué sabes del autor?
2. ¿Qué término, concepto o situación debate el autor?

3. ¿Qué dice el autor acerca del término, concepto o situación?
4. ¿Qué hechos presenta el escritor para apoyar su punto de vista?
5. ¿Cuál es la idea principal del trozo?
6. ¿Cuál es el tono del trozo? ¿Está el autor enojado, triste, esperanzado?
7. ¿Por qué habrá escrito el autor estas palabras?

Las preguntas de selección múltiple sobre la lectura escogida a menudo se dirigen a la idea principal del trozo, las opiniones del autor o el tono del fragmento.

Ahora que sabes qué buscar en una lectura escogida, comprueba tu comprensión al leer el trozo siguiente y contestar las preguntas que siguen:

Lectura escogida

Sostenemos como verdades evidentes que todos los hombres nacen iguales, que están dotados por su Creador de ciertos derechos inalienables, entre los cuales se encuentran el derecho a la vida, a la libertad y al alcance de la felicidad; que para asegurar estos derechos, los hombres instituyen gobiernos, derivando sus justos poderes del consentimiento de los gobernados: que cuando una forma de gobierno llega a ser destructiva a estos fines, es un derecho del pueblo cambiarla o abolirla, e instituir un nuevo gobierno ....

—*Thomas Jefferson*

1 La frase "es un derecho del pueblo cambiarla o abolirla, e instituir un nuevo gobierno" se refiere al concepto de
   1 revolución
   2 federalismo
   3 control mutuo
   4 equilibrio del poder

2 La idea principal del fragmento es que
   1 hay tres poderes distintos en el gobierno
   2 los gobiernos se establecen para promover la igualdad racial
   3 los hombres y las mujeres nacen con la misma oportunidad en la vida
   4 el poder del gobierno viene del pueblo al que rige

3 ¿Qué argumento puede justificar las aseveraciones del trozo escogido?
   1 El pueblo tiene el derecho de derrocar su gobierno si éste no llega a proteger sus derechos.
   2 La gente nace libre, pero por todas partes está encadenada; por lo tanto, la revolución es necesaria para devolverle su libertad.
   3 La autoridad del gobierno impide el progreso humano; la revolución acabará con todo control gubernamental.
   4 Las condiciones económicas determinan el curso de la historia; por lo tanto, es inevitable la lucha revolucionaria entre las clases.

4 El argumento usado en el trozo podría usarse para justificar la idea de que
   1 los individuos tienen derechos naturales como seres humanos
   2 todos los gobiernos son malvados por su misma naturaleza
   3 los mejores gobiernos son los que rigen menos
   4 tiene que haber una separación entre la iglesia y el estado

CAPITULO 4

COMO ESCRIBIR ENSAYOS DE ESTUDIOS SOCIALES

Además de contener preguntas de selección múltiple, los exámenes de estudios sociales a menudo requieren que escribas varios ensayos. Estos ensayos son composiciones cortas, de unos cuantos párrafos, en las cuales tienes que hacer comparaciones, describir situaciones, discutir sucesos, llegar a conclusiones y recomendar cursos de acción. A diferencia de las preguntas de respuestas múltiples, los ensayos reflejan tu capacidad de resolver los problemas dados. Se te pide que escojas información de tu reserva general de conocimientos y que los presentes de forma escrita. La mayoría de los estudiantes saben más de lo que creen, pero no saben cómo pueden usar esta información para resolver problemas. Lo fundamental es comprender bien la pregunta que se hace.

CLAVES PARA LA COMPRENSION DE LA PREGUNTA DE ENSAYO

INSTRUCCIONES GENERALES

Al escribir un ensayo, primeramente debes prestar mucha atención a las instrucciones provistas por los autores del examen. Te conviene familiarizarte con las instrucciones ahora, antes del momento del examen. Con cierta frecuencia en las instrucciones se te dirá que:

Al desarrollar tu ensayo debes:

(1) incluir evidencia y hechos específicos siempre que sea posible.
(2) atenerte a las preguntas; no debes irte por la tangente.
(3) evitar generalizaciones vagas o declaraciones amplias sin prueba suficiente; no debes presentar más información de la necesaria para probar tu punto.

Esto simplemente quiere decir que debes dirigirte sólo al problema presentado, ir al grano, y no escribir todo lo que sepas sobre el tema. Tambén quiere decir que, cuando respondas al problema, debes incluir ejemplos y hechos específicos para apoyar tus aseveraciones y conclusiones generales.

VOCABULARIO CLAVE EN LAS PREGUNTAS DE ENSAYO

Las preguntas de ensayo a menudo contienen palabras claves tales como *describe*, *discute*, *explica* y *muestra*. Veamos un ejemplo de este tipo de pregunta en el cual se usan estas cuatro palabras claves.

A lo largo de la historia los grupos de minorías en los Estados Unidos se han encontrado con diferentes formas de discriminación.

Formas de discriminación

- Se les negaban derechos políticos y legales
- Se les negaba educación igual
- Se trataba de detener su inmigración a los EE. UU.
- Se les obligaba a vivir en ciertos sitios

Escoge *una* de las formas de discriminación enumeradas. En el caso de *cada una*:

A. *describe* un ejemplo específico de su práctica durante un tiempo específico en la historia de los EE. UU.

B. *discute* un efecto de esta forma de discriminación sobre un grupo minoritario

C. *explica* por qué una minoría podría sufrir discriminación

D. *demuestra* cómo una minoría trató de superar esa discriminación

La comprensión completa de estos términos te ayudará a obtener el máximo de puntos.

DESCRIBIR

Describir significa "ilustrar algo en palabras o hablar de ello". *Describir* a un amigo es hablar de sus características —su apariencia, personalidad y actitudes. En los estudios sociales, *describir* es generalmente hablar del "quién", "qué", "cuándo" y "dónde" del asunto. Por supuesto, **no** todos los temas requieren las cuatro descripciones. Por ejemplo, si quisieras dirigirte a la parte "descriptiva" de la pregunta—*describe* un ejemplo específico del uso de una forma de discriminación durante un tiempo específico en la historia de los EE. UU.— podrías escribir lo siguiente:

Respuesta: Una forma de discriminación contra las minorías fue la privación de los negros de sus derechos políticos y legales. Supuestamente a todos los estadounidenses se les otorgó igualdad legal bajo las Enmiendas XIII, XIV y XV. Sin embargo, una vez finalizada la Reconstrucción, muchos gobiernos estatales del Sur buscaron formas para negar a los negros sus derechos políticos y legales. Las pruebas de saber de leer y escribir, la capitación y otros métodos fueron creados para prevenir el voto de los negros. El Partido Demócrata del Sur no admitía a negros como miembros. La policía y los jurados incluían sólo a blancos.

> Nota cómo la respuesta describe un método específico de discriminación usado durante un período en la historia de los EE. UU. La descripción presenta un cuadro verbal de **quién** (los negros), **qué** (se les negó la afiliación con un partido político, el uso de pruebas de saber leer, la capitación y otros métodos para impedir que los negros ejercieran sus derechos políticos y legales), **cuándo** (post-Reconstrucción) y **dónde** (en el Sur). (*Una sugerencia práctica es la de hacer un repaso mental de la lista de comprobación —quién, qué, dónde, cuándo— si se te pide que describas algo.*)

DISCUTIR

Discutir o debatir significa "hacer observaciones sobre algo, usando hechos, razonamiento y argumentos". Para *discutir* algo tienes que ir más allá de la etapa de "describir" o referir hechos; generalmente vas a incluir:

- las *razones* (causas) de algo, o
- un examen de los posibles *resultados* (efectos) de algo

Por ejemplo, si quisieras responder a la sección de "discusión" del ejemplo —discute un efecto de esta forma de discriminación contra una minoría— podrías escribir lo siguiente:

Respuesta: La discriminación contra las mujeres ha tenido muchos efectos importantes. La privación de sus derechos políticos y legales tuvo un efecto negativo. Tradicionalmente en los Estados Unidos las mujeres estaban legalmente bajo el dominio de su padre o su marido. A las mujeres no se les dejaba votar ni participar en el gobierno. Esta privación las ponía en desventaja tanto social como económica. Las leyes percibían los problemas desde el punto de vista masculino. Las mujeres se sentían ciudadanas "de segunda clase". No podían ocupar muchos de los empleos profesionales bien pagados.

> Nota cómo la respuesta discute los **efectos** de la discriminación en las mujeres: el sentido de inferioridad y baja autoestima. Esto fue ***causado*** por la negación de sus derechos políticos y legales (privación del derecho de votar y participar en el gobierno). (*Una sugerencia práctica: cuando se te pida la discusión de algo —repasa mentalmente la lista de comprobación— describe la situación, presenta sus causas y/o efectos.*)

EXPLICAR

Explicar significa "clarificar o hacer un tema más comprensible; dar razones o causas; mostrar el desarrollo lógico de algo o su relación con otros elementos". *Explicar* es presentar los puntos de vista que justifican una posición. En la mayoría de los casos, la palabra *explicar* es la que usan los examinadores cuando quieren que pienses sobre el "por qué" de algo. Por ejemplo, si se te pidiera que explicaras por qué deberías aprobar un curso, podrías *explicar* que asististe a clase, hiciste los deberes y aprobaste todas las pruebas. Nota cómo tus **razones** se suman en tu **conclusión**.

+ asististe a clases (razón)
+ hiciste los deberes (razón)
+ aprobaste todas las pruebas (razón)

= por qué mereces aprobar el curso (conclusión)

Así, *explicaste* por qué mereces aprobar el curso. Si quisieras contestar la parte de "explicación" de la pregunta que usamos como ejemplo—*explica* por qué una minoría pudiera haber sufrido discriminación—podrías escribir lo siguiente:

Respuesta: Muchos grupos minoritarios a menudo sufren discriminación. Los asiáticos no han sido una excepción. A principios de los años 1900, los inmigrantes ya no eran bienvenidos a los Estados Unidos. Diferentes grupos trataron de prevenir la inmigración continuada de los chinos y japoneses a los Estados Unidos. Había varias razones para esto. Puesto que los nuevos inmigrantes a menudo estaban inclinados a trabajar por jornales bajos, los sindicatos obreros veían a los inmigrantes como competencia por su empleo. Los inmigrantes de Asia también hablaban lenguas diferentes, usaban ropa diferente y tenían costumbres desconocidas. Esto llevó a muchos estadounidenses a creer que los inmigrantes asiáticos eran "extraños". Temían que los asiáticos no podrían ser asimilados a la vida estadounidense. En consecuencia, los inmigrantes de Asia se enfrentaron con la discriminación de ciertos grupos.

Nota cómo la respuesta **explica** las varias razones que responden a la pregunta del "por qué una minoría podía haberse enfrentado con la discriminación". La respuesta enumera las **razones** de su existencia.

+ competencia por los empleos (razón)
+ trabajo por jornales bajos (razón)
+ idioma y costumbres diferentes (razón)

= Por qué los asiáticos se enfrentaban con la discriminación (conclusión)

De este modo, la respuesta se suma a una *explicación* de por qué una minoría (los asiáticos) se enfrentó con la discriminación. (*Una sugerencia práctica: cuando se te pida la explicación de algo—te conviene revisar mentalmente una lista de comprobación— enumerando las varias razones o causas para asegurarte que llegan a sumarse en una explicación de una política o práctica.*)

DEMOSTRAR

Demostrar significa formular claramente una posición o idea y presentar información para apoyarla. Los que preparan exámenes generalmente usan la palabra *demostrar* cuando quieren que presentes *cómo* funciona algo o *cómo* algo llegó a ser tal cual es. "Cómo" es la palabra clave que generalmente sigue a "demuestra." Difiere de "explica" en que no se te pide que presentes un argumento—una serie de razones para probar algo— sino que presentes las partes que componen el total. Se te pide que cites *hechos* y *ejemplos* que demuestren que la declaración general es correcta. Por ejemplo, si quisieras responder a la sección de "*demostración*" de la pregunta—demuestra cómo un grupo minoritario ha intentado superar la discriminación—podrías escribir lo siguiente:

Respuesta: Los hispanos lograron grandes progresos para superar la discriminación política y legal dirigida contra ellos. Los hispanos componen una importante fuente de votos en las elecciones. Han usado su poder político para elegir candidatos hispano a puestos legislativos, judiciales y ejecutivos. Hicieron campañas para tener cursos bilingües en las escuelas públicas y obtuvieron el derecho de que se imprimiesen tanto en inglés como en español los materiales relacionados con las elecciones.

Nota que la respuesta **demuestra cómo** una minoría (los hispanos) se sobrepuso a la discriminación. La respuesta presenta hechos que demuestran cómo los hispanos superaron algunos aspectos de la discriminación. Los hechos presentados en la respuesta incluyen el uso del poder político para lograr la elección de oficiales hispanos al gobierno y el uso del español en las escuelas y papeletas de voto. (*Una sugerencia práctica: piensa que la parte de la respuesta "demuestra cómo" es un cuadro. Debes asegurarte de que todas las partes de tu respuesta—los hechos y los ejemplos—completan este cuadro.*)

ELEMENTOS COMUNES EN LAS PREGUNTAS DE ENSAYO

La gran mayoría de los ensayos que se encuentran en los exámenes de historia generalmente siguen un modelo semejante. Primero se presenta una declaración general, y luego le sigue una serie de elementos que se asocian con la aseveración. Tienes que escoger un cierto número de elementos de la lista.

Después de hacer tu selección, se te pide que uses información específica de tu conocimiento de estudios sociales para mostrar cómo los elementos que escogiste demuestran o apoyan la declaración general. La declaración general se expresa de muchas formas. Con más frecuencia tendrá una de las formas siguientes:

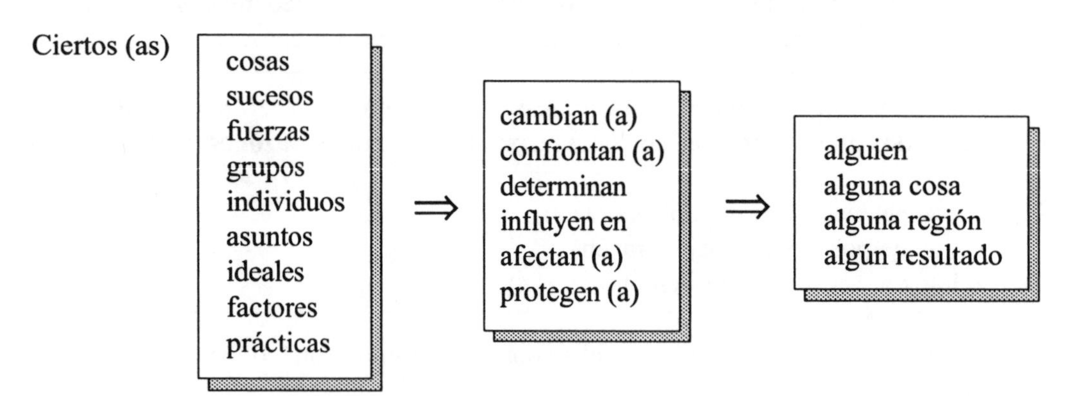

En cada caso, esencialmente se te pide que compruebes tu comprensión de una generalización al dar ejemplos específicos que la apoyen. Muchos estudiantes que tienen la información necesaria para apoyar la declaración general, a menudo no salen bien en este tipo de problemas. Se pierden porque se encuentran desorientados por la manera en que está planteada la pregunta o porque encuentran confusas las instrucciones.

COMO RESPONDER A UN TIPO DE PREGUNTA DE ENSAYO

La guía que sigue te ayudará a organizar tu respuesta cuando te encuentres con cierto tipo de pregunta de ensayo. Empecemos por considerar un ejemplo de este tipo de pregunta:

Los Estados Unidos siguieron diferentes programas de política externa para tratar con los problemas internacionales a lo largo de su historia.

Programas de política externa

Doctrina Monroe
Política de Buen Vecino
Plan Marshall
Afiliación con las Naciones Unidas
Doctrina Truman

Escoge *dos* de los programas enumerados:

- En el caso de *ambos,* describe el contenido de las políticas externas.
- Selecciona *uno* y discute el problema internacional que llevó a la formulación de este programa.

BOSQUEJO DEL ENSAYO

Antes de comenzar a responder, debes *organizar un bosquejo* del ensayo. Esto se puede hacer al:

Establecer un cuadro de respuestas
Un cuadro de respuestas puede servirte de guía. Te ayudará a delinear la pregunta y a enfocar tu respuesta. Esto puede lograrse al:

(A) Enumerar en la primera columna las cuestiones, sucesos, o en el caso de nuestro ejemplo, los programas o propuestas en cuestión.

(B) Precisar qué se te pide. Esto se ve en las palabras: "discute", "explica", "describe" o "demuestra".

(C) Hacer un círculo alrededor del vocabulario clave en la pregunta. Enumera estas palabras con las instrucciones correspondientes al principio de cada columna en el cuadro de respuestas.

De este modo, tu cuadro de respuestas debe parecerse a éste:

	[ ]	[ ]
Programas	**Describe el programa**	**Discute el problema internacional**
Doctrina Monroe	____________	____________
	____________	____________
Política del Buen Vecino	____________	____________
	____________	____________
Plan Marshall	____________	____________
	____________	____________
Afiliación con la O.N.U.	____________	____________
	____________	____________
Doctrina Truman	____________	____________
	____________	____________

Completar el cuadro de respuestas
Apunta con brevedad una o dos palabras claves en cada espacio que puedas llenar en la tabla.

(A) Recuerda no escribir oraciones completas ni detalladas. Esto es sólo un bosquejo. Una o dos palabras te ayudarán a recordar otros detalles cuando escribas tu ensayo.

(B) Al dirigirte a la primera parte de la pregunta, verás que se te pide que escojas dos de los programas de la lista. Por encima de la columna encabezada "**Describe**" hay un par de paréntesis. Escribe un "2" entre estos paréntesis para recordarte que tienes que describir dos de los programas. Igualmente, debes apuntar un "1" entre los paréntesis por encima de la columna "**Discute**" para recordarte discutir uno de los programas.

(C) Es probable que no puedas llenar cada espacio de la tabla. Esto te guiará en la selección de las partes de la pregunta que vas a contestar. Haz esta señal (3) o un asterisco (*) al lado de los dos temas que crees conocer mejor.

Redactar el ensayo

Después de que hayas llenado la reja con la información que sabes, tu cuadro de respuestas puede aparecer así:

	[2]	[1]
Programas	**Describe el programa**	**Discute el problema internacional**
Doctrina Monroe	*advirtió a las potencias europeas que no adquiriesen nuevas colonias en el Hemisferio Occidental*	*Francia y España amenazaban a las recién independizadas repúblicas latinoamericanas*
Política del Buen Vecino	*ofreció amistad/comercio/defensa a las naciones latinoamericanas*	*no estoy seguro(a) de la respuesta*
Plan Marshall	*ayudó en la recuperación de las economías europeas después de la Segunda Guerra Mundial*	*Europa se encontraba ante la amenaza comunista después de la Segunda Guerra Mundial*
Afiliación con la O.N.U.	*proporcionó un sitio donde debatir los problemas mundiales*	*no estoy seguro(a) de la respuesta*
Doctrina Truman	*ayudó a Grecia y a Turquía a combatir el comunismo*	*los grupos comunistas amenazaban a los gobiernos en la Europa meridional*

(A) Basándote en tus apuntes del cuadro de respuestas, ¿crees que tienes bastante información para escribir sobre tres de los cinco temas? Debes escoger los dos de los que sabes más.

(B) Después de haber hecho tu selección, estás ahora listo(a) para escribir el ensayo detallado. Convierte tus frases breves en un ensayo usando toda la información que puedas recordar. Coloca cada ejemplo en un párrafo aparte con una oración declarativa del tema. Usa todos los hechos, fechas, nombres y definiciones que vengan al caso en tu ejemplo.

A continuación hay un ejemplo de cómo contestar una parte de la pregunta. (Nota: la oración que expresa el tema está subrayada.)

A lo largo de su historia, los Estados Unidos siguieron diferentes programas de política externa para tratar con los problemas internacionales. Un programa de política externa fue la afiliación de los Estados Unidos con las Naciones Unidas. Este programa fue diseñado para tratar con los problemas causados por las constantes guerras entre distintos países. Los EE. UU. y las otras Potencias Aliadas acordaron formar las Naciones Unidas en 1945, precisamente cuando terminaba la Segunda Guerra Mundial. Al proporcionar una organización internacional en la cual podían participar todas las naciones, se esperaba prevenir futuros actos de agresión y guerra. Un Consejo de Seguridad, compuesto de países como los EE. UU. y la U.R.S.S., se añadió para hacer a la O.N.U. más eficaz que la Liga de Naciones. Sin embargo, a causa de desacuerdos entre los EE. UU. y la U.R.S.S., por mucho tiempo no fueron eficaces las gestiones de la O.N.U. para mantener la paz.

COMO ESCRIBIR OTRO TIPO DE ENSAYO

Vamos a examinar otro tipo de ensayo que comúnmente figura en los exámenes de historia de los Estados Unidos. La sección de vocabulario clave te ayudará a escribir el tipo de ensayo que se encuentra en la Parte B.

La Constitución de los EE. UU. estableció un sistema federal de gobierno.

Parte A

Define "federalismo":____

Enumera *dos* poderes del gobierno nacional (federal):

1. ____

2. ____

Enumera *dos* poderes de los gobiernos estatales:

1. ____

2. ____

Parte B

En tu respuesta a la parte B debes usar la información dada en la la Parte A. Sin embargo, también puedes incluir información adicional y distinta en tu respuesta a la Parte B.

Escribe un ensayo explicando cómo los autores de la Constitución de los EE. UU. crearon un sistema federal de gobierno.

LA ORGANIZACION DE ESTE TIPO DE ENSAYO

En contraste al primer tipo de pregunta, esta forma del ensayo ya está en parte organizada. El ensayo consiste en dos partes: la **Parte A** y la **Parte B**. Vamos a examinar cada parte por separado.

Respuesta a la Parte A

En la Parte A generalmente se te pedirá que **definas**, **declares**, **identifiques** o **enumeres** ciertos hechos fundamentales. A pesar de que estos términos son parecidos—se piden hechos, sucesos, factores o modos específicos—tienen significados ligeramente diferentes:

- **definir** quiere decir presentar o explicar el significado de un término o concepto
- **declarar** o **identificar** generalmente se usan cuando se requiere sólo un término en la respuesta
- **enumerar** se usa generalmente cuando se pide más de un término en la respuesta

Nota cómo en la Parte A de la pregunta modelo, se te pide que delinees las partes importantes de la información relativa al hecho, requerida en el ensayo. Por ejemplo, primero tienes que definir el término "federalismo". Luego tienes que enumerar dos poderes del gobierno federal y de los estatales. Tu respuesta a esta parte de la pregunta podría ser así:

Parte A
Define "federalismo".

El federalismo es un sistema político en el cual los poderes del gobiero están divididos entre el gobierno central y los gobiernos locales. Por ejemplo, en los Estados Unidos el poder está dividido entre el gobierno central situado en Washington, D.C. y 50 gobiernos estatales.

Enumera *dos* poderes del gobierno nacional (federal):

1. *declarar la guerra*
2. *mantener un ejército y una marina*

Enumera *dos* poderes del gobierno estatal:

1. *otorgar permisos oficiales para casarse*
2. *controlar la enseñanza*

Respuesta a la Parte B

Al haber respondido a la Parte A, estás ahora listo para escribir el ensayo detallado de la Parte B, basado en la información provista en la Parte A. La Parte B requiere que escribas un ensayo explicando cómo los autores de la Constitución de los EE. UU. crearon un sistema federal de gobiero. Para organizar la respuesta a la Parte B, trata de imaginarla como un emparedado (sándwich) que consta de tres partes: la **rebanada de pan de abajo**, las **tajadas de carne** y la **rebanada de pan de arriba**:

- La "rebanada" de abajo es la **oración temática**. Es meramente una reiteración de la generalización con la cual se planteó la pregunta. En esta pregunta, la oración temática sería: *Los autores de la Constitución de los Estados Unidos crearon un sistema federal de gobierno.*

- Luego vienen las "tajadas de carne". Estas tajadas son la información incluida en la Parte A. La "carne" se introduce con una **oración conectiva** que vincula la oración temática a la parte principal del ensayo. Es en esta sección que elaboras—"*describes*", "*explicas*", "*discutes*" o "*demuestras*"—la información dada en la Parte A.

- La "rebanada" de arriba viene al final. Es la **reiteración final** de la generalización. La única diferencia es que queda introducida con expresiones tales como "por lo tanto" o "en conclusión se puede ver que". En nuestro ejemplo, la oración conclusiva podría ser: *En conclusión se puede ver que los autores de la Constitución de los Estados Unidos crearon un sistema federal de gobierno.*

Aquí tienes una de las formas posibles en las que podría presentarse tu respuesta a la Parte B.

Oración temática
Los autores de la Constitución de los Estados Unidos crearon un sistema federal de gobierno.

Oración conectiva
Bajo el federalismo, los poderes quedan divididos entre un gobierno central y muchos gobiernos locales distintos.

Tajadas de carne
1. Al gobierno nacional se le otorgó la responsabilidad de tratar con asuntos que abarcan la nación entera. Por ejemplo, el gobierno nacional tiene el poder de declarar la guerra y mantener un ejército y una marina.

2. A los gobiernos estatales se les otorgó la responsabilidad de tratar con asuntos que afectan su propio estado. Por ejemplo, los gobiernos estatales recibieron el poder de otorgar las licencias de matrimonio y el control sobre la enseñanza.

Oración conclusiva
En conclusión, se puede ver que los autores de la Constitución de los Estados Unidos crearon un sistema federal de gobierno.

Observa que en tu respuesta a la Parte B se usó la información pedida en la Parte A. Como verificación final de tu ensayo, podrías preguntarte si escribiste un ensayo que se dirige a la oración temática:

Los autores de la Constitución de los Estados Unidos crearon un sistema federal de gobierno.

si la oración temática se convirtiera en pregunta:

¿Cómo los autores de la Constitución crearon un sistema federal de gobierno?

CAPITULO 5

LOS INDIGENAS Y LA EPOCA COLONIAL

VISION GENERAL

Los primeros habitantes llegaron a las Américas hace miles de años. A principios del siglo XVI, comenzaron a llegar los europeos. Encontraron civilizaciones indígenas a través de lo que llamaron el Nuevo Mundo. Los habitantes de lo que hoy es la América Latina, fueron conquistados por los españoles. Este fue uno de los primeros cambios importantes introducidos en las Américas por los europeos. En poco tiempo, una parte de la América del Norte fue colonizada por Gran Bretaña. Al principio, llegaron sólo unos cuantos, pero pronto hubo una inundación de colonos que venían en busca de libertad personal y una mejor vida. Las colonias inglesas se establecieron primero en Nueva Inglaterra, la región central de la costa del Atlántico y en el Sur. A diferencia de los españoles y franceses, que se interesaban en las colonias por su oro y sus pieles, los ingleses alentaban el desarrollo de las comunidades coloniales. A medida que iban llegando los diferentes grupos étnicos y religiosos, se desarrollaron distintas economías y estilos de vida. Entre 1607 y 1732, se establecieron trece colonias inglesas en el Nuevo Mundo.

— LINEA CRONOLOGICA DE SUCESOS IMPORTANTES —

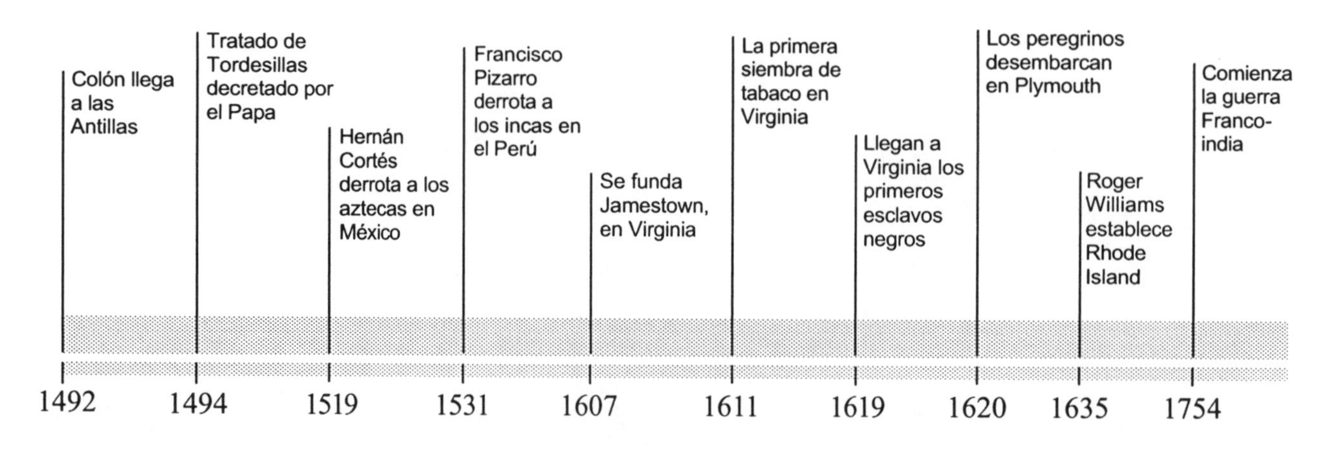

RAICES: LAS CIVILIZACIONES INDIGENAS

LOS PRIMEROS AMERICANOS

Hace más de veinte mil años, los primeros habitantes de las Américas llegaron desde el norte de Asia, por lo que entonces habría sido un istmo entre Siberia y Alaska, mientras que los que llegaron desde el sur de Asia habrían navegado el Pacífico. Se radicaron a través de la América del Norte y del Sur, desarrollando su civilización de acuerdo a los recursos y el clima que encontraron.

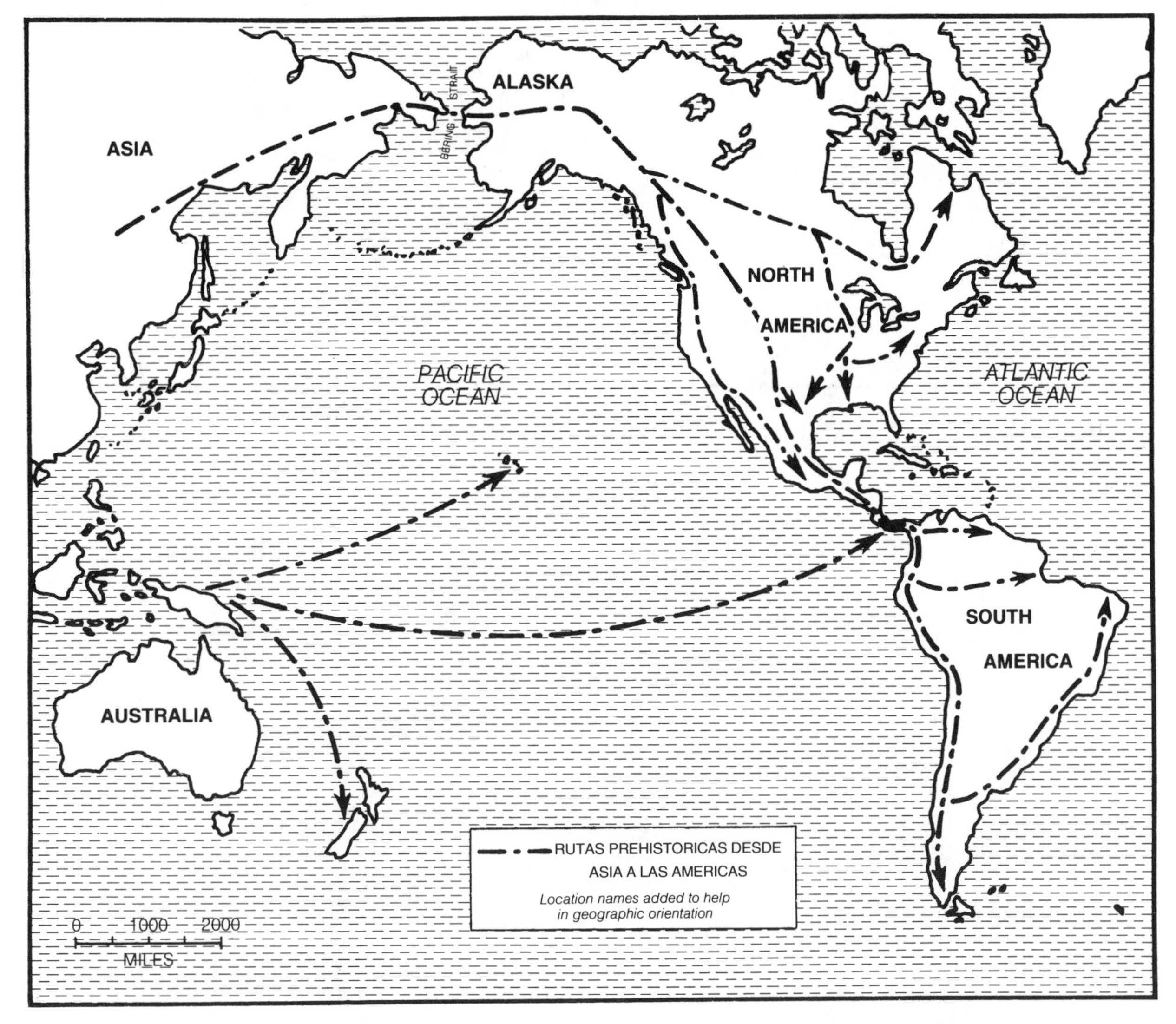

Los recién llegados se mantenían por medio de la caza y de los frutos recogidos, y llevaban una vida nómada. Pero hace unos 6.000 años, algunos pueblos comenzaron el cultivo de la tierra. Lo mismo ocurrió en el Medio Oriente, China y la India. Con la introducción de la agricultura, la gente ya no tenía que ser nómada; aumentó la población, se desarrolló el comercio y la civilización.

En 1492, cuando los europeos entraron en contacto con los pueblos de las Américas, en los territorios que hoy son el Canadá y los Estados Unidos vivía cerca de un millón de indígenas. En lo que hoy es México y Centroamérica, había otros cinco millones y hasta veinte millones en la América del Sur.

LOS GRANDES IMPERIOS INDIGENAS

En la América Central y la del Sur, los indígenas establecieron vastos imperios.

LAS CIVILIZACIONES INDIGENAS PRINCIPALES EN LAS AMERICAS

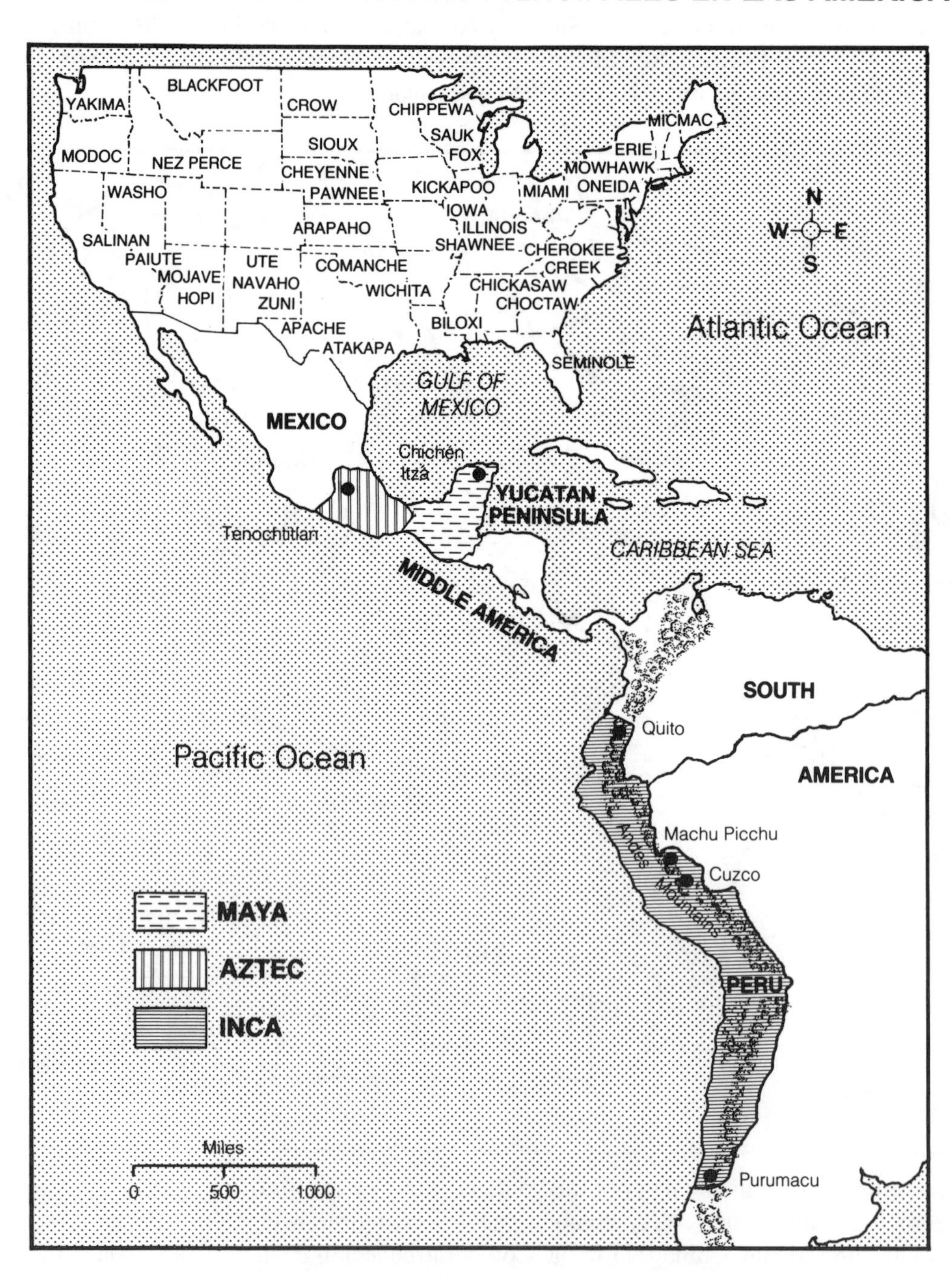

LOS MAYAS

La primera civilización indígena surgió en la Península de Yucatán, en Guatemala y en el sur de México. Primero los olmecas, y luego los mayas construyeron ciudades y templos piramidales; desarrollaron una religión compleja y una escritura pictográfica. Los mayas desarrollaron un calendario exacto y un sistema matemático que incluía el concepto del cero. Para obtener tierras de cultivo, quemaban porciones de la selva. Sus arquitectos diseñaron templos y otros edificios de piedra. Una poderosa clase de sacerdotes gobernaba la sociedad maya que se encontró en un declive repentino cerca de los años 700-900 d.J.C.

LOS AZTECAS

Los aztecas, un pueblo guerrero, conquistó a sus vecinos, y aproximadamente en 1300 d.C., establecieron un imperio en México central. Veneraban al dios del sol y le ofrecían sacrificios humanos. Los pueblos bajo el dominio azteca estaban obligados a contribuir a estos sacrificios además de pagar otros tributos. Los aztecas construyeron su gran capital, Tenochtitlán, en las islas del Lago Texcoco. Construyeron rellanos en las laderas de las montañas y cultivaron islas fértiles en los lagos y pantanos; las acequias sirvieron para irrigar las tierras secas. Construyeron pirámides y templos; labraron la piedra, el oro y la plata. Desarrollaron una escritura pictográfica, un calendario y un sistema de computación.

LOS INCAS

En la Cordillera de los Andes, los incas conquistaron a sus vecinos y formaron un enorme imperio. Construyeron puentes y caminos que atravesaban miles de millas. Su emperador era un soberano poderoso, y el imperio se dividía en provincias administradas por gobernadores. Los agricultores daban una tercera parte de sus cosechas al gobierno, una tercera a los sacerdotes y les quedaba una tercera a ellos. Igual que los aztecas, los incas construyeron acequias y rellanos para mejorar sus cultivos. Aunque no llegaron a inventar la rueda, transportaron grandes piedras para construir templos y otros edificios. A diferencia de los mayas y de los aztecas, los incas no tenían un sistema de escritura; para llevar cuentas usaban quipus, cuerdas anudadas de diferentes colores.

LAS CULTURAS INDIGENAS DE LOS TERRITORIOS DE LOS EE. UU.

Había una gran variedad de culturas entre los **indígenas** de las tierras que hoy constituyen los Estados Unidos, que hablaban más de 500 lenguas distintas y desarrollaron múltiples tradiciones orales. Cultivaban el maíz, la papa y el tabaco, y elaboraron las artes decorativas como la alfarería, los tejidos y los postes de tótemes. Desarrollaron su propia música y ritos, especialmente los cantos y las danzas a los ritmos del tambor. Algunos eran nómadas, mientras que otros fueron influidos por las civilizaciones avanzadas de México y de la América del Sur. Quedaron agrupados según las regiones geográficas que ocupaban.

LOS BOSQUES DEL NORESTE

Estos grupos vivían en aldeas de unos centenares de personas, y cultivaban maíz, habas y calabazas. Los iroqueses de Nueva York y Pensilvania se unieron en una confederación de seis tribus distintas. Unas cuantas familias vivían en una casa larga ("longhouse"), construida de troncos.

LOS BOSQUES DEL SUDESTE

Estos pueblos cultivaban el maíz, habas, tabaco y otras plantas. Vivían en aldeas y también formaron "confederaciones" dirigidas por concilios.

Una antigua aldea india en Carolina del Norte, según el artista John White

LAS GRANDES LLANURAS

Esta región estaba escasamente poblada hasta que los europeos trajeron los primeros caballos a las Américas. Después de 1600, aumentó el número de los indios de las llanuras. Se mantenían con la caza del búfalo (bisonte americano), cuya carne les servía de alimento y cuya piel se usaba para hacer ropa, calzado y tiendas.

EL SUDOESTE

La región del Sudoeste se volvió gradualmente más calurosa y árida después de la última época glacial. Los indígenas que vivían allí aprendieron a usar ladrillos de adobe para la construcción de sus edificios en los acantilados. A estas estructuras, los españoles les dieron el nombre de "**pueblo**", que luego llegó a denominar a la tribu. Los indios pueblo irrigaban la tierra, cultivaban el maíz, habas y calabazas. Más tarde, los navajos y apaches se mudaron a esta región. Los navajos aprendieron de los pueblos a tejer y a cultivar la tierra. Vivían en chozas de ramas y barro, llamadas "hogans". Los indígenas del Suroeste fueron muy influidos por su contacto con México.

LA REGION DEL MISISIPI

En la región central del Misisipí, los cahokia desarrollaron una cultura única. Construían albergues de madera y de arcilla; en grandes túmulos sepulcrales enterraban vasijas, joyas y otros artículos.

EL NOROESTE DEL PACIFICO

En esa región, los indígenas vivían principalmente de la pesca del salmón y de lo que recolectaban. Tallaban postes de tótemes y máscaras cargadas de adornos.

CALIFORNIA

Cerca de 275.000 indígenas convivían en paz en California, ocupándose de la caza y pesca. Las tribus eran pequeñas, de sólo unos cuantos miles de personas. Algunas tribus californianas construían casas de madera, otras, de hojas de palmas. En sus "ferias artesanales" especiales, las diferentes tribus intercambiaban artículos tales como conchas y cestas por víveres.

LA REGION SUBARTICA

En la región subártica, donde la tierra está congelada gran parte del año, los inuitas (o esquimales) desarrollaron su vida y su cultura a base de la pesca y de la caza de venados.

LOS EUROPEOS LLEGAN A AMERICA

En la Europa del siglo XV, el Renacimiento, que comenzó en Italia y se esparció al resto del continente, señaló el despertar de la ciencia. El espíritu inquisitivo del Renacimiento y el deseo por la investigación, llevó a los europeos a la exploración de los océanos. Los portugueses navegaron hacia el sur a lo largo de la costa africana y hacia el oeste hasta las Islas Azores. Los adelantos en la técnica, tales como el timón movible y el compás, hicieron posible la navegación de distancias más grandes. La pólvora también facilitó la lucha contra los indígenas que se encontraban en el camino. Las cruzadas y los viajes de los misioneros y comerciantes europeos, como Marco Polo, estimularon el interés en los productos de Asia Oriental. Las especias de Asia, y el oro y los esclavos de Africa alcanzaban altos precios en Europa.

LOS GRANDES EXPLORADORES

Portugal y España estaban dispuestos a tomar el control del comercio oriental, dominado antes por las ciudades-estado italianas. Estos países tenían los recursos necesarios para costear las exploraciones de ultramar. Las diferentes naciones comenzaron a competir entre sí y enviaban a sus exploradores en busca de nuevas rutas hacia el Oriente.

EL PRINCIPE ENRIQUE DE PORTUGAL

El Príncipe Enrique el Navegante, estableció una escuela de navegación para marineros y navegadores. Bajo su dirección, los portugueses comenzaron a explorar la costa occidental de Africa.

CRISTOBAL COLON (1451-1506)

Colón, navegante genovés, creía que el mundo era esférico y que se podría llegar al Lejano Oriente al navegar hacia el occidente. Cuando Colón no pudo encontrar apoyo en Portugal, acudió a la Reina Isabel de España, que le costeó el viaje. En 1492, Colón emprendió su primera expedición, pero calculó mal las proporciones de la Tierra y por eso pensaba que iba a llegar al este de Asia en menos tiempo. Su tripulación estaba por amotinarse cuando se divisó la Isla San Salvador en el Caribe. Colón creía que había llegado a las islas de las Indias Orientales, y llamó a sus habitantes "indios". Sus naves siguieron a la Española, donde fundó la primera colonia europea conocida en las Américas. Después de regresar a España, Colón hizo otros viajes al Nuevo Mundo.

Colón en la Corte del Rey Fernando y la Reina Isabel

JUAN CABOT

Cabot, fue otro navegante italiano, que al servicio del rey de Inglaterra, cruzó el Océano Atlántico en 1497 y en 1498. Sus viajes constituyeron más tarde la base para las reclamaciones de territorios en la América del Norte por los ingleses.

FERNANDO DE MAGALLANES (1480-1521)

Magallanes encabezó la primera expedición marítima alrededor del mundo, comprobando definitivamente su redondez. Murió durante ese viaje en un encuentro con los indígenas de las Islas Filipinas.

JACQUES CARTIER

Sus exploraciones en la América del Norte en los años 1530, al servicio del Rey de Francia, luego constituyeron la base para las reclamaciones de Francia de los territorios que hoy forman el Canadá.

LA CONQUISTA DE LAS AMERICAS

El estudio de la historia indica que cuando una civilización se enfrenta con otra, la más fuerte generalmente tiende a dominar a la más débil. La razón de esto es la tecnología más avanzada y el sentido de superioridad de los más fuertes. Estos se inclinan a creerse superiores en el sentido moral tanto como en el técnico y también esperan beneficiarse económicamente con el contacto. Cuando los europeos se encontraron con los indígenas, los veían como a salvajes bárbaros y paganos. Los **conquistadores**, que subyugaron al gran Imperio Azteca e Inca, vinieron al Nuevo Mundo con pequeñas bandas de soldados en busca de metales preciosos. También esperaban convertir a los indígenas al cristianismo. El motivo final de la conquista fue apoderarse de las tierras y someter a los indios al trabajo forzado, como se hizo en las plantaciones establecidas en las islas del Caribe. ¿Cómo pudieron tan pocos españoles conquistar a tantos indígenas, especialmente a guerreros tan feroces como los aztecas y los incas?

LA TRADICION MILITAR ESPAÑOLA

Durante varios siglos, los españoles lucharon contra los moros que aún se encontraban en posesión del sur de España. Los moros fueron expulsados del país sólo en 1492, el año de la llegada de Colón a América. Los nobles estaban acostumbrados a ser premiados con tierras y aldeas que reconquistaban de los moros y esperaban el mismo trato en el Nuevo Mundo.

LA TECNICA ESPAÑOLA

Los españoles tenían armas superiores: ballestas, espadas y lanzas con puntas de hierro. Lo más importante fue el hecho de tener caballos, cañones y pólvora, desconocidos por los indígenas.

LAS DIVISIONES DENTRO DE LAS SOCIEDADES INDIGENAS

Los aztecas eran muy odiados por los grupos que estaban obligados a darles tributos y gente para los sacrificios humanos. Estos fueron los grupos indígenas que ayudaron a los españoles a derrotar al Imperio Azteca. Además, su emperador no comprendió la amenaza presentada por sus visitantes españoles, que se ganaron su amistad, pero lo traicionaron y lo asesinaron. En el Perú, el Imperio Inca se encontraba en un estado de guerra civil aún antes de la llegada de los españoles.

LOS EUROPEOS TRAEN CAMBIOS AL NUEVO MUNDO

Tanto España como Portugal querían controlar lo que llamaban el "Nuevo Mundo". Para impedir un conflicto, en el **Tratado de Tordesillas**, el Papa trazó una línea divisoria que otorgó a Portugal lo que hoy es el Brasil. Los españoles se establecieron en el resto de la América del Sur, en el Caribe, en la América Central y en México. La cultura ibérica trajo muchos cambios a las Américas.

LAS CONQUISTAS ESPAÑOLAS

En 1519, Hernán Cortés y sus soldados conquistaron el Imperio Azteca. Cortés reconstruyó la capital azteca para aprovechar el prestigio que provenía de su control. Recompensó a sus capitanes con aldeas y cobró los tributos que en un tiempo recogían los aztecas de otros grupos indígenas. Los indios fueron obligados a trabajar en las minas de oro y plata en México. Una quinta parte de su producción iba directamente a la corona española, convirtiendo a España en el país más rico y poderoso de Europa. En 1530, Francisco Pizarro llevó a sus soldados a la conquista del Imperio Inca.

LA INTRODUCCION DEL SISTEMA DE ENCOMIENDAS

Durante la época de la conquista, los conquistadores, en recompensa por su servicio leal a España, recibían vastas extensiones de tierras, conocidas como encomiendas. A través de las colonias españolas, los indios quedaban subyugados y obligados a trabajar en las plantaciones donde se cultivaba la caña de azúcar, el tabaco y otros productos que se enviaban a España.

EL SURGIMIENTO DE LA TRATA DE ESCLAVOS DEL ATLANTICO

A causa de las condiciones bárbaras, muchos indios morían bajo el dominio de los conquistadores y sus sucesores. Con el fin de proporcionar mano de obra para las minas y plantaciones, los capitanes marinos españoles y portugueses enviaban esclavos desde el oeste de Africa a las Américas.

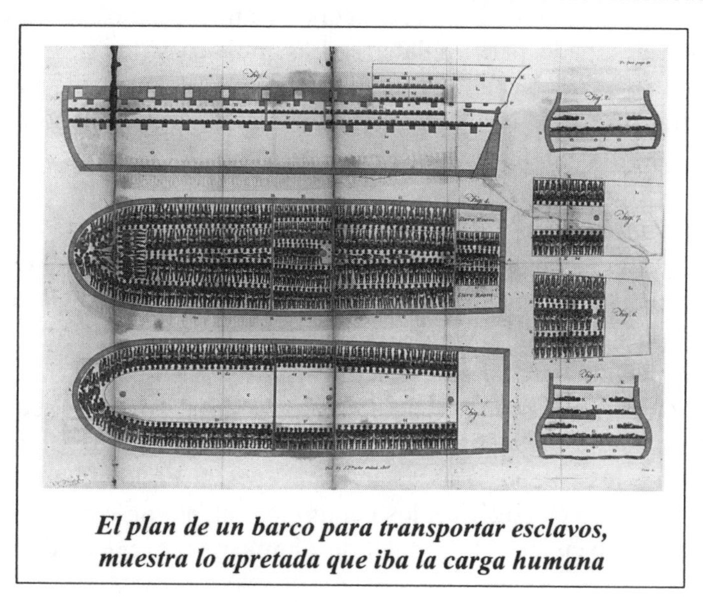

El plan de un barco para transportar esclavos, muestra lo apretada que iba la carga humana

TERMINOS PARA RECORDAR

Mayas, incas, aztecas, Renacimiento, conquistadores, Tratado de Tordesillas, sistema de encomiendas, trata de esclavos del Atlántico

LAS COLONIAS INGLESAS

El desarrollo de un vasto imperio español en el Nuevo Mundo estimuló el interés de Inglaterra y Francia, rivales de España. En ese tiempo, en Europa había surgido un conflicto religioso entre los católicos y los protestantes, que se habían separado de la Iglesia Católica. Los soberanos españoles estaban dispuestos a aplastar la rebelión protestante y restaurar la unidad a la cristiandad; Inglaterra era el estado protestante principal. Estas diferencias religiosas llevaron a frecuentes conflictos entre Inglaterra y sus vecinos católicos y también contribuyeron a la falta de tolerancia de las diferencias religiosas en Inglaterra.

LAS PRIMERAS COLONIAS

Algunos ingleses creían que Inglaterra tenía que establecer sus propias colonias para no rendirse al poder español. En 1587 se fundó la primera colonia inglesa en Roanoke, Carolina del Norte. Sin embargo, todos sus habitantes murieron o desaparecieron misteriosamente. En poco tiempo, se fundaron otras colonias inglesas.

JAMESTOWN, 1607

El primer poblado inglés permanente se estableció en Jamestown, Virginia, en 1607. Fue nombrado en honor del Rey James, que llegó a ser rey en 1603. Se fundó por una compañía privada, que esperaba obtener enormes ganancias de la empresa.

Los primeros colonos de Jamestown esperaban beneficiarse al encontrar oro, y no se interesaban por labrar la tierra; como consecuencia, muchos perecieron en el primer año. Sin embargo, con la ayuda de los indios, aprendieron a pescar y a cultivar maíz.

En los años subsiguientes, la colonia llegó a ser económicamente exitosa cuando los colonos comenzaron a cultivar el tabaco destinado para Inglaterra. Las mujeres y los primeros esclavos africanos llegaron a Jamestown en 1619. Ese mismo año, los colonos establecieron una asamblea representativa, que llegó a conocerse como **Casa de los Burgueses**. En 1624, Virginia llegó a ser una colonia real, administrada por la corona por medio de un gobernador nombrado por el rey.

LOS PEREGRINOS, 1620

En Inglaterra, las disputas religiosas hicieron que los peregrinos partieran al Nuevo Mundo. Los peregrinos eran protestantes pero tenían desacuerdos religiosos con la Iglesia Anglicana. Querían ir a una tierra donde pudieran venerar a Dios a su modo, y en 1620, después de un viaje de diez semanas, llegaron a la **Roca de Plymouth** en Massachusetts. Antes de desembarcar, firmaron una resolución, conocida como el **Acuerdo de Mayflower**, en el cual se comprometían a organizar un gobierno autónomo. En las ásperas condiciones del invierno de Nueva Inglaterra, los peregrinos sobrevivieron sólo gracias a la ayuda de los indios. Estos les enseñaron a los colonos a cazar animales, pescar en los ríos y cultivar habas, maíz y calabazas. Después del primer año en América, los peregrinos celebraron con los indios un día de acción de gracias, que luego se convirtió en la fiesta popular de **Thanksgiving**, celebrada en el presente.

LOS PURITANOS, 1630

Los puritanos constituían otro grupo de disidentes en Inglaterra, y llegaron a Massachusetts en 1630. Los puritanos establecieron la Colonia de Massachusetts Bay, que con el tiempo se consolidó con el poblado peregrino más pequeño. Los puritanos querían "purificar" la Iglesia Anglicana al adoptar normas más estrictas, y esperaban practicar sus creencias en el Nuevo Mundo. Sin embargo, se permitía permanecer en Massachusetts sólo a los que compartían sus principios religiosos. Los puritanos creían que establecían el reino de Dios en la tierra, y que no tenían que tolerar otras creencias ni opiniones. Era obligatoria la asistencia a la iglesia los jueves, y dos veces los domingos; también se prohibía el baile y otras formas de diversión. Los puritanos pasaban una gran parte de su vida preocupándose por su salvación, y los dignatarios eclesiásticos controlaban la vida de la comunidad. Aún hoy, la expresión "ética puritana" significa trabajo asiduo y moral estricta.

POR QUE VENIAN LOS COLONOS A LAS COLONIAS INGLESAS

La gente siguió llegando a las colonias inglesas por tres razones principales: buscaban mejor vida, querían gozar de la libertad de prácticas religiosas o porque eran obligados.

EL APETITO POR LA TIERRA

Los que fueron a Virginia querían comprar sus propias tierras. Muchos llegaban como **sirvientes contratados** de un plantador de la región, que les pagaba el pasaje. Después de unos cuantos años de trabajo en las tierras del hacendado, los recién llegados compraban tierras en la frontera del Oeste.

LA LIBERTAD RELIGIOSA

Los colonos que fueron a Massachusetts querían practicar su religión sin la intromisión de la Iglesia Anglicana; sin embargo, Massachusetts permitía sólo la práctica del puritanismo. Las colonias que en poco tiempo se establecieron a lo largo de la costa del Atlántico, se convirtieron en refugio para otros grupos religiosos. Rhode Island fue la primera colonia que ofreció la bienvenida a los individuos de todas las religiones.

LA MIGRACION FORZADA

Los africanos llegaron a las Américas por la fuerza. Aunque los africanos habían desarrollado sus propias civilizaciones avanzadas, los europeos los creían seres inferiores. Los africanos mismos establecieron la práctica de esclavizar a los pueblos conquistados aun antes de entrar en contacto con los europeos. La demanda de la mano de obra en las colonias españolas hizo que los capitanes marinos compraran esclavos en la costa occidental de Africa para transportarlos a las minas y las plantaciones del Nuevo Mundo. Con el tiempo, se sacaron de Africa más de 15 millones de hombres, mujeres y niños; muchos no sobrevivieron el viaje. Una vez apresados, los esclavos eran tratados más como a animales que como a seres humanos. Los primeros esclavos llegaron a las colonias británicas en 1619; trabajaban principalmente en las plantaciones de Virginia, las Carolinas y Maryland, pero también en las granjas de las colonias centrales, como Nueva York.

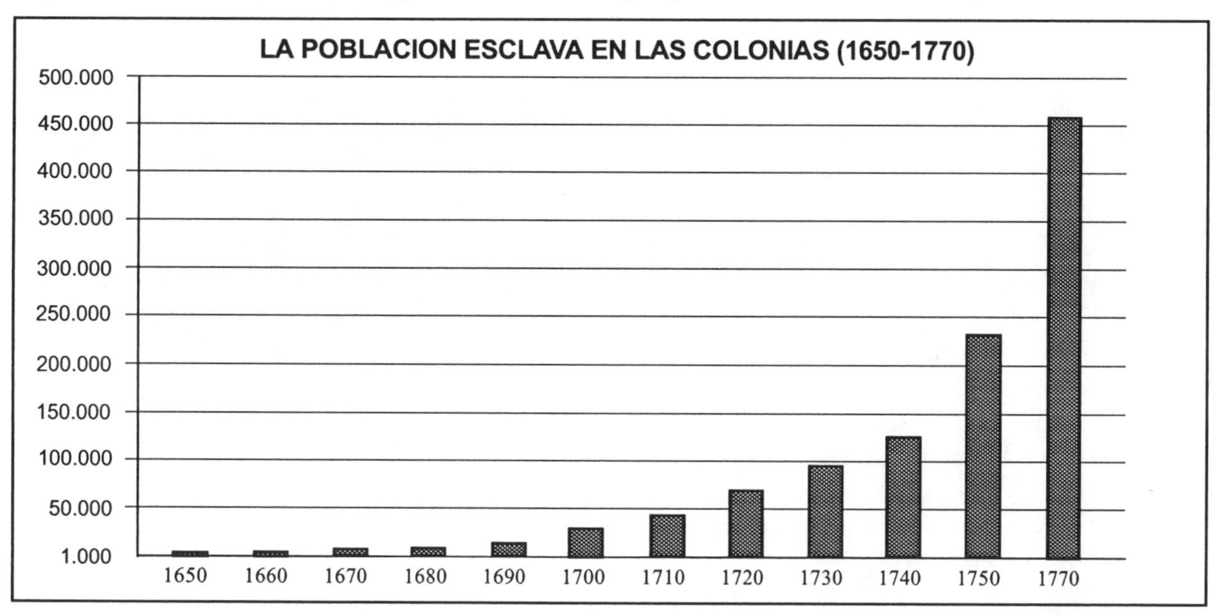

Fuente: Estadísticas históricas de los EE. UU.

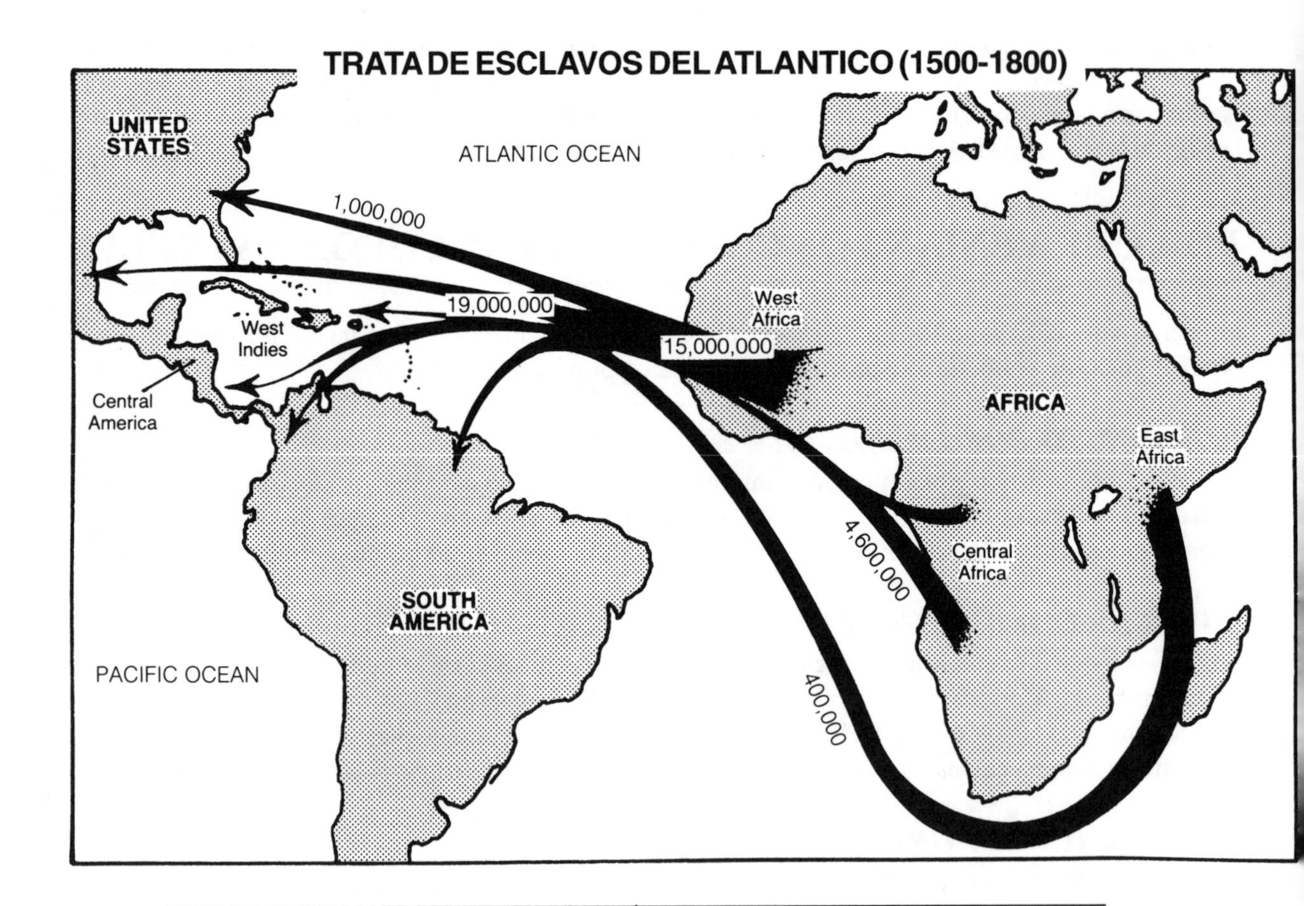

LA EXPANSION DE LAS COLONIAS BRITANICAS

La zona de los poblados británicos se extendió rápidamente a lo largo de la costa del Atlántico. En los años 1730, toda la costa entre los territorios españoles en la Florida y Nueva Francia (el Canadá de hoy) estaba dividida en colonias inglesas. Las diferencias geográficas, religiosas y sociales, pronto establecieron distintas normas de vida en las colonias.

NUEVA INGLATERRA

La colonia de Massachusetts se desarrolló rápidamente. Más de 16.000 pobladores llegaron allí entre 1630 y 1642. Sin embargo, a medida que llegaban más colonos a Massachusetts, los desacuerdos con la jefatura puritana llevaron a la fundación de nuevas colonias en Nueva Inglaterra: Rhode Island, Connecticut y Nueva Hampshire. En 1636, gracias a **Roger Williams**, Rhode Island llegó a ser la primera colonia donde había completa libertad de religión y separación entre el estado y la iglesia. Esto quería decir, que el gobierno no les decía a los ciudadanos qué religión debían practicar, y las iglesias no tenían ninguna función en el gobierno. Esta práctica era contraria a las costumbres existentes en Europa y en las colonias en ese tiempo.

Roger Williams, después de ser expulsado de Massachusetts, recibe asilo entre los indios narrangansett

Nueva Inglaterra era más fría y menos fértil que las otras regiones y sus habitantes generalmente vivían en las ciudades y aldeas. Los cultivos de la región eran principalmente para el uso local. Los colonos llegaron a ser diestros marineros, armadores de barcos y pescadores. Algunos comerciantes de Nueva Inglaterra se enriquecieron con el comercio transatlántico: compraban esclavos en Africa y los transportaban a las Antillas; allí compraban azúcar, que en Nueva Inglaterra se convertía en ron, que a su vez se transportaba a Africa, para cambiarlo por esclavos.

LAS COLONIAS CENTRALES

Otros grupos religiosos de Inglaterra también fundaron nuevas colonias en la América del Norte. En 1664, Inglaterra ganó a Nueva York, Nueva Jersey y Delaware en un conflicto con los holandeses. Las tierras fértiles y los bosques vírgenes, atrajeron a los pobladores a las colonias centrales (Delaware, Pensilvania, Nueva York, Nueva Jersey). En las granjas grandes y pequeñas se cultivaba trigo, avena, maíz y otros cereales que se llevaban a otras colonias. Las colonias centrales tenían una gran variedad de grupos étnicos, ya que Nueva York había sido una colonia holandesa, Delaware había sido colonizada originalmente por los suecos y Pensilvania había atraído a los inmigrantes alemanes. La diversidad de la población llevó a estas colonias a seguir la política de tolerancia religiosa. Los **cuáqueros**, un grupo que creía que todos eran iguales ante Dios, se radicaron en Pensilvania; los católicos establecieron una colonia en Maryland, nombrada en honor de un reina católica. Las destrezas de los colonos que se establecieron en las colonias centrales, llevaron al desarrollo de la siderurgia y otras industrias. Las colonias centrales también se beneficiaron con el comercio entre las colonias de Nueva Inglaterra y las del Sur.

LAS COLONIAS DEL SUR

Las Carolinas fueron colonizadas por una compañía con estatuto real, formada por nobles ingleses en los años 1660. Georgia originalmente fue un sitio para los deudores y otros convictos de Inglaterra. Las plantaciones de las colonias del Sur (Virginia, Carolina del Norte y del Sur, Maryland y Georgia) producían tabaco, arroz e índigo, que se enviaban a Inglaterra a cambio de productos manufacturados. En las plantaciones más grandes, propiedades de caballeros hacendados, la mano de obra se componía de sirvientes contratados y de esclavos africanos. Hacia el oeste, los granjeros pequeños, generalmente cosechaban lo suficiente para mantener a su familia y vender algunos de sus productos.

EL DESARROLLO DE LAS COLONIAS

COLONIA	FECHA	PRIMER POBLADO
Virginia	1607	Jamestown
Plymouth	1620	Plymouth
Nueva York	1626	Ciudad de Nueva York
Massachusetts Bay	1630	Boston
Maryland	1633	Saint Mary's
Rhode Island	1636	Providence
Connecticut	1636	Hartford
Nueva Hampshire	1638	Exeter
Delaware	1638	Wilmington
Carolina del Norte	1653	Albemarle County
Carolina del Sur	1663	Charlestown
Nueva Jersey	1664	Carteret y Salem
Pensilvania	1682	Filadelfia
Georgia	1732	Savannah

LAS TRECE COLONIAS INGLESAS (1750)

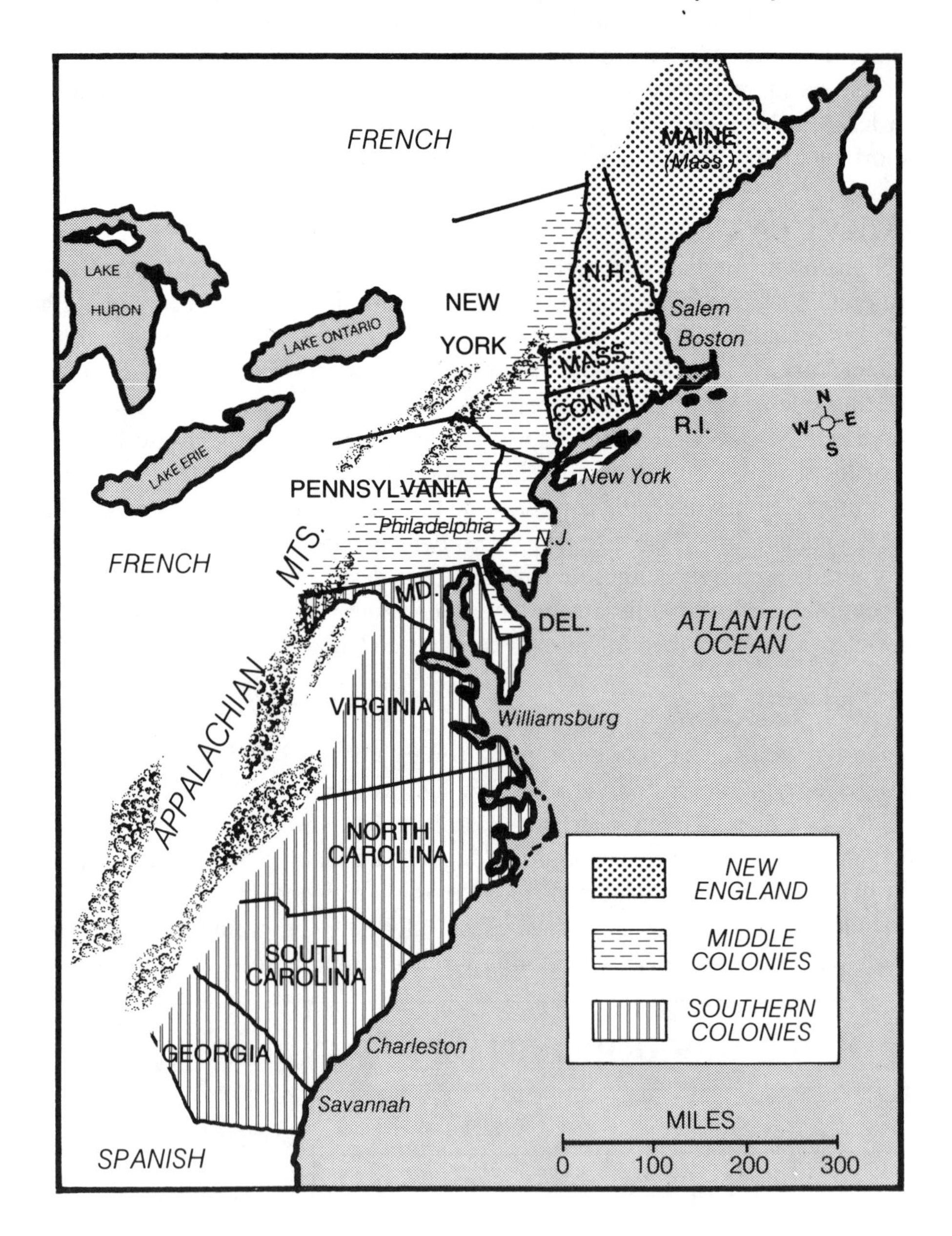

LA VIDA POLITICA Y ECONOMICA

LAS INSTITUCIONES DEMOCRATICAS EN LAS COLONIAS BRITANICAS

Los orígenes de muchas de las instituciones democráticas encontradas en las colonias se remontan a las tradiciones políticas inglesas.

La **Carta Magna (1215)**. Un rey inglés prometió no encarcelar a ningún súbdito, ni tomar su propiedad, excepto de acuerdo a las leyes del país.

El Parlamento británico. El Parlamento se componía de dos cámaras, la Cámara de los Lores que representaba a la nobleza, y la Cámara de los Comunes, que representaba a la gente ordinaria. En el siglo XVII, después de dos revoluciones, el Parlamento estableció con éxito su supremacía sobre el rey. Como resultado, el rey no podía imponer tributos al pueblo sin el permiso de la Cámara de los Comunes.

Sin embargo, algunos principios democráticos de importancia fueron también fomentados por los colonos.

El **Acuerdo de Mayflower**. En 1620, los peregrinos que atravesaron el Atlántico a bordo del Mayflower, firmaron un documento que establecía un gobierno guiado por leyes, y que derivaba su poder del consentimiento de los gobernados.

La **Casa de los Burgueses de Virginia**. Este cuerpo legislativo estableció en las colonias el principio de que el pueblo tiene el derecho de elegir sus propios representantes en la legislatura. Las asambleas coloniales en Virginia y en otras partes, al estilo del Parlamento británico, servían como cuerpos legislativos en miniatura, encargados de problemas locales.

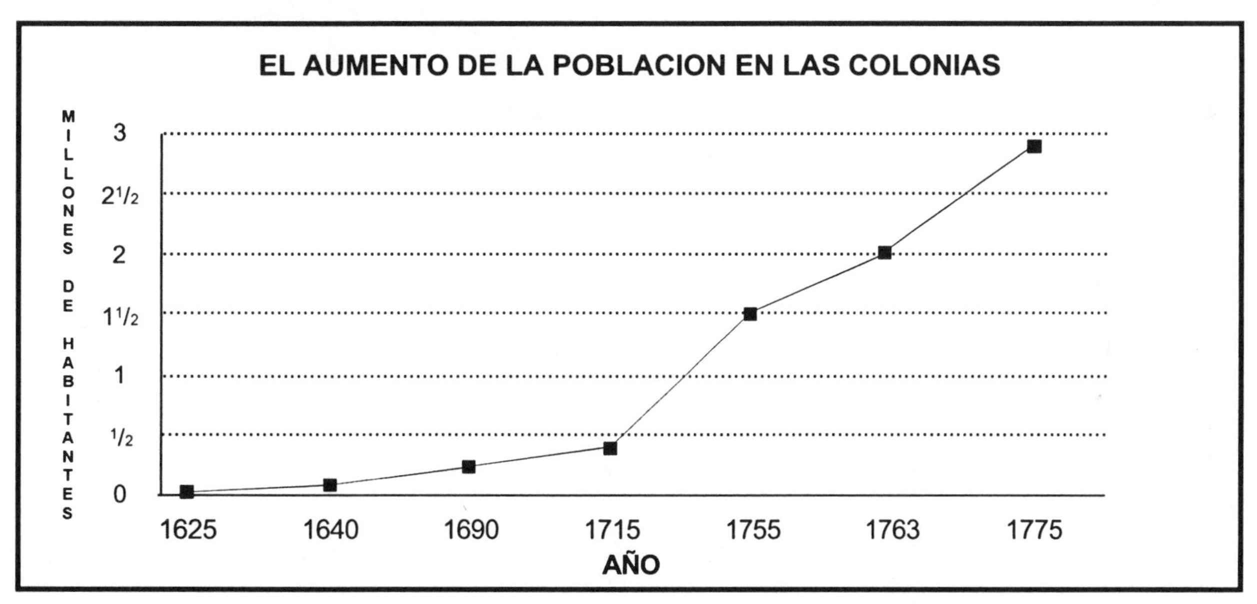

Fuente: Abstracto Histórico de los EE. UU.

LA VIDA ECONOMICA EN LAS COLONIAS INGLESAS

La economía de las colonias se basaba en gran medida en el frecuente vaivén de la demanda europea por los productos coloniales. Por lo tanto, la influencia más importante en la economía colonial fue el comercio extranjero. Los provincianos vendían tabaco, arroz, índigo, pescado y duelas de tonel para poder comprar los productos de Inglaterra y otros países europeos. A medida que se desarrollaban las colonias norteamericanas, se volvían cada vez más importantes para Gran Bretaña, para su comercio y bienestar económico.

Comercio norteamericano como porcentaje de la:	Importación británica	Exportación británica
1707-1710	20%	10%
1761-1770	36%	37%

VOCES DEL PUEBLO

A mediados del siglo XVIII, una de las características más significativas de las colonias inglesas norteamericanas fue el rápido aumento de la población. Benjamin Franklin, que para muchos europeos fue un símbolo del continente, creía que el aumento del número de trabajadores no satisfacía las necesidades económicas del país. Estaba en franco desacuerdo con los que creían que la esclavitud fuera la respuesta a la falta de mano de obra en la joven nación.

Benjamin Franklin—hombre de estado, líder nacional y diplomático

AMERICA: UNA TIERRA DE OPORTUNIDAD

—Benjamin Franklin

(*Fragmento adaptado*)

La tierra es abundante en América. Es tan barata, que un labrador puede, en poco tiempo, ahorrar el dinero suficiente para comprar un terreno bastante grande para mantener a la familia. Por lo tanto, la gente no tiene miedo de casarse...

En consecuencia, los matrimonios aquí, son más usuales y tienen lugar a una edad más joven que en Europa. De acuerdo a mis cálculos, basados en la alta natalidad causada por estos matrimonios tempranos, la población debe por lo menos duplicarse cada 20 años.

Pero a pesar de este aumento...la América del Norte es tan grande que se necesitará mucho tiempo para poblarla completamente. Y hasta que quede completamente poblada, el costo del trabajo nunca será bajo aquí. Los recién llegados no se quedan trabajando para otros por mucho tiempo, sino que adquieren sus propias granjas. Los obreros no pasan mucho tiempo como jornaleros de un artesano, sino se mudan a poblados nuevos y establecen su propio negocio.

Es una opinión equivocada, que con el uso de la labor de los esclavos, América pueda llegar a competir con Inglaterra en lo barato de su manufactura. El trabajo de los esclavos nunca puede ser tan barato como el de los obreros en Inglaterra. Calculen el precio de la compra de un esclavo, la seguridad o el riesgo de su vida, el costo de su ropa y comida y los costos de su enfermedad y pérdida del trabajo... Agreguen el costo del capataz que lo mantenga trabajando y el costo de sus robos de vez en cuando. Luego comparen todos estos gastos con los jornales que paga un fabricante en Inglaterra. Verán que el costo del trabajo es mucho más bajo allí que...los esclavos aquí...

COMPRUEBA TU COMPRENSION

1. Franklin cree que se habrían contraido menos matrimonios si hubiese menos tierra o si fuese más cara. ¿Estás de acuerdo? ¿Por qué sí, o por qué no?

2. De acuerdo a Franklin, ¿cómo la disponibilidad de tierras baratas ha mantenido altos los jornales?

3. ¿Por qué creía Franklin que el costo del trabajo en Inglaterra era más bajo que el costo de la labor de los esclavos en América? ¿Estás de acuerdo con su argumento?

VOCES DEL PUEBLO

Por mucho tiempo, una de las características únicas y distintivas de los Estados Unidos ha sido la diversidad de su población. A lo largo de la historia, muchos individuos examinaron esta mezcla cultural de pueblos diferentes. Uno de los primerosos que trataron de comprender la cuestión de lo "Qué es un norteamericano" fue un inmigrante francés, Hector St. John de Crevecoeur. En sus "Cartas de un granjero norteamericano", escritas entre 1769 y 1776, dio sus impresiones de lo que presenciaba.

QUE ES UN NORTEAMERICANO

por Hector St. John de Crevecoeur

(*Fragmento*)

¿Qué es, entonces, el norteamericano, este nuevo hombre?... Les podría señalar una familia cuyo abuelo era inglés, cuya mujer era holandesa, cuyo hijo se casó con una francesa, y cuyos cuatro hijos, en el presente tienen esposas de nacionalidades diferentes. El es un norteamericano...

Aquí, los individuos de todas las naciones se funden en una nueva raza de hombres, cuyas labores y cuyos descendientes algún día llevarán a grandes cambios en el mundo.

En un tiempo, los norteamericanos estaban esparcidos por toda Europa; aquí están unidos...

El norteamericano debe amar a este país más que el país donde nacieron él o sus antepasados. En América, las recompensas por su trabajo siguen a un ritmo igual al progreso de su labor; su trabajo se basa en los principios de la naturaleza, o sea su propio interés. Las mujeres y los niños, que antes en vano le pedían un bocado de pan, ahora, gordos y juguetones, de buena gana ayudan a su padre a limpiar esos campos que rendirán las abundantes cosechas para alimentarlos y vestirlos a todos; y ninguna parte [de la cosecha] será reclamada por un príncipe déspota, un jefe religioso rico o un señor poderoso...

Rumbo al oeste a través de las Grandes Llanuras. Los inmigrantes inundaron el país en busca de una nueva vida, libertad de religión y prosperidad económica.

COMPRUEBA TU COMPRENSION

1. ¿Qué quiere decir Crevecoeur con "los individuos de todas las naciones se funden en una nueva raza de hombres"?
2. ¿Por qué estaba Crevecoeur tan impresionado con la mezcla de las distintas nacionalidades europeas? ¿Se casaban entre sí estos grupos en Europa?
3. ¿A qué grupos de norteamericanos Crevecoeur probablemente no incluyó en su crisol?
4. ¿Quién crees que encabezaba el hogar de Crevecoeur, el señor o la señora de Crevecoeur? ¿Cómo llegaste a tu conclusión?
5. ¿Cuál era el papel de los niños en la vida rural en la época colonial?

EL SISTEMA MERCANTILISTA

Bajo el sistema mercantilista, el comercio entre la madre patria (Inglaterra) y las colonias estaba reglamentado de tal forma que beneficiaba a la metrópoli. Los ingleses vendían bienes manufacturados caros a los colonos, mientras que éstos les vendían materias primas más baratas como el tabaco. Este sistema económico ayudó a Inglaterra a aumentar su riqueza y su poder.

LAS GUERRAS FRANCO-INDIAS (1754-1763)

A mediados de los años 1700, Inglaterra y Francia se convirtieron en rivales en la contienda mundial por el control de envíos marítimos y colonias de ultramar. En la América del Norte, esta lucha se conoció como la Guerra Franco-Indiana. Para 1763, los franceses perdieron la guerra y fueron obligados a retirarse del Canadá. La guerra dejó al gobierno inglés con grandes deudas.

TERMINOS PARA RECORDAR

Sirvientes contratados, Jamestown, peregrinos, Plymouth Rock, Acuerdo de Mayflower, puritanos, cuáqueros, mercantilismo, Guerra Franco-Indiana

PERSONAJES DE LA EPOCA

POCAHONTAS (PRINCESA INDIGENA)

En 1607, John Smith llegó a Virginia para establecer el primer poblado permanente en Jamestown. En poco tiempo fue capturado por los indios y llevado ante el Jefe Powhatan; Pocahontas, la hija del jefe, intervino para obtener la libertad de Smith. Luego salvó a los colonos del hambre al traerles víveres y otras provisiones. En 1614, se casó con John Rolf, un colono de Jamestown, quien desarrolló el comercio tabaquero en las colonias de la América del Norte; más tarde, fue bautizada en la Iglesia Anglicana y recibió el nombre de Rebeca. A la edad de 21 años, murió de la viruela mientras se encontraba de visita en Londres.

Pocahontas, una princesa india, vestida en un traje al estilo europeo

NATHANIEL BACON (JEFE DE UNA REBELION)

Con frecuencia, los indios atacaban y quemaban los poblados fronterizos. Nathaniel Bacon, un virginiano acomodado, estaba disgustado de que el gobierno de la colonia deliberadamente se negara a combatir los ataques indígenas. En 1676, Bacon con unos 500 partidarios, atacó a un grupo de indios susquehanna. Más tarde, furioso porque el gobierno los llamó rebeldes, Bacon y los suyos marcharon a Jamestown y le prendieron fuego. Poco tiempo después, Bacon murió a causa de una fiebre, y la rebelión fue aplastada. La Rebelión de Bacon fue la primera sublevación popular en las colonias de la región contra un gobierno que cobraba impuestos a los habitantes pero no atendía sus necesidades.

FRAY JUNIPERO SERRA (MISIONERO)

El Padre Junípero Serra, fraile franciscano, se conoce como el "padre de las misiones californianas". En 1769, se unió a la expedición que salía de México hacia el norte, a la región que hoy es California. Allí ayudó a fundar la misión de San Diego, el primer poblado europeo en California. Los indígenas que vivían en las cercanías de las misiones, recibían instrucción en el cultivo de nuevas plantas, la cría del ganado, el uso de herramientas europeas y la construcción de caminos, puentes y casas. Al cabo unos pocos años, el Padre Serra estableció las misiones de San Juan Capistrano, Monterey, San Luis Obispo y San Gabriel.

ROGER WILLIAMS (PASTOR PROTESTANTE)

Roger Williams, pastor protestante, emigró de Inglaterra a Massachusetts en 1631. Al poco tiempo de su llegada, se encontró con la hostilidad del gobierno colonial cuando anunció que la tierra, por derecho, pertenecía a los indígenas hasta que se la compraran. Además, creía que los jefes religiosos no debían ser parte del gobierno; esto constituía una herejía en una colonia administrada por jefes religiosos. En 1636, fue desterrado de Massachusetts, compró tierras a los indios y estableció una nueva colonia en Providence (Rhode Island). La carta constitucional, recibida en 1644, establecía la separación del estado y de la iglesia, permitía la libertad de religión a todos los grupos y otorgaba el voto a todos los varones, sin distinción de religión. La libertad religiosa, tal como la definió Williams, se convirtió en uno de los principios fundamentales de la democracia de los Estados Unidos.

Estatua de Anne Hutchinson

ANNE HUTCHINSON (DISIDENTE RELIGIOSA)

Como mujer religiosa de buen entendimiento, Anne Hutchinson creía que cada persona debía comunicarse con Dios directamente, y que las iglesias y los pastores no eran necesarios. Tales creencias le crearon dificultades con los jefes puritanos, que percibían su actitud como un intento de destruir la Iglesia Puritana. Ya que se la consideraba hereje, la juzgaron y al encontrarla culpable, la expulsaron de la colonia. Con su esposo y sus doce hijos, Hutchinson tomó refugio en Rhode Island. Se la considera una adalid en el establecimiento de la libertad religiosa en las colonias norteamericanas. Hutchinson murió en 1642 en Nueva York en un ataque de los indios y los puritanos vieron su muerte como castigo divino.

RESUMEN DE TU COMPRENSION

Instrucciones: ¿Entendiste bien lo que acabas de leer? Comprueba tu comprensión al responder a las siguientes preguntas.

TERMINOS PARA RECORDAR

En una hoja aparte, define brevemente los siguientes términos:

Conquistadores	Puritanos
Tratado de Tordesillas	Mercantilismo
Trata de esclavos del Atlántico	Acuerdo de Mayflower

LOS EUROPEOS LLEGAN A AMERICA

La llegada de los europeos al Nuevo Mundo causó muchos cambios importantes. Resume tu comprensión de estos cambios al responder a los siguientes problemas:

- Describe algunas de las antiguas culturas indígenas que existían en las Américas, cuya civilización se considera avanzada.
- ¿Por qué pudieron los europeos conquistar una población indígena tan numerosa?
- ¿Qué cambios introdujeron los europeos en el Nuevo Mundo?

LA EPOCA COLONIAL DE LOS EE. UU.

Las distintas normas de vida en las diferentes colonias se basaron en las diferencias geográficas, religiosas y sociales de cada una. Resume tu comprensión de la vida en las colonias inglesas al contestar las siguientes preguntas:

- ¿Por qué se arriesgaba la gente a los peligros de cruzar el Océano Atlántico para venir al Nuevo Mundo?
- ¿Qué estados de hoy componían las colonias de Nueva Inglaterra, las centrales y las del Sur?
- ¿Qué diferencias había entre las colonias de Nueva Inglaterra, las centrales y las del Sur?
- ¿Cómo era la vida económica y política en la época colonial?

PERSONAJES DE LA EPOCA

Los individuos a menudo tienen una influencia importante en la vida política, económica y social de su tiempo. ¿A cuál de los personajes de la época consideras el más interesante? ¿Por qué?

COMPRUEBA TU COMPRENSION

Instrucciones: Comprueba tu comprensión de esta unidad al contestar las siguientes preguntas. Señala el número que precede la palabra o expresión que responde correctamente a la pregunta o aseveración. Luego dirígete a los ensayos.

DESARROLLO DE DESTREZAS: INTERPRETACION DE UNA CARICATURA

Basa tus respuestas a las preguntas 1 y 2 en la caricatura dada y en tu conocimiento de estudios sociales.

1 La figura con la espada representa a los
1 colonos ingleses
2 esclavos africanos
3 conquistadores españoles
4 soldados franceses

2 ¿Cuál es la idea principal de la caricatura?
1 Los problemas políticos en Europa llevaron a la exploración de las Américas.
2 Los indígenas tenían armas menos avanzadas que las de los europeos.
3 Las condiciones económicas en el mundo contribuyeron a la colonización del Nuevo Mundo.
4 Los indios y los soldados europeos eran aliados.

DESARROLLO DE DESTREZAS: INTERPRETACION DE UNA TABLA

Basa tu respuesta a las preguntas 3 a 5 en la siguiente tabla y en tu conocimiento de estudios sociales.

COMPOSICION ETNICA DE GRUPOS NO INDIGENAS DE LAS 13 COLONIAS: 1770			
Ingleses	49%	Escoceses	6.5%
Africanos	21%	Holandeses	3%
Irlandeses	8%	Otros	5.5%
Alemanes	7%		

Fuente: Departamento de Comercio de los EE. UU., Oficina de Censos

3 ¿Cuál grupo étnico era el más numeroso en las 13 colonias en 1770?
1 los ingleses
2 los irlandeses
3 los holandeses
4 los alemanes

4 La mayoría de la población no indígena de las colonias inglesas era de origen
1 europeo
2 asiático
3 sudamericano
4 africano

5 ¿Cuál aseveración es la más acertada de acuerdo a la información de la tabla?
1 Las colonias tenían diversidad racial y cultural.
2 La mayoría de los colonos eran descendientes de los inmigrantes de Africa.
3 La mayoría de los colonos vivían en las ciudades.
4 Los habitantes de las colonias llegaron al Nuevo Mundo en busca de una vida fácil y alegre.

6 El Acuerdo de Mayflower fue importante porque
1 dio al rey de Inglaterra el poder total en el gobierno
2 fue la base del primer gobierno autónomo en las colonias de la América del Norte
3 creó una religión oficial en las colonias
4 debilitó las instituciones democráticas en la América colonial

7 ¿Cuál es la aseveración más acertada sobre la Casa de los Burgueses de Virginia?
1 Contribuyó a crear una nueva forma de arquitectura en el Nuevo Mundo.
2 Estableció la idea de que el pueblo tiene el derecho de elegir representantes.
3 Impidió que la gente fuese encarcelada excepto de acuerdo a la ley inglesa.
4 La legislatura en Virginia derivó su poder del rey.

8 ¿Cuál declaración expresa mejor los ideales representados por Roger Williams?
1 La legislatura no debe cobrar impuestos a los colonos.
2 La gente debe obedecer las órdenes de los jefes religiosos.
3 Los jefes religiosos deben mantenerse fuera de los asuntos del gobierno.
4 El mejor gobierno es uno que se basa en los principios católicos.

9 ¿Por qué pudieron los españoles conquistar a los pueblos indígenas de México, de la América Central y del Sur?
1 Los indígenas desconocían el combate.
2 Los caballos y armas superiores contribuyeron a la conquista.
3 Los españoles usaron ejércitos de esclavos en el combate.
4 Los indígenas se rindieron sin ofrecer resistencia.

10 ¿Cuál aseveración explica mejor el interés de Inglaterra por establecer colonias en las Américas?
1 Trataba de esparcir su forma de gobierno democrático.
2 Deseaba apoderarse de las riquezas y los recursos de las Américas.
3 Quería introducir el comunismo en el Nuevo Mundo.
4 Trataba de eliminar el hambre y la carestía en las Américas.

11 La ocupación que se parece más a la del conquistador es la del
1 soldado
2 maestro
3 granjero
4 legislador

12 La mayor parte de las tradiciones, religiones y formas de gobierno de los habitantes de las colonias norteamericanas se tomaron de
1 Europa
2 la América del Sur
3 Africa al sur del Sahara
4 el este de Asia

13 ¿Cuál de las colonias está pareada correctamente con la región correspondiente?
1 Georgia — Nueva Inglaterra
2 Nueva York — colonias centrales
3 Massachusetts — el Sur
4 Virginia — Nueva Inglaterra

14 Un sistema bajo el cual se mantienen colonias para el beneficio de la metrópoli se llama
1 comunismo
2 socialismo
3 mercantilismo
4 federalismo

15 ¿Cuál individuo está pareado correctamente con el suceso?
1 Príncipe Enrique — exploración de la América del Sur
2 Juan Cabot — conquista de México
3 Fernando de Magallanes — circunnavegación de la tierra
4 Jacques Cartier — exploración de la costa occidental de Africa

16 Una persona que era un sirviente contratado probablemente habría
1 servido en el ejército español
2 acordado trabajar a cambio de su pasaje transatlántico
3 tratado de convertir a los indígenas al cristianismo
4 enseñado a los hijos de los colonos en una escuela

17 ¿Cuál fue una característica de la vida económica de las colonias británicas?
1 los ingleses mantenían control estricto sobre la economía de las colonias
2 había grandes distinciones de clases
3 las colonias eran sociedades industrializadas
4 la prosperidad estaba estrechamente vinculada a la demanda europea por los productos coloniales

18 ¿Cuál fue una tendencia importante durante el siglo XVIII en las colonias del Sur?
1 el desarrollo del régimen militar
2 el establecimiento de una rígida estructura de clases
3 la negación de libertad religiosa
4 el aumento del número de esclavos

19 Los iroqueses, los navajos y los apaches serían un tema de un ensayo sobre
1 las condiciones económicas en el Nuevo Mundo
2 los exploradores europeos en las Américas
3 las tribus indígenas de la América del Norte
4 la libertad religiosa en la América del Norte

20 Las ideas y opiniones de una persona que vivió en las colonias norteamericanas durante el siglo XVII, probablemente habrían sido influidas más por los
1 jefes religiosos
2 profesores universitarios
3 artistas del Renacimiento
4 exploradores del continente

21 En el siglo XVIII, muchas naciones europeas se hicieron imperialistas porque querían
1 saber más sobre los indígenas del Nuevo Mundo
2 destruír las civilizaciones primitivas
3 impedir conflictos entre las naciones
4 adquirir más recursos y mercados

22 ¿Cuál grupo está asociado correctamente con la colonia que ayudó a establecer?
1 Georgia — deudores y convictos
2 Massachussets — cuáqueros
3 Pensilvania — peregrinos
4 Virginia — puritanos

23 Muchas de las instituciones democráticas coloniales podían remontar sus raíces a
1 Inglaterra
2 España
3 Francia
4 Italia

24 La mayoría de los habitantes de las colonias británicas se ganaban la vida con
1 la manufactura
2 el comercio
3 la agricultura
4 la química

25 ¿Cuál de las características de las colonias no fue un resultado de la influencia europea?
1 el idioma
2 las costumbres
3 la topografía
4 la religión

ENSAYOS

1. Los imperios indígenas influyeron mucho en la vida del Hemisferio Occidental.

Imperios

Maya
Azteca
Inca

Parte A

1. Escoge *uno* de los imperios enumerados: ____________________

Nombra el efecto que ese imperio tuvo sobre el Hemisferio Occidental.__________________________

____

2. Escoge *otro* imperio de la lista: ____________________

Nombra el efecto que ese imperio tuvo sobre el Hemisferio Occidental. __________________________

____

Parte B

En tu respuesta a la Parte B, debes usar la información dada en la Parte A. Sin embargo, puedes también incluir información diferente o adicional en tu respuesta a la Parte B.

Escribe un ensayo describiendo cómo ciertos imperios han influido en la vida del Hemisferio Occidental.

2. Las diferencias geográficas, religiosas y sociales, influyeron en el desarrollo de distintas normas de vida en las diferentes regiones coloniales.

Regiones coloniales

Colonias de Nueva Inglaterra
Colonias centrales
Colonias del Sur

Escoge *dos* regiones de la lista. En el caso de *cada una*:

- describe las razones por las que la región presentaba un atractivo para ciertos grupos.
- describe la forma de vida que se desarrolló en esas colonias.

CAPITULO 6

LOS FUNDAMENTOS DE LA CONSTITUCION

VISION GENERAL

Desde 1620 y a lo largo de los ciento cincuenta años subsiguientes, la mayoría de las personas que vivían en las 13 colonias probablemente se consideraban súbditos británicos leales. Sin embargo, para los años 1770, la situación cambió radicalmente. Lo que en un principio fue un intento por parte de los súbditos leales en las colonias británicas de defender sus derechos como ingleses, pronto se convirtió en una guerra por la independencia contra el dominio británico.

La nación que surgió de la Guerra Revolucionaria Estadounidense habría de tener un fuerte impacto en el mundo, ya en ese tiempo y en el futuro. La nueva nación llegó a ser la primera república verdaderamente democrática. Se fundó en los principios inicialmente postulados por un filósofo inglés y luego incluidos en la Declaración de la Independencia. Encontrándose con muchas dificultades en los comienzos de su existencia, los Estados Unidos lograron superar las dificultades de este período tan crítico. La crisis en la que se encontraba la nación contribuyó a crear una nueva constitución que se convirtió en modelo e inspiración para muchos estados futuros a través de todo el mundo.

— LINEA CRONOLOGICA DE SUCESOS IMPORTANTES —

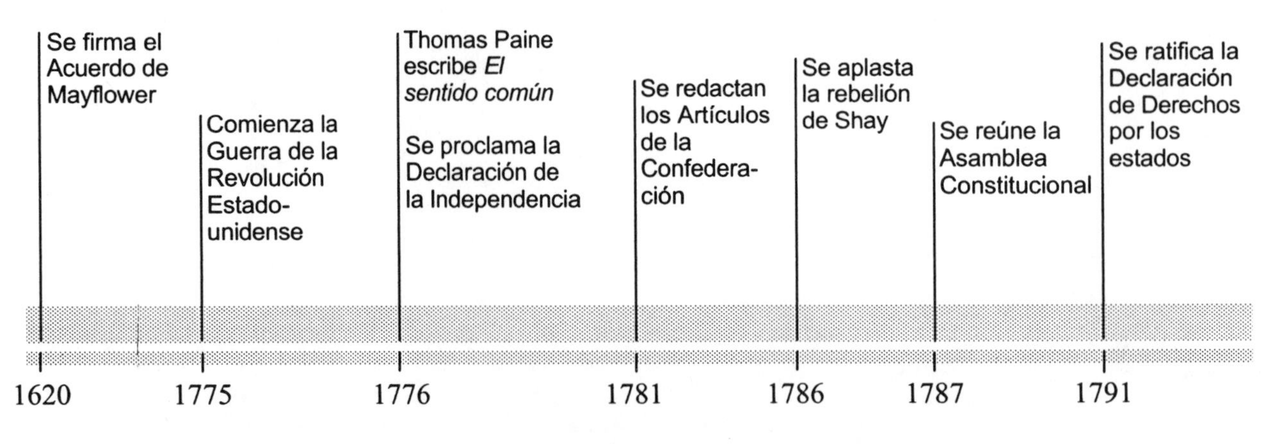

DE COLONIAS A ESTADOS INDEPENDIENTES

Anteriormente, los fondos necesarios para costear las guerras en que participaba Inglaterra venían de los impuestos pagados por los habitantes de Inglaterra. Después de la Guerra Franco-Indiana, los ingleses se encontraron con una gran deuda. En consecuencia, decidieron cambiar su política de impuestos con respecto a las colonias. Esta decisión crítica puso en marcha los cambios que afectaron permanentemente las relaciones entre Inglaterra y sus colonias en la América del Norte.

PUNTOS SOBRESALIENTES DE LA REVOLUCION ESTADOUNIDENSE: 1775-1783

"¡NO! A LA TASACION SIN REPRESENTACION"

El gobierno inglés, queriendo que los colonos ayudasen a pagar una gran deuda de guerra, impuso sobre ellos nuevos tributos. Los colonos se objetaron principalmente porque se les negaba el derecho de ser representados en el Parlamento. El problema radicaba en que los súbditos coloniales no podían estar representados allí eficazmente a causa de la gran distancia entre Londres y las colonias.

La Ley del Timbre. En 1765, el gobierno inglés decretó una Ley del Timbre, que requería que todos los periódicos, libros y documentos en las colonias llevaran un sello oficial gubernamental. Esto llevó a una ola de protestas por los colonos. Los ingleses revocaron este impuesto, pero establecieron una ley que declaraba que el Parlamento, si quería, tenía el derecho de gravar a los colonos con impuestos.

El impuesto sobre el té. Luego, el Parlamento aprobó nuevos impuestos sobre el papel, el vidrio y el té. Los colonos otra vez protestaron porque se les imponían tributos sin su consentimiento. Estallaron motines en varias ciudades coloniales. Los ingleses revocaron todos los impuestos excepto la tarifa sobre el té. En 1773, un grupo de manifestantes en Boston, disfrazados de indios, echaron al agua el té de los barcos ingleses en el puerto. El gobierno inglés cerró el puerto de Boston y prohibió asambleas públicas hasta que se pagara por la pérdida del té.

COMIENZA EL COMBATE

Para combatir la crisis, los representantes de las colonias se encontraron en Filadelfia en un Congreso Continental en 1774. El Congreso envió una carta de protesta a Gran Bretaña y convocó a un boicot de los productos ingleses. En 1775, mientras los soldados ingleses buscaban provisiones y armas coloniales, comenzó el intercambio de fuego con los voluntarios coloniales en Massachusetts. Este incidente marcó el principio de la Revolución Estadounidense.

La Matanza de Boston: el 5 de mayo de 1770, los soldados británicos balearon a los colonos que protestaban contra el trato y los impuestos injustos

SE DESARROLLA LA IDEA DE LA INDEPENDENCIA

Al principio, los propósitos de los colonos no estaban claros. Un Segundo Congreso Continental se reunió en Filadelfia. El Congreso ofreció a negociar con el gobierno inglés, pero tanto el **Rey George III**, como el Parlamento rechazaron la oferta. A medida que continuaban las luchas, muchos de los delegados al Congreso Continental comenzaron a pensar en la posibilidad de hacerse independientes de Inglaterra. En 1776, los provincianos estaban fuertemente influidos por la publicación del folleto *El sentido común* por **Thomas Paine**. Paine escribió que era ridículo que las colonias estadounidenses, que ocupaban un gran continente, fueran gobernadas por una isla pequeña tal como Inglaterra. Era sólo por "sentido común" el que las colonias se hicieran independientes.

SE PROCLAMA UNA DECLARACION DE INDEPENDENCIA

Hacia mediados de 1776, la mayoría de los miembros del Congreso Continental estaba preparada a seguir el consejo de Paine. Una comisión, encabezada por **Thomas Jefferson**, fue establecida para redactar una declaración de la independencia. La Declaración de la Independencia fue aprobada y adoptada formalmente el 4 de julio de 1776.

Se firma la Declaración de la Independencia. Cuadro de John Trumbull.

El propósito de la Declaración. Su propósito principal fue explicar y justificar al mundo las razones de la decisión estadounidense de declarar su independencia del dominio colonial británico.

El párrafo clave. El párrafo clave de la Declaración contenía una aseveración de los principios sobre los cuales los colonos creían que debía basarse todo gobierno:

> *"Sostenemos como verdades evidentes que todos los hombres nacen iguales, que están dotados por su Creador de ciertos derechos inalienables, entre los cuales se encuentran el derecho a la vida, a la libertad y al alcance de la felicidad; que, para asegurar estos derechos, los hombres instituyen gobiernos, derivando sus justos poderes del consentimiento de los gobernados; que cuando una forma de gobierno llega a ser destructiva a estos fines, es un derecho del pueblo cambiarla o abolirla, e instituir un nuevo gobierno, basando sus cimientos en tales principios y organizando su autoridad en tal forma..."*

Este párrafo está basado en los siguientes principios generales:

Thomas Jefferson, el autor principal de la Declaración de la Independencia

- **Las leyes naturales y la igualdad de la humanidad**. La Declaración aseveraba que todos los individuos tienen derechos naturales (derechos inalienables) que no se pueden quitar. Entre estos derechos humanos fundamentales están "la vida, la libertad y [el] alcance de la felicidad". En este sentido, "todos los hombres nacen iguales". En el tiempo en que escribió Jefferson, las mujeres y los negros no gozaban de los mismos derechos que los hombres blancos. Aunque pasarían 200 años antes de que la igualdad se extendiese a todos los estadounidenses, la Declaración cumplió un papel importante en el establecimiento de las bases de una verdadera igualdad.

- **El contrato social**. La Declaración se basó en la Teoría del Contrato Social del gobierno, desarrollada anteriormente por el filósofo inglés

John Locke. De acuerdo a esta teoría, la gente establece gobiernos para proteger sus derechos inalienables. Por lo tanto, el poder del gobierno viene del pueblo.

- **El derecho a la revolución**. Si el gobierno deja de cumplir sus funciones, y en cambio oprime a los que debe gobernar, el pueblo tiene el derecho de derrocar este gobierno y crear un gobierno nuevo.

Cargos contra el rey. La Declaración siguió con una lista de cargos contra el Rey. Ya que el Rey había quebrantado repetidamente las libertades de los colonos, la Declaración anunciaba que éstos tenían una justificación para romper sus vínculos con Inglaterra y proclamar su independencia.

La importancia de la Declaración. La Declaración permitió que los gobiernos extranjeros reconociesen y ayudasen a los colonos en su lucha por la independencia. La sencillez y la lógica de la Declaración estableció los cimientos para las revoluciones futuras—la Revolución Francesa (1789) y las revoluciones subsiguientes en Asia, Africa, la América Latina y el Oriente Medio. Lo más importante fue el hecho de que los ideales expresados en la Declaración influyeron en muchas de las provisiones de la Constitución de los EE. UU.: el concepto de la democracia y el principio de igualdad completa para todos los ciudadanos.

LA VICTORIA MILITAR Y EL RECONOCIMIENTO DE LA INDEPENDENCIA

El ejército revolucionario, encabezado por el General George Washington, con el tiempo triunfó sobre los ingleses. En 1781 las tropas inglesas se rindieron en Yorktown, Virginia. En 1783 Inglaterra reconoció la independencia de las colonias.

UN NUEVO GOBIERNO: LOS ARTICULOS DE LA CONFEDERACION

Cada una de las trece colonias originales se convirtió ahora en un estado independiente. Cada una refundió su antigua carta de fundación para crear una nueva constitución estatal. Los nuevos gobiernos estatales se basaban en la soberanía popular (la creencia de que el poder de gobernar viene del pueblo), las libertades civiles individuales y la separación de la autoridad entre el gobernador y las legislaturas estatales.

LOS ARTICULOS DE LA CONFEDERACION

Al poco tiempo de declararse la independencia, el Segundo Congreso Continental comenzó a diseñar un plan para organizar un gobierno más permanente. El acuerdo al que llegaron se conoció como **Artículos de la Confederación**. Se puso en vigencia en 1781.

La naturaleza de la Confederación. Los delegados no querían formar un gobierno central que fuese tan poderoso como lo había sido el gobierno británico. En cambio, el Congreso Continental formó una asociación flexible, una **confederación** de estados. Los 13 estados se comprometieron a una "fuerte liga de amistad". Bajo los Artículos, los gobiernos estatales individuales permanecieron más fuertes que el limitado gobierno nacional. La confederación no tenía un departamento ejecutivo nacional ni cortes nacionales.

Los poderes del gobierno nacional. La autoridad del nuevo gobierno de la Confederación estaba estrictamente limitada a tratar con los problemas y las relaciones entre los estados. Aunque la Confederación tenía muchos poderes—como declarar la guerra, hacer la paz, enviar y recibir embajadores, hacer tratados, pedir empréstitos, formar una marina, establecer la moneda, pedir tropas de los estados en una emergencia—fue difícil ponerlos en práctica. Se necesitaba un acuerdo de nueve de los trece estados, que no era fácil de alcanzar. El Congreso no podía cobrar impuestos, poner en pie un ejército ni hacer cumplir sus decisiones.

Las leyes y las enmiendas. Cada estado enviaría un representante al nuevo Congreso de la Confederación, donde tenía un voto. A cada estado le correspondía aplicar y poner en vigor las leyes aprobadas por el Congreso. Esto resultó en un gobierno nacional extremadamente débil. Nueve de los trece estados tenían que acceder antes de que el Congreso pudiera promulgar una nueva ley, y los trece tenían que estar de acuerdo antes de que cualquier enmienda pudiera cambiar los Artículos de la Confederación.

EL PERIODO CRITICO (1781-1786)

Los Artículos de la Confederación lograron mantener unida a la nación durante los últimos años de la Revolución Estadounidense. Además, con la sanción de la **Ordenanza del Noroeste** en 1787, se proporcionó un sistema para gobernar los territorios del Oeste. Este sistema ayudó al país cuando comenzaba su expansión. A pesar de estos logros, la época dirigida bajo los Artículos a menudo se llama el "período crítico", a causa de las serias condiciones que existían entre 1781 y 1786.

Debilidades. La debilidad principal del gobierno bajo los Artículos fue que al gobierno nacional no se le otorgó suficiente poder. Los estados cobraban impuestos sobre productos de otros estados, haciendo difícil el comercio entre ellos. Cada estado emitía su propia moneda, aumentando aún más los problemas de venta de bienes de un estado en otro. En algunos estados, se imprimía dinero sin valor para facilitar el pago de deudas por sus residentes. Los estados también se negaban a dar al Congreso nacional la mayoría de los fondos pedidos como impuestos. Durante ese tiempo, el gobierno nacional carecía del poder para regir a la nación.

La Rebelión de Shays (1786). Una de las deficiencias más serias del gobierno federal era que no tenía un ejército. Esta debilidad se hizo evidente cuando algunos deudores y granjeros pequeños, encabezados por Daniel Shays, se amotinaron en Massachusetts, exigiendo dinero "barato" para pagar sus deudas. La rebelión fue aplastada por las tropas estatales, pero inspiró temor entre muchos propietarios. Si la rebelión se hubiese extendido, el gobierno de la Confederación no habría sido capaz de detenerla.

TERMINOS PARA RECORDAR

República, democracia, leyes, *Sentido Común*, Declaración de la Independencia, leyes naturales, Teoría del Contrato Social, derecho a la revolución, Artículos de la Con-federación, Ordenanza del Noroeste, período crítico, Rebelión de Shays

LOS ORIGENES DE LA CONSTITUCION DE LOS EE. UU.

La Constitución de los Estados Unidos no surgió del aire en 1787, sino que fue el resultado de la época y de la experiencia anterior.

LOS PENSADORES POLITICOS EUROPEOS

Los autores de la Constitución habían leído y examinado los escritos políticos anteriores. Como resultado, las ideas de los pensadores europeos de importancia influyeron muchísimo en las acciones y creencias de los que redactaron la Constitución de los Estados Unidos.

John Locke (1632-1704). Sus ideas, presentadas en sus *Dos tratados sobre el gobierno*, formaron una gran parte de la Declaración de la Independencia. Sus pensamientos también fueron incluidos en la Constitución de los EE. UU. Locke escribió en el tiempo de la Gloriosa Revolución que destituyó al Rey James II de Inglaterra. Argumentaba que los gobiernos fueron creados para proteger los derechos naturales del individuo. La autoridad del gobierno, escribió Locke, se basa en el consentimiento de los gobernados. Esta idea de la soberanía popular es uno de los principios fundamentales de la Constitución de los EE. UU.

John Locke (1632-1704), pensador inglés, cuyas ideas influyeron en la forma del gobierno estadounidense

Barón de Montesquieu (1689-1755). Montesquieu, un filósofo francés, publicó *El espíritu de las leyes* en 1748. En esta obra, argumentaba que la libertad individual sólo podía mantenerse si los poderes del gobierno—el ejecutivo, el legislativo y el judicial— estaban divididos. Abogaba por un sistema en el cual cada rama del gobierno tuviese bastante poder para verificar y equilibrar los poderes de las otras dos ramas.

Jean-Jacques Rousseau (1712-1778). El filósofo francés Rousseau sostenía la idea de que el hombre nace con una naturaleza buena y apacible, pero se corrompe por el ambiente, la educación y las leyes. En su libro, *El contrato social*, Rousseu abogaba por un gobierno basado en el consentimiento de los gobernados. La libertad podría mantenerse sólo si los individuos podían vivir bajo un gobierno basado en la soberanía popular, o sea de elección libre del pueblo.

LA INFLUENCIA DE LOS IROQUESES

La **Confederación Iroquesa** constaba de seis tribus del Noreste, organizadas en una unión. Esta unión se basaba en un sistema federal, en el cual cada una de las naciones mantenía su propia independencia, mientras concedía ciertos poderes a la confederación central gobernante. Los autores de la Constitución de los EE. UU. estaban concientes de este convenio político.

LA ASAMBLEA CONSTITUCIONAL

Los comerciantes estaban descontentos porque algunos estados estaban obstruyendo el comercio. Los propietarios ya no se sentían seguros. Muchas personas temían que si otro país atacaba, el gobierno simplemente se hundiría. Algunos estados convocaron una asamblea en Filadelfia para revisar los Artículos de la Confederación.

SE REUNE LA ASAMBLEA (1787)

Asistieron cincuenta y tres delegados de 12 estados. El propósito de la Asamblea fue primordialmente dar más poder al gobierno nacional bajo los Artículos de la Confederación. Sin embargo, casi inmediatamente los delegados decidieron abandonar los Artículos por completo y redactar una nueva constitución (sistema de gobierno) nacional. ¿Tenían ellos la autoridad de tomar este paso drástico? Algunos historiadores ven a los delegados de la Asamblea como miembros de una pequeña élite, desesperados por conservar su poder y riquezas creando un fuerte gobierno nacional que esperaban controlar. Otros historiadores ven a los delegados como representantes del pueblo estadounidense, tomando medidas para proteger las libertades ganadas durante la Revolución, e intentando impedir que se viniera abajo la sociedad. De acuerdo a este punto de vista, esto es lo querían decir los delegados cuando comenzaron la Constitución con las palabras: "Nosotros, el Pueblo de los Estados Unidos..."

PUNTOS DE ACUERDO ENTRE LOS DELEGADOS

Todos los delegados a la Asamblea Constitucional estuvieron de acuerdo sobre ciertos asuntos principales:

Un gobierno nacional fuerte. Se necesitaba un fuerte gobierno nacional para conservar la recién ganada independencia del país. Los delegados también acordaron que el nuevo gobierno nacional debía tener el poder de recaudar impuestos, de formar un ejército nacional y de reglamentar el comercio entre los estados. También acordaron que se necesitaban límites sobre algunos de estos poderes para impedir el surgimiento de una tiranía.

Tres ramas de gobierno. Los delegados también estaban de acuerdo sobre la necesidad de un jefe ejecutivo y una corte nacional, así como una legislatura nacional. Además, los delegados creían que estas tres ramas del gobierno debían mantenerse separadas, para que ninguna llegase a ser demasiado poderosa y se mantuviera un balance entre las mismas.

PUNTOS DE DESACUERDO ENTRE LOS DELEGADOS

Hubo también algunos desacuerdos entre los delegados. Estos desacuerdos, con el tiempo, se resolvieron mediante una serie de acuerdos. Es por esto que a veces se le llama a la Constitución un "**haz de pactos**". Algunos de los acuerdos más importantes fueron:

El Gran Convenio. Los estados grandes diferían de los estados pequeños sobre si todos los estados debían tener la misma representación en la legislatura, o si la representación debía determinarse de acuerdo a las proporciones. Para resolver el conflicto entre los estados grandes y pequeños, se formaron dos cámaras en la legislatura (el cuerpo que hace las leyes). Igual que el Parlamento inglés, el Congreso estadounidense se volvió **bicameral** (de dos cámaras). Para establecer una ley, su proyecto tiene que ser aprobado por las dos cámaras del Congreso.

- En la **Cámara de Representantes**, los estados son representados de acuerdo a su población, así que los estados de más población tienen más representantes. Esto apaciguó a los estados más grandes. Además, la Cámara de Diputados se convirtió en el cuerpo más democrático del nuevo gobierno, ya que la elección de sus miembros se puso directamente en las manos del pueblo.
- En el **Senado**, dos senadores representan a cada estado, sin consideración de su tamaño. Esto apaciguó a los estados más pequeños.

El acuerdo de las tres quintas partes. Aunque los esclavos no podían votar, los delegados de los estados esclavistas del Sur querían poder contar a sus esclavos como parte de la población del estado. Así podrían aumentar el número de sus diputados en la Cámara de Representantes. Se accedió otorgarles representación a las tres quintas partes de su población esclava. En efecto, cada 5 esclavos contarían como 3 personas libres.

Los acuerdos sobre la trata de esclavos y el comercio. Los estados del Sur temían que los estados del Norte pudieran intentar la abolición de la trata de esclavos o aprobar impuestos sobre las materias exportadas a Inglaterra. Para calmar el temor de estos estados, se necesitaban dos acuerdos. La nueva Constitución estipulaba que el Congreso no podía decretar ninguna ley restrictiva de la trata de esclavos en por lo menos 20 años desde el momento en que se estableció el acuerdo (hasta 1808). También se declaraba que el nuevo gobierno no tendría poder para gravar impuestos en la exportación.

EL DEBATE SOBRE LA RATIFICACION

Los miembros de la Asamblea Constitucional decidieron que una asamblea especial debía reunirse en cada estado para ratificar (aprobar) la Constitución. La Constitución se pondría en vigor una vez que nueve de las asambleas estatales la ratificasen. La lucha por la ratificación fue intensa.

LOS FEDERALISTAS APOYAN LA RATIFICACION

Los que favorecían la ratificación se conocían como **federalistas.** Los argumentos federalistas más persuasivos fueron presentados por Alexander Hamilton, James Madison y John Jay durante el debate sobre la ratificación en Nueva York. Sus 85 ensayos se publicaron juntos como *The Federalist Papers*. Algunas de las razones ofrecidas para adoptar la Constitución fueron las siguientes:

James Madison, llamado el "padre de la Constitución"

- Los Artículos de la Confederación eran un fracaso y tenían que ser reemplazados. Los estados no debían temer la nueva Constitución que reemplazaría los Artículos, porque la nueva imponía límites a las facultades del gobierno nacional.
- Se necesitaba un gobierno más fuerte, capaz de formar un ejército nacional para proteger a los estadounidenses de las rebeliones internas o de los enemigos extranjeros, y capaz de reglamentar el comercio entre los estados para prevenir el hundimiento de la economía. Se necesitaba un presidente o jefe ejecutivo para hacer cumplir o imponer las decisiones del gobierno nacional.
- Los ciudadanos no tenían que temer que el nuevo gobierno llegase a ser demasiado fuerte, porque sus poderes estaban divididos y balanceados entre tres ramas distintas. El federalismo, la separación de poderes y el sistema de control mutuo, establecidos en la Constitución prevendrían que una persona o un grupo estableciese una tiranía.

LOS ANTI-FEDERALISTAS SE OPONEN A LA RATIFICACION

Los que se oponían a la ratificación de la Constitución se conocían como **anti-federalistas**. Argumentaban en contra de la ratificación de la Constitución porque:

- La Constitución formaría un gobierno que era tan fuerte que quitaría las facultades de los gobiernos estatales y las libertades de los ciudadanos ordinarios. Una vez formado un ejército nacional, los jefes del nuevo gobierno nacional podrían tratar de convertirse en dictadores.
- El nuevo gobierno crearía impuestos nuevos y costosos. Los miembros adinerados del Congreso podrían usar el ejército para recaudar impuestos impopulares y luego usar esos impuestos para fundar un ejército más potente.
- En la Constitución no había una declaración de derechos que protegiese la vida, la libertad y la propiedad del ciudadano común, y que garantizara el juicio justo y la libertad de palabra.

Once asambleas estatales ratificaron la Constitución para el fin de 1788. En 1789, se reunió el primer Congreso en la ciudad de Nueva York. El mes siguiente, George Washington fue inaugurado como el primer presidente.

LA DECLARACION DE DERECHOS

El debate sobre la ratificación llevó a la adopción de la Declaración de Derechos—las primeras diez enmiendas a la Constitución. El propósito original de la Declaración de Derechos fue proteger las libertades del individuo contra posibles abusos del gobierno nacional. Más tarde, esta protección también se extendió a los gobiernos estatales. Las primeras diez enmiendas fueron finalmente ratificadas por los estados en 1791.

Se adopta la Constitución el 17 de septiembre de 1787. Pintura de J.B. Stearns.

TERMINOS PARA RECORDAR

Asamblea Constitucional, Constitución, Gran Convenio, bicameral, acuerdo de tres quintas partes, ratificación, federalistas, anti-federalistas, *The Federalist Papers*, Declaración de Derechos

PRINCIPIOS FUNDAMENTALES DE LA CONSTITUCION DE LOS EE. UU.

SOBERANIA POPULAR

Los Estados Unidos son una democracia, donde el poder último del gobierno reside en el pueblo. Este principio se refleja en las primeras palabras del **Preámbulo**, "Nosotros, el Pueblo..." El pueblo ejerce su derecho de gobernar al escoger a sus representantes en las elecciones. Sin embargo, esto quiere decir que el poder del pueblo sobre el gobierno se ejerce indirectamente.

FEDERALISMO

El federalismo es un sistema en el que el gobierno nacional y los gobiernos locales comparten el poder y la autoridad. Para evitar una concentración del poder político, la Constitución de los EE. UU. divide el ejercicio del poder gubernamental en dos niveles: el gobierno nacional (o **federal**) y el local (o **estatal**). El gobierno nacional trata con los asuntos nacionales y con las relaciones entre estados, mientras que los gobiernos estatales se ocupan de sus propias cuestiones locales. Esto permite que los problemas reciban atención tanto nacional como local.

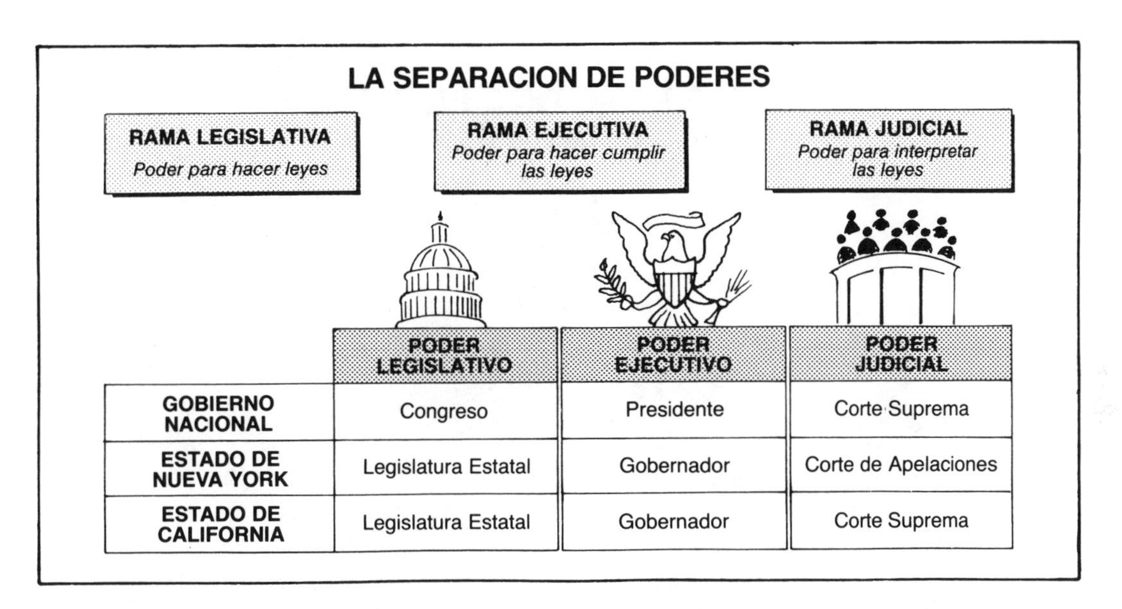

	PODER LEGISLATIVO	PODER EJECUTIVO	PODER JUDICIAL
GOBIERNO NACIONAL	Congreso	Presidente	Corte Suprema
ESTADO DE NUEVA YORK	Legislatura Estatal	Gobernador	Corte de Apelaciones
ESTADO DE CALIFORNIA	Legislatura Estatal	Gobernador	Corte Suprema

Poderes concurrentes. Algunos poderes, comúnmente llamados poderes concurrentes, tales como la facultad de imponer contribuciones y pedir empréstitos, se ejercen tanto por el gobierno nacional como por los gobiernos estatales. Otros poderes se ejercen exclusivamente en el nivel nacional o el estatal.

Poderes delegados. Los poderes otorgados al gobierno nacional se llaman poderes delegados e incluyen: la reglamentación del comercio interestatal, el conducir guerras, la negociación de tratados con países extranjeros, la recaudación de impuestos, la emisión de la moneda, la administración del servicio postal y el mantenimiento de una marina.

Poderes reservados. Los poderes exclusivos de los gobiernos estatales se llaman poderes reservados e incluyen: el establecimiento de sistemas de enseñanza pública, el establecimiento de reglas para vehículos de motor, la reglamentación de ventas de propiedad dentro del estado y el otorgamiento de licencias.

SEPARACION DE PODERES

Al nivel nacional, tanto como dentro de los distintos gobiernos estatales, el poder está repartido entre tres ramas. Esta separación de poderes hace difícil que cualquier individuo o grupo tome control del gobierno entero, ya que en cada rama el poder se obtiene de modos distintos. Estas ramas son:

La rama legislativa. El Congreso es la rama legislativa, encargada de formular leyes.

La rama ejecutiva. El presidente es el jefe ejecutivo encargado de hacer cumplir las leyes.

La rama judicial. La Corte Suprema y las cortes federales interpretan las leyes y las aplican a casos específicos; la Corte Suprema también determina la constitucionalidad de las leyes.

SISTEMA DE CONTROL MUTUO

Para asegurarse de que el gobierno nacional no llegara a ser demasiado fuerte o llegara a oprimir a los que debía gobernar, la Constitución otorgó a cada rama del gobierno federal métodos para "**controlar**" las otras ramas. Este sistema de "control mutuo" limita la acción del gobierno; es así que ciertas medidas no pueden tomarse a menos que haya un acuerdo general de que son necesarias. En las páginas que siguen se mencionan algunos de los métodos de control. Las otros "pesos y contrapesos" son los siguientes:

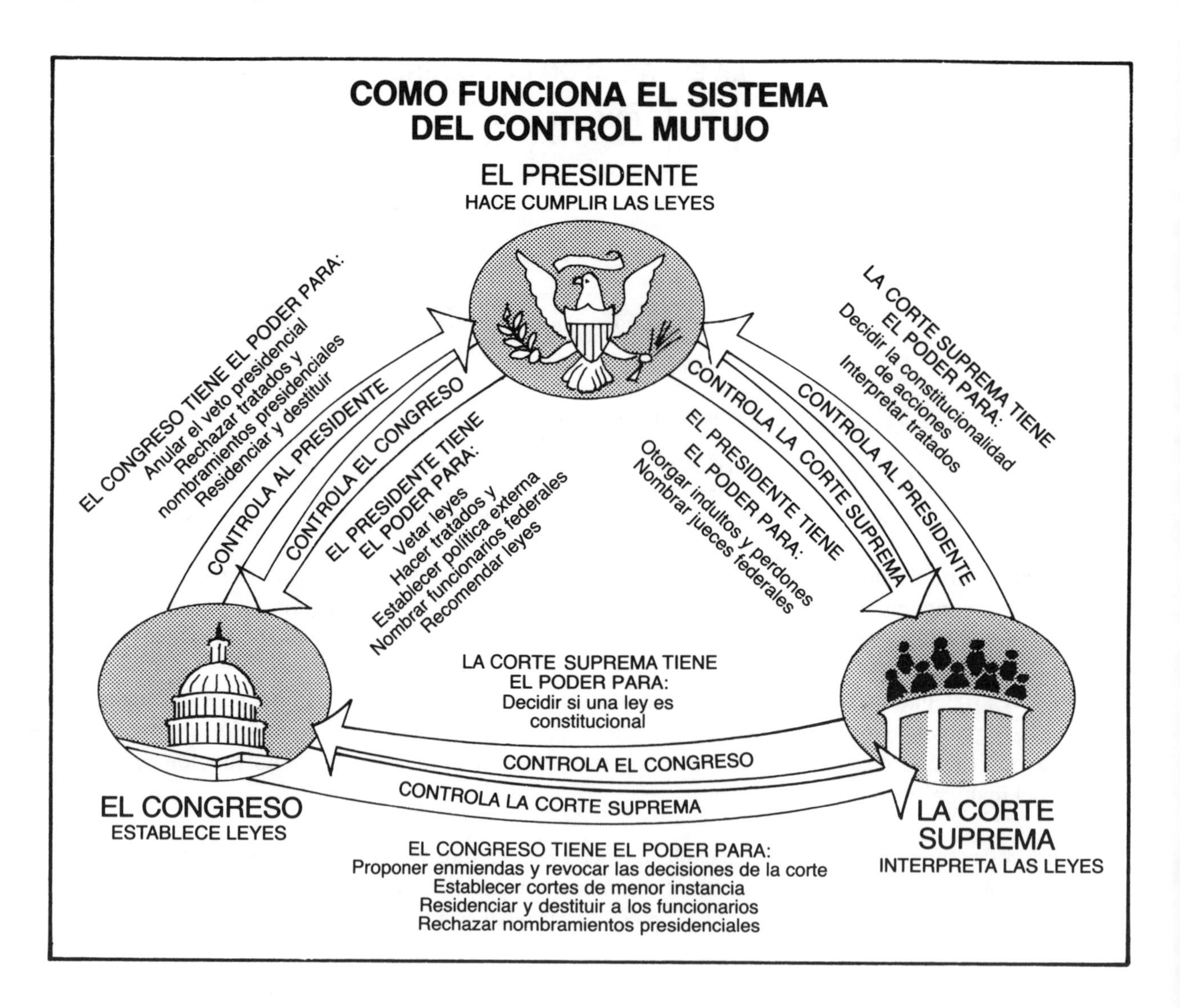

- El presidente puede **vetar** proyectos de ley aprobados por el Congreso, impidiendo que se conviertan en ley. Esto le permite al presidente controlar el poder del Congreso de decretar leyes no aprobadas por él.

- Los tratados gestionados por el presidente tienen que ser aprobados por dos tercios del Senado. Esto ayuda al Congreso a controlar el poder del presidente a negociar tratados no aprobados por el Senado.

- El Congreso puede **residenciar** (destituir del cargo) al presidente por mala conducta. Esto ayuda al Congreso a controlar el poder del presidente.

- La Corte Suprema, por medio de un **examen jurídico**, puede declarar inconstitucional una ley específica decretada por el Congreso o una acción particular del presidente. Esto ayuda al Tribunal a controlar el poder del Congreso y del presidente, si uno o el otro sanciona leyes o comete actos que, según la Corte, están en contra de la Constitución.

GOBIERNO LIMITADO

El Congreso, el presidente y hasta los gobiernos estatales no pueden hacer sencillamente lo que quieran. El poder del gobierno sobre nuestra vida está estrictamente definido por la Constitución.

El Preámbulo. El Preámbulo a la Constitución enumera los propósitos del gobierno federal. Estos son: establecer la justicia, asegurar la paz interna, proporcionar la defensa de la nación, fomentar el bienestar general y proteger los beneficios de la libertad. Toda acción del gobierno federal debe dirigirse hacia estos fines.

Los poderes limitados. El gobierno federal tiene sólo las facultades que le otorga la Constitución. Estas están enumeradas en el Artículo I, Sección 8. Algunas de las facultades principales incluyen las de recaudar impuestos, reglamentar el comercio interestatal, pedir empréstitos, emitir la moneda nacional, establecer un sistema postal, registrar derechos de propiedad literaria, declarar la guerra y mantener las fuerzas armadas.

Los poderes implícitos. La "**cláusula elástica**" (Artículo I, Sección 8, Cláusula 18) extiende los poderes del gobierno federal otorgándole cualesquiera facultades adicionales "necesarias y apropiadas" para poner en práctica las facultades específicamente enumeradas en la Constitución. Estos poderes adicionales se llaman poderes implícitos.

Los poderes denegados. La Constitución enumera los poderes prohibidos al gobierno federal en el Artículo I, Sección 9. Entre otros, el Congreso no puede otorgar títulos de nobleza, decretar leyes que castiguen a alguien por quebrantar una ley promulgada después del delito, establecer una ley que dicte condenas sin juicio, o que permita encarcelamiento sin juicio.

FEDERALISMO: La división de poderes

PODERES OTORGADOS

PODERES DELEGADOS
(NACIONALES)
Poder de declarar la guerra y hacer la paz

PODERES CONCURRENTES
(DE AMBOS)
Poder de recaudar impuestos

PODERES RESERVADOS
(ESTATALES)
Poder de reglamentar y controlar la educación

PODERES DENEGADOS

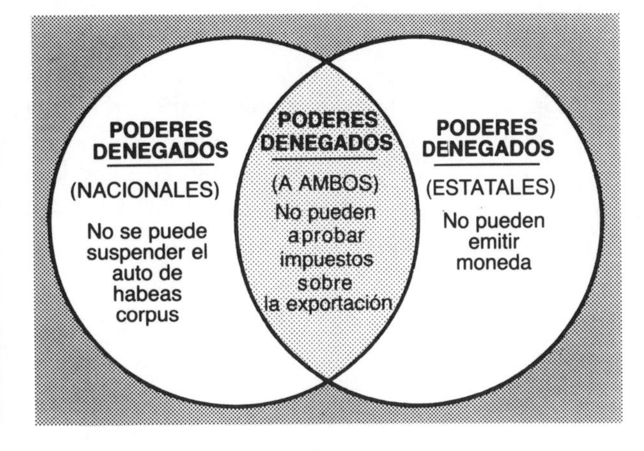

La Declaración de Derechos. Estas primeras diez enmiendas limitan aún más las facultades del gobierno federal. La descripción de las libertades protegidas por la Declaración de Derechos está en la sección sobre las libertades civiles en este capítulo.

Los límites en los gobiernos estatales. Los gobiernos estatales también están limitados en cuanto a los poderes que pueden ejercer sobre sus ciudadanos. Estos poderes se enumeran en el Artículo I, Sección 10. Algunas limitaciones importantes estipulan que los estados no pueden otorgar títulos de nobleza, sancionar leyes *ex post facto* ni las que permitiesen castigo sin juicio. Además, la Enmienda XIV prohíbe que los estados nieguen a los ciudadanos las libertades garantizadas por la Declaración de Derechos.

FLEXIBILIDAD: LA CONSTITUCION COMO UN "DOCUMENTO VIVIENTE"

La Constitución sigue en pie aún hoy porque es un documento flexible. Fue adaptada a situaciones cambiantes por medio del proceso de enmiendas y de reinterpretación.

El proceso de enmiendas. La Constitución puede ser cambiada o enmendada. Sin embargo, para prevenir cambios por razones sin importancia, el proceso se hizo más difícil que la sanción de una ley ordinaria. Hay varias formas de cambiar la Constitución; la que se ha aplicado más frecuentemente es el voto por dos terceras partes del Congreso combinado con la aprobación de tres cuartas partes de las legislaturas estatales.

La reinterpretación. El lenguaje de la Constitución es frecuentemente vago. Por ejemplo, el Congreso puede reglamentar el "comercio interestatal", pero, ¿qué significa "comercio interestatal"? Los castigos "crueles y extraordinarios" son inconstitucionales, pero, ¿es "cruel y extraordinaria" la pena de muerte? Las decisiones de la Corte Suprema a menudo aplican la Constitución a nuevas circunstancias y encuentran nuevos significados. La "cláusula elástica" en particular a menudo justifica las interpretaciones de la Constitución que permiten que el gobierno federal proceda a cumplir con las necesidades cambiantes.

- La **interpretación estricta** de la Constitución es apoyada por los que creen que el gobierno federal debe limitarse estrictamente a las facultades específicamente mencionadas en la Constitución.

- La **interpretación amplia** de la Constitución es favorecida por los que opinan que el gobierno federal debe tener facultades amplias basadas en los poderes implícitos de la cláusula elástica.

TERMINOS PARA RECORDAR

Soberanía popular, federalismo, poderes delegados, poderes reservados, separación de poderes, control mutuo, Preámbulo, poderes implícitos, cláusula elástica, proceso de enmiendas

VOCES DEL PUEBLO

Esta nación está muy orgullosa del carácter único de su constitución. Aunque muchas de sus ideas se tomaron de varias fuentes distintas, una que no se menciona a menudo es la Constitución Iroquesa. En 1720, los iroqueses se componían de una unión de 6 naciones de pueblos indígenas. Se dice que tanto Thomas Jefferson como Benjamin Franklin — dos individuos importantes en la redacción de la Constitución de los Estados Unidos — habían estudiado la Constitución Iroquesa.

LA CONSTITUCION IROQUESA

(*Fragmento*)

Ahora te coronamos con el sagrado emblema de las astas, la señal de tu señoría. Ahora te convertirás en el mentor del pueblo de las Cinco Naciones. El espesor de tu piel será de siete palmos, a prueba del enojo, acción ofensiva y crítica. Con interminable paciencia cumplirás tu deber y tu firmeza será templada con la compasión por tu pueblo. Ni la ira ni el temor encontrarán alojamiento en tu mente y todas tus palabras y acciones serán templadas con tranquila deliberación. En todos tus actos oficiales, pondrás a un lado tu propio interés. [Procurarás] el bienestar del pueblo entero y siempre pensarás, no sólo en la nación presente, sino [también] en las generaciones por venir—los no nacidos de la futura Nación.

Los señores de los Onondaga, abrirán cada concilio expresando gratitud a los señores emparentados y saludándolos; le harán una dedicatoria y le ofrecerán las gracias a la tierra en la que viven los hombres, a las corrientes de agua, los remansos, los lagos, al maíz y las frutas, a las hierbas medicinales y los árboles, a los árboles del bosque por su utilidad, a los animales que nos sirven de comida y los que nos ofrecen su piel como ropa, a los grandes vientos y los vientos menores, a los Tronadores, y al Sol, el guerrero potente, a la luna, a los mensajeros del Gran Espíritu que mora en lo alto de los cielos, que da todo lo necesario al hombre, que es la fuente y el soberano de la salud y de la vida.

[Sólo] entonces los señores de los Onondaga declararán abierto el concilio.

Un jefe de los iroqueses alrededor de 1710

COMPRUEBA TU COMPRENSION

1. ¿Qué se entiende por "el espesor de tu piel será ... a prueba de enojo, acción ofensiva y crítica"? ¿Por qué los jefes deben esperar que se les critique?

2. ¿Por qué se dice a los señores que busquen el bienestar del pueblo iroqués y que pongan a un lado sus propios intereses? ¿Sería esto un buen requisito para nuestros líderes hoy?

3. ¿Qué nos dice este documento sobre la actitud de los iroqueses hacia la naturaleza? ¿Cómo compara con nuestra actitud hacia la naturaleza en el presente?

4. ¿Cómo se reflejan las creencias religiosas de los iroqueses en su constitución?

5. ¿Qué ideas habrán tomado los forjadores de la Constitución de 1787 de la constitución iroquesa?

VOCES DEL PUEBLO

Thurgood Marshall, como abogado de la N.A.A.C.P., presentó el caso de Brown vs. Board of Education *ante la Corte Suprema. Este caso fue importante porque llevó a la desegregación de las escuelas públicas en 1954. Más tarde, Marshall fue el primer negro nombrado Magistrado de la Corte Suprema. En 1987, explicó porqué no podía participar en la celebración del bicentenario de la Constitución de los E.E. U.U.*

Reflexiones sobre el bicentenario de la Constitución de los Estados Unidos

—Thurgood Marshall

No puedo aceptar esta invitación, porque no creo que el sentido de la Constitución fue "fijado" para siempre en la Asamblea de Filadelfia. Ni encuentro especialmente profundos ni la sabiduría, ni la presciencia ni el sentido de justicia mostrados por los autores. Al contrario, el gobierno que idearon ellos, fue defectuoso desde el principio. Fueron necesarias varias enmiendas, una guerra civil y una transformación social trascendental, para llegar al sistema de gobierno constitucional y al respeto de las libertades del individuo y derechos humanos, que hoy sostenemos como fundamentales. Cuando los estadounidenses contemporáneos citan "La Constitución", invocan un concepto que es muy diferente del que los forjadores apenas comenzaron a edificar hace dos siglos.

Para tener un sentido de la Constitución original, no necesitamos mirar más allá de de las tres primeras palabras del preámbulo al documento: "Nosotros, el Pueblo". Cuando los Padres Fundadores [de la nación] usaron esta frase en 1786, no pensaban en la mayoría de los ciudadanos del país. "Nosotros, el Pueblo" incluía, en las palabras de los autores, "el Número total de Personas libres". En un asunto tan fundamental como el derecho al voto, por ejemplo, fueron excluidos los esclavos negros...

Las mujeres no recibieron el derecho al voto por más de ciento treinta años.

Estas omisiones fueron intencionales. Las actas de los debates de los forjadores sobre la cuestión de la esclavitud son especialmente claras: los estados del Sur accedieron a las demandas de los estados de Nueva Inglaterra al otorgarle al Congreso un amplio poder de reglamentar el comercio, a cambio del derecho de continuar la trata de esclavos...

Los de Nueva Inglaterra, ocupados en el "negocio del transporte", se beneficiaron tanto con el transporte de los esclavos desde Africa como de los bienes producidos en los Estados Unidos por los esclavos. La perpetuación de la esclavitud aseguró la fuente primaria de riquezas en los estados del Sur.

COMPRUEBA TU COMPRENSION

1. ¿Por qué rechazó Marshall la invitación a celebrar el bicentenario de la Constitución de los Estados Unidos?
2. ¿De qué modo no fue representativa del pueblo la Constitución de 1787?
3. ¿Crees que la Constitución había sido un documento democrático para su época? ¿Por qué sí, o por qué no?
4. ¿Estás de acuerdo con la posición de Marshall en su negativa de celebrar el bicentenario de la Constitución de los EE. UU.?

EL GOBIERNO FEDERAL: SU ESTRUCTURA Y FUNCIONES

Aunque hubo algunos cambios importantes, el gobierno federal sigue fucionando hoy basándose en la misma estructura establecida hace doscientos años. El poder federal continua dividido en tres ramas distintas —el Congreso, el presidente y la Corte Suprema.

EL CONGRESO: LA RAMA LEGISLATIVA

ESTRUCTURA Y FUNCIONES DEL CONGRESO

La tarea principal del Congreso es formular las leyes de la nación. Se compone de dos cámaras:

El Capitolio de Washington, D. C. En este edificio se reúne el Congreso.

El **Senado**. En el presente, el Senado tiene 100 miembros, dos de cada estado. Cada senador es elegido por los votantes de su estado por un término de seis años. Aparte de su función de establecer las leyes, se necesitan dos terceras partes del Senado para ratificar (aprobar) todos los tratados gestionados por el presidente. El Senado también tiene que confirmar todos los nombramientos presidenciales de jueces federales, funcionarios del Gabinete y embajadores.

La **Cámara de Representantes**. Actualmente la Cámara tiene 435 miembros. Cada diputado es elegido por los votantes de un solo distrito congresional por un término de dos años. El número de representantes de cada estado se determina a base de la población de ese estado. Cada diez años se toma un **censo** nacional y se redistribuyen los asientos de la Cámara de Representantes. A los estados cuya población aumenta, se les otorgan diputados adicionales; los estados que pierden habitantes, o simplemente no se desarrollan con la misma rapidez, pierden a algunos representantes.

COMO UN PROYECTO SE CONVIERTE EN LEY

Un "bill" es un proyecto de ley. Puede tener su principio sea en el Senado o en la Cámara de Representantes. Sin embargo, todos los proyectos financieros tienen que originarse en la Cámara de Representantes. Una vez un representante o senador propone una ley, ésta es enviada a una comisión permanente.

La **etapa de la comisión permanente**. Las comisiones permanentes tratan asuntos específicos, como los asuntos externos o el presupuesto nacional. Cada comisión se compone de demócratas y republicanos. Los miembros de la comisión investigan y consideran el proyecto. Luego la comisión recomienda, modifica o anula ("mata") el proyecto.

DISTICTS	Free white Males of 16 years and upwards, including heads of families.	Free white Males under sixteen years.	Free white Females, including heads of families.	All other free persons.	Slaves.	Total.
Vermont	22435	22328	40505	255	16	85539
N. Hampshire	36086	34851	70160	630	158	141885
Maine	24384	24748	46870	538	NONE	96540
Massachusetts	95453	87289	190582	5463	NONE	378787
Rhode Island	16019	15799	32652	3407	948	68825
Connecticut	60523	54403	117448	2808	2764	237946
New York	83700	78122	152320	4654	21324	340120
New Jersey	45251	41416	83287	2762	11423	184139
Pennsylvania	110788	106948	206363	6537	3737	434373
Delaware	11783	12143	22384	3899	8887	59094
Maryland	55915	51339	101395	8043	103036	319728
Virginia	110936	116135	215046	12866	292627	747610
Kentucky	15154	17057	28922	114	12430	73677
N. Carolina	69988	77506	140710	4975	100572	393751
S. Carolina	35576	37722	66880	1801	107094	249073
Georgia	13103	14044	25739	398	29264	82548
	807094	791850	1541263	59150	694280	3893635

Total number of Inhabitants of the United States exclusive of S. Western and N. Territory.	Free white Males of 21 years and upwards.	Free Males under 21 years of age.	Free white Females.	All other Persons.	Slaves.	Total
S. W. territory	6271	10277	15365	361	3417	35691
N. Ditto	—	—	—	—	—	—

Resumen de la información del primer censo nacional en 1790

La **consideración por la cámara entera**. Si la comisión recomienda el proyecto de ley, éste tiene que ser examinado por la cámara entera—sea el Senado o la Cámara de Representantes. Una vez debatido el proyecto, la cámara vota para aprobarlo o rechazarlo. Si el proyecto es aprobado, va a la otra cámara del Congreso y se somete a un proceso similar.

La **comisión de conferencia**. Si el proyecto es aprobado por una cámara sin ningún cambio y en la otra cámara se aprueba con cambios leves, es entonces sometido a una comisión de consulta (conferencia) para lograr un consenso en cuanto a las diferencias.

El **presidente**. El proyecto se somete entonces al presidente. Si el presidente lo firma, se sanciona en ley. Si el presidente lo **veta**, el Congreso puede puede **contrarrestar** ese veto si dos tercios de cada cámara vuelven a votar en favor del proyecto. El presidente también puede quedarse sin hacer nada. Si el Congreso aún está en sesión diez días más tarde, el proyecto automáticamente se vuelve en ley. Si el Congreso ya no está en sesión diez días más tarde, el proyecto se extingue; esto se conoce como un **veto implícito**.

LA PRESIDENCIA: LA RAMA EJECUTIVA

LOS REQUISITOS Y EL TERMINO DEL CARGO

El presidente tiene que ser ciudadano por nacimiento y tener por lo menos 35 años de edad. El presidente es elegido por un término de cuatro años. Tradicionalmente, los presidentes servían sólo por dos términos, hasta que Franklin D. Roosevelt fue elegido cuatro veces. Al poco tiempo, la Enmienda XXII (1944) limitó la presidencia a dos términos.

LOS ORIGENES Y LA INFLUENCIA DEL COLEGIO ELECTORAL

Los miembros de la Asamblea Constitucional no confiaban por completo a la gente ordinaria la elección directa del presidente. En cambio, asignaron la selección del presidente a unos electores especiales (delegados) que forman el **colegio electoral**.

- Para llegar a ser presidente, un candidato necesita obtener la mayoría de los votos del colegio electoral. El número de electores que tiene cada estado es igual al número de sus representantes combinado con el número de sus senadores.

- En el presente, los votantes escogen a sus electores a base de su afiliación partidista y según el candidato de su preferencia. Los candidatos presidenciales ganan o pierden a todos los electores en ese estado dependiendo del voto total que recican en tal estado.

- El voto electoral en un estado generalmente se basa en el sistema de que el vencedor se lo lleva todo. Como resultado, es posible que un candidato gane el voto popular nacional, pero que pierda la elección. Esto llegó a ocurrir varias veces, dando a la nación varios "**presidentes de la minoría**" que perdieron el voto popular, pero ganaron la mayoría de los votos del colegio electoral.

La Casa Blanca, residencia del Presidente, vista desde el sur

LAS ELECCIONES PRESIDENCIALES EN EL PRESENTE

En el presente un candidato tiene que completar un proceso compuesto de dos partes para llegar a ser presidente:

Primer paso: **la nominación**. Un candidato tiene que ganarse la nominación de su partido político. Para hacerlo, los candidatos participan en una serie de elecciones preliminares conocidas como "**primarias**". Estas son elecciones entre candidatos rivales del mismo partido que buscan el apoyo de los delegados en la asamblea nacional del partido. Una vez elegidos, los delegados generalmente se comprometen a votar por el candidato al que fueron elegidos a representar. En la **convención nacional** de cada partido, los delegados escogen al candidato de su partido. Los delegados también formulan el **programa del partido**, declarando la posición de ese partido en los asuntos importantes en la campaña. Finalmente, en la convención, el nuevo candidato nombra a la persona que escogió como candidato para la vicepresidencia.

Segundo paso: **la elección**. Luego los candidatos del partido tienen que ir de campaña por el país, de un lado a otro. El día de las elecciones, los votantes escogen a los delegados del colegio electoral. El candidato que recibe la mayoría de los votos del colegio electoral, gana la elección y llega a ser presidente.

LAS DIVERSAS FUNCIONES DEL PRESIDENTE

La Constitución define y limita las facultades de la presidencia. A pesar de esto, los poderes constitucionales del presidente fueron ampliados, y se agregaron nuevas facultades. Hoy, el presidente desempeña muchas funciones:

- Como **jefe ejecutivo**, el presidente está encargado de hacer cumplir las leyes establecidas por el Congreso. Por ejemplo, si el Congreso sanciona leyes que limitan la inmigración, el presidente y sus asistentes establecen agencias que hacen cumplir estas leyes. El presidente también está a cargo de una vasta burocracia del gobierno federal y somete un presupuesto federal anual al Congreso. El presidente también puede perdonar, poner en libertad o indultar a personas acusadas de crimenes federales.

- Como **jefe del Estado**, el presidente es el director ceremonial del gobierno de los Estados Unidos y representa el país.

- Como **jefe supremo,** el presidente dirige las fuerzas armadas y controla el uso de las armas nucleares.

- Como **jefe de política externa**, el presidente conduce las relaciones externas de la nación, gestiona tratados con países extranjeros, recibe a embajadores y a diplomáticos extranjeros, y nombra embajadores de la nación.

- Como **legislador jefe**, el presidente puede enviar al Congreso recomendaciones que a menudo forman la base de muchas leyes. Además, el presidente puede firmar o vetar proyectos de leyes aprobados por el Congreso.

- Como **jefe de un partido político**, el presidente controla uno de los dos partidos principales nacionales: esto le da influencia sobre los miembros del Congreso del mismo partido.

Aunque esta lista es impresionante, el presidente tiene que cooperar con el Congreso para llevar a cabo muchas de estas funciones. Por ejemplo, aunque el presidente es el jefe supremo de las fuerzas armadas, es el Congreso el que determina los gastos militares. El presidente conduce la diplomacia día a día, pero el Congreso determina si se declara la guerra o no.

ORDENES EJECUTIVAS Y ACUERDOS EJECUTIVOS

Desde los tiempos de George Washington, la autoridad presidencial aumentó enormemente. El presidente ejerce mayor control en las decisiones gubernamentales a causa del uso más amplio de órdenes ejecutivas y acuerdos ejecutivos.

- Las **órdenes ejecutivas** son facultades usadas por el presidente para llevar a cabo un proyecto de acción aprobado por el Congreso. Estas órdenes tienen la fuerza de la ley. El envío por el Presidente Truman de fuerzas de combate a Corea, es un ejemplo de una orden ejecutiva.

- Los **acuerdos ejecutivos** se refieren a un acuerdo entre el presidente y el jefe de un gobierno extranjero. Tales acuerdos no necesitan la aprobación del Senado. Por ejemplo, la Carta del Atlántico (1941), firmada por el Presidente Franklin Roosevelt y Winston Churchill, fue un acuerdo ejecutivo.

LAS CORTES FEDERALES: LA RAMA JUDICIAL

La Corte Suprema tiene nueve miembros, cada uno escogido por el presidente y aprobado por el Senado. Los magistrados tienen cargo vitalicio para proteger sus decisiones de la intromisión política. A pesar de esto, la Corte Suprema a menudo está bajo la influencia de la opinión pública, y puede revocar sus decisiones previas. Bajo la jurisdicción de la Corte Suprema se encuentran las otras cortes federales que resuelven casos que tienen que ver con las leyes federales o disputas entre ciudadanos de diferentes estados. Cuando surge un desacuerdo en las cortes de menor instancia, le toca a la Corte Suprema examinar estos casos, que le llegan como apelaciones.

El Tribunal Supremo. En este edificio se reúne la Corte Suprema de la nación.

EXAMEN JURIDICO

Al analizar casos específicos, la Corte Suprema no sólo decide si la ley fue aplicada correctamente por una corte de menor instancia, sino también si la ley misma está dentro del poder del gobierno de acuerdo a la Constitución. El poder que tiene la Corte Suprema para decidir si las leyes son constitucionales se conoce como examen jurídico. El uso del análisis jurídico por la Corte Suprema causó mucha controversia sobre la función apropiada de la Corte:

Inhibición jurídica. Algunos creen que la Corte sobrepasó los límites de su autoridad al tomar esta responsabilidad adicional; dicen que la Corte Suprema debe dejar las decisiones de práctica a los legisladores, quienes fueron elegidos para representar los intereses del pueblo.

Activismo jurídico. Hay quienes opinan que la Corte Suprema tiene la responsabilidad de proteger la Constitución contra las posibles infracciones de las otras ramas del gobierno. Para hacerlo, la Corte puede verse obligada a obrar casi como una legislatura al tratar de resolver problemas sociales importantes.

TERMINOS PARA RECORDAR

Congreso, Senado, Cámara de Representantes, censo, ley, proyecto de ley, comisión permanente, comisión de consulta, veto, contrarrestar, veto implícito, jefe ejecutivo, jefe supremo de las fuerzas armadas, Colegio Electoral, elecciones preliminares, asamblea nacional, programa del partido, examen jurídico

LA PROTECCION CONSTITUCIONAL DE LAS LIBERTADES INDIVIDUALES

Uno de los aspectos más importantes de la Constitución es la protección que provee a los individuos contra los posibles abusos del gobierno. De hecho, algunos estados temían tanto este abuso potencial que se negaron a aprobar la Constitución hasta que se le añadió la Declaración de Derechos, que garantizaba las libertades individuales. Sin embargo, las libertades y los derechos garantizados a los individuos no se limitan sólo a la Declaración de Derechos. Otras partes de la Constitución, tanto como las decisiones de la Corte Suprema, contribuyeron a la expansión y fortalecimiento de estas protecciones.

LAS PROTECCIONES ENCONTRADAS EN LA CONSTITUCION ORIGINAL

La Constitución enumera ciertos poderes específicos que caen fuera de la jurisdicción del gobierno federal y de los gobiernos estatales.

Leyes "ex post facto". Se prohibe tanto al Congreso como a los gobiernos estatales aprobar una ley que castigue a alguien por cometer un acto que no era un crimen al tiempo de cometerse el acto.

Decretos que permitieran castigo sin juicio (leyes de "attainder"). Se prohibe tanto al Congreso como a los gobiernos estatales sancionar una ley que establezca condenas sin juicio.

Suspensión del auto de "habeas corpus". A excepción de casos de rebelión o de motín, al gobierno federal se le prohibe el encarcelamiento sin juicio.

Protección de contratos. A los estados se les prohibe menoscabar, alterar o anular los términos y obligaciones establecidas por un contrato formal de negocios.

LAS PROTECCIONES ENCONTRADAS EN LA DECLARACION DE DERECHOS

Algunas de las protecciones más importantes de los derechos individuales se añadieron a la Constitución en la Declaración de Derechos. Estas protecciones fueron la base de numerosas decisiones de la Corte Suprema e incluyen:

La **Primera Enmienda** que protege las siguientes libertades:

- La **libertad de religión**. Se protege el derecho del individuo a practicar libremente su religión. Además, el Congreso no puede decretar una ley que favorezca una religión sobre otra. Por ejemplo, la oración en las escuelas públicas fue interpretada como quebrantamiento de este principio. (Véase *Epperson vs. Arkansas*, en el Capítulo 17, para saber más sobre la decisión de la Corte Suprema que trata de esta protección.)

- La **libertad de palabra**. Al individuo se le permite hablar libremente en la sociedad. (Véase *Schenck vs. U.S.*, en el Capítulo 12, para saber más sobre la decisión de la Corte Suprema que trata de esta libertad.)

- La **libertad de prensa**. El gobierno no puede limitar el derecho de un periódico a publicar la verdad. (Véase *New York Times vs. U.S.*, en el Capítulo 16, para saber más sobre la decisión de la Corte Suprema que trata de esta libertad.)

- El **derecho de asamblea**. El gobierno no puede negar a los individuos el derecho a realizar asambleas públicas y privadas.

- La **libertad de petición**. El gobierno no puede negar el derecho a pedir cambios en las leyes del gobierno.

La **Segunda Enmienda** dice que, ya que para la seguridad de un estado libre se necesita una milicia nacional, no se negará al pueblo el derecho de poseer y portar armas.

La **Tercera Enmienda** prohibe al gobierno acuartelar tropas en las viviendas de la gente sin su permiso.

La **Cuarta Enmienda** protege a los ciudadanos contra registros y detenciones "irracionales". Para que un registro se considere razonable, la policía tiene que obtener una orden de registro basada en una "causa probable" antes de poder conducirlo. (Véase *Mapp vs. Ohio*, en el Capítulo 15 y *New Jersey vs. T.L.O.* en el Capítulo 17, para saber más sobre las decisiones de la Corte Suprema que tratan de esta protección.)

La **Quinta Enmienda** protege al individuo contra:

- La ejecución, prisión o confiscación de propiedad excepto por "debido proceso de ley". El **debido proceso de ley** significa que uno tiene la oportunidad de defenderse en un proceso judicial justo, de acuerdo a los procedimientos establecidos.

- La **autoincriminación**. Se garantiza que a nadie se le puede obligar a dar testimonio contra sí mismo. (Véase *Miranda vs. Arizona* en el Capítulo 15, para saber más sobre la decisión de la Corte Suprema que trata de esta protección.)

- La **doble exposición**. A nadie se le puede juzgar por el mismo crimen después que se haya declarado inocente en el primer proceso.

- Los bienes de una persona no se pueden expropiar para el uso público sin un pago justo.

- Además, si a un individuo se le acusa de un crimen serio, el caso tiene que presentarse primero a un **gran jurado**. Si el gran jurado encuentra que hay bastante evidencia para que el individuo sea juzgado, formulará un **auto de acusación**.

La **Sexta Enmienda** garantiza el derecho de todo individuo a la ayuda de un abogado y a un juicio públi-co justo y rápido con un jurado imparcial para la revisión de casos criminales. (Véase *Gideon vs. Wainwright* en el Capítulo 15, para saber más sobre la decisión de la Corte Suprema que trata de esta protección.)

La **Octava Enmienda** prohibe castigos crueles y extraordinarios.

La **Décima Enmienda** estipula que todos los poderes no otorgados al gobierno federal pertenecen (reservados) a los gobiernos estatales y al pueblo. Esta enmienda ilustra el hecho de que los poderes del gobierno central son limitados.

LAS PROTECCIONES INCLUIDAS EN LAS ENMIENDAS SUBSIGUIENTES

Después de introducir la Declaración de Derechos, se agregaron protecciones adicionales de los derechos individuales. Estas protecciones incluyen las siguientes:

La **Enmienda Trece** (1865) prohibe la esclavitud.

La **Enmienda Catorce** (1868) prohibe a los gobiernos estatales tomar la vida, la libertad o la propiedad de una persona sin el "**debido proceso de ley**". En efecto, la Enmienda XIV obliga a los estados a seguir los mismos procedimientos establecidos por la Constitución para el gobierno federal antes de emprender cualquier acción para castigar a un individuo acusado de violar la ley. También obliga a los estados, igual que al gobierno federal, a tratar a todos los individuos igualmente ante la ley. (Véase *Plessy vs. Ferguson* [Capítulo 8], *Brown vs. Board of Education* [Capítulo 15] y *Goss vs. Lopez* [Capítulo 16] para saber más sobre las decisiones de la Corte Suprema sobre esta protección.)

La **Enmienda Quince** (1870) garantiza que el derecho al voto no puede ser negado por causa de la raza, del color o porque el individuao haya sido antes un esclavo.

La **Enmienda Diecinueve** (1920) garantiza que el derecho al voto no puede ser negado a base del sexo de la persona.

La **Enmienda Veinticuatro** (1964) prohibe que los estados obliguen a los individuos a pagar capitación para poder votar.

TERMINOS PARA RECORDAR

Ley de ex post facto, ley de "attainder", auto de "habeas corpus", gran jurado, debido proceso de ley, autoincriminación, doble exposición

LA CONSTITUCION IMPLICITA

En el presente, el gobierno estadounidense depende de muchas prácticas que surgieron una vez establecida la Constitución. Estas prácticas se hicieron tradicionales y usuales aunque nunca fueron formalmente incorporadas en la Constitución. Por esto, a menudo se conocen como la "Constitución implícita" o no escrita.

EL GABINETE

El sistema del Gabinete comenzó con la presidencia de Washington. La Constitución proporcionaba al presidente el poder de nombrar los jefes de departamentos ejecutivos, pero no estipulaba cuáles debían ser estos departamentos. El Presidente Washington escogió a varias personas que le asistiesen en asuntos con los cuales necesitaba ayuda. Washington y los futuros presidentes llegaron a depender del Gabinete como fuente de consejos. Todos los presidentes siguieron la tradición de escoger a los miembros del Gabinete; el presidente nombra sus miembros, pero éstos tienen que ser aprobados por el Senado.

LOS PARTIDOS POLITICOS

Un partido político es un grupo de personas que trabajan juntas para ganar las elecciones y colocar a sus candidatos en cargos públicos. Generalmente, los miembros de un partido político tienen los mismos propósitos generales. Los partidos políticos no existían aún cuando se redactó la Constitución de los Estados Unidos.

Se desarrollan los primeros partidos políticos. Durante la administración de Washington, los primeros partidos políticos surgieron como resultado de los desacuerdos entre dos miembros del Gabinete de Washington. Los que apoyaban a Hamilton se organizaron en un partido político conocido como **federalistas**. Los que se oponían a sus ideas, se juntaron alrededor de Thomas Jefferson y llegaron a conocerse como **republicanos-demócratas**. Los dos partidos tenían puntos de vista opuestos con respecto a varias cuestiones importantes:

HAMILTON Y LOS FEDERALISTAS	JEFFERSON Y LOS REPUBLICANOS-DEMOCRATAS
1. Estaban en favor de un gobierno central fuerte con poderes para hacer todo lo necesario para cumplir con sus responsabilidades.	1. Se oponían a un gobierno central fuerte, pes creían que el mejor gobierno es el que rige menos.
2. Favorecían una interpretación amplia de la Constitución.	2. Favorecían una interpretación estricta de la Constitución.
3. Favorecían a los ricos y los intereses de los negociantes, especialmente los de los fabricantes del Noreste.	3. Favorecían a los pequeños granjeros independientes y al individuo común.
4. Creían que el propósito principal del gobierno era la protección de la propiedad.	4. Creían que el propósito principal del gobierno era la protección de las libertades del pueblo.

Los partidos políticos en el presente. Estos primeros partidos políticos más tarde fueron reemplazados por el partido demócrata y el republicano. Ya que los estadounidenses tienden a organizarse en dos partidos políticos principales, los Estados Unidos se conocen por su **sistema bipartidista**. Los partidos políticos desempeñan varias funciones importantes:

- Unen a los estadounidenses de regiones apartadas y de diferentes antecedentes. También proporcionan un método para que los funcionarios elegidos para el gobierno federal y los gobiernos estatales se puedan organizar en grupos eficientes.
- Reúnen fondos y proporcionan apoyo a los candidatos que quieren ser elegidos. Alientan la participación de los votantes calificados en las elecciones. También estimulan el interés en las elecciones al identificar los asuntos importantes y llevarlos al debate público.
- El partido fuera del poder generalmente vigila cuidadosamente al partido en el poder.

EXAMEN JURIDICO

Desde que el Presidente de la Corte Suprema, John Marshall, estableció el examen jurídico en el caso de *Marbury vs. Madison,* este poder ha aumentado muchísimo. Aunque no se menciona en la Constitución, el examen jurídico otorga a la Corte Suprema el derecho de examinar decretos y leyes para determinar si están de acuerdo con la Constitución.

EL SISTEMA DE COMISIONES

El sistema de comisiones es otra parte de la Constitución implícita. El Congreso hace mucho de su trabajo mediante comisiones que se encargan de examinar testigos en vistas, así como discutir y evaluar proyectos de ley. Las comisiones ayudan al Congreso a escoger los proyectos de ley más meritorios de los miles que se proponen durante cada sesión del Congreso.

INFLUENCIAS EXTERNAS EN EL GOBIERNO

Otros grupos en la sociedad estadounidense también contribuyen a la Constitución implícita.

Grupos de influencia política y cabilderos. Los grupos de influencia política son organizaciones basadas en creencias o en intereses económicos comunes, que tratan de "urgir" a los legisladores para que sancionen leyes favorables. A menudo contratan a agentes, conocidos como cabilderos, para ejercer influencia sobre los miembros del Congreso y sobre otros funcionarios públicos. Los cabilderos tratan de trabar amistad con los miembros del Congreso, transmiten información, testifican en los vistas congresionales y llevan a cabo campañas para el beneficio de sus clientes en la prensa y en la televisión. Algunos críticos sostienen que los cabilderos tienen demasiada influencia sobre lo que es aprobado por el Congreso. También temen que los cabilderos exponen a los miembros del Congreso a la tentación de sobornos y corrupción.

La prensa. Aunque la prensa no se considera parte del gobierno, tiene una función vital en nuestro sistema político. La libertad de prensa es protegida por la Primera Enmienda. La prensa proporciona informes al público y sirve de vigilante del gobierno. A menudo los periodistas son los primeros en descubrir fechorías o revelar problemas en las políticas oficiales. De todos los medios masivos de comunicación, la más influyente hoy es la televisión.

TERMINOS PARA RECORDAR

Partidos políticos, federalistas, republicanos-demócratas, sistema bipartidista, grupos de influencia política, cabilderos, comisiones congresionales

PERSONAJES DE LA EPOCA

JOHN PETER ZENGER (REDACTOR DE PERIODICO)

John Peter Zenger contribuyó al establecimiento de la libertad de prensa durante la época colonial. En su periódico publicó una serie de artículos en los que acusaba de corrupción al gobernador colonial de Nueva York. Fue arrestado y sometido a juicio en 1735. Su abogado, Andrew Hamilton lo defendió con éxito, y esto alentó a otros a escribir la verdad sobre lo que presenciaban.

BENJAMIN FRANKLIN (HOMBRE DE ESTADO)

Benjamin Franklin tuvo una carrera muy distinguida. Como hombre de ciencia, condujo experimentos con los rayos y la electricidad. Inventó una estufa de calefacción, los lentes bifocales y el pararrayos. Como escritor, redactó el *Poor Richard's Almanack*. Sirvió a la nación como el primer director general de correos y embajador en Francia. Sin embargo, Franklin alcanzó la mayor fama como líder nacional. En 1754 propuso un plan para unificar las colonias. Además, participó en la redacción de la Declaración de Independencia y de la Constitución de los Estados Unidos.

CRISPUS ATTUCKS (PATRIOTA)

Crispus Attucks, un exesclavo, fue el primer estadounidense que sacrificó su vida en la lucha por la independencia. Se le considera un símbolo de la oposición al régimen represivo impuesto a los colonos por los ingleses. Attucks murió baleado por una banda de soldados británicos en 1770, cuando participaba en una manifestación contra la tiranía inglesa.

Crispus Attucks

THOMAS PAINE (FOLLETISTA)

A principios de 1776, el folleto de Thomas Paine, *El sentido común*, atacaba vigorosamente al rey inglés y la monarquía. Alentaba a los estadounidenses a separarse de Inglaterra y a declarar su independencia. Sus palabras fueron tan persuasivas que los colonos se sintieron impelidos a creer que la independencia era su destino. Los líderes coloniales proclamaron la independencia a los seis meses de aparecer el folleto de Paine.

Phillis Wheatley

PHILLIS WHEATLEY (POETISA)

Phillis Wheatley vino a los Estados Unidos como esclava. Se distinguió como la primera poetisa negra del país. Sus poemas narran la Guerra Revolucionaria Estadounidense. Sus poemas más conocidos son "Su Excelencia George Washington" y "A la muerte del Reverendo George Whitefield".

Para otros personajes de esta época, véase Thomas Paine y Gilbert Stuart en la sección "Un examen de la cultura".

LA CONSTITUCION EN MARCHA

PROCESOS JURIDICOS DE IMPORTANCIA

MARBURY vs. MADISON (1803)

Trasfondo: El Presidente Adams, precisamente antes de dejar su cargo, nombró a William Marbury como juez de paz. El nuevo Secretario de Estado, James Madison, se negó a entregarle a Marbury los documentos oficiales que lo hacían juez de paz. Marbury entabló un juicio contra Madison, pidiendo que la Corte Suprema obligara a Madison a entregar los documentos. Marbury sostenía que la Ley Judicial de 1789 daba a la Corte Suprema el poder de obligar a Madison a entregar los documentos.

Decisión/Importancia: La Corte falló que una parte de la Ley Judicial de 1789 era inconstitucional. Ya que la Constitución es la ley suprema del país, y parte de la Ley Judicial iba en contra de lo declarado en la Constitución, esa ley fue declarada nula e inválida por el Presidente de la Corte Suprema John Marshall. Este caso estableció el **examen jurídico** (el derecho de la Corte a declarar una ley como inconstitucional si no está de acuerdo con la Constitución). Esta decisión aumentó mucho el poder de la Corte Suprema al hacerla la autoridad mayor en la interpretación de la Constitución.

McCULLOCH vs. MARYLAND (1819)

Trasfondo: El Congreso formó el Banco de los Estados Unidos. Una de sus sucursales se encontraba en Maryland. Maryland sostenía que el Congreso no tenía derecho constitucional de establecer un banco. La legislatura de Maryland sancionó una ley que requería que el banco de los EE. UU. pagara un impuesto. McCulloch, un oficial del banco, se negó a pagar ese impuesto estatal.

Decisión/Importancia: John Marshall, en nombre de la Corte Suprema, dijo que un estado no podía cobrar impuestos a una institución (el banco) del gobierno nacional. Siempre que una ley estatal conflige con una ley federal, la ley federal tiene precedencia. La decisión apoyó la autoridad del Congreso para interpretar la Constitución de un modo amplio, con tal que se hiciera todo lo "necesario y apropiado" para ejercer los poderes otorgados por la Constitución.

RESUMEN DE TU COMPRENSION

Instrucciones: ¿Entendiste bien lo que acabas de leer? Comprueba tu comprensión al responder a las siguientes preguntas.

TERMINOS PARA RECORDAR

En una hoja aparte, define brevemente los siguientes:

Declaración de la Independencia
El derecho a la revolución
Artículos de la Confederación
La rebelión de Shay
La Asamblea Constitucional
El Gran Convenio
El acuerdo de las tres quintas partes
Ratificación
Principios constitucionales
Constitución implícita

LA LUCHA POR LA INDEPENDENCIA

Las diferencias sobre ciertas cuestiones llevaron a la lucha por la independencia del régimen británico. Resume tu comprensión de esta lucha al contestar las siguientes preguntas:

- ¿Qué factores contribuyeron a que los colonos intentaran independizarse del control británico?

- ¿Cómo justificó la Declaración de la Independencia el movimiento de los colonos por la liberación del control británico?

- ¿Por qué tiene tanta importancia la Declaración de la Independencia?

LOS ARTICULOS DE LA CONFEDERACION

El primer gobierno de los Estados Unidos fue organizado a base de los Artículos de la Confederación. Resume tu comprensión de los Artículos de la Confederación al responder a las siguientes preguntas:

- Describe el gobierno formado a partir de los Artículos de la Confederación.
- ¿Qué problemas confrontó el nuevo gobierno organizado a partir de los Artículos?
- ¿Por qué se refiere a los años entre 1781 y 1787 como "el período crítico"?

LA ASAMBLEA CONSTITUCIONAL

En 1787 los representantes de varios estados se reunieron en Filadelfia para revisar los Artículos de la Confederación. Esta Asamblea cambió para siempre la suerte de los Estados Unidos. Resume tu comprensión de esta Asamblea al responder a las siguientes preguntas:

- ¿En qué asuntos importantes hubo acuerdo entre los delegados?
- Describe los acuerdos importantes alcanzados en la Asamblea.
- ¿Qué argumentos usaron los dos bandos tanto para apoyar como para oponerse a la ratificación de la Constitución?
- ¿Cómo se facilitó el proceso de la ratificación al añadir la Declaración de Derechos?

LOS PRINCIPIOS FUNDAMENTALES DE LA CONSTITUCION

La Constitución puso en marcha un gobierno fundado en ciertos principios esenciales. Resume tu comprensión de estos principios al responder a las siguientes preguntas.

- Describe cada uno de los principios fundamentales en los que se basa la Constitución de los EE. UU.
- ¿Cómo contribuyeron estos principios a asegurar un gobierno justo y honesto para el pueblo de los Estados Unidos?

LA ESTRUCTURA Y EL FUNCIONAMIENTO DEL GOBIERNO DE LOS EE. UU.

El poder federal está específicamente dividido entre tres ramas de gobierno: el congreso, el presidente y las cortes. Resume tu comprensión de esta separación al responder a las siguientes preguntas:

- Describe el proceso por el que pasa un proyecto de ley antes de convertirse en ley.
- Describe las varias funciones del presidente.
- ¿Cómo procede un individuo de la candidatura a la presidencia?
- ¿Cómo aumentó el poder de la Corte Suprema con el uso del examen jurídico?

LA PROTECCION DE LAS LIBERTADES INDIVIDUALES

La Constitución proporciona muchas protecciones a los derechos y las libertades de los ciudadanos. ¿Qué protecciones de la Constitución de 1787, de la Declaración de Derechos y de las enmiendas subsiguientes crees que son las más importantes? Explica el porqué.

LA CONSTITUCION IMPLICITA

Una gran parte de la Constitución de los EE. UU. depende de las prácticas y tradiciones que surgieron después de que la Constitución se puso en efecto. ¿Cuáles son algunas prácticas que se convirtieron en parte de la "Constitución implícita"?

PERSONAJES DE LA EPOCA

Los individuos a menudo tienen una influencia importante en la vida política, económica o social de su época. En tu opinión, ¿qué individuo tuvo el impacto más grande en el período presentado en este capítulo? Explica el porqué.

COMPRUEBA TU COMPRENSION

Instrucciones: Comprueba tu comprensión de esta unidad al responder a las siguientes preguntas. Selecciona la mejor contestación. Luego dirígete a los ensayos.

DESARROLLO DE DESTREZAS: INTERPRETACION DE UNA CARICATURA

Basa tus respuestas a las preguntas 1 a 3 en la caricatura que sigue y en tu conocimiento de estudios sociales.

1 ¿A qué concepto constitucional se refiere probablemente la caricatura?
1 la división de ingresos
2 los derechos al debido proceso de ley
3 la separación de poderes
4 las leyes de acción afirmativa

2 ¿Cuál declaración expresa con más acierto la idea principal del dibujo?
1 El trabajo de la policía es una ocupación físicamente peligrosa.
2 La policía a menudo abusa de los derechos de los acusados.
3 Los criminales tienen demasiada protección constitucional.
4 Los poderes de la policía a menudo están limitados por las decisiones de las cortes.

3 ¿Cuál decisión de la Corte Suprema habrá causado la situación presentada en la caricatura?
1 *Brown vs. Board of Education*
2 *McCulloch vs. Maryland*
3 *Miranda vs. Arizona*
4 *Marbury vs. Madison*

DESARROLLO DE DESTREZAS: INTERPRETACION DE DEBATES

Basa tus respuestas a las preguntas 4-6 en las declaraciones de los hablantes y en tu conocimiento de los estudios sociales.

Hablante A: Una corte federal me encontró culpable de un crimen serio. Mi condena se basó totalmente en el testimonio de testigos anónimos, cuya identidad fue encubierta por la fiscalía para "proteger su seguridad".

Hablante B: En una corte estatal se me acusó de asesinato. Al final de mi juicio, el jurado me encontró inocente. La semana siguiente, la policía encontró nueva evidencia que podría usarse contra mí y por ello la fiscalía quiere someterme a juicio otra vez.

Hablante C: Fui arrestado bajo la sospecha de prender un incendio y la policía me interrogó por varios días. Durante ese tiempo, confesé al crimen para descansar un poco. La policía nunca me dijo que yo tenía derecho de llamar a un abogado, pero de todos modos yo no podía permitirme el lujo.

Hablante D: Fui arrestado por hacer un discurso pacífico en una esquina. El juez me condenó y me multó porque yo estaba creando un "peligro claro y real". Yo creo que se violó mi derecho a la libertad de palabra.

4 La provisión constitucional de que uno no puede ser obligado a dar testimonio contra uno mismo fue violada en el caso del hablante
1 A
2 B
3 C
4 D

5 De acuerdo al sistema legal de los EE. UU., al hablante B probablemente se le
1 juzgará por segunda vez en una corte estatal
2 pasará a una corte superior por la naturaleza del crimen
3 juzgará otra vez por un juez sin un jurado
4 dejará en libertad, para evitar la doble exposición

6 En casos parecidos al del hablante C, la Corte Suprema de los EE. UU. declaró que el acusado
1 era culpable si confesaba ante dos testigos
2 tenía derecho a un abogado durante la interrogación por la policía
3 no debía haber sido acusado sólo a base de la sospecha del crimen
4 debía haber recibido la representación de un defensor público después de confesar

DESARROLLO DE DESTREZAS: INTERPRETACION DE UNA GRAFICA CIRCULAR

Basa tus respuestas a las preguntas 7 - 9 en estas gráficas circulares y en tu conocimiento de estudios sociales.

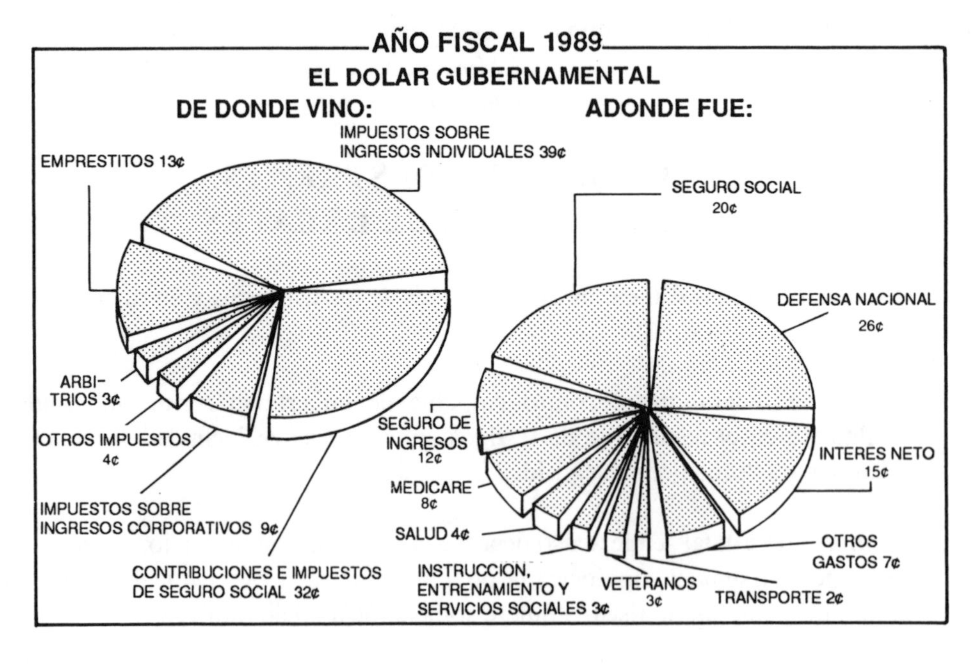

7 El gasto específico más grande del gobierno es
1 el Medicare
2 el seguro social
3 la defensa nacional
4 el transporte

8 ¿Cuál es la fuente más grande de ingresos para el gobierno federal?
1 los impuestos sobre ingresos individuales
2 los impuestos sobre ingresos corporativos
3 los arbitrios
4 los empréstitos

9 ¿Cuál es la conclusión más acertada acerca de los gastos del gobierno federal?
1 la enseñanza se costea primordialmente al nivel nacional
2 los parques y la recreación son un gasto importante del gobierno federal
3 los programas sociales constituyen los gastos más grandes del gobierno federal
4 los gastos federales y los estatales en los beneficios para los veteranos son iguales

---

10 ¿Cuál es una característica esencial de un gobierno democrático?
1 una legislatura bicameral
2 elecciones libres y francas
3 una constitución escrita
4 distintas ramas en el gobierno

11 El propósito fundamental del sistema constitucional de pesos y contrapesos es
1 proteger los derechos estatales
2 prevenir que una rama del gobierno federal se vuelva demasiado poderosa
3 hacer posible que el gobierno federal funcione con la mayor eficacia posible
4 proporcionar una garantía escrita de los derechos de cada ciudadano

12 La Declaración de Derechos se refiere a
1 la Declaración de la Independencia
2 las primeras diez enmiendas a la Constitución
3 la separación de poderes en el gobierno federal
4 la emancipación de los esclavos

13 Una ventaja de un sistema federal de gobierno es que
1 asegura decisiones rápidas
2 permite una forma republicana de gobierno
3 permite un enfoque de problemas al nivel nacional y local
4 es la forma menos costosa de gobierno

14 ¿Cuál documento se redactó primero?
1 la Constitución de los EE. UU.
2 los Artículos de la Confederación
3 la Declaración de la Independencia
4 la Declaración de Derechos

15 El propósito de las enmiendas a la Constitución de los Estados Unidos es
1 garantizar los derechos civiles y políticos del individuo
2 asegurar el funcionamiento apropiado del sistema de pesos y contrapesos
3 fortalecer la autoridad de los gobiernos estatales
4 extender el poder del presidente

16 ¿Cuál de los siguientes es parte de la "Constitución implícita"?
1 los partidos políticos
2 el colegio electoral
3 los poderes delegados
4 el proceso de enmiendas

17 El propósito principal de la Declaración de la Independencia fue
1 establecer la ley fundamental del país en los Estados Unidos
2 justificar la sublevación de los colonos estadounidenses contra Gran Bretaña
3 proporcionar un plan claro para un sistema político significativo y eficaz
4 garantizar los derechos humanos a todos los estadounidenses

18 Una crítica importante a los Artículos de la Confederación fue que se otorgó muy poco poder
1 a los jefes militares
2 al colegio electoral
3 al gobierno nacional
4 a los gobiernos estatales

19 La razón principal para que una nación tenga una constitución escrita es
1 cumplir con los requisitos de la ley internacional
2 prevenir cambios en la estructura del gobierno
3 definir los poderes y procesos gubernamentales
4 alentar el reconocimiento de un gobierno por otras naciones

20 La decisión de la Corte Suprema en *Marbury vs. Madison* es importante porque
1 definió el significado de la Declaración de Derechos
2 estableció el poder de la Corte para declarar como inconstitucionales ciertas leyes
3 liberó a los esclavos en el Sur
4 anuló la cláusula comercial en la Constitución de los EE. UU.

21 En la Asamblea Constitucional de 1787, el Gran Convenio, trató principalmente con la cuestión de
1 la representación en el Congreso
2 la legalización de la esclavitud
3 los poderes ejecutivos
4 el control del comercio interestatal

22 ¿Cuál característica del gobierno se desarrolló más durante la época colonial?
1 la separación entre el estado y la iglesia
2 el sufragio universal
3 un sistema independiente de cortes
4 las asambleas de representantes

23 La idea de que la Constitución de los EE. UU. establece un gobierno central con poderes limitados, resulta mejor apoyada por la provisión constitucional de que
1 los poderes no delegados a los EE. UU. se reservarán para los estados
2 el Congreso establecerá todas las leyes que sean "necesarias y apropiadas" para su funcionamiento
3 el presidente actuará como comandante en jefe
4 la Corte Suprema tendrá tanto la jurisdicción original como la de apelaciones

24 La aseveración en la Constitución de los EE. UU. de que el presidente "debe nominar los jueces de la Corte Suprema siguiendo el consejo y con el consentimiento del Senado" muestra el principio gubernamental
1 del examen jurídico
2 del privilegio ejecutivo
3 de "pesos y contrapesos"
4 de los derechos de las minorías

25 ¿Cuál grupo generalmente ejerce el mayor control en el proceso federal de formulación de leyes?
1 el Consejo Nacional de Seguridad
2 las comisiones congresionales
3 el Gabinete del presidente
4 las juntas y comisiones federales

26 La parte de la Constitución de los EE. UU. que otorga al Congreso el poder de "establecer todas las leyes que sean necesarias y apropiadas para llevar al cumplimiento de los poderes mencionados" se llegó a conocer como
1 el Gran Convenio
2 la cláusula de la supremacía
3 la provisión del debido proceso de ley
4 la cláusula elástica

27 ¿Cuál de los siguientes generalmente se considera como el defecto principal del sistema del colegio electoral en la selección del presidente de los Estados Unidos?
1 Los votos electorales están igualmente distribuidos entre los estados.
2 Un candidato puede ganarse el voto popular pero perder la presidencia.
3 Pasa demasiado tiempo entre las elecciones de noviembre y el conteo de los votos electorales.
4 Los candidatos tienden a pasar por alto los estados con votantes jóvenes.

28 En los Estados Unidos, el sistema del colegio electoral hace que los candidatos para la presidencia
1 aparezcan en persona en cada estado
2 pasen más tiempo haciendo campaña en los estados de población numerosa
3 declaren sus programas en términos muy específicos
4 traten de recibir la aprobación de los gobernadores estatales

29 ¿Cuál acción podría anular legalmente la declaración de la Corte Suprema de que la mujer tiene derecho constitucional al aborto en los primeros tres meses del embarazo?
1 la promulgación de una ley que limite el aborto en un estado específico
2 el veto presidencial
3 la promulgación de legislación congresional
4 una enmienda a la Constitución de los EE. UU.

30 ¿Cuál concepto de la Constitución de los EE. UU. es la base para las diferencias en las leyes que afectan la licencia de conducir autos para los jóvenes en las diferentes partes del país?
1 el sistema de pesos y contrapesos
2 el examen jurídico
3 el poder reservado
4 el privilegio ejecutivo

31 "Al crear un gobierno que sea administrado por hombres sobre hombres, la gran dificultad consiste en esto: primero hay que capacitar el gobierno para controlar a los gobernados; y luego, obligarlo a controlarse a sí mismo."

—*James Madison*

¿Cuál concepto del gobierno fue creado para facilitar el manejo del problema mencionado en la última parte de la cita?
1 una legislatura unicameral
2 una rama ejecutiva centralizada
3 un sistema de gabinete
4 un sistema de pesos y contrapesos

32 ¿Cuál situación muestra con más claridad el principio constitucional de pesos y contrapesos?
1 El Congreso escucha el discurso del presidente sobre le estado de la Unión.
2 Una comisión congresional anula un proyecto de ley por un voto de la mayoría.
3 La Cámara de Representantes vota para impugnar a un juez federal.
4 Una comisión congresional revisa el lenguaje de un proyecto de ley.

Basa tus respuestas a las preguntas 33-35 en la siguiente cita de una decisión hipotética de la Corte Suprema de los EE. UU. y en tu conocimiento de estudios sociales.

"El privilegio de conducir negocios de cualquier modo que uno prefiera no está garantizado por la Constitución. El derecho de entablar ciertos negocios puede estar sujeto a varias condiciones. Se ha considerado válida la regulación legal de los negocios. No encontramos ninguna justificación para rechazar la ley del estado de Nueva York en cuestión."

33 El concepto mejor ejemplificado por el pasaje citado es el de
1 los poderes residuales
2 el consentimiento legislativo
3 el examen jurídico
4 la orden ejecutiva

34 ¿Qué concepto probablemente rechazaría el autor de este trozo?
1 el laissez-faire
2 la asistencia social
3 la competencia
4 el fin lucrativo

35 ¿Cuál grupo probablemente se opondría a esta decisión?
1 los fabricantes
2 los granjeros
3 los jefes sindicalistas
4 los consumidores

ENSAYOS

1 Los principios de la Constitución de los EE. UU. protegen nuestra libertad.

Parte A

Principios

Federalismo
Pesos y contrapesos
Separación de poderes
Flexibilidad
Soberanía popular
Gobierno limitado

Escoge *un* principio: ______________________

Define ese principio: ______________________

Describe *una* forma en la que el principio contribuye a proteger nuestra libertad.______________________

____

Escoge *otro* principio: ______________________

Define este principio: ______________________

Describe *una* forma en la que el principio contribuye a proteger nuestra libertad.______________________

____

Parte B

En tu respuesta a la Parte B debes usar la información dada en la Parte A. Sin embargo, también puedes incluir información adicional y distinta en tu respuesta a la Parte B.

Escribe un ensayo describiendo cómo los principios de la Constitución de los EE. UU. contribuyen a la protección de nuestra libertad.

2 Los autores de la Constitución de los EE. UU. separaron las funciones principales del gobierno en tres ramas: la legislativa, la ejecutiva y la judicial.

Parte A

Declara la función de cada rama del gobierno y nombra un poder que esa rama tiene sobre otra rama del gobierno.

Función legislativa: ______________________________

Un poder sobre otra rama: ______________________________

Función ejecutiva: ______________________________

Un poder sobre otra rama: ______________________________

Función judicial: ______________________________

Un poder sobre otra rama: ______________________________

Parte B
En tu respuesta a la parte B debes usar la información dada en la Parte A. Sin embargo, también puedes incluir información adicional y distinta en tu respuesta a la Parte B.

Escribe un ensayo discutiendo cómo los autores de la Constitución de los EE. UU. separaron las funciones principales del gobierno en tres ramas.

3 Los diferentes individuos y grupos tienen influencia en el establecimiento de las leyes por el gobierno de los Estados Unidos.

Individuos/Grupos

El presidente
Las comisiones congresionales
Los partidos políticos
Los grupos de influencia política
Los ciudadanos individuales

Parte A
Escoge a *un* individuo o grupo: ______________________

Describe *una* forma en la que ese individuo o grupo contribuye al establecimiento de las leyes.______

____

Escoge a *otro* individuo o grupo: ______________________

Describe *una* forma en la que ese individuo o grupo contribuye al establecimiento de las leyes.______

____

Parte B
En tu respuesta a la Parte B debes usar la información dada en la Parte A. Sin embargo, puedes también incluir información adicional y distinta en tu respuesta a la Parte B.

Escribe un ensayo explicando cómo los diferentes individuos y grupos contribuyen al establecimiento de las leyes en el gobierno de los Estados Unidos.

4 Desde que fue adoptada, la Constitución de los EE. UU. ha sido descrita de muchas formas. Algunas de estas descripciones incluyen las siguientes:

- La Constitución es esencialmente un documento económico.
- La Constitución es un "haz de acuerdos".
- La Constitución ha dividido y limitado los poderes gubernamentales.
- La fortaleza de la Constitución está en su flexibilidad.
- La Constitución combina la tradición europea con la experiencia colonial estadounidense.

Escoge *tres* de las generalizaciones. En el caso de *cada una*, discute hasta qué punto son acertadas estas generalizaciones. (Usa *dos* ejemplos para apoyar tu punto de vista.)

5 La Constitución proporciona tanto los principios fundamentales de gobierno como los métodos para adaptar estos principios a los tiempos cambiantes.

a Escoge *dos* de los siguientes principios del gobierno.

Principios

Federalismo
Pesos y Contrapesos
Soberanía popular

En el caso de *cada* principio escogido:

- define el principio
- discute cómo funciona éste en los Estados Unidos

b La Constitución provee modos para ajustarse a las necesidades cambiantes de cada época mediante métodos tales como:

- El proceso de enmiendas
- La cláusula elástica (poderes implícitos)
- Las decisiones de la Corte Suprema

Escoge *dos* de estos métodos. En el caso de ambos, discute un ejemplo específico de cómo cada método se usó para responder a las necesidades sociales durante un período particular en la historia estadounidense.

CAPITULO 7

LA JOVEN REPUBLICA

VISION GENERAL

Cuando George Washington llegó a ser el primer presidente, los Estados Unidos comenzaron un "gran experimento". ¿Podía ser gobernada una democracia representativa por los funcionarios elegidos por el pueblo? Washington y los que participaron en la fundación del país creían que sí. Esperaban llevarlo a cabo unificando la nación y al mismo tiempo evitando las alianzas europeas que pudieran comprometer la independencia de la nación. Aunque por un lado tuvo éxito, Washington no fue capaz de evitar el desarrollo de facciones que tomaron la forma de partidos políticos. Jefferson y sus sucesores, James Madison y James Monroe, esperaban poder concentrarse en los acontecimientos internos, mientras seguían evitando involucrarse en las guerras europeas. Aunque esto resultó imposible durante la Guerra de 1812, el terreno estaba preparado para un período de desarrollo interno y de expansión.

— LINEA CRONOLOGICA DE SUCESOS IMPORTANTES —

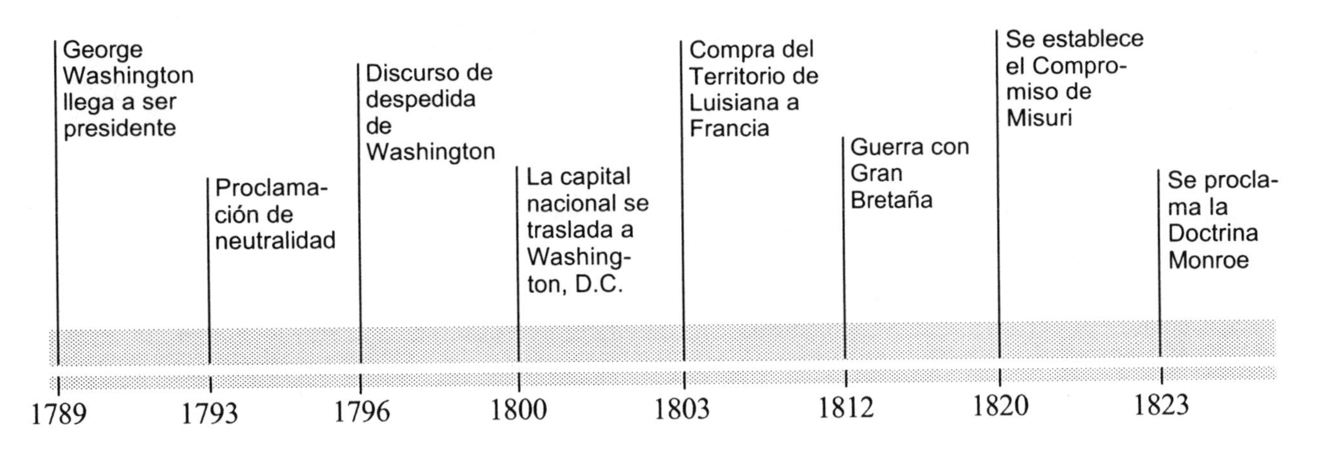

LA PRESIDENCIA DE GEORGE WASHINGTON: 1789-1797

Cuando se terminó de redactar la Constitución, casi no había duda de que Washington sería elegido como el primer presidente de la nación. Los miembros del colegio electoral votaron en febrero de 1789; el 30 de abril Washington prestó el juramento del cargo, frente al Federal Hall en la Ciudad de Nueva York. A lo largo de su viaje a Nueva York había sido recibido como héroe nacional. Se esperaba que su prestigio fortaleciese el apoyo para el nuevo gobierno nacional. Washington mismo esperaba promover el desarrollo de un nuevo "carácter nacional"—un sentido de comunidad y fortaleza nacional que protegiese a los Estados Unidos contra las amenazas de las potencias europeas.

WASHINGTON INTRODUCE CAMBIOS

Quedaba mucho por hacer. Hacia el oeste, había tensiones entre la nueva nación y los indígenas. Hacia el sur y el oeste, España controlaba la Florida y las tierras al oeste del Misisipí. Los ingleses seguían negándose a ceder los fuertes del Territorio del Noroeste y seguían en posesión del Canadá en el norte. Las arcas de la nación estaban vacías y había cuentas por pagar. Finalmente, el nuevo gobierno tuvo que establecer nuevas normas para gobernar la nación.

EL NUEVO GABINETE

Washington nombró el primer Gabinete para que le ayudase en las muchas tareas con las que se encontraba su administración. El sistema de gabinete, aprendido de Gran Bretaña, se convirtió en parte de la Constitución implícita (no escrita). La Constitución permite al presidente nombrar los jefes de los diferentes departamentos ejecutivos, sin estipular cuáles han de ser estos departamentos. Washington usó su poder ejecutivo para nombrar a Alexander Hamilton como secretario de hacienda, a Thomas Jefferson como secretario de estado, a Henry Knox como secretario de guerra y a Edmund Randolph como procurador general. Estos funcionarios se reunían en las sesiones del Gabinete para aconsejar al presidente.

Alexander Hamilton, el primer secretario de hacienda

LEY JUDICIAL DE 1789

Uno de los primeros pasos del nuevo gobierno federal fue establecer un sistema de tribunales. La Constitución específicamente requería la formación de la Corte Suprema, pero permitía que el Congreso estableciera las cortes federales de primera instancia. La Ley Judicial, aprobada por el Congreso en 1789, estableció un sistema de cortes locales de distrito y cortes de apelación de circuito. Las cortes federales toman decisiones sobre asuntos referentes a las leyes federales o a los casos entre los ciudadanos de diferentes estados. La existencia de las cortes federales fortaleció el cumplimiento de las leyes federales y proujo un fortalecimiento de la unidad nacional.

LA POLITICA ECONOMICA

La nueva nación se encontró ante la enorme deuda de la Guerra Revolucionaria. Había escasez de dinero en todo el país. La tarea de encontrar las soluciones a estos problemas le tocó a Alexander Hamilton, recientemente nombrado como secretario de hacienda.

EL PROGRAMA FINANCIERO DE HAMILTON

Hamilton creía en un gobierno central fuerte y admiraba el sistema político británico. Su plan constistió en cuatro partes principales:

- **EL PAGO DE LA DEUDA NACIONAL.** El nuevo gobierno nacional iba a pagar las deudas del gobierno Continental resultantes de la Guerra Revolucionaria Estadounidense. El gobierno federal también pagaría las deudas de los gobiernos estatales.

- **LA FORMACION DE UN BANCO NACIONAL.** El gobierno establecería un banco nacional que consistiría en un banco central con sucursales en todos los estados. El gobierno usaría el banco para cobrar impuestos y para depositar y transferir dinero. El banco emitiría notas bancarias que servirían de moneda nacional estable. Finalmente, el banco también sería propiedad de accionistas privados.

- **EL IMPUESTO EN EL WHISKY.** Un impuesto interno en el whisky proporcionaría rentas e impondría control federal en el oeste.

- **LA TARIFA PROTECTORA.** Una "tarifa protectora" elevaría el precio de los productos extranjeros al cobrar un impuesto para permitir su entrada al mercado nacional. Esto serviría de protección para los fabricantes del país contra la competencia extranjera y proporcionaría ingresos para el nuevo gobierno nacional.

El plan general de Hamilton era fortalecer el gobierno nacional, establecer crédito seguro dentro y fuera del país, desarrollar el comercio y promover la prosperidad de la clase de los comerciantes, cuyos intereses estaban estrechamente vinculados con los del gobierno nacional.

SE DESARROLLA LA OPOSICION AL PLAN

Los partidarios de Jefferson y Madison se oponían al plan de Hamilton. Objetaban el pago de la deuda nacional a su tasa original, ya que la mayor parte de la deuda fue asumida por los especuladores norteños a precios descontados. En efecto, el plan de Hamilton trasladaba dinero de los terratenientes y granjeros pobres a los banqueros ricos y a los que tenían los seguros de fianza. Sin embargo, Jefferson llegó a un acuerdo, sosteniendo que el nuevo gobierno iba a asumir las deudas nacionales y estatales a cambio del establecimiento en 1800 la nueva ciudad capital de los Estados Unidos en el Sur, en Washington D.C.

LA INTERPRETACION DE LA CONSTITUCION: AMPLIA vs. ESTRICTA

Jefferson y sus partidarios también se oponían a la formación de un banco nacional. Temían que éste diese a los accionistas ricos el control del suministro de la moneda en el país, y al banco nacional una ventaja injusta sobre los bancos locales. Argumentaban que la formación del banco era inconstitucional. Para resolver el asunto, Washington pidió tanto a Hamilton como a Jefferson que presentaran por escrito su opinión sobre la constitucionalidad del banco.

Interpretación estricta. Jefferson argumentaba en favor de la "interpretación estricta" de la Constitución; el Congreso llevaría a cabo sólo lo específicamente enumerado en la Constitución; de otro modo, no tenía sentido el propósito de otorgarle al Congreso los poderes enumerados.

Interpretación amplia. Hamilton creía en la "interpretación amplia" de la Constitución. Argumentaba que el Congreso podía llevar a cabo lo que fuese "necesario y apropiado" para ejercer los poderes que se le habían confiado. Ya que el Congreso tenía el derecho de imposición, dijo Hamilton, también tenía el derecho de establecer un banco nacional, el cual era necesario para cobrar y depositar los impuestos. Al fin, Washington fue persuadido por Hamilton, y firmó la ley que creó el Primer Banco Nacional.

DERROTA DE LA TARIFA ARANCELARIA PROTECTORA

Hamilton tuvo menos éxito en su intento de que se aprobara el impuesto de arancel, que tenía como propósito aumentar los precios de artículos manufacturados en el extranjero y ayudar a los fabricantes estadounidenses a vender sus productos dentro del país. Sin embargo, esto quería decir que los granjeros habrían tenido que pagar más por muchos artículos que compraban. La propuesta de la tarifa protectora fue finalmente derrotada en el Congreso.

LA REBELION DEL WHISKY

Una parte del plan de Hamilton, el impuesto en el whisky, causó mucho resentimiento entre los granjeros al oeste de los Apalaches. Los granjeros destilaban whisky de sus cosechas de grano antes de transportarlo al otro lado de las montañas, y resultaban muy perjudicados por el impuesto hamiltoniano sobre los artículos de lujo. Cuando los oficiales de la hacienda federal fueron ahuyentados del oeste de Pensilvania por los granjeros rebeldes que se negaban a pagar el impuesto, Washington llamó a la milicia y Hamilton mismo la encabezó en contra de la rebelión. Washington combinó la indulgencia con la fuerza, y otorgó el perdón a los rebeldes en 1795.

LA REVOLUCION FRANCESA Y EL SURGIMIENTO DE LOS PARTIDOS POLITICOS

Los acontecimientos de estos años se complicaron con la erupción de la Revolución Francesa en 1789. El **Marqués de Lafayette** y otros revolucionarios moderados habían servido en los Estados Unidos contra los ingleses durante la Revolución Estadounidense y fueron profundamente influidos por los ideales estadounidenses. Francia tenía un sistema autocrático de gobierno, que no estaba de acuerdo con las ideas de la época. Los reformadores franceses primero trataron de establecer una monarquía constitucional. Los estadounidenses presenciaban con benevolencia el intento de reemplazar el absolutismo con una forma modificada de gobierno representativo. Sin embargo, **Luis XVI** y la nobleza de Francia se negaron a hacer convenios, y pronto los radicales tomaron el poder. Luis XVI fue ejecutado y Francia se instauró en república. El comienzo de la revolución en Francia fue el punto culminante del desacuerdo entre Hamilton y Jefferson. Hamilton simpatizaba con Inglaterra y detestaba la violencia popular en Francia. Jefferson creía que los excesos de la Revolución Francesa eran preferibles a la aristocracia y la autocracia. Permaneció amigable con Francia y hostil hacia Inglaterra.

A medida que se iban agravando estas diferencias sobre la política externa e interna, Jefferson y Hamilton organizaron a sus partidarios en los primeros **partidos políticos** estadounidenses. En Inglaterra, los partidos políticos existían desde hacía mucho tiempo. En cambio, al principio los estadounidenses intentaron evitar su desarrollo. El objetivo principal de los partidos políticos es promover la elección de sus miembros a puestos gubernamentales. Jefferson y Hamilton organizaron a sus partidarios en el Senado y en la Cámara de Representantes, y se atacaban uno al otro por medio de la prensa. Los partidarios de Hamilton se conocieron como **federalistas** y los de Jefferson como **republicanos**.

LA POLITICA EXTERNA DE WASHINGTON

Como una nación joven, los Estados Unidos eran débiles militarmente y temían perder su independencia. En 1793, estalló la guerra entre Francia y Gran Bretaña. Ya que los dos países tenían posesiones en las Antillas, y comerciaban con los EE.UU., había un cierto riesgo de que éstos pudieran quedar comprometidos en la guerra.

LA PROCLAMACION DE LA NEUTRALIDAD (1793)

Bajo la presidencia de Washington, los Estados Unidos adoptaron una política de neutralidad, para no tomar partes en las disputas europeas y no participar en las guerras extranjeras. Washington anunció con presteza que los Estados Unidos no entrarían en el conflicto anglo-francés.

EL ASUNTO DEL CIUDADANO GENET

Edmond Genêt fue enviado a los Estados Unidos como embajador de la Francia revolucionaria. Se percibía a sí mismo como el representante de un pueblo revolucionario ante otro, y trató de organizar a los partidarios de Francia en "clubes" democráticos. Además, trató de organizar expediciones desde los Estados Unidos contra la Florida y Luisiana que se encontraban bajo el dominio español. Finalmente, para poner fin a sus actividades, Washinton pidió a Genêt que se retirara del puesto.

EL TRATADO JAY CON GRAN BRETAÑA

Inglaterra siguió impidiendo la entrada de barcos estadounidenses en las Antillas. Después que los franceses abrieron su comercio antillano a los estadounidenses, los ingleses se apoderaban de sus barcos y los revisaban en busca de desertores de la armada británica. Los ingleses también seguían en control de los fuertes en el Territorio del Noroeste y también fueron acusados de incitar a los indígenas contra los colonos blancos. Había posibilidad de guerra entre los dos países. En 1794, Washington envió a Londres a **John Jay**, el primer Presidente de la Corte Suprema, para resolver estas dificultades. Sin embargo, los ingleses hicieron pocas concesiones. Prometieron retirarse del Noroeste, pero no antes de 1796. Se permitiría que sólo pequeñas embarcaciones estadounidenses hicieran comercio en las Antillas Británicas, y a los estadounidenses se les dijo que no esperaran recibir azúcar, algodón y otros productos de la región. El tratado no mencionó ni el reclutamiento forzoso de los marineros estadounidenses, ni el comercio con Francia, ni a los indígenas. Fue recibido con fuertes críticas y cuando fue aprobado por el Senado, se rechazaron las limitaciones en el comercio con las Antillas y la prohibición de exportación. La popularidad de Washington llegó a su nivel más bajo, pero se conservó la paz con Inglaterra.

EL TRATADO PINCKNEY CON ESPAÑA (1795)

El tratado con Inglaterra llevó a que, poco después, España concluyera un tratado con los Estados Unidos. Este tratado recibió menos atención en ese tiempo, pero fue mucho más favorable a los intereses estadounidenses. España se puso de acuerdo sobre el límite norte de la Florida con los EE. UU., les dio permiso para navegar el Misisipí y el **derecho del depósito** de productos en los muelles de Nueva Orleans. Estos derechos fueron muy importantes para los granjeros del oeste.

EL DISCURSO DE DESPEDIDA DE WASHINGTON (1796)

Unos meses antes del fin de su término, Washington presentó ante el Congreso su discurso de despedida en el cual prevenía a los estadounidenses contra alianzas permanentes con los países extranjeros, especialmente los europeos. Washington quería que la nación se dedicara a desarrollar su propio comercio y asumiera liderato en las Américas. También prevenía a sus compatriotas contra los peligros del regionalismo y de las rivalidades entre los partidos. Sólo la fuerza, la unidad y la estabilidad asegurarían a los estadounidenses el control sobre su futuro. La mayor parte del discurso fue escrita por Hamilton, pero las ideas expresadas eran las de Washington.

VOCES DEL PUEBLO

Cuando el Presidente George Washington dejó su cargo el 17 de septiembre de 1796, pronunció un discurso de despedida ante el Congreso. No se daba cuenta de que el consejo que ofrecía en este discurso iba a tener casi tanta influencia en la historia de la nación como su misma presidencia. Sus advertencias llegaron a ser los cimientos de la política externa de los Estados Unidos.

George Washington, el primer presidente de la nación, fue elegido por voto unánime

El Discurso de Despedida de Washington

La regla suprema para nuestra conducta con respecto a las naciones extranjeras es que, al extender nuestras relaciones comerciales con ellas, tengamos con ellas la menor conexión política posible...

Europa tiene un conjunto de intereses primarios con los que nosotros no tenemos ninguna relación, o a lo más una relación muy remota...Europa se encuentra en controversias frecuentes, cuyas causas son esencialmente ajenas a nuestro interés. Por consiguiente, es imprudente que nos comprometamos con vínculos artificiales en las vicisitudes corrientes de...la política [europea]...

Nuestra posición aislada y reservada nos facilita un curso diferente. Si hemos de seguir como un solo pueblo, bajo un gobierno eficaz, no está lejos el tiempo en el que tendremos que contravenir el perjuicio material de una molestia externa; ... adoptemos tal actitud de que la neutralidad que escogimos ha de ser escrupulosamente respetada; cuando escojamos la paz o la guerra, hagámoslo según nos lo dicte nuestro interés, guiado por la justicia.

¿Por qué hemos de privarnos de las ventajas de una situación tan especial? ¿Por qué hemos de abandonar nuestra posición para tomar otra en una en tierra extranjera? ¿Por qué...hemos de comprometer nuestra paz y prosperidad en los afanes de la ambición, rivalidad, interés, humor o capricho europeo?

Es nuestra política firme no entrar en alianzas permanentes en ninguna parte del mundo extranjero...

Sostengo la máxima, que se aplica tanto a los asuntos públicos como a los privados, de que la honradez es la mejor política...Por lo tanto, cumplamos con estos compromisos en su sentido genuino. Pero en mi opinión, es innecesario e ...imprudente extender su duración.

COMPRUEBA TU COMPRENSION

1. ¿Estás de acuerdo con Washington en que los Estados Unidos debían evitar las alianzas extranjeras y pactos políticos con Europa? ¿Por qué crees que Washington aconsejó esta política?

2. ¿Qué entendía Washington por "nuestra situación aislada y reservada"? ¿Cuáles son las ventajas de la "situación especial" a la que se refiere?

3. Cuando habló Washington, ¿qué posibilidad crees que existía de que los estadounidenses permanecieran como "un solo pueblo bajo un gobierno eficaz"?

4. ¿Disfrutamos hoy de la misma "situación aislada y reservada" de la época de Washington? ¿Qué ha cambiado? ¿Deben los Estados Unidos evitar alianzas con las naciones extranjeras?

LA JUBILACION Y LA MUERTE DE WASHINGTON

Washington esperaba retirarse después de un término en la presidencia. Sin embargo, el creciente conflicto entre los estados del Sur, agrícolas y esclavistas, y los grupos mercantiles del Noreste, representados por el choque entre Jefferson y Hamilton, obligaron a Washington a quedarse en su cargo otro término, como un símbolo de la unidad nacional. Después de dos términos presidenciales, Washington se negó a ser candidato por tercera vez. En cambio, regresó a su residencia en Mount Vernon, Virginia, donde murió en 1799. En su lecho de muerte, les dio la libertad a sus esclavos. Un año más tarde, en 1800, la capital de la nación se trasladó desde Filadelfia a su sede permanente en Washington, D.C., nombrada en honor del primer presidente de la nación.

TERMINOS PARA RECORDAR

Gabinete, Programa financiero de Hamilton, Ley Judicial de 1789, Rebelión del Whisky, partidos políticos, federalistas, republicanos, Asunto del ciudadano Genêt, derecho del depósito, discurso de despedida de Washington

LA PRESIDENCIA DE JOHN ADAMS: 1797-1801

John Adams, abogado de Nueva Inglaterra, patriota revolucionario y vicepresidente bajo Washington, llegó a ser el segundo presidente en 1797. Adams era federalista, aunque sentía antipatía hacia Hamilton. El problema más importante de su presidencia fue el riesgo de que el país fuese incluido en los continuos conflictos entre Francia e Inglaterra.

LA AMENAZA DE GUERRA CONTRA FRANCIA

El Tratado Jay hizo que el péndulo oscilara ventajosamente hacia Gran Bretaña, y en 1797 la amenaza más importante para los Estados Unidos fue la guerra con Francia. Los franceses estaban sumamente enojados por el Tratado Jay. En 1797, los EE. UU. enviaron a tres diplomáticos a Francia para tratar de resolver estas dificultades. Sin embargo, el gobierno francés recibió a estos emisarios con demandas de sobornos y préstamos. Este incidente, conocido como el **Asunto XYZ**, causó un gran alboroto en los EE. UU. La mayoría de los federalistas, el partido de Adams, querían declarar la guerra contra Francia. Hamilton planeó una expedición para apoderarse de territorios españoles en el sudoeste y para aplastar a los republicanos en los estados del sur que simpatizaban con Francia. Los federalistas en el Congreso formaron un departamento de la marina. Los buques estadounidenses y franceses se atacaban en la alta mar.

John Adams, segundo presidente. Pintura de C. W. Peale.

LEYES DE EXTRANJERIA Y SEDICION

Los federalistas en el Congreso también aprobaron nuevas leyes que otorgaban al presidente el poder de desterrar a los extranjeros de los EE. UU. y de encarcelar a los que fuesen acusados de sublevar al pueblo contra el gobierno. Estas leyes, conocidas como las Leyes de Extranjería y Sedición, se establecieron para prevenir una posible sublevación pro-francesa en los Estados Unidos.

LAS RESOLUCIONES DE VIRGINIA Y DE KENTUCKY

Jefferson y Madison temían que los federalistas usaran su nuevo poder para imponer silencio a sus adver-sarios políticos. Las legislaturas estatales de Kentucky y de Virginia se reunieron para protestar contra las Leyes de Extranjería y Sedición. Jefferson y Madison escribieron las resoluciones adoptadas por estas legislaturas estatales, en las cuales se declaraba que los estados no tenían que seguir las leyes federales que consideraban inconstitucionales. Esto constituyó el principio de la teoría de **los derechos estatales**, iniciando la controversia que finalmente llegó a resolverse sólo con la Guerra Civil en los años 1860.

EL CONVENIO DE 1800

Entretanto, en 1799 Adams envió a nuevos emisarios a París con la esperanza de evitar una guerra. Para entonces, el General **Napoleón Bonaparte** había tomado control del gobierno francés. Bonaparte quería la paz para poder consolidar su poder, y con rapidez llegó a un acuerdo con los estadounidenses en el Convenio de 1800. Casi al mismo tiempo, sin que lo supieran los estadounidenses, Napoleón obligó a que España le cediera a Francia el Territorio de Luisiana.

LAS ELECCIONES DE 1800

Los desacuerdos entre Adams y Hamilton dividieron el Partido Federalista en las elecciones de 1800. Como resultado, Thomas Jefferson llegó a ser presidente en 1801. Sin embargo, antes de dejar su cargo, Adams nombró a su Secretario de Estado **John Marshall** presidente de la Corte Suprema. Esta llegó a ser una de las acciones más importantes de la presidencia de Adams, e influyó mucho en el papel y en la dirección de la administración federal de justicia.

LA PRESIDENCIA DE THOMAS JEFFERSON: 1801-1809

Jefferson fue el jefe del Partido Republicano. En su juventud, había escrito la Declaración de la Independencia. Desde 1784 hasta 1789, presenció los acontecimientos que llevaron a la Revolución Francesa. Aparte de ser político, fue filósofo, escritor, arquitecto e inventor. Como Hamilton, también estaba inclinado a usar la prensa para publicar sus ideas.

LA PERCEPCION JEFFERSONIANA DEL GOBIERNO

Jefferson llamó su elección "la revolución de 1800" porque creía que indicaba un cambio en la dirección hacia la que iba la nación. Creía que el mejor gobierno era el de mínima intervención gubernamental. Se oponía a otorgar privilegios especiales a los ricos y desalentaba los intentos de desarrollar la capacidad militar del país. Jefferson simpatizaba con el granjero ordinario, y creía en la justicia igual y exacta para todos. Cuando llegó a ser presidente, se propuso reducir las dimensiones del ejército y del presupuesto del gobierno y detuvo los planes para aumentar la marina.

LA ANULACION DE LAS LEYES DE EXTRANJERIA Y SEDICION

Jefferson siempre se opuso a las Leyes de Extranjería y Sedición. Por lo tanto no era sorprendente que uno de sus primeros actos como presidente fuera la anulación de estas leyes. También pidió que el Congreso redujese el tiempo necesario para la naturalización de catorce a cinco años.

LA COMPRA DE LUISIANA

Jefferson siempre soñó con unos Estados Unidos grandes, y tuvo la oportunidad de realizar su sueño con la compra del Territorio de Luisiana. En esa época, la colonia francesa de más importancia en el Hemisferio Occidental era Haití. De sus 600.000 habitantes, 500.000 eran esclavos. Cuando estalló una sublevación en la isla, Napoleón envió a sus fuerzas para aplastarla. Más de 30.000 soldados franceses murieron en las luchas con los rebeldes y de la fiebre amarilla. Sin Haití, Napoleón ya no veía la necesidad de seguir en posesión del Territorio de Luisiana, que era la fuente de provisiones para las Antillas Francesas. Por consiguiente, Napoleón estaba inclinado a vender el Territorio de Luisiana, y en 1803 se lo ofreció a los Estados Unidos por $15 millones. Aunque el Presidente Jefferson no estaba seguro si la Constitución permitía que el gobierno federal comprase territorios, procedió con la compra de todos modos. El Territorio de Luisiana duplicó las dimensiones de los Estados Unidos. Jefferson envió a Lewis y a Clark a explorar la región. Su expedición duró dos años, y su viaje los llevó hacia el oeste hasta el Océano Pacífico.

Thomas Jefferson, el tercer presidente, creía que el ciudadano ordinario era capaz del gobierno

LA LEY DE EMBARGO DE 1807

Los buques de guerra británicos detenían a los navíos estadounidenses en busca de desertores de la marina inglesa. Esta práctica era humillante para los estadounidenses y Jefferson se sintió en la necesidad de actuar. Tratando de evitar una guerra, Jefferson propuso la Ley de Embargo—los barcos estadounidenses dejaron de transportar comestibles a Europa. Jefferson esperaba que esto obligara a los europeos a respetar la neutralidad estadounidense.

LA PRESIDENCIA DE JAMES MADISON: 1809-1817

El siguiente presidente, James Madison, fue elegido en 1808. Al principio de su carrera, desempeñó un papel importante en la creación de la Constitución de los EE. UU. Madison creía que el gobierno debía estar compuesto de una forma que impidiese el surgimiento de una tiranía. Por esta razón, promulgó el principio de "pesos y contrapesos", que se convirtió en parte integral de la Constitución. Madison también había sido uno de los primeros adversarios de Hamilton y de los federalistas. Pero como presidente, Madison fue un pragmático. Recomendó la expansión de las fuerzas militares, apoyó la idea de un banco nacional, elevó las rentas del gobierno y pidió aranceles protectores. Madison incluso aprobó fondos para extender la Carretera Nacional hasta Ohio, porque creía que esto era esencial para la defensa del país.

LA LEY DE PROHIBICION DE RELACIONES DE 1809

Desgraciadamente, la Ley de Embargo perjudicó a los Estados Unidos más que a Francia o a Inglaterra. En 1809, la Ley de Prohibición de Relaciones, limitó los términos de la Ley de Embargo, prohibiendo el comercio con Inglaterra y con Francia pero permitiendo el comercio estadounidense con otros países.

LA GUERRA DE 1812

Ni la Ley de Prohibición de Relaciones pudo conservar la paz. Abandonando su política de neutralidad, los Estados Unidos entraron en guerra con Gran Bretaña en 1812. La guerra comenzó intentando impedir el **reclutamiento forzado** de marineros estadounidenses por los ingleses, para impedir el apoyo británico a las incursiones indígenas en el Noroeste y para proteger la libertad de los mares. Algunos estadounidenses también querían apoderarse del Canadá e incorporarlo a los Estados Unidos. La guerra produjo unas cuantas batallas navales espectaculares en los Grandes Lagos. Al principio de la guerra, fuerzas estadounidenses llegaron a entrar en el Canadá, pero los ingleses se desquitaron más tarde al ocupar Washington D.C. por un breve tiempo, y prender fuego a muchos edificios públicos. Hacia el fin de la guerra, el General Andrew Jackson llegó a convertirse en héroe nacional al derrotar a una fuerza invasora británica cerca de la Ciudad de Nueva Orleans. La guerra terminó en un balance de fuerzas, dejando las cosas tal como estaban antes, pero los estadounidenses se sintieron orgullosos otra vez, ya que el poderoso ejército británico no los pudo derrotar.

James Madison, uno de los autores de la Constitución y presidente de la nación

LA CONVENCION DE HARTFORD (1814)

La Guerra de 1812 tuvo un efecto desastroso en la economía de Nueva Inglaterra que dependía muchísimo del comercio en el Atlántico. En consecuencia, en diciembre de 1814 los delegados de cinco estados de Nueva Inglaterra se reunieron en una convención en la cual censuraron la guerra. Adoptaron resoluciones que declaraban que era la obligación de los estados negarse a obedecer al gobierno federal si creían que se violaba la Constitución. Esta aseveración de los derechos estatales fue parecida a las Resoluciones de Virginia y de Kentucky que habían sido adoptadas anteriormente. Sin embargo, las resoluciones de Hartford no fueron populares porque parecían antipatrióticas en el momento en el que la nación estaba en guerra.

LA PRESIDENCIA DE JAMES MONROE: 1817-1825

James Monroe asumió su cargo en 1817. Durante su administración hubo una eliminación temporera de los partidos políticos que se conoció como la "era de los buenos sentimientos". También hubo dos acontecimientos importantes; uno fue relacionado con el papel de los Estados Unidos en los asuntos extranjeros y el otro fue la admisión de nuevos estados.

EL CONVENIO DE MISURI (1820)

Uno de los problemas con los que se enfrentó Monroe, fue el esparcimiento de la esclavitud. Antes de 1820, el Senado estaba igualmente dividido entre 11 estados "libres" y 11 esclavistas. Sin embargo, cuando Misuri solicitó admisión como estado esclavista, este delicado equilibrio fue amenazado. Bajo los términos del Convenio de Misuri, preparado por Henry Clay, Maine se admitió como estado libre, mientras que Misuri entró en la Unión como estado esclavista. Esto ayudó a preservar el equilibrio regional que existía en el Senado. Además, se acordó que el resto del Territorio de Luisiana sería dividido a lo largo de la línea de 36 °, 30'. Al sur de la línea, se permitiría la esclavitud, y al norte sería prohibida.

LA DOCTRINA MONROE (1823)

Cuando Napoleón conquistó a España en 1809, surgieron movimientos de independencia en las colonias españolas en la América Latina. Los Estados Unidos reconocieron la independencia de estos países, y temiendo que España tratara de restablecer su dominio en ellos, el Presidente Monroe proclamó la Doctrina Monroe. En esa doctrina se declaraba que los Estados Unidos:

- se opondrían a cualquier intento europeo de establecer nuevas colonias en las Américas o reconquistar las que se hubieran declarado independientes.

- no intervendrían en las colonias aún existentes, tales como el Canadá, Cuba, Puerto Rico o Alaska.

James Monroe fue el quinto presidente, desde 1817 hasta 1825

La Doctrina Monroe fue muy importante porque estableció ante el mundo el hecho de que los Estados Unidos tenían un interés especial en el Hemisferio Occidental. A medida que los Estados Unidos se hacían más poderosos, la doctrina fue usada para justificar las frecuentes intromisiones en los asuntos de las naciones latinoamericanas. A fines del siglo XIX y principios del XX, la aplicación de esta política dominó las relaciones entre los Estados Unidos y la América Latina.

TERMINOS PARA RECORDAR

Asunto XYZ, Leyes de Extranjería y Sedición, Resoluciones de Kentucky y de Virginia, Revolución de 1800, Compra de Luisiana, Ley de Embargo de 1807, Guerra de 1812, Convenio de Misuri, Doctrina Monroe

LA PRESIDENCIA DE ANDREW JACKSON: 1829-1837

La elección de Andrew Jackson fue un punto crítico en la historia del país. Jackson, de origen humilde, llegó a ser uno de los presidentes más grandes en la historia estadounidense. Era verdaderamente un hombre de pueblo: fue el primer presidente que no provenía de la clase acomodada, el primero que no había nacido en un estado del este, y fue un hombre que llegó al éxito por su propio esfuerzo. Fue un héroe de la Guerra de 1812; en 1815, cerca de Nueva Orleans, el General Jackson tuvo una victoria importante sobre los ingleses. Aunque se sabía poco sobre sus ideas políticas, en 1824 Jackson se decidió a ser un candidato presidencial. Aunque recibió más votos populares que sus adversarios, perdió la elección porque no recibió la mayoría de los votos del colegio electoral. Fue elegido finalmente en 1828.

LA EDAD DE LA DEMOCRACIA JACKSONIANA

La elección de Jackson se llamó la **Revolución de 1828** debido a los muchos cambios democráticos introducidos en el país.

LOS ESTADOS UNIDOS ANTES DE LA DEMOCRACIA JACKSONIANA

Los autores de la Constitución estaban en favor de la democracia pero temían un "régimen del populacho". Creían que sólo los más educados y más capaces debían ejercer cargos públicos. Contaban con varias medidas para impedir que el nuevo gobierno llegara a ser demasiado democrático: los senadores eran elegidos por las legislaturas estatales, el presidente era elegido por el colegio electoral. Cuando se formaron los partidos políticos bajo Hamilton y Jefferson, las nominaciones para la presidencia se hacían por una **junta de representantes** ("caucus"). Finalmente, la mayoría de los estados tenían leyes que permitían el voto sólo a los propietarios o a los que pagaban un cierto mínimo de impuestos.

EL FIN DE LOS REQUISITOS DE PROPIEDAD PARA EL VOTO

Hacia el fin de la década de 1820 y durante la presidencia de Andrew Jackson, los Estados Unidos se hicieron mucho más democráticos. Los estados eliminaron los requisitos de propiedad y de ingresos. Para 1840, a excepción de un estado, todos establecieron el sufragio universal para los varones blancos, y se triplicó el número de votantes. Cambió toda la naturaleza de la política del país: el hombre blanco ordinario podía votar ahora. Sin embargo, las mujeres, los esclavos negros y los indios seguían excluidos de la política.

AUMENTA LA IMPORTANCIA DEL OESTE

El gobierno federal vendía a precios bajos las tierras al oeste de las trece colonias originales. Muchos colonos se habían mudado a estos territorios occidentales, que ahora solicitaban la creación de nuevos estados. Para 1824, cuando Jackson fue candidato presidencial por primera vez, ya había 11 nuevos estados. Estos nuevos estados del oeste fueron los primeros en poner fin a los requisitos de propiedad para el voto y elegían a sus gobernadores por medio del voto directo. Las condiciones de la frontera eran más toscas y más democráticas. Se admiraba más al hombre "hecho" por su propio esfuerzo que al que nació rico. Los habitantes del Oeste creían que el hombre ordinario era capaz de gobernar, y Jackson, que era de Tenesí, representaba muchos de los valores del Oeste. En 1828, fue elegido por los estados del Oeste y del Sur; los del norte se le opusieron.

LOS CAMBIOS EN LAS ELECCIONES PRESIDENCIALES

En los primeros años de la República, una junta de representantes escogía a los candidatos para las nominaciones presidenciales. En la década de 1830, el sistema fue reemplazado por las **convenciones nacionales de nominación** de cada partido. La antigua práctica de permitir que las legislaturas estatales escogieran miembros del colegio electoral, fue reemplazada por la elección directa. Para 1828, 22 de los 24 estados usaban este método.

EL NUEVO ESTILO DE CAMPAÑAS ELECTORALES

Con el aumento del número de votantes, se desarrollaron nuevos métodos en las campañas electorales. Cuando Jackson perdió las elecciones de 1824, acusó al nuevo presidente, John Quincy Adams (el hijo del presidente anterior, John Adams), de haber hecho un "trato corrupto" con otro candidato, **Henry Clay**. Fue en ese momento que comenzó la campaña de 1828. Jackson recibió el apodo de "**Old Hickory**" (nogal americano, de madera durísima). Los partidarios de Jackson hacían desfiles con palos y escobas de nogal. Arreglaban cenas, barbacoas, reuniones y mitines públicos a través del país. Los periódicos que simpatizaban con Jackson lanzaban acusaciones contra el Presidente Adams y alababan el heroísmo de Jackson. Se distribuían panfletos y caricaturas, y se hacían diferentes promesas a distintos grupos étnicos y de influencia política en cada estado. El punto culminante llegó en 1828, cuando

Jackson fue elegido y después de su posesión ofreció refrescos al público general en la Casa Blanca; se sirvieron helados y limonada a veinte mil personas. Los conservadores temían que esto fuera el principio del "régimen del populacho".

JACKSON ESTABLECE UNA PRESIDENCIA VIGOROSA

Ya que el presidente era elegido por todo el pueblo, Jackson creía que también era el portavoz más importante del pueblo en el gobierno. En consecuencia, creía en una presidencia fuerte.

EL "SISTEMA DE BOTIN"

Cuando fue elegido, Jackson despidió a muchos de los oficiales del gobierno que habían servido bajo el Presidente Adams. Esta no era la primera vez que un presidente nuevo procedía así, pero Jackson despidió a muchos más que los acostumbrados. Esta práctica se llegó a conocer como el "**sistema de botín**", nombre derivado de la frase: "el botín pertenece al vencedor". Jackson argumentaba que era apropiado que el partido victorioso ocupara los puestos públicos con sus propios partidarios, porque las obligaciones de los cargos públicos eran tan sencillas y claras que cualquier hombre inteligente las podía llevar a cabo. Dijo que era bueno nombrar por turnos a los funcionarios porque entonces más personas podrían obtener cierta experiencia en el gobierno. Esto también haría al gobierno más sensible a las necesidades de la gente ordinaria. Finalmente, Jackson creía que un grupo de oficiales permanentes estaba más expuesto a la corrupción.

Andrew Jackson a la edad de 52 años

JACKSON Y EL CONGRESO

Jackson fue el primer presidente que ejerció mucho su "poder de veto". Vetó más proyectos de ley que todos los presidentes anteriores juntos. En 1830 vetó el proyecto congresional para la construcción de la Carretera Maysville en Kentucky con fondos federales. En 1832, aunque el Congreso renovó la cédula del Banco Nacional, Jackson anunció que lo vetaría. El Banco llegó a ser así un tema de debate importante en las elecciones de 1832.

LOS DERECHOS ESTATALES vs. LA SUPREMACIA NACIONAL

Jackson comenzó su presidencia como partidario de los derechos estatales. Se opuso a usar fondos federales para la construcción de carreteras en el Oeste, que en su opinión debían ser costeadas por los estados. Sin embargo, Jackson cambió su posición cuando los sureños rechazaron los **Aranceles de 1828**. Su propio vice presidente, **John C. Calhoun**, escribió que cada estado tenía el derecho de **anular** (invalidar) dentro de sus fronteras las leyes federales injustas. Jackson se declaró firmemente a favor de la supremacía del gobierno nacional. Los Aranceles de 1832 eran más bajos que los Aranceles de 1828, pero aún tan altos que Carolina del Sur, el estado de Calhoun, amenazó con separarse de los Estados Unidos. Calhoun renunció a su puesto. Ningún otro estado llegó a seguir el ejemplo de Carolina del Sur. Jackson hizo que el Congreso aprobara la **Ley de Fuerza**, que le daba el poder para usar el ejército y la marina para lograr el cumplimiento de los aranceles. Creía que la existencia de la unión federal y los intereses de todo el país debían colocarse antes que los intereses de una región o un estado. Finalmente en 1833, se arregló un acuerdo sobre el asunto de los aranceles y no hubo uso de fuerza.

JACKSON Y LOS INDIGENAS

Como habitante de la frontera del Oeste, Jackson no simpatizaba con los indios. Cuando la Corte Suprema declaró que el estado de Georgia no tenía derecho a tomar tierras de los cheroquíes, Jackson se negó a hacer cumplir con la decisión. Aunque los cheroquíes habían desarrollado su propio sistema avanzado de gobierno, un idioma escrito y una red de escuelas, Jackson permitió que Georgia y otros estados los obligasen a abandonar su hogar y mudarse hacia el oeste. En consecuencia, Georgia siguió con su política de desplazar a los cheroquíes sin interferencia del gobierno federal. Se les obligó a mudarse durante el invierno y con pocos víveres. Perecieron tantos de ellos que el viaje forzado se llegó a conocer como la "senda de lágrimas".

JACKSON DECLARA LA GUERRA CONTRA EL BANCO

Como habitante del Sur y del Oeste, Jackson no confiaba en el Banco Nacional que fue establecido como parte del plan financiero de Hamilton. Creía que el banco ofrecía un monopolio de mala fe a los ricos y poderosos y a los intereses de las grandes empresas del Noreste; Jackson creía representar los intereses del ciudadano ordinario. Aunque en 1819, la Corte Suprema decidió que el Banco Nacional era constitucional, Jackson siguió convencido de que no lo era y estaba decidido a eliminarlo. Pronto el Estatuto del Banco iba a expirar y Jackson amenazó con no renovarlo. En 1832, el asunto del banco fue el punto principal de contienda en las elecciones. El banco era más impopular de lo que suponían sus partidarios y Jackson fue elegido por una gran mayoría de votos. Tomó medidas para arruinar el banco antes de que expirara su estatuto al trasladar todos los depósitos federales a los bancos estatales.

El Presidente Andrew Jackson: el rey del veto

EL SURGIMIENTO DE LA CLASE OBRERA

Durante ese tiempo, también hubo cambios en los sitios y métodos de trabajo: en lugar de las industrias caseras o de pequeños talleres, surgieron las fábricas y aumentó el uso de la maquinaria y la fuerza mecanizada. Esta **revolución industrial** comenzó primero en Inglaterra en los años 1750. En unas décadas, la revolución industrial llegó a los Estados Unidos y llevó al desarrollo de nuevas industrias y del transporte; al rápido desarrollo de las ciudades y al establecimiento de ciudades nuevas. Al principio, las condiciones de trabajo en las fábricas estadounidenses fueron mejores que en las de Inglaterra. En consecuencia, los obreros estadounidenses vieron favorablemente la revolución industrial, ya que hubo más trabajo y mejores sueldos. Para los años 1830 y 1840, las condiciones del trabajo comenzaron a empeorar a medida que los obreros dependían más de los fabricantes. Los obreros trabajaban 16 horas al día en las fábricas atestadas, mal iluminadas y en condiciones arriesgadas. A medida que aumentaba el descontento de los obreros, muchos de ellos formaron organizaciones obreras para tratar de mejorar sus jornales y las condiciones de trabajo. Andrew Jackson fue popular entre estos primeros sindicatos obreros porque se creía que representaba los intereses del hombre ordinario. Como consecuencia, Jackson recibió su apoyo.

LA EDAD DE LA REFORMA

Durante el período de la democracia jacksoniana surgieron varios movimientos de reforma en el país. **Horace Mann** contribuyó al desarrollo de las escuelas públicas elementales gratuitas; **Dorothea Dix** luchó por un trato mejor de los enfermos mentales y por la reforma en las prisiones (mejores condiciones en las cárceles y la eliminación del azote y encarcelamiento como castigo por las deudas vencidas). Se fundó la primera universidad para las mujeres (Wesleyan, 1836). En 1837 se formó el primer sindicato de artesanos. Floreció la literatura estadounidense. Casi todo fue producto del ambiente, y no necesariamente de la labor de Jackson.

TERMINOS PARA RECORDAR

Revolución de 1828, democracia jacksoniana, convenciones nacionales de nominación, sistema de botín, anular, Ley de Fuerza, Banco Nacional, revolución industrial

PERSONAJES DE LA EPOCA

ALEXANDER HAMILTON (SECRETARIO DE HACIENDA)

Hamilton fue un líder en el movimiento por la independencia. Sus argumentos en *The Federalist Papers* ayudaron a convencer a muchos estadounidenses para aprobar la nueva Constitución. Su plan financiero como secretario de hacienda incluía: el establecer una buena reputación del nuevo gobierno al asumir la responsabilidad por las deudas de la guerra revolucionaria, la recolección de rentas para el gobierno y el establecimiento de la moneda nacional en una base firme. Hamilton murió en un duelo con otro político, Aaron Burr.

JOHN MARSHALL (PRESIDENTE DE LA CORTE SUPREMA)

Marshall fue presidente de la Corte Suprema desde 1801 hasta 1835. Durante este período, su interpretación de la Constitución fue la base para establecer la importancia del sistema judicial federal y la supremacía del gobierno nacional sobre los estados. Sus decisiones, al extender el poder del gobierno federal, contribuyeron a crear un sentido de unidad en la nación.

John Marshall

ANTONIO JOSE MARTINEZ (SACERDOTE)

Antonio José Martínez nació en 1793 en el Territorio de Nuevo México. A la edad de 29 años se hizo sacerdote y trabajó en México. Luego decidió regresar a Nuevo México donde estableció la primera escuela pública, que luego aumentó en importancia y popularidad y atrajo a estudiantes de todo el territorio. En 1835, el Padre Martínez instaló la primera imprenta en la región. La usó para imprimir libros para los pobres y para publicar un periódico. El periódico, al igual que su redactor el Padre Martínez, apoyaba la libertad de la religión, la separación del estado y la iglesia y la causa de los granjeros que necesitaban protección contra los grandes terratenientes.

TECUMSEH (JEFE SHAWNEE)

Tecumseh, un jefe de la tribu shawnee, creía que el único modo de impedir el avance de los colonos, que constituían una amenaza para la cultura y la tierra de los indígenas, era organizar una nación indígena unificada. Tecumseh y su hermano viajaron extensamente para tratar de reunir a las tribus, esparcidas en grandes distancias, en una confederación. Aunque se oponía a la guerra, Tecumseh vio las hostilidades entre Inglaterra y los Estados Unidos en 1812 como una oportunidad para llevar a cabo su sueño. Alió su tribu con los ingleses con la esperanza de que su victoria impediría el avance de los colonos que amenazaban a su pueblo. Tecumseh murió en 1813 en la Batalla del Támesis.

AMOS LAWRENCE (INDUSTRIAL)

A la edad de 21 años, Amos Lawrence estableció una fábrica textil en Boston. Los cambios acarreados por la revolución industrial y el estímulo de la Guerra de 1812, lo llevaron a las inversiones en la industria textil. Su fábrica se basaba en un sistema paternal, común en ese tiempo en la región de Nueva Inglaterra. El gerente de la fábrica empleaba a las hijas de los granjeros; se les ofrecía un pequeño sueldo, y vivían en una pensión de la empresa. La compañía se hacía responsable por las jóvenes, cuidándolas y protegiéndolas. Desde 1831 hasta su muerte en 1854, Lawrence se dedicó a la filantropía.

LA CONSTITUCION EN MARCHA

UN PROCESO JURIDICO DE IMPORTANCIA

GIBBONS vs. OGDEN (1824)

Trasfondo: El Estado de Nueva York le había otorgado a Ogden el monopolio para operar el pasaje por barca entre Nueva York y Nueva Jersey. El gobierno federal otorgó a Gibbons una licencia parecida. Ogden entabló un juicio para detener las actividades de Gibbons. Gibbons apeló a la Corte Suprema.

Decisión/Importancia: Marshall, hablando en nombre de la Corte, decidió que el Estado de Nueva York no tenía derecho de otorgale el monopolio a Ogden. Sólo el gobierno Federal, de acuerdo a la Constitución de los EE. UU., podía reglamentar el **comercio interestatal** (entre estados distintos). Esta decisión estableció el derecho del gobierno para regular en el futuro a las empresas que participaban en el comercio interestatal. Con el tiempo, esto llegó a incluir la reglamentación de los ferrocarriles, autobuses, aerolíneas, emisoras de radio y televisión así como la mayoría de las otras empresas interestatales.

RESUMEN DE TU COMPRENSION

Instrucciones: ¿Comprendiste bien lo que acabas de leer? Comprueba tu comprensión en los siguientes ejercicios:

TERMINOS PARA RECORDAR

En una hoja aparte, explica brevemente los siguientes conceptos:

Plan financiero de Hamilton
Partidos políticos
Proclamación de neutralidad
Discurso de despedida de Washington
Leyes de Extranjería y Sedición
Resoluciones de Virginia y de Kentucky
Compra de Luisiana
Guerra de 1812
Revolución industrial
Convenio de Misuri
Doctrina Monroe
Democracia jacksoniana

LOS PROBLEMAS ENFRENTADOS POR WASHINGTON

El Presidente George Washington confrontó dificultades serias en la economía y en la política externa. Resume tu comprensión de estas dificultades al contestar las siguientes preguntas:

- ¿Cómo se proponía Alexander Hamilton resolver algunos de los problemas económicos de la nación?
- ¿Qué sucedió con las diferentes partes del programa de Hamilton a medida que creció la oposición a su plan?
- ¿Por qué creía Washington que la neutralidad en los asuntos extranjeros era la mejor política para la nación?
- ¿Qué problemas enfrentó el Presidente Washington en los asuntos externos?

LA PRESIDENCIA DE JACKSON

La elección de Andrew Jackson fue un punto crítico en la historia de los Estados Unidos. Resume tu comprensión de la presidencia de Jackson al responder a las siguientes preguntas:

- Explica por qué la elección de Jackson en 1828 se conoce como una "revolución".
- ¿Qué cambios se introdujeron durante este período de la historia del país que hicieron que la nación se hiciera más democrática?
- ¿Qué medidas tomó Jackson para crear una presidencia más poderosa?

PERSONAJES DE LA EPOCA

Los individuos a menudo tienen una influencia importante en la vida política, económica o social de su tiempo. ¿Qué individuo crees que tuvo el mayor impacto en el período presentado en este capítulo? Explica el porqué.

COMPRUEBA TU COMPRENSION

Instrucciones: Comprueba tu comprensión de esta unidad al contestar a las siguientes preguntas. Selecciona la mejor contestación. Luego dirígete a los ensayos.

DESARROLLO DE DESTREZAS: INTERPRETACION DE UNA CARICATURA

Basa tus respuestas a las preguntas 1 y 2 en la caricatura dada y en tu conocimiento de estudios sociales.

1 La base para el uso de la señal de alto por el Tío Sam se encuentra en
1 el Acuerdo de Mayflower
2 la Doctrina Monroe
3 las Resoluciones de Virginia y de Kentucky
4 el Convenio de 1820

2 La idea principal de la caricatura es que
1 los Estados Unidos deben evitar las alianzas comprometedoras
2 el Hemisferio Occidental está cerrado a nueva colonización europea
3 los estados tienen el derecho a desafiar las decisiones del gobierno nacional
4 la esclavitud queda prohibida en los estados del Oeste

DESARROLLO DE DESTREZAS: INTERPRETACION DE LECTURA

Basa tus respuestas a las preguntas 3 - 5 en el trozo que sigue y en tu conocimiento de estudios sociales.

> Ahora les diré lo que no me gusta en la Constitución. Primero, la omisión de una declaración de derechos, que proporcione la libertad de religión, la libertad de prensa, la protección contra los ejércitos permanentes ... La segunda característica que me desagrada es el abandono, en cada instante, del principio de la alternación en los cargos públicos, y especialmente en el caso del presidente. La razón y la experiencia nos dicen que el presidente siempre será reelegido, si puede ser reelegido. Entonces se convierte en funcionario vitalicio. Es mi convicción que después de todo, debe triunfar la voluntad de la mayoría.
>
> —Thomas Jefferson
>
> *Fragmento de una carta que expresa su opinión sobre uno de los primeros proyectos de la Constitución de los EE. UU.*

3 ¿Cuál es la aseveración más acertada sobre la opinión de Jefferson sobre uno de los primeros proyectos de la Constitución?
1 Está totalmente en favor de la Constitución.
2 Tiene ciertas reservas en aceptar el documento en su totalidad.
3 Desea encabezar una rebelión contra la aprobación del documento.
4 Apoya la idea de un banco nacional.

4 Las ideas expresadas en el trozo se parecen más a las de un
1 imperialista
2 anti-federalista
3 federalista
4 mercantilista

5 Jefferson estaría más de acuerdo con la decisión de Washington de
1 nombrar a Alexander Hamilton como secretario de hacienda
2 rechazar la presidencia después de servir dos términos en su cargo
3 expedir la Proclamación de la Neutralidad
4 imponer un impuesto en los licores

---

6 ¿Cuál es la descripción más acertada de las decisiones de la Corte Suprema bajo su Presidente John Marshall?
1 una interpretación estricta de la Constitución de los EE. UU.
2 un enfoque tradicional con énfasis en los derechos estatales
3 el aumento del poder del gobierno nacional
4 un fuerte énfasis en los derechos del individuo

7 Un individuo que es partidario de la democracia jacksoniana
1 cree en un gobierno encabezado por un rey
2 está interesado en abrir los cargos gubernamentales a todo tipo de persona
3 quiere que se proporcione adiestramiento profesional para todos
4 trata de apoyar grandes gastos militares

8 El consejo del Presidente Washington en su discurso de despedida se caracteriza por el pedido de
1 un ejército nacional grande
2 más beneficios para los veteranos de la Revolución Estadounidense
3 una política imperialista
4 que se eviten las alianzas comprometedoras

9 ¿Cuál aseveración resume mejor una creencia principal del Presidente Thomas Jefferson?
1 Todas las personas nacen para servir al gobierno.
2 La ciencia presenta una amenaza peligrosa a los conocimientos establecidos.
3 Todos tienen derecho a una justicia igual.
4 Los Estados Unidos deben desempeñar el papel de líder mundial.

10 La Guerra Revolucionaria Estadounidense y la guerra de 1812 se parecen en que ambas
1 llevaron al principio de "'no' a la tasación sin representación"
2 contribuyeron a la caída del partido federalista
3 se llevaron a cabo contra la misma nación europea
4 apoyaban la política pro-inglesa en los Estados Unidos

11 ¿Cuál suceso es el mejor ejemplo del uso de la Doctrina Monroe en la política externa de los EE. UU.?
1 la declaración de guerra contra una nación asiática
2 una alianza militar con los poderes europeos
3 el cierre del Hemisferio Occidental al imperialismo europeo
4 la venta de trigo a los rusos

12 La historia de la diplomacia de la Guerra de 1812 probablemente sería más exacta si se basara en un estudio
1 de los editoriales publicados en los periódicos de ese tiempo
2 de las biografías de los Presidentes Jefferson, Monroe y Madison
3 del diario de un miembro del ejército inglés que luchó en la guerra
4 de las cartas de los ministros británicos y estadounidenses y los documentos gubernamentales de la época

13 En un bosquejo, uno de los siguientes sería el tema principal y los otros son secundarios. ¿Cuál es el tema principal?
1 El Asunto del Ciudadano Genêt
2 La Rebelión del Whisky
3 La administración de Washington
4 El Tratado Jay con Inglaterra

14 ¿Cuál es un ejemplo de la extensión del poder presidencial más allá de lo declarado en la Constitución?
1 El Presidente Washington anuncia la política de neutralidad en los asuntos externos.
2 El Presidente Adams recomienda a un individuo para la Corte Suprema.
3 El Presidente Jefferson veta un proyecto de ley aprobado por el Congreso.
4 El Presidente Jackson se niega a hacer cumplir una decisión de la Corte Suprema.

15 "Los Estados Unidos no deben comprometerse con las potencias europeas, sino que deben quedarse dentro del país y ocuparse de sus propios intereses."
Esta declaración probablemente fue hecha por el Presidente
1 George Washington
2 John Adams
3 James Monroe
4 Andrew Jackson

16 ¿Qué productos probablemente componían la mayoría de la exportación estadounidense a Europa durante las administraciones de Jefferson, Madison y Monroe?
1 productos agrícolas
2 ropa
3 maquinaria
4 aparatos eléctricos

17 Las asambleas nacionales de nominación, las juntas de nombramiento y la rotación de los puestos, son las características democráticas que llegaron a usarse durante la administración de
1 George Washington
2 Thomas Jefferson
3 James Monroe
4 Andrew Jackson

18 El "sistema de botín" puede definirse mejor como
1 el reemplazo de los oficiales públicos por los miembros del partido vencedor
2 el impedir que una rama del gobierno se vuelva demasiado poderosa
3 la limitación de las veces en que un candidato puede ser electo presidente
4 el permitir que el pueblo elija a sus representantes para el Congreso

19 El propósito de la Proclamación de Neutralidad de 1793 y la Ley de Embargo de 1807 era
1 aumentar el comercio con las naciones extranjeras
2 impedir que los Estados Unidos se involucraran en una guerra
3 alentar a los inmigrantes a visitar a los Estados Unidos
4 apoyar a Inglaterra en su guerra contra Francia

20 Las Resoluciones de Virginia y de Kentucky así como la Convención de Hartford se parecen en que todas
1 nombraron candidatos presidenciales
2 sostuvieron que los estados tenían el derecho de declarar inconstitucionales las leyes del Congreso
3 acordaron que el gobierno nacional era supremo
4 apoyaron la ejecución de los prisioneros de guerra

21 La función del Gabinete, tal como lo formó el Presidente Washington, era
1 proteger los derechos de los ciudadanos individuales
2 aconsejar y ayudar al presidente
3 asegurar los derechos de los ciudadanos a la propiedad
4 decidir las disputas con las naciones extranjeras

22 El Convenio de Misuri se proponía resolver las diferencias entre los
1 estados esclavistas y los antiesclavistas
2 estados industriales y los agrícolas
3 misureños y texanos
4 Estados Unidos y México

23 Un resultado importante de la Doctrina Monroe fue que
1 llevó directamente a la guerra entre los Estados Unidos e Inglaterra
2 protegía al Hemisferio Occidental del imperialismo europeo
3 abrió la América Latina a la colonización española
4 impidió la intromisión de los Estados Unidos en los asuntos internos europeos

24 Un resultado directo de los desacuerdos sobre el plan financiero de Hamilton fue
1 la adquisición del Territorio de Luisiana
2 la formación de los partidos políticos en los Estados Unidos
3 el decaimiento financiero de los Estados Unidos
4 la exigencia de los estados de más poder para reglamentar a sus ciudadanos

25 En la Compra del Territorio de Luisiana, el Asunto del Ciudadano Genêt y el Asunto XYZ, participaron los Estados Unidos y
1 Gran Bretaña
2 España
3 Francia
4 Portugal

ENSAYOS

1 A los presidentes se les califica de acuerdo a lo que hayan logrado mientras desempeñaban su cargo.

Presidentes

Washington
Adams
Jefferson
Madison
Monroe
Jackson

Parte A

Escoge a *un* presidente de la lista: ______________________________

Escoge *dos* logros o fracasos que tuvieron lugar durante su administración

a. ____

b. ____

¿Qué calificación le darías a este presidente?______________________

Excelente	90-100
Muy bueno	80-90
Bueno	70-80
Mediocre	60-70
Malo	10-60

Parte B

En tu respuesta a la Parte B, debes usar la información dada en la Parte A. Sin embargo, también puedes usar información adicional y distinta en tu respuesta a la Parte B.

Escribe un ensayo explicando por qué diste esa calificación al presidente dado.

2 Muchos acontecimientos tuvieron un efecto importante en los Estados Unidos. Los siguientes titulares se refieren a algunos sucesos importantes:

Titulares

Washington Presenta Discurso de Despedida
EE. UU. Compran Territorio de Luisiana
Junio 18, 1812: Estalla la Guerra
Se Anuncia Doctrina Monroe
Se Arregla Convenio de Misuri

Escoge *tres* de los titulares. En el caso de *cada uno*:

- describe el acontecimiento
- discute los resultados del suceso en los Estados Unidos

CAPITULO 8

LA CONSTITUCION SE PONE A PRUEBA

VISION GENERAL

La Guerra Civil duró desde 1861 hasta 1865. Aunque se logró el objetivo principal de conservar la Unión, su costo fue enorme. Millares murieron o fueron heridos. El Sur se encontraba en ruina, su economía deshecha.

La Guerra Civil transformó la nación para siempre. El poder y la autoridad del gobierno nacional aumentaron muchísimo. Se acabó la esclavitud, aunque los antiguos esclavos tenían un largo camino que atravesar antes de alcanzar una igualdad completa. Había muchas tareas por delante; el Sur tenía que ser reconstruido y quedaban por resolverse problemas políticos, económicos y sociales importantes. La nación dedicó sus energías a esos problemas durante el período de Reconstrucción que siguió a la Guerra Civil.

— LINEA CRONOLOGICA DE SUCESOS IMPORTANTES —

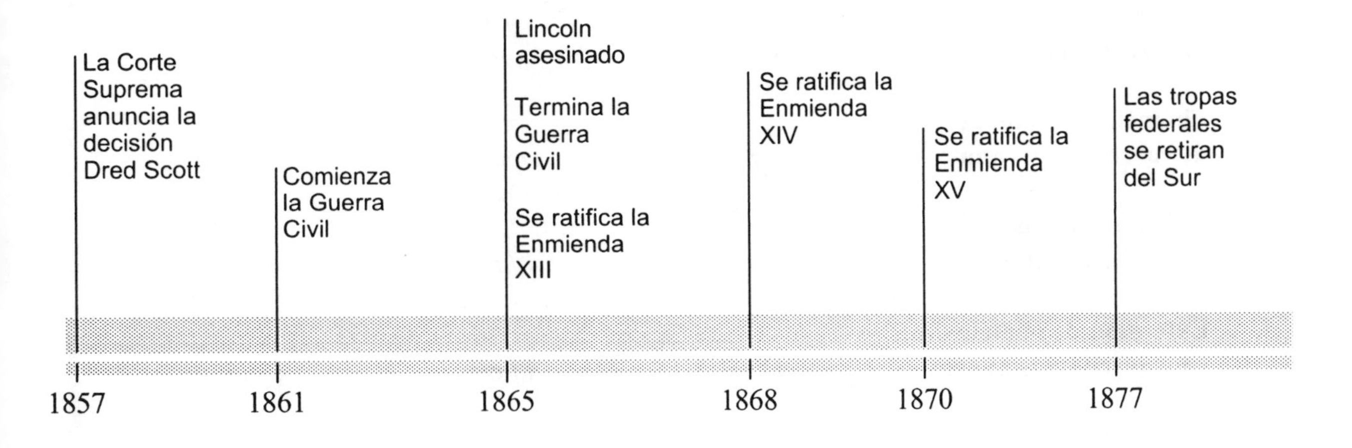

EL SURGIMIENTO DEL REGIONALISMO

A principios del siglo XIX, cuando los Estados Unidos se expandieron y avanzaron económicamente, cada región del país desarrolló sus propias características especiales:

EL NORESTE

El Noreste se convirtió en el centro de manufactura, embarques, pesca y granjas pequeñas. Fue en el Noreste donde surgió una nueva clase de obreros industriales.

EL SUR

La característica dominante del Sur había sido la práctica de la esclavitud. Aproximadamente una tercera parte de la población del Sur constaba de esclavos que en su mayoría trabajaban en las grandes plantaciones. El invento de la desmotadora de algodón y el aumento en la demanda de algodón crudo por las hilanderías del Noreste y de Inglaterra llevaron a la expansión de la esclavitud en el Sur. Aunque la mayoría de los sureños no tenían esclavos, una gran parte de la economía del Sur se basaba en los beneficios obtenidos a través del uso del trabajo de los esclavos.

EL NOROESTE

Esta región — que hoy comprende los estados de Wisconsin, Illinois, Indiana, Michigan y Ohio — se convirtió en el granero de los Estados Unidos. El Noroeste estaba dominado por pequeños granjeros independientes. Su producción se llevaba al Noreste y al Sur por ríos y canales.

LA POSICION DE CADA REGION EN LAS CUESTIONES NACIONALES DE IMPORTANCIA (1820-1850)

	NORESTE	SUR	NOROESTE
Institución de altos aranceles protectores	*A favor*	*Opuesto*	*A favor*
Continuación de un banco nacional	*A favor*	*Opuesto*	*Opuesto*
Financiación federal de carreteras y canales	*A favor*	*Opuesto*	*A favor*
Venta de tierras federales baratas	*Opuesto*	*A favor*	*A favor*
Extensión de la esclavitud a los territorios nuevos	*Opuesto*	*A favor*	*Opuesto*

Estas diferencias económicas y sociales llevaron al surgimiento del regionalismo ya para los años 1820. El **regionalismo** era una lealtad mayor que muchos estadounidenses sentían hacia su propia región (el Norte, el Sur o el Oeste) que hacia el país como tal. Cada grupo regional quería que el gobierno federal siguiera las prácticas que favorecían más a su región. Los norteños querían aranceles altos para proteger sus bienes manufacturados de la competencia con los productos británicos menos costosos. Los sureños se oponían a las tarifas más altas porque vendían su algodón a Inglaterra y querían poder comprar los productos británicos más baratos.

Una cuestión importante originada por el regionalismo fue si los habitantes de una región del país tenían el derecho de retirarse de la Unión por completo si creían que el gobierno federal mantenía prácticas desfavorables con ellos. Esta fue la cuestión puesta a prueba por la Guerra Civil a principio de los años 1860.

LA EXPANSION TERRITORIAL DE LOS ESTADOS UNIDOS

UNA NACION INDEPENDIENTE RODEADA POR POTENCIAS EUROPEAS

Aun después de la Compra de Luisiana, los EE. UU. estaban rodeados por territorios regidos por potencias europeas. Tanto Gran Bretaña como España reclamaban derechos sobre el **Territorio de Oregón**, al noroeste del Territorio de Luisiana; La Florida, al sur de Georgia, era una colonia española; California, Texas y todo el Sudoeste de los Estados Unidos de hoy, también estaban bajo el dominio de España. Finalmente, al norte de los Estados Unidos, el Canadá seguía siendo una colonia de Gran Bretaña.

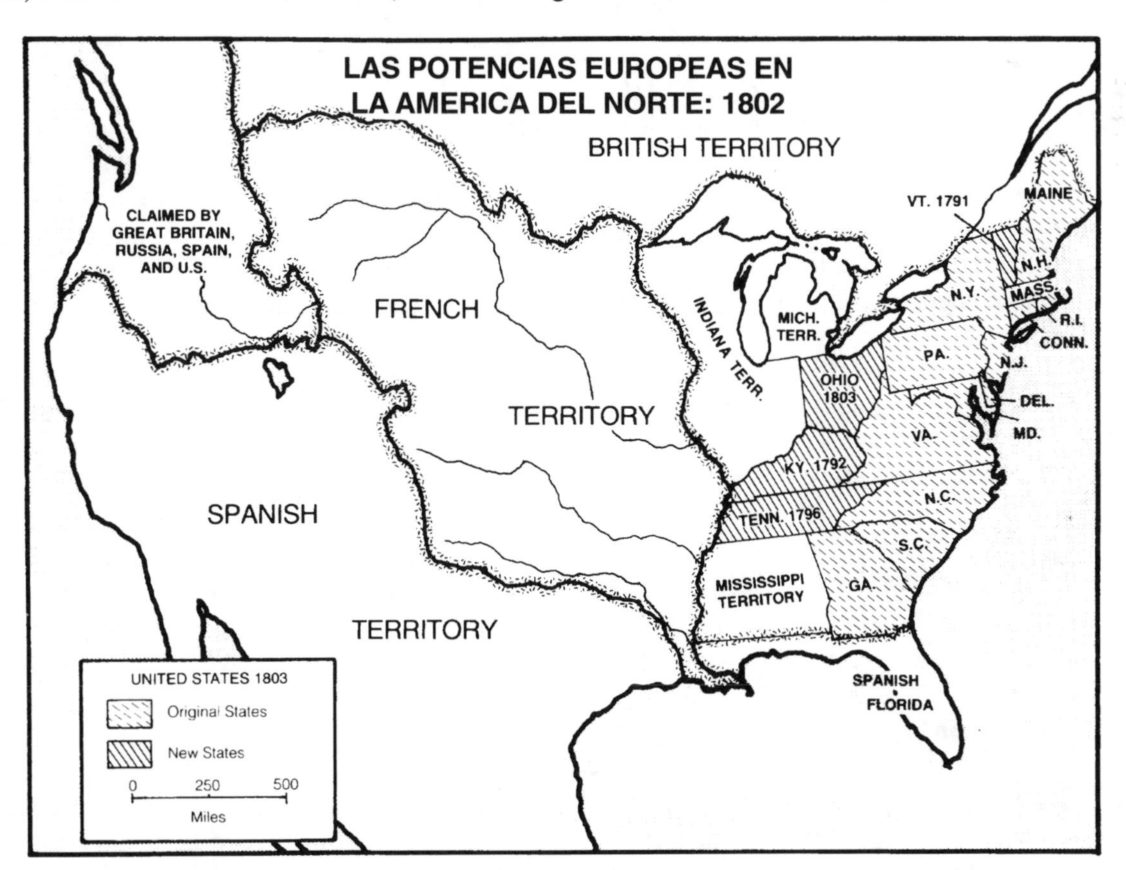

Sin embargo, para los años 1820 muchos estadounidenses creían que su país estaba destinado por Dios a ocupar los territorios desde el Atlántico hasta el Pacífico. Esta creencia llegó a conocerse como el "Destino Manifiesto". Antes de poder ocupar estos territorios los estadounidenses tenían que desplazar a los pueblos que ya los ocupaban—los indios y los hispanoamericanos.

LA CRISIS DEL IMPERIO ESPAÑOL

La presión del conquistador francés, el Emperador Napoleón, había obligado a los españoles a ceder Luisiana a Francia, lo que en 1803 llevó a la venta del Territorio de Luisiana a los Estados Unidos. Poco tiempo después, Napoleón ocupó a España, poniendo en el trono español a su hermano mientras el rey legítimo fue encarcelado en un castillo en Francia. Esto llevó a la rebelión de las colonias españolas de las Américas contra el dominio francés y a la demanda de un grado más alto de representación. Después de las guerras contra Francia, fue restaurado al trono el rey de España. Cuando trató de resumir el control estricto sobre las colonias, estas se levantaron en un movimiento de independencia. Los Estados Unidos apoyaron estos movimientos con la proclama de la Doctrina Monroe.

LA ANEXION DE LA FLORIDA

Los Estados Unidos actuaron con celeridad para anexar partes de la Florida en 1810 y 1813, cuando el imperio español se encontraba en una crisis. En 1816, el General Andrew Jackson ocupó el este de la Florida, sosteniendo que desde allí se originaban los ataques de los indios semínolas contra los pobladores estadounidenses de Georgia. La exitosa ocupación de Jackson, convenció a los jefes españoles de que los Estados Unidos pronto tratarían de apoderarse de toda la Florida. En 1819, vendieron el resto de la península a los Estados Unidos por 5 millones de dólares.

MEXICO LOGRA SU INDEPENDENCIA

EL VECINO AL SUR DE LOS EE. UU.

Después de que estallaron los movimientos de independencia a través del resto de la América Latina, los mexicanos comenzaron su lucha por la independencia en 1818. Ese año, el **Padre Hidalgo** comenzó la sublevación mexicana, exigiendo el fin del dominio español, la igualdad de las razas y la redistribución de tierras. Hidalgo encabezaba una fuerza de indígenas empobrecidos y de **mestizos** (descendientes de indios y europeos). Después de una lucha feroz, las fuerzas de Hidalgo fueron derrotadas; Hidalgo mismo fue capturado y ejecutado. La lucha siguió por mucho tiempo, hasta que finalmente, en 1821, México logró su independencia.

Sin embargo, la independencia no produjo grandes cambios en la sociedad mexicana. Los **criollos** (de descendencia europea) siguieron en posesión de la mayor parte de las tierras y continuaron rigiendo el país con el apoyo del ejército y de la Iglesia Católica. La Constitución de 1822 definió oficialmente a México como una república, pero entre 1833 y 1855 el país estuvo sometido a la dictadura militar del **General Santa Anna**.

LA INDEPENDENCIA DE MEXICO Y LA ANEXION DE TEXAS

La nueva República de México incluía no sólo los territorios mexicanos del presente, sino también las regiones que hoy comprenden el Sudoeste de los Estados Unidos. El gobierno mexicano, insistentemente alentaba a que los colonos estadounidenses se establecieran en Texas—una región poco poblada, a lo largo de la frontera con los Estados Unidos. Sin embargo, para los años 1830 los colonos estadounidenses comenzaron a exceder en número a los mexicanos hispanohablantes y a los indios de la región. Las autoridades mexicanas objetaban el uso de esclavos por los inmigrantes estadounidenses. Cuando el gobierno mexicano trató de detener la inmigración desde los Estados Unidos, surgió un conflicto con los colonos estadounidenses. En 1835, comenzó la lucha. Una gran fuerza mexicana, encabezada por el General Santa

Anna, cercó una pequeña fuerza de inmigrantes estadounidenses en el **Alamo**, una misión fortificada. Murieron todos sus defensores cuando se negaron a rendirse. Entretanto, otro grupo de estadounidenses texanos declaró su independencia de México. Cuando Santa Anna fue capturado con su vanguardia en abril de 1836, realizó un acuerdo en el que reconocía la independencia de Texas y aseguraba su propia libertad. Cuando Texas logró su independencia, muchos habitantes mexicanos y pobladores negros libres fueron obligados a abandonar el país.

James K. Polk

Casi inmediatamente después de lograr su independencia, los texanos solicitaron la admisión de su república en los Estados Unidos. Los norteños no querían añadir otro estado esclavista a la Unión, ya que creían que Texas mantendría la esclavitud. Por lo tanto, el Congreso de los Estados Unidos no accedió con rapidez al pedido. Cuando James Polk ganó la presidencia en 1844, abogó por la expansión estadounidense en Oregón y la inmediata anexión de Texas, y el Congreso finalmente anexó a Texas en 1845.

LA "GUERRA CON MEXICO" O LA "GUERRA DE INVASION ESTADOUNIDENSE": 1846-1848

Aun después de perder a Texas, México siguió en control de lo que hoy es la cuarta parte sudoeste de los Estados Unidos—la extensión que abarca a California, Nevada, Utah, Arizona y partes de Colorado y de Nuevo México. El Presidente Polk esperaba poder negociar la compra de estos territorios a México, pero el gobierno mexicano se negó a considerar la venta.

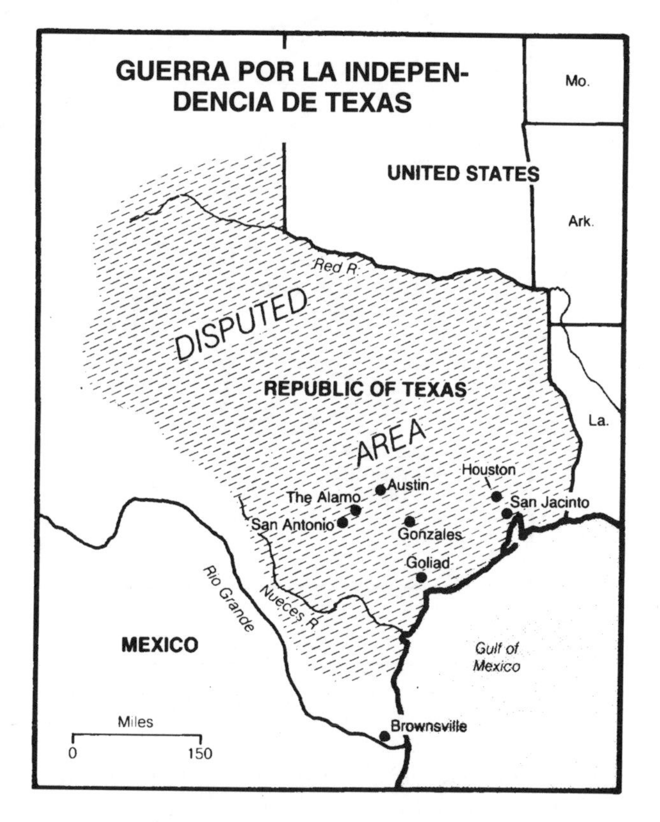

UNA DISPUTA FRONTERIZA LLEVA A LA GUERRA

Entretanto, los Estados Unidos y México estaban en desacuerdo con respecto a las fronteras de Texas. Hay cierta evidencia de que en 1836, Santa Anna había prometido que el Río Grande iba a constituir el límite, pero en 1845 sostenía que la frontera era el Río Nueces, situado más al norte. Por su parte, Polk deseaba provocar una contienda para poder apoderarse de territorios mexicanos adicionales. Cuando ocurrió un encuentro de poca importancia con las tropas mexicanas, Polk declaró la guerra.

En los textos de historia estadounidenses esta guerra se conoce como la **Guerra con México**, y los mexicanos la llaman la **Guerra de la Invasión Estadounidense**. Los Estados Unidos rápidamente tomaron control del norte de California y de Nuevo México. Otra fuerza estadounidense desembarcó en Veracruz y capturó la Ciudad de México en septiembre de 1847. En febrero de 1848, México firmó el **Tratado de Guadalupe-Hidalgo** que puso fin a la guerra. México cedió a los Estados Unidos todos los territorios que Polk inicialmente trató de comprar, lo que redujo mucho la extensión del país. Entre 1836 y 1848 México perdió cerca de la mitad de sus territorios que pasaron a formar parte de los Estados Unidos. La división de México debilitó su economía y contribuyó al legado de inestabilidad política. Para los Estados Unidos, California vino a ser una adquisición valiosa, ya que en menos de un año después del fin de la guerra se descubrió allí el oro, lo que estimuló mucho la emigración hacia el oeste. Sin embargo, la anexión de un territorio nuevo tan grande también creó problemas, ya que los estadounidenses estaban divididos sobre la cuestión del establecimiento de la esclavitud en estos territorios.

EL TERRITORIO DE OREGON

El Territorio de Oregón fue una región reclamada por más de una nación. En su campaña presidencial de 1844, James Polk, que exigía "cincuenta y cuatro o lucha", hizo que la "reocupación de Oregón" se convirtiera en el programa de su partido. En un acuerdo con Gran Bretaña en 1846, el Presidente Polk extendió hacia el oeste, hasta el Pacífico, la línea que separaba a los Estados Unidos del Canadá. Esto dio a los Estados Unidos el control de una gran parte del Territorio de Oregón. Esta región más tarde llegó a constituir los estados de Oregón, Washington, Idaho y partes de Montana y Wyoming.

LA EXPANSION TERRITORIAL DE LOS ESTADOS UNIDOS CONTINENTALES

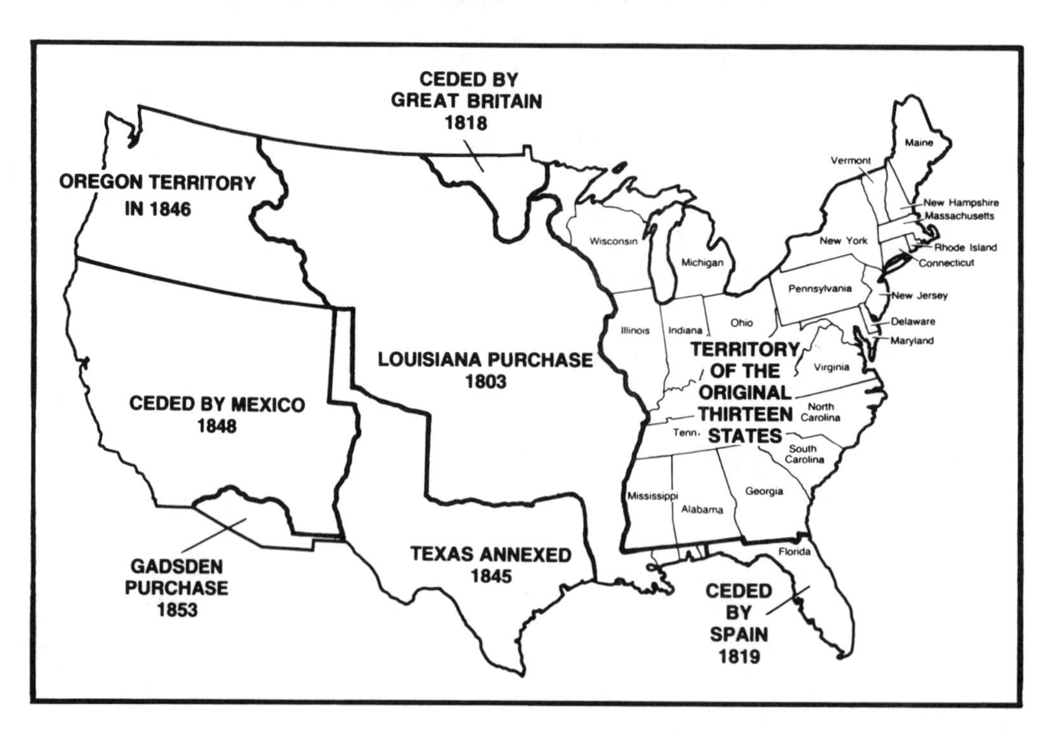

TERMINOS PARA RECORDAR

Territorio de Oregón, Destino Manifiesto, Doctrina Monroe, Padre Hidalgo, mestizo, criollo, Alamo, Tratado de Guadalupe-Hidalgo

LA GUERRA CIVIL: 1860-1865

La Guerra Civil fue el conflicto más divisivo en la historia del país, y perecieron en ella más estadounidenses que en cualquier otra guerra. Las heridas causadas por la guerra tomaron más de un siglo para sanarse.

LAS CAUSAS DE LA GUERRA CIVIL

Un suceso tan complejo como la erupción de la Guerra Civil tuvo muchas causas:

EL REGIONALISMO

La industrialización creó diferencias económicas y sociales que amenazaban con la destrucción de la Unión. El Norte se convirtió en una región de manufactura y de trabajo de obreros libres. La esclavitud se atrincheró más en el Sur, como medio de producir algodón barato para la exportación a las fábricas inglesas. La gente sentía más lealtad hacia su propia región que al país entero. A causa de estas diferencias económicas y sociales ciertos choques eran inevitables.

LA ESCLAVITUD

La cuestión más explosiva fue el asunto de la esclavitud. Los **abolicionistas** eran reformadores que querían acabar con la esclavitud. Los antiguos esclavos como Frederick Douglass, Sojourner Truth y Harriet Tubman eran los abolicionistas principales. La publicación de *El Liberador* por William Lloyd Garrison y el libro de Harriet Beecher Stowe, *La cabaña del tío Tom*, contribuyeron a esparcir en el Norte un sentido de indignación contra la esclavitud.

En oposición a los abolicionistas se encontraban los sureños esclavistas. En el Sur, aunque dos terceras partes de la población blanca no tenían esclavos, una gran parte de la economía se basaba en los beneficios obtenidos mediante la esclavitud. Los sureños esclavistas sostenían que los esclavos recibían mejor trato que los obreros de las fábricas en el Norte. Finalmente, existía el temor de que la emancipación de los esclavos podría llevar a la violencia contra los blancos.

¿Fue la existencia de la esclavitud la causa principal de la Guerra Civil? Habría sido difícil eliminar la esclavitud en el Sur sin una guerra. Además, la razón principal por la que se independizaron los estados del Sur, fue porque creían que el sistema esclavista estaba amenazado. Sin embargo, la Guerra Civil no comenzó por la cuestión de la esclavitud en el Sur, sino a causa de la cuestión de si los estados tenían el derecho de separarse de la Unión.

LA EXTENSION DE LA EXCLAVITUD A LOS NUEVOS TERRITORIOS

La tensión entre el Norte y el Sur pudo haberse controlado si no hubiera sido por la adquisición de nuevos territorios en el Oeste. En los años 1840 los Estados Unidos ganaron control de los territorios en Oregón y en la Cesión Mexicana (para una discusión más completa de la expansión territorial de los Estados Unidos véase el Capítulo 12.) Las anexiones produjeron la controversia sobre el establecimiento de la esclavitud en estos nuevos territorios. Los sureños creían que sólo al extender la esclavitud a algunos de los nuevos estados, podrían mantener el equilibrio en el Senado entre los estados esclavistas y los libres. Los norteños estaban escandalizados ante la posibilidad de la extensión de los males de la esclavitud.

LOS CONVENIOS

A pesar de las diferencias regionales, la nación llegó a conservar su frágil unidad desde los años 1820 hasta los 1850 con una serie de convenios.

Henry Clay presenta un discurso en el Senado sobre la cuestión de la esclavitud en los territorios

El Convenio de Misuri de 1820. En el Convenio de Misuri, Misuri se admitió como estado esclavista y Maine como estado libre. El Congreso también decidió que no se permitiría la esclavitud al norte de una cierta línea en los terrenos de la Compra de Luisiana.

El Convenio de 1850. En el Convenio de 1850, California se admitió como estado libre, pero se impuso una **Ley de Esclavos Fugitivos** más rígida que requería que los estados del Norte cooperaran en la devolución de los esclavos fugados. El sistema de **soberanía popular** se aplicó a los otros territorios tomados de México. Según este sistema, los pobladores de los nuevos territorios podían decidir por sí mismos si querían permitir la esclavitud o no.

EL DERRUMBAMIENTO DEL CONVENIO

En los años 1850, ciertos acontecimientos anularon estos convenios anteriores. Esto hizo casi inevitable un conflicto entre el Norte y el Sur.

La Ley Kansas-Nebraska (1854). Con esta ley el Congreso anuló el Convenio de Misuri al introducir el principio de la soberanía popular en los Territorios de Kansas y Nebraska, donde anteriormente se prohibía la esclavitud. En Kansas, las fuerzas esclavistas y antiesclavistas chocaron cuando cada partido, al traer a sus propios partidarios, trató de influir en el resultado del voto popular. Hubo muertes y derrame de sangre de ambos lados y se usaron tropas federales para restablecer el orden.

La decisión Dred Scott (1857). Dred Scott, que nació esclavo, influyó en la historia de la nación cuando no logró su libertad en el caso de *Scott vs. Sandford.* En tal caso la Corte Suprema decidió que los esclavos no eran ciudadanos y que no podían entablar juicios en las cortes federales. Ade-más, la Corte declaró que la prohibición de la esclavitud en el Convenio de Misuri era inconstitucional, ya que los esclavos eran propiedad y el Congreso no tenía derecho a la toma de propiedad. Los norteños se enojaron por esta decisión, aprobada por una mayoría de magistrados sureños.

Dred Scott

La Incursión de John Brown (1859). John Brown, un abolicionista norteño, preparó un plan secreto para organizar una revuelta de esclavos. Se apoderó de un arsenal federal en Virginia, pero su pequeño ejército pronto fue capturado. Brown fue ahorcado, pero su intento de agitar a los esclavos para que se sublevaran causó un sentido de alarma y temor entre los sureños.

LAS DIFERENCIAS EN LA INTERPRETACION DE LA CONSTITUCION

Una diferencia importante en la interpretación de la Constitución llevó a la secesión de los estados del Sur. Los sureños creían en los **derechos estatales**, señalando que fueron los estados los que formaron el gobierno federal, y que cada estado, si lo deseaba, tenía el poder de dejar la Unión. Los norteños en cambio argumentaban que la Constitución era la obra de todo el pueblo estadounidense en conjunto, y que los estados no tenían el derecho de abandonar la Unión voluntariamente.

LOS PUNTOS SOBRESALIENTES DE LA GUERRA CIVIL

ESTALLA LA GUERRA

La elección del candidato republicano **Abraham Lincoln** en 1860 llevó a la secesión de la mayoría de los estados esclavistas del Sur. Lincoln era el candidato del nuevo partido republicano que se oponía a la expansión de la esclavitud a los nuevos territorios. Aunque Lincoln dijo que no desafiaría la continuación de la esclavitud en el Sur, la desconfianza entre los sureños y los norteños era tan grande que los estados del Sur se separaron inmediatamente después de su elección. Se organizaron como los **Estados Confederados de América**, y redactaron su propia constitución. Lincoln estaba inclinado a tomar todas las medidas necesarias para conservar la unidad de los Estados Unidos. La lucha propiamente dicha comenzó en 1861, cuando un fuerte federal en la Carolina del Sur fue atacado por las fuerzas confederadas.

El Presidente Abraham Lincoln emancipó a los esclavos y conservó la Unión

POR QUE GANO EL NORTE

Desde el principio el Norte tenía ventajas inmensas: una población más grande, más dinero, más ferrocarriles, más facilidades de manufactura y una potencia naval más grande. En bienes manufacturados, el Sur dependía casi por completo de la importación, y el Norte pronto impuso un bloqueo naval en el Sur. A pesar de estas ventajas, pasaron cuatro años antes de que el Norte derrotara al Sur.

Jefferson Davis, Presidente de la Confederación, y su Gabinete

VOCES DEL PUEBLO

La esclavitud tuvo un papel importante en la historia de los Estados Unidos. La vida de los esclavos consistía principalmente en trabajo duro y agobiante. A menudo, los esclavos cantaban para aliviar la fatiga. Sus cantos muestran claramente su anhelo de escapar de la esclavitud y su esperanza de una vida mejor. A continuación, incluímos uno de esos cantos en el dialecto usado por los esclavos.

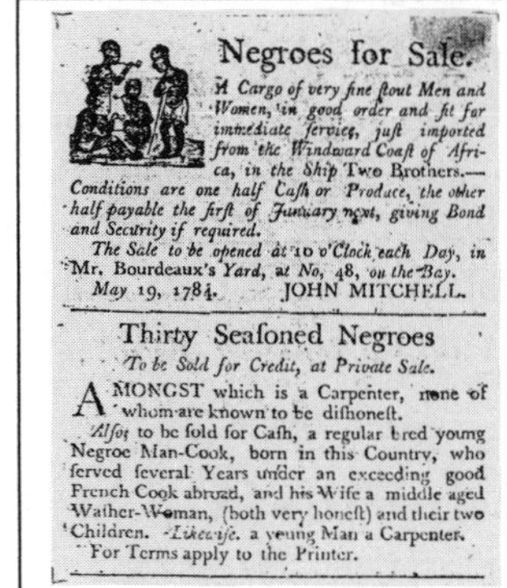

Negroes for Sale.

A Cargo of very fine ſtout Men and Women, in good order and fit for immediate ſervice, just imported from the Windward Coaſt of Africa, in the Ship Two Brothers.—
Conditions are one half Caſh or Produce, the other half payable the firſt of January next, giving Bond and Security if required.

The Sale to be opened at 10 o'Clock each Day, in Mr. Bourdeaux's *Yard, at No, 48, on the Bay.*

May 19, 1784. JOHN MITCHELL.

Thirty Seaſoned Negroes

To be Sold for Credit, at Private Sale.

AMONGST which is a Carpenter, none of whom are known to be diſhoneſt.

Alſo, to be ſold for Caſh, a regular bred young Negroe Man-Cook, born in this Country, who ſerved ſeveral Years under an exceeding good French Cook abroad, and his Wife a middle aged Waſher-Woman, (both very honeſt) and their two Children. *Likewiſe*. a young Man a Carpenter.

For Terms apply to the Printer.

"GO DOWN, MOSES"

un canto de esclavos

When Israel was in Egypt's land,
Let my people go!
Oppress'd so har dey could not stand,
Let my people go!

Chorus:
Go down, Moses,
Way down in Egypt's land.
Tell ole Pha-raoh,
Let my people go!

Thus say de Lord, bold Moses said,
Let my people go!
If not I'll smite your first-born dead,
Let my people go!

Chorus ....

No more shall dey in bondage toil,
Let my people go!
Let dem come out wid Egypt's spoil,
Let my people go!

Chorus ...

Cuando Israel estuvo en el reino de Egipto,
¡Libra a mi pueblo!
Tan oprimido que no lo pudo soportar,
¡Libra a mi pueblo!

Coro:
Ve allá, Moisés,
Ve al reino de Egipto
Dile al viejo Faraón,
¡Libra a mi pueblo!

Así lo dice el Señor, dijo Moisés audaz,
¡Libra a mi pueblo!
Y si no, mataré a sus primogénitos,
¡Libra a mi pueblo!

Coro ...

No se afanarán más en la esclavitud,
¡Libra a mi pueblo!
Que salgan, con el botín de Egipto,
¡Libra a mi pueblo!

Coro ...

COMPRUEBA TU COMPRENSION

1. ¿Por qué habrá conmovido a los esclavos un canto sobre los israelitas en Egipto?
2. ¿Cómo aprendieron los esclavos la historia sagrada?
3. ¿Qué trabajo desempeñaban los esclavos?
4. ¿Qué influencia han tenido los cantos de esclavos, como "Go Down Moses", en la música moderna como los cantos religiosos, el jazz y el rock?

VOCES DEL PUEBLO

En 1863, en Gettysburg, Pensilvania, el ejército de la Unión y el de la Confederación se enfrentaron en la batalla más importante de la Guerra Civil. El 4 de julio, el General Lee de la Confederación, se vio obligado a retirarse. Sus tropas tuvieron 4.000 muertos y más de 24.000 heridos o desaparecidos. Después de unos meses, en el sitio de la batalla, se estableció un cementerio de la Unión. Durante la ceremonia de su dedicación, Lincoln dio este breve pero memorable discurso.

EL DISCURSO DE LINCOLN EN GETTYSBURG

Hace ochenta y siete años, nuestros padres dieron a luz, en este continente, a una nueva nación, concebida en la libertad y dedicada a la proposición de que todos los hombres nacen iguales.

Ahora nos encontramos en una gran guerra civil, poniendo a prueba si esa nación o cualquier otra nación así concebida y así dedicada, puede perdurar mucho tiempo. Nos encontramos en el campo de una gran batalla de esa guerra. Hemos venido a dedicar una parte de ese campo como el lugar de reposo eterno para los que dieron su vida para que pueda vivir esa nación. Lo que hacemos es enteramente digno y apropiado.

La Batalla de Gettysburg fue un momento crítico de la Guerra Civil. El ejército de la Unión salió victorioso después de tres días de combate y un total de 7.058 muertos.

Pero, en un sentido más grande, no podemos dedicar—no podemos consagrar—no podemos santificar—este suelo. Los valientes, vivos y muertos, que lucharon aquí, lo han consagrado más allá de nuestro escaso poder de añadir o quitar. El mundo notará poco y no recordará por mucho tiempo lo que digamos aquí, pero nosotros nunca podemos olvidar lo que lograron aquí [los soldados]. Más bien, nos toca a nosotros, a los vivos, dedicarnos aquí a la tarea incompleta, la que adelantaron hasta ahora, con tanta nobleza, los que lucharon aquí.

Somos más bien nosotros los que debemos dedicarnos a la gran labor que tenemos por delante — tomemos de estos reverenciados muertos la acrecentada devoción a esa causa, por la que ellos dieron la última completa medida de la devoción; aseguremos aquí firmemente que estos hombres no murieron en vano; que esta nación, bajo Dios, tendrá un renacimiento de la libertad; y que el gobierno del pueblo, por el pueblo, para el pueblo no desaparecerá del mundo.

COMPRUEBA TU COMPRENSION

1. ¿Por qué crees que los fundadores del país dedicaron la nación a la idea de que todos nacen iguales? ¿Fue ésta una descripción exacta de las intenciones de los fundadores? (Compara esto con la declaración de Thurgood Marshall, en el Capítulo 6.)
2. ¿Por qué dijo Abraham Lincoln "no podemos dedicar ... este suelo"?
3. ¿A qué "tarea incompleta" se refiere Lincoln?
4. ¿Crees que Lincoln escogió el tono apropiado para el discurso conmemorativo de los que dieron su vida en el campo de batalla? ¿Qué habrías dicho tú?
5. ¿Estarías inclinado a dar tu vida en la lucha por tu patria o por tus creencias? Si lucharas, ¿bajo qué condiciones lo harías y cuándo te negarías a hacerlo?
6. ¿Crees que fue necesario que murieran los soldados de la Unión y de la Confederación para mantener una nación unida? ¿Y para poner fin a la esclavitud?

Charleston, Carolina del Sur, muestra la destrucción causada en la región por la Guerra Civil

LA PROCLAMA DE LA EMANCIPACION Y LA ENMIENDA XIII

Uno de los sucesos más importantes de la Guerra Civil fue la Proclama de la Emancipación en 1862. Lincoln anunció que serían liberados todos los esclavos en los estados aún en rebelión el primero de enero de 1863. Lincoln tuvo varios motivos para hacer esta Proclama. La Proclama

- ofrecía un propósito moral a la guerra, haciendo difícil que Francia e Inglaterra apoyaran la Confederación.
- debilitaba la Confederación al estimular a los esclavos a juntarse a las fuerzas de la Unión o negarse a cooperar con sus amos.
- liberó sólo a los esclavos de los estados confederados rebeldes, estimulando a los estados esclavistas limítrofes (Delaware, Kentucky, Maryland, Misuri y Virginia del Oeste) a permanecer en la Unión.

Ya que no era claro si Lincoln tenía el derecho constitucional para emancipar a los esclavos, en 1865 el Congreso propuso la **Enmienda XIII**, que abolía la esclavitud en todos los Estados Unidos.

TERMINOS PARA RECORDAR

Regionalismo, Guerra Civil, abolicionistas, La cabaña del tío Tom, Convenio de Misuri de 1820, Ley de Esclavos Fugitivos, soberanía popular, Convenio de 1850, Ley Kansas-Nebraska, decisión Dred Scott, derechos estatales, Proclama de la Emancipación, Enmienda XIII

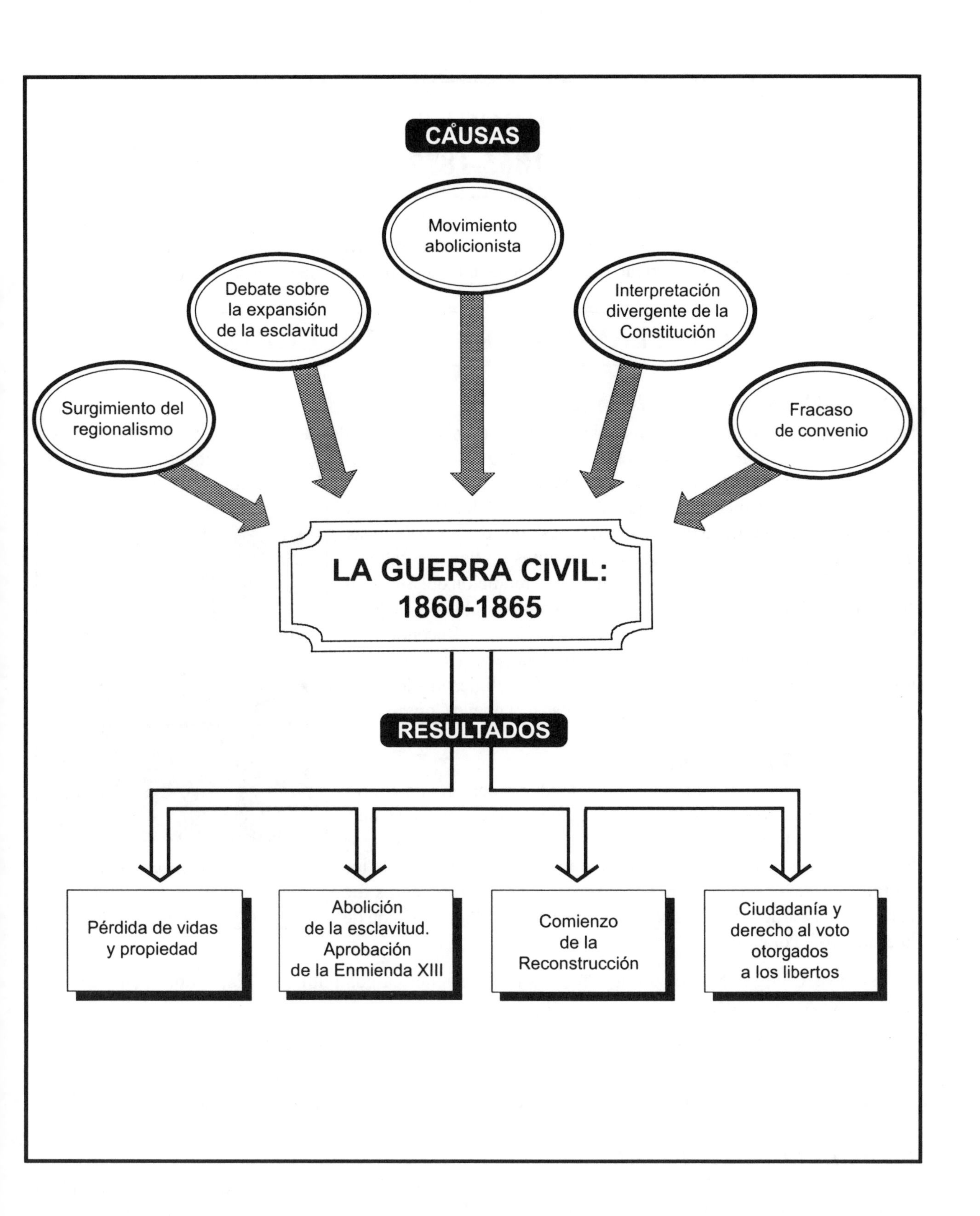
CAUSAS
Movimiento abolicionista
Debate sobre la expansión de la esclavitud
Interpretación divergente de la Constitución
Surgimiento del regionalismo
Fracaso de convenio
LA GUERRA CIVIL: 1860-1865
RESULTADOS
Pérdida de vidas y propiedad
Abolición de la esclavitud. Aprobación de la Enmienda XIII
Comienzo de la Reconstrucción
Ciudadanía y derecho al voto otorgados a los libertos

LA ERA DE RECONSTRUCCION: 1865-1877

La época inmediata a la Guerra Civil se conoce como la **Era de Reconstrucción**. Fue un período en el que el gobierno nacional se enfrentó con la tarea de unificar la nación y de reconstuir el Sur.

LOS PLANES DE RECONSTRUCCION

LOS PLANES PRESIDENCIALES

La primera cuestión importante ante el gobierno nacional fue cómo debían admitirse de vuelta a la Unión los estados del Sur. Esta cuestión causó una amarga lucha por el poder entre el presidente y el Congreso acerca de cuál rama debía determinar las condiciones de la readmisión de los estados del Sur.

El Presidente Lincoln creía que para recobrar la lealtad del Sur y para restablecer la unidad de la nación, los estados del Sur debían ser tratados con indulgencia. Lincoln murió antes de llevar a cabo su plan. En 1865, apenas unos días después de la rendición del Sur, Lincoln fue asesinado. El nuevo presidente, **Andrew Johnson**, trató de seguir en esencia el mismo plan propuesto por Lincoln. Reconoció los recién formados gobiernos estatales del Sur y perdonó a la mayoría de los jefes de la rebelión. Muchos estados del Sur eligieron a los antiguos jefes de la Confederación para puestos en el nuevo Congreso.

Andrew Johnson asumió la presidencia después del asesinato de Lincoln

LOS CODIGOS NEGROS

Los estados del Sur se demoraban en extender el derecho del voto a los libertos (esclavos liberados por la Proclama de la Emancipación y por la Enmienda XIII). Al mismo tiempo promulgaron los "Códigos Negros", leyes estatales designadas para reglamentar la vida de los antiguos esclavos en el Sur. El propósito de los Códigos Negros fue conservar la estructura de la sociedad sureña a pesar de la abolición de la esclavitud. Por ejemplo:

- Los Códigos Negros prohibían a los libertos tener cargos públicos, viajar libremente o servir en jurados
- A los libertos se les requería mostrar que tenían empleo para el año en curso, lo que en efecto obligaba a los antiguos esclavos a quedarse trabajando en las plantaciones.
- Cualquier liberto al que se encontraba sin trabajo podía ser multado y aprisionado.

EL PLAN CONGRESIONAL

Las elecciones de los jefes de la rebelión del Sur y los nuevos Códigos Negros provocaron un escándalo público en el Norte. Aunque Johnson estaba inclinado a reconocer los nuevos gobiernos estatales en el Sur, el Congreso se negó a hacerlo. El Congreso sospechaba que Johnson, un sureño de Tenesí, simpatizaba demasiado con el Sur. Los **republicanos radicales**, un grupo de representantes al Congreso, querían que a los negros se les otorgara igualdad política completa. Además, trataron de expandir la **Oficina de Libertos**, establecida por el Congreso para ayudar a los antiguos esclavos a adaptarse a la libertad. El plan de los republicanos radicales pedía la promulgación de una **Ley de Derechos Civiles** y la restauración del régimen militar en el Sur.

Para asegurarse de que la Ley de Derechos Civiles no fuera declarada inconstitucional por la Corte Suprema, los republicanos radicales la volvieron a redactar como la **Enmienda XIV**. Esta resultó ser especialmente importante. Aparte de otorgar la ciudadanía de los EE. UU. a los antiguos esclavos, la enmienda prohibía que los gobiernos estatales negaran a cualquier estadounidense los "derechos y privilegios" de ciudadanía, incluyendo los derechos a un juicio justo e igual protección bajo las leyes. Antes de ser readmitidos a la Unión los estados del Sur fueron obligados a ratificar la enmienda.

LA POLITICA DE LA RECONSTRUCCION

El Presidente Johnson se opuso a la Reconstrucción congresional, creyendo que era el presidente quien debía determinar las condiciones del retorno de los estados del Sur. A su vez, los miembros del Congreso creían que sólo el Congreso tenía el poder constitucional de admitir de vuelta a los estados a la Unión.

EL RESIDENCIAMIENTO DEL PRESIDENTE JOHNSON

Para imponer su propio programa, el Congreso también promulgó la **Ley de Ejercicio de Puestos**, que limitaba el poder del presidente de despedir a los miembros de su propio Gabinete. Johnson se negó a obedecer esta ley, creyéndola inconstitucional. Cuando Johnson despidió a su secretario de guerra, los jefes congresionales lo **residenciaron**, tratando de destituir al presidente de su cargo. Johnson fue impugnado por la Cámara de Representantes, pero en el Senado a los republicanos radicales les faltó un voto para poder destituir a Johnson de su cargo.

Ulysses S. Grant

LA PRESIDENCIA DE GRANT

Al poco tiempo del malogrado intento de destituir al Presidente Johnson de su cargo, **Ulysses S. Grant** (1869-1877), el candidato republicano radical, fue elegido presidente. Su gobierno se caracterizó por una dirección presidencial débil y por la extensa corrupción política a nivel nacional y local.

LOS GOBIERNOS DE LA RECONSTRUCCION

La Enmienda XIV dio la ciudadanía a los libertos y excluyó del gobierno a los jefes confederados. La **Enmienda XV** también dio a los libertos el derecho del voto. Como resultado de estas dos enmiendas, surgió transitoriamente una nueva dirección política en el Sur.

Los **maleteros** o **policastros**, eran norteños que fueron al Sur, ya sea para ayudar a los libertos con nuevas oportunidades de negocios o para buscar la oportunidad de explotar el Sur. Los "**scalawags**" eran los blancos sureños que se habían opuesto a la Confederación. Los **libertos** participaban activamente en la administración de los gobiernos del Sur. Durante la Reconstrucción, más de 600 negros sirvieron como legisladores estatales y dieciséis ocuparon puestos en el Cogreso.

LOS ALCANCES

Entre los alcances más grandes de los gobiernos de la Reconstrucción fue el establecimiento de nuevas escuelas públicas, de las leyes que prohibían la discriminación racial y la reconstrucción de ferrocarriles, carreteras y edificios públicos.

La Reconstrucción: El primer senador y representantes negros en el Congreso de los Estados Unidos

LAS DEBILIDADES

Los gobiernos de la Reconstrucción se encontraron ante grandes dificultades financieras. Muchos cometieron actos de corrupción y extravagancia. Los sureños blancos resentían la intromisión del Norte y no reconocían a sus antiguos esclavos como sus iguales en términos sociales. Sin un cambio en las actitudes de los sureños blancos, las prácticas de la Reconstrucción esencialmente estaban destinadas a fracasar.

EL FIN DE LA RECONSTRUCCION

El fin de la Reconstrucción ocurrió hacia fines del segundo término de Grant. En 1877, se retiraron del Sur las últimas tropas del Norte y se restableció la autonomía de los gobiernos estatales. Los antiguos jefes confederados ahora podían votar, y las legislaturas estatales actuaron rápidamente para impedir el voto de los negros y su participación en el proceso político. La mayoría de los sureños blancos odiaban el trato recibido de los republicanos radicales en el Congreso. Como resultado, el Sur dio su apoyo casi total al partido demócrata por muchas décadas. En casi todas las elecciones hasta hace poco el Sur votaba por los candidatos demócratas, llegando a conocerse como el "**Sur unánime**".

TERMINOS PARA RECORDAR

Reconstrucción, Códigos Negros, Oficina de Libertos, maleteros, "scalawags", "Sur unánime"

LAS CONSECUENCIAS DE LA RECONSTRUCCION

Con el fin de la esclavitud y la extensa destrucción en la Guerra Civil, la economía del Sur cambió permanentemente. Sin el trabajo de los esclavos, no se pudo restablecer el antiguo sistema de plantaciones.

LOS EFECTOS ECONOMICOS: EL NUEVO SUR

LA APARCERIA Y LA AGRICULTURA DE ARRIENDO

En su mayoría, los hacendados entablaron arreglos de aparcería con sus antiguos esclavos. El terrateniente proporcionaba al aparcero una cabaña, una mula, herramientas y un lote de tierra. El aparcero en cambio daba al hacendado una gran porción de sus cosechas. Algunos libertos se convirtieron agricultores arrendatarios. Arrendaban tierras del hacendado pero tenían sus propios utensilios y provisiones. Muy pocos libertos llegaron a ser propietarios de tierras.

EL PROGRESO AGRICOLA

Después de la guerra, los nuevos métodos de cultivo aumentaron el rendimiento de los productos. Se desarrollaron nuevos cultivos como frutas y vegetales junto con la antigua producción principal de algodón, tabaco, arroz y azúcar.

EL DESARROLLO INDUSTRIAL

Con mucho apoyo financiero del Norte, se construyeron ferrocarriles, hilanderías de algodón y hornos de acero. Con la expansión industrial, la gente comenzó a mudarse de las granjas a las ciudades del Sur en busca de empleo. Como resultado, se desarrollaron unas cuantas ciudades grandes.

LOS EFECTOS SOCIALES: EL SUR SEGREGADO

El sistema social que siguió el período de la Reconstrucción en el Sur fue uno de segregación racial y de supremacía de los blancos, que privó a los negros de sus derechos políticos y civiles fundamentales.

EL FRACASO EN LOGRAR LA IGUALDAD

Hubo varias razones por las que la Reconstrucción no logró la igualdad completa para los negros:

La subordinación económica de los negros. Al no recibir sus propios lotes de tierra después de la Guerra Civil, los libertos siguieron siendo dependientes de sus antiguos amos. La mayoría de los libertos no estaban instruidos, y esto redujo su capacidad de competir con los blancos en términos iguales. En consecuencia, para proteger su medio de vida, los negros a menudo tenían miedo de afirmar sus derechos políticos.

El terrorismo blanco. Las sociedades secretas como el **Ku Klux Klan** aterrorizaban a los negros sureños con amenazas y actos de violencia contra los que trataban de hacer valer de lleno sus derechos políticos y sociales. Esto atemorizaba a muchos negros, que preferían mantener una actitud sumisa.

El desvanecimiento del interés del Norte. Los gobiernos de la Reconstrucción se establecieron poco tiempo después de la Guerra Civil, cuando los norteños tenían interés en afirmar su supremacía después de ese amargo conflicto. Con el correr del tiempo, los norteños comenzaron a perder interés. Los reformadores del Norte se dedicaron a rectificar los abusos de las grandes empresas y olvidaron los problemas del Sur.

LOS NEGROS PIERDEN EL DERECHO AL VOTO

En los diez años que siguieron a la Reconstrucción, los gobiernos estatales del Sur sistemáticamente despojaron a los negros de sus derechos. En los años 1890, los legisladores sureños promulgaron una serie de leyes destinadas a impedir la votación por los negros.

- Se introdujeron las **pruebas de saber leer y escribir**. Muchos libertos, al carecer de una enseñanza formal, no podían pasar estas pruebas. A menudo, a los negros se les presentaban los trozos de lectura más difíciles.

- Los **impuestos de capitación** eran derechos de inscripción para votar. Eran económicamente agobiadores para los negros pobres que no podían pagarlos.

- **Cláusulas de antigüedad** ("de abuelo") eran leyes que permitían que las personas calificadas a votar en 1867, votaran sin tener que pagar capitación ni pasar exámenes de conocimiento de lectura. Los "blancos pobres" eran eximidos de estos requisitos pero no los negros pobres, ya que muy pocos de ellos podían votar en 1867.

EL SISTEMA DE SEGREGACION RACIAL: LAS LEYES JIM CROW

Desde los años 1880 adelante, las legislaturas del Sur promulgaron leyes que segregaban (o separaban) a los negros de los blancos. Estas leyes se conocían como leyes "Jim Crow". En 1896, la Corte Suprema sostuvo la segregación racial en ***Plessy vs. Ferguson***. En consecuencia, los blancos y los negros asistían a escuelas distintas, viajaban en vagones separados, comían en diferentes restaurantes, usaban distintas fuentes de agua y excusados públicos y se bañaban en diferentes playas. Estas leyes Jim Crow se podrían comparar a las prácticas recientes del "apartheid" en Sudáfrica, donde el gobierno oficialmente apoya la segregación.

Ceremonia de iniciación de nuevos miembros en el KKK. El KKK aterrorizaba a los negros en el Sur.

LA REACCION DE LOS NEGROS

Los negros reaccionaron a estas condiciones injustas de distintos modos.

LA MIGRACION HACIA EL NORTE

Un reducido número de negros se mudó al Norte. Después de 1910, la migración fue masiva. Casi 2 millones de negros emigraron a las ciudades del Norte entre 1910 y 1930.

LOS FUERTES VINCULOS CON LA COMUNIDAD Y CON LA IGLESIA

Los negros sureños respondieron estableciendo fuertes lazos con la comunidad y con la iglesia. Estos cobraron importancia especial en el subsiguiente movimiento por los derechos civiles.

LOS NUEVOS LIDERES TOMAN LA VOZ

Dos de los primeros líderes negros que ofrecieron respuestas alternas a los problemas que enfrantaban los negros fueron Booker T. Washington y W.E.B. Du Bois.

Booker T. Washington. Washington, autor de *Up From Slavery*, provenía de una familia de esclavos. En 1881 fundó el Instituto Tuskegee en Alabama. Creía que, por el momento, los negros debían concentrarse en lograr la independencia económica antes de procurar una completa igualdad social. Washington opinaba que la prosperidad económica podría lograrse mejor por medio de entrenamiento vocacionales (enseñanza práctica relacionada al trabajo).

W.E.B. Du Bois. A diferencia de Washington, Du Bois creía que los africanos-estadounidenses debían tratar de obtener la igualdad social completa inmediatamente, y no contentarse con una situación social y económica inferior. En 1909 Du Bois contribuyó a la formación de la **N.A.A.C.P.** (Asociación Nacional para el Progreso de Gente de Color). Esta organización creía en la lucha judicial por los derechos debidos a los negros y para poner fin a la injusticia racial. Du Bois fue director de la N.A.A.C.P. por veinte años y editor de su publicación oficial, *The Crisis*. Al fin de la Primera Guerra Mundial, Du Bois dijo a los soldados negros que "regresaran luchando" por la democracia en los Estados Unidos tal como lo hicieron en Europa.

TERMINOS PARA RECORDAR

Aparcería, Ku Klux Klan, pruebas de conocimiento de lectura, cláusulas de antigüedad, leyes "Jim Crow", segregación, N.A.A.C.P.

VOCES DEL PUEBLO

Booker T. Washington fue un portavoz importante en la lucha de los negros para mejorar su condición en la época que siguió a la Guerra Civil. Washington creía que el futuro de los negros estaba en el trabajo arduo, la adquisición de propiedades y en comprobar que eran dignos de sus derechos. Creía que la igualdad política y social llegaría, y que era absurdo luchar por la igualdad racial. Presentó su punto de vista en un discurso que dio en la Exposición de Atlanta en 1895. Su tesis vino a conocerse como el "Convenio de Atlanta".

Booker T. Washington, fundador del Instituto Tuskegee

EL CONVENIO DE ATLANTA

—por Booker T. Washington

(*Fragmento*)

A los de la raza blanca que se tornan hacia los inmigrantes en busca de la prosperidad del Sur, les digo ... "Echen el cubo donde están." Echenlo entre los ocho millones de negros, cuyas costumbres conocen y cuya lealtad y cariño fueron comprobados. Echen el cubo entre esta gente que, sin huelgas ni guerras en el campo del trabajo, aró sus campos, taló sus bosques, construyó sus ferrocarriles y sus ciudades y sacó tesoros de la tierra. Al echar el cubo entre los míos, al ayudarles y alentarles, verán que ellos comprarán sus tierras sobrantes, cultivarán los terrenos baldíos de sus campos y harán funcionar sus fábricas. Al hacerlo, pueden estar seguros de que... su familia estará rodeada por la gente más paciente, más fiel, más respetuosa de la ley y menos rencorosa del mundo. Hemos comprobado nuestra lealtad a ustedes en el pasado, criando a sus niños, cuidando a sus padres enfermos y, a menudo, siguiéndolos a la sepultura con ojos llenos de lágrimas. Así, en el futuro, nos pondremos a su lado con una lealtad que no podrá igualar ningún forastero. Estamos listos para entregar nuestra vida, si fuese necesario, en la defensa de la suya. En todo lo que sea puramente social, podemos estar tan separados como los dedos de la mano, pero unidos como la mano en todo lo esencial al progreso mutuo.

Los más sagaces de mi raza entienden que es una simpleza hacer demostraciones sobre asuntos de igualdad social. El progreso necesario para disfrutar de todos los privilegios que tengamos, tiene que ser el resultado de una lucha severa y constante y no por la fuerza. No se desecha por mucho tiempo a ninguna raza que tenga algo que contribuir a los mercados del mundo. Es importante y justo que sean nuestros todos los privilegios de la ley...La oportunidad de ganar un dólar en la fábrica es ahora mucho más importante que la oportunidad de gastar un dólar en la ópera.

COMPRUEBA TU COMPRENSION

1. ¿Cuál fue el consejo de Booker T. Washington a los sureños blancos?
2. ¿De qué modo describe Booker T. Washington al negro típico?
3. Según Booker T. Washington, ¿cuál era más importante para los sureños negros, la igualdad social o la oportunidad económica? ¿Estarías de acuerdo con su punto de vista?
4. ¿Cómo fueron moldeadas las actitudes de Booker T. Washington por las circunstancias de la época?
5. ¿Crees que los líderes africano-estadounidenses ofrecerían hoy el mismo consejo?
6. ¿Por qué se describió la actitud de Booker T. Washington como un "convenio"?

William E.B. Du Bois fue historiador y profesor universitario negro. También fue funcionario y uno de los fundadores de la N.A.A.C.P. (Asociación Nacional para el Mejoramiento de la Gente de Color). Aunque admiraba a Booker T. Washington por su éxito, Du Bois tomó una posición más militante, creyendo que el "Convenio de Atlanta" ya no se aplicaba a las condiciones que existían en los Estados Unidos a principios del siglo XX. Quería que los negros trataran de recibir enseñanza superior y entraran en la corriente principal de la sociedad estadounidense.

W.E.B. Du Bois

EN RESPUESTA A BOOKER T. WASHINGTON

—por W.E.B. Du Bois

(*Fragmentos*)

[En]... Este "Convenio de Atlanta" ... El Sr. Washington claramente pide que los negros renuncien, por lo menos en el presente, a tres cosas,—

Primero, al poder político; segundo, a la insistencia en sus derechos civiles; tercero, a la educación superior de la juventud negra,—y que concentren todas sus energías en el aprendizaje de oficios, la acumulación de bienes y la conciliación del Sur...

¿Y cuál fue la recompensa por... ese ofrecimiento? En estos años tuvo lugar lo siguiente: (1) La pérdida de los derechos políticos del negro; (2) Una posición de inferioridad civil del negro, sancionada por la ley; (3) Una constante suspensión de ayudas a los institutos de enseñanza superior para los negros.

Por lo tanto, los negros más esclarecidos, se sienten moralmente obligados a pedir a esta nación tres cosas: (1) El derecho al voto; (2) La igualdad cívica; (3) La instrucción de los jóvenes de acuerdo a sus habilidades...¿Es posible, y probable, que nueve millones de personas puedan progresar en la vida económica si se les priva de los derechos políticos, se los convierte en una casta servil y se les permite poca ocasión de desarrollar a sus individuos excepcionales? Si la historia y la razón ofrecen una respuesta clara a estas preguntas, es un categórico No. Y el Sr. Washington se encuentra así ante una triple paradoja:

1. Noblemente está tratando de que los artesanos negros se conviertan en hombres de negocios y dueños de propiedades; pero es imposible que los trabajadores y dueños de propiedades defiendan sus derechos sin el derecho al sufragio.

2. Insiste en el medro y la dignidad, pero al mismo tiempo aconseja una sumisión silenciosa a la inferioridad civil...

3. Es partidario de la escuela elemental y del adiestramiento artesano, y rebaja el valor de la enseñanza superior; pero las escuelas primarias para los negros no podrían seguir abiertas ni un día si no fuera por los maestros entrenados en las universidades para los negros...

La raza negra, igual que todas las razas, será salvada por sus individuos excepcionales. Por lo tanto, el problema de la educación entre los negros, primero tiene que ver con la Décima [parte] Talentosa; es el problema de desarrollar los Mejores de esta raza para que éstos puedan apartar a la Masa de la contaminación y de la muerte...

COMPRUEBA TU COMPRENSION

1. ¿Por qué cree Du Bois que el método de Booker T. Washington no es adecuado?
2. ¿Cómo percibe Du Bois el papel de la "Décima Talentosa"?
3. ¿Por qué cree Du Bois que los derechos políticos son necesarios para el cambio social y económico?
4. ¿Apoyarías a Booker T. Washington o a Du Bois? Explica el porqué.

PERSONAJES DE LA EPOCA

HENRY DAVID THOREAU (ENSAYISTA)

Thoreau creía que era su obligación desobedecer las leyes injustas ("desobediencia civil"). En protesta contra la guerra con México, Thoreau se negó a pagar sus impuestos, y fue enviado a la prisión. Opinaba que los individuos debían seguir su conciencia cuando estaban en desacuerdo con las prácticas gubernamentales. Martin Luther King, Jr. y el movimiento por los derechos civiles de los africanos-estadounidenses adaptaron más tarde sus ideas sobre la desobediencia civil.

WALT WHITMAN (POETA)

Walt Whitman escribió *Leaves of Grass* (*Hojas de hierba*), un tomo de poemas en alabanza a la naturaleza, la democracia y el individualismo. Su poesía era un canto a la determinación del pueblo estadounidense a forjar una mejor vida. Veía belleza en el trabajo y en la industria de la nación en desarrollo.

Walt Whitman

HARRIET TUBMAN (ABOLICIONISTA)

Harriet Tubman, antigua esclava, fue la "conductora" principal del **Ferrocarril Subterráneo**, que era una red de ciudadanos que ayudaban a esconder a los esclavos fugitivos en su peligroso viaje hacia la libertad en el Norte. A Tubman se le atribuye la ayuda en la fuga de más de 300 esclavos.

FREDERICK DOUGLASS (ABOLICIONISTA)

Frederick Douglass fue un abolicionista bien conocido que publicó libros y artículos que describían los horrores de la esclavitud. Igual que Tubman, Douglass nació esclavo. Un hombre autodidacta, era un orador talentoso que viajó a través de los Estados Unidos e Inglaterra, inspirando a las multitudes con sus discursos contra la esclavitud.

Frederick Douglass

THADDEUS STEVENS y CHARLES SUMNER (REPRESENTANTES AL CONGRESO)

Thaddeus Stevens y Charles Sumner eran los jefes principales de los republicanos radicales en el Congreso. En gran medida, fue a causa de sus esfuerzos que se adoptó el plan congresional de Reconstrucción. Stevens y Sumner encabezaron el movimiento que trató a los antiguos estados de la Confederación como "provincias conquistadas". También querían promover la igualdad completa para los negros sureños.

George Washington Carver

GEORGE WASHINGTON CARVER (BOTANISTA)

Carver era un investigador negro que se entrenó en el Instituto Tuskegee. Sus descubrimientos contribuyeron a revolucionar la agricultura del Sur con los métodos científicos. Los agricultores aprendieron a alternar los cultivos para prevenir la erosión del suelo. Carver les enseñó a plantar el maní, la batata, el trébol y otras plantas para restablecer los nitratos en el suelo. A Carver se le atribuye el desarrollo de centenares de productos nuevos; también contribuyó a que el Sur acabara su dependencia del algodón.

Para otros personajes de esta época, véase Harriet Beecher Stowe y Matthew Brady en la sección "Un examen de la cultura".

LA CONSTITUCION EN MARCHA

LEGISLACION IMPORTANTE

LAS LEYES "JIM CROW" (1881 hasta la década de 1890)

Tenesí promulgó la primera ley "Jim Crow" en 1881. La ley requería que los negros y los blancos viajaran en vagones de ferrocarril separados. Otros estados pronto sancionaron leyes parecidas, que extendían la segregación racial a los tranvías, las estaciones de trenes, los restaurantes, los parques, los campos de juego y las playas. La Corte Suprema, en *Plessy vs. Ferguson*, sostuvo la constitucionalidad de los establecimientos "separados pero iguales". Estas leyes se anularon sólo en los años 1950 y los 1960 con el movimiento en pro de los derechos civiles.

ENMIENDAS IMPORTANTES

Durante este período, se agregaron a la Constitución tres enmiendas, a menudo llamadas **Enmiendas de la Guerra Civil**.

LA ENMIENDA XIII (1865)

Prohibió la esclavitud.

LA ENMIENDA XIV (1868)

Esta enmienda otorgó la ciudadanía de los EE. UU. a los antiguos esclavos. También prohibió que los gobiernos estatales tomaran la vida, la libertad o la propiedad de un individuo sin el "debido proceso de ley". En efecto, a los estados se les requería seguir una serie de procedimientos establecidos por la Constitución antes de que pudiera tomarse cualquier acción para castigar a los acusados de violar la ley.

LA ENMIENDA XV (1870)

Esta enmienda garantizaba que el derecho al voto no se podía negar a base de la raza, del color o por haber sido esclavo anteriormente.

PROCESOS JURIDICOS DE IMPORTANCIA

DRED SCOTT vs. SANDFORD (1857)

Trasfondo: Dred Scott, un esclavo, fue llevado por su amo Sandford a vivir en un territorio que prohibía la esclavitud. Scott creía que esto lo hacía hombre libre. Cuando fue llevado de vuelta a un estado esclavista, entabló un juicio contra su amo exigiendo su libertad.

Decisión/Importancia: La Corte Suprema falló que un esclavo era una propiedad y que no tenía derechos. Ya que Scott no era ciudadano, se le prohibió entablar su caso ante la Corte. Además, la Corte declaró que el Congreso no podía prohibir la esclavitud en los territorios. El caso contribuyó a la tensión que llevó a la Guerra Civil al traer a discusión todo el asunto del control congresional de la esclavitud en los territorios recién anexados.

PLESSY vs. FERGUSON (1896)

Trasfondo: Plessy era de ascendencia mixta (mulato). En un tren, ocupó un asiento donde se permitían sólo blancos. Cuando se negó a cambiarse de lugar, fue arrestado y enviado a la prisión por violar una ley estatal que estipulaba facilidades "separadas pero iguales" para los negros. Plessy dijo que esta ley era inconstitucional porque violaba sus derechos de "protección igual" de la Enmienda XIV.

Decisión/Importancia: La Corte Suprema sostuvo que con tal de proporcionar facilidades "iguales", un estado podía separar a los negros de los blancos. Esto le dio al Sur la "luz verde" para seguir promulgando leyes de establecimientos "separados pero iguales" que segregaban a los ciudadanos negros. La decisión fue invertida muchos años más tarde en *Brown vs. Board of Education* (1954).

RESUMEN DE TU COMPRENSION

Instrucciones: ¿Entendiste bien lo que acabas de leer? Verifica tu comprensión al responder a los siguientes ejercicios.

TERMINOS PARA RECORDAR

En una hoja aparte, define brevemente los siguientes:

Regionalismo	Oficina de Libertos
Abolicionistas	Leyes Jim Crow
Decisión *Dred Scott*	*Plessy vs. Ferguson*
Proclama de la Emancipación	Enmiendas de la Guerra Civil
Códigos Negros	Segregación

LA GUERRA CIVIL

La Guerra Civil fue la más controvertida en la historia estadounidense y causó la muerte de más estadounidenses que cualquier otra guerra. Resume tu comprensión de este conflicto al contestar las siguientes preguntas:

- ¿Qué factores llevaron al comienzo de la Guerra Civil?
- ¿Qué factores contribuyeron a la victoria del Norte sobre el Sur?
- ¿Por qué publicó el Presidente Lincoln la Proclama de la Emancipación?

LA ERA DE LA RECONSTRUCCION

La Era de la Reconstrucción fue un tiempo en el que el gobierno nacional se enfrentó a la tarea de unificar la nación y de reconstruir el Sur. Resume tu comprensión de este período al responder a los siguientes problemas:

- ¿Cuáles fueron los planes principales para la reconstrucción del Sur?
- Describe algunos de los efectos positivos y negativos del período de la Reconstrucción.

EL SURGIMIENTO DE LA SEGREGACION EN EL SUR

En el Sur, el sistema que siguió el período de la Reconstrucción privó a los africanos-estadounidenses de muchos de sus derechos fundamentales. Resume tu comprensión de esta situación al contestar las siguientes preguntas:

- ¿Qué métodos usaron los sureños para prevenir que los negros gozaran de su libertad recién lograda?
- ¿Cuál fue la reacción de los negros a este trato?

PERSONAJES DE LA EPOCA

Los individuos a menudo tienen influencia en la vida política, económica o social de su tiempo. ¿Qué individuo crees que tuvo el impacto más grande en el período presentado en este capítulo? Explica el porqué.

COMPRUEBA TU COMPRENSION

Instrucciones: Comprueba tu comprensión de esta unidad al contestar las siguientes preguntas. Selecciona la mejor contestación. Luego dirígete a los ensayos.

DESARROLLO DE DESTREZAS: INTERPRETACION DE UNA CARICATURA

Basa tus respuestas a las preguntas 1 - 3 en la caricatura dada y en tu conocimiento de estudios sociales.

¿VE? CADA GRUPO TIENE SU PROPIA ESCUELA.

1 ¿Qué período está representado en este dibujo?
1 1600-1800
2 1800-1860
3 1900-1954
4 1955-1990

2 ¿Cuál es la idea principal de la caricatura?
1 Todo el mundo tiene derecho a una buena enseñanza.
2 Para los negros había establecimientos separados pero desiguales.
3 En los Estados Unidos, la educación es el camino principal al éxito.
4 En todas las escuelas esencialmente se enseña lo mismo.

3 ¿Cuál decisión de la Corte Suprema permitía que continuara la situación presentada en la caricatura?
1 *Marbury vs. Madison*
2 *Plessy vs. Ferguson*
3 *Dred Scott vs. Sandford*
4 *Gibbons vs. Ogden*

DESARROLLO DE DESTREZAS: INTERPRETACION DE DISCURSOS

Basa tus respuestas a las preguntas 4 - 6 en las declaraciones de los siguientes hablantes y en tu conocimiento de estudios sociales.

Hablante A: Ya que fueron los estados los que formaron la Unión, tienen el derecho de dejarla.

Hablante B: La Constitución es la obra común de todo el pueblo estadounidense.

Hablante C: Hay que dejar que la gente juzgue si la esclavitud debe introducirse en los nuevos territorios. Si no, temo que seguramente perderemos nuestro poder político en el Congreso.

Hablante D: Aunque hay diferencias entre las varias regiones del país, ellas tienen que resolver sus diferencias.

4 ¿Cuáles dos hablantes apoyarían la posición tomada por el Sur durante la Guerra Civil?
1 A y B
2 A y C
3 B y C
4 C y D

5 ¿Cuál de los hablantes con más probabilidad habría apoyado la promulgación de la Ley Kansas-Nebraska (1854)?
1 A
2 B
3 C
4 D

6 El hablante C probablemente estaría más preocupado por
1 la elección de los abolicionistas al Congreso
2 los maleteros llegando a ser jueces
3 la formación de un partido político por los antifederalistas
4 una alianza con Inglaterra

DESARROLLO DE DESTREZAS: COMPLEMENTO DE UN BOSQUEJO

Se omitieron cuatro elementos del bosquejo que sigue. Para cada espacio en blanco escoge de la lista el número del elemento que complete el bosquejo de la mejor forma.

ELEMENTOS

1. Proclama de la Emancipación
2. Causas
3. Compra de Luisiana
4. Esclavitud

LA GUERRA CIVIL

7 I ______________________________

A. Regionalismo

8 B. ______________________________

C. Fracaso del Convenio

D. Diferentes interpretaciones de la Constitución

II Puntos sobresalientes

A. Comienzo de la Guerra Civil

B. Por qué ganó el Norte

9 C. ____________________

10 El término "abolicionista" se usa para describir a una persona que
1 cree en el libre cambio
2 se opone a las alianzas extranjeras
3 desea poner fin a la esclavitud
4 apoya el régimen colonial

11 ¿Cuál fue un resultado importante de la Guerra Civil?
1 se puso fin a la esclavitud
2 los EE. UU. lograron su independencia
3 los estados aseguraron sus derechos a independizarse
4 las mujeres recibieron el derecho del voto

12 Si alguien habla de los Códigos Negros, de los maleteros y de Thaddeus Stevens, probablemente se refiere
1 a la Revolución Estadounidense
2 al regionalismo
3 al período de la Reconstrucción
4 a la Proclama de la Emancipación

13 ¿Cuál grupo fue más afectado por el establecimiento de las Enmiendas de la Guerra Civil?
1 las mujeres
2 los inmigrantes
3 los antiguos esclavos
4 los fabricantes norteños

14 Booker T. Washington creía que los negros debían
1 volver a Africa
2 concentrarse en el adiestramiento en oficios para elevar su nivel de vida
3 usar la fuerza para lograr de lleno sus derechos civiles
4 establecer un estado separado dentro de los Estados Unidos

15 La importancia del establecimiento de la Enmienda XIV es que ésta
1 impidió que el Congreso sancionara leyes sobre la religión
2 prohibió la venta y el consumo de bebidas alcohólicas
3 prohibió que los estados privaran a los ciudadanos de la protección igual ante la ley
4 otorgó a las mujeres el derecho a votar en las elecciones nacionales

16 Booker T. Washington y W.E.B. Du Bois se parecían en que ambos creían que el éxito de los negros dependía
1 del progreso por medio de la educación
2 de la completa restructuración de la sociedad estadounidense
3 de si se les daba la tierra que cultivaban como esclavos
4 del adelanto en los beneficios otorgados por los gobiernos de los estados del Sur

17 ¿Cuál par de personas se oponía activamente a la esclavitud en los Estados Unidos?
1 Jefferson Davis / George Washington
2 Thomas Jefferson / Robert E. Lee
3 Frederick Douglass / Harriet Tubman
4 John Brown / John Marshall

18 Durante la Era de la Reconstrucción, un objetivo congresional importante fue
1 destruir la economía del Sur
2 restablecer en el Sur las condiciones que existían antes de la Guerra Civil
3 ayudar a los libertos en el Sur
4 desarrollar dos partidos políticos iguales en el Sur

19 La práctica de la segregación racial en el Sur se basaba en la creencia de que
1 cada cultura ha contribuido a la sociedad estadounidense
2 algunos grupos raciales eran superiores a otros
3 la gente debía ser tratada igualmente sin fijarse en la raza
4 la mezcla de grupos raciales creaba una buena combinación en la sociedad

20 ¿Cuáles documentos están presentados en el orden cronológico en que se escribieron?
1 Constitución de los EE. UU., Declaración de la Independencia, Proclama de la Emancipación
2 Proclama de la Emancipación, Declaración de la Independencia, Artículos de la Confederación
3 Artículos de la Confederación, Declaración de la Independencia, Acuerdo del Mayflower
4 Acuerdo del Mayflower, Artículos de la Confederación, Constitución de los EE. UU.

ENSAYOS

1 Los diferentes individuos a veces tienen un modo distinto de tratar el mismo asunto.

Individuos:Asunto

Thomas Jefferson/Alexander Hamilton:
la interpretación de la Constitución de los Estados Unidos

Andrew Johnson/Thaddeus Stevens:
el trato del Sur después de la Guerra Civil

Booker T. Washington/W.E.B. Du Bois:
la situación de los negros después de la Guerra Civil

Parte A

Escoge *un* par de las personas enumeradas: ________________________________

Declara *una* forma en que difería su posición: ________________________________

Escoge *otro* par de las personas enumeradas: ________________________________

Declara *una* forma en que difería su posición: ________________________________

Parte B

En tu respuesta a la Parte B debes usar la información dada en la Parte A. Sin embargo, también puedes incluir información adicional y distinta en tu respuesta a la Parte B.

Escribe un ensayo discutiendo cómo los distintos individuos a veces difieren en la forma de tratar el mismo asunto.

2 La forma en que los distintos grupos tratan las diferencias entre sí afecta a las generaciones futuras.

Grupos

El Norte/el Sur antes de la Guerra Civil
Estados grandes/estados pequeños en la Asamblea Constitucional
Republicanos radicales/gobiernos sureños durante la Reconstrucción

Escoge *dos* grupos de la lista dada. En el caso de *cada uno*:

- Describe sus diferencias principales.
- Demuestra cómo el resultado de su conflicto afectó a las generaciones futuras.

EL TRASFONDO MEXICANO

México fue en un tiempo la cuna de los mayas y los aztecas, grandes imperios indígenas. En 1519, el colonizador español, Hernán Cortés conquistó el imperio Azteca con la ayuda de otras tribus que querían liberarse del dominio azteca y usando sus propias ideas europeas. Los españoles esclavizaron a los indígenas obligándolos a trabajar en minas de oro y plata y en la agricultura. Los misioneros españoles convirtieron a los indios a la religión cristiana y les enseñaron a hablar español. Como había pocas españolas, muchos colonizadores españoles se casaron con indias. Sus descendientes se conocen como mestizos, hijos o hijas de españoles e indígenas. Los conquistadores españoles también buscaron oro y riquezas en el área del norte de México, explorando lo que se conoce hoy como el suroeste de los Estados Unidos. En 1700 el padre Junípero Serra, estableció una serie de misiones a lo largo de la costa de California. Estas misiones servían para educar y convertir a los indios. También fueron formando los primeros centros coloniales, ya que otros colonizadores se establecieron en ranchos y villas cerca de las misiones, usando a los indios como trabajadores. Sin embargo, pocos españoles poblaron éstas áreas norteñas de la region llamada Nueva España.

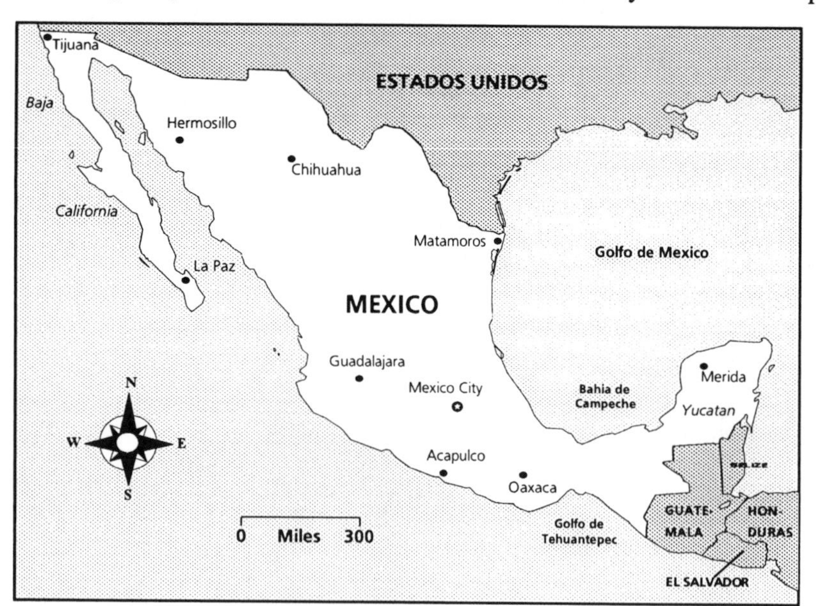

En el año 1821, México se independizó de España. Para colonizar el área de Texas, que en ese entonces pertenecía a México, el gobierno mexicano utilizó colonos estadounidenses. En un corto período de tiempo estos colonos angloparlantes sobrepasaron a la población mexicana. Un tiempo después estarían al mando de un movimiento pro-independencia en Texas al que se uniría más tarde el gobierno de los Estados Unidos. Este fue el comienzo de la guerra por el territorio de la frontera entre México y los Estados Unidos. Cuando las tropas estadounidenses invadieron la frontera, el gobierno mexicano se vió obligado a ceder parte de este territorio al gobierno estadounidense. Este incluía la zona que ocupan hoy en día los estados de California, Arizona, Nuevo México, Nevada y Colorado. Como resultado de estos cambios muchos mexicanos se encontraron de pronto residiendo en los Estados Unidos. La mayoría de estos ciudadanos mexicanos perdieron sus tierras y su riqueza, aunque el tratado de paz había establecido promesas de ciudadanía estadounidense y seguridad para sus posesiones. Desde entonces y debido a las diferencias de lengua, religión y costumbres los mexicanos comenzaron a enfrentarse con el prejuicio y la discriminación.

LA INMIGRACION MEXICANA

En el siglo XIX, alrededor de 100.000 mexicanos emigraron de México a los Estados Unidos. Este número ha aumentado notablemente en el siglo XX. Estos inmigrantes venían a los Estados Unidos intentando escapar de la violencia de la Revolución Mexicana y para buscar empleos bien remunerados. En esa época no había limitaciones en el número de inmigrantes mexicanos. Cualquier ciudadano podía establecerse legalmente si pagaba ocho dólares de derecho de entrada. Rápidamente los mexicanos fueron empleados en oficios no diestros tales como granjeros, y empleados de fábricas ya que estos se encontraban dispuestos a trabajar largas horas por un salario bajo. La mayoría de estos inmigrantes, ya establecidos en el área de California, Texas y el Suroeste, vivían en áreas separadas dentro de sus respectivos pueblos o ciudades. En estas áreas, conocidas como barrios, podían hablar español y preservar muchas de sus costumbres y tradiciones. Con la llegada de la Depresión en los años 30, la emigración legal de mexicanos hacia los Estados Unidos se hizo mucho más difícil. Los Estados Unidos comenzó, entonces, a enviar méxico-estadounidenses de vuelta a México, a veces por la fuerza. Se cree que la mayoría de estos mexicanos que fueron repatriados por la fuerza eran ya, en ese momento, ciudadanos estadounidenses. Después que el gobierno estadounidense intervino en la Segunda Guerra Mundial esta situaciùn dio un revés. En 1942, el gobierno estadounidense introdujo una nueva política para importar trabajadores y se creó el programa de "braceros" bajo el cual se importaron cientos de miles de trabajadores de México. Se importaron trabajadores durante todo el tiempo que este programa estuvo activo, en su primera fase hasta 1947 y en una segunda etapa que se extendió desde 1951 hasta 1964.

De 1950 en adelante este flujo de inmigrantes indocumentados hacia los EE. UU. continuó de un modo constante, aunque varias leyes como la Ley de Inmigración de 1965 restringía el número de emigrantes legales. Los oficiales de inmigración, conocidos por los inmigrantes mexicanos como "La Migra" comenzaron a vigilar la zona de la frontera entre México y los EE.UU. Esta zona de la frontera ocupa un territorio de 2.000 mil millas. Este patrullaje intenta controlar el flujo migratorio. Por ejemplo, en el año 1972 más de un millón y medio de inmigrantes fueron deportados a México por los oficiales de inmigración.

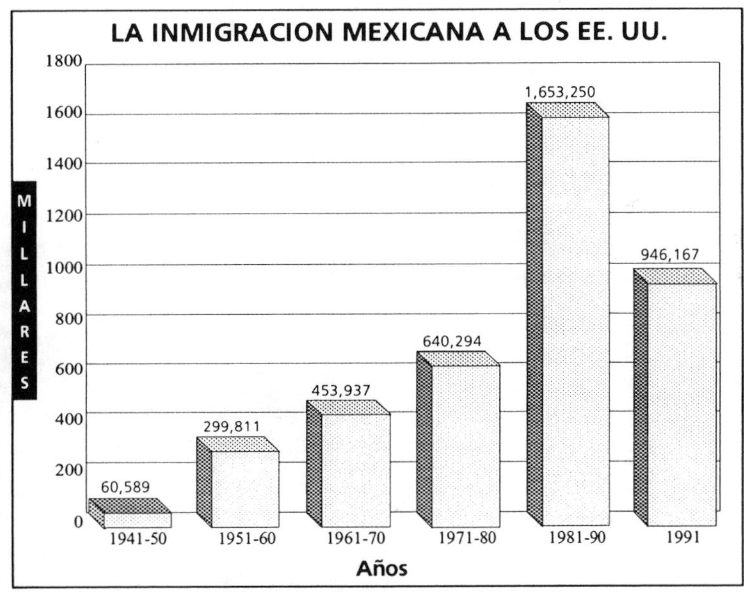

Fuente: Oficina del Censo de los EE. UU.

EL MOVIMIENTO CHICANO Y LOS MEXICO-ESTADOUNIDENSES HOY

El Movimiento en Pro de los Derechos Civiles de los años 50 y 60 inspiró a muchos méxico-estadounidenses. Por ejemplo, en el estado de Texas muchos méxico-estadounidenses junto con los afro-estadounidenses, eran forzados a utilizar facilidades segregadas y a mandar a sus hijos a escuelas inferiores. El Movimiento en Pro de los Derechos Civiles terminó con esta discriminación injusta. A partir de los años 60 los méxico-estadounidenses comenzaron a organizarse. Se llamaban a sí mismos chicanos o "la raza unida". Estos líderes del movimiento chicano fueron quienes se propusieron terminar con la discriminación, mejorando la calidad de vida y creando un nuevo orgullo entre la comunidad méxico-estadounidense.

Uno de los líderes más importantes de los méxico-estadounidenses fue César Chávez. El ayudó a organizar un sindicato de agricultores, en su mayoría méxico-estadounidenses, que se llamó Organización de Agricultores Unidos. Por medio de un boicot a los viñedos de California, hizo que los dueños les dieran a sus agricultores las siguientes cosas: mejores, sueldos, mejores condiciones de trabajo, derecho de sindicalización y derecho a huelga. Otro aspecto importante del movimiento chicano fue la lucha para establecer una educación bilingüe. Esto hace que sea mucho más fácil para los hispano-hablantes que vienen a los Estados Unidos ajustarse a su nuevo ambiente. Pueden aprender inglés sin atrasarse en otras materias. En 1968, se aprobó el Acta para la Educación Bilingüe. Actualmente, hay más de 12 millones de méxico-estadounidenses en los Estados Unidos, ya que la Amnistía de 1986 hizo posible que muchos méxico-estadounidenses se hicieran ciudadanos de los EE. UU. La mayoría reside en los estados de California, Arizona, Nuevo México y Texas. Casi el 95% pertenece a la religión católica y sólo un pequeño porcentaje de ciudadanos méxico-estadounidenses trabaja en granjas. Algunos residen en pueblos o ciudades, asisten a universidades y trabajan en distintas profesiones. Otros han alcanzado éxito y son famosos, como el actor Anthony Quinn, el ex-secretario de Educación, Lauro Cavazos y el ex-alcalde de la ciudad de San Antonio, Henry Cisneros, quien después llegó a ser miembro del gabinete del Presidente Clinton. A pesar de esto, un gran número continúa empleado en trabajos que no requieren destrezas y los nuevos emigrantes o "ilegales" continúan realizando trabajos forzados como agricultores. Por otro lado, los méxico-estadounidenses continúan preservando muchos aspectos de su herencia cultural. Las comidas méxico-estadounidenses, como las tortillas, tacos, y burritos se han vuelto muy populares en los Estados Unidos. También las fiestas de la religión católica tienen mucha importancia. Por ejemplo, en la Navidad los niños méxico-estadounidenses golpean y rompen las piñatas — figuras hechas de papel maché llenas de dulces. Otro día festivo celebrado por algunos méxico-estadounidense es el Cinco de Mayo, en el cual se conmemora la batalla de Puebla de 1862, cuando las fuerzas mexicanas al mando de Benito Juárez derrotaron a las tropas francesas de Napoleón III. Los méxico-estadounidenses hacen paradas y fiestas por todo el suroeste de los Estados Unidos para celebrar este evento.

Un grupo de mariachi en las celebraciones de Cinco de Mayo

CAPITULO 9

LA INDUSTRIALIZACION DE LOS ESTADOS UNIDOS

VISION GENERAL

En los años 1850, la mayoría de los estadounidenses vivían en el campo y se ocupaban de la agricultura. En el medio siglo siguiente el país se transformó en la potencia principal del mundo. Ya para 1920, los Estados Unidos habían cambiado drásticamente. La mitad de todos los habitantes vivía en las ciudades. Las grandes corporaciones producían bienes para toda la nación. Los ferrocarriles y las líneas telefónicas conectaban todo el país. Los estadounidenses hacían compras en tiendas por departamentos, tiendas especializadas y de muchas sucursales, y por correo. Las fábricas eran activadas por medio de la electricidad. Se extendía el uso del automóvil.

La industrialización de los Estados Unidos tuvo también un efecto dramático en la vida de los obreros. Mientras los negocios gozaban de un tremendo desarrollo y prosperidad, los obreros industriales se enfrentaban con largas jornadas, sueldos bajos y espantosas condiciones de trabajo. Surgió la necesidad de organizaciones de trabajo capaces de proteger los intereses del obrero. Los sindicatos trataban de lograr condiciones de empleo que no podían alcanzar los trabajadores individuales.

— LINEA CRONOLOGICA DE SUCESOS IMPORTANTES —

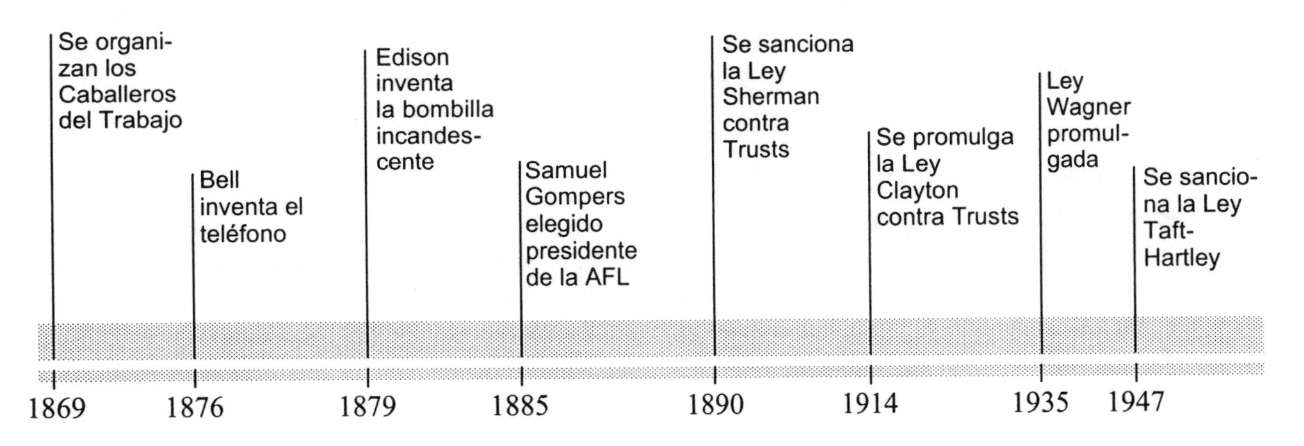

EL DESARROLLO DE LA INDUSTRIA ESTADOUNIDENSE

LAS BASES DEL DESARROLLO ECONOMICO

Los fundamentos del extraordinario desarrollo económico de los Estados Unidos ya se encontraban establecidos hacia el fin de la Guerra Civil.

LA ABUNDANCIA DE RECURSOS NATURALES

Los Estados Unidos tenían recursos naturales copiosos: abundancia de tierra, suelos fértiles, arroyos de corriente rápida, vastas cantidades de madera y ricos yacimientos de hulla, hierro, petróleo y cobre.

EL SISTEMA DE LIBRE EMPRESA

El país gozaba de los beneficios de la "libre empresa", o sistema **capitalista** de organización económica. Bajo este sistema el "capital" (riqueza) es propiedad e inversión privada. La gente tiene libertad de comprar y vender bienes. Los productores que pueden competir eficazmente son los que permanecen en los negocios. Al "guiar" al consumidor hacia los productores eficaces, el mercado elimina a los ineficaces.

LA ETICA DEL TRABAJO

La cultura estadounidense ponía énfasis en el individualismo, la frugalidad y el trabajo duro. Los esfuerzos del individuo se recompensaban con estímulos materiales. La riqueza se veía como señal de éxito, mientras que la pobreza se percibía como una falta del individuo. Los estadounidenses percibían su país como una tierra de oportunidad. Los inmigrantes apoyaban esta opinión, ya que veían a los Estados Unidos como un lugar para lograr una mejor forma de vida.

Horatio Alger: Hacia el fin del siglo XIX, este punto de vista se reflejaba en las novelas de Horatio Alger. Sus héroes eran siempre muchachos pobres que mediante la honradez y el trabajo duro quedaban recompensados con riquezas y honores. Los libros de Alger ayudaron a popularizar el sueño americano de que se puede obtener casi todo si se trabaja con empeño para este fin.

Darwinismo social: Charles Darwin, un biólogo, teorizaba que las plantas y los animales que sobrevivieron por milenios eran los más capaces de adaptarse a su medio ambiente. Los que no podían adaptarse perecían. Esta teoría se usó para justificar la ética de trabajo estadounidense, destacando la "supervivencia de los más aptos" y la necesidad de la libre competencia. Los que tenían más éxito eran obviamente los mejores.

LA CONTRIBUCION DEL GOBIERNO

El gobierno estadounidense del siglo XIX oficialmente seguía la política económica de "dejar hacer" o **laissez-faire**. Estas prácticas alentaron la industrialización de varios modos. El **sistema de patentes** estimulaba la inventiva al prohibir que se copiara el artículo de un inventor sin que éste se beneficiara de su idea. Las **tarifas** arancelarias protegían la fabricación doméstica de la competencia de artículos extranjeros más baratos. Las **leyes** protegían los acuerdos (contratos) de propiedades y negocios. Los impuestos sobre los ingresos de los negocios eran bajos.

EL ESTIMULO ECONOMICO DE LA GUERRA CIVIL

Uno de los efectos de la Guerra Civil fue el fomento del desarrollo económico en el Norte y el Oeste. Las necesidades de los tiempos de guerra estimularon la producción manufacturera. Las enormes ganancias del tiempo de guerra fueron reinvertidas en la manufactura. La secesión del Sur dejó al Norte transitoriamente libre para proseguir con una política nacional favorable al desarrollo de la industria. El Norte:

- estableció leyes para proteger la producción local de la competencia europea
- creó un vigoroso sistema bancario
- ofreció tierra gratis a los colonos
- dio empréstitos a las compañías ferroviarias para completar la ruta transcontinental

SURGE LA ECONOMIA INDUSTRIAL MODERNA

Hubo varias razones para el surgimiento de la economía industrial moderna en los Estados Unidos.

LA EXPANSION DE LOS FERROCARRILES

La clave del desarrollo de la economía industrial moderna en los Estados Unidos fue la expansión del ferrocarril. La primera ruta transcontinental, que vinculaba la costa este con la oeste, se completó en 1869. La cantidad de vías se quintuplicó en los 25 años subsiguientes. El ferrocarril afectó casi todos los aspectos de la vida estadounidense.

Estimuló la industria: La construcción de los ferrocarriles proporcionó un tremendo estímulo a la industria siderúrgica y la minería. Los ferrocarriles llevaban las materias primas a las fábricas y los bienes manufacturados a los consumidores.

Ayudó en la colonización de la frontera: Los ferrocarriles fomentaron la colonización de la frontera. Llevaron a los colonos a las Grandes Llanuras con la promesa de tierras de cultivo baratas. Vincularon a los granjeros de los llanos con los mercados urbanos.

En 1869, en Promontory, Utah, se celebró la unión de los rieles del primer ferrocarril transcontinental

Fomentó la inmigración: Las compañías ferroviarias fomentaron la inmigración anunciando en Europa que se necesitaban pobladores. Los inmigrantes irlandeses y chinos proporcionaron la mano de obra barata en la construcción de las grandes vías transcontinentales.

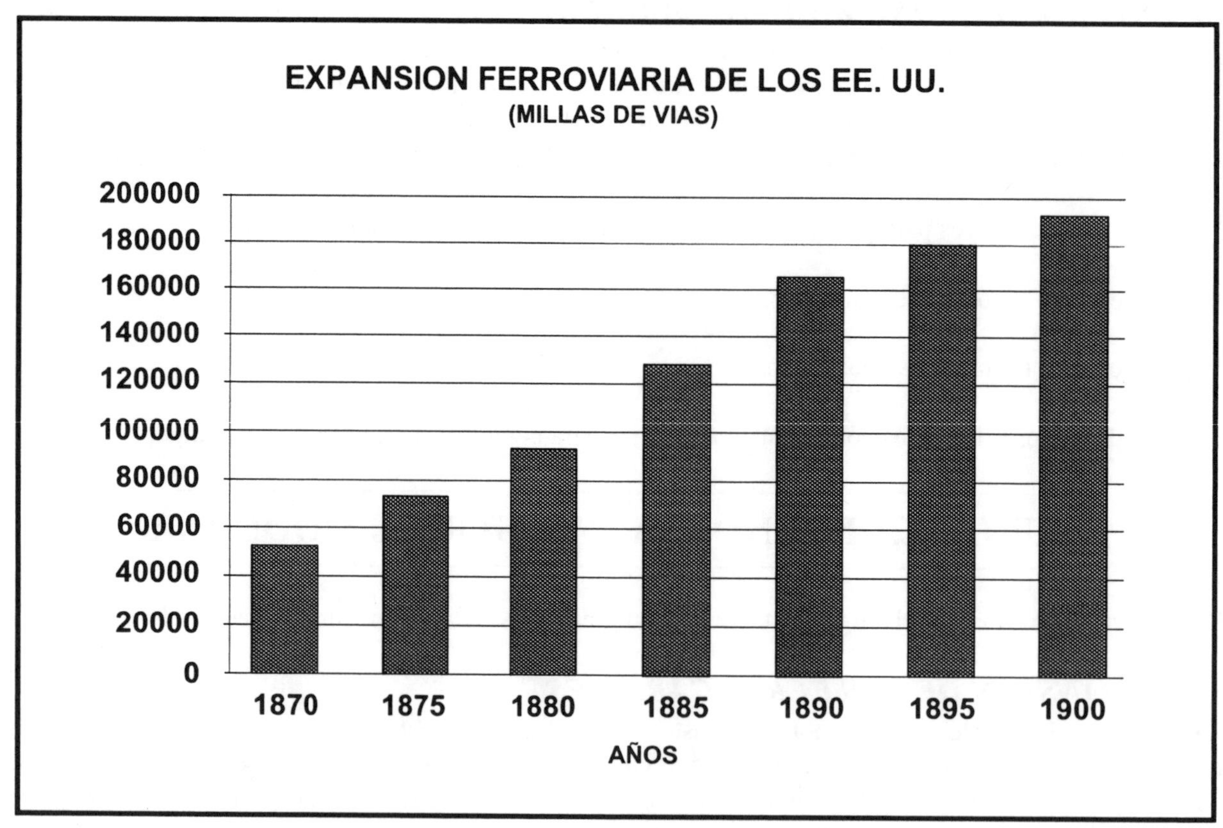

Fuente: Estadísticas Históricas de los EE. UU.

EL AUMENTO DE LA POBLACION

Entre 1860 y 1900, la población de los Estados Unidos llegó a ser más del doble. El aumento en el uso de la maquinaria agrícola y la expansión de terrenos cultivados hizo posible la alimentación de mucha más gente. El aumento de la población creó condiciones favorables para la expansión de los negocios: un aumento constante de demanda de bienes y una fuente de mano de obra barata.

EL DESARROLLO DE UN MERCADO A ESCALA NACIONAL

La producción en masa era tan costosa que hacía necesaria la presencia de un mercado grande que garantizara ganancias a los distintos inversionistas. Hacia el fin del siglo XIX, se desarrolló un mercado a escala nacional como resultado de varios factores.

- Los ferrocarriles, telégrafos y teléfonos vincularon las diferentes partes del país.

- Al usar más maquinaria y economizar en la producción en grandes cantidades, los fabricantes a escala nacional podían producir y enviar bienes a costos más bajos que los productores locales.

- Se desarrollaron nuevos métodos de ventas. Los productores formaron departamentos especializados en comercio y propaganda.

- Las tiendas por departamentos, las cadenas comerciales (Woolworth's), las casas de ventas por correo (Sears, Roebuck and Co.) y las tiendas de artículos especiales compraban con descuento mercancías en grandes cantidades, y las revendían con lucro a los consumidores.

EL PROGRESO TECNOLOGICO

Las nuevas técnicas, innovaciones e inventos contribuyeron a la expansión económica de fines del siglo XIX.

Nuevas técnicas: El proceso Bessemer, desarrollado en los años 1850, hizo más económica la producción del acero. Hacia el fin del siglo XIX, la electricidad se usaba en gran escala para activar un creciente número de motores, tranvías y trenes subterráneos. El primer pozo de petróleo se taladró en Pensilvania en 1859. Los adelantos en la refinamiento del petróleo permitieron el uso de productos derivados en la iluminación y en la lubricación de maquinaria. El motor de combustión interna, desarrollado hacia el fin del siglo XIX, se usó en los automóviles y en los primeros aviones. Estos utilizaban gasolina, derivada del petróleo.

Nuevos inventos: El surgimiento de la industria fue estimulado por inventos e innovaciones importantes.

Inventor	Inventos
Elias Howe	Máquina de coser (1846)
Elisha Otis	Ascensor de pasajeros (1852)
Christopher Sholes	Máquina de escribir (1867)
George Westinghouse	Frenos neumáticos (1868)
Alexander G. Bell	Teléfono (1876)
Thomas A. Edison	Bombilla eléctrica (1879)
Lewis H. Latimer	Filamento de bombilla (1882)
Andrew J. Beard	Máquina de vapor rotatoria (1892)

LAS ORGANIZACIONES DE NEGOCIOS: LA CORPORACION

Antes de la Guerra Civil, la mayoría de las empresas pertenecían a un solo individuo o a socios. En los años de la postguerra, se hicieron mucho más populares las sociedades. Una corporación o sociedad es una compañía instituida en un estado y reconocida legalmente como una "persona jurídica". La corporación emite acciones, o participación en la propiedad, a los inversionistas. Cada **accionista** es, en parte, dueño de la corporación y recibe una porción de los beneficios de ésta en forma de dividendos. Las corporaciones gozaban de muchas ventajas porque podían reunir grandes cantidades de dinero. Podían construir establecimientos de producción más grandes y comprar más maquinaria. También podían costear más propaganda e investigación.

LOS GRANDES EMPRESARIOS: ¿BARONES LADRONES O CAPITANES DE LA INDUSTRIA?

Entre los años 1865 y 1900, muchos estadounidenses emprendieron la busca de riquezas y lujos materiales. A causa de la vida de despilfarro, este período se llamaba la "**edad dorada**". Los empresarios que invirtieron su dinero en los negocios comenzaron a ejercer una influencia dominante en la vida estadounidense. Algunos observadores pensaban que estos negociantes eran **capitanes de la industria** porque ayudaron a formar la economía industrial moderna. Tenían la visión necesaria para percatarse y aprovechar las posibilidades económicas que les ofrecía el mercado. Otros criticaban a estos empresarios como **barones ladrones** a causa de los métodos despiadados que usaban para destruir la competencia y mantener bajos los sueldos de sus obreros.

CORNELIUS VANDERBILT (1794-1877)

Vanderbilt amasó su fortuna en la empresa de buques de vapor antes de dedicarse a los ferrocarriles. Construyó la New York Central, reemplazó los rieles de hierro con acero y consolidó bajo su control las ferroviarias entre Nueva York y Chicago.

ANDREW CARNEGIE (1835-1919)

Andrew Carnegie comenzó como inmigrante pobre y se convirtió en uno de los hombres más ricos y poderosos de los Estados Unidos. Desarrolló un método de producción de acero más barato que el utilizado hasta el momento que le permitía vender a precios más bajos que sus competidores. Una vez en control de la industria siderúrgica, expandió sus negocios al comprar minas, barcos y vías ferrocarrileras para llevar la mena a sus fábricas. Sus obreros trabajaban 12 horas a sueldos muy bajos. Sofocó todos los intentos de sindicalización de sus obreros. Más tarde, Carnegie pasó una gran parte de su vida distribuyendo su fortuna para apoyar la enseñanza, las bibliotecas, la investigación médica y la causa de la paz mundial.

Una planta de la Carnegie Steel Company en Pensilvania

JOHN D. ROCKEFELLER (1839-1937)

En 1870, Rockefeller estableció la Standard Oil Company. Obligó a las compañías ferroviarias a cobrarle, en secreto, tarifas especiales para el transporte de su petróleo, mientras que sus competidores pagaban más. Para 1900, Rockefeller casi tenía el monopolio sobre la industria petrolera, controlando más del 90% de todo el refinamiento en los Estados Unidos. Igual que Carnegie, se dedicó a la filantropía en su edad avanzada, entregando millones de dólares a la educación y a la ciencia.

FUSION DE LOS GRANDES NEGOCIOS

Comenzando con la depresión de 1873, los productores más grandes como Carnegie y Rockefeller iban eliminando del campo a sus competidores más pequeños y adquiriendo sus compañías. En otros casos, las compañías rivales acordaban fundirse. Al consolidarse, las compañías y los "trusts" esperaban obtener control monopolizador sobre ciertos bienes y servicios. El propósito de la mayoría de las fusiones era eliminar la competencia y elevar los precios al establecer un **monopolio**, es decir, un control completo del mercado de un producto. Esto permitía a los productores dictar los precios a los consumidores. Había varias maneras de fundir empresas.

TIPO DE CONSOLIDACION	DEFINICION
Acuerdos de mancomunicación	Acuerdos informales de fijar precios o dividir mercados.
"Trusts"	Los accionistas de las existentes compañías dan sus acciones a la junta de directores del "trust" a cambio de "certificados de trust" que les otorgan dividendos basados en las ganancias del "trust" entero.
Compañías controladoras	Adquisición de la mayoría de acciones en otras compañías.
Direcciones entrelazadas	Los miembros de la junta directiva de una compañía sirven como directores de varias compañías.
Fusiones	Dos o más compañías se funden en una sola.

EL GOBIERNO RESPONDE

Ya que el capitalismo de laissez-faire era el credo económico dominante hacia el fin del siglo XIX, la respuesta del gobierno a los abusos de los grandes negocios fue muy reducida.

LA TEORIA DEL MERCADO LIBRE

El gobierno justificaba su relativa inacción con un número de razones:

- Las operaciones del mercado libre esperaban eliminar las empresas ineficaces, resultando en productos mejores y más baratos.

- Era dudoso hasta qué grado la Constitución otorgaba al Congreso poderes para reglamentar los negocios. El poder congresional estaba limitado a la reglamentación del comercio interestatal (entre varios estados). ¿Permitía también, por ejemplo, reglamentar la producción de una empresa dentro de sólo un estado (intraestatal)?

LA DEMANDA DE REFORMAS

Los reformadores exigían que el gobierno regulase los grandes negocios. Los abusos de las grandes empresas eran tan notorios que los legisladores gradualmente reconocieron que los monopolios representaban un peligro más grande al mercado libre que los males de la intervención gubernamental. Aunque las primeras leyes sancionadas por el Congreso tendían a ser débiles, por lo menos establecían el derecho del Congreso a reglamentar los negocios. Dos de las leyes principales eran:

La Ley de Comercio Interestatal (1887): El Congreso estableció reglas para proscribir las prácticas injustas de los ferrocarriles. Para hacer cumplir la ley, se estableció una comisión reglamentaria especial (la I.C.C.).

La Ley Sherman contra los "Trusts" (1890): El Congreso proscribió todos los "trusts", fusiones y conspiraciones para "restringir el comercio". La formulación de la ley era extremadamente vaga, debilitando su efecto. En los años 1890, la ley fue usada por las cortes con más frecuencia contra los sindicatos obreros que contra los grandes negocios.

LA INFLUENCIA DE LOS GRANDES NEGOCIOS EN LOS EE. UU.

El desarrollo de los grandes negocios tenía una influencia profunda en los EE. UU.

LAS CONTRIBUCIONES	LOS ABUSOS
1. La eficacia de las grandes empresas hizo que bajaran los precios de muchos artículos, haciéndolos más accesibles al público general.	1. Los grandes negocios explotaban a los obreros al pagarles sueldos bajos y crear condiciones de trabajo arriesgadas.
2. Contribuyeron a elevar el nivel de vida.	2. Contaminaban el ambiente y destruían muchos recursos naturales del país.
3. Introdujeron muchas prácticas nuevas e innovadoras que crearon empleos y contribuyeron a la prosperidad del país.	3. Abusaban del sistema de libre empresa al no estimular la competencia.
4. Tomaron la delantera en la creación de nuevos inventos y nueva tecnología.	4. Por medio de la competencia destructora llevaron a muchas empresas más pequeñas a la bancarrota.

TERMINOS PARA RECORDAR

Sistema de libre empresa, darwinismo social, capitalismo de laissez-faire, empresarios, edad dorada, Ley Sherman contra los Trusts, Ley de Comercio Interestatal

SURGE EL MOVIMIENTO OBRERO

LOS OBREROS INDUSTRIALES SE ENCUENTRAN ANTE NUEVOS PROBLEMAS

Una de las razones principales del rápido desarrollo económico de los Estados Unidos hacia el fin del siglo XIX fue la creciente explotación del obrero industrial. El aumento de la productividad industrial y de los lucros de las corporaciones conllevó un terrible costo para los obreros.

CONDICIONES IMPERSONALES

A medida que las fábricas y otros centros de trabajo se hacían más grandes, el obrero perdió el contacto personal con sus patronos propiamente dichos y toda influencia sobre sus condiciones de trabajo. El empleo se ofrecía a base de aceptación o de rechazo. Generalmente el trabajador no tenía otra salida que aceptarlo.

LARGAS JORNADAS Y SUELDOS BAJOS

Según las normas de hoy, las horas de trabajo eran increíblemente largas. Los obreros se enfrentaban con seis días de trabajo a la semana con jornadas de entre 10 y 14 horas diarias. Los obreros siderúrgicos, por ejemplo, trabajaban turnos de 12 horas, generalmente siete días a la semana. Los patronos contrataban a los obreros que trabajasen por los sueldos más bajos posibles. Los inmigrantes estaban inclinados a trabajar por jornales bajos. Las mujeres y los niños también trabajaban por jornales particularmente bajos. Los sueldos promediaban entre $3 y $12 por semana.

Muchachos de corta edad, obreros de una mina de hulla enPensilvania (1911). Antes de prohibirse el trabajo de los niños,muchos de ellos trabajaban 12 o 13 horas al día, seis días por semana.

TAREAS REPETITIVAS, ABURRIDAS

Cuando el proceso de manufactura se dividió en una serie de tareas sencillas para lograr mayor rapidez y eficacia, el trabajador se convirtió en una mera pieza de engranaje en una enorme máquina. El trabajo requería menos destreza y se hizo más repetido, monótono y fastidioso.

CONDICIONES DE TRABAJO

Las condiciones de trabajo a menudo eran extremadamente peligrosas. No se observaban suficientes medidas de seguridad alrededor de la maquinaria. Los obreros, abrumados de trabajo, estaban propensos a los accidentes. Miles de obreros quedaban lisiados o morían en accidentes cada año, mientras que otros padecían de enfermedades crónicas causadas por las condiciones insalubres de trabajo.

TRABAJO DE LOS NIÑOS

Las fábricas de tejidos y las minas de hulla utilizaban el trabajo de los niños — porque era más barato — para llevar a cabo ciertas tareas. Se calcula que en 1910 trabajaba uno de cada cinco niños de menos de 15 años. A estos niños les faltaba el sol, el aire libre, los juegos y la oportunidad de mejorar su vida por medio de estudios.

GARANTIA DE TRABAJO Y PRESTACIONES SOCIALES

El obrero industrial no tenía garantía de trabajo y podía ser despedido en cualquier momento por cualquier razón. En malos tiempos económicos, los fabricantes simplemente detenían la producción y despedían a sus empleados. Los trabajadores no tenían los beneficios que tienen los empleados de hoy. No había seguro contra el desempleo, ni compensación en dinero para pagarles por las lesiones sufridas en el trabajo. Tampoco existía el seguro de salud, las pensiones de retiro ni pago por días de fiesta o de enfermedad.

PUEBLOS BAJO CONTROL DE EMPRESAS

En algunos casos, la compañía no sólo controlaba los sueldos de los trabajadores, sino también el alquiler de su vivienda y los precios de comestibles en el almacén de la compañía. La empresa controlaba a los funcionarios y la policía del pueblo. Trataba de hacer imposible que los obreros se quejaran o se organizaran contra la compañía.

EL SURGIMIENTO DE SINDICATOS OBREROS

Con el surgimiento de los grandes negocios en la segunda mitad del siglo XIX, el trabajador individual perdió todo poder de hacer tratos con su patrono. Ya que la mayoría del trabajo no requería una destreza especializada, los obreros podían ser reemplazados fácilmente.

LAS RAZONES PARA LOS SINDICATOS

Los trabajadores se dieron cuenta de que se necesitaba alguna forma de organización obrera, y comenzaron a formar sindicatos. Generalmente, las asociaciones tenían dos propósitos principales:

Obtener mejores condiciones de trabajo. Al organizarse, los obreros podrían exigir mejor pago, menos horas de trabajo y mejores condiciones de trabajo. Si un patrono rechazaba sus demandas, todos los obreros sindicalizados amenazaban con cesar su trabajo al mismo tiempo. Los trabajadores que obraban en conjunto tenían más poder en los convenios que tenían como individuos.

Influir en el gobierno. Los sindicatos actuaron como grupos de influencia en el gobierno. Los jefes de las sociedades podían coordinar los votos de los trabajadores para crear presión para el cumplimiento de sus demandas. Los sindicatos podían contribuir a los fondos de campaña y cabildear por proyectos de leyes en las legislaturas.

TACTICAS USADAS POR LA CLASE OBRERA Y POR LA GERENCIA

Los intentos de lograr sus propios fines económicos a menudo ponían a los obreros en oposición a los directores. Cada lado usaba una serie de tácticas diferentes para alcanzar su propósito.

TACTICAS USADAS POR LOS OBREROS

Los trabajadores organizados tenían a su disposición las siguientes tácticas:

Convenio colectivo. Los miembros de sindicatos actuaban unidos, en vez de hacer tratos como individuos. Convencidos de que había fuerza en los números, las asociaciones representaban a los obreros ante el patrono en las negociaciones relativas al pago, las jornadas y las condiciones de trabajo.

Huelgas. Los miembros del sindicato se negaban a trabajar, deteniendo la producción en la fábrica, hasta que el patrono concediera lo pedido. Durante la huelga, los obreros asociados impugnaban ("piqueteaban") su establecimiento de trabajo llevando letreros para ganarse el apoyo del público y para impedir la contratación de obreros que los sustituyeran.

Boicots. Hacia el fin del siglo XIX, los huelguistas a veces recurrían a la violencia y atacaban la propiedad del patrono. A menudo el sindicato organizaba un boicot de los productos de la empresa, urgiendo al público a que no comprara dicho artículo.

Talleres cerrados. Los sindicatos exigían que sus patronos contrataran sólo a los miembros de su asociación. Esta práctica, conocida como "taller cerrado", aseguraba que, si era necesario, todos los trabajadores se declararían en huelga.

TACTICAS USADAS POR LA GERENCIA

En los primeros tiempos de la sindicalización, los patronos y directores tenían disponibles muchos más recursos de los que tienen hoy.

Lockouts, o **huelgas patronales**. Si la gerencia no accedía a las demandas de los trabajadores, podía cerrar la fábrica e impedir la entrada de los obreros en el establecimiento cerrado.

Rompe-huelgas. La dirección a menudo traía rompe-huelgas, u obreros de sustitución, que trabajaban en las fábricas o minas hasta que se resolvía la disputa con los huelguistas.

Contratos de "perro amarillo". Los empleados a menudo se encontraban obligados a firmar contratos en los cuales prometían no afiliarse con un sindicato ni hablar con tales organizadores. Más tarde, estos contratos fueron declarados ilegales.

Listas negras. Los jefes y los miembros del sindicato eran despedidos y sus nombres pasados a los patronos de la misma industria, y consecuentemente no podían obtener otro empleo.

Sindicatos libres. La gerencia formaba sus propios sindicatos o sociedades obreras que estaban bajo su control. Esto era un intento de satisfacer a los obreros para que no trataran de usar un sindicato de afuera para representarlos.

Interdictos. Estas eran órdenes judiciales que prohibían las huelgas. Los interdictos permitían a los patronos contar con el gobierno para romper una huelga. Los interdictos contra huelgas pacíficas más tarde se declararon ilegales.

VOCES DEL PUEBLO

Hacia el fin de los años 1800, la nación rápidamente se convirtió en una potencia industrial. Como resultado, unos cuantos industriales exitosos pudieron amasar grandes fortunas. Uno de los más conocidos fue Andrew Carnegie. Cuando vino a los Estados Unidos a la edad de trece años, ganaba $1,20 trabajando en una hilandería de algodón. Cuando se retiró, tenía una fortuna de más de 500 millones de dólares.

EL EVANGELIO DE LA RIQUEZA

—Andrew Carnegie

(*Fragmento*)

Las condiciones de la vida humana se revolucionaron en los últimos siglos.

Este cambio debe verse como un gran beneficio. Es preferible para el progreso de la raza [humana] que todo lo mejor de la literatura y de las artes encuentre su hogar sólo en algunas casas que en ninguna. Es mejor esta gran desigualdad que la escualidez universal.

En la manufactura de los productos tenemos todo el argumento. Hoy día, el mundo tiene bienes de alta calidad a precios tan bajos, que los pobres gozan de lo que antes no podían permitirse ni aun los ricos. Lo que antes era lujo, se convirtió un requisito. El labrador ahora tiene más comodidades que las que tenía el hacendado hace unas generaciones.

El que investigue esta materia, pronto concluirá que la civilización misma depende de la santidad de la propiedad —el derecho del labrador a sus cien dólares en un banco de ahorros, al igual que el derecho legítimo del millonario a sus millones. No el mal, sino el bien, llegó a la humanidad con la acumulación de la riqueza por los que tienen la capacidad y la energía para producirla.

La propiedad privada, la acumulación de la riqueza y la competencia, son los resultados cumbres de la experiencia humana.

Estas leyes [de competencia], aunque a veces parecen operar de modo desigual o injusto, y aunque parezcan imperfectas al idealista, son sin embargo, como el tipo supremo del hombre, lo mejor y lo más valioso jamás alcanzado por la humanidad.

COMPRUEBA TU COMPRENSION

1. ¿Qué quiere decir Carnegie al referirse a la "revolución" en las condiciones de la vida humana?
2. ¿Estás de acuerdo con Carnegie en que es mejor que unas cuantas personas muy ricas apoyen la literatura y las artes en vez de que toda la gente tenga los mismos recursos y el mismo nivel de vida?
3. ¿Estás de acuerdo con Carnegie en que la acumulación de riqueza no llevó al mal sino al bien? ¿Qué crees que hubiera dicho uno de los obreros de Carnegie?
4. Hacia el fin de su vida, Carnegie dejó una gran parte de su fortuna a las causas filantrópicas. Por ejemplo, construyó el Carnegie Hall (una sala de conciertos) y costeó la construcción de bibliotecas públicas a través de los Estados Unidos. En tu opinión, ¿por qué lo habrá hecho?

VOCES DEL PUEBLO

Aunque para los años 1980 los trabajadores estadounidenses se beneficiaban gracias a sus sindicados, había otros trabajadores que permanecían desorganizados y oprimidos. Uno de esos grupos de obreros eran los mexicanos-estadounidenses, que tuvieron un papel importante en el desarrollo del Sudoeste. Sin embargo, en conjunto, a menudo se encontraban con la discriminación en el alojamiento, la educación y los sueldos. Esto era más visible entre los obreros agrarios que migraban hacia California. En el trozo citado, César Chavez, el portavoz y organizador de los Trabajadores Agrarios Unidos, habla de Delano, California, donde en 1965 comenzó la huelga de los recolectores de uvas.

LA LUCHA POR LA JUSTICIA

—César Chavez

A nuestros huelguistas aquí en Delano [California] han estado bajo la mirilla, les han dado golpes y puntapiés, los han acosado con perros, los han insultado y los han puesto en ridículo, los han desnudado, encadenado y enviado a la cárcel; los han rociado con los venenos usados en las viñas.

Pero se les enseñó a no acostarse y morir, ni huir avergonzados, sino a resistir con cada onza de la paciencia y alma humana. A resistir, no como un desquite de la misma calaña, sino vencer con el amor y la compasión, con el ingenio y la inventiva, con el trabajo duro y las horas de trabajo más largas, con el vigor y la tenacidad paciente, con la verdad y la apelación al público, con los amigos y los aliados, con la movilidad y la disciplina, con la política y la ley y con la oración y el ayuno.

Las casuchas de labradores mexicanos—muestran las condiciones que quería remediar César Chavez

No se entrenaron en un mes, ni en un año; después de todo, esta nueva temporada de cosecha va a ser nuestro cuarto año completo en huelga, a aun ahora seguimos haciendo planes y preparándonos para los años siguientes.

El tiempo logra para los pobres lo que el dinero logra para los ricos...Dios sabe que no somos bestias de carga, instrumentos agrícolas ni esclavos arrendados; somos seres humanos.

Somos seres humanos, atrapados en una lucha a muerte contra la inhumanidad del hombre hacia el hombre. Y esta lucha da significado a nuestra vida y ennoblece nuestra muerte.

Fuente: *Los Hispanos-Estadounidenses*, por Milton Meltzer. Thomas Y. Crowell Junior Books, N.Y.

COMPRUEBA TU COMPRENSION

1. ¿Por qué eran los huelguistas víctimas de golpes, puntapiés, ataques de perros y rociaduras de veneno?
2. ¿Cuál, en tu opinión, es el punto de vista de los dueños de las viñas?
3. ¿Qué importancia tiene la opinión popular para el éxito de una huelga?
4. ¿Por qué crees que el grupo de los labradores migratorios fue uno de los últimos en sindicalizarse?
5. ¿Crees que los trabajadores debieran tener el derecho a la huelga? ¿Por qué sí, o por qué no?
6. ¿Has sido maltratado alguna vez por un patrono? Refiere el incidente y las circunstancias.

LOS OBREROS ASPIRAN A UNA VOZ NACIONAL

Hacia el fin del siglo XIX, los obreros se dieron cuenta de que la única forma de vencer los obstáculos presentados por los grandes negocios era unirse para formar organizaciones obreras nacionales. Un obstáculo importante para los obreros en los años 1860-1890 era la política del gobierno federal, que favorecía las grandes empresas mientras mostraba hostilidad hacia la formación de sindicatos obreros.

LOS CABALLEROS DEL TRABAJO

La sociedad llamada los Caballeros del Trabajo tuvo se fundó en 1869. Esperaba formar un sindicato grande que incluiría a todos los trabajadores, adiestrados o no. La organización se desarrolló rápidamente en los tiempos prósperos de los años 1880. Para 1886, bajo la jefatura de **Terrence Powderly**, los Caballeros llegaron a su cumbre con 700.000 miembros.

Propósitos. Los Caballeros exigían una jornada de 8 horas, jornales más altos y medidas de seguridad en las fábricas. Se oponían al trabajo de los niños y presidiarios y apoyaban el pago igual para las mujeres. Favorecían restricciones en la inmigración, a la cual veían como una competencia en el mercado de empleos.

Debilidades. Los Caballeros tenían una organización demasiado laxa. Los obreros diestros resentían el estar agrupados con los que no tenían destrezas, los cuales no tenían el mismo poder en las negociaciones. El público en general asociaba a los Caballeros con ideas radicales poco populares. En la opinión popular, los Caballeros también estaban asociados con el Asunto Haymarket, en el cual una bomba mató a varios policías. Después de perder en unas cuantas huelgas importantes, los Caballeros se dispersaron.

LA FEDERACION ESTADOUNIDENSE DE TRABAJO

La Federación Estadounidense de Trabajo ("A.F.L.") fue fundada en 1881 por **Samuel Gompers**. Gompers esperaba formar un sindicato poderoso al unir a trabajadores con los mismos intereses económicos. A diferencia de los Caballeros del Trabajo, la A.F.L. reunió los sindicatos de trabajadores adiestrados en una sola federación de gremios. Estos gremios de artesanos limitaban la afiliación sólo a obreros diestros, como carpinteros, cigarreros y zapateros.

Samuel Gompers, fundador de la A. F. L. Este sindicato es hoy la asociación más grande de trabajadores en el país.

Propósitos. El enfoque de Gompers se conocía como sindicalismo de "pan y mantequilla", ya que limitaba sus propósitos a lograr adelantos económicos para los trabajadores. Los objetivos de Gompers incluían mejor pago, jornadas de 8 horas y mejores condiciones de trabajo.

Tácticas. Gompers trató de equilibrar la concentración de la industria en las manos de unos cuantos propietarios al reunir a los trabajadores diestros en un solo sindicato nacional. Luchó vigorosamente para lograr la garantía de empleo para los miembros al intentar organizar un **taller cerrado**, en el cual el patrono prometía contratar sólo a miembros del gremio.

Gompers creía que los intereses de los obreros estaban no tanto en la resistencia al capitalismo industrial, como en tratar de obtener una porción más grande de sus ganancias.

La A.F.L. y las minorías. La A.F.L. no admitía a las mujeres. Al principio, Gompers insistió en que los gremios afiliados admitieran a negros, pero cuando unos cuantos se negaron a hacerlo, Gompers abandonó esta propuesta. Por consiguiente, sólo unos cuantos sindicatos de la A.F.L., los Mineros Unidos entre ellos, admitían a negros en ese tiempo. Los líderes negros, tales como Booker T. Washington, se quejaban de que los sindicatos obstaculizaban el avance de los negros al negarse a admitir a jóvenes negros como aprendices. Gompers tampoco logró contrarrestar el prejuicio étnico contra las diferentes nacionalidades dentro de gremios específicos. Los patronos trataban de usar las tensiones étnicas y raciales entre los obreros al emplear a negros o a inmigrantes como rompe-huelgas.

Su desarrollo y los límites. La A.F.L. pronto surgió como la voz de los trabajadores organizados. Para 1900, tenía medio millón de miembros. Pero fue severamente debilitada por el hecho de que en sus primeros años excluía a los obreros no especializados, que seguían constituyendo la mayoría de la mano de obra. Para 1910, estaba sindicalizado menos de un 5% de los trabajadores estadounidenses.

LA ACTITUD DEL GOBIERNO HACIA LOS SINDICATOS Y HACIA LOS PATRONOS

La actitud del gobierno fue decisiva para la suerte de los primeros movimientos obreros. Hacia fines del siglo XIX, los jefes del gobierno favorecían a las empresas y eran hostiles con los sindicatos. Había varias razones para la hostilidad del gobierno.

LA DEBILIDAD DE LOS SINDICATOS

Sólo un pequeño número de obreros estaba sindicalizado. En general, las asociaciones tendían a carecer de la fuerza política necesaria para influir en el gobierno. Además, muchos sindicatos vieron la ayuda al obrero como su enfoque principal, y percibían como esfuerzo inútil cualquier intento de influir en el gobierno.

LA INFLUENCIA DE LAS EMPRESAS

Las empresas contribuían considerablemente a los fondos de las campañas políticas. Los jefes del mundo de los negocios percibían la protección de la propiedad privada como función del gobierno. Además, los dirigentes de la industria y los políticos a menudo tenían el mismo punto de vista. Creían que la grandeza del país se debía principalmente a los empresarios exitosos.

EL PROTECTOR DE LA ECONOMIA

El gobierno temía el efecto desorganizador de las huelgas en la economía. En los veinte años entre 1880 y 1900 hubo más de 20.000 huelgas en las que participaron más de 6 millones de obreros. En 1895, la Corte Suprema apoyó la aplicación de la **Ley Sherman contra los Trusts** a las actividades de los sindicatos, declarando que muchas huelgas constituían una interferencia ilegal en el comercio interestatal. Con frecuencia, el gobernador del estado o el presidente enviaba tropas para aplastar la huelga y restaurar el orden.

LA OPINION PUBLICA

El público apoyaba la actitud de "laissez-faire" y el derecho de los negociantes a contratar y despedir obreros a voluntad. La gente a menudo era hostil a los sindicatos porque sus exigencias resultaban en precios más altos. Además, las actividades gremiales a menudo se asociaban con violencia, anarquía e ideas radicales.

El Asunto Haymarket. En 1886, se culpó a los jefes gremiales por la explosión de una bomba cuando la policía estaba dispersando una manifestación de huelguistas en la Plaza Haymarket en Chicago. Murieron siete policías y otros 67 fueron heridos. Nunca se supo quién lanzó la bomba. Sin embargo, cuatro oradores de la manifestación a favor de los sindicatos fueron ahorcados, aunque no hubo pruebas que los vinculasen a este suceso.

La Huelga de las Heredades Familiares. En 1892 la gerencia cerró una de las plantas siderúrgicas de Carnegie cuando los obreros protestaron contra la reducción de jornales. Estalló la violencia y Pensilvania envió tropas estatales para facilitar el empleo de rompe-huelgas. Los miembros de la asociación principal de obreros siderúrgicos fueron puestos en una lista negra y el sindicato se disolvió.

La Huelga de Pullman. En 1894, los trabajadores de Pullman se pusieron en huelga. En solidaridad con ellos, los obreros ferroviarios se negaron a tocar los vagones Pullman, lo que virtualmente estancó los ferrocarriles. El Presidente envió tropas federales para poner fin a la huelga, sosteniendo que esta impedía el transporte del correo. El gobierno también usó un interdicto para terminar la huelga, diciendo que dicha huelga interfería con el comercio interestatal. Este fracaso destruyó la recién formada sociedad de trabajadores ferroviarios.

UN CAMBIO EN LA ACTITUD DEL GOBIERNO

Al comienzo del siglo XX, la actitud del gobierno y del público hacia los sindicatos empezó a cambiar. Uno de los acontecimientos que estimularon este cambio fue el incendio en la Triangle Shirtwaist Factory en 1911. El fuego mató a 146 personas en esa fábrica de ropa porque las puertas estaban cerradas desde afuera. La planta carecía de un sistema rociador y tenía una sola vía de escape adecuada. El incendio causó una profunda conmiseración hacia los obreros, y se establecieron medidas locales para la protección contra incendios y para reducir los riesgos en las fábricas. Más tarde, el Congreso promulgó una legislación más favorable hacia los sindicatos.

El Departamento del Trabajo. En 1913, el Congreso creó una comisión específica en el gabinete, el Departamento del Trabajo. Este nuevo ministerio estaba encargado de investigar los problemas de la fuerza de trabajo, recopilar estadísticas y hacer cumplir las leyes del trabajo.

La Ley Clayton contra los Trusts. En 1914, el Congreso promulgó una ley que impedía la aplicación de leyes contra el monopolio a los sindicatos obreros. Esta ley fue muy beneficiosa para los gremios, porque también prohibía los interdictos federales en casos de disputas laborales.

LA INFLUENCIA DEL NUEVO TRATO EN LAS ORGANIZACIONES LABORALES

Un incremento significativo en el número de miembros de sindicatos tuvo lugar en los años 1930 como consecuencia del Nuevo Trato del Presidente Franklin Roosevelt.

LA LEGISLACION DEL NUEVO TRATO SOBRE EL TRABAJO

Roosevelt quería elevar los sueldos para combatir la Gran Depresión de 1929. El gobierno federal cambió de una posición opuesta al sindicalismo a una que lo apoyaba. **La Ley Norris-LaGuardia (1932)** prohibía el uso de interdictos contra huelgas pacíficas. **La Ley Nacional de Recuperación Industrial de 1933 (N.I.R.A.)**, garantizaba a los trabajadores el derecho a formar sindicatos. Los patronos no podían negarse a contratar miembros de asociaciones. La ley fue declarada inconstitucional en 1935, pero fue reemplazada por la Ley Wagner. **La Ley Wagner (1935)** prohibía el uso de muchas de las tácticas de la gerencia contra los sindicatos. Garantizaba a los trabajadores el derecho de pactar colectivamente con sus patronos. Se estableció la **Junta Nacional de Relaciones de Trabajo** especialmente para recibir las quejas de los obreros y tener elecciones entre ellos para escoger representantes en los convenios colectivos. Los patronos no podían entrar en prácticas antisindicalistas. Esta ley estimuló fuertemente la sindicalización de los trabajadores del país.

LA FUSION DE LA A.F.L. Y DEL C.I.O.

La A.F.L. todavía estaba predominantemente compuesta de gremios de artesanos diestros. **John L. Lewis**, jefe de los Mineros Unidos, formó el **C.I.O.** (Congreso de Organizaciones Industriales) para organizar tanto a los trabajadores diestros como a los obreros no especializados. Para 1938, el número de sus miembros llegó a 4 millones. Al principio el C.I.O. era parte de la A.F.L., pero las diferencias entre los jefes de las dos organizaciones hicieron que el C.I.O. se separase de la A.F.L. en 1937. Las dos organizaciones se volvieron a unir en 1955, convirtiéndose en A.F.L.-C.I.O.

LEGISLACION SUBSIGUIENTE AL NUEVO TRATO: LA LEY TAFT-HARTLEY

La preocupación por el desarrollo del poder de los sindicatos hizo que el Congreso aprobara la **Ley Taft-Hartley** en 1947, que prohibía los talleres cerrados y el boicot secundario. De acuerdo a esta ley, los funcionarios de sindicatos tenían que presentar sus informes financieros al gobierno, y se les prohibía ser miembros del Partido Comunista. Los sindicatos también tenían que comunicar a los patronos sus intenciones de huelga y a veces tenían que acceder a un período de apaciguamiento. El gobierno federal podía demorar la huelga por otros 80 días si ponía a riesgo el bienestar nacional. Durante el tiempo de apaciguamiento, el gobierno a menudo aconsejaba que el sindicato y el patrono sometiesen sus argumentos a un árbitro.

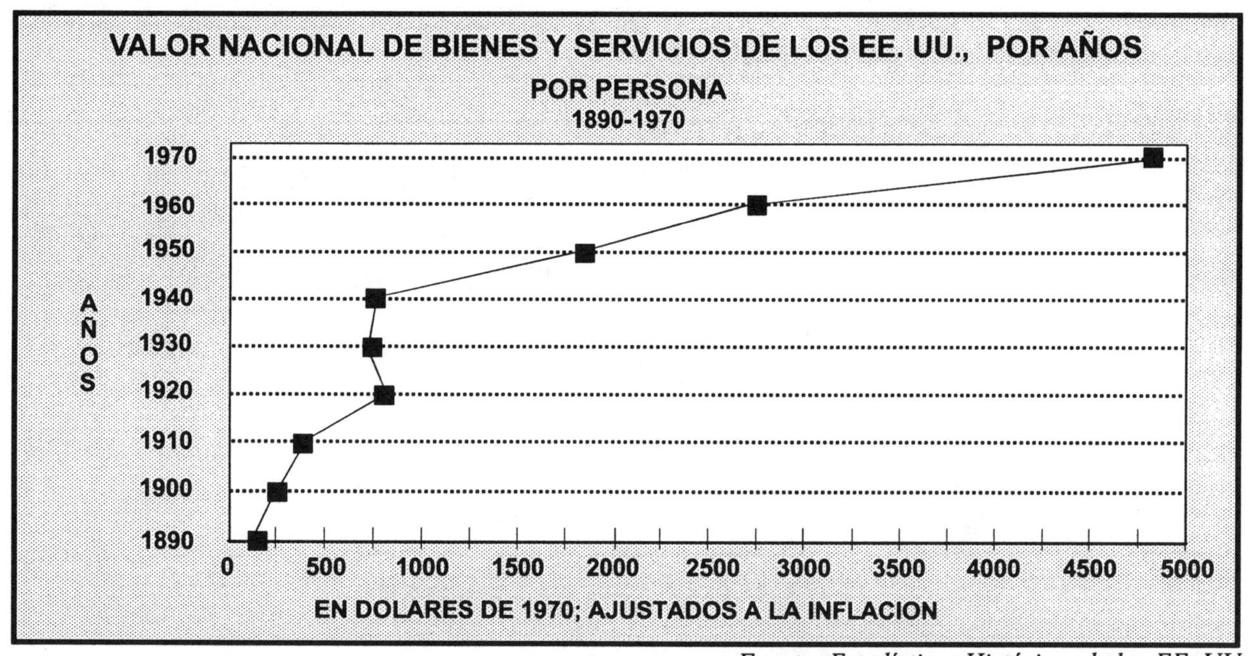

Fuente: Estadísticas Históricas de los EE. UU.

LOS EFECTOS DE LAS ORGANIZACIONES OBRERAS EN LA SOCIEDAD ESTADOUNIDENSE

El movimiento sindical siguió desarrollándose en el siglo XX. En el presente, cerca de un 20% de la fuerza trabajadora del país está sindicalizada. El aumento en la afiliación a los sindicatos tuvo un impacto importante en la sociedad estadounidense.

LA SITUACION DEL TRABAJADOR

Gracias a las organizaciones laborales, el trabajador de hoy se encuentra en una situación mucho mejor que hace un siglo. Ahora, las fábricas y las minas son más seguras y salubres que en cualquier otro tiempo de la historia estadounidense. Se beneficiaron hasta los obreros que no están organizados, ya que los sindicatos lograron el establecimiento de niveles de pago y medidas de seguridad que se convirtieron en la norma en muchas industrias.

ESTIMULO ECONOMICO

Ya que los trabajadores estadounidenses están bien remunerados, pueden comprar más productos. Los obreros sindicalizados, al tener un nivel de vida más alto, estimulan la economía al aumentar la demanda de consumo. Los que se oponen a los sindicatos mantienen que el excesivo aumento en el pago resulta en precios más altos y una economía inflacionaria.

LA MECANIZACION

A causa de los altos costos laborales, las compañías invirtieron en aparatos que ahorran trabajo y optaron por un aumento de la mecanización. Los sindicatos, para proteger los intereses de sus miembros, a menudo trataron de impedir el uso de la nueva tecnología. Generalmente se opusieron a la mecanización por el temor al desempleo y a la pérdida de miembros sindicales.

LA PARTICIPACION EN LA POLITICA

Hoy los sindicatos están muy conscientes de la política estatal y nacional. Tratan de ejercer poder político para compensar la influencia que tienen en el gobierno las grandes empresas. Los sindicatos frecuentemente cabildean por la legislación pro-laboral. Muchas asociaciones tratan de obtener fondos de sus miembros para apoyar candidatos que favorecen su causa.

LA COMPETENCIA INTERNACIONAL

Los sueldos más altos hicieron que a veces la industria estadounidense resultara menos competitiva. Las compañías extranjeras, que pagan a sus obreros mucho menos, generalmente pueden producir bienes más económicamente. Esto causó que algunas compañías establecieran plantas manufactureras en el extranjero. Para que la industria estadounidense fuese más competitiva con artículos extranjeros, los sindicatos:

- se opusieron a la inmigración, lucharon por la protección legislativa para las industrias del país y apoyaron el uso de las tarifas arancelarias más altas.

- aceptaron jornales más bajos y el aumento de mecanización a cambio de contratos que proporcionaran mayor garantía de empleo a los obreros sindicalizados.

TERMINOS PARA RECORDAR

Sindicatos, Caballeros del Trabajo, Federación Estadounidense del Trabajo, talleres cerrados, contrato colectivo, huelgas, piquetes, boicot, lockouts, contratos de "perro amarillo", listas negras, sindicatos libres, interdictos, Asunto Haymarket, Ley Wagner, Ley Taft-Hartley, mecanización

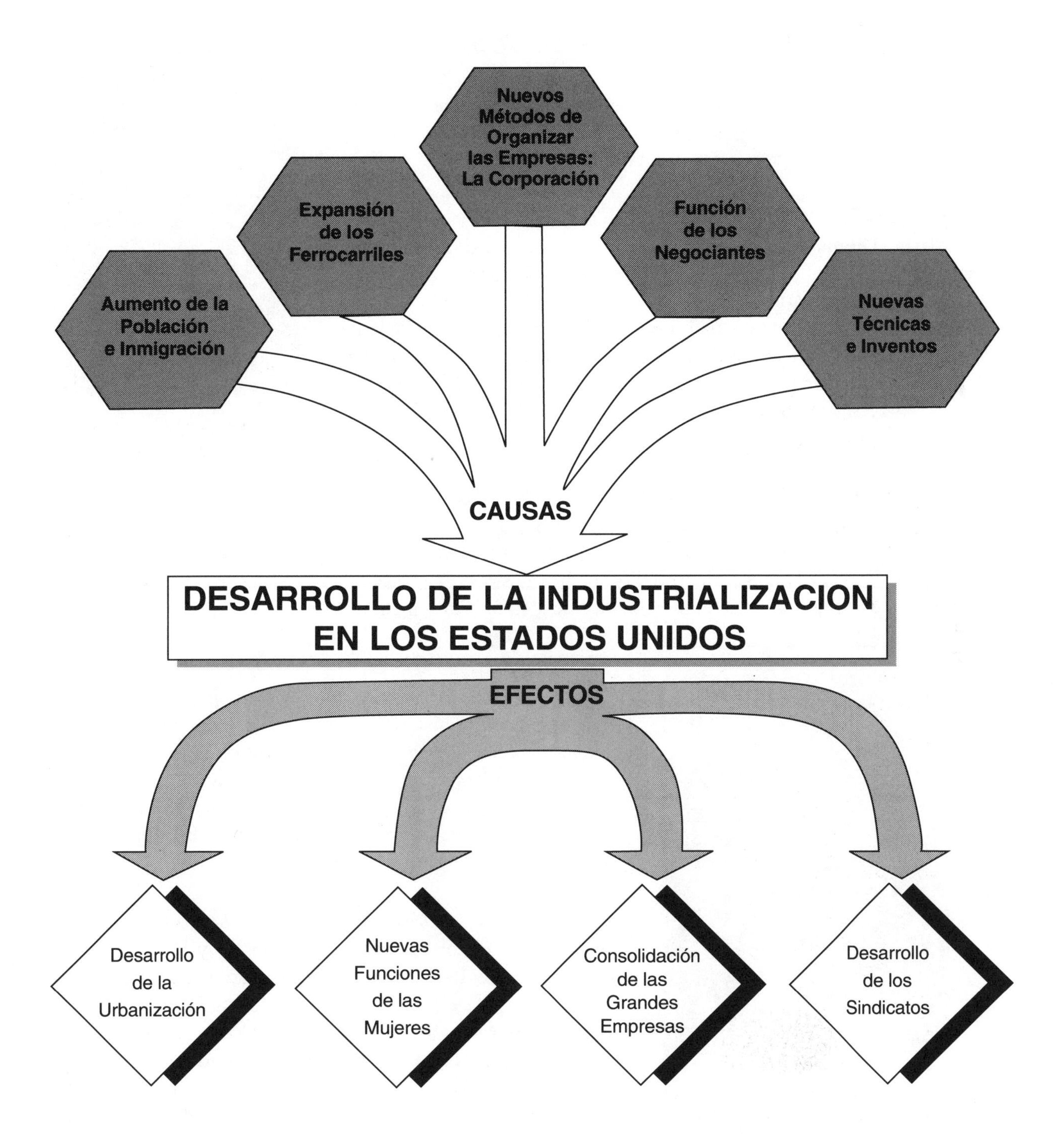
Nuevos Métodos de Organizar las Empresas: La Corporación
Expansión de los Ferrocarriles
Función de los Negociantes
Aumento de la Población e Inmigración
Nuevas Técnicas e Inventos
CAUSAS
DESARROLLO DE LA INDUSTRIALIZACION EN LOS ESTADOS UNIDOS
EFECTOS
Desarrollo de la Urbanización
Nuevas Funciones de las Mujeres
Consolidación de las Grandes Empresas
Desarrollo de los Sindicatos

PERSONAJES DE LA EPOCA

ALEXANDER GRAHAM BELL (INVENTOR)

Alexander Graham Bell, maestro de dicción, inventó el teléfono en 1876. Este invento, al transmitir la voz humana por los alambres del telégrafo, ayudó a vincular las diferentes regiones del país. Bell dedicó su vida a mejorar y perfeccionar su invento.

Alexander Graham Bell inventó el teléfono

THOMAS NAST (CARICATURISTA)

El artista Thomas Nast, alcanzó prominencia nacional con sus caricaturas políticas. Se le atribuye la elevación de la caricatura política a una condición de arte serio. Las ilustraciones de Nast enfocaban la situación política, tal como existía en los Estados Unidos después de la Guerra Civil. Sus caricaturas destacaban la corrupción y el soborno que existían bajo la "maquinaria política", especialmente en la política de Nueva York. Sus símbolos, del burro para el Partido Demócrata y del elefante para el Republicano, siguen representando hoy a ambos partidos.

PAULINE FELDMAN (ORGANIZADORA DE SINDICATOS)

En 1909, cuando tenía sólo 16 años, Feldman estaba a la cabeza del movimiento para organizar el Gremio Unido de Trabajadores de Confección para Damas (I.L.G.W.U.). Condujo una huelga general en la Ciudad de Nueva York contra las horrendas condiciones que existían en las fábricas de ropa. Sus esfuerzos lograron que se redujeran las horas normales de 59 a 52 a la semana.

Thomas Edison, llamado "El mago de Menlo Park". Sus inventos cambiaron la vida del país.

THOMAS EDISON (INVENTOR)

Thomas Edison, considerado por muchas personas el inventor más grande en la historia estadounidense, patentizó más de mil proyectos. Después de su primer invento a la edad de 22 años, estableció un laboratorio en Menlo Park, New Jersey, donde inventó el fonógrafo, la bombilla incandescente y el proyector de películas. Sus inventos crearon industrias que influyeron en el desarrollo de los Estados Unidos y del mundo.

A. PHILIP RANDOLPH (LIDER OBRERISTA)

A. Philip Randolph era organizador obrero y líder de los derechos civiles. En 1925, fundó la Hermandad de Camareros de Coches Cama para elevar el sueldo de 15 dólares semanales que recibían los camareros por trabajar 100 horas. La mayoría de los camareros eran negros. El sindicato logró un aumento en el salario y menos horas de trabajo. Más tarde en su vida, Randolph luchó para alcanzar más igualdad en los empleos federales y en las fuerzas armadas.

Para más personajes de este tiempo, véase John Audubon y Thomas Eakins en la sección "Un examen de la cultura".

LA CONSTITUCION EN MARCHA

LEGISLACION IMPORTANTE

LEY SHERMAN CONTRA LOS TRUSTS (1890)

El propósito principal de la Ley Sherman era limitar las fusiones y el desarrollo de monopolios. Proscribió algunas de las prácticas usadas por las grandes empresas para reducir la competencia. Aunque la ley carecía de penas sustanciales y de vigor para su cumplimiento, señaló un cambio significativo en la actitud del Congreso hacia la limitación de los abusos de las grandes empresas.

LEY DE RELACIONES DE TRABAJO (1935)

Esta ley, a menudo llamada la **Ley Wagner**, contribuyó significativamente a la legitimación de los sindicatos y estimuló la afiliación a estos a través del país. Protegía el derecho a la sindicalización y garantizaba el derecho de las asociaciones a tratar colectivamente con los patronos. Con esta ley como protección, los sindicatos se desarrollaron rápidamente.

LEY TAFT-HARTLEY (1947)

Esta ley reiteró el derecho de los obreros a la negociación colectiva para mejorar las condiciones de trabajo. Sin embargo, su dirección general era la de limitar algunas de las prácticas extremas de los sindicatos. La ley prohibía excesivos derechos en la iniciación y participación en ciertos tipos de huelgas así como en boicots secundarios.

UN PROCESO JURIDICO DE IMPORTANCIA

IN RE DEBS (1895)

Trasfondo: Eugene Debs, un funcionario sindicalista, se negó a respetar un **interdicto** federal (un mandato judicial) que le ordenaba detener una huelga de trabajadores ferroviarios. Debs argumentó que el gobierno federal no tenía derecho de impedir que los obreros entraran en huelga.

Decisión/Importancia: La Corte sostuvo el derecho del gobierno federal a promulgar interdictos para detener una huelga. Esta decisión dejó que los patronos usaran las cortes federales como un medio para impedir las huelgas de los sindicatos.

RESUMEN DE TU COMPRENSION

Direcciones: ¿Entendiste bien lo que acabas de leer? Comprueba tu comprensión al responder a las siguientes preguntas.

TERMINOS PARA RECORDAR

En una hoja aparte, define brevemente los siguientes conceptos:

Sistema de libre empresa	Taller cerrado
Darwinismo social	Huelgas
"Laissez-faire"	Boicot
Empresarios	Contratos de "perro amarillo"
Ley Sherman contra los "Trusts"	Interdictos
Sindicatos	Ley Wagner
Caballeros del Trabajo	Ley Taft-Hartley

EL SURGIMIENTO DE LAS GRANDES EMPRESAS

En la segunda parte del siglo XIX el desarrollo de las grandes empresas trajo enormes cambios en los Estados Unidos. Resume tu comprensión de estos cambios al contestar las siguientes preguntas:

- ¿Qué factores contribuyeron al desarrollo económico del país en la segunda parte del siglo XIX?
- ¿Crees que los empresarios de esta época eran "capitanes de la industria" o "barones ladrones"? Explica el porqué.
- ¿En qué forma respondió el gobierno a las demandas para limitar los abusos de los grandes negocios?
- ¿Cuál era la influencia de las grandes empresas sobre los Estados Unidos?

EL DESARROLLO DE SINDICATOS OBREROS

Los aumentos en la producción industrial y en las ganancias de las corporaciones se alcanzaron a costa de los obreros. Resume tu comprensión de esta aseveración al responder a los siguientes problemas:

- ¿Ante qué problemas se encontraba el obrero durante la segunda mitad del siglo XIX?
- Describe las tácticas usadas por los obreros y por los gerentes para lograr cada uno sus propios fines.
- Describe la actitud cambiante del gobierno hacia los sindicatos.
- ¿Cuál fue el impacto de los sindicatos obreros sobre el país?

PERSONAJES DE LA EPOCA

Los individuos a menudo tienen una influencia importante sobre la vida política, económica o social de su tiempo. ¿Qué individuo crees que tuvo el mayor impacto en el período presentado en este capítulo? Explica tu posición.

COMPRUEBA TU COMPRENSION

Direcciones: Comprueba tu comprensión de esta unidad al contestar las siguientes preguntas. Selecciona la mejor contestación. Luego dirígete a los ensayos.

DESARROLLO DE DESTREZAS: INTERPRETACION DE UNA CARICATURA

Basa tu respuesta a las preguntas 1 a 3 en la caricatura dada y en tu conocimiento de estudios sociales.

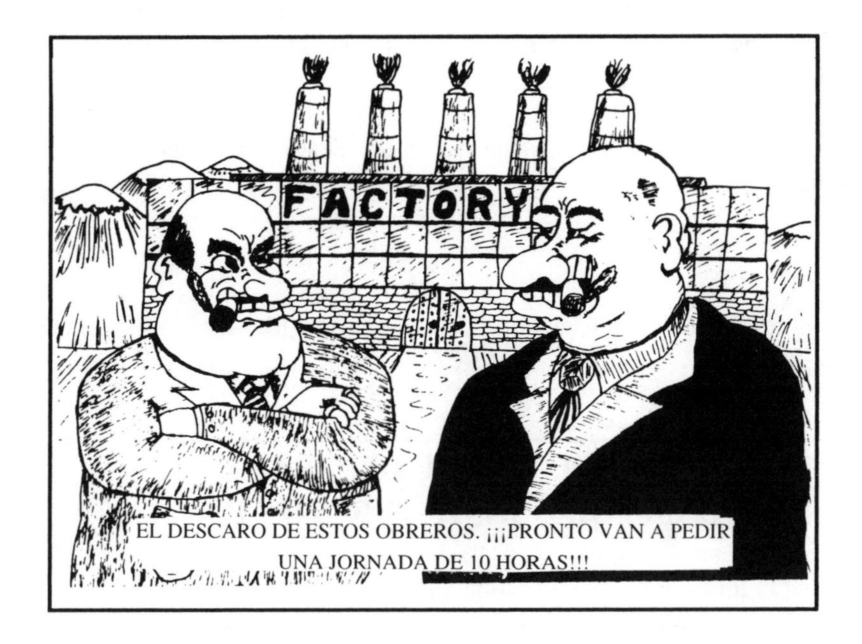

1 Los hombres de los cigarros representan a los
 1 industriales del siglo XIX
 2 rastrilleros de mugre del fin de siglo
 3 organizadores sindicalistas
 4 "reventadores" de trusts

2 ¿Cuál es la idea principal de la caricatura?
 1 Debe haber jornadas de diez horas.
 2 Los sindicatos deben exigir aumentos mayores.
 3 Los obreros eran tratados injustamente por los industriales.
 4 Los jefes sindicalistas están preocupados por el gobierno.

3 El caricaturista probablemente apoyaría el uso de
 1 boicot
 2 contratos de "perro amarillo"
 3 lockouts
 4 sindicatos libres

DESARROLLO DE DESTREZAS: INTERPRETACION DE UN DIALOGO

Basa tu respuesta a las preguntas 4 y 5 en las declaraciones de los hablantes y en tu conocimiento de estudios sociales.

Hablante A: Los Estados Unidos son la tierra de oportunidad. Todo lo que uno necesita hacer para lograr el éxito es trabajar con ahínco y ahorrar dinero.

Hablante B: Muchas corporaciones grandes explotan a los obreros pagándoles sueldos bajos y creando condiciones de trabajo peligrosas.

Hablante C: La función del gobierno es de árbitro y no participante en el mercado.

Hablante D: El desarrollo de una empresa grande es simplemente el proceso de eliminar a los débiles. Esta no es una tendencia malvada de los negocios. Es meramente la acción recíproca de fuerzas en el mercado libre.

4 El hablante A probablemente estaría de acuerdo con las ideas expresadas por
1 Thaddeus Stevens
2 Samuel Gompers
3 Andrew Carnegie
4 Pauline Feldman

5 ¿Cuál de los hablantes probablemente estaría en oposición a las ideas del capitalismo de "laissez-faire"?
1 A
2 B
3 C
4 D

DESARROLLO DE DESTREZAS: ANALISIS DE UNA GRAFICA DE BARRAS

Basa tu respuesta a las preguntas 6 y 7 en la gráfica dada y en tu conocimiento de estudios sociales.

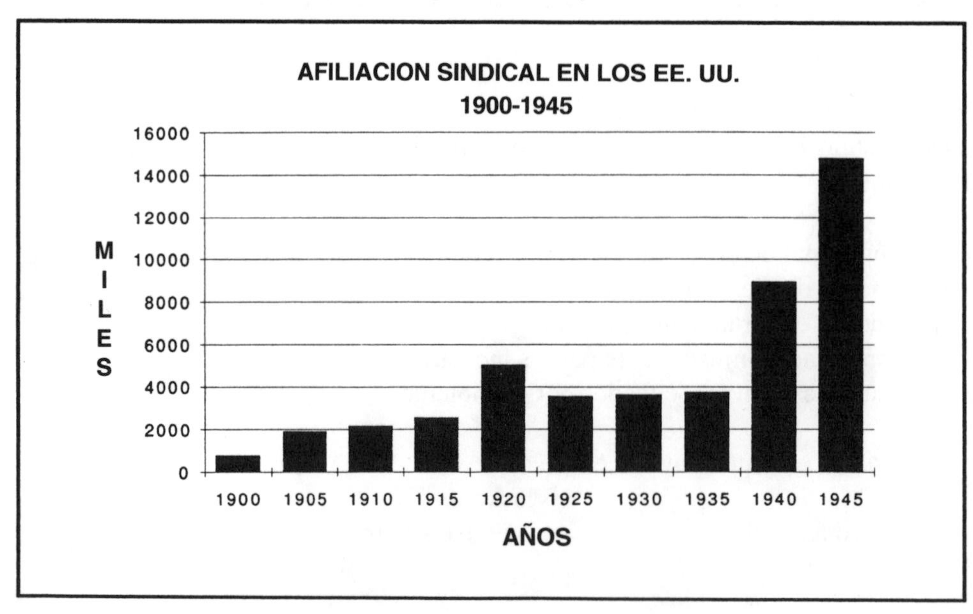

Fuente: Estadísticas históricas de los EE. UU.

6 En 1905, el número de miembros de sindicatos en los Estados Unidos era cerca de
1 dos mil
2 dos millones
3 veinte millones
4 doscientos millones

7 ¿Cuál es la mejor explicación del aumento en la afiliación sindical desde 1935 hasta 1945?
1 el fin de la Segunda Guerra Mundial
2 la elección de Calvin Coolidge
3 la promulgación de la Ley Wagner
4 el establecimiento de la producción en serie

---

8 ¿Cuál es la persona más estrechamente asociada con el desarrollo de la industria en los Estados Unidos?
1 George Washington Carver
2 Cornelius Vanderbilt
3 Thomas Nast
4 Paul Dunbar

9 ¿Cuál término describe con más exactitud el sistema económico existente en los Estados Unidos?
1 mercantilismo
2 libre empresa
3 comunismo
4 balance de comercio

10 El derecho al contrato colectivo quiere decir que
1 a los obreros se les prohíbe la huelga
2 las empresas tienen que aceptar las exigencias de sus trabajadores
3 los obreros tienen el derecho de tratar con sus patronos por medio de sindicatos
4 a los patronos se les prohibe pedir interdictos

11 Si fueras accionista, probablemente se te consideraría un
1 maletero del Norte
2 dueño parcial de una corporación
3 miembro de un sindicato
4 miembro del Gabinete presidencial

12 Una causa principal de la industrialización en los Estados Unidos fue
1 la publicación de la Proclamación de la Emancipación
2 la expansión de los ferrocarriles
3 la promulgación de la Ley Sherman contra los Trusts
4 el desarrollo de los sindicatos obreros

13 El uso del término "edad dorada" para describir la sociedad estadounidense hacia el fin del siglo XIX sugiere que, en aquel tiempo, la nación se preocupaba primordialmente de
1 los fines materialistas
2 la igualdad social
3 la expansión de ultramar
4 los logros artísticos

14 La razón principal por la que los obreros se afilian a un sindicato es para
1 mejorar sus condiciones de trabajo
2 eliminar las injusticias de las corporaciones
3 alcanzar igualdad de oportunidades para las minorías
4 elevar la calidad de los artículos que producen

15 ¿Cuál fue el problema más importante enfrentado por los obreros industriales hacia el fin del siglo XIX en los Estados Unidos?
1 la falta de frutos de tierra
2 no votar en las elecciones
3 la reducción en las tarifas ferroviarias
4 las prácticas de mala fe usadas por las grandes empresas

16 Interdictos, lockouts y listas negras son armas usadas por
1 los sindicatos contra los obreros
2 el gobierno contra los sindicatos
3 las empresas contra los obreros
4 las corporaciones contra el gobierno

17 ¿Cuál fue la razón principal del fracaso de los sindicatos obreros en los Estados Unidos a principios del siglo XIX?
1 el público no aprobaba los sindicatos
2 las medidas congresionales proscribían contratos colectivos
3 había abundancia de trabajadores técnicos
4 los obreros estaban generalmente satisfechos con sus condiciones de trabajo

18 ¿Qué opinaban los grandes negocios en los Estados Unidos durante la primera parte del siglo XX?
1 Los sindicatos deben ser abolidos.
2 Los Estados Unidos deben volver a ser una sociedad agraria.
3 El gobierno debe reglamentar de cerca la economía.
4 Se deben decretar leyes para limitar las inversiones de los negocios.

19 ¿Cuál de los siguientes caracterizó a las grandes empresas en los EE.UU. durante los años 1850-1900?
1 la demanda de la acción del gobierno para poner fin a la inmigración
2 el uso de combinaciones de negocios para controlar los precios
3 la influencia sobre el gobierno para prevenir la inflación
4 la oposición a introducir la mecanización

20 Las decisiones en el proceso de contrato colectivo incluyen principalmente a
1 los jefes sindicales y el Congreso
2 los sindicatos y la gerencia
3 los productores y los consumidores
4 el gobierno y los sindicatos

21 ¿Cuál es la declaración más acertada sobre la Ley Sherman contra los "Trusts" de 1890?
1 Dio a los estados el poder de reglamentar las carreteras interestatales.
2 Proscribió los monopolios que restringen el comercio interestatal.
3 Estableció la Comisión del Comercio Interestatal.
4 La Corte Suprema la declaró inconstitucional.

22 ¿Cuál de las siguientes es una opinión más que una declaración de hecho?
1 Los Caballeros del Trabajo se organizaron en 1869.
2 Thomas Edison inventó la bombilla incandescente.
3 La razón principal de las fusiones de negocios es limitar la competencia.
4 Los primeros gremios de artesanos permitían la afiliación sólo a trabajadores adiestrados.

23 ¿Cuál creencia era común para los Caballeros del Trabajo y la Federación Estadounidense del Trabajo?
1 Para llegar a ser fuertes, los sindicatos deben limitar la afiliación.
2 Los obreros sin destrezas deben ser excluidos de los sindicatos.
3 Los contratos de "perro amarillo" pueden ayudar a los miembros de sindicatos.
4 Los sindicatos deben representar la voz de los obreros.

24 En un bosquejo, uno de los siguientes es el tema principal, y los otros tres son secundarios. ¿Cuál es el tema principal?
1 Las armas de los obreros
2 Huelgas
3 Contratos colectivos
4 Boicot

25 "Toda vida humana gira alrededor de la lucha por la supervivencia."
Esta cita expresa con más acierto la filosofía
1 del mercantilismo
2 del darwinismo social
3 de la desobediencia civil
4 de los contratos colectivos

1 Los obreros y la dirección usan distintos instrumentos cuando se encuentran en conflicto unos con los otros.

Instrumentos de los obreros

Huelgas
Boicots
Talleres cerrados
Convenios colectivos

Instrumentos de la dirección

Interdictos
Lockouts
Sindicatos libres
Listas negras

Parte A

Escoge *dos* instrumentos laborales y *dos* instrumentos de la gerencia, y define *cada* instrumento.

Instrumento laboral	Definición
1. ______________________	______________________________
	______________________________
2. ______________________	______________________________
	______________________________

Instrumento de la gerencia	Definición
1. ______________________	______________________
	______________________
2. ______________________	______________________
	______________________

Parte B

En tu respuesta a la Parte B debes usar la información dada en la Parte A. Sin embargo, también puedes incluir información adicional y distinta en tu respuesta a la Parte B.

Escribe un ensayo explicando cómo los trabajadores y la dirección usan diferentes instrumentos cuando se encuentran en oposición.

2 Presenta tu opinión sobre *tres* de las declaraciones de la lista que sigue. Usa evidencia específica para apoyar tu posición en cada caso.

- Las enmiendas subsiguientes a la Guerra Civil tenían un papel importante para lograr la igualdad en los Estados Unidos.
- La Reconstrucción congresional fue demasiado despiadada con el Sur.
- El gobierno debe seguir la política de "laissez-faire" al tratar con las grandes empresas en los Estados Unidos.
- Los "capitanes de la industria" estadounidense contribuyeron significativamente al desarrollo de la industria.
- Los ferrocarriles contribuyeron al desarrollo industrial y vincularon al país.
- Los recursos usados por la gerencia son mucho más potentes que los usados por la fuerza obrera.

CAPITULO 10

LA TRANSFORMACION DE LOS ESTADOS UNIDOS

VISION GENERAL

Después de la Guerra Civil, los Estados Unidos pasaron por una época de grandes cambios políticos, económicos y sociales. Un aspecto de la vida en los Estados Unidos que iba cambiando dramáticamente era la vida en las ciudades. Las ciudades estaban sobrepobladas con el gran número de inmigrantes que las inundaban. La vida de la ciudad también generó nuevas funciones para la mujer estadounidense.

La vida en la frontera también sufrió cambios en el período que siguió a la Guerra Civil. Iban desapareciendo las tierras vírgenes y los agricultores se desplazaron hacia el oeste. Esto llevó al desalojo de las poblaciones indígenas de las tierras que habían ocupado durante siglos.

— LINEA CRONOLOGICA DE SUCESOS IMPORTANTES —

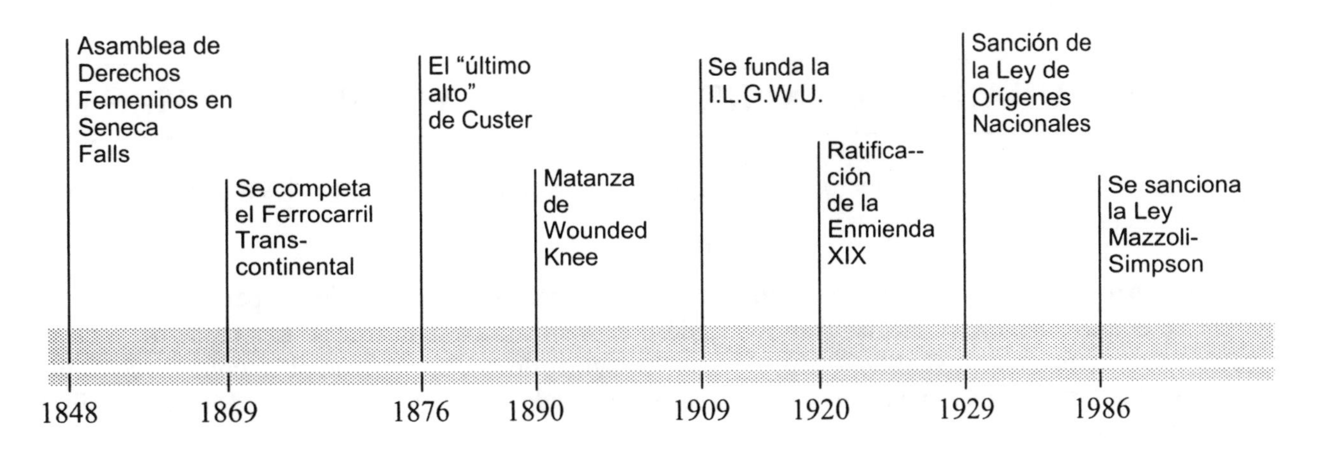

PARTE I: LA VIDA EN LA CIUDAD

Uno de los resultados más importantes de la industrialización fue el desarrollo de las ciudades. Las ciudades y sus habitantes, especialmente los inmigrantes y las mujeres, fueron afectados significativamente por los nuevos problemas de la vida industrial.

LA URBANIZACION

En 1865, la mayoría de los estadounidenses vivían en el campo. Para 1920, la mitad de todos los estadounidenses vivían en las ciudades. Las tres ciudades principales, Nueva York, Chicago y Filadelfia, tenían más de un millón de habitantes. Este movimiento de la gente desde el campo hacia las ciudades se conoce como **la urbanización**.

LAS CAUSAS DE LA URBANIZACION

¿Por qué tantas personas se mudaban a las ciudades? Existen muchas razones que explican el atractivo de las ciudades:

Búsqueda de empleo. Según se iba desarrollando la industria, la gente se mudaba a las ciudades en busca de trabajo en las fábricas y oficinas. El creciente uso de maquinaria en la agricultura redujo la demanda de mano de obra en el campo, obligando a los labradores y a sus familias a buscar trabajo en la ciudad.

Gran número de inmigrantes. Hacia el fin del siglo XIX, los inmigrantes europeos inundaron las ciudades estadounidenses. En las ciudades más grandes, los inmigrantes excedían en número a los estadounidenses nativos. Los estadounidenses también se mudaban a las ciudades en búsqueda de una mejor vida.

Oportunidades culturales. A algunas personas les atraían las oportunidades culturales y la rica variedad de la vida urbana. La gente buscaba los placeres de los museos, las bibliotecas, tiendas y universidades de las ciudades.

LAS CIUDADES SE ENFRENTAN A NUEVOS PROBLEMAS

Las ciudades estadounidenses crecieron con tal rapidez que las autoridades municipales no podían resolver adecuadamente todos sus problemas.

La sobrepoblación y los barrios pobres. Según los obreros iban poblando las partes céntricas en busca de empleo, las clases medias iban mudándose de los distritos industriales. Las casas de la clase media se convertían en **conventillos**—alojamientos de bajo costo que apenas cumplían con los requisitos mínimos. Familias enteras vivían en un solo cuarto, a menudo sin luz ni calefacción. Muchas familias compartían un solo retrete.

Las ciudades del país se extendieron y sobrepoblaron. Una escena de Chicago en 1915, muestra una calle llena de camiones que llevan productos al mercado.

La contaminación y falta de salubridad. En los años 1870, la mayoría de las ciudades carecía de sistemas de cloacas. Las aguas inmundas a veces desaguaban directamente en las fuentes de agua potable. La recolección de basura y la limpieza de las calles en general eran sumamente inadecuadas. Las fábricas y las locomotoras de vapor contaminaban el aire con humo y cenizas.

La congestión del tráfico. Los carruajes de caballos atestaban las calles de las ciudades más grandes, haciendo casi imposible el movimiento de ida y vuelta al trabajo. Las ciudades se desarrollaron al azar y las calles a menudo no eran bastante anchas para acomodar el aumento del tráfico. Este problema fue gradualmente reducido con la introducción del vagón de tracción por cable, el tranvía eléctrico y el tren subterráneo.

Los servicios públicos insuficientes. Las ciudades carecían de suficientes hospitales, fuerza policial, escuelas y cuerpos de bomberos para sus vastos números de habitantes.

Las grandes diferencias de fortuna. En la ciudad, los ricos vivían muy cerca de los pobres. A menudo los ricos gastaban grandes sumas en fiestas, ropa y artículos de lujo. Esta práctica de lucir la riqueza de uno se conocía como el "**consumo ostentoso**". La proximidad de los ricos y de los pobres aumentó la tensión de la vida ciudadana, e hizo más difícil para los pobres el sobrellevar su horrenda situación.

La corrupción política. Las ciudades eran administradas por una "maquinaria política" corrupta. Los caciques políticos proporcionaban trabajo y servicios a los inmigrantes y a los pobres a cambio de su voto. Los caciques luego usaban su control del cabildo para obtener lucros ilícitos en los contratos municipales. Sin embargo, los caciques por lo menos proporcionaban algunos servicios a los pobres en una época cuando el papel del gobierno en la solución los problemas sociales era muy limitado.

TERMINOS PARA RECORDAR

Urbanización, conventillos, consumo ostentoso, "maquinaria política"

LA INMIGRACION: CAMBIOS EN EL SEMBLANTE DE LOS ESTADOS UNIDOS

La población de los Estados Unidos es única en el sentido de que casi todos sus habitantes son inmigrantes o sus descendientes.

POR QUÉ VENIAN LOS INMIGRANTES

Los inmigrantes han sido atraídos a los Estados Unidos durante toda su historia. Su decisión de venir a los Estados Unidos era frecuentemente influida por la situación en su propio país, así como por los factores favorables que existían en los Estados Unidos.

LOS FACTORES DE ESTIMULO

Las condiciones en las tierras natales de los inmigrantes los estimulaban a salir. Venían para :

- **escapar de las horrendas condiciones de pobreza**. Por ejemplo, la carestía de papas en Irlanda en los años 1840 produjo el hambre y le miseria de millares de personas y trajo un gran número de inmigrantes irlandeses a los Estados Unidos.

- **escapar de la persecución religiosa y política**. Por ejemplo, los judíos rusos huían de los violentos excesos contra ellos, llamados "**pogroms**", respaldados por el gobierno.

LOS FACTORES DE ATRACCION

Las condiciones en los EE. UU. atraían a los inmigrantes. Las cartas de los parientes, la descripciones en los periódicos y los anuncios de vapores que vendían pasajes, las compañías ferroviarias que vendían tierra y los industriales que reclutaban obreros, esparcieron las noticias de mayor libertad y un nivel más alto de vida en los Estados Unidos.

Los inmigrantes, como éstos a bordo del transatlántico Patricia, llegaron a los EE.UU. en busca de la libertad y de nuevas oportunidades

VOCES DEL PUEBLO

Los proyectos de construcción, la expansión de plantas textiles y el desarrollo de las minas, requerían muchos obreros fuertes. Los inmigrantes satisfacían estas necesidades aguantando las penas del viaje y estableciéndose en un país extraño. El viaje era difícil, promediando seis semanas cuando el tiempo era bueno, y tres meses cuando era malo. A menudo, la primera vista que encontraban de la nueva tierra era la Estatua de la Libertad, que se erguía alta y orgullosa en el puerto de Nueva York. En su base se encuentra el siguiente poema, dedicado a los inmigrantes de esta nación.

EL NUEVO COLOSO

por
Emma Lazarus

No como el atrevido coloso griego
con piernas vencedoras, a horcajadas de tierra en tierra;
aquí, en nuestras puertas del ocaso, del mar bañadas, estará parada
una mujer poderosa con su antorcha, cuya llamarada
es relámpago encerrado, y su nombre
es Madre de Exilados. De su mano luminosa
brota la bienvenida al mundo entero; sus ojos suaves dominan
el puerto ponteado por el aire, enmarcado de gemelas ciudades.
"¡Quedaos, antiguas tierras, con la legendaria pompa!" grita ella
con labios silenciosos. "Dadme a vuestros fatigados, los menesterosos,
vuestros pueblos amontonados, de libre respiro ansiosos,
el cuitado desecho de vuestra rebosante ribera.
¡Enviad a estos, los desamparados, por tempestades agitados, a mí,
junto a la puerta dorada, yo levanto mi candil!"

COMPRUEBA TU COMPRENSION

1. ¿Por qué llama Lazarus "Madre de Exilados" a la Estatua de la Libertad?
2. ¿Qué quiere decir la poetisa con "la bienvenida al mundo entero"? ¿Por qué daban los Estados Unidos la bienvenida a los rechazados por otras tierras?
3. ¿Qué acontecimientos y experiencias contribuían al deseo de la gente a inmigrar a los Estados Unidos? ¿Qué motivó a tu familia a venir a este país?
4. ¿Representa todavía la Estatua de la Libertad "la bienvenida al mundo entero"? ¿Por qué sí, o por qué no?

Ellis Island, N.Y. (1900). Millones de inmigrantes pasaron por aquí en los años 1891-1954.

Antes de ser admitidos al país, los inmigrantes eran examinados por funcionarios de los EE.UU.

EL ESTABLECIMIENTO DE UNA NUEVA VIDA

Los inmigrantes del siglo XIX a menudo sufrían privaciones en su viaje a los Estados Unidos. Viajaban en las secciones más baratas de los barcos y a menudo llevaban todas sus posesiones en una sola maleta.

LAS DIFICULTADES DE LA VIDA DE INMIGRANTE

La adaptación a la vida en la nueva tierra presentaba dificultades aún más grandes. Los nuevos inmigrantes que llegaban después de 1880 eran generalmente muy pobres y en su mayoría se radicaban en las ciudades. La mayoría no hablaba inglés y no conocía la cultura ni las costumbres estadounidenses. Vivían en alojamientos atestados e insalubres y trabajaban como peones largas jornadas a bajo sueldo. Confrontaban la hostilidad y la discriminación tanto de parte de los estadounidenses nativos como de otros grupos étnicos.

EL PROCESO DE "ASIMILACION"

La "asimilación" (el aprender a portarse, hablar y ser como otros estadounidenses) era un proceso gradual. A menudo eran los hijos de inmigrantes, no ellos mismos, los que se volvían completamente estadounidenses.

Barrios étnicos. Para enfrentar más fácilmente sus muchos problemas, los inmigrantes generalmente se radicaban con otros de su misma nacionalidad en barrios urbanos llamados **"ghettos"**. Los inmigrantes se sentían más cómodos al estar rodeados por otros que hablaban el mismo idioma, tenían las mismas costumbres y compartían sus experiencias. Aquí podían comunicarse en su lengua nativa, asistir a iglesias y sinagogas familiares y encontrar amigos y parientes de la madre patria. Al vivir en los barrios étnicos, se encontraban apartados de la corriente principal de la vida del país, dificultando así su **aculturación** (el conocimiento del idioma y la cultura de la tierra adoptiva).

La asimilación de los hijos de inmigrantes. Algunos inmigrantes iban a la escuela de noche para aprender el inglés, pero la mayoría de ellos estaban demasiado ocupados con el trabajo o el cuidado de la familia para pasar mucho tiempo en conocer un nuevo idioma y cultura. Eran sus hijos los que al asistir a las escuelas públicas aprendían el inglés y se familiarizaban con las costumbres locales. De este modo, con el tiempo los hijos se asimilaban.

Surgen los conflictos. A menudo el proceso de asimilación era acompañado por un amargo conflicto entre generaciones. Por ejemplo, los padres podrían insistir en arreglar matrimonios para sus hijos, mientras que estos preferían encontrar su propia pareja, según la usanza de este país. La mayoría de los inmigrantes no tenía la menor idea de que sus más estimadas creencias y prácticas serían desafiadas por sus hijos.

CAMBIOS EN LAS CORRIENTES INMIGRATORIAS

INMIGRANTES ANTIGUOS (1607-1880)

Hasta los años 1880, la mayoría de los inmigrantes venían del norte de Europa, especialmente de Gran Bretaña, Irlanda y Alemania. En general, eran protestantes, a excepción de los irlandeses católicos. También generalmente hablaban inglés. Venían en busca de tierras de cultivo baratas que se encontraban en la frontera del Oeste y a menudo se radicaban allí. Ya que estos inmigrantes eran bien acogidos, no había leyes que limitaran su entrada al país.

EL SURGIMIENTO DEL "NATIVISMO"

En los años 1880, cambiaron las corrientes inmigratorias. Los "**nuevos inmigrantes**" venían principalmente del sur y del este de Europa, especialmente de Italia, Grecia, Polonia y otras secciones de Austria-Hungría y de Rusia. Eran católicos o judíos en vez de protestantes. Eran muy pobres, no hablaban inglés y vestían de modo diferente del de los europeos del norte. También llegó una minoría de inmigrantes asiáticos antes de que se sancionaran leyes que restringían su inmigración.

A medida que iba aumentando el flujo de inmigrantes al fin del siglo XIX, se desarrolló un creciente sentimiento de hostilidad "nativista". Los nativistas creían que los estadounidenses nativos eran superiores a los extranjeros y que se debía restringir la inmigración. Los nativistas eran **etnocéntricos**, creyendo que su cultura era superior a las otras. Mantenían que los nuevos inmigrantes:

- eran inferiores a los "verdaderos" estadounidenses, que eran blancos, anglosajones y protestantes (las siglas en inglés son W.A.S.P.). Estaban convencidos que las personas de otras razas, religiones y nacionalidades eran física y culturalmente inferiores.

- no se podían asimilar a la sociedad estadounidense a causa de sus diferencias étnicas y religiosas y porque vivían en ghettos étnicos.

- eran sucios, enfermizos y bebían demasiado. Esparcirían la mugre y las enfermedades.

- vendían sus votos a los "caciques" políticos y por lo tanto socavaban la democracia y posibilitaban la corrupción. Venían del extranjero con ideas políticas malsanas, tales como el anarquismo, el comunismo y el socialismo.

- harían bajar el nivel de vida y tomarían el trabajo de otros. Estaban inclinados a trabajar por sueldos tan bajos que esto reduciría los ingresos de otros trabajadores estadounidenses.

LA INMIGRACION RESTRINGIDA (1880-1965)

Después de la Primera Guerra Mundial, el sentimiento nativista contra los inmigrantes llevó al Congreso a restringir la inmigración desde Europa. Al principio, estas leyes controlaban específicamente a los **nuevos inmigrantes** al establecer cuotas para cada nacionalidad, basadas en la composición étnica existente en los Estados Unidos.

Ley de Exclusión de Chinos (1882). Fue la primera ley anti-inmigratoria aprobada por el Congreso. Se estableció para satisfacer el sentimiento anti-chino en California causado por la multitud de obreros chinos. Se prohibió toda inmigración china.

Acuerdo entre Caballeros (1907). El gobierno japonés accedió a limitar la inmigración de los japoneses sólo a los que ya tenían parientes en los Estados Unidos.

Ley de Comprobación del Conocimiento de Lectura (1917). Excluía a los que no sabían leer y escribir en su propio idioma. Fue aprobada para prevenir la inmigración desde el sur y el este de Europa donde los pobres estaban privados de enseñanza.

Ley de inmigración de 1921. Estableció un sistema de cuotas destinado a conservar la composición étnica existente en los EE.UU. y, en efecto, limitaba la "nueva inmigración". Estableció una cuota anual de 350.000 personas. Fue inspirada por el deseo de aislar al país de los asuntos mundiales y por el temor al comunismo.

Ley de inmigración de 1924. Enmendaba la ley de 1921 al bajar la cuota de cada país, reduciendo más aún el número de inmigrantes del sur y del este de Europa.

Ley de Orígenes Nacionales (1929). Reducía a 150.000 la inmigración total desde fuera de las Américas. Se proscribían todos los asiáticos, pero no había límites en la inmigración desde el Hemisferio Occidental.

Ley McCarran-Walter (1952). Mantuvo las cuotas al nivel de 1920. A los países asiáticos se les permitió la inmigración nominal de 100 personas a cada uno. El total de la inmigración quedó fijado en 156.000, a excepción del Hemisferio Occidental.

Ley de Inmigración de 1965. Fue diseñada para ser menos prejuiciada que la legislación anterior, y reflejó el cambio en los principios morales de la nación. Dentro de los límites generales, cada país recibió cuotas idénticas de 20.000 inmigrantes. Se dio preferencia a los que tenían parientes en los EE.UU. o poseían pericia profesional estimable. La inmigración desde el Hemisferio Occidental se limitó a 120.000 y desde otras partes a 170.000. Aunque la ley admitía más inmigrantes del sur del Europa, Asia y Africa, limitó la inmigración desde América Latina. Esto llevó a un aumento significativo de la inmigración ilegal desde México y Centroamérica.

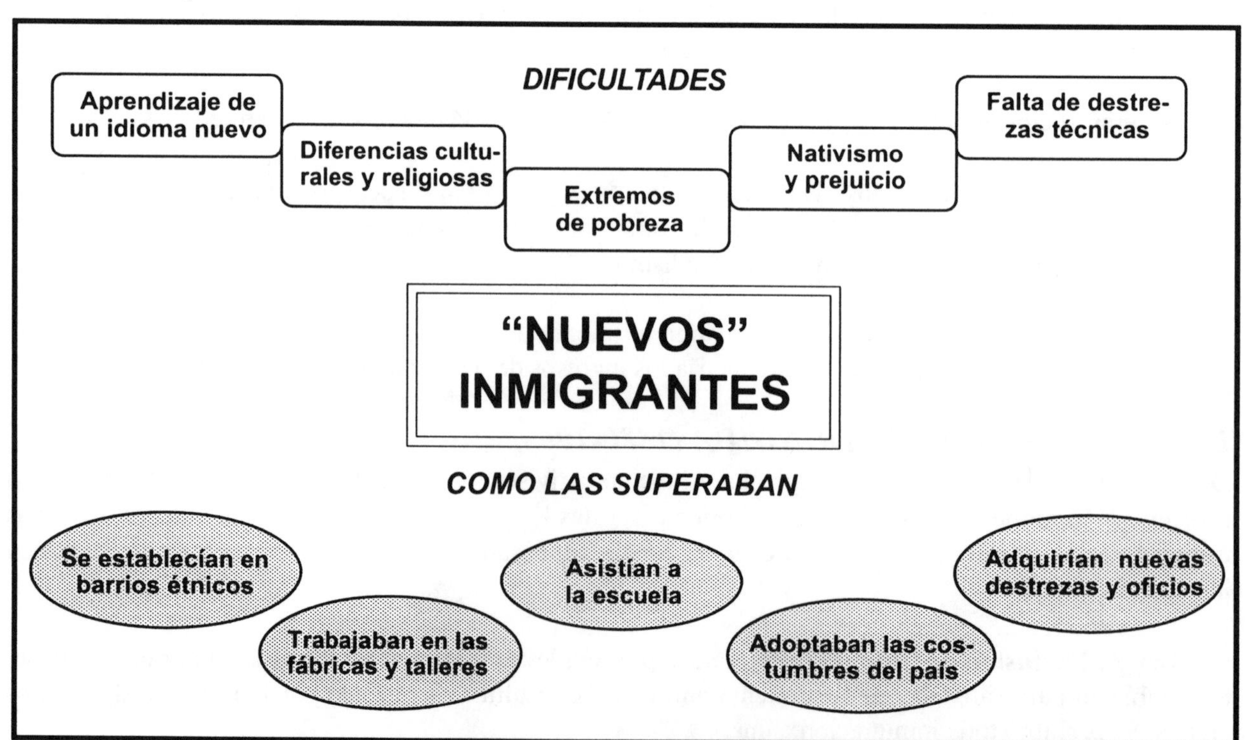

LA INMIGRACION DESDE 1965

Desde 1965, el número más grande de inmigrantes ha venido de América Latina y de Asia, y muy pocos de Europa. En el presente, los Estados Unidos tratan de limitar su inmigración total a 300.000. A causa de estas limitaciones, hubo un gran aumento en la inmigración ilegal. Quizás un millón de "ilegales" entra al país cada año. Los inmigrantes recientes también se congregan en las ciudades y se radican en las comunidades étnicas de sus compatriotas.

Ley de Refugiados de 1980. Esta ley dio una posición especial a los "refugiados" —personas que escapan de la persecución en su tierra natal. Esto permitió que cada año 50.000 refugiados entraran en el país. El presidente también puede admitir a más refugiados en una situación de emergencia.

Ley de Inmigración y Control de 1986. A menudo llamada Ley Mazzoli-Simpson, esta ley "legalizó" a todos los extranjeros ilegales que habían estado en los Estados Unidos sin interrupción desde 1981. El propósito de la ley era tratar con los problemas presentados por la cuantiosa inmigración ilegal. Para impedir la inmigración ilegal futura, la ley impuso serias multas a los patronos que contratasen a extranjeros ilegales.

Los Estados Unidos como refugio de los inmigrantes. En las últimas dos décadas, los Estados Unidos abrieron sus puertas a los refugiados de muchas naciones diferentes.

DE DONDE VIENEN	POR QUE VIENEN
Cuba	Vienen para salir del sistema comunista del gobierno de Fidel Castro.
Vietnam y Camboya	Vienen para escapar de la persecución política después del dominio de Indochina por los comunistas en los años 1970.
Haití	Vienen para escapar del hambre, la pobreza y la dictadura.
Unión Soviética	Los judíos venían para escapar de la discriminación religiosa.
América Central	Los centroamericanos vienen a causa de la pobreza y la violencia política en sus países.
México, Corea y las Filipinas	Buscan mejores empleos y sueldos.

LA ASIMILACION FRENTE AL PLURALISMO CULTURAL

En los Estados Unidos se debate si los inmigrantes deben asimilarse a la cultura estadounidense o seguir las tradiciones de la cultura de su origen nacional. ¿Hasta qué punto la diversidad fortalece a la nación, y cuándo puede convertirse en una debilidad?

LA TEORIA DEL CRISOL (ASIMILACION)

Según esta opinión, al adoptar las costumbres y la cultura estadounidense, los inmigrantes "se funden" y se convierten en parte del país. A medida que los inmigrantes y sus hijos se funden con la vida del país, muchas de sus costumbres se convierten en parte de la cultura general de los Estados Unidos, produciendo una nación más diversa y vibrante. Esto se ve claramente en algunas comidas que consumimos y en algunas expresiones encontradas en el idioma.

LA TEORIA DEL CUENCO DE ENSALADA (PLURALISMO CULTURAL)

De acuerdo a esta teoría, la herencia estadounidense no es una cultura uniforme. Cada grupo étnico permanece orgulloso de su origen y de sus prácticas especiales. Hoy, la sociedad estadounidense ofrece un ejemplo de pluralismo cultural, con una gran variedad de costumbres y culturas que coexisten unas al lado de las otras. Aunque cada grupo comparte principios morales con otros, retiene su identidad específica.

EL DILEMA DE LA INMIGRACION

Los estadounidenses se encuentran ante un dilema sobre la futura política hacia la inmigración. En los tiempos anteriores, el alto costo del viaje a los Estados Unidos era un obstáculo natural a la inmigración. En la época de transporte barato, el país fácilmente puede ser inundado por los inmigrantes. Aun los individuos favorablemente dispuestos hacia los inmigrantes, hoy se preguntan si debe haber límites a la inmigración futura. Y en tal caso, ¿cuántas personas deben admitirse y quiénes deben ser?

TERMINOS PARA RECORDAR

Nativismo, etnocentrismo, viejos inmigrantes, nuevos inmigrantes, ghettos, aculturación, asimilación, Ley de Exclusión de Chinos, Acuerdo de Caballeros, Ley de Orígenes Nacionales, "crisol", pluralismo cultural, "cuenco de ensalada"

EL NUEVO PAPEL DE LA MUJER: 1865-1920

EL PAPEL TRADICIONAL DE LA MUJER

Desde la introducción del cultivo de la tierra hace miles de años, la mayoría de las sociedades son de naturaleza patriarcal, debido a la importancia asignada a la fuerza física superior del hombre. Las **sociedades patriarcales** son aquellas en las cuales el hombre tiene el puesto de autoridad y a la mujer se le considera inferior al hombre. Hasta los años 1850, en los EE. UU. las mujeres tenían este papel tradicional.

ESTADO LEGAL INFERIOR

A las mujeres se les negaba la igualdad completa de ciudadanía. No tenían el derecho del voto, de servir en los jurados ni de ocupar un puesto público. Las mujeres estaban excluidas de la vida pública y estaban limitadas a ocuparse del hogar y de los niños. En la mayoría de los estados, una vez casada, la mujer perdía el control de su propiedad e ingresos en favor de su esposo.

ESTADO ECONOMICO INFERIOR

Las mujeres de la clase obrera a menudo tenían que trabajar fuera de casa, generalmente en empleos de bajo sueldo como sirvientes, lavanderas, cocineras y obreras de fábricas. A las mujeres se les pagaba menos por hacer el mismo trabajo que hacían los hombres. Además, se esperaba que trabajaran largas jornadas, y tenían poca, si alguna, oportunidad de ascenso.

ESTADO SOCIAL INFERIOR

Se creía que las mujeres eran incapaces de actuar racionalmente o de controlar sus emociones. Recibían poca instrucción y ninguna universidad estadounidense estaba inclinada a admitir mujeres.

COMIENZA EL MOVIMIENTO POR LOS DERECHOS DE LA MUJER: 1840-1870

Algunas mujeres comenzaron a notar su falta de igualdad y oportunidad como un problema serio que necesitaba rectificarse. Como resultado, las mujeres empezaron a organizarse y a desafiar la superioridad masculina.

LOS PRIMEROS INTENTOS DE REFORMA

Las mujeres ya estaban activas en movimientos de ayuda a otros. **Dorothea Dix** luchó por mejorar las condiciones en las cárceles y los manicomios. **Harriet Tubman** y **Sojourner Truth** fueron abolicionistas principales. **Harriet Beecher Stowe** se distinguió como autora de *La Cabaña del Tío Tom*. El movimiento abolicionista ayudó a promover la causa de los derechos femeninos. Dos abolicionistas, **Elizabeth Cady Stanton** y **Lucretia Mott**, llegaron a ser las iniciadoras del feminismo.

Lucretia Mott organizó la Asamblea de Derechos Femeninos en Seneca Falls, N.Y. en 1848

LA ASAMBLEA DE SENECA FALLS

En 1848, Stanton y Mott organizaron una asamblea por los derechos femeninos en Seneca Falls, Nueva York. Este suceso se considera como el principio del feminismo en los Estados Unidos. La asamblea estableció varias resoluciones que proclamaban que las mujeres eran iguales a los hombres y debían tener el derecho al voto.

LA INFLUENCIA DE LA GUERRA CIVIL

En los años inmediatos a la asamblea, la cuestión de los derechos femeninos fue transitoriamente dejada a un lado mientras la nación debatía el asunto de la esclavitud. La victoria del Norte en la Guerra Civil y la emancipación de los esclavos llenó a las reformadoras con la esperanza de que los libertos y las mujeres recibirían el voto al mismo tiempo. Quedaron amargamente desencantadas cuando las Enmiendas XIV y XV otorgaron ciudadanía y el derecho del voto a los libertos varones, pero no a las mujeres. En 1874, la Corte Suprema declaró que aunque las mujeres eran ciudadanas, no podían votar.

VOCES DEL PUEBLO

Elizabeth Cady Stanton fue una líder en el movimiento de derechos femeninos, que trató de obtener para las mujeres los mismos derechos constitucionales de los que disfrutaban los hombres. Su discurso de apertura fue presentado el 19 de julio de 1848, ante una pequeña concurrencia de mujeres en Seneca Falls, Nueva York. Con sus palabras dio un entusiata inicio al movimiento al describir detalladamente las injusticias sufridas por las mujeres.

Discurso ante la primera Asamblea por los Derechos de la Mujer

—Elizabeth Cady Stanton
(*Adaptación*)

Nos reunimos para protestar contra una forma de gobierno que existe sin el consentimiento de los gobernados—para declarar nuestros derechos [como mujeres] de ser libres como es libre el hombre, para ser representadas en el gobierno al que mantenemos con nuestras contribuciones, para [abolir] tales ignominiosas leyes que dan al hombre el poder de castigar y de encarcelar a su mujer, de apoderarse de los jornales que ella gana, de la propiedad que ella hereda y, en el caso de una separación, de los hijos de su amor; leyes que la ponen a la merced de su marido. Es para protestar contra leyes tan injustas como éstas, que nos reunimos hoy, para hacer, si es posible, que se borren para siempre de nuestros libros de leyes.

Y, extraño como les parezca a muchas, exigimos ahora nuestro derecho a votar.

El derecho es nuestro. Ahora, la pregunta es: ¿cómo tomaremos posesión de lo que nos pertenece por derecho?

Se reconoce de lleno a los borrachines, a los idiotas, a los pendencieros que se ocupan de las carreras de caballos y de la venta de ron, a los forasteros ignorantes y a los muchachos tontos. Mientras tanto, a nosotras [como mujeres], se nos niegan los derechos de ciudadanía. Esto es un un insulto demasiado grande a la dignidad de la mujer para que nos sometamos a él tranquilamente. Es nuestro el derecho. Lo tenemos que tener. Lo usaremos.

No esperamos que nuestra senda esté llena de las flores del aplauso popular sino de las espinas de la intolerancia y del prejuicio. Pero nuestras banderas derrotarán a las oscuras nubes de tempestad de nuestros adversarios que se atrincheran tras los tempestuosos baluartes de las costumbres y de la autoridad, y los que fortalecen su posición por todos los medios, sacros y profanos. Pero nosotras, firmes e inamovibles, mantendremos en alto nuestra bandera.

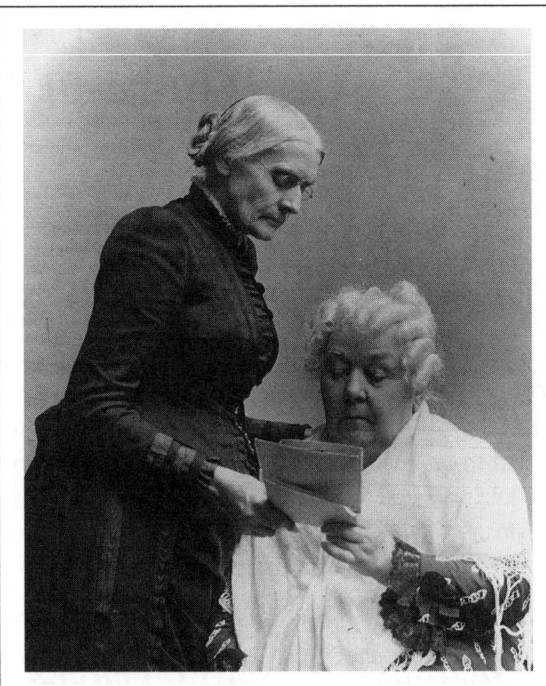

Elizabeth Cady Stanton (sentada) y Susan B. Anthony

COMPRUEBA TU COMPRENSION

1. ¿Cuáles son algunas de las ventajas que los hombres tenían sobre las mujeres en 1848?
2. ¿Qué quería decir Stanton con "es nuestro el derecho"?
3. ¿Por qué concentró Stanton sus energías en obtener el derecho al voto?
4. ¿Qué argumentos crees que usaron los adversarios de Stanton contra ella?

LA LUCHA POR EL SUFRAGIO: INTENTOS DE ORGANIZACION

El objetivo principal del movimiento feminista era obtener el derecho del voto. El hecho de que las mujeres no tenían **sufragio** era el reconocimiento de su condición inferior dentro de la sociedad. Las reformadoras vieron la denegación del voto como una violación de los principios democráticos fundamentales. Llegaron a obtener el sufragio femenino en ciertos estados del Oeste, pero no lograron que se sancionara una enmienda constitucional que exigiese que todos los estados dieran el derecho del voto a las mujeres. Para 1890, el fracaso en el intento de obtener el sufragio femenino llevó a la fusión de diferentes grupos feministas en la **Asociación Nacional en pro del Sufragio Femenino**, bajo la dirección de Stanton y **Susan B. Anthony**. La organización era singular por el hecho de que sólo admitía mujeres. Tendrían que pasar otros 30 años antes de que el movimiento lograse su propósito.

Ciudad de Nueva York, 6 de mayo de 1912: desfile por el sufragio femenino

CAMBIA EL PAPEL TRADICIONAL DE LA MUJER: 1870-1914

La industrialización produjo varios cambios importantes en el papel tradicional de la mujer dentro de la sociedad.

LAS MUJERES VAN A LA ESCUELA

Desde mediados del siglo XIX, las escuelas públicas gratuitas estaban abiertas tanto a los muchachos como a las chicas. El saber leer y escribir se hizo cada vez más importante para las mujeres que ya no estaban confinadas al hogar. Un creciente número de mujeres recibían educación universitaria. Las mujeres graduadas de universidades formaban clubes de mujeres, organizaciones caritativas y asociaciones políticas. Estas mujeres constituyeron el nervio del movimiento sufragista.

LAS MUJERES TRABAJAN FUERA DEL HOGAR

El surgimiento de la sociedad industrial creó muchos empleos nuevos, muchos de los cuales fueron ocupados por mujeres.

Las mujeres en la fuerza de trabajo. Las mujeres trabajaban en las fábricas y el número de fábricas iba aumentando. La vasta cantidad de trabajo de oficina creada por las nuevas corporaciones estaba en las manos de mujeres oficinistas. Las nuevas tiendas detallistas a través del país estaban a cargo de mujeres jóvenes. La expansión de la enseñanza pública creó la demanda de maestros, mujeres en su mayoría. Los nuevos inventos como las máquinas de coser y de escribir, y el teléfono, abrieron más oportunidades de empleo para las mujeres.

Sindicatos de trabajadores. Para 1919, una de cada cinco obreros era mujer. La mayoría de las mujeres que trabajaban estaban más preocupadas por las malas condiciones de trabajo que por lograr el derecho al voto. Muchos de los primeros sindicatos obreros se negaban a admitir mujeres como miembros. En 1911, la muerte de 146 empleados (principalmente mujeres) en el trágico incendio de la Triangle Shirtwaist Factory, una fábrica de ropa, concentró la atención nacional en las condiciones opresivas de las obreras. Como consecuencia del incendio se formó la Unión Internacional de Empleados de Ropa para Damas (I.L.G.W.U.).

A fines del siglo XIX y principios del XX, cada vez más mujeres entraban en la fuerza de trabajo. Aquí cortan billetes de banco (1907).

LA URBANIZACION EXPONE A LAS MUJERES A NUEVAS SITUACIONES

Para 1920 la mitad de las mujeres de los Estados Unidos vivían en las ciudades, donde descubrían nuevos productos e ideas. Las revistas femeninas se convirtieron en un medio importante de esparcir información y de crear un sentido de unidad entre las mujeres. La vida de la ciudad permitió que las mujeres observasen y se encontrasen con personas de diferentes antecedentes sociales. Esto desarrolló su consciencia política y social y contribuyó a sus demandas de reformas.

EL TRABAJO DOMESTICO SE VUELVE MAS FACIL

Los quehaceres domésticos gradualmente se hicieron menos arduos con la introducción de nuevos productos y aparatos que reducían el trabajo, tales como lavadoras, planchas eléctricas, aspiradoras y refrigeradoras. Ahora las mujeres podían comprar ropa confeccionada, en vez de pasar horas enteras en la costura. La reparación de ropa se hizo más fácil con la ayuda de la máquina de coser y la preparación de comidas se facilitó con mejores estufas.

LAS MUJERES TIENEN FAMILIAS MAS PEQUEÑAS

Las mujeres iban teniendo familias más pequeñas, lo que significaba menos quehaceres. Esto ocurría en parte porque más mujeres trabajaban y se casaban más tarde. También había más conocimientos sobre los métodos de control de natalidad.

LA PRIMERA GUERRA MUNDIAL Y LA ENMIENDA XIX: 1914-1920

Durante la Primera Guerra Mundial, cuando los hombres fueron a Europa para luchar por la democracia, millones de mujeres tomaron su lugar, trabajando en las fábricas, hilanderías y minas. Parecía raro luchar por la democracia en el extranjero y oponerse a ella dentro del país. Después de la Primera Guerra Mundial fue difícil para los adversarios del sufragio femenino negar la igualdad de las mujeres y los hombres.

SE APRUEBA LA ENMIENDA XIX

Como resultado, después de entrar los Estados Unidos en la guerra, se introdujo al Congreso la propuesta de una enmienda. Ésta, que establecía que ningún estado podía negar a un ciudadano el derecho del voto por razón de su sexo, llegó a ser en 1920 la Enmienda XIX a la Constitución.

LOS EFECTOS DE LA ENMIENDA XIX

La Enmienda XIX, fue una medida progresista para convertir a los Estados Unidos en una verdadera democracia donde gobernase todo el pueblo. Sin embargo, la sanción de la enmienda no resultó en los cambios drásticos al sistema político que pronosticaban sus adversarios. No se materializó el temor de que los hombres quedarían expulsados de sus cargos y reemplazados por las mujeres. En realidad, muy pocas mujeres, entonces y ahora, fueron elegidas para puestos políticos. La enmienda no produjo una igualdad de oportunidades económicas entre los sexos como lo esperaban algunos de sus patrocinadores. La mayoría de las mujeres siguió enfrentándose con la discriminación y recibiendo sueldos más bajos que los varones por el mismo trabajo.

TERMINOS PARA RECORDAR

Patriarcal, Asamblea de Seneca Falls, sufragio, Enmienda XIX

PARTE II: LA VIDA EN LA ULTIMA FRONTERA ESTADOUNIDENSE

Así como la vida en las ciudades estadounidenses fue afectada por el ritmo rápido del cambio industrial, la vida en la última frontera también fue transformada por el desarrollo industrial del país.

EL MOVIMIENTO HACIA EL OESTE: 1860-1890

La tan llamada frontera, generalmente definía la línea que separaba las regiones de la población europea de los territorios "inhabitados", en su estado natural. Desde un punto de vista diferente, podría decirse que la frontera era la línea divisoria entre las regiones donde los indígenas vivían en armonía tradicional con su medio ambiente, y las zonas en donde vivía la gente más avanzada técnicamente, que alteraba el paisaje natural para satisfacer sus propias necesidades.

LA ULTIMA FRONTERA: LAS GRANDES LLANURAS

Desde la llegada de los primeros colonos, la frontera iba moviéndose lentamente hacia el oeste. Para el fin de la Guerra Civil, los pobladores estadounidenses ocuparon las praderas del medio oeste y se establecieron a lo largo de la costa del Pacífico. Entre estas dos líneas había una vasta extensión de territorio, de dimensión igual al resto de los Estados Unidos. Esta era la última frontera: las Grandes Llanuras. El terreno consistía en grandes llanos ondulantes, sin árboles y de poca lluvia, especialmente hacia el oeste en la dirección de las Montañas Rocosas. Las Grandes Llanuras estaban cubiertas de hierbas cortas, finas, que proporcionaban sustento a millones de búfalos y a los indígenas que vivían de ellos.

LOS FACTORES QUE LLEVARON A LA COLONIZACION DE LA FRONTERA

En el corto lapso de treinta años, aproximadamente entre 1860 y 1890, las manadas de búfalos fueron destruidas, los indígenas obligados a vivir en las reservaciones, y las Grandes Llanuras divididas en

Colonos atravesando el desierto en Nevada. Las tierras gratis impulsaban a la gente a hacer el largo y peligroso viaje al Oeste.

Un tren de la Cía. Ferroviaria Santa Fe, rumbo a Albuquerque, Nuevo México.

granjas y haciendas. Para 1890, el gobierno de los Estados Unidos declaró que la frontera salvaje estaba colonizada. Hubo varios factores que llevaron a este desarrollo:

El descubrimiento de metales preciosos. La fiebre del oro en California y el subsiguiente descubrimiento de oro y plata en Colorado, Nevada y Dakota del Sur trajo a los exploradores hacia el oeste.

El papel del ferrocarril. Las vías férreas fueron uno de los factores principales en la colonización de las Grandes Llanuras. Al completarse la primera vía férrea transcontinental en 1869, el viaje de una costa a la otra se redujo de varios meses a unas semanas. Los ferrocarriles hicieron posible que los ganaderos y agricultores pudieran transportar ganado y grano a los mercados del Este.

La disponibilidad de tierras baratas. Los inmigrantes europeos y los granjeros de los estados del Este y del Medio Oeste fueron atraídos por la perspectiva de tierras baratas. La Ley de Heredades Familiares (1862) prometía a los pobladores 160 acres de tierra gratis. Todo lo que tenían que hacer para recibirla era cultivarla por cinco años. Luego, con un pequeño pago de derechos, los colonos recibían posesión de la tierra.

La destrucción del búfalo y la reclusión de los amerindios. Este paso, que precedió la colonización de la frontera por los estadounidenses blancos y negros, se describe en la siguiente sección.

ETAPAS DE LA COLONIZACION DE LAS GRANDES LLANURAS

La última etapa se desplegó en una serie de fases basadas en diferentes actividades económicas que progresaron de la minería a la ganadería y finalmente a la agricultura.

LA FRONTERA MINERA

En la segunda mitad del siglo XIX se descubrieron oro y plata en California, en las Montañas Rocosas y en los Black Hills de Dakota del Sur. Esto hizo que miles de exploradores y aventureros se fueran a la región con la esperanza de volverse ricos. Surgían poblados toscos de un día para otro y a menudo decaían con la misma rapidez.

LA FRONTERA GANADERA

Había unos cuantos millones de cabezas de ganado salvaje que pacían en las Grandes Llanuras en Texas. Algunos tejanos decidieron llevarlo hacia el norte a las líneas férreas en Kansas. De Kansas enviaban las reses por ferrocarril a los mataderos de Chicago. Entonces la carne podía llevarse a las ciudades del Este en vagones refrigerados. En este "gran envío", el ganado pacía en el campo abierto (tierras públicas sin cercados, que no pertenecían a nadie). Los "**cowboys**", que aprendieron de los vaqueros mexicanos técnicas especiales de cabalgar, enlazar y marcar el ganado, lo mantenían en manadas y lo empujaban al norte. El ganado salvaje finalmente fue pereciendo por falta de pasto adecuado y por el tiempo inclemente. Algunos ganaderos permanecieron donde estaban y compraron tierra propia; criaban el ganado en campos cercados y luego lo mandaban por tren para que fuese engordado por los granjeros del Este.

Una familia con su carreta que le servía de hogar, rumbo a las tierras abundantes y baratas en el Oeste

LA FRONTERA AGRICOLA

En la última etapa de la colonización, las vías férreas finalmente hicieron posible que llegaran los agricultores y se radicaran en las Grandes Llanuras. La **Ley de Heredades Familiares** y la venta de derechos a terrenos ferroviarios estimuló el desplazamiento de los agricultores hacia el oeste. Aunque se enfrentaban tanto con la hostilidad de los indios como de los ganaderos, los agricultores lograron establecerse porque venían en mayor número y podían:

- usar alambre de púa para cercar su propiedad e impedir la entrada del ganado y de otros animales.
- cavar pozos profundos para conseguir agua necesaria para la irrigación.
- usar maquinaria, como segadoras y trilladoras tiradas por caballos, para cosechar más acres con menos mano de obra, y usar arados de acero o hierro templado para labrar la tierra seca y dura.

LA IMPORTANCIA DE LA FRONTERA EN LA VIDA ESTADOUNIDENSE

Para 1890, la Oficina del Censo anunció que la frontera ya no existía en los Estados Unidos, ya que todas las partes del país habían sido colonizadas hasta cierto grado. Algunos historiadores, como **Frederick Jackson Turner**, sostenían que la existencia de la frontera era un factor importante en la formación y amoldamiento de un singular carácter estadounidense.

Válvula de escape. La frontera permitía que la gente descontenta del Este escapara hacia la libertad y franqueza del Oeste.

Dependencia del individuo en sí mismo. Aislada de las conveniencias del Este, cada familia en la frontera tenía que aprender a sobrevivir por sí misma. Esto fomentó el espíritu individualista y la inventiva del pueblo.

Igualdad social. No existía la distinción de clases en la frontera; todos eran iguales, con las mismas oportunidades. Cada familia trabajaba con sus propios recursos, y nadie trabajaba para otro.

Desarrollo de la democracia. La población de la frontera sentía desconfianza y recelos hacia el gobierno. Como resultado, la gente de la frontera fomentó el desarrollo de la libertad personal, igualdad política entre los sexos y mayor participación en la actividad política. Los estados del Oeste fueron los primeros en adoptar medidas tales como el sufragio femenino, la elección directa de senadores y las elecciones preliminares.

Promoción de oportunidades. La frontera representaba una tremenda oportunidad económica para los que estaban dispuestos a trabajar duro para ganarse su fortuna.

Influencia en la política externa. El cierre de la frontera afectó significativamente la política extranjera de los Estados Unidos:

- **Nuevos mercados.** Sin tener frontera, Turner y otros creían que la nación tendría que dirigirse a tierras extranjeras como fuente de materias primas y como mercado de productos manufacturados.
- **Imperialismo.** Sin una frontera occidental, para seguir con la expansión, la nación se dirigiría a colonias de ultramar.

Crítica de la tesis de Turner. Los críticos de la teoría de Turner señalan varios puntos débiles en sus argumentos. Aunque la frontera se cerró "oficialmente" en 1890, después de este año se radicaron allí más personas que las que habían llegado antes. La mayoría de las personas que se establecieron en la frontera no venían de las ciudades, así que es improbable que la frontera haya sido una válvula de escape. Y por último, había más tierra barata justamente al otro lado del límite con el Canadá.

TERMINOS PARA RECORDAR

Grandes Llanuras, frontera, Ley de Heredades Familiares, "tesis de frontera" de Turner

EL DESTINO DE LOS INDIGENAS: 1790-1990

LAS ANTIGUAS RELACIONES CON LOS AMERINDIOS

Los indígenas, o indios estadounidenses, en una época ocuparon todo el territorio de los Estados Unidos continentales. Comprendían muchos grupos diferentes que hablaban centenares de lenguas y dialectos. El avance de los colonos blancos y las enfermedades europeas como la viruela, redujeron su número dramáticamente y los empujaron hacia el oeste.

LA ANTIGUA POLITICA DEL GOBIERNO

Desde 1830 hasta 1890, el gobierno estadounidense siguió sistemáticamente la política de empujar a los indígenas de sus tierras tradicionales a las reservaciones gubernamentales en el Oeste. La conducta oficial hacia los indios generalmente seguía una cierta norma. Primero, el gobierno reservaba tierras para una tribu y firmaba un tratado con ella. La tribu prometía quedarse dentro de los límites de su tierra; los que salían de los bordes eran capturados y llevados de regreso. Sin embargo, al instante en que nuevos colonos se mudaban al territorio, el gobierno rompía sus promesas, y desplazaba a los indígenas otra vez hacia el oeste. Varios factores promovieron este proceso:

Un cuadro de Charles Russell muestra la mudanza de un poblado indígena a una reserva

En 1830, el Congreso sancionó una ley que ordenaba que todos los indios fueran desplazados al oeste del Misisipí. Casi un cuarto de los cheroquíes pereció en la travesía al oeste, conocida como la "**senda de lágrimas**".

En 1869, se completó el ferrocarril transcontinental cuando se juntaron las vías del Union Pacific y del Central Pacific. Esto, junto al decreto de la Ley de Heredades Familiares, hizo más codiciadas las tierras occidentales.

Para proporcionar protección a los colonos, se estacionaron tropas federales en fuertes a través del Oeste. Eran inevitables los choques entre los indios y los mineros, ganaderos y agricultores. **Las Guerras Indias**, que pusieron a los colonos y a las tropas federales contra los indios, duraron unos 30 años, desde 1860 hasta 1890.

En la lucha contra los colonos, los indígenas estaban destinados a perder. Quedaron abatidos al fin por la superioridad tecnológica del gobierno estadounidense, el gran número de pobladores y la destrucción del ambiente natural del cual dependían para su sustento.

LA POLITICA DE LAS RESERVACIONES

Una vez que los indios se sometieron a la autoridad federal, fueron radicados en las **reservaciones**. Los terrenos de las reservaciones eran generalmente distintos de los que estaban acostumbradas las tribus. Tendían a ser más pequeños y a menudo eran estériles y poco deseables. El gobierno prometía proveer comestibles, mantas y semillas para futuras cosechas, pero a veces no cumplía con esta promesa. Además, las costumbres tribales no estimulaban a los hombres a la agricultura ya que los indios de los territorios de los EE. UU. eran más bien cazadores que agricultores.

LOS REFORMADORES RECOMIENDAN LA ASIMILACION

El prejuicio contra los indios estaba difundido por la sociedad estadounidense. Sin embargo, el maltrato de los indígenas despertó la protesta de algunos reformadores. La más conocida entre estos era **Helen Hunt Jackson**, quien en su libro *Un Siglo de Infamia* (1888)—criticaba al gobierno por romper las promesas hechas a los indios.

LA LEY DAWES (1887)

Muchos reformadores insistían en que los indios, al igual que los inmigrantes, debían asimilarse y adoptar costumbres e instituciones estadounidenses. La **Ley Dawes** se decretó para acelerar este proceso. Bajo las provisiones de esta ley: oficialmente se abolieron las tribus indígenas como unidades de autoridad y de organización. A cada indio varón se le otorgó como propiedad privada 160 acres de tierra en la reserva. Se esperaba que la propiedad privada reemplazara la propiedad tribal de tierras a medida que cada indígena se hacía agricultor. Los que aceptaron este modo de vida recibieron la ciudadanía de los Estados Unidos y el derecho del voto. En 1924, se declararon ciudadanos a todos los indígenas.

VOCES DEL PUEBLO

A medida que seguían su marcha hacia el oeste y aumentaba la expansión de los ferrocarriles, se amenazó el modo de vivir de los indígenas. Himmatonya-Iaktit, conocido como el Cacique Joseph de la tribu Nez Perce, se vio obligado a ceder las tierras de sus antepasados y radicarse con su pueblo en una reserva. Cuando un grupo de sus guerreros tomó la senda de la guerra, el Cacique Joseph trató de conducir a su pueblo a la seguridad del Canadá. Aunque sus guerreros lucharon valientemente por dos meses, atravesando 1.600 millas, fueron alcanzados a sólo 30 millas de la frontera canadiense.

"NO LUCHARE MAS"

por

el Cacique Joseph

Díganle al General Howard que sé lo que lleva dentro del corazón. Lo que él me dijo antes, lo tengo en el mío. Estoy cansado de la lucha. Nos matan a nuestros jefes. Muerto está Looking Glass (Espejo). Muerto Toohoolhoolzote. Los viejos, todos están muertos. Son los jóvenes los que dan el sí y el no. El que encabezó a los jóvenes, está muerto. Hace frío y no tenemos mantas. Los niños pequeños se congelan a muerte. Los míos, algunos de ellos, se escaparon a los montes, y no tienen mantas ni comida; nadie sabe dónde están—quizás congelándose a muerte. Quiero tener tiempo para buscar a mis hijos y ver a cuántos puedo encontrar. Puede ser que los encuentre entre los muertos. Oiganme, mis jefes. Estoy cansado; mi corazón está enfermo y triste. Desde donde está ahora el sol, no volveré a luchar jamás.

COMPRUEBA TU COMPRENSION

1. ¿Por qué huyó la tribu Nez Perce?
2. ¿Por qué decidió el Cacique Joseph abandonar la resistencia cuando su pueblo estaba tan cerca de la frontera canadiense?
3. ¿Cuáles eran algunas de las tragedias con las que se encontraron los Nez Perce durante su travesía?
4. ¿Crees que el presente gobierno estadounidense debe pagar indemnizaciones a la tribu Nez Perce?

LOS DEFECTOS DE LA LEY DAWES

Aunque bien intencionada, la ley fue un terrible fracaso. Amenazaba la misma supervivencia de la cultura indígena.

La ley fomentaba la propiedad individual de granjas y esto iba en contra de las tradiciones indias de compartir tierras tribales. Muchas tribus nunca cultivaban la tierra y tradicionalmente vivían de la caza.

Las tierras que recibían los indios a menudo eran estériles y el gobierno no llegó a proporcionar ni maquinaria ni ayuda necesaria para enseñar técnicas agrícolas a los indígenas.

La asimilación a la sociedad estadounidense amenazaba con la destrucción de las costumbres y usanzas tribales. Además, las escuelas en las reservaciones proporcionaban instrucción inferior. Muchos indígenas sufrían de desnutrición y de problemas de salud para los cuales no recibían cuidado médico. Permanecieron como el grupo étnico más pobre en los Estados Unidos.

Retrato de un indígena desconocido en una reserva del sudeste de Idaho (1897)

EL DILEMA DE LOS INDIGENAS EN TIEMPOS RECIENTES

El problema principal para los indios en el siglo XX era si debían asimilarse a la corriente principal de la sociedad estadounidense o conservar sus tradiciones en las reservaciones.

LOS INTENTOS DE CONSERVAR LAS PRACTICAS TRADICIONALES

Generalmente, la conducta del gobierno de los Estados Unidos se distinguía por una falta de comprensión de la cultura y de los principios de los indígenas. Al revocar la Ley Dawes, el gobierno hizo un intento de mostrar más respeto hacia las tradiciones de los indios. La Ley de Reorganización Indígena (**Ley Howard-Wheeler**) de 1934 trató de lograr este propósito. La ley puso fin a la división de las reservaciones en lotes individuales y restauró los consejos tribales elegidos para gobernar las reservaciones. Intentaba mejorar la calidad de enseñanza de los indígenas mientras fomentaba la práctica de la artesanía, costumbres y creencias tradicionales.

Muchos indígenas aceptaron estos cambios. Otros, sin embargo, ya habían aceptado la asimilación. Sospechaban que los nuevos métodos eran un intento de mantenerlos en una situación inferior. Finalmente, no se cumplieron las promesas de elevar el nivel de vida en las reservaciones. Entretanto, los indígenas que dejaron las reservaciones y se fueron a las ciudades se encontraban con una gran discriminación al buscar empleo. Todo lo que encontraron esperándoles fue el desempleo y la pobreza.

LA POLITICA DE "TERMINACION" (1953-1963)

En 1953, el gobierno federal se inclinó otra vez en favor de la asimilación. Anunció que proporcionaría entrenamiento y puestos de trabajo para los indígenas para ayudarles a fundirse en la corriente principal de la vida del país. Al mismo tiempo, el gobierno federal anunció su intención de terminar con su responsabilidad hacia los indios que quedaban en las reservaciones y delegó esta responsabilidad a los gobiernos estatales. Los estados, al carecer de los recursos financieros del gobierno nacional, eran incapaces de proporcionar el mismo nivel de servicios que se ofrecían antes. Por consiguiente, la nueva política, tal como todas las previas, fue en gran medida un fracaso.

LOS INDIGENAS SE VUELVEN MILITANTES (LOS AÑOS 1960-PRESENTE)

En 1963, el gobierno federal abandonó su política de terminación y se orientó otra vez a fomentar la vida tribal en las reservaciones. En 1970, el Presidente Nixon anunció que el gobierno, por los tratados hechos con ellos, tenía obligaciones solemnes hacia los indígenas, y no tenía derecho legal ni moral de terminarlas. Esta decisión llevó a que los indios recibieran el control de fondos federales para viviendas, sanidad, enseñanza y desarrollo económico. La **Ley de Derechos Civiles de 1964** y otros programas también ayudaron a mitigar en cierto grado la discriminación contra los indios en el empleo y la educación. Sin embargo, muchos indígenas creían que estos programas no eran suficientes y tomaron una actitud más combativa para tratar con sus problemas. Bajo el lema de "**poder rojo**", esta nueva posición tomó muchas formas.

Se formó una nueva organización, el **Movimiento de Indios Estadounidenses** (A.I.M.) para movilizar la opinión popular en favor de las exigencias de los indígenas. Los indios aspiraban a mayor orgullo y respeto por su herencia. Introdujeron el término "*americano nativo*", y protestaban contra los textos, programas de televisión y películas que mostraban prejuicios contra su grupo étnico. Dramatizaron su situación al ocupar temporalmente ciertas instalaciones gubernamentales y monumentos, entre otros, Wounded Knee en Dakota del Sur y la Isla de Alcatraz.

LOS PROBLEMAS DE LOS INDIGENAS EN EL PRESENTE

En la actualidad, hay cerca de 1.4 millones de indios, más de cuatro veces los que había en 1890. La población indígena sigue aumentando, pero aún se encuentra con problemas muy serios.

LA VIDA EN LAS RESERVACIONES

Sólo una cuarta parte de la población indígena vive en las reservaciones. Sin embargo, muchas de estas tierras son pobres, están aisladas y tienen climas cruentos. Los intentos de crear economías eficientes en las reservaciones fueron generalmente un fracaso. Los indios que viven en las reservaciones tienen ingresos que están entre los más bajos del país. Sufren de pobreza, alcoholismo, y alto nivel de desempleo, de suicidios y de mortalidad infantil.

LA CRISIS CULTURAL

Los indígenas siguen pasando por una crisis cultural. Los jóvenes tienen que escoger lo que quieren aceptar de su cultura tradicional y de la sociedad en general. Por ejemplo, la cultura tradicional tenía una orientación comunal mientras que la cultura estadounidense general es más individualista y tiene un enfoque de lucro. La cultura indígena trata de conservar la tierra y vivir en armonía con la naturaleza, mientras que los negocios estadounidenses a menudo quieren explotar la naturaleza.

LA POLITICA DEL GOBIERNO

Cada año el gobierno federal proporciona cuantiosas subvenciones a los indígenas. Sin embargo, los líderes indios sostienen que los programas gubernamentales carecen de suficientes fondos. Las diferentes tribus a menudo tienen que competir por fondos del gobierno, creando divisiones entre ellas. A diferencia de otras minorías en el país, el amerindio puede citar tratados gubernamentales que garantizan sus derechos. Como resultado, los jefes tribales opinan que los Estados Unidos les deben un trato más justo por tomar sus tierras y casi exterminar a su pueblo.

TERMINOS PARA RECORDAR

Política de terminación, reservaciones, Ley Dawes, Movimiento de Indios Estadounidenses

PERSONAJES DE LA EPOCA

SUSAN B. ANTHONY (SUFRAGISTA)

Susan B. Anthony fue clave en el movimiento para la abolición de la esclavitud y para lograr igualdad de derechos para las mujeres. Participó en la fundación de la Asociación Nacional Estadounidense por el Sufragio Femenino en 1869. En 1872 puso a prueba las Enmiendas XIV y XV al votar en el estado de Nueva York, por lo que recibió una multa de $100. En 1890, encabezó la Asociación por el Sufragio Femenino. En su lucha por el derecho político del voto para la mujer, viajó por todo el país pronunciando discursos ante asambleas. En su honor, la Enmienda XIX se conoce como la "Enmienda Susan B. Anthony".

ELIZABETH BLACKWELL (DOCTORA)

En 1849, Elizabeth Blackwell fue la primera mujer que recibió el doctorado de medicina en los Estados Unidos. Fundó la primera escuela en el país destinada al entrenamiento de enfermeras. Estaba a la cabeza del movimiento que alentaba a las mujeres a seguir carreras profesionales como abogadas, doctoras, pastoras religiosas y maestras. Su cuñada fue la primera estadounidense que recibió la ordenación de pastora.

CYRUS McCORMICK (INVENTOR)

En 1831 Cyrus McCormick inventó la segadora, máquina tirada por caballos que se usaba para segar cereales. Antes de inventarse la segadora mecánica, había que hacer la cosecha a mano. A los agricultores les faltaba mano de obra y la segadora permitió aumentar las cosechas con menos trabajo. Este invento contribuyó a estimular la colonización del Oeste.

Segadora de McCormick usada en la cosecha de trigo

GEORGE CATLIN (ARTISTA)

George Catlin a menudo seguía las expediciones al Oeste. Sus pinturas se concentraban en la vida de la región, representándola de forma realista para la gente en el Este. Sus cuadros destacaban a los indígenas cazando, cabalgando y llevando a cabo ceremonias rituales.

GEORGE A. CUSTER (JEFE MILITAR)

En 1875, se descubrió oro en los Black Hills de Dakota del Sur, tierra bajo el dominio de la tribu siux. Los exploradores inundaron la región. Los siux se negaron a desplazarse, y se sublevaron en rebelión armada. En 1876 el General Custer, con una tropa de soldados, fue enviado a hacer que los siux se retirasen. Toda la tropa de Custer perdió la vida en la batalla de **Little Big Horn**, que señaló la última batalla victoriosa de los indígenas. El Congreso, estimulado por esta derrota de soldados armados, votó por fondos adicionales y soldados para luchar contra los indios. Algunas fuerzas armadas se vengaron de los siux catorce años más tarde, cuando mataron a balazos a hombres, mujeres y niños de la tribu en **Wounded Knee**, Dakota del Sur.

GERONIMO (JEFE TRIBAL)

Gerónimo, un jefe apache, personificaba el espíritu guerrero de algunos líderes indígenas. Se negó a aceptar pacíficamente la vida en una reserva gubernamental, lejos de la tierra de sus antepasados. Gerónimo era un guerrero vigoroso que capitaneó a su pueblo en ataques contra los colonos a través de los llanos del Sudoeste. Fue finalmente capturado en 1886.

Para más información sobre otros personajes de esta época, véase Helen Hunt Jackson, Frederick Jackson Turner, Frederic Remington y Mark Twain en la sección "Un examen de la cultura".

LA CONSTITUCION EN MARCHA

LEGISLACION IMPORTANTE

LEY DE HEREDADES FAMILIARES (1862)

Para atraer a los colonos hacia el Oeste, esta ley entregaba tierras fronterizas a los que la quisieran. Cualquier persona de 21 años o más podía obtener derecho a un lote de 160 acres. Para poseer la tierra permanentemente, el individuo tenía que prometer hacerse ciudadano y cultivar la tierra por cinco años. Luego, si pagaba una pequeña suma en derechos, la tierra era suya.

LEY DE EXCLUSION DE CHINOS (1882)

Establecida en respuesta al fuerte sentimiento nativista contra los obreros chinos, la ley excluía la futura inmigración china a los Estados Unidos.

LEY DAWES (1887)

Esta ley trató de beneficiar a los amerindios al proporcionar 160 acres de tierra a cada varón, cabeza de familia. Cada indígena que aceptaba la oferta recibía la ciudadanía de los Estados Unidos. La ley fue un fracaso porque trataba de asimilar a los indios destruyendo su herencia y cultura tribal.

ACUERDO ENTRE CABALLEROS (1907)

El Japón protestó la práctica de segregación de niños asiáticos por una junta escolar de California. Se llegó a un acuerdo que terminaba con la segregación a cambio de la promesa de los japoneses de limitar la inmigración futura a los Estados Unidos.

LEY DE ORIGENES NACIONALES (1924)

Esta ley fue sancionada después de la Primera Guerra Mundial como producto del sentimiento aislacionista en los Estados Unidos. Limitaba la inmigración del este y del sur de Europa al establecer cuotas basadas en la existente composición étnica de los Estados Unidos. Se prohibía la inmigración de Asia.

UNA ENMIENDA IMPORTANTE

LA ENMIENDA XIX (1920)

Las mujeres recibieron el derecho del voto.

RESUMEN DE TU COMPRENSION

Instrucciones: ¿Entendiste bien lo que acabas de leer? Comprueba tu comprensión al responder a las siguientes preguntas:

TERMINOS PARA RECORDAR

En una hoja aparte, define brevemente los siguientes términos:

Urbanización
Etnocentrismo
Aculturación
Asimilación
Inmigrantes antiguos
Inmigrantes nuevos
Asamblea de Seneca Falls
Enmienda XIX
Frontera
Ley de Heredades Familiares
Tesis de Turner
Ley Dawes

LA URBANIZACION DE LOS EE.UU.

Una de las consecuencias importantes de la industrialización fue el surgimiento de las ciudades. Resume tu comprensión de este aspecto de la vida en los EE. UU. al responder a las siguientes preguntas:

- ¿Qué factores contribuyeron a la urbanización en los Estados Unidos?
- Describe algunos de los problemas confrontados por la gente que vivía en las ciudades.

LA POBLACION INMIGRANTE DE LOS EE.UU.

Los Estados Unidos son un país singular porque casi toda su población consta de inmigrantes o de sus descendientes. Resume tu comprensión de este aspecto de la vida en el país al responder a las siguientes preguntas:

- ¿Qué factores contribuyeron a la llegada de inmigrantes a los Estados Unidos?
- Describe algunas de las dificultades encontradas por los inmigrantes en su adaptación a la vida en los Estados Unidos.
- Describe los cambios en la legislación congresional con respecto a los inmigrantes.

LOS CAMBIOS EN EL PAPEL DE LA MUJER

Las mujeres trataron de cambiar su posición de ciudadanas de segunda clase a un estado de igualdad con los hombres. Resume tu comprensión de este cambio al responder a las siguientes preguntas:

- Describe la posición de la mujer a principios del siglo XIX.
- Nombra a algunas de las líderes del movimiento feminista y enumera sus contribuciones al movimiento.
- ¿Qué factores contribuyeron al cambio en el papel de la mujer en la sociedad estadounidense?

LA FRONTERA EN LA HISTORIA DE LOS ESTADOS UNIDOS

La frontera en la historia estadounidense tuvo un efecto importante en el país y en su pueblo. Resume tu comprensión de estos efectos al responder a las siguientes preguntas:

- ¿Qué factores contribuyeron a la colonización de la frontera?
- ¿Qué influencia tuvo la frontera en el desarrollo de los Estados Unidos?

EL TRATO DE LOS INDIGENAS

La política federal hacia los indígenas pasó por muchos cambios importantes. Resume tu comprensión de estos cambios al responder a las siguientes preguntas:

- Describe las actitudes cambiantes del gobierno federal hacia los indios.
- ¿Cuáles son algunos de los problemas con que se enfrentan los indígenas en el presente?

PERSONAJES DE LA EPOCA

Los individuos a menudo tienen una influencia importante en la vida política, económica o social de su tiempo. ¿Qué individuo crees que tuvo el mayor impacto en el período presentado en este capítulo? Explica el porqué.

COMPRUEBA TU COMPRENSION

Instrucciones: Comprueba tu comprensión de esta unidad al contestar las siguientes preguntas. Selecciona la mejor contestación. Luego dirígete a los ensayos.

DESARROLLO DE DESTREZAS: INTERPRETACION DE UNA CARICATURA

Basa tus respuestas a las preguntas 1 a 3 en la caricatura que sigue y en tu conocimiento de estudios sociales.

1 La muralla en el dibujo probablemente representa
   1 a los inmigrantes que quieren venir a los Estados Unidos
   2 la legislación restrictiva que impide la inmigración
   3 a los poetas estadounidenses que escriben sobre la inmigración
   4 los intentos de impedir los actos de terrorismo internacional

2 La idea principal del dibujo es que
   1 los inmigrantes deben recibir puestos de responsabilidad
   2 se necesitan oportunidades iguales para todos los miembros de la sociedad
   3 se necesitan barreras para prevenir la futura inmigración
   4 los inmigrantes dentro de la sociedad tienen que ser más agresivos

3 Una persona que apoya las opiniones expresadas en el poema podría denominarse
   1 nativista   3 feminista
   2 abolicionista   4 imperialista

DESARROLLO DE DESTREZAS: INTERPRETACION DE UN DIALOGO

Basa tus respuestas a las preguntas 4 - 6 en las siguientes declaraciones con respecto a los derechos femeninos y en tu conocimiento de estudios sociales.

Hablante A: El lugar de la mujer está en la casa.

Hablante B: El derecho al voto es un derecho importante que pertenece a todo ciudadano competente, varón o mujer.

Hablante C: Se puede estimular a las mujeres a trabajar fuera de casa, pero no deben esperar igualdad en el salario.

Hablante D: Las oportunidades educativas deberían incluir igualdad de oportunidades atléticas para todos los miembros de la sociedad.

4 ¿Cuál hablante expresa la actitud predominante hacia las mujeres en la sociedad estadounidense durante los siglos XVIII y XIX?
1 A 3 C
2 B 4 D

5 ¿Cuál hablante expresa los objetivos principales de la Asamblea de Seneca Falls?
1 A 3 C
2 B 4 D

6 ¿Cuál es la conclusión más acertada que puede sacarse de las aseveraciones de estos hablantes?
1 Hay un acuerdo sobre la necesidad de una Enmienda de Derechos Iguales.
2 Existen diferencias de opinión sobre el papel de la mujer en la sociedad.
3 La mayoría de la gente está a favor de conceder el sufragio a las mujeres.
4 El papel de la mujer ha permanecido igual a lo largo del tiempo.

DESARROLLO DE DESTREZAS: ANÁLISIS DE LECTURA

Basa tus respuestas a las preguntas 7 y 8 en la siguiente cita y en tu conocimiento de estudios sociales.

> "...El desarrollo social estadounidense ha estado continuamente comenzando de nuevo en la frontera. Este renacimiento de la vida estadounidense, esta expansión hacia el oeste con sus nuevas oportunidades, este continuo contacto con la sencillez de la sociedad primitiva, suministran las fuerzas dominantes en el carácter estadounidense. El verdadero punto de vista en la historia de esta nación no es la costa del Atlántico, es el Oeste. La frontera es la línea de la asimilación más rápida y efectiva."
>
> —Frederick Jackson Turner
> *La Importancia de la Frontera en la Historia Estadounidense*

7 De acuerdo a Turner, la cultura estadounidense era primordialmente el resultado de la
1 dependencia de cada generación en sus antepasados
2 experiencia del colono del Oeste al acomodarse al nuevo ambiente
3 capacidad del colonizador de permanecer en contacto con las regiones pobladas
4 influencia de la frontera en hacer que los colonos fueran más como la gente del Este

8 ¿Cuál característica del Oeste, como la describe Turner, se aplica a la sociedad contemporánea en los Estados Unidos?
1 sencillez de vida 3 expansión hacia el oeste
2 nuevas oportunidades 4 ambiente de frontera

---

9 El término "americano nativo" se usa para referirse a los
1 amerindios 3 negros
2 hispano-estadounidenses 4 inmigrantes asiáticos

10 El término "sufragio" se puede definir como
1 el derecho del voto 3 proceso legal apropiado
2 igualdad de oportunidades 4 libertad de expresión

11 ¿Cuál declaración es una muestra de etnocentrismo?
1 "Lo que necesitamos es volver a los buenos viejos tiempos."
2 "El candidato de mi partido puede fortalecer nuestro país."
3 "El cambio es inevitable. Debemos tratar de adaptarnos a las nuevas condiciones."
4 "La nuestra es una sociedad superior, mientras que las otras son bárbaras."

12 ¿Qué efecto a largo plazo tuvo la industrialización en la condición de la mujer en las sociedades occidentales?
1 un declive en los derechos legales de la mujer
2 un declive en la importancia de la enseñanza formal para las mujeres
3 un aumento en las oportunidades de empleo para las mujeres
4 un aumento en el porcentaje de mujeres en ocupaciones domésticas

13 El feminismo del principio del siglo XX dirigía sus esfuerzos principalmente a obtener
1 puestos de gabinete para las mujeres
2 reformas de prisiones
3 derechos civiles para todas las minorías
4 el sufragio femenino

14 El movimiento de la gente desde el campo a las ciudades al fin del siglo XIX resultó en
1 que más personas sabían leer y escribir
2 el desarrollo de barrios bajos sobrepoblados y condiciones insalubres
3 el declive del desarrollo económico
4 la ruina de tierras de cultivo

15 Durante la segunda mitad del siglo XIX, el gobierno federal fomentaba la colonización del oeste de los Estados Unidos al
1 hacer préstamos de bajo interés a los colonos
2 pagar a los agricultores del Oeste para cultivar ciertos frutos
3 dar tierra gratis a los colonos
4 respetar las reclamaciones territoriales de los indios

16 Hacia el fin del siglo XIX, la política del gobierno de los Estados Unidos hacia los indígenas era de
1 removerlos de sus tierras natales y concentrarlos en regiones designadas por el gobierno
2 alentarlos a conservar sus costumbres y tradiciones
3 instruir a la sociedad sobre su herencia cultural
4 trasladar la responsabilidad del gobierno federal a los gobiernos estatales

17 Los indígenas difieren de las otras minorías en los Estados Unidos en que pueden invocar derechos garantizados por
1 la Enmienda XIV
2 la Ley de Derechos
3 tratados con el gobierno de los Estados Unidos
4 las constituciones estatales

18 ¿Cuál aseveración sobre la inmigración a los Estados Unidos es la más acertada?
1 La industrialización redujo la demanda de mano de obra barata de los inmigrantes.
2 La diversidad de la población inmigrante contribuyó a crear una sociedad pluralista.
3 Las organizaciones laborales generalmente favorecían la inmigración sin restricciones.
4 La mayoría de la legislación inmigratoria se estableció para fomentar la inmigración.

19 ¿Cuál fue una queja común de los grupos nativistas en los Estados Unidos durante el fin del siglo XIX y el principio del XX?
1 El Congreso no logró proteger las industrias del país.
2 Era demasiado grande el flujo de los inmigrantes que llegaban.
3 Demasiados funcionarios elegidos eran de antecedentes rurales.
4 Era demasiado selectivo el proceso de contratar a la gente para el trabajo gubernamental.

20 La experiencia que compartían la mayoría de los inmigrantes entre 1880 a 1920 era que
1 a menudo encontraban resentimiento
2 generalmente se radicaron en regiones rurales donde había tierra barata
3 se asimilaron con rapidez al modo de vivir predominante en el país
4 se adhirieron a partidos políticos radicales para lograr reformas económicas

21 ¿Qué actividad escolar probablemente sería apoyada por los partidarios de una sociedad pluralista?
1 la oración obligatoria
2 la organización de cursos de estudios étnicos
3 la eliminación de programas de deportes
4 la censura de materiales bibliotecarios

22 ¿De qué modo importante los grupos étnicos en los EE.UU. contribuyeron a formar una identidad nacional?
1 Cada grupo adoptó la cultura de los inmigrantes anteriores.
2 Cada grupo contribuyó con características que se convirtieron en parte de la cultura general.
3 Cada grupo trató de convertirse en la fuerza dominante de la sociedad.
4 Los grupos étnicos ofrecieron subvenciones para mantener las bellas artes.

23 ¿Cuál de los siguientes ayudó a inducir legislación que restringía la inmigración durante el primer cuarto del siglo XX en los Estados Unidos?
1 las demandas de organizaciones obreras
2 la falta de suficiente abastecimiento de comestibles
3 las quejas de los contribuyentes sobre el aumento de los costos de beneficencia
4 las protestas de la población de las ciudades contra la sobrepoblación

24 El Acuerdo entre Caballeros y la Ley de Orígenes Nacionales eran reacciones a la política estado-unidense previa de
1 requerir pruebas de saber leer y escribir para la admisión de inmigrantes
2 permitir inmigración ilimitada
3 limitar la inmigración a las clases más altas
4 fomentar la inmigración de intelectuales y hombres de ciencia

25 ¿Cuál es la diferencia principal entre la inmigración durante el período 1869-1920 y la inmigración desde 1970?
1 Hoy los inmigrantes probablemente no van a enfrentarse con la discriminación.
2 Hoy se necesita más mano de obra sin destrezas.
3 Los países de origen de los inmigrantes son muy diferentes.
4 Hoy los inmigrantes se asimilan fácilmente al resto de la sociedad.

26 ¿Cuál de los siguientes acontecimientos fue la causa de los otros tres?
1 interés en la expansión de ultramar
2 establecimiento de más inmigrantes en las ciudades que en las regiones rurales
3 limitación del flujo de inmigrantes a los Estados Unidos
4 el cierre de la frontera

27 ¿Cuál sería una fuente primaria de información sobre los inmigrantes que llegaron a los Estados Unidos en 1880?
1 un capítulo del texto sobre la política de inmigración en los años 1880
2 la biografía de un inmigrante famoso que vivió durante los años 1880
3 las noticias sobre Ellis Island convertida en museo
4 el diario de un inmigrante que vino a los Estados Unidos en 1880

28 La sanción de leyes de inmigración en 1921 y en 1924 indicaba que los Estados Unidos trataban de
1 limitar la corriente inmigratoria
2 fomentar la diversidad cultural
3 recibir bien a todos los grupos de inmigrantes
4 tener un papel más importante en los asuntos mundiales

29 El proceso de aculturación ocurre con más rapidez cuando la sociedad
1 tiene una fuerte actitud racista
2 aisla a grupos étnicos específicos
3 ofrece enseñanza universal gratis
4 tiene alto desempleo

30 Un colono sin tierras camino al Oeste en los años 1870 probablemente favorecería la sanción de
1 la Ley Dawes
2 la Ley de Heredades Familiares
3 la Ley Sherman contra los Trusts
4 las leyes "Jim Crow"

ENSAYOS

1 Antes de 1920, las mujeres en los Estados Unidos se enfrentaban con muchos problemas. Trataron de sobrellevar estos problemas de muchas maneras distintas.

Parte A

Enumera *dos* problemas confrontados por las mujeres en los Estados Unidos antes de 1920.

1. ______________________________

2. ______________________________

Relata *una* forma en que se trataron de resolver *cada uno* de estos problemas. [Ofrece una solución distinta para cada problema.]

1. ______________________________

2. ______________________________

Parte B

En tu respuesta a la Parte B debes usar la información dada en la respuesta a la Parte A. Sin embargo, también puedes incluir información adicional y distinta en tu respuesta a la parte B.

Escribe un ensayo discutiendo los problemas que enfrentaron las mujeres en los Estados Unidos antes de 1920 y explicando cómo trataron de solucionarlos.

2 En varias épocas de su historia, los Estados Unidos fueron la tierra de la oportunidad para personas de otras naciones.

Grupos inmigrantes/Período de tiempo

Europeos meridionales y orientales/1880-1920
Habitantes de las Antillas/1950-Presente
Latinoamericanos/1950-Presente
Asiáticos/1970-Presente

Escoge *dos* grupos de inmigrantes de la lista. En el caso de *cada uno*:

- Describe algunas de las condiciones con las que se encontraban los inmigrantes en su país o región de origen que los impulsaron a venir a los Estados Unidos.
- Cita un problema encontrado por ese grupo como inmigrantes en los Estados Unidos.
- Describe las acciones o pasos tomados por el grupo o sus miembros para lidiar con sus problemas.

3 A lo largo de la historia de los EE.UU., hombres y mujeres trataron de mejorar la sociedad al participar en movimientos reformadores.

Movimientos de reforma

Derechos femeninos
Organizaciones laborales
Derechos de los indígenas

Escoge *dos* de estos movimientos de reforma, y en el caso de *cada uno*:

- Nombra a una persona o un grupo específico asociado con cada uno de los movimientos escogidos, y describe la influencia que esa persona o grupo tuvo en el movimiento.
- Discute hasta qué grado cada movimiento mejoró la calidad de vida en los Estados Unidos.

UN EXAMEN DE LA DIVERSIDAD EN LOS ESTADOS UNIDOS

Las categorías que discutiremos a continuación en realidad no son las más usadas para determinar las características de un individuo, pero han tenido gran importancia en la organización social y en la historia de los Estados Unidos. A veces las personas se identifican a sí mismas y a los otros basándose en estas categorías. Los grupos de personas que comparten rasgos similares frecuentemente desarrollan su propio estilo de vida y cultura. Los Estados Unidos son un país culturalmente diverso porque tiene distintos estilos de vida y diferentes culturas. Vamos a examinar de cerca algunas de estas categorías:

CATEGORIAS DE DIFERENCIACION

RAZA

Los seres humanos de las distintas regiones del mundo son diferentes (por ejemplo, algunas personas tienen la piel más clara o más oscura que otras). A partir de estas diferencias algunas sociedades clasifican a los individuos en grupos llamados razas. Los grupos raciales más importantes en los Estados Unidos son los caucásicos (blancos de descendencia europea), afro-estadounidenses, asiático-estadounidenses, y los indígeno-estadounidenses.

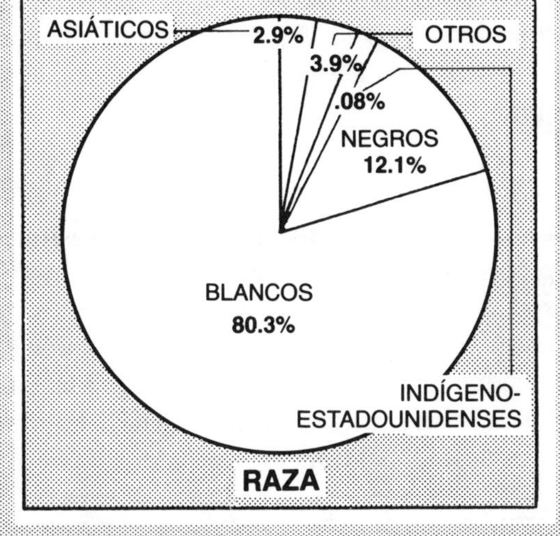

GENERO SEXUAL

También las personas pueden ser clasificadas por género sexual (masculino/femenino). Las divisiones por género sexual han jugado un papel muy importante en la historia de los Estados Unidos. Por ejemplo, hasta 1900, las mujeres estadounidenses no podían votar en la mayoría de los estados, no podían asistir a las universidades, ni participar en el campo profesional. Tampoco tenían igualdad de derechos en su propio círculo familiar. Una serie de leyes recientes han comenzado a corregir estos problemas.

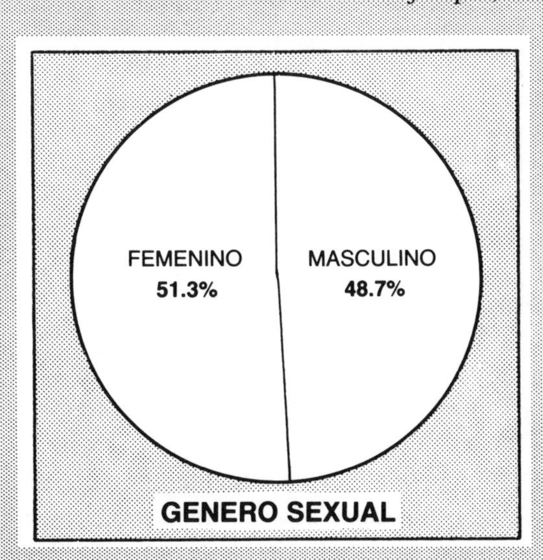

ETNIA

Un grupo étnico es un grupo que comparte una cultura y un origen común. La definición de un grupo étnico puede variar: sus miembros pueden ser de la misma raza, creer en la misma religión, hablar el mismo lenguaje, o tener el mismo origen nacional. A veces el origen étnico de una persona nos puede decir algo de su modo de vida (comida, costumbres, etc.).

> ***Nota sobre nacionalidad y origen nacional***
>
> El término *nacionalidad* se refiere al país de donde esa persona es ciudadano. A veces, el término *origen nacional* se usa para identificar el origen étnico de una persona y se refiere al país de donde vinieron sus antepasados. Por ejemplo, una persona que se identifique como ítalo-estadounidense, es alguien que es ciudadano estadounidense, pero cuyos antepasados vinieron de Italia.

RELIGION

Aunque no existe una definición precisa en la clasificación religiosa, la mayoría de las definiciones tienen elementos en común: la creencia en Dios, una serie de costumbres y prácticas y una organización como la iglesia, que dirige y conduce las prácticas religiosas. Muchos grupos religiosos inmigraron a los Estados Unidos con el fin de escapar de la persecución religiosa. Es por esto que los estadounidenses pertenecen a un sinnúmero de grupos religiosos. Muy temprano en la historia de los Estados Unidos, se estableció el principio de tolerancia religiosa.

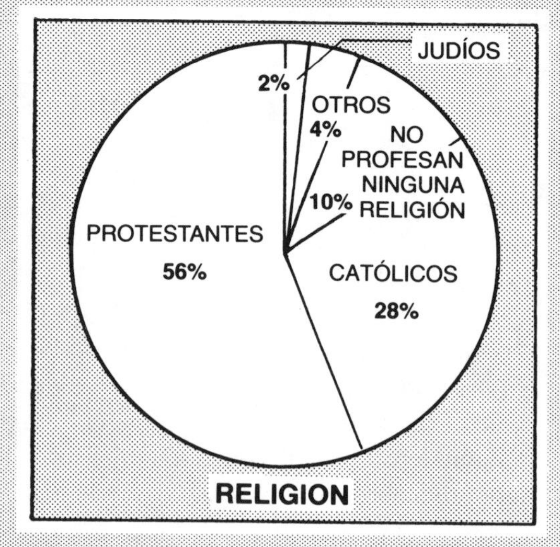

CLASE SOCIAL

La clase social es otra categoría de clasificación de grupos de personas. Las clases sociales son grupos de personas con una educación e ingreso similares que tienen empleos parecidos y viven en comunidades similares. Aunque un individuo nazca en determinada clase social, puede cambiar a una clase social distinta por medio de la educación, el trabajo o la suerte.

EXPERIENCIAS DE LAS MINORIAS

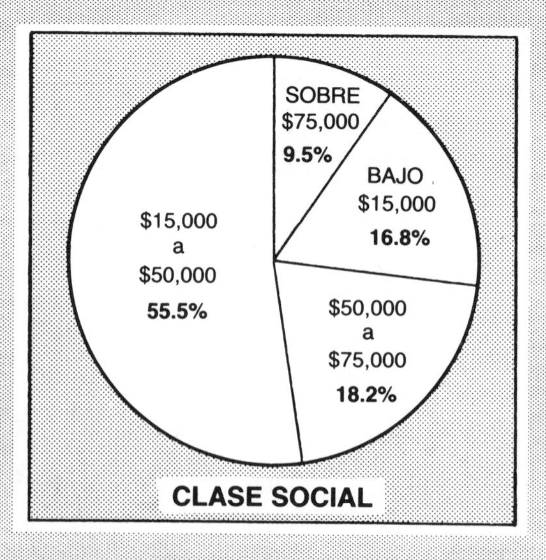

Mucho de lo que estudias sobre la historia de los Estados Unidos se relaciona con las acciones de nuestro gobierno o de hombres de negocios. A lo largo de buena parte de nuestra historia, estos líderes nacionales han sido hombres blancos, protestantes y muy ricos. Sin embargo, el estudio limitado a estos grupos no nos da una visión abarcadora de la vida en los Estados Unidos. Para entender nuestra nación y nuestro carácter, también necesitamos estudiar las experiencias de personas fuera de este grupo limitado. Es necesario ampliar la perspectiva, pues nuestro progreso hacia una plena igualdad social depende en parte de nuestro conocimiento de las privaciones y las luchas de los grupos marginados. A veces nos referimos a estos grupos como minorías, ya que sus experiencias difieren de las del grupo dominante. Usualmente se incluye a la mujer como parte de estas minorías, aunque este grupo en realidad representa numéricamente una mayoría.

En otras secciones de este libro, vas a repasar las experiencias de las minorías y grupos marginados en detalle. Por ahora veremos brevemente la naturaleza del prejuicio y el discrimen que estos grupos han enfrentado.

LAS RAICES DEL PREJUICIO

La palabra prejucio se deriva de la unión de *pre* y *juicio* y se refiere a las creencias o actitudes infundadas de una persona en contra de otra de distinto origen racial, étnico, de clase social o género. ¿Cúales son las causas que crean el prejuicio en las personas? ¿Por qué es tan difícil eliminar estos prejuicios? Los científicos sociales que estudian estos problemas han identificado ciertos mecanismos que explican cómo estos prejuicios se desarrollan y se difunden; señalan que algunas personas se sienten más familiarizadas y cómodas en un grupo de su misma raza, etnia, clase social o género. El desconocimiento o la falta de familiaridad con miembros de otros grupos a veces crea estereotipos por medio de los cuales los individuos prejuiciados hacen generalizaciones negativas de miembros de otros grupos basándose en observaciones apresuradas. Miran a la gente de otros grupos como si fuera extrañas y por razones sicológicas terminan pensando que su grupo es el mejor. Tal etnocentrismo hace crecer su autoestima y creen que son superiores porque piensan que los otros grupos son inferiores.

- **Influencia de la tradición**: No nacemos con prejuicios; los aprendemos mientras crecemos por la influencia de los miembros de nuestra familia, amigos o vecinos. Generalmente, los miembros del grupo dominante miran a las personas de otros grupos como incapaces o inferiores. Por ejemplo, muchos hombres pensaban que la mujer era incapaz de tomar decisiones racionales y muchas universidades y puestos gubernamentales las excluían como si fuesen una minoría. A veces esto resulta en que la mujer limite sus ambiciones y expectativas de vida.

- **Competencia económica**: En algunos casos, los prejuicios se desarrollan por temores a la competencia económica. Los blancos pobres temen competir en el mercado de trabajo con los negros pobres, quienes por sus circunstancias adversas trabajan por salarios más bajos. De un modo similar, los miembros de sindicatos temían que los inmigrantes del sur y del este de Europa pudiesen aceptar salarios más bajos. Aún hoy algunos hombres temen perder sus empleos por la competencia que presentan las mujeres en los centros de trabajo. Los científicos sociales creen que estos temores causados por la competencia económica son casi siempre el factor verdadero tras los prejuicios sociales.

LOS ROSTROS DE LA DISCRIMINACION

Mientras el prejuicio se refiere a creencias y actitudes sobre miembros de un mismo grupo, la discriminación se asocia con actos en contra de alguien perteneciente a uno de estos grupos que denominamos como minorías. La discriminación puede manifestarse de diversas maneras. En muchas sociedades, la discriminación se limita a actos privados realizados por individuos. En otras sociedades la discriminación en contra de miembros de los grupos minoritarios es apoyado por la ley del estado.

CAPITULO 11

LA PROTESTA Y LA REFORMA

VISION GENERAL

A medida que los Estados Unidos se transformaban de una nación agrícola a un país industrial y manufacturero, la política gubernamental tendía a favorecer los intereses de las grandes empresas (Big Business). Muchos granjeros tenían dificultad en acostumbrarse a la idea de los Estados Unidos como nación industrializada. Esperaban ayuda del gobierno. Su primer intento de fomentar sus intereses a un nivel nacional fue el movimiento granjero.

Los obreros de las ciudades también sufrían dificultades. El Partido Populista fue creado principalmente para permitir que los agricultores y los obreros urbanos expresaran su descontento. Al principio del siglo XX, los populistas apoyaron a un nuevo grupo que buscaba reformas: los progresistas. Los progresistas enfocaron su atención en la eliminación de las prácticas injustas de las grandes empresas y en eliminar la corrupción en el gobierno.

— LINEA CRONOLOGICA DE SUCESOS IMPORTANTES —

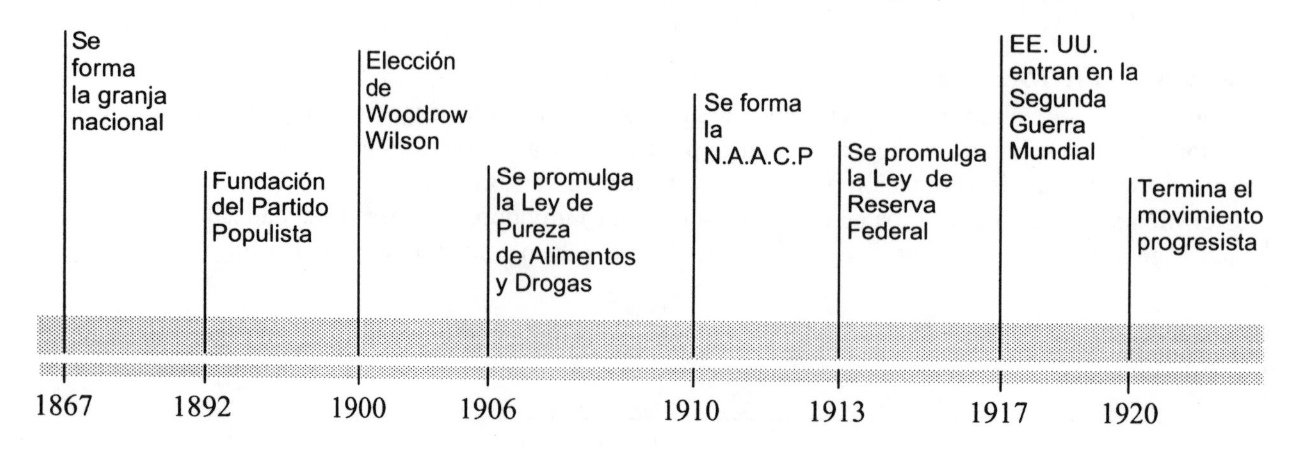

EL MOVIMIENTO AGRARIO

LOS EE. UU.: UNA NACION DE AGRICULTORES

En el presente, menos del 2% de la población vive en granjas. En los años 1870, la mayoría de los estadounidenses vivían en el campo y se consideraban autosuficientes. Pero en realidad se enfrentaban con muchos problemas.

LOS PROBLEMAS DE LOS AGRICULTORES: 1870-1900

Hacia el fin del siglo XIX, los agricultores confrontaron grandes dificultades cuando los precios de los comestibles comenzaron a bajar cada vez más aunque los gastos de los granjeros seguían altos. Esta situación fue el resultado de una combinación de factores:

Sobreproducción agrícola. La causa principal de la baja en los precios de los comestibles fue la sobreproducción. La expansión hacia el oeste aumentó significativamente el número de granjas y la superficie de tierras de cultivo. Al mismo tiempo, la maquinaria y los adelantos técnicos aumentaron el rendimiento de cada acre. Como resultado, los granjeros estadounidenses producían mucho más alimento. Con tales cantidades disponibles, bajaron los precios de los víveres.

Lucros de los intermediarios. Los agricultores no vendían sus productos directamente al consumidor, sino a los agentes que compraban los frutos en el tiempo de la cosecha cuando el surtido era amplio y los precios bajos. Los distribuidores sacaban ganancias más tarde al vender a los mercados urbanos cuando los precios eran altos. En otros casos, los granjeros pagaban a los dueños de almacenes de granos por el almacenaje. A menudo, estos costos eran muy grandes.

Altos costos de transporte. Los agricultores que transportaban sus productos tenían que pagar altas tarifas de ferrocarril. Las compañías ferroviarias sabían que los granjeros no tenían otra salida sino pagar lo pedido, ya que no tenían otra forma de llevar sus productos al mercado.

Alto costo de artículos manufacturados. Mientras que los agricultores recibían poco por sus cosechas, pagaban altos precios por artículos tales como querosén, maquinaria agrícola, ropa y muebles. Los aranceles proteccionistas no permitían la entrada al país de productos europeos más baratos y mantenían los precios artificialmente altos.

Competencia internacional. Los agricultores estadounidenses se encontraban frente a la competencia del Canadá, la Argentina, Australia y Rusia. Se vendían menos productos agrícolas en el extranjero y bajaron los precios internacionales de comestibles.

Endeudamiento de los agricultores. Los granjeros a menudo pedían préstamos para comprar tierra y maquinaria o para hacer mejoras. Si la cosecha era mala, los agricultores pedían préstamos y usaban sus granjas para garantizarlos. Los bancos y prestamistas juzgaban a los granjeros como clientes de alto riesgo y les cobraban altos porcentajes de interés. Los pagos de intereses eran una carga más para los granjeros.

Desastres naturales periódicos. Los agricultores están sujetos a las fuerzas de la naturaleza: sequías, inundaciones e invasiones de insectos. Un solo año malo puede acabar con los ahorros de muchos años buenos.

EL MOVIMIENTO GRANJERO

Anteriormente, cuando tantos estadounidenses eran agricultores, hubiera sido casi imposible unificarlos en un solo grupo para ejercer influencia. Pero con el surgimiento de la sociedad industrial, los granjeros gradualmente comenzaron a verse como un grupo influyente. En 1867, se organizó el movimiento de la Granja. La Granja era una asociación de clubes sociales de agricultores. Su propósito inicial era deshacer el aislamiento rural de los granjeros y difundir información sobre nuevas técnicas en la agricultura. Los granjeros organizaban jiras, conferencias y otras actividades sociales. En diez años, llegaron a tener más de un millón de miembros y entraron en la arena económica y política.

Las cooperativas granjeras. Los granjeros trataron de reemplazar a los distribuidores al formar cooperativas. Las cooperativas compraban a descuento maquinaria, abonos y artículos manufacturados en grandes cantidades. Vendían las cosechas directamente a los mercados urbanos. Pero la mayoría de esas cooperativas fracasó a causa de la falta de experiencia y pericia.

Las leyes granjeras. Los agricultores culpaban a las compañías de ferrocarriles por sus dificultades. En varios estados del Medio Oeste, los granjeros eligieron candidatos a la legislatura estatal que favorecían la reglamentación de los ferrocarriles. Estos estados promulgaron leyes que reglamentaban las tarifas ferroviarias y de almacenaje de grano.

Las compañías ferroviarias protestaron contra estas nuevas leyes granjeras, sosteniendo que esta regulación disminuía el valor de su propiedad sin el "debido proceso de ley". En ***Munn vs. Illinois***, la Corte Suprema falló que los gobiernos estatales podían reglamentar los ferrocarriles ya que estos influían en el interés público. En 1886, en ***Wabash vs. Illinois*** la Corte Suprema revocó su posición anterior. Los granjeros entonces se dirigieron al Congreso pidiendo apoyo; argumentaban que los estados no podían reglamentar las tarifas de los ferrocarriles involucrados en comercio interestatal, ya que la Constitución otorgaba este derecho al Congreso. En 1887, el Congreso promulgó la **Ley de Comercio Interestatal** que formó un cuerpo reglamentario que vigilaría las empresas ferroviarias y el comercio interestatal. (Véase la sección subsiguiente en este capítulo, "La Constitución en marcha", para más detalles sobre esta ley y los procesos jurídicos.)

TERMINOS PARA RECORDAR

Movimiento de la granja, *Munn vs. Illinois*, *Wabash vs. Illinois*, Ley Comercio Interestatal

EL PARTIDO POPULISTA: 1891-1896

A pesar de cierto éxito del movimiento granjero, los agricultores seguían en aprietos. En 1892, los granjeros juntaron sus fuerzas con un nuevo partido político, el Partido Populista, que representaba a los labradores, granjeros y obreros industriales en la lucha contra los intereses bancarios y ferroviarios. Los populistas estaban convencidos de que los industriales ricos y los banqueros tenían dominio sobre el gobierno. Creían que ya no podían depender ni de los demócratas ni de los republicanos. Al igual que los granjeros que lucharon antes que ellos, los populistas también querían que el gobierno federal asumiese más responsabilidad por el bienestar de la gente.

EL PROGRAMA POPULISTA

En 1892, los populistas reunieron una asamblea nacional en Omaha, Nebraska, donde se escogió un candidato presidencial y se formuló el programa del partido. El plan de acción populista contenía muchas propuestas nuevas:

- Libre e ilimitada acuñación de plata, que duplicaría la cantidad de moneda disponible produciendo "**dinero barato**". Esto a su vez tendría el doble beneficio de elevar los precios de los frutos de la tierra y bajar el verdadero valor de los pagos a los prestamistas. Estas medidas beneficiaban a la mayoría de los agricultores, que estaban endeudados.
- Elecciones directas de senadores, en vez de su selección por legislaturas estatales. Los populistas también pedían limitar la presidencia a un solo plazo, el voto secreto y otras reformas políticas para hacer a los políticos más sensibles al pueblo.
- Posesión gubernamental de ferrocarriles, telégrafos y teléfonos.
- Un impuesto graduado sobre ingresos, que tasaría a los ricos en categorías más altas y reduciría la dependencia del gobierno en los aranceles.
- Restricciones en la inmigración y jornadas más cortas para los obreros de las fábricas. Estas demandas se añadieron para atraer a los trabajadores urbanos.

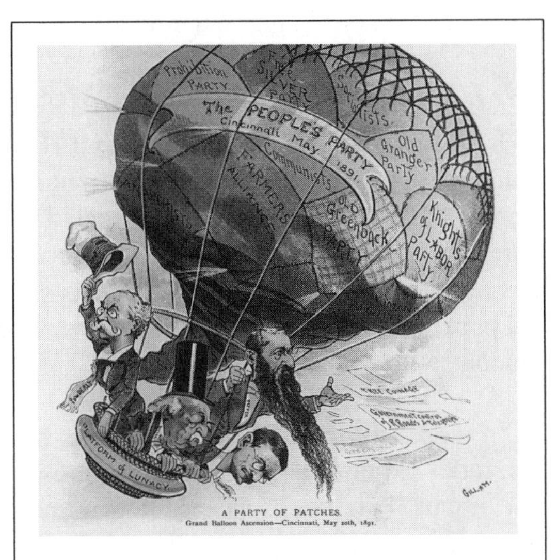

Esta caricatura del año 1891, designa a los populistas como "un partido de parches", un centón de soñadores y radicales, cosido a prisa

LAS CAMPAÑAS ELECTORALES

Con bastantes fuerzas en el Sur, el Noroeste y los estados montañosos, los populistas pusieron su atención en hacer que se eligiesen sus candidatos a puestos públicos.

Las elecciones de 1892. Los populistas eligieron a 5 senadores y recibieron más de un millón de votos por su candidato presidencial. Poco tiempo después de las elecciones, llegó la Depresión de 1893. Los populistas vieron la escasez de dinero como la causa de la depresión. Los líderes populistas enfocaron toda su atención en este asunto.

Esta caricatura atacó a Bryan por usar simbolismo religioso en su discurso de "cruz de oro"

Las elecciones de 1896. En 1896 el Partido Demócrata propuso a **William Jennings Bryan** para la presidencia después de su discurso en la asamblea. Este discurso de "**la cruz de oro**" elogiaba a los agricultores y censuraba los intereses bancarios por tratar de "crucificar la humanidad en una cruz de oro". Los populistas estaban tan impresionados con Bryan que decidieron apoyarlo a él en vez de presentar su propio candidato. El partido populista se formó inicialmente porque los demócratas desatendieron los pedidos de los granjeros. Como los demócratas adoptaron una parte tan grande de su programa, un Partido Populista distinto ya no era necesario.

Las elecciones de 1900. Estas elecciones lanzaron a William Jennings Bryan contra el candidato republicano **William McKinley**. La victoria de McKinley señaló el fin del Partido Populista. La mejora en la economía, los precios más altos de los productos agrícolas y la aplicación más amplia de métodos científicos en la agricultura, contribuyeron a la disminución de interés en un partido particular de los agricultores.

William McKinley

EL LEGADO DEL POPULISMO: LA FUNCION DEL TERCER PARTIDO

Aunque los populistas se disolvieron, muchas de las reformas que propusieron, tales como el impuesto graduado, las elecciones directas de los senadores y el voto secreto se aprobaron gracias a los esfuerzos de otros partidos políticos. Pero lo más importante es que los populistas son un ejemplo del papel que a menudo tienen los "**terceros partidos**" en la política estadounidense.

Los partidos políticos principales. Los dos partidos principales son los republicanos y los demócratas; todos los otros se consideran terceros partidos. La función de los partidos principales es la de gobernar el país. Para poder hacerlo tienen que reunir un gran número de grupos diferentes para formar una mayoría.

Las preocupaciones de los terceros partidos. En contraste, los terceros partidos generalmente se preocupan de una sola cuestión más que en obtener el poder mismo.

- **Cuestiones públicas fundamentales**. Los movimientos de un tercer partido comienzan generalmente cuando los partidos políticos principales no hacen caso a una cuestión pública importante. Entre las cuestiones que estimularon el desarrollo de terceros partidos estaban la abolición de la esclavitud, el sufragio de la mujer, la sobriedad, los agravios de los granjeros y el aborto.

- **Representación de la posición de las minorías**. Los terceros partidos representan una oportunidad de las minorías para expresar sus quejas, presentar nuevas ideas, abogar por soluciones nuevas y educar al público.

- **Existencia breve**. Si tienen éxito, uno o ambos partidos principales van a adoptar sus ideas —tal como los demócratas adoptaron la posición de los populistas. Esto los acerca al logro de su propósito final, pero también agota su fuerza independiente. La mejor muestra de la influencia de los terceros partidos es el hecho de que muchas de sus propuestas se han convertido en leyes.

TERMINOS PARA RECORDAR

Partido Populista, programa populista, "dinero barato", discurso de "la cruz de oro", terceros partidos

EL MOVIMIENTO PROGRESISTA: 1900-1920

EL DESARROLLO DEL MOVIMIENTO PROGRESISTA

El movimiento progresista se desarrolló primero en las décadas del principio del siglo XX, entre 1900 y el comienzo de la Primera Guerra Mundial. Aunque los progresistas tomaron algunas ideas de los populistas, eran diferentes. Los progresistas eran principalmente de la clase media urbana, mientras que los populistas eran agricultores y obreros. Además, los progresistas tenían más éxito que los populistas en adquirir poder político. Las reformas de los progresistas trataban de apartar a los EE. UU. de la práctica de "laissez-faire" hacia una economía en la cual la reglamentación gubernamental previniese los peores abusos del poderío económico.

LOS PROPOSITOS DE LOS PROGRESISTAS

El propósito del movimiento progresista era el de rectificar las injusticias políticas y económicas que resultaron de la rápida industrialización de los EE. UU. Los progresistas no se oponían a la industrialización, pero querían que el poder del gobierno contrarrestara sus males, para que todos los estadounidenses, no sólo los ricos, pudieran disfrutar de una vida mejor. Para lograr esto, opinaban que también tendrían que reformar al gobierno mismo, que se había corrompido por las grandes empresas y los "caciques" políticos.

LOS APREMIOS DE REFORMA

La reforma fue un proceso continuo a través de la historia estadounidense. Sin embargo, hubo varias razones por las cuales el movimiento progresista surgió en este tiempo:

La tradición de reforma. Los movimientos de reforma generalmente se basan en la idea de que la sociedad puede mejorarse. En los EE. UU. ya existía una tradición de reforma. Esto se puede ver en el movimiento abolicionista, la campaña por los enfermos mentales y los populistas. Los progresistas eran otro ejemplo de estadounidenses que pedían reformas para contrarrestar ciertas dificultades existentes.

Los problemas causados por la industrialización. El desarrollo de la industria trajo muchos problemas sociales nuevos: condiciones inhumanas de trabajo, trabajo de los niños, corrupción política, sobrepoblación urbana, abuso del medio ambiente, desigualdad extrema de recursos y el abuso de los consumidores. Hacia el fin del siglo XIX estos problemas parecían empeorarse.

La influencia de la clase media. La mayoría del apoyo de los progresistas vino principalmente de sus miembros de las clases medias: técnicos, oficinistas, pequeños negociantes y personal de servicio. La clase media se sentía amenazada por el surgimiento de las grandes empresas y la formación de los "trusts" gigantescos, los sindicatos obreros y "la maquinaria política".

El movimiento del "evangelio social". Los progresistas a menudo obraban impulsados por el sentido de responsabilidad moral derivada de la religión. Muchos pastores protestantes en el movimiento del "evangelio social", estaban especialmente preocupados por la condición de los pobres. En vez de aceptar la pobreza como voluntad divina, estos pastores pedían reformas sociales, inclusive la abolición del trabajo de los niños y condiciones de trabajo menos arriesgadas. Enfatizaron el deber cristiano de ayudar a los desafortunados.

El surgimiento de la conciencia del consumidor. Los estadounidenses comenzaron a comprar bienes fabricados por compañías remotas e impersonales. Los progresistas creían que, para el beneficio de todos los consumidores, el uso de estos artículos no debería conllevar riesgo alguno, y que los fabricantes no deberían falsear sus productos. Los consumidores tenían que organizarse para proteger sus intereses frente a este tipo de negocios.

Presiones alternativas para lograr cambios. Los abusos del capitalismo industrial llevaron a algunos críticos a demandar su fin. Los socialistas creían que el gobierno debía tomar la dirección de las industrias fundamentales. Los anarquistas querían que el país se dividiera en pequeñas comunidades autónomas. Los comunistas creían que los obreros debían tomar el poder por medio de una revolución violenta y abolir la propiedad privada. Los progresistas rechazaron estas ideas, pero argumentaban que se necesitaban ciertas reformas para evitar una revolución social.

LA INFLUENCIA DE LOS PRIMEROS PROGRESISTAS

El movimiento progresista operaba en varios niveles de la sociedad y del gobierno.

LOS RASTRILLADORES DE MUGRE

Los más influyentes progresistas eran los periodistas, los escritores de denuncia y los sociólogos que exponían los abusos de la sociedad industrial y la corrupción del gobierno. Estos escritores eran conocidos como "rastrilladores de mugre" porque, en busca de noticias, "rastrillaban" por la mugre y el estiércol de la vida pública del país.

El enfoque de los rastrilladores. Los rastrilladores eran generalmente periodistas investigadores. Examinaban el surgimiento de la industria y los abusos y la corrupción que llevaron a la acumulación de grandes fortunas. También se fijaban en las prácticas de los negocios que afectaban al consumidor y la vida de los pobres y desdichados.

Su influencia. Los rastrilladores revelaron muchos males sociales y estimularon la demanda pública de reformas. Al hacerlo, establecieron las normas que existen aún hoy. Los periodistas de diarios, revistas y televisión a menudo sirven como perros guardianes vigilando al gobierno, exponiendo problemas, informando al público y promoviendo debates.

Los rastrilladores famosos. Entre los más conocidos escritores progresistas se encontraban:

- **Jacob Riis**, que presentó la pobreza urbana en su libro *How The Other Half Lives* (*Cómo vive la otra mitad*).
- **Ida Tarbell**, en su *History of the Standard Oil Company*, mostró cómo el ascenso de Rockefeller se basó en despiadadas prácticas en los negocios.
- **Lincoln Steffens** expuso la corrupción del gobierno municipal en su libro, *The Shame of the Cities* (*El oprobio de las ciudades*).
- **Ray Stannard Baker** presentó la condición de los negros en el Sur y en el Norte en su libro, *Following the Color Line* (*En los rastros de la línea del color*).
- **Frank Norris** escribió *The Octopus* (*El pulpo*), una obra de ficción que presentaba la aniquilación de los granjeros californianos por las empresas ferroviarias.

- **Upton Sinclair** escribió una novela, *The Jungle* (*La selva*), en la cual describe algunas de las prácticas insalubres en las plantas de enlatar carne, entre ellas la de empacar ratas muertas en las latas de comestibles.

LOS REFORMADORES SOCIALES

Algunos progresistas se conmovieron tanto ante los abusos de la sociedad industrial que hicieron esfuerzos individuales de reforma social.

Centros de acción benéfica y social. Estos se encontraban en los barrios bajos de las ciudades. La gente pobre podía recibir allí servicios tales como cuidado de niños y de enfermos, clases de inglés para los inmigrantes y ayuda en el proceso de naturalización. **Jane Addams**, una reformadora de Chicago, estableció la Hull House, uno de los centros más conocidos.

Theodore Roosevelt con un grupo de niños frente a un centro de acción benéfica en las Ciudad de Nueva York

Asociaciones de reforma. Los progresistas formaron asociaciones para fomentar cambios en la sociedad y responsabilidad profesional. La Asociación Estadounidense de Abogados, la Asociación Nacional de Sufragio para Mujeres, la "**N.A.A.C.P.**" (Asociación Nacional Para el Adelanto de la Gente de Color) y la Liga Contra la Difamación (en oposición al antisemitismo y al prejuicio religioso), todas fueron fundadas por los progresistas en este tiempo.

LA REFORMA MUNICIPAL

Muchos progresistas enfocaron su atención en la corrección de los abusos al nivel del gobierno municipal de pueblos y ciudades.

La corrupción en el gobierno municipal. Algunas ciudades crecieron con tanta rapidez hacia el fin del siglo XIX que eran incapaces de manejar sus problemas.

- **Las condiciones en las ciudades**. La gente pobre vivía en conventillos céntricos, atestados, sin aire, luz, ni saneamiento apropiado. La policía, las escuelas y la recolección de basura eran inadecuados.

- **La maquinaria política**. En las grandes ciudades, el gobierno a menudo estaba controlado por una "máquina" dirigida por un cacique político. La maquinaria política proporcionaba empleos, albergue, préstamos de emergencia a los trabajadores pobres o ayuda a los inmigrantes para obtener la ciudadanía. A cambio, estos residentes votaban por los candidatos recomendados por el jefe político. La máquina usaba su control del gobierno municipal para robar una fortuna del tesoro público a través de sobornos o contratos inflados.

Los progresistas limpian el gobierno municipal. Los progresistas reemplazaron el dominio de los "jefes" con alcaldes preparados a obrar por el bien público. Ampliaron los servicios municipales para rectificar los problemas urbanos de la sobrepoblación, riesgos de incendio, saneamiento inadecuado y la falta de servicios para los habitantes. En algunas ciudades, los progresistas introdujeron nuevas formas de gobierno municipal para impedir la corrupción. A veces, los gobiernos progresistas adquirían la propiedad municipal de compañías de servicio público, como el agua y el gas. Esto se conocía como socialismo de "gas y agua".

VOCES DEL PUEBLO

Durante la era progresista (1895-1920), los escritores de denuncia, conocidos como rastrilladores de mugre, investigaban y atacaban la corrupción y las injusticias sociales, económicas y políticas. Uno de los rastrilladores más conocidos fue el novelista Upton Sinclair, que escribió sobre las prácticas repugnantes en las empacadoras de carnes. En el trozo que sigue, Sinclair describe las condiciones en una fábrica de salchichas.

La selva

—Upton Sinclair

(*Fragmento*)

Nunca se prestaba la menor atención a lo que se trituraba para hacer las salchichas; a las salchichas viejas, que volvían rechazadas desde Europa, y que estaban blancas de moho —les aplicaban bórax y glicerina, y las echaban en las trituradoras, para volver a prepararlas para el consumo dentro del país. Había carne que caía al piso, en la mugre y el aserrín, donde los obreros pisaban y escupían un sinnúmero de gérmenes de la tisis. Había carne almacenada en grandes montones en los cuartos; y el agua de los techos con goteras se derramaba encima de la carne, y miles de ratas corrían por ella. Estos almacenes eran demasiado oscuros para ver bien, pero uno podía pasar la mano por encima de estos montones de carne y barrer a manos llenas el estiércol seco de las ratas. Estas ratas eran un fastidio, y los empacadores les echaban pan envenenado; las ratas morían, y luego, las ratas, el pan y la carne, todo iba junto a las trituradoras. Esto no es un cuento ni una broma; la carne se traspalaba a los carretones, y el hombre de la pala no se molestaba en sacar las ratas, aun cuando las veía. Esto era lo que acababa en las salchichas, y en comparación, una rata envenenada era una golosina.

Como resultado de la novela de Sinclair, las empacadoras de carne se pusieron bajo reglamentación e inspección estricta del gobierno

COMPRUEBA TU COMPRENSION

1. ¿Te gustaría comer la salchicha hecha en la fábrica descrita por Sinclair? ¿Por qué sí, o por qué no?

2. ¿Cómo crees que Sinclair obtuvo esta información? ¿Crees que su descripción es exacta?

3. El libro de Sinclair, *La selva*, contribuyó a la promulgación de la Ley de Pureza de Alimentos y Drogas (1906). ¿Hasta qué punto crees que son saludables los alimentos que comemos hoy en día?

LA REFORMA DEL GOBIERNO ESTATAL

Igual que en el gobierno municipal, los progresistas tomaron medidas especiales para eliminar la corrupción y la influencia de las grandes empresas en el gobierno estatal. Los estados como Nueva York, Nueva Jersey, Wisconsin y California a menudo eran laboratorios de reforma política y social.

Reforma política. Las reformas en el nivel estatal estaban destinadas a hacer que el gobierno fuera más sensible al pueblo. Muchas de las medidas tomadas fueron luego adoptadas al nivel federal:

- **Voto secreto**. Los votantes marcaban sus papeletas de voto en privado en vez de votar en público, haciéndolos menos sujetos a la presión e intimidación.

- **Iniciativa**. Los votantes podían iniciar (introducir) proyectos de ley directamente en la legislatura estatal.

- **Referéndum.** Los electores podían mostrar su apoyo a un proyecto de ley al votar si querían que se aprobara una cierta medida o no.

- **Destitución**. En una elección especial, los oficiales elegidos podían ser "destituidos" (removidos de su cargo) por los votantes.

- **Elecciones preliminares directas**. Los votantes podían participar en elecciones especiales para determinar a quién querían ver como representante de su partido en las elecciones generales. Esto permitía que los miembros del partido, y no los caciques políticos, controlaran la selección de candidatos del partido.

- **Elección directa de senadores**. Al principio, la Constitución dio a las legislaturas estatales el poder de escoger a senadores de los EE. UU. La Enmienda XVII, aprobada en 1913, cambió la Constitución para hacer que los senadores fueran elegidos directamente por el pueblo.

- **Sufragio de la mujer**. Muchos estados progresistas, especialmente en el Oeste, otorgaron a las mujeres el derecho del voto. La Enmienda XIX, sancionada en 1929, extendió el voto a las mujeres de todo el país.

Reformas sociales y económicas. Los estados también sancionaron leyes que trataban con los peores efectos de la industrialización. Estas leyes reglamentaban las condiciones en las viviendas urbanas y prohibieron el trabajo de niños pequeños. También reglamentaban la seguridad industrial y las condiciones sanitarias de las fábricas, limitando el número de horas que podían trabajar las mujeres y obligando a los patronos a seguir pagando a los obreros lesionados en el trabajo. Además, se aprobaron leyes destinadas a conservar los recursos naturales y a establecer reservas silvestres.

LAS REFORMAS DEL GOBIERNO NACIONAL

Hacia el fin del siglo XIX, la corrupción en el gobierno federal era amplia, parecida a la de los gobiernos estatales.

El sistema de botín. Una gran parte de la corrupción a nivel federal venía del sistema de "botín". Los puestos gubernamentales se usaban para premiar a las personas que hacían contribuciones a los políticos o los ayudaron en sus campañas. A menudo, los nombramientos se le otorgaban a la gente que trabajaba para el partido político del presidente, en vez de a individuos más aptos.

En esta caricatura se muestra a los "trusts" gigantescos como "jefes del Senado"

Reforma del servicio civil. Algunos presidentes comenzaron a reemplazar el sistema de "botín" con el **sistema de méritos**. En 1883, el Congreso aprobó la **Ley Pendleton** que formó una Comisión de Servicio Civil que ofrecía exámenes competitivos y hacía los nombramientos a base de mérito.

TERMINOS PARA RECORDAR

Progresistas, rastrilladores de mugre, maquinaria política, iniciativa, referéndum, destitución, elecciones preliminares, sistema de botín, sistema de méritos

LOS PRESIDENTES PROGRESISTAS

THEODORE ROOSEVELT Y EL TRATO JUSTO: 1901-1909

A fines del siglo XIX, la presidencia era relativamente débil, y la dirección de los asuntos del país se dejaba principalmente al Congreso. Theodore Roosevelt invirtió esta tendencia al llegar a ser presidente después del asesinato de McKinley.

EL CONCEPTO DE ROOSEVELT SOBRE LA PRESIDENCIA

Roosevelt creía que el presidente era el funcionario que representaba a todo el pueblo, y que por lo tanto debía ejercer una fuerte dirección para su beneficio. Fue el primer presidente después de Lincoln que creía en el uso pleno de los poderes otorgados al presidente.

Un retrato de Theodore Roosevelt por Gari Melchers

La teoría del mayordomo. En la opinión de Roosevelt, el presidente era el "administrador", o mayordomo, y director de los intereses del pueblo. Roosevelt creía en emprender cualquier acción en defensa de esos intereses con tal que no fuera algo específicamente prohibido por la Constitución. Roosevelt prometió a los estadounidenses un **Trato Justo**, con lo cual quería decir juego limpio e igualdad de oportunidades. Su lema personal era "hablar con calma, pero llevar una estaca fuerte". Lo aplicó tanto en los asuntos internos como en los externos.

La teoría de mayordomía en la práctica. La teoría de mayordomía de Roosevelt se puso a prueba en la huelga de mineros de hulla en 1902. Ante la amenaza de un invierno sin hulla, Roosevelt procedió a proteger el bien del público. En las huelgas anteriores, los presidentes se ponían al lado de la dirección y usaban tropas contra los obreros. Pero Roosevelt trató de ser más neutral; trajo a la Casa Blanca a los representantes de ambos lados. Cuando los dueños se negaron a negociar, Roosevelt amenazó con tomar control de las minas y usar tropas para hacerlas funcionar. Esto convenció a los dueños a acceder a un acuerdo. Este incidente mostró cómo Roosevelt intentaba proteger el interés público.

ROOSEVELT COMO "REVENTADOR DE TRUSTS"

Roosevelt renovó la aplicación de la **Ley Sherman** contra grandes consolidaciones de empresas llamadas "trusts". Pero no los atacó a todos; lo que representaba él era el juego limpio. Por lo tanto, hacía una distinción entre los "trusts buenos" y los "trusts malos". Los monopolios malos eran los que actuaban contra los intereses públicos.

Roosevelt hizo una distinción entre los monopolios buenos y los malos

Northern Securities Company. En 1902, Roosevelt entabló un juicio contra la Northern Securities Company. Al tomar medidas para romper este monopolio, Roosevelt aseguró al público que las grandes empresas ahora estarían sujetas a la ley.

Standard Oil Company. En otro proceso contra un "trust", Roosevelt desafió a la Standard Oil Company de Rockefeller. Luego que Roosevelt hubiera dejado su cargo, la Corte Suprema afirmó su decisión al dividir la Standard Oil Company. La Corte Suprema usó la distinción de Roosevelt entre los buenos y los malos trusts; aplicó la Ley Sherman a los monopolios "inmoderados"—los que perjudican los intereses públicos.

Aunque Roosevelt no rompió muchos "trusts", estableció el principio de que el gobierno iba a proceder a dividir los "trusts" perniciososos. Es por esto que Roosevelt se ganó la reputación de "reventador de trusts".

LEGISLACION DEL TRATO JUSTO

Como parte de su Trato Justo, Roosevelt emprendió nuevas leyes para proteger la salud del consumidor, reglamentar ciertas industrias y conservar los recursos naturales del país.

Protección de la salud pública. La representación por Upton Sinclair de los empacadores de carne en su libro *The Jungle*, escandalizó a la nación. Como resultado, el Congreso promulgó la **Ley de Inspección de Carnes** (1906), que estipulaba la inspección gubernamental de carne. La **Ley de Pureza de Alimentos y Drogas** (1906), reglamentaba la preparación de alimentos y el uso de ciertos preservativos artificiales.

Reglamentación del transporte y comunicaciones. Roosevelt aumentó el poder de la Comisión de Comercio Interestatal para reglamentar los ferrocarriles. Este poder fue luego extendido a la reglamentación de las industrias de la radio, telégrafos y teléfonos.

Roosevelt, protector de la naturaleza. Aquí se ve un grupo conservador ante un secuoya gigantesco en California.

Conservación de los recursos nacionales. Roosevelt era conocido como persona de vida al aire libre. Puso atención en la necesidad de conservar los bosques, los seres silvestres y los recursos naturales. Roosevelt puso fin a la práctica de vender terrenos públicos para la explotación. Contribuyó a formar la Comisión Nacional de Conservación. Nombró a activistas en favor de la conservación de la naturaleza, como Gifford Pinchot, para la dirección de agencias que trataban con los recurson naturales.

WOODROW WILSON Y LA NUEVA LIBERTAD: 1913-1921

LAS ELECCIONES DE 1912

En 1908, William Taft fue elegido presidente. En los cuatro años subsiguientes, Theodore Roosevelt no estaba satisfecho con Taft y decidió desafiarlo en las nominaciones para candidato republicano en 1912. Taft logró el nombramiento del Partido Republicano a través de su control de la maquinaria del partido. Roosevelt aceptó entonces la candidatura en un tercer partido nuevo, conocido como progresista o **Partido "Bull Moose"**. La división dentro del Partido Republicano entre Taft y Roosevelt permitió que los demócratas, que nominaron a Woodrow Wilson, ganasen las elecciones.

William Howard Taft

LA PERCEPCION DE LA PRESIDENCIA POR WILSON

Mientras que Roosevelt era un presidente emotivo y entusiasta, Wilson era más desapasionado y lógico. Sin embargo, Wilson creía que un presidente debía ser fuerte y usar todos los poderes a su disposición. En la campaña de 1912, Wilson prometió a los estadounidenses una **"Nueva Libertad"**, que se obtendría domando a los grandes negocios, abriendo el camino a una mayor competencia y eliminando los privilegios especiales. Dirigió su atención al ataque contra los aranceles, el sistema bancario y los trusts.

LEGISLATURA DE LA NUEVA LIBERTAD

Wilson se convirtió en un presidente fuerte, partidario de reformas, capaz de hacer que el Congreso aprobara varias reformas legislativas importantes.

Woodrow Wilson

La Tarifa Underwood (1913). Wilson creía que los aranceles altos sólo beneficiaban a los monopolistas ricos y perjudicaban al estadounidense ordinario. Estableció una ley que bajó las tarifas cerca de un 25%.

Un impuesto graduado sobre los ingresos (1913). En un sistema de impuestos graduales, los ricos, por tener más capacidad de pago, tienen un porcentaje más alto de impuesto que la gente menos acomodada. Wilson pudo introducir un impuesto federal sobre ingresos porque la Enmienda XVI, instituida en 1913, dio al Congreso el poder de cobrar impuestos sobre el ingreso personal directamente. En el presente, los impuestos sobre ingresos son la fuente principal de fondos para el gobierno federal.

La Ley de la Reserva Federal (1913). Esta ley estableció 12 Bancos regionales de la Reserva Federal, que debían servir como "bancos de banqueros". La ley reformó la industria bancaria. Bajo sus provisiones, el gobierno federal podía controlar la cantidad del dinero en circulación al controlar las sumas que los bancos podían prestar.

Nueva legislación contra los "trusts". El gobierno federal llegó a convencerse de los beneficios de la competencia en los negocios, y se puso a establecer leyes que previnieran todo intento de limitar la competencia. En 1914, Wilson fortaleció la Ley Sherman contra los "Trusts" al sancionar la **Ley Clayton contra los "Trusts"** y la **Ley de Comisión Federal de Comercio**. (Para más detalles véase la sección sobre la legislación importante hacia el fin de este capítulo.)

EL MOVIMIENTO PROGRESISTA LLEGA A SU FIN

En 1914 estalló en Europa la Primera Guerra Mundial. En 1917, los estadounidenses entraron en la guerra en una cruzada para "hacer el mundo seguro para la democracia". El sufragio femenino y la prohibición se establecieron precisamente al final de la guerra; éstas fueron las reformas finales de la era progresista. Al fin de la guerra muchos estadounidenses estaban desilusionados. La fuerza del movimiento progresista se disipó en su lucha por las reformas principales. Los progresistas perdieron a sus partidarios y la mayor parte de su atractivo.

TERMINOS PARA RECORDAR

Trato Justo, Ley sobre la Pureza de Alimentos y Drogas, Partido "Bull Moose", Ley Sherman contra los "Trusts", Ley Federal de Reserva, Ley Clayton contra los "Trusts"

PROBLEMAS ENFRENTADOS POR LA SOCIEDAD ESTADOUNIDENSE

Condiciones de trabajo inhumanas	Trabajo de los niños en las fábricas y minas	Sobrepoblación urbana	Abuso del medio ambiente	Corrupción política	Enormes diferencias de fortuna

CAUSARON EL SURGIMIENTO DE LOS

- Rastrilladores de mugre
- Populistas
- Reformadores sociales

EL MOVIMIENTO PROGRESISTA: 1900-1920

PERSONAJES DE LA EPOCA

IDA B. WELLS BARNETT (REFORMISTA)

Ida B. Wells Barnett fue la co-fundadora de la N.A.A.C.P., y una periodista luchadora que trabajó infatigablemente contra el linchamiento de los negros inocentes en este país. Como resultado de sus editoriales y discursos contra el linchamiento, se enfrentó con amenazas personales, violencia del populacho y ataques de bombas. Ninguno de estos peligros fue capaz de poner fin a su cruzada contra los linchamientos.

JANE ADDAMS y LILLIAN WALD (REFORMISTAS SOCIALES)

Jane Addams y Lillian Wald fueron reformadoras en el movimiento de los centros de acción benéfica. Para los pobres que vivían en las ciudades, estos centros llegaron a ser lugares donde podían aprender a leer y escribir y obtener servicios sociales necesarios. En 1889, Jane Addams abrió el Hull House, un establecimiento de acción social y benéfica, en un barrio miserable de Chicago. Cuatro años más tarde, en Nueva York, Lillian Wald abrió el Henry Street Settlement House.

IDA TARBELL (RASTRILLADORA DE MUGRE)

Ida Tarbell era una periodista e investigadora. Su padre fue llevado a la ruina financiera por la Standard Oil Company. Ida Tarbell dedicó los cinco años subsiguientes de su vida a investigaciones para escribir su libro, *The History of the Standard Oil Company.* El libro es una crítica a los métodos y prácticas ilegales usadas por John D. Rockefeller para desarrollar la poderosa Standard Oil Company.

ROBERT LA FOLLETTE (GOBERNADOR)

Robert La Follette, un progresista sobresaliente, sirvió como gobernador de Wisconsin desde 1900 hasta 1906. Acabó con la influencia de las empresas ferroviarias y de los caciques políticos locales en la legislatura del estado. Bajo su jefatura, las empresas ferroviarias pagaron el mismo porcentaje de impuestos que otros establecimientos comerciales. Además, sus medidas de reforma reglamentaron las compañías de servicio público y ayudaron a proteger los bosques y aguas de Wisconsin contra la explotación y contaminación industrial.

JOHN MUIR (AMBIENTALISTA)

John Muir era un defensor de la naturaleza que tomó parte en una cruzada para proteger el hermoso paisaje y las maravillas naturales de los Estados Unidos. Amigo del Presidente Theodore Roosevelt, Muir contribuyó a convencerlo de la necesidad de proteger el ambiente. Se le recuerda el mérito de incluir el Yosemite de California en el sistema de parques nacionales.

JOHN DEWEY (EDUCADOR PROGRESISTA)

Dewey aplicó a la educación la idea de que el niño aprende mejor con métodos prácticos. Sus métodos daban menos importancia a la ciencia libresca y más énfasis a formar al niño como persona. En su escuela experimental, los estudiantes estaban a cargo de todos los servicios y llevaban a cabo muchas otras actividades. También creía que la utilidad social era la mejor guía en decidir qué materias deben enseñarse a los niños. Las ideas de Dewey se convirtieron en la base de la educación progresista.

LA CONSTITUCION EN MARCHA

LEGISLACION IMPORTANTE

LEY DE COMERCIO INTERESTATAL (1887)

Esta ley prohibió que los ferrocarriles impusieran distintas tarifas a diferentes clientes que enviaban bienes a la misma distancia. También prohibió arreglos de precios y tarifas más altas sobre el transporte de corta distancia que el de larga distancia en la misma ruta. Se formó una Comisión de Comercio Interestatal para investigar reclamaciones y para hacer cumplir la ley. Esta ley fue el primer paso del gobierno federal para controlar las prácticas de mala fe en los negocios.

LEY DE PUREZA DE ALIMENTOS Y DROGAS (1906)

Esta ley fue el resultado directo de la novela escrita por Upton Sinclair sobre las empacadoras de carne. La ley prohibió el transporte y la venta de alimentos o medicamentos adulterados o con rótulos falsos. Los alimentos adulterados son los que tienen aditivos o ingredientes inferiores no identificados en la etiqueta.

LEY FEDERAL DE SISTEMA DE RESERVAS (1913)

Esta ley fue un intento del Congreso de reformar los bancos. Creó un sistema bancario central compuesto de Bancos de la Reserva Federal, situados en 12 distritos diferentes. El propósito principal del Banco de la Reserva Federal es controlar la cantidad de dinero en circulación.

LEY DE COMISION FEDERAL DE COMERCIO (1914)

Esta ley estableció la Comisión Federal de Comercio, un cuerpo regulador destinado a proteger al consumidor al obligar que las corporaciones cesaran ciertas prácticas de mala fe. La Comisión Federal de Comercio se formó para darle poder a la legislación contra los monopolios.

LEY CLAYTON CONTRA LOS TRUSTS (1914)

La Ley Clayton fortaleció la legislación contra los monopolios. Además, la ley limitó el uso de interdictos contra los sindicatos al eximirlos de las demandas contra los "trusts". Antes de existir esta ley, los negocios podían sostener que los sindicatos eran “conspiraciones para la restricción del comercio”. Este cambio en la posición de los sindicatos encontró buena acogida de parte de las organizaciones obreras.

ENMIENDAS IMPORTANTES

ENMIENDA XVI (1913)

Al Congreso se le dio el poder para recaudar impuestos sobre el ingreso personal.

ENMIENDA XVII (1913)

Se cambió el método de elegir a los senadores de la selección por la legislatura estatal a elecciones directas por los electores.

ENMIENDA XVIII (1919)
Se prohibió la fabricación, venta, importación o exportación de bebidas alcohólicas.

ENMIENDA XIX (1920)
Las mujeres recibieron el derecho al voto.

PROCESOS JURIDICOS DE IMPORTANCIA

MUNN vs. ILLINOIS (1877)
Trasfondo: Los agricultores del Medio Oeste creían que los ferrocarriles y los almacenadores de grano les cobraban a sobreprecio. Illinois estableció una ley que controlaba el precio máximo que podían cobrar las empresas ferroviarias y los almacenadores de grano. Los ferrocarriles sostenían que Illinois los estaba privando de su propiedad sin el "debido proceso de ley" garantizado por la Constitución.

Decisión/Importancia: La Corte Suprema defendió el derecho de los estados a reglamentar ferrocarriles y almacenes de grano porque estos negocios estaban estrechamente vinculados con los intereses públicos. El fallo permitió que los estados reglamentaran los negocios que, en su opinión, afectaban el interés público.

WABASH vs. ILLINOIS (1886)
Trasfondo: Illinois estableció una ley que multaba a las empresas ferroviarias si cobraban tarifas iguales o más altas por el transporte de corta distancia que por distancias más largas. La Ferroviaria Wabash sostenía que Illinois no tenía derecho de reglamentar precios de una línea interestatal aunque el transporte tuviera lugar dentro del estado.

Decisión/Importancia: La Corte Suprema falló contra Illinois, declarando que sólo el Congreso y no los estados podían controlar las tarifas en el comercio interestatal. Este fallo puso fin a la reglamentación estatal de la mayoría de los ferrocarriles, pero abrió la puerta al aumento del control federal en todos los casos tocantes al comercio interestatal. A esto le siguió la Ley de Comercio Interestatal.

MULLER vs. OREGON (1908)
Trasfondo: Un fabricante fue sentenciado por haber violado la ley de Oregón que prohibía que las mujeres trabajaran más de diez horas al día. El fabricante apeló el fallo, sosteniendo que el estado no podía reglamentar las horas de trabajo.

Decisión/Importancia: El fallo revocó la decisión previa de *Lochner vs. New York* (1905), que estableció que el estado no podía interferir en contratos entre los patronos y sus empleados. En el caso de Muller, la Corte Suprema favoreció la ley de Oregón. La decisión de la Corte hizo notar la condición "especial" de las mujeres, permitiendo su exclusión de ciertas ocupaciones que requerían largas horas de trabajo y más fuerza física. Esto señaló un logro importante para los reformadores progresistas que trataban de mejorar la situación de los trabajadores estadounidenses.

RESUMEN DE TU COMPRENSION

Instrucciones: ¿Entendiste bien lo que acabas de leer? Comprueba tu comprensión al responder a las siguientes preguntas.

TERMINOS PARA RECORDAR

En una hoja aparte, brevemente define los siguientes términos:

Partido populista
Terceros partidos
Rastrilladores de mugre
Ley de la Reserva Federal
Trato Justo
Discurso de la cruz de oro
Progresistas
Movimiento granjero
Wabash vs. Illinois
Ley de Comisión de Comercio Interestatal

EL MOVIMIENTO AGRARIO

Entre los años 1870 y los 1900, hubo varios cambios fundamentales en la vida de los agricultores. Resume tu comprensión de estos cambios al responder a las siguientes preguntas:

- ¿Cuáles eran algunos problemas importantes con los que se enfrentaban los agricultores?
- Describe algunos de sus intentos de superar estos problemas.
- ¿Cuál fue el legado de los populistas?

EL MOVIMIENTO PROGRESISTA

El movimiento progresista trató de rectificar ciertos abusos en la sociedad estadounidense. Resume tu comprensión de este movimiento al responder a los siguientes problemas:

- ¿Cuáles eran los propósitos de los progresistas?
- Nombra a algunos de los rastrilladores que se distinguieron en el movimiento progresista.
- Discute algunos cambios logrados por los progresistas.

LOS PRESIDENTES PROGRESISTAS

Theodore Roosevelt y Woodrow Wilson opinaban que el presidente debía actuar para promover el interés público. Resume tu comprensión de sus ideas al contestar las siguientes preguntas:

- ¿Cómo fomentó el bienestar público el programa del Trato Justo de Roosevelt?
- ¿Cómo trató de promover los intereses del público el programa de Nueva Libertad de Wilson?

PERSONAJES DE LA EPOCA

Los individuos a menudo tienen una influencia importante en la vida política, económica y social de su tiempo. ¿Qué individuo en tu opinión tuvo la influencia más grande durante el período tratado en este capítulo? Explica el porqué.

COMPRUEBA TU COMPRENSION

Instrucciones: Comprueba tu comprensión de esta unidad al contestar las siguientes preguntas. Selecciona la mejor contestación. Luego dirígete a los ensayos.

DESARROLLO DE DESTREZAS: INTERPRETACION DE UNA CARICATURA

Basa tus respuestas a las preguntas 1 a 3 en la caricatura dada y en tu conocimiento de estudios sociales.

1 En 1892, el granjero de la caricatura probablemente habría sido miembro del partido
1 demócrata
2 republicano
3 populista
4 federalista

2 ¿Cuál es la idea principal de la caricatura?
1 Los estadounidenses necesitan más medidas de seguridad en los ferrocarriles.
2 La industria ferroviaria está amenazada por los automóviles.
3 Los agricultores están a merced de las compañías ferroviarias.
4 Los granjeros deben ser protegidos de la inflación desenfrenada.

3 Un resultado directo de la situación presentada en la caricatura fue
1 el establecimiento del movimiento sufragista
2 la formación de la Comisión de Comercio Interestatal
3 el establecimiento de la Ley Dawes
4 la introducción de la Oficina de Libertos

DESARROLLO DE DESTREZAS: INTERPRETACION DE DECLARACIONES EN UN DIALOGO

Basa tus respuestas a las preguntas 4 a 6 en las declaraciones de los hablantes y en tu conocimiento de estudios sociales.

Hablante A: Nuestra tarea es informar al público sobre el crimen, los sobornos y la corrupción que existen en la sociedad. Si los periodistas luchadores como yo no sacamos a la luz estos escándalos, los abusos de la sociedad van a continuar.

Hablante B: El control del gobierno debe pasar de las manos de los agentes del poder y caciques políticos al pueblo. La gente común sabe lo que le conviene.

Hablante C: El gobierno nacional debe aprender a mantener sus manos fuera de los asuntos de negocios. Si el gobierno sigue reglamentando los negocios, las oportunidades económicas del futuro estarán en riesgo.

Hablante D: Me preocupa la cantidad en aumento de niños que trabajan en las fábricas. Necesitamos leyes que impidan el trabajo de niños en las fábricas.

4 El hablante A podría describirse mejor como
1 rastrillador de mugre
2 reventador de monopolios
3 ambientalista
4 nacionalista

5 ¿Cuál hablante probablemente apoyaría la idea del capitalismo de laissez-faire?
1 A
2 B
3 C
4 D

6 ¿Cuál hablante expresa las opiniones de filántropos como Jacob Riis y Jane Addams?
1 A
2 B
3 C
4 D

DESARROLLO DE DESTREZAS: INTERPRETACION DE UNA TABLA

Basa tus respuestas a las preguntas 7 a 9 en la tabla que sigue y en tu conocimiento de estudios sociales.

TENDENCIAS EN LAS AFILIACIONES POLITICAS EN LOS EE. UU.

Año	Republicano	Demócrata	Independiente
1979	22%	45%	33%
1978	23	49	28
1975	22	45	33
1972	28	43	29
1968	27	46	27
1964	25	53	22
1960	30	47	23
1952	34	41	25
1949	32	48	20
1944	39	41	20
1940	38	42	20
1937	34	50	16

7 De acuerdo a la información provista en la tabla sobre los miembros inscritos en los diferentes partidos
1 en 1979 había más republicanos que independientes
2 en el año 1937 hubo más demócratas que en cualquier otro tiempo
3 en 1944 había más independientes que republicanos
4 en 1964 había más demócratas que republicanos e independientes combinados

8 ¿Cuál es la declaración mejor apoyada por la información de la tabla?
1 Desde 1937, los estadounidenses se iban apartando gradualmente de la afiliación con partidos políticos tradicionales.
2 Durante los años 1940, el porcentaje de los estadounidenses independientes era superior a los afiliados con uno u otro partido principal
3 La afiliación con el Partido Demócrata llegó al nivel más bajo en los años 1960.
4 El Partido Republicano tuvo un gran aumento en el número de miembros en los años 1970.

9 Si continúa la tendencia de la tabla, será lógico esperar que habrá
1 más republicanos inscritos que cualquier otro tipo de votante
2 más demócratas inscritos que cualquier otro tipo de votante
3 más votantes independientes que miembros inscritos en los partidos
4 pocas personas seguirán votando en las elecciones futuras

---

10 ¿Cuál de los siguientes alentó el desarrollo del movimiento progresista?
1 la influencia de los rastrilladores, populistas y reformadores sociales
2 la crisis de la bolsa de valores de 1929
3 el conflicto racial en el nuevo Sur
4 la migración de la población de las ciudades al campo

11 ¿Quién está pareado con el campo en el que alcanzó reconocimiento nacional?
1 Samuel Gompers — movimiento feminista
2 Jane Addams — reforma social
3 John Muir — reforma de prisiones
4 Dorothea Dix — conservación de la naturaleza

12 La elección directa de senadores, el impuesto graduado sobre ingresos y la Ley de Pureza de Alimentos y Drogas todas eran medidas introducidas durante
1 el período de Reconstrucción
2 la era progresista
3 la guerra fría
4 el Nuevo Trato

13 Iniciativa, destitución y referéndum son ejemplos de
1 la política externa del siglo XIX, típica del imperialismo
2 reformas progresistas destinadas a democratizar el gobierno
3 reglamentación gubernamental para controlar los grandes negocios
4 medidas conservadoras adoptadas por Theodore Roosevelt

14 Un partidario del movimiento granjero probablemente apoyaría
1 la reglamentación gubernamental de las empresas ferroviarias
2 la abolición de la propiedad privada
3 el capitalismo de "laissez-faire"
4 el sufragio femenino

15 ¿Cuál declaración se asocia mejor con William Jennings Bryan?
1 "Cincuenticuatro-cuarenta o combate"
2 "No crucificarán a la humanidad en una cruz de oro"
3 "Apenas comenzamos a pelear"
4 "Siento tener sólo una vida que dar por mi patria"

16 ¿Cuál acontecimiento tuvo lugar durante la presidencia de Theodore Roosevelt?
1 la emancipación de los esclavos
2 el comienzo de la conservación de los recursos naturales del país
3 la fundación de la Standard Oil Company
4 el comienzo del movimiento granjero

17 El Sistema de la Reserva Federal de los Estados Unidos se estableció para
1 servir como fuente de préstamos para los agricultores
2 resolver los problemas de la Gran Depresión
3 equilibrar el presupuesto federal
4 regular la cantidad de dinero en circulación

18 ¿Cuál declaración está sustentada por el estudio del movimiento progresista en los Estados Unidos?
1 Querían mitigar los requisitos para la inmigración.
2 Abogaban por un gobierno responsable para rectificar los males de la sociedad.
3 Se oponían a las opiniones políticas de los populistas.
4 Eran apoyados por los grandes negocios.

19 Un economista, al hacer investigaciones de la era progresista, probablemente estaría más interesado en
1 la suerte de los indios
2 la elección de William McKinley
3 la práctica de "laissez-faire"
4 la obra de los reformistas sociales

20 Los rastrilladores de la era progresista y los periodistas investigadores de nuestros días se parecen en el interés de unos y otros en
1 documentar la corrupción en la vida de los Estados Unidos
2 abogar por un control gubernamental reducido en la economía
3 tratar de acrecentar el espíritu del patriotismo
4 pedir más ayuda económica para los países menos desarrollados

21 ¿Cuál es la declaración más acertada sobre la Ley Sherman contra los monopolios?
1 Otorgó a los estados el derecho de reglamentar vías férreas interestatales.
2 Proscribió los monopolios que restringen el comercio interestatal.
3 Estableció la Comisión Federal de Comercio.
4 La Corte Suprema la declaró inconstitucional.

22 Un propósito importante tanto del movimiento granjero como del populista en los Estados Unidos fue
1 el establecimiento del patrón oro de la moneda
2 la política obligatoria del gobierno para contener la inflación
3 el establecimiento de leyes que aumentaran la reglamentación federal de los monopolios
4 la inmigración ilimitada de los asiáticos

23 ¿Cuál declaración describe mejor las reformas propuestas por el Partido Populista?
1 Eran sólo promesas de campaña.
2 Desaparecieron del interés público.
3 Eran poco deseables en un país democrático.
4 Fueron logradas por otros partidos políticos.

24 Las primarias contribuyeron a aumentar el interés público en el proceso político al permitir a los votantes el
1 destituir a los funcionarios corruptos
2 escoger a los candidatos del partido
3 conocer personalmente a los candidatos
4 formular programas del partido

25 Tanto Theodore Roosevelt como Woodrow Wilson creían que el papel del gobierno en la rectificación de las desigualdades económicas debía consistir en
1 su posesión de compañías de servicio público
2 encontrar trabajo para los desempleados
3 reemplazar a los oficiales de las compañías
4 reglamentar los grandes negocios

ENSAYOS

1 El movimiento progresista trató de cambiar la sociedad al introducir muchas reformas.

Parte A

Enumera *dos* problemas que existían en los Estados Unidos antes de 1920. Describe una forma en la que el movimiento progresista trató de resolver cada problema por medio de reformas.

Problema
1. ______________________________

2. ______________________________

Intento de reforma
1. ______________________________

2. ______________________________

Parte B

En tu respuesta a la Parte B debes usar la información dada en la Parte A. Sin embargo, también puedes incluir información adicional y distinta en tu respuesta a la Parte B.

Escribe un ensayo discutiendo los problemas confrontados por la sociedad estadounidense entre 1900 y 1920, y explica cómo los progresistas trataron de resolver estos problemas.

2 La dirección es un ingrediente esencial para el éxito de cualquier movimiento político o social en la historia. A continuación, tienes una lista de líderes pareados con los movimientos que encabezaron.

Líderes/Movimientos

Elizabeth Cady Stanton / Derechos femeninos
Frederick Douglass / Abolicionismo
Samuel Gompers / Obrerismo
John Muir / Conservación de la naturaleza
William Jennings Bryan / Populismo
Theodore Roosevelt / Movimiento Progresista

Escoge *tres* de los casos enumerados. En el caso de *cada* conjunto, evalúa los logros del líder y de su movimiento al discutir:

- El papel del líder en el movimiento
- Las tácticas usadas por el movimiento
- El efecto del líder y del movimiento en la historia de los Estados Unidos

CLAVES PARA LA COMPRENSION DE LAS RELACIONES INTERNACIONALES: UN EXAMEN DE LA POLITICA EXTERNA

Muchas preguntas en los exámenes de historia tienen que ver con la política externa. Esta sección te dará una visión general de la naturaleza de la política externa.

¿QUE ES LA POLITICA EXTERNA?

La política externa es la conducta de una nación con respecto a otras naciones. Un ejemplo de política externa es la decisión del Presidente Bush de enviar fuerzas armadas a la Arabia Saudita. En cambio, la política interna tiene que ver con las acciones del gobierno dentro de las fronteras del país, como en el caso del Congreso, que se niega a promulgar una nueva ley de impuestos.

¿QUIEN FORMULA LA POLITICA EXTERNA?

La Constitución de los Estados Unidos otorga el privilegio de formular la política externa al gobierno federal. A los estados se les prohíbe ejercer la política externa. Los autores de la Constitución, para prevenir que una rama del gobierno central se volviese demasiado fuerte, dividieron el control de la política externa entre el Presidente y el Congreso.

PODERES PRESIDENCIALES EN LA POLITICA EXTERNA

El Presidente tiene el control diario de la política externa. Lo asisten el secretario de estado (un miembro del gabinete) y los funcionarios del Departamento de Estado. Los otros ayudantes del Presidente incluyen la Oficina Central de Investigaciones (C.I.A.), el Consejo Nacional de Seguridad y los jefes de Estado Mayor. Los poderes presidenciales en política externa incluyen:

- el servir como comandante en jefe de las fuerzas armadas
- negociar tratados con países extranjeros
- nombrar y recibir a embajadores y a ministros extranjeros. Esto da al Presidente el poder de otorgar o negar reconocimiento diplomático a nuevos gobiernos extranjeros

PODERES CONGRESIONALES DE POLITICA EXTERNA

Al Congreso se le dio parte de la autoridad en la formulación de política externa. Fundamentalmente, esto se hizo para servir de freno o control a la autoridad presidencial en la política externa. Los poderes congresionales en la política externa incluyen:

- la declaración de guerra
- la aprobación de tratados y nombramientos presidenciales. Se requiere un voto de dos tercios del Senado para ratificar un tratado

- la reglamentación del comercio con países extranjeros

- la decisión sobre cuánto dinero el Presidente puede gastar en la defensa nacional

En el siglo XX, la capacidad de actuar rápida y decisivamente permitió al Presidente convertirse en el foco principal de formulación de la política externa estadounidense, limitando el papel del Congreso. Sin embargo, en tiempos cuando los Estados Unidos no se enfrentan con una crisis militar, el Congreso trata de reafirmar cierto control en los asuntos externos.

OTRAS INFLUENCIAS EN LA POLITICA EXTERNA

Aunque el Presidente y el Congreso tienen la autoridad constitucional de formular la política externa, sus decisiones reciben otra influencia.

- **Grupos de intereses particulares**. Los hombres de negocios, grupos de acción política, grupos ambientalistas y otros, a menudo cabildean en el Congreso o se ponen en contacto con los ayudantes del Presidente para presentar su punto de vista.

- **Los medios de difusión de noticias**. Los periódicos, las revistas, la televisión y la radio tienen tremenda influencia ya que deciden qué noticias del extranjero se relatarán y cómo se hará el reportaje.

- **La opinión popular.** Ya que los Estados Unidos son una democracia, el Congreso y el Presidente son muy sensibles a la opinión popular. Ambos tienen presente que fue el público el que los puso en su puesto.

LOS PROPOSITOS DE LA POLITICA EXTERNA

El objetivo principal de la política externa de los Estados Unidos es obrar de acuerdo a los mejores intereses del país. Muchos factores determinan lo que la nación considera sus intereses.

SEGURIDAD NACIONAL

El primer y el supremo objetivo de la política externa estadounidense es la protección del modo de vivir del pueblo. Cada nación sostiene su derecho de protegerse, por la fuerza si es necesario, de otras naciones. Los Estados Unidos protegen su seguridad por medio de la diplomacia y con la preparación militar. También responden a actos de agresión, desarrollan su economía, forman alianzas con las naciones amigas y se afilian con las organizaciones internacionales.

PROTECCION DE CIUDADANOS E INVERSIONES ESTADOUNIDENSES

Los Estados Unidos también actúan para proteger a sus ciudadanos en el extranjero. Por ejemplo, en 1990 en Kuwait e Iraq, la preocupación por los rehenes estadounidenses tuvo una fuerte influencia en la política externa.

EL FOMENTO DEL COMERCIO ESTADOUNIDENSE

Los Estados Unidos actúan para promover la economía del país. Por ejemplo, la preocupación por el fomento del comercio ha sido crítica en el apoyo estadounidense a la libertad de los mares.

EL ADELANTO DE LA DEMOCRACIA

Los Estados Unidos tratan activamente de esparcir su sistema político, la democracia. Por ejemplo, el Presidente Wilson llevó los EE. UU. a la Primera Guerra Mundial "para hacer el mundo seguro para la democracia".

EL ADELANTO DE LOS DERECHOS HUMANOS Y LA PAZ INTERNACIONAL

Los Estados Unidos apoyan las causas de moral en los asuntos internacionales. Se dan cuenta de que la suerte de cada país depende esencialmente de la supervivencia de la especie humana y de la Tierra.

COMO EVALUAR LA POLITICA EXTERNA

La evaluación o discusión de una línea de política externa es simplemente un proceso de decidir si se escogieron los mejores medios para alcanzar el propósito específico. Para ilustrar cómo proceder, examinemos la crisis cubana de proyectiles.

PRIMER PASO: ¿CUAL ES EL OBJETIVO?

El primer paso es determinar cuál era el objetivo o fin inmediato de la política. (Generalmente el objetivo estará relacionado con uno de los que se discutieron previamente.)

Fondo: La crisis cubana de misiles, octubre de 1962

Un avión estadounidense de reconocimiento observó que había técnicos soviéticos construyendo bases de lanzamiento de misiles en Cuba. Al Presidente Kennedy se le dijo que los misiles rumbo a Cuba podrían activarse en unos días. Kennedy trató de que los misiles fuesen retirados antes de que pudieran representar una amenaza para los EE. UU.

Objetivo: Seguridad nacional, al proteger la nación contra un ataque nuclear.

SEGUNDO PASO: ¿CUALES SON LAS ALTERNATIVAS?

El segundo paso es examinar las varias alternativas que se presentan para llegar al fin o al objetivo. Al examinar las alternativas en la política externa, siempre hay dos extremos: hacer guerra para alcanzar el objetivo o no hacer nada. Entre estos dos extremos hay muchas otras alternativas.

Alternativas: La crisis cubana de misiles, octubre de 1962

Kennedy y sus consejeros tenían una serie de alternativas:

- Los Estados Unidos podían imponer un bloqueo naval.
- Los Estados Unidos podían utilizar armas nucleares contra Cuba.
- El ejército y la marina de los EE. UU. podían invadir a Cuba.
- Los Estados Unidos podían pedir la ayuda de las Naciones Unidas.
- Los aviones a propulsión estadounidenses podían destruir los sitios de misiles.
- Los Estados Unidos podían quedarse sin hacer nada.

¿Había otras?

TERCER PASO: ¿SE ESCOGIO LA MEJOR ALTERNATIVA?

En el paso final, se hace la evaluación de la alternativa escogida. ¿Fue la mejor de entre las varias posibilidades? ¿Llegó a alcanzar el propósito? ¿Se tomaron riesgos superfluos?

Evaluación: La crisis cubana de misiles, octubre de 1962

Kennedy optó por el bloqueo naval de Cuba, impidiendo transportes adicionales de misiles. Cuba fue amenazada con una invasión si no se retiraban los misiles. Los Estados Unidos ofrecieron retirar algunos misiles dispuestos en la dirección de la Unión Soviética, y prometieron no invadir nunca a Cuba. El bloqueo naval y el amago de invasión de parte de Kennedy, combinados con la oferta de concesiones estadounidenses, convencieron a los soviéticos para que retiraran los misiles de Cuba. Aunque se alcanzaron los objetivos, algunos críticos sostienen que el riesgo de una guerra nuclear fue damasiado grande.

CAPITULO 12

EL SURGIMIENTO DEL PODER DE LOS ESTADOS UNIDOS

VISION GENERAL

La política externa de los EE. UU. se basa en el deseo de actuar en pro de los mejores intereses de la nación. A principio de su existencia, la nación siguió el consejo de Washington de evitar involucrarse en los asuntos políticos de Europa. Pero a medida que la nación se iba fortaleciendo, los estadounidenses se sintieron más confiados en asumir un papel internacional de mayor importancia. Para 1898, la opinión popular impulsó a los jefes estadounidenses hacia la guerra con España para ayudar a Cuba a obtener su independencia.

El punto crítico en la política externa fue la participación de los EE. UU. en la Primera Guerra Mundial, para garantizar la libertad de los mares. La intervención estadounidense trajo un rápido fin a la contienda. Los resultados de la guerra desilusionaron a los estadounidenses, haciendo regresar a la nación a su tradición centenaria de aislamiento.

— LINEA CRONOLOGICA DE SUCESOS IMPORTANTES —

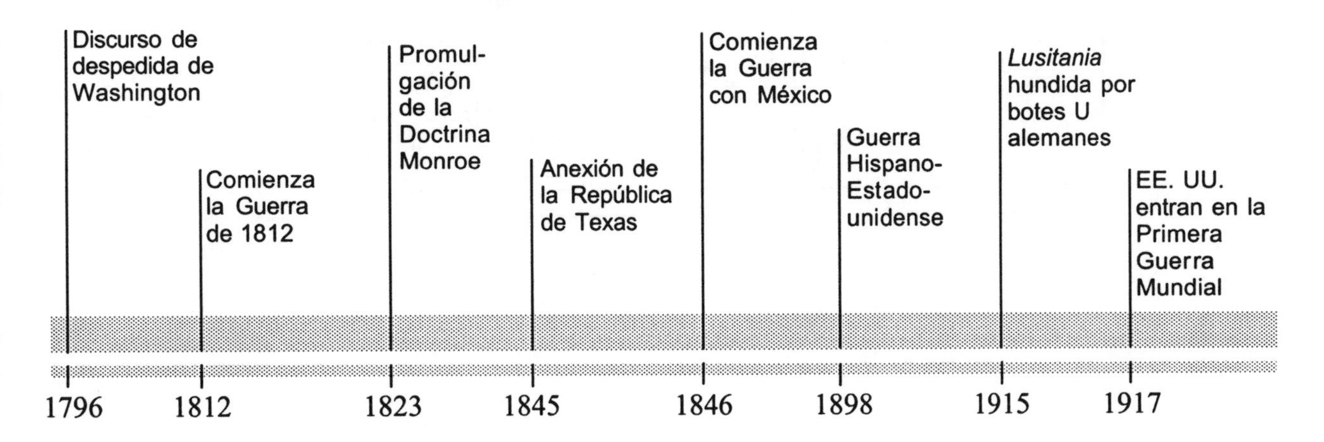

LA EXPANSION DE LOS ESTADOS UNIDOS: 1840-1898

Después de la independencia, las generaciones subsiguientes de pobladores avanzaban cada vez más hacia el oeste, mudándose a los terrenos fronterizos más allá del Río Misisipí. Esta sed de nuevas tierras no se satisfacía con facilidad. A medida que los poblados se extendían hacia el oeste, los estadounidenses comenzaron a creer que el país debía extenderse hasta el Océano Pacífico. Muchos creían que Dios había destinado los Estados a extender su forma de gobierno, no sólo hasta el Pacífico, sino a las tierras más allá de ese océano. Creían que esto no era sólo un mandato divino, sino algo inevitable. Esta creencia de que el destino de la nación era extender sus bordes hacia el oeste, se llamó el **"Destino Manifiesto"**.

EL DESTINO MANIFIESTO

La opinión popular apoyaba firmemente la expansión continental. En los años 1840, los estadounidenses se dispusieron a establecer sus fronteras desde la costa del Atlántico hasta la del Pacífico.

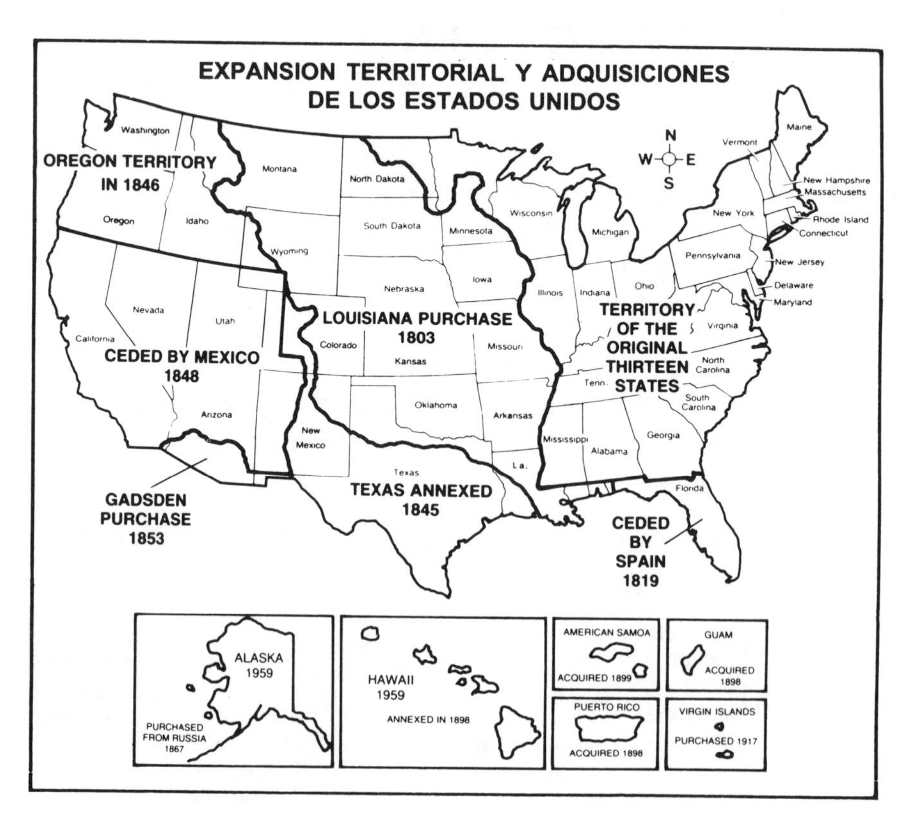

Anexión de Texas (1845). Tal como lo leíste en un capítulo anterior, muchos estadounidenses comenzaron a radicarse en la provincia mexicana de Texas. Al poco tiempo hubo una disputa entre Texas y México, que en 1845 llevó al Congreso a votar por la anexión de Texas.

Guerra con México (1846-1848). Una disputa sobre la frontera del sur de Texas estalló entre los Estados Unidos y México. Como resultado, los Estados Unidos adquirieron California, Nevada, Utah, Arizona y partes de Colorado y Nuevo México. (Para más detalles sobre esta guerra, véase el Capítulo 8.)

Adquisiciones adicionales de territorios:

- **La Compra de Gadsden (1853).** La Compra de Gadsden, hecha a México, completó la expansión estadounidense en el suroeste.

- **El Territorio de Oregón (1846).** En un acuerdo con Gran Bretaña en 1846, el Presidente Polk extendió la línea fronteriza entre el Canadá y los Estados Unidos hacia el oeste hasta el Pacífico.

- **Alaska (1867).** En 1867, los Estados Unidos compraron Alaska al gobierno ruso por $7 millones.

LA GUERRA HISPANO-ESTADOUNIDENSE DE 1898

La Guerra con España fue un punto crítico en las relaciones estadounidenses con el extranjero porque los Estados Unidos salieron de la guerra con su propio imperio colonial.

LAS CAUSAS DE LA GUERRA HISPANO-ESTADOUNIDENSE

En 1894, Cuba se rebeló contra España, tratando de lograr su independencia. El ejército español enviado a Cuba, usó la fuerza bruta para aplastar la rebelión. Varios factores llevaron a la intervención estadounidense en la disputa:

La solicitud humanitaria. Los estadounidenses creían que tenían una obligación moral de ayudar al pueblo cubano. Este fue un factor clave que llevó a la intervención de los EE. UU.

El periodismo sensacionalista. En gran parte esta solicitud humanitaria fue animada por el periodismo sensacionalista ("amarillo"), una técnica empleada para vender más periódicos al dramatizar y hasta falsear sucesos para provocar el interés y mover a la compasión. En los años 1890, el *New York World* y el *New York Journal*, para vender más periódicos, dramatizaban las noticias de Cuba con narraciones de atrocidades falsas.

El periodismo sensacionalista mostraba a los españoles en Cuba como brutos sedientos de sangre

Los intereses económicos. El gobierno de los EE. UU. quería proteger los $50 millones que los estadounidenses habían invertido en Cuba. Además, se perdían millones a causa de la interrupción del trato entre los Estados Unidos y Cuba. Algunos comerciantes creían que la intervención estadounidense en Cuba abriría nuevas oportunidades de negocios.

Las causas inmediatas. En 1898, se publicó en la prensa una **carta de De Lôme**, el embajador español en los Estados Unidos; De Lôme sostenía que el Presidente McKinley era débil. Esto enardeció la opinión popular contra España. Además, el buque de guerra estadounidense *Maine* estalló en el puerto de La Habana. Nadie sabe por qué explotó el buque, pero la prensa culpó a los españoles de sabotaje, enardeciendo aún más al público contra España.

El nuevo buque Maine, destruido por una explosión misteriosa en La Habana en febrero de 1898

Los escombros del Maine. Su destrucción mató a 250 marineros estadounidenses, y llevó a la guerra con España.

Al Presidente McKinley se le hizo difícil resistir el clamor por la guerra cuando España se negó a otorgar a Cuba la independencia. Dado el ambiente de la opinión popular, McKinley pidió al Congreso que se declarase la guerra contra España.

LOS RESULTADOS DE LA GUERRA HISPANO-ESTADOUNIDENSE

La guerra contra España duró menos de cuatro meses. España no fue un buen adversario ante la superioridad de las fuerzas estadounidenses. Los Estados Unidos adquirieron las Filipinas, Puerto Rico y Guam. Cuba se hizo independiente de nombre, pero cayó bajo el control directo de los Estados Unidos.

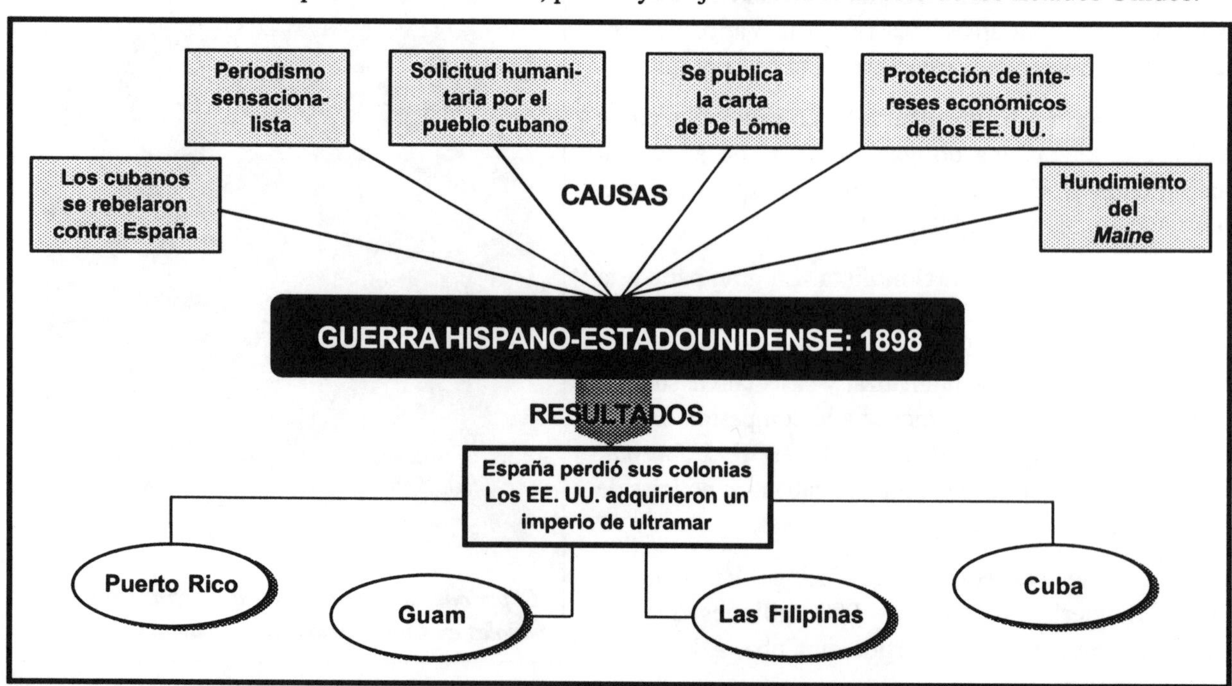

TERMINOS PARA RECORDAR

Neutralidad, discurso de despedida de Washington, Compra de Luisiana, Guerra de 1812, Doctrina Monroe, Destino Manifiesto, Guerra con México, Guerra Hispano-Estadounidense, periodismo sensacionalista, carta de De Lôme, *Maine*

LOS ESTADOS UNIDOS LEVANTAN UN IMPERIO COLONIAL

Ya que los Estados Unidos también habían sido una colonia, los estadounidenses no se sentían cómodos al imponer la autoridad colonial en otros. Algunos también pensaban que el mando colonial violaba los principios democráticos de autonomía. Sin embargo, después de la guerra con España, los Estados Unidos revocaron su conducta tradicional al convertirse en una potencia imperialista.

LAS RAZONES PARA LA EXPANSION COLONIAL

BUSQUEDA DE MATERIAS PRIMAS Y DE MERCADOS DE ULTRAMAR

Los Estados Unidos eran ahora una potencia industrial. Las colonias proporcionarían materias primas para las fábricas, garantizarían mercados para los fabricantes y un lugar donde los agricultores podrían vender el exceso de cosechas.

RAZONES ESTRATEGICAS

Algunos estadounidenses creían que la adquisición de colonias fomentaría la potencia naval del país. **Alfred Thayer Mahan**, en su libro *La influencia del poder marítimo en la historia*, presionaba a los Estados Unidos a que aumentasen su riqueza y poder desarrollando una marina fuerte. Mahan abogaba por la construcción de un canal a través de Panamá, la anexión de colonias en el Pacífico y el Caribe y el desarrollo de comercio con Asia Oriental. El Presidente Theodore Roosevelt puso en efecto la mayor parte del programa Mahan.

COMPETENCIA EUROPEA

En los años 1880 y 1890, las potencias europeas estaban dividiendo a Africa, Asia y la región del Pacífico en colonias y esferas de influencia. Los imperialistas estadounidenses deseaban que los Estados Unidos siguieran este ejemplo y agarraran algo antes de que no quedase nada. Las colonias mostrarían que los Estados Unidos eran tan grandes y poderosos como las potencias europeas.

CONVICCION DE SUPERIORIDAD RACIAL

La doctrina de la "superioridad anglosajona" estaba en boga en los Estados Unidos en aquel tiempo. Esta doctrina sostenía que los anglosajones eran una raza superior y tenían el derecho de dominar a otros. El darwinismo social —la creencia en la "supervivencia de los más aptos" y la superioridad natural de los más fuertes— reforzaba esta opinión racista.

VOCES DEL PUEBLO

En la segunda mitad del siglo XIX, los Estados Unidos aumentaron las proporciones de sus territorios, su riqueza y su influencia. Al convertirse en una potencia mundial importante, los Estados Unidos ahora tenían que proteger sus embarques y su comercio con el extranjero. El Almirante Alfred Mahan, antiguo rector del Naval War College, presentó una serie de conferencias que luego se publicaron en La influencia del poder marítimo en la historia. *En los párrafos que siguen, el Almirante Mahan habla de la necesidad de que los Estados Unidos dirijan su mirada hacia el exterior.*

Los Estados Unidos Necesitan Una Armada

—Alfred T. Mahan

A pesar de la ventajosa situación geográfica, los Estados Unidos están desastrosamente desprevenidos para afirmar su influencia en el Caribe y en Centroamérica. No tenemos una armada. Y lo que es peor aún, no estamos seriamente inclinados a tener una armada que cuente en cualquier disputa con las naciones cuyos intereses están en conflicto con los nuestros.

Quiéranlo o no, los estadounidenses tienen que comenzar a mirar hacia afuera. Lo exige la creciente producción del país. Lo exige un creciente sentimiento público. La situación de los Estados Unidos, entre dos Mundos Viejos y los dos grandes océanos, presenta la misma exigencia, que pronto se fortalecerá con la creación del nuevo vínculo entre el Atlántico y el Pacífico [la construcción de un canal en Centroamérica]. La tendencia se aumentará con el desarrollo de las colonias europeas en la región del Pacífico, con la civilización creciente del Japón y la población en rápido aumento en nuestros estados del Pacífico.

Las exigencias militares de los estados del Pacífico, tanto como su gran importancia para todo el país, son todavía cuestiones del futuro. Pero este futuro está tan cerca, que se deben dar pasos inmediatos para comenzar a evaluar su importancia. Para lograr esto, se necesitan tres cosas: Primero, la protección de los puertos principales por medio de fortificaciones y buques de defensa de la costa. Segundo, una fuerza naval, el brazo del poder ofensivo, que por sí sola capacita al país a extender su influencia hacia afuera. Tercero, debe ser una resolución firme de nuestra política nacional el que ningún estado europeo, desde ahora en adelante, pueda adquirir un puesto de aprovisionamiento de carbón dentro de un radio de 3,000 millas de distancia de San Francisco.

El combustible es la vida de la guerra naval moderna. Es el alimento del buque. Sin él, se mueren los monstruos modernos de las profundidades. Por lo tanto, es alrededor del combustible que deben agruparse las consideraciones más importantes de la estrategia naval.

COMPRUEBA TU COMPRENSION

1. Según Mahan, ¿cuál debía ser la "influencia" apropiada de los Estados Unidos en el Caribe y en la América Central?
2. ¿Por qué se preocupaba Mahan por el poder estadounidense en el Pacífico?
3. ¿Por qué era tan importante el carbón para los buques de guerra de los tiempos de Mahan?
4. ¿Cuántos de los pronósticos de Mahan llegaron a cumplirse?
5. Theodore Roosevelt fue un discípulo dilecto del Almirante Mahan. ¿Cuáles acciones de Roosevelt, como presidente, crees que fueron influidas por las ideas de Mahan?

VOCES DEL PUEBLO

Samuel Clemens, conocido por el seudónimo de Mark Twain, escribió novelas famosas, tales como Las Aventuras de Huckleberry Finn *y* Tom Sawyer. *Sin embargo, Twain no era sólo novelista, sino también un comentarista de la vida política del país. Fue un anti-imperialista importante —uno de los que argumentaban que los Estados Unidos no debían anexar territorios de ultramar para convertirlos en colonias. Twain censuró vigorosamente el trato de los filipinos por los Estados Unidos.*

Un Anti-Imperialista Habla en Voz Alta

—Mark Twain

El primero de mayo, Dewey destruyó la armada española. Esto dejó las islas en las manos de sus propios y legítimos dueños, el pueblo filipino. Su ejército tenía 30.000 hombres, y era capaz de tomar la pequeña guarnición española; entonces el pueblo podría establecer un gobierno según sus propias ideas. Nuestras tradiciones requerían que ahora Dewey se retirara. Pero nuestro plan resultó en el envío de un ejército —supuestamente para ayudar a los patriotas del lugar a poner los toques finales a su lucha por la independencia. En realidad era para quitarles sus tierras.

Entramos en una alianza militar con los filipinos que confiaban en nosotros.

Sabíamos que habían luchado dos años por su independencia de España antes de que llegara nuestro ejército. Sabíamos que ellos creían que nosotros también luchábamos por su digna causa y les permitimos seguir creyéndolo hasta que Manila fuese nuestra y pudiéramos proseguir sin ellos. Entonces mostramos nuestras cartas.... aplastamos y engañamos a un pueblo; nos volvimos contra los que confiaban en nosotros; sofocamos una república justa, inteligente y bien ordenada; acuchillamos a un aliado en la espalda ... le robamos a un amigo su tierra y su libertad ... corrompimos el honor de los Estados Unidos y denigramos su rostro ante el mundo ...

Fuente: "To The Person Sitting in Darkness" ["A la persona sentada en la oscuridad"], North American Review, 1901. *The Complete Works of Mark Twain.* Harper and Row, 1923. 265-270 passim.

COMPRUEBA TU COMPRENSION

1. De acuerdo a Mark Twain, ¿por qué fueron los Estados Unidos amigables al principio con los filipinos?

2. ¿Cómo cambió Estados Unidos su trato hacia los filipinos después de la derrota de los españoles?

3. ¿Crees que la anexión de las Filipinas por los EE. UU. fue una decisión sensata? ¿Por qué sí, o por qué no?

INTERESES HUMANITARIOS Y CREDO MISIONERO

Muchos estadounidenses querían ayudar a otra gente alrededor del mundo. Creían que al esparcir el cristianismo y las prácticas estadounidenses, ayudarían a los individuos menos afortunados.

LA ENTRADA DE LOS ESTADOS UNIDOS EN LA REGION DEL PACIFICO

Después de la guerra con España, los EE. UU. adquirieron un imperio en el Océano Pacífico con la adquisición de Guam y de las Islas Filipinas. Los colonos estadounidenses ayudaron en la anexión de Hawai. Luego Samoa y Midway llegaron a ser posesiones estadounidenses.

LAS FILIPINAS

Los filipinos estaban tremendamente desilusionados cuando, al fin de la guerra con España, los EE.UU. anexaron las Filipinas en vez de otorgarles la independencia. Los filipinos rechazaron la anexión y lucharon por la independencia. Finalmente las fuerzas filipinas fueron derrotadas en 1902. Esta guerra les costó a los EE.UU. más vidas y dinero que la más corta y más famosa Guerra con España. Más tarde, los EE. UU.construyeron caminos, hospitales y escuelas a través de las islas Filipinas. La independencia filipina se otorgó en 1946, exactamente después de la Segunda Guerra Mundial.

La Insurrección Filipina llevó a la lucha contra los EE.UU. con el fin de obtener la independencia

HAWAI

Hawai consiste en un grupo de islas en el Océano Pacífico. Las islas eran un punto conveniente de aprovisionamiento de carbón para los barcos estadounidenses que iban hacia el Lejano Oriente. A mediados del siglo XIX, los colonos estadounidenses establecieron plantaciones de azúcar y piña en Hawai. En los años 1890, la **Reina Liliuokalani** trató de quitar el poder político a los latifundistas estadounidenses. Como respuesta, estos organizaron con éxito una revuelta en 1893. Un gobierno interino, formado por estadounidenses, pidió la anexión a los Estados Unidos. Al principio, el Congreso se negó a hacerlo. Después del comienzo de la Guerra con España el Congreso volvió a examinar el asunto, y en 1898, votó por la anexión. En 1959, Hawai se convirtió en el estado número cincuenta.

POSESIONES DE LOS EE. UU. EN EL PACIFICO

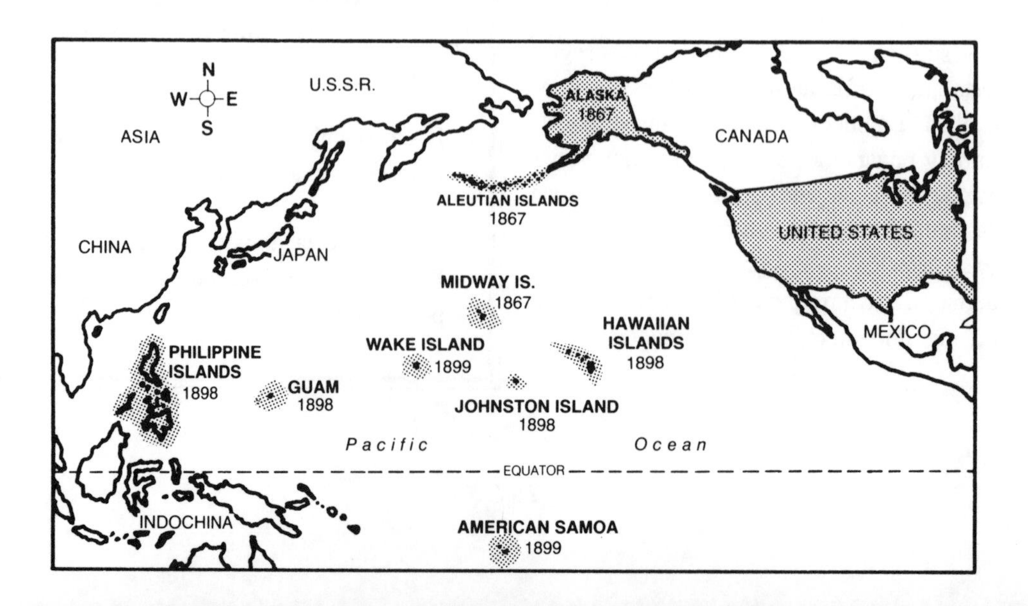

ISLAS MENORES DEL PACIFICO: GUAM, SAMOA Y MIDWAY

Guam fue tomada a España en la guerra con este país. Samoa estaba bajo el control conjunto de Gran Bretaña, Alemania y los Estados Unidos desde 1889. En 1899 quedó dividida completamente entre esos tres países. Midway había estado en posesión estadounidense desde 1867. Estas islas del Pacífico proporcionaban valiosas bases navales y puntos de aprovisionamiento de hulla para los barcos que viajaban entre Asia y los EE. UU.

EL COMPROMISO DE LOS ESTADOS UNIDOS EN EL LEJANO ORIENTE

Los estadounidenses estaban en una posición ventajosa para el trato con el Lejano Oriente ya que sólo el Océano Pacífico los separaba de esa región. Los Estados Unidos desarrollaron un comercio activo con China y el Japón a mediados del siglo XIX. Después de 1898, el control de las Filipinas, Midway, Hawai, Guam y Samoa convirtió a los EE. UU. en una potencia importante en el Lejano Oriente. Este aumento de actividad estadounidense en el Pacífico, llevó a una participación más activa en los asuntos tanto de China como del Japón.

LOS ESTADOS UNIDOS Y CHINA

La Política de Libre Acceso en China (1899). Los Estados Unidos estaban preocupados de que las potencias europeas estableciesen "esferas de influencia" en China, obstaculizando el comercio estadounidense en ciertas regiones. El Secretario de Estado **John Hay**, anunció su expectativa de derechos iguales para todas las naciones extranjeras en todas las partes de China. Aunque las potencias europeas nunca accedieron a cooperar, Hay declaró que la Política de Libre Acceso, o de "puerta abierta", estaba en vigencia.

Como parte de una expedición internacional, la infantería marina estadounidense llega a China para luchar contra los Boxers

La Rebelión de los Boxers (1900). Un grupo de chinos se rebeló contra la creciente influencia occidental en China. Este grupo, conocido como los "Boxers", amenazaron la vida de todos los extranjeros en China. Se envió una expedición internacional para aplastar la rebelión. Los Estados Unidos, temiendo que los europeos y los japoneses usaran esta excusa para desmembrar a China, anunciaron que se opondrían a todo intento de tal naturaleza. Como resultado, se conservó la integridad territorial china.

LOS ESTADOS UNIDOS Y EL JAPON

La apertura del Japón (1853). Los Estados Unidos abrieron el Japón aislacionista al trato e influencia occidental cuando el **Comodoro Matthew Perry**, a cargo de una escuadra cañonera, desembarcó allí en 1853. Poco después, el Japón vino a ser el primer país no occidental que se industrializó y adoptó muchas prácticas occidentales. En los años 1890, se iba convirtiendo en potencia imperialista, en busca de mercados en el continente asiático. El Japón derrotó a China en la guerra de 1894-1895 y tomó control de Taiwan y Corea.

El Comodoro Perry "abre" el Japón. En 1853, Perry persuadió, con dificultad, a que el Japón se abriera por primera vez al comercio extranjero

El Presidente Roosevelt y la Guerra Ruso-Japonesa (1905). El Japón sorprendió al Occidente al derrotar a Rusia. Los EE.UU. no querían ver a ninguno de estos dos países en posición muy importante en el Lejano Oriente. Roosevelt aceptó la invitación de los japoneses a mediar en el conflicto. Trajo a ambos lados a un acuerdo de paz con el **Tratado de Portsmouth** (1905), y gracias a eso recibió el Premio Nóbel de la Paz.

Los miembros de la primera misión diplomática japonesa a los EE. UU. (1860)

Se firma el Tratado de Portsmouth. Theodore Roosevelt con ministros rusos y japoneses.

El Acuerdo entre Caballeros (1907). El resentimiento entre el Japón y los Estados Unidos aumentó cuando San Francisco excluyó a los niños japoneses de sus escuelas públicas. Roosevelt puso fin a la discriminación contra los escolares japoneses, y a cambio, el gobierno japonés prometió limitar la futura emigración a los Estados Unidos.

EL IMPERIALISMO ESTADOUNIDENSE EN EL CARIBE

Como resultado de la Guerra con España, los Estados Unidos adquirieron control directo sobre Puerto Rico e indirecto sobre Cuba. La construcción del Canal de Panamá ensanchó los intereses estadounidenses en la región. Había también otras razones tras el interés estadounidense en el Caribe:

LA REGION DEL CARIBE

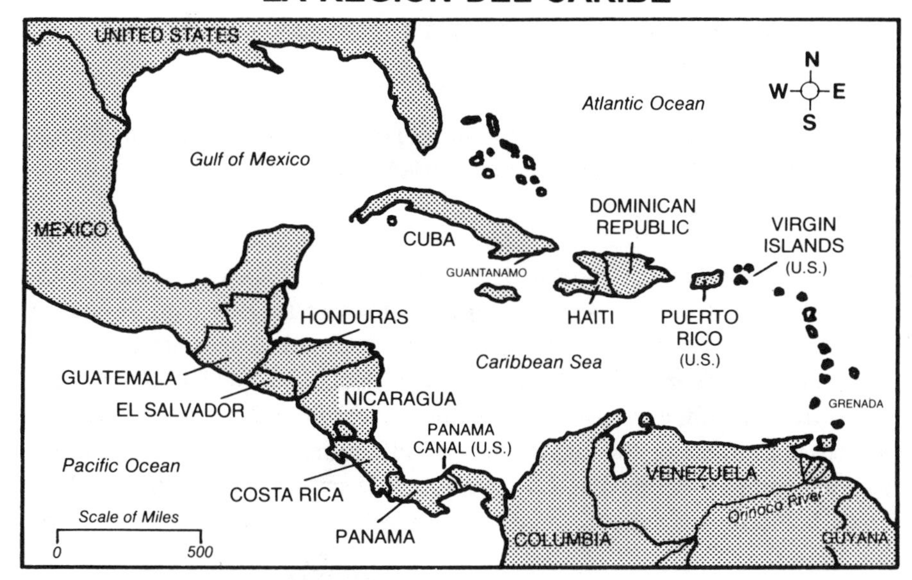

Protección del Hemisferio. Los Estados Unidos trataron de mantener a las potencias extranjeras fuera de la región porque estas podrían presentar una posible amenaza a los EE. UU.

Intereses económicos. La región del Caribe proveía productos agrícolas como azúcar y frutas tropicales y era un mercado valioso para la producción e inversiones estadounidenses.

La importancia del canal. Una vez construido el Canal de Panamá, éste se convirtió en un pasaje estratégico que permitía el transporte fácil entre el Atlántico y el Pacífico.

PUERTO RICO

Puerto Rico pasó a ser posesión estadounidense como resultado de la Guerra con España en 1898. En 1952 se convirtió en Estado Libre Asociado. Sin embargo, su futuro estado legal está en controversia. En el futuro los ciudadanos de Puerto Rico decidirán entre varias opciones en un referéndum:

Estado Libre Asociado. Ya que Puerto Rico pertenece a los EE. UU., los puertorriqueños son ciudadanos estadounidenses, que pueden entrar en cualquier parte de los EE. UU., y pueden servir en las fuerzas militares. En Puerto Rico no hay impuestos federales y un gran número de boricuas emigró a los estados continentales.

Estado. Si Puerto Rico se convierte en estado, su población podrá votar en las elecciones y ser representada en el Congreso. También recibirá más fondos federales para la subvención de alimentación (sellos para comestibles), Medicaid y otros servicios. Sin embargo, los puertorriqueños tendrán que pagar impuestos federales. Muchos temen que si Puerto Rico se convierte en estado, muchos negocios estadounidenses se mudarán de allá, porque ya no estarán exentos del impuesto federal por las ganancias allí obtenidas.

Independencia. Los puertorriqueños se identifican culturalmente con la América Latina y el Caribe. Si Puerto Rico se hace independiente, sus ciudadanos tendrán una identidad cultural verdadera, en vez de sentirse como "ciudadanos de segunda clase" en un país que a muchos les resulta extraño.

Luis Muñoz Marín

PERFILES EN LA HISTORIA

Muñoz Marín fue hijo de un patriota puertorriqueño que luchó por liberar a Puerto Rico de España. Su padre ayudó a obtener de España un gobierno limitado para Puerto Rico. Luis fue educado en los Estados Unidos, donde su padre era comisionado residente. Cuando regresó a Puerto Rico vino a ser editor de un periódico. Luego fue elegido senador. Al principio favorecía la independencia de Puerto Rico, pero luego colaboró con la administración estadounidense para mejorar la economía del país. En 1948, cuando los puertorriqueños obtuvieron el derecho al voto en la Isla, Muñoz Marín fue el primer gobernador elegido por voto popular. Fue re-elegido en 1952, 1956 y 1960. El logro mayor de Muñoz Marín fue la creación del "Estado Libre Asociado". En 1962, recibió la medalla de honor del Congreso de los Estados Unidos.

CUBA: UN PROTECTORADO INFORMAL

Cuba está sólo a 90 millas de la costa de la Florida. Esta proximidad a los Estados Unidos llevó a un vivo interés estadounidense en las cuestiones cubanas.

La Resolución Teller (1898). La Resolución, promulgada durante el período anti-imperialista anterior a a la Guerra con España, declaraba que los Estados Unidos no anexarían a Cuba. Por consiguiente, los cubanos obtuvieron su independencia después de la guerra.

La Enmienda Platt: Cuba como protectorado. A pesar de la Resolución Teller, la influencia estadounidense en Cuba era tan fuerte que la isla pronto vino a ser un **protectorado** (región bajo el control estadounidense). Después de la Guerra contra España, las fuerzas militares estadounidenses permanecieron en Cuba. Los cubanos fueron obligados a aceptar la Enmienda Platt, que declaraba que Cuba tenía que permitir que los Estados Unidos construyeran allí una base naval, y que tuvieran derecho de intervenir en los asuntos cubanos en todo momento. Entretanto, los negociantes estadounidenses siguieron haciendo grandes inversiones en la industria azucarera y del tabaco. La mayoría de la exportación cubana (90%), iba a los Estados Unidos. La Enmienda Platt finalmente fue anulada cuando los Estados Unidos revocaron su política hacia Cuba en los años 1930.

José Julián Martí

PERFILES EN LA HISTORIA

Martí nació en 1853 en La Habana, Cuba. Ya a la edad de quince años había publicado algunos poemas y a los 16 fundó su primer periódico, *La patria libre*. En 1868, cuando hubo el primer levantamiento revolucionario contra España en Cuba, Martí se alió con los rebeldes y por esto fue sentenciado a seis meses de trabajos forzados. En 1871, fue deportado a España donde terminó su educación y continuó su carrera como escritor y revolucionario. Aunque regresó a Cuba, fue exilado nuevamente en 1879. En 1881 se mudó a Nueva York, donde se convirtió en periodista y escritor famoso. En 1892 se convirtió en líder del Partido Revolucionario Cubano. En Nueva York, planeó una ofensiva para liberar a Cuba de España y desembarcó en Cuba en 1895 al mando de una pequeña fuerza independentista. Murió en al campo de batalla un mes después.

EL CANAL DE PANAMA

La Guerra Hispano-Estadounidense enfatizó la importancia de construir un canal en la América Central, que uniese los Océanos Atlántico y Pacífico. Sin un canal, la flota estadounidense del Atlántico tenía que navegar alrededor de la América del Sur antes de conectarse con la flota del Pacífico.

La construcción del Canal de Panamá. Completado en 1914, es una de las maravillas de la ingeniería.

Los primeros intentos de comprar terrenos para un canal. En 1903, los Estados Unidos decidieron construir el canal a través del Istmo de Panamá. En ese tiempo, Panamá era parte de Colombia. Los EE. UU. ofrecieron $10 millones y derechos anuales por una franja de tierra necesaria para el canal. Los colombianos, tratando de hacer mejor negocio, se demoraron en hacer el trato.

El Presidente Roosevelt hace un trato. El Presidente Theodore Roosevelt hizo un trato con los rebeldes panameños que querían separarse de Colombia y establecer un Panamá independiente. Los buques de guerra estadounidenses impidieron que el gobierno colombiano aplastase la rebelión. Roosevelt dio reconocimiento diplomático inmediato a Panamá y en correspondencia, Panamá permitió que los Estados Unidos construyesen el canal. A los Estados Unidos se les dio control completo de una franja de 10 millas de ancho, que corre a través de Panamá, y se conoce como la Zona del Canal de Panamá. En efecto, Panamá se convirtió en protectorado estadounidense. Esta política enojó mucho a Colombia y a otros países latinoamericanos. La construcción del canal fue un esfuerzo monumental, que tomó más de 10 años de trabajo de construcción (1903-1914), costó miles de vidas y 400 millones de dólares.

Sucesos más recientes. Una discusión tanto del **Tratado de 1977** como de la **invasión de Panamá (1989)** se encuentra en el Capítulo 16.

LA INTERVENCION ESTADOUNIDENSE EN EL CARIBE

Hacia el fin del siglo XIX y a principios del XX, los sucesivos gobiernos estadounidenses ampliaron la aplicación de la Doctrina Monroe. A menudo intervinieron en los asuntos latinoamericanos para proteger las crecientes inversiones económicas estadounidenses.

La disputa fronteriza de Venezuela (1895). Cuando Gran Bretaña amenazó con el uso de la fuerza en una disputa sobre fronteras con Venezuela, los Estados Unidos amenazaron con intervenir militarmente. Temiendo una guerra con los Estados Unidos, Inglaterra sometió la controversia al arbitraje estadounidense.

El Corolario Roosevelt a la Doctrina Monroe. En 1904, la República Dominicana debía dinero a países europeos. Roosevelt contuvo a estos países de usar fuerza para cobrar las deudas. Tomó un paso más y declaró que los Estados Unidos intervendrían y cobrarían lo debido, actuando como "fuerza policial internacional". Este "corolario" a la Doctrina Monroe también se conocía como la Política del Garrote, porque el lema de Roosevelt era de "hablar con calma pero llevar una estaca fuerte".

El Caribe como un "lago estadounidense". La Política del Garrote se usó con tanta frecuencia por los Estados Unidos para justificar el envío de tropas a las Antillas y la América Central, que el Caribe llegó a conocerse como un "lago estadounidense". Haití, Nicaragua, Honduras y la República Dominicana, igual que Cuba, se convirtieron virtualmente en protectorados estadounidenses. Estas intervenciones causaron profundo resentimiento entre muchos latinoamericanos.

TAFT Y LA "DIPLOMACIA DEL DOLAR"

El Presidente Taft alentó a los banqueros y corporaciones a invertir en empresas lucrativas en los países del Caribe. El uso de las inversiones estadounidenses para promover los intereses de la política externa estadounidense se conocía como la "diplomacia del dólar". Si los países latinoamericanos no podían devolver los préstamos estadounidenses, los Estados Unidos despachaban tropas para asegurar el cobro de lo debido.

WILSON Y LA "ESPERA VIGILANTE"

Varios sucesos importantes en los asuntos latinoamericanos tuvieron lugar durante la presidencia de Woodrow Wilson:

Los EE. UU. compran las Islas Vírgenes. En 1917, Wilson, buscando más bases estadounidenses en el Caribe para proteger el Canal de Panamá, compró a Dinamarca las Islas Vírgenes.

Intervención continua de los EE. UU. Wilson envió tropas a Haití, Nicaragua y la República Dominicana.

El compromiso de Wilson con México. Wilson pronto estuvo involucrado en los asuntos mexicanos.

- **La política de "espera vigilante".** En 1913, el jefe del ejército mexicano asesinó al presidente elegido y tomó control del gobierno. Wilson se negó a otorgar reconocimiento diplomático a este nuevo gobierno. Dijo que reconocería gobiernos elegidos democráticamente, pero no gobiernos establecidos a la fuerza. Su política de no-reconocimiento se conocía como "espera vigilante". Wilson envió tropas estadounidenses a Veracruz para prevenir que el nuevo gobierno militar recibiera provisiones militares de los alemanes. Como consecuencia, el gobierno militar fracasó.

- **Pancho Villa.** Las tropas del líder insurgente mexicano "Pancho" Villa asesinaron en México a varios trabajadores estadounidenses. Luego, cruzaron la frontera y atacaron un pueblo en los EE. UU. Wilson respondió a estos ultrajes enviando tropas estadounidenses a México, donde permanecieron casi un año, pero no llegaron a capturar a Pancho Villa. Wilson retiró las tropas en 1917, cuando la amenaza de que los Estados Unidos se involucraran en la Primera Guerra Mundial eclipsó el interés en los sucesos mexicanos.

Pancho Villa, un jefe rebelde mexicano, hizo frecuentes incursiones en los EE.UU., eludiendo las tropas del país

LA POLITICA DEL "BUEN VECINO" (1930-1945)

Bajo la presidencia de Hoover y Franklin D. Roosevelt, los Estados Unidos se deshicieron del Corolario Roosevelt y trataron de mejorar las relaciones con las naciones latinoamericanas. Mientras que Theodore Roosevelt trató a los países latinoamericanos como protectorados, Hoover y Franklin Roosevelt procuraron tratarlos como iguales. Con la política del "buen vecino" los Estados Unidos acordaron no mezclarse en los problemas internos de los países latinoamericanos, y las relaciones mutuas comenzaron a mejorarse.

LA ORGANIZACION DE ESTADOS AMERICANOS (O.E.A.)

Esta organización se formó en 1948 para proporcionar una forma de resolver pacíficamente las disputas en el hemisferio por medio de sesiones periódicas. La O.E.A. sigue siendo la vía de solucionar problemas internacionales en la América Latina.

TERMINOS PARA RECORDAR

Imperialismo, Política de Libre Acceso, Rebelión de los Boxers, Resolución Teller, Corolario Roosevelt a la Doctrina Monroe, diplomacia del dólar, Política del Buen Vecino, Organización de Estados Americanos

LOS ESTADOS UNIDOS EN LA PRIMERA GUERRA MUNDIAL

LAS CAUSAS DE LA PRIMERA GUERRA MUNDIAL EN EUROPA

La Primera Guerra Mundial fue una guerra universal en la cual se usó tecnología altamente destructiva. La erupción de la guerra en Europa en 1914 tuvo muchas causas:

EL NACIONALISMO

El nacionalismo llevó a las rivalidades entre Francia, Alemania, Austria-Hungría y Rusia. Austria-Hungría estaba aún compuesta de muchos grupos étnicos y cada grupo quería establecer su propio estado nacional.

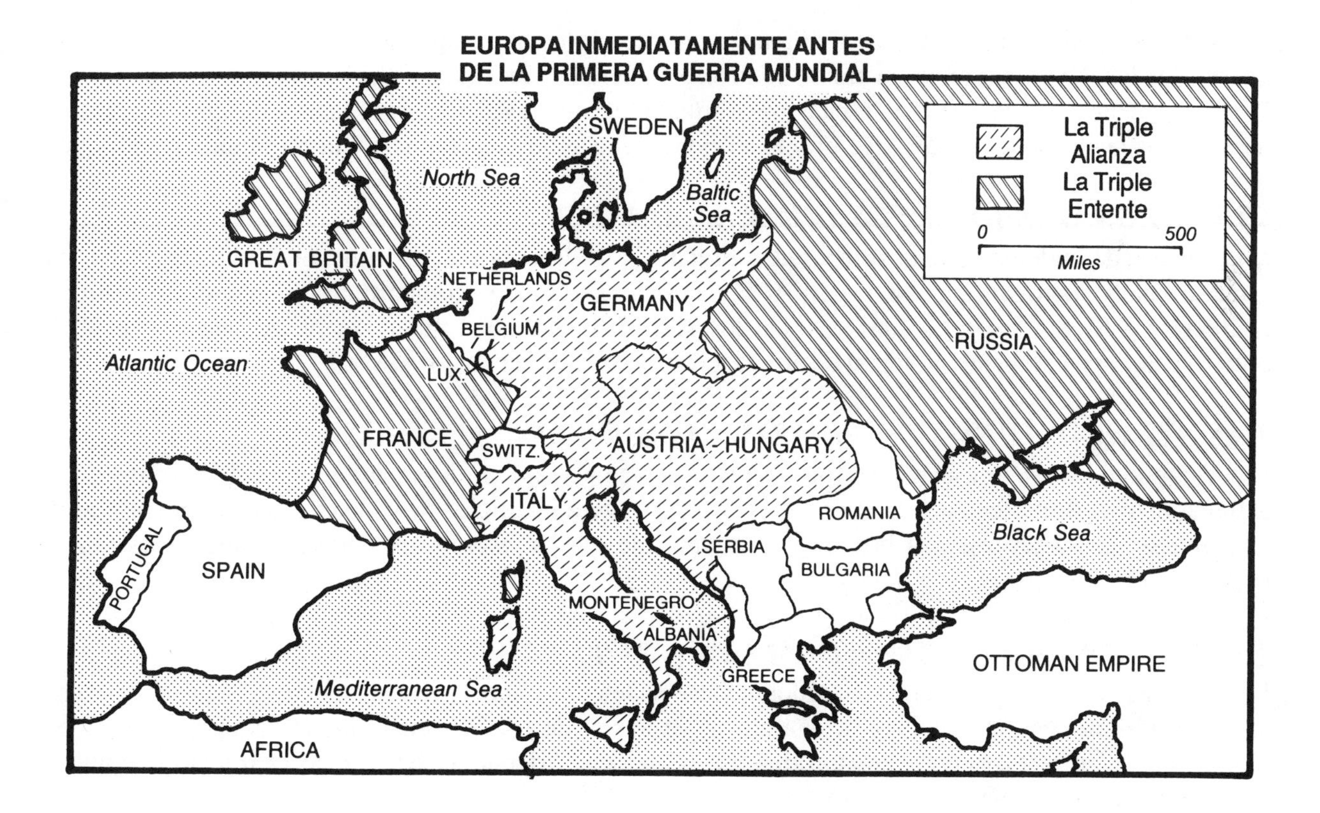

LAS RIVALIDADES ECONOMICAS Y EL IMPERIALISMO

Las potencias europeas tenían intereses económicos en competencia. La industrialización alemana amenazaba a la economía británica. Los intereses rusos en los Balcanes amenazaban a Austria-Hungría. Los reclamos coloniales en competencia crearon tensión adicional.

EL SISTEMA DE ALIANZAS

Al comienzo de la década de 1890, Europa se dividió en dos grandes alianzas: de un lado estaba Alemania y Austria; del otro lado se encontraba Rusia, Francia y Gran Bretaña. Cada disputa que afectaba a cualquier par de estos países amenazaba con involucrar a todos los otros.

LA CHISPA QUE INICIO LA GUERRA

El asesinato del **Archiduque Francisco Fernando** en 1914 proporcionó una excusa para la guerra. Cuando Austria invadió a Servia para vengar el asesinato, las varias alianzas llevaron a la guerra a Rusia, Alemania, Gran Bretaña y Francia. Lo que pudiera haber sido una crisis regional secundaria, se convirtió en una guerra europea importante.

EL EMPATE MILITAR

Las nuevas armas—ametralladoras, gas tóxico, aviones y submarinos—impidieron una victoria rápida de cualquiera de los dos lados.

LAS RAZONES PARA LA INTERVENCION DE LOS EE. UU. EN LA PRIMERA GUERRA MUNDIAL

Los Estados Unidos no pertenecían a ninguno de los dos sistemas europeos de alianza. Cuando estalló la guerra, los EE. UU. trataron de seguir su conducta tradicional, declarada en el Discurso de Despedida de Washington, de evitar la participación en los conflictos europeos. Sin embargo, a pesar de sus esfuerzos de mantener la neutralidad, los EE. UU. pronto se vieron arrastrados a la Primera Guerra Mundial. ¿Por qué?

VINCULOS MAS FUERTES CON LOS ALIADOS

Muchos estadounidenses tenían antepasados británicos. El idioma y la historia común vinculaban a los estadounidenses con los británicos. Los EE. U.U, Gran Bretaña y Francia compartían el mismo sistema político democrático. El comercio estadounidense con los Aliados aumentó significativamente cuando los E.E. U.U. se convirtieron en la fuente principal de armas, provisiones, alimentos y préstamos para los Aliados.

LAS ATROCIDADES Y LA PROPAGANDA DE LOS ALIADOS

Los estadounidenses se escandalizaron cuando Alemania violó las leyes internacionales al invadir la Bélgica neutral. Los alemanes fusilaron civiles y destruyeron edificios privados. Estas atrocidades, muy exageradas por la propaganda británica en tiempo de guerra, fueron ampliamente presentadas en la prensa estadounidense.

EL TELEGRAMA DE ZIMMERMANN (1917)

Se interceptó y publicó en la prensa estadounidense un telegrama del ministro alemán de asuntos externos al embajador alemán en México. A cambio de la ayuda de México en la guerra contra los Estados Unidos, se le prometía la recuperación de Nuevo México, Arizona y Texas. Esto enardeció la opinión popular contra Alemania.

LAS INFRACCIONES CONTRA LA LIBERTAD DE LOS MARES

La razón principal por la que los estadounidenses entraron en la Primera Guerra Mundial fue que los alemanes usaron la **guerra submarina**, que confligía con el derecho estadounidense a la libertad de los mares.

El bloqueo británico. Un bloqueo británico prevenía el abastecimiento de Alemania con alimentos y armas. Wilson protestó contra este bloqueo, pero no cortó el trato lucrativo con los Aliados. La flota alemana era demasiado débil para romper el bloqueo. Pero usando su flota submarina, los alemanes tomaron represalias amenazando con hundir todos los barcos que transportaran mercancías a Inglaterra. Ya que los submarinos eran tan pequeños, Alemania anunció que no podría hacer la advertencia tradicional ni rescatar a los náufragos.

El hundimiento de *Lusitania* (1915). Cuando un submarino alemán hundió el barco pasajero inglés *Lusitania*, perecieron más de mil pasajeros, inclusive 128 estadounidenses. La prensa estadounidense relató esta atrocidad, suscitanto sentimientos anti-alemanes. Wilson despachó una fuerte protesta a Alemania, pero se negó a entrar en la guerra a causa de este atropello.

La promesa de Sussex (1916). Después de que un submarino atacó a un barco civil francés que iba desarmado, Wilson amenazó con romper las relaciones con Alemania. Los alemanes prometieron no hundir más barcos transatlánticos sin aviso anterior y sin proporcionar ayuda a los pasajeros.

Alemania usa guerra submarina total (1917). Alemania padecía de hambre por causa de la falta de provisiones y alimentos. Los jefes militares alemanes temían perder la guerra a menos que pudieran derrotar a Inglaterra y a Francia en poco tiempo. Por lo tanto tomaron el riesgo de anunciar que hundirían cualquier barco en la región bloqueada. Esto era una infracción abierta del principio estadounidense de la **"libertad de los mares"**—según el cual los países neutrales tienen el derecho de transportar mercancías no-bélicas a las naciones en guerra. Cuando Alemania reforzó su amenaza al mandar a sus submarinos a hundir tres barcos mercantes estadounidenses inermes, Wilson pidió al Congreso que declarase guerra.

LOS EE. UU. ENTRAN EN LA GUERRA: 1917-1918

EL IDEALISMO ESTADOUNIDENSE

Como idealista y progresista, el Presidente Wilson trató de ampliar el esfuerzo guerrero de los EE. UU. en un intento de defender la libertad de los mares en una cruzada por la democracia. Dijo a los estadounidenses que su objetivo en la guerra era establecer la paz fundamental en el mundo y de liberar a sus pueblos. Wilson declaró: "El mundo debe hacerse un lugar seguro para la democracia". El pueblo estadounidense se sintió inspirado a soportar la guerra por ideales tan altos y, con un fuerte sentido de superioridad moral, se dispuso a salvar y a rehacer el mundo.

LOS TIEMPOS DE GUERRA DENTRO DEL PAIS

El presidente Wilson tomó medidas para llevar la nación a la guerra.

La economía de tiempo de guerra. El Congreso promulgó la Ley de Servicio Selectivo. Millones de estadounidenses se inscribieron para la conscripción, mientras que otros fueron reclutados o sirvieron de voluntarios. El Congreso le otorgó amplios poderes al presidente. Wilson estableció un número de agencias —La Junta de Industrias de Guerra, la Junta Laboral de Guerra y la Administración de Comestibles— con el propósito de reglamentar la economía durante la guerra. Los ferrocarriles se pusieron bajo el control directo del gobierno.

El costo de la guerra. El costo de la guerra, aproximadamente $30 billones, se pagó con el aumento de impuestos y la venta pública de bonos de guerra. Los préstamos a los Aliados constituyeron cerca de una tercera parte del total, convirtiendo a los Estados Unidos de país deudor en acreedor. (Los países extranjeros debían dinero a los EE. UU.)

Un infante marino estadounidense, herido en las trincheras francesas recibe primer auxilio

Los derechos y las libertades civiles. Durante la guerra, los derechos y las libertades civiles a veces se sacrifican en favor de la seguridad nacional y del estado de guerra. Las leyes contra el espionaje hicieron que fuese acto criminal la crítica de la guerra. Se enviaba a la cárcel a los que se oponían a la guerra. En *Schenck vs. United States*, la Corte Suprema defendió la limitación de la libertad de palabra si era evidente un "peligro claro y real".

LA VICTORIA EN EUROPA

Con el tiempo, casi dos millones de tropas estadounidenses llegaron a Europa, donde dieron a los Aliados una ventaja irresistible en el combate. Alemania se rindió en noviembre de 1918.

EL CONVENIO DE PAZ: EL TRATADO DE VERSALLES

Aún antes de terminar la guerra, el Presidente Wilson anunció los propósitos estadounidenses en la guerra en sus Catorce Puntos. Estos reflejaban el idealismo estadounidense y la opinión de Wilson de que la guerra debía ser una cruzada por la democracia que establecería una paz duradera.

LOS CATORCE PUNTOS (1918)

En los Catorce Puntos se exigía que cada nacionalidad tuviera su propio país y gobierno. Se pedía la libertad de los mares, trato igual, reducción de armamentos y el fin de la diplomacia secreta. Wilson creía que el punto más importante de su plan era la formación de la **Liga de las Naciones**. Esperaba crear un mundo de naciones pacíficas y democráticas, con un futuro sin guerras.

EL TRATADO DE VERSALLES

Wilson fue a Europa para negociar el tratado final de paz. Cometió un error crítico al no invitar a los senadores influyentes a que lo acompañaran, ya que era el Senado el que con el tiempo tendría que ratificar el tratado. Casi inmediatamente, Wilson entró en conflicto con los jefes aliados que querían imponer en Alemania un tratado riguroso. Wilson tuvo que hacer muchas concesiones para obtener su apoyo en la organización de la Liga de las las Naciones, que se incluiría en el tratado de paz. Los términos del Tratado de Versalles eran extremadamente rigurosos para Alemania y las otras potencias centrales:

En 1919, los jefes aliados se encuentran en Versalles para redactar el Tratado de Paz. Primero desde la derecha: el President Wilson.

- Alemania tuvo que entregar territorios a Francia y a Polonia, así como todas sus colonias.
- Alemania perdió su marina y su poderoso ejército se redujo a proporciones de una fuerza policial.
- Alemania tuvo que aceptar la responsabilidad por comenzar la guerra y pagar enormes indemnizaciones a los Aliados.
- Austria-Hungría quedó dividida en nuevos estados nacionales.
- Se formó la Liga de las las Naciones.

LOS EE. UU. RECHAZAN LA AFILIACION A LA LIGA DE LAS NACIONES

Wilson esperaba que la Liga de las las Naciones desalentaría agresiones futuras y prevendría las guerras. La Liga no tenía su propio ejército, sino que dependía de los ejércitos de sus miembros para detener la agresión. La Liga fracasó, en parte porque muchas potencias mundiales principales, inclusive los Estados Unidos, nunca se hicieron miembros. Los Estados Unidos no se afiliaron a la Liga porque el Senado rechazó el Tratado de Versalles.

Problemas en el Senado. Wilson necesitaba el voto de dos tercios del Senado para ratificar el Tratado de Versalles. Rechazó todos los acuerdos del Tratado sugeridos por el Senado. En vez de esto, Wilson decidió recurrir directamente al apoyo de los votantes estadounidenses, y emprendió una jira nacional de discursos. Sin embargo, no llegó a juzgar bien los sentimientos de la mayoría de los estadounidenses que se desilusionaron con la participación de los Estados Unidos en los asuntos mundiales.

El Senado rechaza el Tratado. Semanas después de haber comenzado su jira, Wilson sufrió una hemorragia cerebral, que lo dejó semiparalizado. Luego, el Senado se negó a ratificar el Tratado, y los Estados Unidos nunca se afiliaron a la Liga. Firmaron un tratado de paz aparte con Alemania en 1921.

LOS ESTADOS UNIDOS SE RETIRAN AL AISLAMIENTO

Muchos estadounidenses estaban desilusionados con los altos costos y pocas ventajas que los Estados Unidos sacaron de la guerra. Comenzaron a seguir el antiguo consejo de Washington de evitar involucrarse en los asuntos europeos. Pusieron su atención en su bienestar dentro del país y se negaron a comprometerse demasiado en los asuntos mundiales.

TERMINOS PARA RECORDAR

Libertad de los mares, *Lusitania*, guerra submarina, Catorce Puntos, Tratado de Versalles, Liga de las Naciones.

LA CONSTITUCION EN MARCHA

UN PROCESO JURIDICO DE IMPORTANCIA

SCHENCK vs. U.S. (1919)

Trasfondo: Durante la Primera Guerra Mundial, Schenck fue arrestado y sentenciado por la publicación y distribución de impresos que alentaban la resistencia a la conscripción. Schenck sostenía que fue violado su derecho de la Primera Enmienda a la libertad de palabra y prensa.

La decisión/Importancia: La Corte Suprema decidió que hay límites a la libertad de palabra. La Corte dijo que la libre expresión no debe usarse para proteger a alguien que causa pánico al gritar una alarma falsa de "fuego" en un teatro lleno de gente. La libertad de palabra total no puede permitirse frente a un "peligro claro y real". La decisión pronto se convirtió en un parámetro para medir los límites de libertad de la palabra.

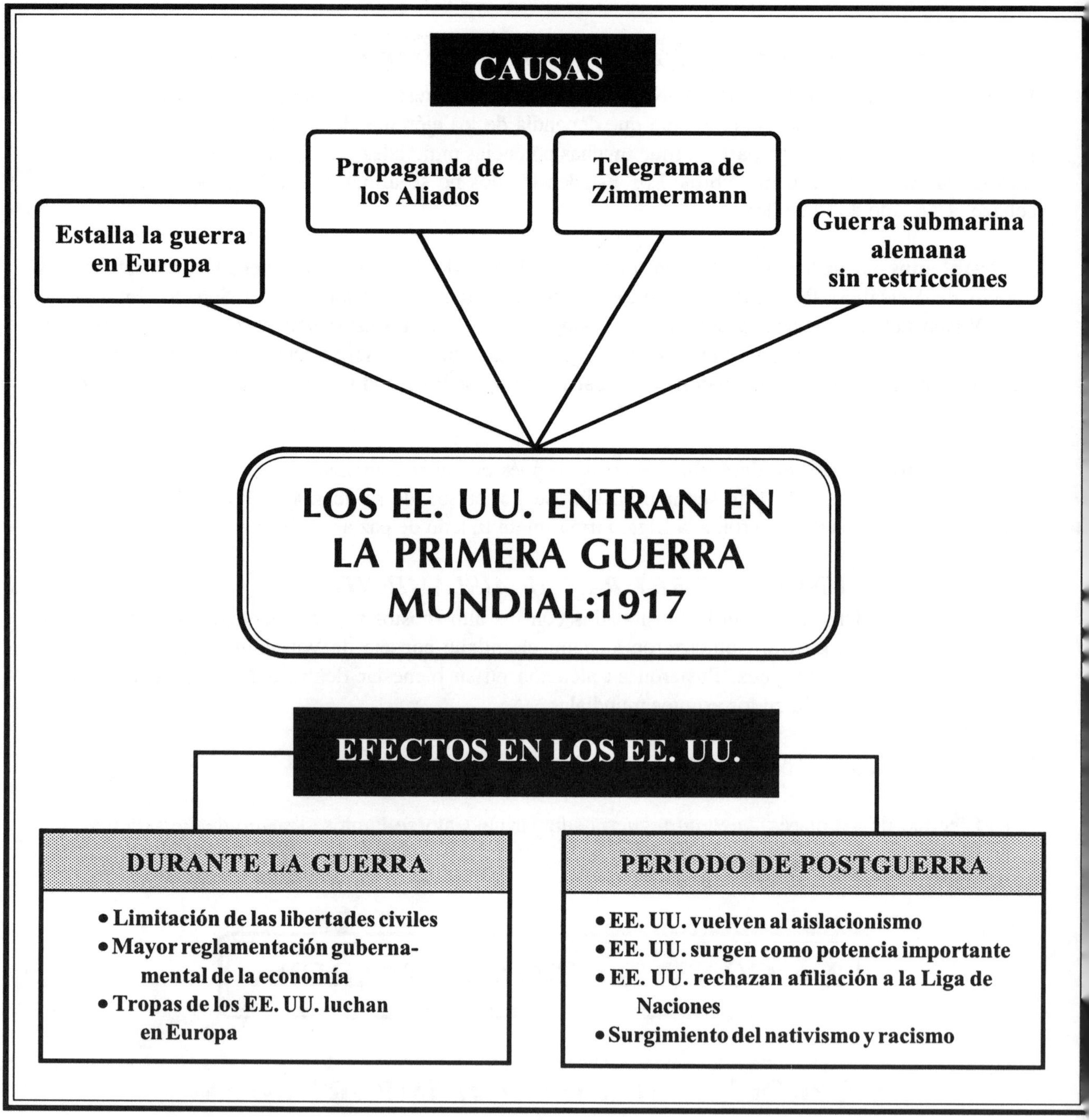

CAUSAS

- Estalla la guerra en Europa
- Propaganda de los Aliados
- Telegrama de Zimmermann
- Guerra submarina alemana sin restricciones

LOS EE. UU. ENTRAN EN LA PRIMERA GUERRA MUNDIAL:1917

EFECTOS EN LOS EE. UU.

DURANTE LA GUERRA

- Limitación de las libertades civiles
- Mayor reglamentación gubernamental de la economía
- Tropas de los EE. UU. luchan en Europa

PERIODO DE POSTGUERRA

- EE. UU. vuelven al aislacionismo
- EE. UU. surgen como potencia importante
- EE. UU. rechazan afiliación a la Liga de Naciones
- Surgimiento del nativismo y racismo

LOS PERSONAJES DE LA EPOCA

WILLIAM H. SEWARD (SECRETARIO DE ESTADO)

En 1867, William Seward, el secretario de estado de Lincoln, compró a Rusia 600.000 millas cuadradas de territorio en Alaska por $7,2 millones. Cuando se hizo la adquisición, Seward fue objeto de desprecio y burlas. Sin embargo, esta adquisición demostró ser importante. En 1959, Alaska se convirtió en el estado número cuarenta y nueve de la Unión.

LA REINA LILIUOKALANI (REINA DE HAWAI)

En 1893, la Reina Liliuokalani trató de detener la creciente influencia de los colonos estadounidenses que vivían en Hawai. Estos iniciaron una rebelión contra su dominio. Tuvieron éxito en tomar el poder y removerla del trono. La Reina Liliuokalani fue la última monarca que rigió en Hawai.

WILLIAM RANDOLPH HEARST Y JOSEPH PULITZER (EDITORES)

El *New York Journal* de William Randolph Hearst y el *New York World* de Joseph Pulitzer, fueron los primeros en el tipo de **reportaje sensacionalista** conocido como "yellow journalism" ("periodismo amarillo"). En un intento de interesar al público, ambos diarios presentaban artículos exagerados sobre el maltrato de los cubanos bajo el dominio español. Estos artículos enardecieron la opinión popular contra España, y contribuyeron a empujar a los Estados Unidos hacia la guerra con España en 1898. Pulitzer dejó un caudal que en el presente se usa para mantener el "Pulitzer Prize", el premio más prestigioso en redacción y periodismo.

William Randolph Hearst publicaba el New York Journal, que contenía relatos sensacionalistas de la opresión española en Cuba

WALTER REED (CIRUJANO MILITAR)

Los estadounidenses que vivían en Cuba y en la Zona del Canal de Panamá a menudo eran víctimas de la fiebre amarilla, una enfermedad tropical. En 1900, Walter Reed, encabezando un equipo médico enviado a encontrar la causa de esa enfermedad, descubrió que venía de la picadura de ciertos mosquitos. En un año, al secarse los pantanos donde se criaban los mosquitos, se eliminó la fiebre.

HENRY CABOT LODGE (SENADOR)

Henry Cabot Lodge, un senador de Massachussetts, era un aislacionista que opinaba que los Estados Unidos debían mantenerse al margen de los asuntos europeos. Como presidente de la Comisión Senatorial de Asuntos Externos, encabezó la lucha contra la afiliación estadounidense a la Liga de las Naciones. Tuvo éxito en prevenir la ratificación del Tratado de Versalles por el Senado estadounidense.

RESUMEN DE TU COMPRENSION

Instrucciones: ¿Entendiste bien lo que acabas de leer? Comprueba tu comprensión al responder a las preguntas que siguen.

TERMINOS PARA RECORDAR

En una hoja aparte, define brevemente los términos siguientes.

Neutralidad
Doctrina Monroe
Guerra Hispano-Estadounidense
Imperialismo
Periodismo sensacionalista
Rebelión de los Boxers
Política de Libre Acceso
Política del Buen Vecino
Liga de las Naciones
Catorce Puntos

LOS ESTADOS UNIDOS LEVANTAN UN IMPERIO COLONIAL

Después de la Guerra con España, los Estados Unidos cambiaron su conducta tradicional al convertirse en una potencia imperialista. Resume tu comprensión de este cambio al responder a las siguientes preguntas:

- ¿Qué factores contribuyeron a que los Estados Unidos se convirtieran en una potencia colonial?
- Describe algunos de los tratados que los Estados Unidos tenían con las Filipinas, Hawai, China y el Japón.

LA POLITICA DE LOS EE. UU. HACIA LA AMERICA LATINA

Las relaciones de los Estados Unidos con la América Latina en el siglo XX han sido motivadas primordialmente por sus intereses económicos en la región. Resume tu comprensión de esta declaración completando el siguiente cuadro.

POLITICA	DESCRIPCION DE LA POLITICA
Doctrina Monroe	______________
Política del Garrote	______________
Diplomacia del dólar	______________
Política del Buen Vecino	______________

GUERRAS PRINCIPALES: 1898-1918

Los Estados Unidos participaron en dos guerras importantes en el período entre 1898 y 1918. Resume tu comprensión de estas guerras completando el siguiente cuadro.

GUERRA	CAUSAS	RESULTADOS
Guerra con España	__________	__________
	__________	__________
	__________	__________
Primera Guerra Mundial	__________	__________
	__________	__________
	__________	__________

PERSONAJES DE LA EPOCA

Las personas a menudo tienen una influencia importante en la vida política, económica o social de su tiempo. ¿Qué individuo crees que tuvo el impacto más grande en la época descrita en este capítulo? Explica el porqué.

COMPRUEBA TU COMPRENSION

Instrucciones: Comprueba tu comprensión de esta unidad respondiendo a las siguientes preguntas. Selecciona la mejor contestación. Luego dirígete a los ensayos.

DESARROLLO DE DESTREZAS: INTERPRETACION DE UNA CARICATURA

Basa tus respuestas a las preguntas 1 a 3 en la caricatura que sigue y en tu conocimiento de los estudios sociales.

1 ¿A cuál de los siguientes presidentes estadounidenses probablemente representa el policía de la caricatura?
1 James Polk
2 Theodore Roosevelt
3 William H. Taft
4 Woodrow Wilson

2 ¿Qué título expresa con más acierto la idea de la caricatura?
1 El Mundo en Venta
2 El Milagro en Versalles
3 El Policía del Mundo
4 El hundimiento del *Maine*

3 ¿Qué política estadounidense es representada por la situación de la caricatura?
1 contención
2 aislacionismo
3 neutralidad
4 imperialismo

DESARROLLO DE DESTREZAS: INTERPRETACION DE UN DISCURSO

Basa tus respuestas a las preguntas 4 a 6 en las declaraciones de los hablantes y en tu conocimiento de estudios sociales.

Hablante A: Esta nación debe tratar con todos y cada uno de los países de forma amistosa, pero no debe tomar partido en las disputas de otras naciones.
Hablante B: No debemos vincularnos en alianzas con otras naciones.
Hablante C: La política externa estadounidense debe dedicarse a la expansión del poder y de la influencia de los Estados Unidos.
Hablante D: Debemos estar dispuestos a sobrellevar cualquier carga y pagar cualquier precio para adelantar la causa de la libertad.

4 ¿Qué dos hablantes están en más desacuerdo sobre la política externa de los EE. UU.?
1 A y B
2 B y D
3 C y A
4 D y A

5 El conocimiento de la historia de las relaciones estadounidenses con la América Latina en el período 1888-1920 podría ser más útil para sostener las opiniones del hablante
1 A
2 B
3 C
4 D

6 ¿Qué hablante expresa un punto de vista que se parece más al consejo que George Washington dio a la nueva nación en 1796?
1 A
2 B
3 C
4 D

DESARROLLO DE DESTREZAS: INTERPRETACION DE UN MAPA

Basa tus respuestas a las preguntas 7 y 8 en el mapa que sigue y en tu conocimiento de estudios sociales.

7 El título más apropiado para este mapa sería
1 El surgimiento del imperialismo estadounidense
2 La expansión de los Estados Unidos hacia el oeste
3 Los EE. UU. adquieren un imperio colonial
4 Los Protectorados Estadounidenses en el Siglo XIX

8 ¿Qué territorio fue obtenido por los Estados Unidos de Francia?
1 A
2 B
3 C
4 D

---

9 Una razón fundamental para la proclamación de la Doctrina Monroe era
1 poner fin a la trata de esclavos africanos en el Caribe
2 prevenir la intervención europea en el Hemisferio Occidental
3 mantener a los Estados Unidos fuera de la Primera Guerra Mundial
4 proteger el Canal de Panamá

10 ¿Qué concepto explica con más acierto el deseo de los EE. UU. de expansión hacia el occidente en el siglo XIX?
1 seguridad colectiva
2 balanza del poder
3 Destino Manifiesto
4 apaciguamiento mutuo

11 El propósito primario de la política estadounidense de Libre Acceso era
1 alentar a los chinos a emigrar a otros países
2 prevenir que las potencias europeas dividieran a China
3 desarrollar la capacidad industrial de China
4 introducir el gobierno democrático en China

12 ¿Cuál fue la causa fundamental de la Primera Guerra Mundial?
1 el deseo estadounidense de obtener colonias de ultramar
2 el sistema europeo de alianzas
3 la tirantez entre los Estados Unidos y la Unión Soviética
4 la invasión alemana de Polonia

13 ¿Cuál fue un resultado importante de la Primera Guerra Mundial?
1 las tropas estadounidenses ocuparon el Japón
2 el Imperio Austro-Húngaro fue dividido en estados menores
3 la Unión Soviética tomó control de la Europa Oriental
4 Gran Bretaña y Francia perdieron sus colonias

14 ¿Cuál de las siguientes políticas externas probablemente apoyarían los partidarios del concepto de la balanza de poder?
1 el desarme unilateral
2 la creación de alianzas militares
3 la abolición de comercio extranjero
4 la dependencia de las organizaciones mundiales

15 La aseveración que describe con más exactitud la política externa estadounidense durante los años 1796 a 1918 es que los Estados Unidos generalmente
1 actuaron de acuerdo al interés nacional propio
2 reaccionaron firmemente contra el imperialismo a través del mundo
3 formaron alianzas con países necesitados
4 usaron la confrontación militar para resolver disputas

16 ¿Cuál titular del periódico refleja mejor el concepto del imperialismo?
1 "La Corte Suprema Prohibe Segregación en Escuelas Públicas"
2 "La Organización de las Naciones Unidas Fundada en San Francisco"
3 "El Presidente McKinley Anuncia Anexión Estadounidense de las Filipinas"
4 "El Presidente Bush se Encuentra con Gorbachev en Conferencia Cumbre"

17 Los tratados de paz al fin de la Guerra con México en 1848 y la Guerra con España en 1898 se parecen en que los dos
1 otorgaron terrenos a los Estados Unidos
2 se dirigieron a la cuestión de libertad de los mares
3 formaron un pacto de defensa mutua
4 establecieron un fuerte vínculo de amistad

18 La razón más importante para la construcción del Canal de Panamá fue la necesidad de
1 aumentar la seguridad de los Estados Unidos
2 difundir el estilo estadounidense de vida a las naciones menos desarrolladas
3 alentar el desarrollo económico de la América Central
4 detener la expansión del comunismo en el Hemisferio Occidental

19 ¿Cuál de los siguientes titulares de periódico proporciona un ejemplo moderno de la Doctrina Monroe?
1 "EE. UU. Declaran Guerra Contra Alemania"
2 "Tropas de EE. UU. Desembarcan en Corea"
3 "Buques de EE. UU. Bloquean Cuba"
4 "EE. UU. Venden Cohetes a Arabia Saudita"

20 Los aislacionistas en el Senado se opusieron a que los EE. UU. se juntaran a la Liga de las Naciones principalmente por su oposición a
1 los aranceles más bajos
2 la libertad de los mares
3 los potenciales compromisos militares
4 la presencia soviética y alemana en el Consejo de la Liga

21 ¿Cuál de los siguientes hace evidente que los Estados Unidos generalmente siguieron la política de aislacionismo en el período 1919-1939?
1 censuraron la agresión fascista
2 rechazaron la política de apaciguamiento
3 se negaron a entrar en la Liga de las Naciones
4 participaron en el desarme

22 ¿Cuál de las siguientes constituye una fuente primaria de información?
1 los editoriales sobre la Guerra con España publicados durante ese tiempo
2 las biografías de los Presidentes William McKinley y Theodore Roosevelt
3 un diario de un miembro de la tripulación del buque *Maine*
4 un análisis histórico realizado por varios historiadores sobre la Guerra de 1812

23 ¿Cuál de las siguientes provisiones del Tratado de Versalles refleja la influencia del Presidente Woodrow Wilson?
1 la división de las colonias alemanas entre los Aliados
2 la aceptación por Alemania de completa responsabilidad por la Primera Guerra Mundial
3 el establecimiento de la Liga de las Naciones
4 el pago de indemnizaciones por Alemania a los Aliados

24 ¿Cuál de las generalizaciones sobre el origen de guerras queda mejor apoyado por los acontecimientos que llevaron a la Primera Guerra Mundial?
1 Años de continua tirantez internacional pueden llevar a la guerra.
2 La política de apaciguamiento puede prevenir la erupción de la guerra.
3 Una revolución en un país puede llevar a la guerra con otras naciones.
4 Los odios religiosos a menudo engendran la guerra.

25 "¿Por qué ... involucrar nuestra paz y prosperidad en los afanes de la ambición, rivalidad, interés, humor o capricho europeo?"
¿Cuál de las siguientes acciones de los Estados Unidos refleja mejor la filosofía expresada en esta cita?
1 la promulgación de leyes que limitan la inmigración
2 el rechazo del Tratado de Versalles
3 el establecimiento de la Ley de Préstamos y Arriendos
4 la aprobación de la Carta de las Naciones Unidas

1 Un principio importante de la política externa es que cada nación trata de proteger sus intereses. A continuación hay una lista de líneas de conducta con el extranjero que los Estados Unidos siguieron en varias épocas de su historia.

Política externa

Imperialismo
Aislacionismo
Neutralismo
Intervención

Parte A

Escoge *una* política:______________________________

Define la política: ______________________________

Presenta *un* ejemplo de la aplicación de esa política por los Estados Unidos.____________________

____

Escoge *otra* política: ____

Define la política: ____

Presenta *un* ejemplo de la aplicación de esa política por los Estados Unidos.____________________

____

Parte B

En tu respuesta a la Parte B debes usar la información dada en la Parte A. Sin embargo, también puedes incluir información adicional y distinta en tu respuesta a la Parte B.

Escribe un ensayo discutiendo cómo la política externa de un país protege sus intereses nacionales.

2 Un objetivo importante de la política externa de un país es la protección de los intereses nacionales. El Presidente de los Estados Unidos influye en el desarrollo y aplicación de esa política.

Escoge a *dos* presidentes de la lista dada. En el caso de *cada uno*:

- Describe las condiciones que impulsaron a ese presidente a desarrollar una política externa específica para promover el interés nacional.
- Describe una acción específica tomada por ese presidente para llevar a cabo esa política.

Presidentes

George Washington
James Monroe
William McKinley
Theodore Roosevelt
Woodrow Wilson

3 Históricamente la política externa de los Estados Unidos hacia la América Latina ha cambiado a lo largo del tiempo. Los siguientes titulares de periódicos muestran algunos de estos cambios.

Titulares

Se Anuncia la Doctrina Monroe
Los EE. UU. Construirán un Canal en Panamá
Taft Anuncia la "Diplomacia del Dólar" para América Latina
F.D.R. Introduce la "Política del Buen Vecino"
EE. UU. Afiliados a la Organización de Estados Americanos

Escoge *tres* titulares. En el caso de los tres:

- Describe las circunstancias que llevaron al titular
- Discute los efectos principales del acontecimiento

La experiencia puertorriqueña

Puerto Rico es una isla de forma rectangular situada en el Mar Caribe con una extensión territorial de 100 millas de ancho por 35 de largo. Está localizada sólo a 1.000 millas al suroeste de los Estados Unidos continentales. La mayor parte del terreno es montañoso y accidentado y por ello la mayoría de la población se encuentra en el área de la costa. Cristóbal Colón descubrió la isla en 1493. En los tiempos de la conquista, los españoles destacaron la importancia del puerto de San Juan como punto de entrada y salida de barcos hacia México y Tierra Firme. Por esta razón no pudieron establecer un control completo en el interior de la Isla.

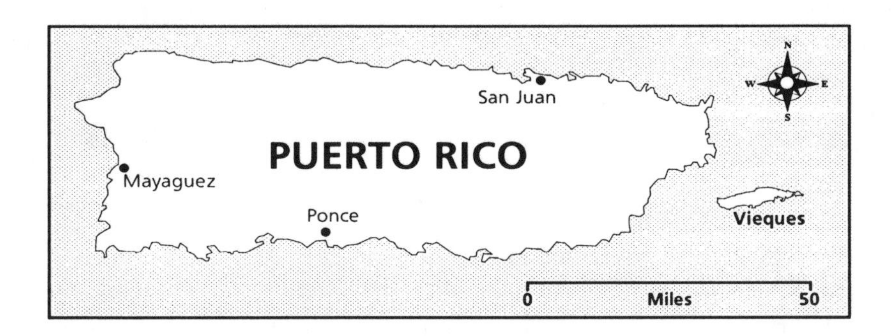

En Puerto Rico, al igual que en otras colonias españolas se cultivaron productos como el tabaco, café y la caña de azúcar para la exportación. La mayoría de la población indígena murió a causa de largas jornadas de trabajo y por las enfermedades traídas desde Europa por los españoles. Los españoles comenzaron entonces a importar esclavos africanos para trabajar en la agricultura, aunque se afirma que el número de esclavos traídos a Puerto Rico fue el menor en las Indias Occidentales.

En 1898, los Estados Unidos anexó la Isla de Puerto Rico como consecuencia de la Guerra Hispano-estadounidense. El gobierno estadounidense realizó varios cambios en la infraestructura de la Isla como la construcción de carreteras y escuelas y mejoras en el sistema de salud. Al mismo tiempo, grandes compañías estadounidenses invirtieron acciones en la producción azucarera y desde entonces pueden exportar azúcar a los Estados Unidos sin pagar impuestos por ello. Como resultado de las mejoras en el campo de la salud, la tasa de mortalidad bajó dramáticamente. Paradójicamente, esto llevó a incrementar el índice poblacional y el porcentaje de habitantes aumentó notablemente en poco tiempo. Este aumento poblacional fue una de las razones por la cual un gran número de puertorriqueños emigró a los Estados Unidos.

En la década del 30, el gobierno estadounidense creó un plan de mejoras a la economía puertorriqueña que limitaba la producción azucarera y apoyaba a los pequeños agricultores. En la década del 40 la "Operación Manos a la Obra" creó el clima para la inversión industrial. Las compañías manufactureras fueron alentadas a establecer industrias en Puerto Rico, donde los salarios eran mucho más bajos y los productos podían ser manufacturados y exportados sin el pago de impuestos. Los trabajadores de las centrales azucareras comenzaron, entonces, a movilizarse para buscar empleo en las nuevas industrias y talleres. Actualmente, en Puerto Rico se fabrican productos petroquímicos,farmacéuticos, comidas enlatadas, cerámicas y textiles, entre otros productos manufacturados.

Desde el año 1952, Puerto Rico ha sido "Estado Libre Asociado" (Commonwealth) de los Estados Unidos. Tiene un Gobernador, un grupo de Senadores y una Cámara de Representantes electos por voto popular. Los puertorriqueños también eligen un "Comisionado Residente", que asiste a reuniones de la Cámara de Representantes del gobierno estadounidense. El Comisionado puede hablar en las sesiones pero no tiene derecho al voto. Los puertorriqueños no pagan impuestos al gobierno federal porque no se encuentran completamente representados en el Congreso estadounidense. Un número reducido de puertorriqueños son partidarios de la independencia de los Estados Unidos; sin embargo, en su mayoría se encuentran divididos en dos grandes grupos, los que favorecen el "Estado Libre Asociado" actual y los que prefieren que Puerto Rico se convierta en el estado número 51 de los Estados Unidos. Por ser ciudadanos estadounidenses, los puertorriqueños pueden residir en Estados Unidos sin problemas. Después de la Segunda Guerra Mundial, comenzaron a emigrar por medio de avión o barcos al estado de Nueva York, la mayoría en búsqueda de empleos mejor pagados. Actualmente, dos de cada cinco puertorriqueños reside en la metrópoli estadounidense. La mayoría reside en el estado de Nueva York, donde son conocidos como "Niuyoricans". Los puertorriqueños han preservado la mayor parte de su cultura incluyendo su lenguaje, comidas, días feriados y música. El 14 de junio se celebra en las calles de Nueva York el "Día de Puerto Rico". Mientras la comunidad puertorriqueña enfrenta los problemas más comunes de las comunidades urbanas actuales como la discriminación, la violencia juvenil (gangas) y el uso de drogas, muchos puertorriqueños son líderes comunales y excelentes profesionales. Algunos son muy conocidos como el animador de televisión Geraldo Rivera, el actor Raúl Julia y la Cirujano General de Estados Unidos Dra. Antonia Coello de Novello.

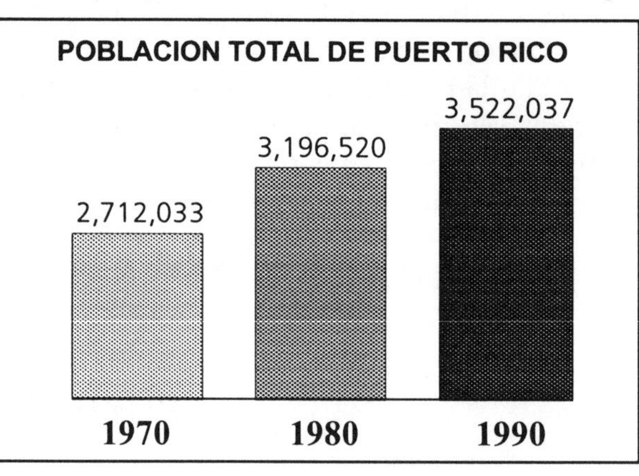

Fuente: Oficina del Censo

"Día de Puerto Rico" en Nueva York

CLAVES PARA LA COMPRENSION DE LA ECONOMIA: UN EXAMEN DE LA POLITICA ECONOMICA

Las preguntas en los exámenes de historia a menudo comprueban tu comprensión de los varios aspectos de la política económica. Esta sección presenta una visión general de la naturaleza de la política económica.

¿COMO FUNCIONA LA ECONOMIA DE LOS EE. UU.?

Todas las naciones tienen que tomar decisiones al contestar las tres preguntas fundamentales relacionadas a la economía:

¿*Qué* se debe producir?
¿*Cómo* debe producirse?
¿*Quién* recibe lo producido?

La forma en que la nación se organiza para responder a estas preguntas se conoce como su sistema económico. En los Estados Unidos, el sistema es fundamentalmente uno de **mercado libre** (a menudo llamado **"sistema de libre empresa"**). Es la interacción entre los vendedores y los compradores lo que determina las respuestas a esas tres preguntas fundamentales:

- los consumidores, a cambio de su trabajo, reciben sueldos y jornales de los negocios y del gobierno
- los consumidores usan estos ingresos para comprar productos y servicios a las empresas
- el gobierno recauda impuestos de los consumidores y negocios, para proporcionar a las empresas y consumidores ciertos bienes y servicios por los cuales votaron

LOS OBJETIVOS DE LA POLITICA ECONOMICA NACIONAL

Desde fines del siglo XIX, cambió el papel del gobierno en la vida económica del país. Antes, la mayoría de la gente creía en el capitalismo de **"laissez-faire"**. Esto quería decir que el gobierno no debía interferir en la economía, excepto para actuar como árbitro para asegurar la competencia justa. A causa de la Gran Depresión de los años 1930, el gobierno federal comenzó a asumir una función más activa en la economía. En 1946, esta función se convirtió en ley cuando el Congreso promulgó la **Ley de Empleo**, en la que se declaraban los objetivos de la política económica nacional. El gobierno federal tiene ahora la responsabilidad de:

- promover el máximo de empleo
- promover el máximo de producción
- luchar contra la inflación (el aumento de precios)

Para ayudar al Congreso y a la nación a entender lo que sucede en el país, el Presidente anualmente presenta al Congreso el *Informe Económico del Presidente*, en el cual se explican las cuestiones económicas de importancia en los Estados Unidos.

LOS PODERES ECONOMICOS DEL GOBIERNO NACIONAL

EL PODER PARA PROPORCIONAR BIENES PUBLICOS

Cuando usamos parques públicos, escuelas u hospitales, recibimos bienes públicos. Los bienes públicos siempre fueron una cuestión controversial en la historia de los Estados Unidos. Algunos opinan que el gobierno debería proporcionar la defensa y nada más. Otros creen que los gobiernos, a todo nivel — local, estatal y federal — deberían proporcionar servicios adicionales para mejorar la salud y el bienestar del pueblo.

EL PODER DE REGLAMENTAR ACTIVIDADES ECONOMICAS

El gobierno también sirve de árbitro para asegurar el mercado libre al:

■ **Alentar la competencia**: El gobierno contribuye a asegurar que el mercado permanece competitivo. Los "trusts" y monopolios fueron proscritos por la **Ley Sherman contra los Trusts** (1890). Además, el gobierno formó comisiones, tales como la Comisión de Comercio Interestatal (I.C.C.) y la Comisión Federal de Comunicaciones (F.C.C.) para vigilar ciertas empresas. Durante los años 1980, el gobierno abolió la reglamentación de algunas empresas, tales como las aerolíneas y teléfonos, para fomentar la competencia.

■ **Proteger a los trabajadores y consumidores**: Tanto el gobierno federal como los estatales promulgaron leyes de protección para los trabajadores y consumidores. Algunas de las leyes más importantes son:

- La **Ley de la Pureza de Alimentos y Drogas** (1906), que requiere que los fabricantes pongan en la etiqueta de cada producto una lista de los ingredientes utilizados.
- La **Ley sobre la Seguridad y la Salud en el Trabajo** (1970), que establece normas de salud y medidas de seguridad en el lugar de trabajo.

La manera en que el gobierno reglamenta la economía sigue siendo un asunto controversial. Algunos opinan que el gobierno debería permitir que las condiciones libres del mercado determinaran las condiciones de trabajo. Otros piensan que el gobierno debe hacer más para asegurar un ambiente de trabajo saludable y seguro.

■ **Reglamentación del comercio internacional**. El gobierno federal también reglamenta el comercio al tener el poder de imponer **tarifas arancelarias** (impuestos sobre la importación). Algunos creen que necesitamos aranceles más altos para proteger las industrias del país. Argumentan que se necesitan estos aranceles para:

- proteger los empleos locales contra la competencia extranjera de mala fe
- asegurar que las industrias vitales para la seguridad del país sigan siendo competitivas

Otros se oponen a los aranceles altos y apoyan el comercio más libre. Argumentan que los aranceles altos:

- interfieren en el comercio mundial
- elevan los precios de los artículos de consumo

LOS PODERES FISCALES

Durante la Gran Depresión, John Maynard Keynes (un economista) demostró que el gobierno puede influir en la tasa de desempleo e inflación a través de sus políticas de gastos, impuestos y empréstitos. La teoría keynesiana sostiene que:

■ si la economía de un país está en recesión, el gobierno debe gastar más de lo que recibe en impuestos.

■ si hay una alta tasa de inflación, el gobierno debe recaudar en impuestos más de lo que gasta.

Keynes, por lo tanto, urgió a los gobiernos para que tomaran un papel activo para mantener altos niveles de empleo y un desarrollo económico estable. Un problema con la política keynesiana es que los programas de gastos e impuestos los establece el Congreso. Cuando se le ha pedido que limiten los gastos o se eleven los impuestos para combatir la inflación, el Congreso a menudo se ha negado a hacerlo. Esto es así porque los electores generalmente se oponen a la limitación de gastos en perjuicio de sus intereses. Esta es una de las razones principales por las que al Congreso se le hace difícil reducir el déficit federal. Por lo tanto, aunque la política fiscal puede ser un instrumento económico excelente, las consideraciones políticas a menudo pueden limitar su uso.

LOS PODERES MONETARIOS

La política monetaria es otro medio que se usa para estabilizar la economía. La política monetaria depende de la capacidad del gobierno para controlar la cantidad total de dinero en circulación. Esto a su vez afecta la actividad total en los negocios. La **Ley de la Reserva Federal** (1913) estableció el Sistema de la Reserva Federal. Hoy, el papel principal de la Reserva Federal es reducir los vaivenes turbulentos en el ciclo de los negocios. Su poder esencial está en controlar la capacidad de los bancos para hacer préstamos.

■ Cuando hay un declive en la economía, la Reserva Federal aumenta el suministro del dinero. A medida que el dinero entra en el sistema, baja la tasa del interés. Las empresas toman más empréstitos porque su costo es más bajo. Ya que los negociantes pueden pedir prestado más, pueden gastar más, estimulando la productividad y el empleo.

■ Cuando en la economía hay una subida y aumenta la inflación, la Reserva Federal reduce el suministro del dinero. Al limitar la cantidad de dinero disponible, se hacen menos empréstitos a las empresas. Estas piden menos en préstamos y el ritmo de crecimiento se reduce.

Las limitaciones principales a la aplicación de la política monetaria son las siguientes:

■ La política monetaria está controlada por la Junta Federal de Reserva, una agencia independiente. El Congreso y el Presidente no tienen control directo sobre su plan de acción, aunque son quienes realizan el nombramiento de sus miembros.

■ La Reserva Federal asume que los negocios van a responder a las tasas de interés más bajas o más altas. A veces no sucede así.

■ La política monetaria dentro del país tiene efectos en el extranjero. Las tasas de interés afectan el valor del dólar en comparación con la moneda del extranjero. La política de la Reserva Federal influye en la capacidad de las compañías estadounidenses de competir en el extranjero o de atraer inversiones extranjeras. Lo que puede ser buena política para estabilizar la economía dentro del país puede debilitar la industria estadounidense en el extranjero.

CAPITULO 13

LA PROSPERIDAD Y LA DEPRESION

VISION GENERAL

Después de los sacrificios de la Primera Guerra Mundial, la mayoría de los estadounidenses se concentraron en divertirse y ganar dinero. La década de 1920 fue una de conservadurismo político, prosperidad económica y cambios en las pautas morales. Desgraciadamente, la prosperidad no fue duradera. En 1929, comenzó la Gran Depresión — la peor en la historia de los EE. UU. La administración de Hoover fue incapaz de restaurar el desarrollo económico. En las elecciones de 1932, Hoover fue sólidamente derrotado por Franklin D. Roosevelt.

Franklin D. Roosevelt prometió un "Nuevo Trato" para ayudar en la recuperación del país. El gobierno federal se encargó de muchas funciones de bienestar social que previamente se llevaban a cabo por instituciones privadas y de caridad. Muchos programas tuvieron tanto éxito que sobreviven hasta el presente. Sin embargo, el efecto más duradero del Nuevo Trato fue el aumento en las proporciones y en el poder del gobierno federal y la responsabilidad más grande que el gobierno tiene ahora en administrar la economía de la nación.

— LINEA CRONOLOGICA DE SUCESOS IMPORTANTES —

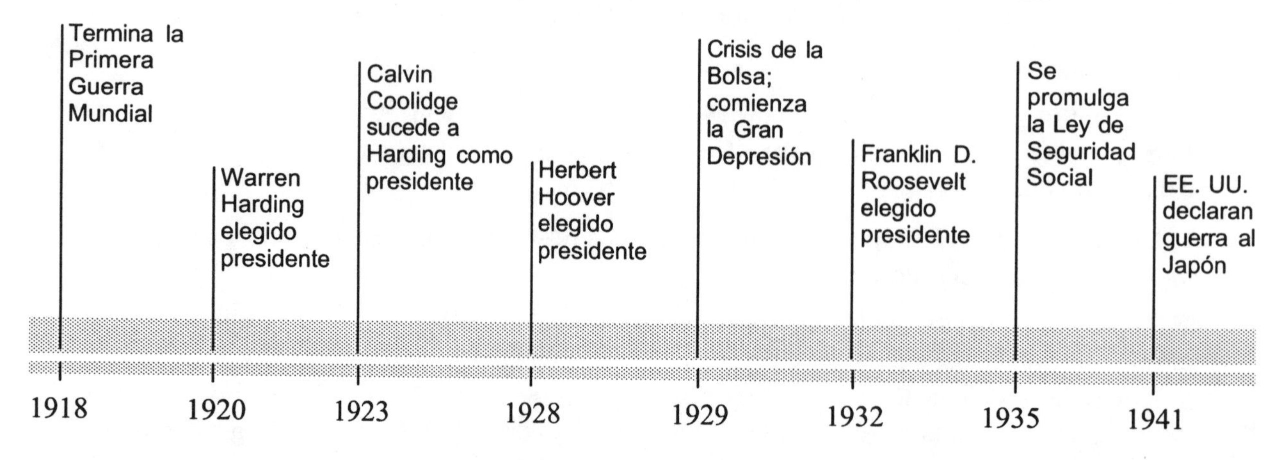

TIEMPOS DE AUGE: LOS AÑOS 1920

LOS ESTREPITOSOS AÑOS VEINTE: 1919-1929

Los 1920 fueron una buena temporada para muchos—aunque no todos—estadounidenses. Bajo la apariencia de calma y el deseo de lucro, el país pasaba por cambios económicos y sociales fundamentales. El verdadero significado de la década está, no tanto en su política como en el desarrollo de las pautas morales del siglo veinte.

EL AJUSTE A LA PAZ, 1919-1920

La década del 1920 comenzó con la difícil tarea de adaptarse a la paz.

La desilusión con el idealismo de Wilson. El pueblo estadounidense llegó a desilusionarse con los resultados de la Primera Guerra Mundial. Hubo una creciente inclinación a seguir la política de aislacionismo en los asuntos extranjeros.

Una baja transitoria en los negocios. Cuando terminó la guerra, el gobierno puso fin a sus enormes gastos de guerra; se suspendió la reglamentación de la industria; las fábricas se cerraron para ser adaptadas a las necesidades industriales de la época de la paz; los granjeros perdieron sus mercados en Europa y los soldados regresaron al país buscando empleo. La combinación de estos factores arrastró al país a una **recesión** económica que duró hasta 1921.

LOS RIESGOS PARA LAS LIBERTADES CIVILES

En los años 1920 también ocurrió un ataque contra las libertades civiles en la sociedad estadounidense.

Las alarmas rojas. Los comunistas tomaron el poder en Rusia en 1917 y trataron de esparcir su revolución a otros países. Cuando en 1919 hubo una oleada de huelgas en los Estados Unidos, la gente vio esto como el principio de una revolución comunista. Este temor histérico de confabulación comunista resultó en:

- **Las incursiones de Palmer.** En 1919, el Procurador General Palmer condujo incursiones represivas contra los radicales principales y los acusó de conspirar para derribar el gobierno. Se arrestó a miles de supuestos agitadores y radicales. Los inmigrantes radicales fueron deportados.

- **El proceso de Sacco y Vanzetti.** La histeria también afectó a los inmigrantes. Dos inmigrantes italianos, Sacco y Vanzetti, fueron sentenciados por haber cometido un asesinato durante un robo para obtener fondos para una revolución anarquista. A pesar de que la evidencia era insuficiente, los dos fueron encontrados culpables y fueron ejecutados en 1927.

El surgimiento del nativismo y del racismo. Las alarmas rojas y la notoriedad que rodeó el juicio de Sacco y Vanzetti contribuyeron en gran medida al surgimiento del "**nativismo**" (la desconfianza y aversión hacia los extranjeros). El Ku Klux Klan, inactivo por décadas, se despertó en los años 1920. El Klan era abiertamente hostil hacia los inmigrantes, los católicos, los judíos y los negros. La mayoría de los estadounidenses rechazaba la intolerancia excesiva y el desenfreno del Klan. Sin embargo, la migración de los negros desde el Sur a las ciudades del Norte durante la escasez de mano de obra en la Primera Guerra Mundial, llevó al aumento de tensión racial después de la guerra.

LOS PRESIDENTES REPUBLICANOS: HARDING, COOLIDGE Y HOOVER

En 1920, los republicanos regresaron a la Casa Blanca. Permanecieron allí durante los 12 años subsiguientes, durante la prosperidad de los años veinte y el principio de la depresión.

PRACTICAS QUE FAVORECIAN LOS NEGOCIOS

En general, los Presidentes Harding, Coolidge y Hoover siguieron líneas de conducta que eran favorables a los negocios estadounidenses. Apoyaban la política de **laisez-faire** que promovía un mínimo de intervención del gobierno en las actividades de negocios.

Altos aranceles. Crearon un muro de altos aranceles alrededor de los EE. UU.que protegían a los fabricantes estadounidenses e impedían la entrada de mercancías extranjeras. Esto mantenía los precios altos.

Impuestos más bajos para individuos adinerados y corporaciones. Pensaban que los individuos adinerados y las corporaciones probablemente invertirían sus ingresos en el desarrollo del país. Por esto, bajaron los impuestos a los ricos y a las ganancias de las corporaciones. Por consiguiente, una mayor carga de impuestos se trasladó al trabajador ordinario.

Débil aplicación de las leyes y reglamentos contra los "trusts". No hicieron uso de las leyes existentes de reglamentación de negocios. Las empresas tenían rienda suelta, y en los años 1920 hubo un gran número de consolidaciones.

LA ADMINISTRACION DE HARDING (1921-1923)

Aunque Warren Harding carecía de experiencia y capacidad, fue elegido presidente en 1920. Harding cautivó el interés nacional cuando apeló por la "vuelta a la normalidad", una política externa menos ambiciosa y prosperidad dentro del país.

Warren G. Harding

Un creciente aislacionismo estadounidense. El gobierno de Harding no se unió a la Liga de Naciones. Impuso aranceles en mercancías extranjeras y restringió la inmigración. También se negó a anular las deudas de la guerra. Los aliados querían que estas deudas se cancelaran, argumentando que ellos habían contribuido con la vida de sus soldados, mientras que los EE. UU. sólo contribuyeron con su dinero. Sin embargo, Harding y los presidentes que le siguieron, se negaron a anular las deudas. La cuestión de dichas deudas contribuyó a los resentimientos entre los EE. UU. y Europa.

El escándalo y la corrupción. Igual que Grant, Harding gobernó el país después de una guerra importante. Igual que la de Grant, su administración se hizo famosa por escándalos y corrupción. En el caso de los **escándalos de Teapot Dome**, el Secretario de Asuntos Internos hizo arreglos para que los terrenos gubernamentales en Teapot Dome, Wyoming, ricos en petróleo, se pusieran bajo el control de su departamento. Luego, secretamente los arrendó a hombres de negocios a cambio de sobornos.

LA ADMINISTRACION DE COOLIDGE (1923-1929)

A la muerte de Harding, el Vicepresidente Calvin Coolidge asumió la presidencia en 1923. Coolidge llegó a simbolizar las antiguas virtudes como la honradez y la frugalidad. Siguiendo la política de Harding a favor de los negocios, su lema era "el negocio de los Estados Unidos es el comercio". Ya que la administración de Coolidge coincidió con la expansión de negocios en los años 1920, se le concedió mucho del mérito. Como resultado, fue elegido en 1924. Aunque durante su presidencia no ocurrieron eventos muy significativos, se distinguió por una baja en los impuestos y reducción de los gastos excesivos del gobierno.

El Presidente Hoover de pesca en el Río Klamath en California

LA ADMINISTRACION DE HOOVER (1929-1933)

En su campaña electoral de 1928, Hoover, con optimismo pronosticó que los EE. UU. estaban por acabar con la pobreza. Igual que otros líderes republicanos, estaba muy impresionado por los logros de los negocios en elevar el nivel de vida en el país en las dos décadas previas. Opinaba que esto era el resultado del sistema estadounidense, en el cual los individuos tenían oportunidades iguales, una educación gratuita y el deseo de tener éxito. Este "**individualismo tosco**", como lo llamó Hoover, estimuló el progreso. Hoover creía que el gobierno que se mezclase en los asuntos de negocios sólo amenazaría la prosperidad y el progreso de la nación.

FACTORES FUNDAMENTALES DE LA PROSPERIDAD ECONOMICA DE LOS AÑOS 1920

Para muchos estadounidenses, la década de los 1920 fue una época próspera. Aumentaron los sueldos y las oportunidades de empleo, mientras que se elevaron las ganancias y la productividad de las empresas. Hubo muchos factores que contribuyeron a la prosperidad de la década del 1920.

EL SURGIMIENTO DEL AUTOMOVIL

Probablemente el factor más importante en crear la prosperidad fue que en este tiempo se difundió el uso del automóvil. En 1920, había 8 millones de autos en las carreteras. Para 1930, el número se triplicó. Este enorme aumento en la posesión de autos tuvo un gran efecto en la vida estadounidense.

Ford en su primer "coche sin caballos".

Comienza una nueva época. El modelo A, llegaba a una velocidad de 65 mph.

Estímulo a los negocios y al empleo. La producción de autos requería grandes cantidades de acero, vidrio y caucho, lo que estimuló el desarrollo de esas industrias. Los automovilistas requerían carreteras pavimentadas, puentes, garajes y estaciones de servicio. Para 1929, uno de cada diez trabajadores estaba empleado en industrias relacionadas con el auto.

Eliminación de algunas industrias. Disminuyeron los viajes y el envío de mercancías por medio del ferrocarril y carretas tiradas por caballos. Esta pérdida de pasajeros e ingresos por concepto de fletes fue producto del desarrollo de la industria de los camiones.

Aumento en la producción agrícola. Los tractores aumentaron la productividad de las granjas. Los camiones llevaban frutas y vegetales a las ciudades.

Expansión de oportunidades de educación. Nuevos autobuses para servir las escuelas permitieron que escuelas más grandes, situadas céntricamente, pudieran servir a áreas más extensas. Los estudiantes que vivían en lo que antes eran regiones rurales remotas podían ahora asistir a la escuela regularmente.

Cambio en el estilo de vida. Los autos proporcionaron a la gente mayor movilidad. Las familias podían ahora tomar vacaciones usando el auto. La existencia del automóvil hizo posible el surgimiento de los suburbios alrededor de las ciudades.

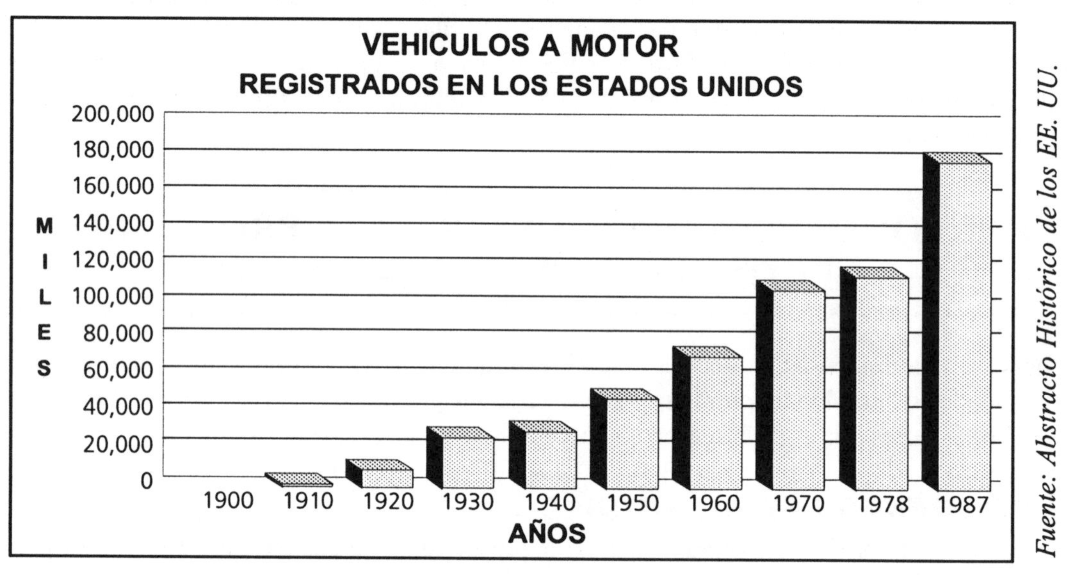

EL DESARROLLO DE NUEVAS INDUSTRIAS

La política del gobierno estaba dirigida a ayudar a los negocios. Los altos aranceles, bajos impuestos y la rienda suelta otorgada a los hombres de negocios, hicieron que prosperasen las empresas. Esto ayudó en el desarrollo de nuevas industrias que produjeron nuevos empleos y grandes ganancias cambiando la forma de vivir de los estadounidenses. El uso de la electricidad llegó a ser más del doble en la década del 1920. Nuevos aparatos domésticos eléctricos, como la aspiradora, la refrigeradora y la tostadora llegaron a ser accesibles por primera vez. Aumentó el uso del petróleo y del gas natural: se expandió significativamente la industria química del país. Las emisiones comerciales por la radio, que empezaron en 1920, llevaron a la producción y la adquisición de millones de radios. Hacia el fin de la década, la industria cinematográfica llegó a ser uno de los negocios más grandes en los EE. UU.

TECNICAS DE PRODUCCION MAS EFICACES

Durante la Primera Guerra Mundial, se desarrollaron adelantos en las técnicas de producción que se usaron durante los tiempos de guerra. Estos adelantos pronto se aplicaron a la producción industrial.

Fabricación en serie. En 1914, la producción de un auto tomaba aproximadamente 15 horas. Ese mismo año Henry Ford introdujo una banda transportadora eléctrica en sus trenes de montaje. Cada auto se movía a lo largo de la banda y diferentes obreros completaban un pequeño paso en su montaje. Para 1925, un auto salía de las bandas de montaje de Ford cada 10 segundos.

El comienzo de la producción en masa (1913). En los primeros trenes de montaje, el chasis se empujaba a mano.

Un tren de montaje moderno. Los obreros de la fábrica de Ford añadiendo componentes a los autos.

Otros adelantos en la productividad. En los años 1920, la banda de montaje, el uso de componentes intercambiables ajustados a normas establecidas y otros métodos ahorrativos de trabajo se aplicaron en otros campos, haciendo la industria estadounidense más eficaz y productiva.

LA EPOCA DE CONSUMO A GRAN ESCALA

Había nuevos estilos de consumo, que crearon grandes mercados para los productos. Los trabajadores ganaban más y podían comprar más.

Compras a crédito. Los detallistas desarrollaron planes para compras a plazos o a crédito. El cliente sólo tenía que hacer un pago inicial para poder llevarse el artículo a casa. Luego pagaba el resto a pequeños plazos mensuales. La gente usaba las compras a plazos para adquirir autos y aparatos domésticos.

Cambios en las costumbres. Con el aumento de eficacia y productividad, se redujeron las horas de trabajo y la gente tenía más tiempo libre. Se gastaba más en las diversiones, mientras que el aumento de publicidad estimulaba la demanda de más productos y servicios.

VALORES CULTURALES DE LOS AÑOS 1920

En la década del 1920 surgieron nuevos valores. El aumento en la movilidad y la comodidad física proporcionada por el automóvil y la electricidad, tenían un efecto importante en las normas sociales y tradiciones culturales. Algunos grupos, especialmente las mujeres, los jóvenes y los negros, tenían un nuevo sentido de poder y libertad. Otros se sentían amenazados por las nuevas corrientes de pensamiento, y trataron de conservar los principios tradicionales.

INTENTOS DE CONSERVAR LOS VALORES TRADICIONALES

Al principio de los años 1920, los zonas rurales de los Estados Unidos siguieron viendo con sospecha el surgimiento de la sociedad urbana. Entre las expresiones de este sentimiento se encontraban la reanimación del Ku Klux Klan y las leyes que limitaban la inmigración. El mejor ejemplo del esfuerzo por defender los principios tradicionales fue la prohibición y el juicio de Scopes.

La prohibición. Los reformadores religiosos y los feministas, percibían el alcohol como una causa de la pobreza, del crimen y del desmoronamiento de las familias. En 1919, los estados finalmente aprobaron la promulgación de la **Enmienda XVIII**, que prohibía la venta de bebidas alcohólicas en el país. Mucha gente creía que el consumo de licor no era inmoral. En los clubes nocturnos ilegales de las ciudades se servían bebidas alcohólicas. Los contrabandistas, controlados por organizaciones criminales, amasaron fortunas vendiendo cerveza y whisky que traían clandestinamente del Canadá. En 1933, era de conocimiento general que el "experimento" había fracasado porque grandes segmentos de la población se negaban a aceptar la prohibición de bebidas alcohólicas. La prohibición fue anulada por la **Enmienda XXI**.

Un funcionario en Filadelfia rompiendo un barril de cerveza durante la prohibición

El "proceso de los monos" de Scopes. Tenesí promulgó una ley que prohibía la enseñanza de la teoría de evolución de Darwin porque contradecía la narración bíblica de la creación. En 1925, John Scopes, un maestro de biología, fue arrestrado, juzgado y sentenciado por enseñar la teoría de la evolución. El juicio mostró el choque entre las nuevas teorías científicas y las antiguas creencias y tradiciones, un conflicto que existe aún hoy.

NUEVOS PRINCIPIOS DE CONDUCTA

En oposición a los valores de la tradición rural se encontraban las pautas más nuevas de la época. Estas incluían más franqueza y expresión de la propia personalidad y una mitigación de las restricciones de la moralidad tradicional. Ciertos grupos fueron más afectados que otros.

Las mujeres. La década comenzó con la Enmienda XIX, que daba el derecho del voto a las mujeres. Esta nueva libertad llevó también a otros cambios.

- **Mayor libertad**. Los aparatos domésticos redujeron los quehaceres domésticos dando a las mujeres más tiempo libre. Aumentó el número de mujeres en la fuerza trabajadora. Más mujeres asistían a las universidades y se graduaban con títulos profesionales.

- **Cambios en los modales y en la moral**. Esta nueva independencia las hizo más asertivas, acarreando cambios en los modales y en la moralidad. Las mujeres empezaron a fumar y beber en público. Dejaron de usar ropas restrictivas como los trajes largos, y comenzaron a lucir pelo corto y faldas que dejaban ver las rodillas. La conducta sexual se hizo más franca según las jóvenes salían sin ser acompañadas por personas mayores.

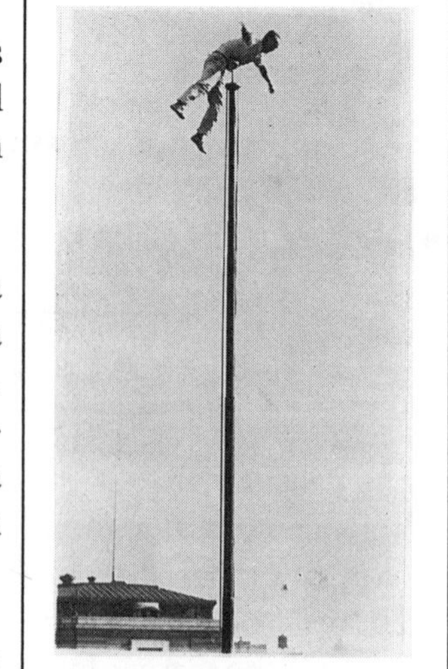

John Reynolds, el "hombre mosca", en el asta de bandera del edificio Times Herald en Washington, D.C.

La juventud y la Generación Perdida. Los adultos jóvenes eran responsabilizados por bufonadas tales como tragarse pececillos dorados y participar en maratones de bailes. Un grupo de escritores, conocidos como la **Generación Perdida**, rechazó el deseo por las riquezas materiales. El joven novelista **Sinclair Lewis**, en *Main Street* y *Babbitt*, se burló de la estrechez y la hipocresía de la vida estadounidense. **F. Scott Fitzgerald**, en *This Side of Paradise* y *The Great Gatsby*, escribió sobre su generación confundida y mostraba que la busca de éxito puramente materialista a menudo llevaba a la tragedia.

El Renacimiento de Harlem. Los negros, que comenzaron a migrar a las ciudades del Norte en gran número durante la Primera Guerra Mundial, siguieron esa corriente en los años 1920. En el Norte, se enfrentaron con la discriminación y a veces con la violencia. El Renacimiento de Harlem fue un despertar del orgullo de los africano-estadounidenses por su cultura. Con una nueva firmeza, los líderes negros urgían a los soldados negros que regresaban de Europa a seguir la lucha por la democracia dentro del país. La N.A.A.C.P. (Asociación Nacional Para el Adelanto de la Gente de Color) trató de luchar contra la discriminación al cabildear en el Congreso y entablar juicios. Esto contribuyó al aumento del orgullo afroamericano en los años 1920.

Marcus Garvey encabezó el movimiento de regreso a Africa de los negros con el fin de establecer allí un país propio

- **Marcus Garvey** puso énfasis en la unidad racial por medio de la educación, ayuda mutua y orgullo en la raza. Alentó a los negros a no imitar a otra gente, sino a estar orgullosos por ser negros. Facilitó préstamos para los negociantes negros, y aconsejó a los negros a hacerse clientes de tiendas y negocios de propiedad afroamericana. Garvey también planeó el movimiento de regreso al Africa.

- **Alain Locke** llegó a ser el portavoz nacional en cuanto al desarrollo del orgullo negro. Escribió *The New Negro*, un libro que contiene una serie de ensayos que revelan el ánimo del Renacimiento de Harlem. Locke se pronunció contra el racismo y a favor de los alcances de los afroamericanos.

- **El florecimiento de las artes**. El centro de la comunidad afroamericana en los años 1920 era Harlem, en la ciudad de Nueva York. Aquí floreció el jazz, con sus ritmos sincopados y raíces en el canto religioso negro. A menudo, se denomina toda la década del 1920 como la **Edad del Jazz**. Había funciones en las cuales participaban cantantes, bailarines y actores negros. Los poetas negros como **Langston Hughes** y **Countee Cullen** expresaron un nuevo orgullo y un sentido de desafío.

Nuevos héroes populares. Con más tiempo libre, la gente tenía más oportunidad de divertirse. El pueblo comenzó a entretenerse a través de la asistencia a los deportes, la radio, el cine y las revistas. Esto tuvo gran influencia en la cultura popular y en las normas de conducta. La gente a menudo sentía una pérdida del individualismo trabajando en la producción en serie o siendo parte de una corporación grande. El surgimiento de los nuevos héroes populares fue también el resultado de la profunda añoranza de conservar un sentido de identidad personal en la edad de las máquinas, que era cada vez más impersonal. Los héroes populares como Babe Ruth, Jack Dempsey y Rudolph Valentino se convirtieron en ejemplos de conducta para los estadounidenses.

TERMINOS PARA RECORDAR

Alarmas rojas, nativismo, laissez-faire, los estrepitosos años veinte, bandas de montaje, escándalo de Teapot Dome, "individualismo tosco", prohibición, "proceso de los monos" de Scopes, Edad del Jazz, Renacimiento de Harlem

VOCES DEL PUEBLO

Los años 1920 presenciaron una explosión de la literatura, del arte y de la música de los africanos-estadounidenses. Muchos de ellos migraron al norte y se radicaron en Harlem, un barrio de la Ciudad de Nueva York. En consecuencia, este florecer de la cultura negra se llegó a conocer como el Renacimiento de Harlem. Langston Hughes (1902-1967) fue uno de los escritores más conocidos de esta época. Sus escritos hablan de los gozos, de las luchas y de los sueños de los negros que viven en este país.

CUANDO ENVEJECI

por Langston Hughes

Fue hace mucho tiempo
casi me olvidé de mi sueño
pero entonces estaba allí,
delante de mí,
brillante como un sol —
mi sueño.

Y entonces se levantó una pared,
se levantó lentamente,
lentamente,
entre mí y mi sueño.
Se levantó lentamente, lentamente,
oscureciendo,
escondiendo,
la luz de mi sueño.
Se levantó hasta tocar el cielo —
la pared.

Sombra.
Soy negro.

Me acuesto en la sombra.
Ya no veo ante mí la luz de mi sueño.
Por encima de mí.
Sólo la densa pared.
Sólo la sombra.

It was a long time ago.
I have almost forgotten my dream
But it was there then,
In front of me,
Bright like a sun —
My dream.

And then the wall rose,
Rose slowly,
Slowly,
Between me and my dream.
Rose slowly, slowly,
Dimming,
Hiding,
The light of my dream.
Rose until it touched the sky —
The wall.

Shadows.
I am black.

I lie down in the shadow,
No longer the light of my dream before me.
Above me.
Only the thick wall.
Only the shadow.

COMPRUEBA TU COMPRENSION

1. ¿Cuál es el "sueño" de Langston Hughes?
2. ¿A qué "pared" se refiere el poeta?
3. ¿Por qué coloca Hughes las líneas "Sombra" y "Soy negro" en una estrofa aparte? ¿Por qué está obligado Hughes a recostarse en la sombra?
4. ¿Cuál es el tono general del poema? ¿Escribiría Hughes el mismo poema en los años 1990? ¿Por qué sí o por qué no?
5. ¿Es la poesía una buena forma de expresar los sentimientos de uno? ¿Por qué sí, o por qué no?
6. ¿Crea este poema la impresión intentada por el autor? Explica el porqué.

LA GRAN DEPRESION: 1929-1940

La economía generalmente pasa a través de fases de prosperidad, recesión, depresión y recuperación, conocidas como "**ciclos económicos**". La Gran Depresión de 1929 llegó a ser la peor en la historia estadounidense, y no acabó por completo hasta que los EE. UU. entraron en la Segunda Guerra Mundial. ¿Qué hizo que la economía se moviera de la prosperidad de los años 1920 a la severa depresión de los 1930?

LAS CAUSAS DE LA GRAN DEPRESION

La crisis de la bolsa de valores en 1929, desencadenó una reacción en serie que primero derrumbó la economía estadounidense y luego se esparció al resto del mundo. No sólo uno, sino una variedad de factores se combinaron para llevar a la ruina económica de la Gran Depresión.

LA ESPECULACION EN LA BOLSA Y EN LOS BIENES INMUEBLES

En los años 1920, la especulación en acciones (el comprar algo con la esperanza de venderlo a precio más alto) llegó a su colmo. Los intereses de lucros personales y los de las corporaciones se elevaban mientras que el gobierno federal redujo los impuestos sobre los ricos. Muchas personas invertían sus ganancias de modo especulativo.

La subida en la bolsa de valores. Según crecían las fortunas en la compra y venta de acciones, la demanda de valores aumentaba, llevando a precios aún más altos. Y cuando subían los precios de las acciones, más individuos las compraban esperando "volverse ricos pronto". Esto hizo que los precios subiesen más todavía. Para 1929, los precios de las acciones eran el triple de lo que eran en 1920.

Compras "al margen". Para empeorar las cosas, la gente estaba comprando acciones al margen — pagando sólo un porcentaje pequeño de su valor, comprometiéndose a pagar el resto más tarde. Si las acciones subían en precio, iban a sacar una buena ganancia. Pero si el precio bajaba, a menudo las personas no tenían bastante dinero propio para cubrir las pérdidas. Con las adquisiciones al margen, la bolsa de valores pronto se convirtió en un casino nacional.

Compras de bienes inmuebles. La gente también invertía en propiedades inmuebles, especialmente en la Florida, con la esperanza de enriquecerse pronto. El frenesí de la bolsa de valores y la especulación en el mercado inmobiliario crearon una atmósfera de dinero fácil que contribuyó a la prosperidad de los años 1920. Sin embargo, esto pronto iba a llevar al derrumbe de la economía.

LA SOBREPRODUCCION

En los años 1920 ocurrió una rápida expansión económica cuando los fabricantes producían artículos nuevos como los autos, las radios y las refrigeradoras. Muchos consumidores carecían del poder adquisitivo (dinero) para comprar estos bienes. Los fabricantes producían más de lo que podían vender.

RESTRICCION DEL COMERCIO INTERNACIONAL

Los aranceles estadounidenses protegían los mercados del país pero hicieron difíciles las ventas al extranjero, ya que otros países tomaron represalias al establecer tarifas altas de su parte. Además, ya que los otros países tenían dificultad para vender sus productos aquí, no tenían forma de ganar dólares con los cuales pudieran comprar productos estadounidenses. La tarifa más alta de todas, la **Tarifa Hawley-Smoot**, se puso en efecto en 1930, precisamente después de la crisis de la bolsa. Resultó en la restricción más amplia del comercio internacional.

VOCES DEL PUEBLO

En octubre de 1929, ocurrió la crisis de la Bolsa de Valores de Nueva York. Esto produjo repercusiones en serie a través de la nación, llevando a una depresión devastadora. La gente perdió sus ahorros, sus empleos y sus hogares. El empeoramiento de las condiciones económicas, afectó a todos—a algunos más que a otros. La gente estaba desanimada. El siguiente fragmento de la autobiografía de Mahalia Jackson, Movin' On Up, *nos ofrece sus recuerdos de la Gran Depresión y su impacto en la ciudad de Chicago.*

CUANDO VINO LA DEPRESION

por Mahalia Jackson

Cuando la Depresión asestó su golpe en Chicago, se desmoronó el modo de vida que los negros habían logrado establecer en esa ciudad. El South Side quedó como si alguien hubiese apagado un interruptor y todo se hubiese detenido. Todos los días, un taller grande o una fábrica despedían a sus obreros de color. De repente, las calles se llenaron de hombres y mujeres sin trabajo....Los bancos por todo el South Side cerraron sus puertas, y nunca olvidaré las largas colas de gente en las calles, lamentando sus ahorros perdidos, y poniéndose de rodillas para rezar.

La Depresión fue mucho más severa para los negros de las ciudades del Norte que para los del Sur, porque les arrebató todos los adelantos por los que lucharon. Muchos de los negros del Sur no sintieron demasiado la Depresión. Algunos apenas podían ver la diferencia entre el presente y los tiempos prósperos. Nunca habían tenido mucho pero ahora aún tenían sus pequeños huertos, sus pollos y quizás un cerdo o dos, así que tenían bastante comida.

La Gran Depresión tuvo un terrible resultado para muchas familias blancas y negras, rurales y urbanas

Pero en Chicago, la Depresión convirtió al South Side en un lugar de esperanzas y sueños rotos. Era tan triste que le rompía el corazón de pensarlo.

Los grandes y magníficos autos desaparecieron de las calles. La ropa de la gente se veía cada vez más raída, y las familias comenzaron a amontonarse en las viviendas para ahorrar el dinero del alquiler...

Los parques de las ciudades se llenaron de gente que vivía en chozas hechas de hojalata y pedazos de madera. Por toda la ciudad, la gente hacía cola para recibir pan y comer en las cocinas de caridad. Si ganabas un dólar, te remordía la conciencia si lo gastabas en tí mismo. Recuerdo un día en que gané $1,75 lavando ropa, y camino a casa tuve que pasar de largo la cola de gente que esperaba para recibir pan. Saqué el dinero de mi bolsillo y le dije a estas personas que me siguieran. Con el dinero, compramos un saco de papas y un montón de costillas ahumadas; lo llevamos todo a mi casa y cominos una gran cena.

FUENTE: *Movin' On Up* by Mahalia Jackson with Evan McLeod Wylie. Hawthorne Books, E.P. Dutton, a Division of New American Library.

COMPRUEBA TU COMPRENSION

1. ¿Qué observaciones hizo Mahalia Jackson sobre la vida en Chicago durante la Gran Depresión?
2. ¿Por qué cree ella que la Depresión era más difícil para los negros del Norte que para los del Sur?
3. ¿Por qué llamó a Chicago, en tiempos de la Depresión, un lugar de "esperanzas y sueños rotos"?
4. ¿Crees que tratarías a la gente de la misma forma que lo hizo Jackson después de trabajar un día entero para ganar $1,75? Explica el porqué.

LA DISTRIBUCION DESIGUAL DE INGRESOS

No todos los grupos compartían la prosperidad de los "estrepitosos veinte". En realidad, casi la mitad de la población vivía al nivel o debajo del nivel de pobreza. Otros grupos se enfrentaban con dificultades especiales.

Las minorías. Los miembros de minorías, especialmente los negros, hispanos e indios seguían compartiendo la situación de limitadas oportunidades de trabajo, trabajo de bajos jornales y alto nivel de desempleo.

Los agricultores. Los problemas de los granjeros eran muy parecidos a los encontrados en la época populista de los años 1880 y 1890 — sobreproducción de las cosechas principales. Los adelantos en la tecnología, especialmente la introducción del tractor y la difusión de la electricidad, causaron esta sobreproducción. Como resultado, los precios de los productos agrícolas bajaron agudamente y muchos granjeros quedaron en bancarrota.

Los obreros ferroviarios, textiles y mineros. Los que trabajaban en los ferrocarriles, minas e industrias textiles enfrentaban tiempos especialmente difíciles. Los ferrocarriles se hicieron menos lucrativos a causa de la competencia de los autos y camiones. La industria de la hulla se encontró frente a la nueva competencia del uso creciente del petróleo y gas natural. La industria textil competía con los fabricantes extranjeros.

LA INESTABILIDAD DE LOS BANCOS

Durante los años 1920, el gobierno no llegó a reglamentar eficazmente ni el sistema bancario ni la bolsa de valores. Los banqueros invertían el dinero de sus depositantes en empresas poco sólidas. Muchos consumidores compraban más de lo que podían permitirse, usando el crédito fácil. Esta vasta superextensión de crédito dejó toda la economía muy vulnerable.

LA CRISIS DE LA BOLSA DE VALORES

La elección de Herbert Hoover en 1928 parecía prometer cuatro años más de prosperidad republicana. Los precios de las acciones siguieron subiendo casi un año más. Entonces, en 1929, el mercado sufrió un descenso repentino. El 29 de octubre, la bolsa se derrumbó, hundiendo los precios a niveles jamás vistos.

UNA REACCION EN CADENA

El derrumbe de la bolsa precipitó una reacción en cadena. Las corporaciones ya no podían levantar fondos, y las perspectivas de negocios se nublaron. Las personas que perdieron su dinero en la bolsa no podían pagar sus préstamos, llevando a una serie de quiebras bancarias en las cuales miles de personas perdieron los ahorros de toda su vida. En este nuevo ambiente económico, disminuyó la demanda de bienes. Según bajaban los precios, los fabricantes cerraban sus talleres y más obreros se quedaban sin empleo. La demanda se redujo aún más, causando mayor baja de precios. Más empresarios cerraron sus plantas y aumentó el desempleo. El país se encontró presa de una viciosa espiral en descenso.

LA DEPRESION SE EXPANDE POR TODO EL MUNDO

Para empeorar las cosas, los banqueros e inversionistas invirtieron dinero en el extranjero para ayudar a los europeos a reconstruir su economía después de la Primera Guerra Mundial. Ahora los inversionistas y bancos estadounidenses retiraron fondos de Europa y se anularon nuevos empréstitos a Europa. Al mismo tiempo, la nueva ley de aranceles sofocaba el comercio internacional. La depresión se extendió de los Estados Unidos a Europa, ilustrando dramáticamente la interdependencia financiera mundial.

EL ASPECTO HUMANO DE LA DEPRESION

UNA PESADILLA NACIONAL

La depresión se convirtió en una pesadilla nacional. Fracasaron miles de negocios, medio millón de granjeros perdió sus tierras, un cuarto de los bancos fueron a quiebra y millones de personas se encontraban sin trabajo. No había una "red de seguridad" como en la economía de hoy — no había seguro contra el desempleo, beneficios de jubilación ni seguros sobre depósitos bancarios. Las instituciones caritativas privadas estaban abrumadas. La gente tenía hambre; los niños sufrían de desnutrición. Millones dependían de cocinas de beneficencia y colas de pan para alimentarse.

EL CUENCO DE POLVO

Aparte del desastre financiero, los granjeros de las Grandes Llanuras sufrieron las consecuencias de un desastre natural. Una serie de sequías a principios de los 1930 secó las cosechas y el suelo volviéndolo en polvo. Los agricultores tuvieron que abandonar sus tierras; muchos se mudaron hacia el oeste a California, donde se los conocía como "okies".

En cuenco de polvo (1936). Maquinaria enterrada por el polvo en una granja en Dakota del Sur.

EL PRESIDENTE HOOVER NO LOGRA PONER FIN A LA DEPRESION

LA FILOSOFIA DE HOOVER

Hoover seguía creyendo en el **capitalismo de laissez-faire**. De acuerdo a esta teoría, el mercado necesitaba tiempo para reponerse. Si los precios bajaban lo suficiente, la gente comenzaría a comprar otra vez. Una vez reiniciadas las compras, la producción subiría y aumentaría el empleo. Desgraciadamente, estas predicciones resultaron falsas. Hoover rechazó la petición de que el gobierno federal proporcionase subvenciones a los desempleados y los necesitados, temiendo que esto creara una enorme burocracia federal. También creía que esto reduciría los incentivos del trabajo, socavando el "individualismo tosco" que él veía como la clave de los antiguos éxitos del país. En cambio, Hoover creía que las organizaciones voluntarias y privadas, con el estímulo del gobierno, debían proveer ayuda a los necesitados.

LA RESPUESTA DE HOOVER

Hoover se reunió con los hombres de negocios principales, pidiéndoles que no despidiesen a los trabajadores. Redujo los impuestos y aumentó los gastos federales en proyectos de obras públicas. Ordenó que una agencia del gobierno federal comprara el exceso de producción agrícola. En 1932, Hoover finalmente estableció la **Corporación de Reconstrucción Financiera** para ofrecer empréstitos a bancos y empresas. Creía que los préstamos de bajo costo estimularían los negocios, permitiendo su expansión. Hoover creía que esta expansión pronto llegaría al ciudadano ordinario.

LAS ELECCIONES DE 1932

En general, el plan de acción de Hoover no era suficiente y llegó demasiado tarde. Los estadounidenses estaban frustrados con su falta de dirección. Los barrios bajos, sarcásticamente llamados "**Hoovervilles**", se desarrollaron en las afueras de las ciudades. No fue sorprendente que el candidato demócrata Franklin D. Roosevelt, que prometía un Nuevo Trato, fácilmente derrotara a Hoover en las elecciones de 1932.

TERMINOS PARA RECORDAR

Gran Depresión, ciclos de negocios, sobreproducción, compra a margen, crisis de la bolsa, capitalismo de laissez-faire, "Hoovervilles"

FRANKLIN D. ROOSEVELT Y EL NUEVO TRATO

Durante la Gran Depresión de los años 1930, el problema principal para los estadounidenses fue el extenso desempleo. Los presidentes anteriores creían que el gobierno federal podía tomar sólo pasos limitados para influir el nivel de productividad y empleo. Aun durante la administración de los presidentes progresistas, la reglamentación gubernamental sólo se aplicaba para proteger a los ciudadanos contra prácticas de mala fe, pero no para fomentar la prosperidad económica general.

EL NUEVO TRATO ENSANCHA LAS RESPONSABILIDADES DEL GOBIERNO

El **Nuevo Trato** fue un punto crítico en la historia del país. Estableció el principio importante de que el gobierno federal tiene la responsabilidad de facilitar el funcionamiento de la economía estadounidense.

FRANKLIN D. ROOSEVELT COMO PRESIDENTE

En 1932, Roosevelt prometió un Nuevo Trato al pueblo. Presentó no sólo un Nuevo Trato, sino lo hizo de una forma diferente a lo acostumbrado por otros presidentes.

El papel del presidente. Franklin D. Roosevelt creía en una presidencia fuerte y no estaba inclinado a descansar mientras que millones de estadounidenses sufrían apuros económicos. Veía la depresión como una emergencia nacional, tan seria como cualquier guerra, y creía que la función del presidente era la de procurar el regreso a la prosperidad.

La filosofía del Nuevo Trato. El Nuevo Trato señaló el golpe de muerte a la antigua idea de "laissez faire", de que el gobierno y la economía debían estar completamente separados. Bajo la dirección de Roosevelt, el Nuevo Trato aumentó permanentemente las proporciones y el poder del gobierno federal, y lo hizo responsable en primer lugar por la dirección de la economía nacional. Por radical que pareciera el Nuevo Trato, conservó sin embargo el capitalismo estadounidense e impidió que los estadounidenses recurriesen a soluciones más extremas, tal como sucedió en otros países afectados por la depresión, como Alemania.

F.D.R. y su "trust de cerebros"

El estilo de F.D.R. Roosevelt trajo a la presidencia un método nuevo de hacer las cosas.

- **El "trust" de cerebros**. F.D.R. se daba cuenta de la importancia de rodearse de consejeros capaces. Se sirvió de un grupo de individuos muy talentosos. Algunos eran antiguos profesores universitarios. Muchas de las ideas innovadoras del programa del Nuevo Trato fueron formuladas por los miembros de este "trust".

F.D.R. durante una "charla junto a la lumbre"

- **La impresión positiva**. En público, Roosevelt se mostraba optimista, esperanzado y confiado. Esto contrastaba con la presencia sombría de Hoover. El propósito de Roosevelt era en parte psicológico — restaurar la confianza del pueblo para que la gente empezara a comprar e invertir otra vez, estimulando la economía.

- **Charlas junto a la lumbre**. Roosevelt era un excelente orador y comunicador. En sus discursos informales por la radio, conocidos como "charlas junto a la lumbre", explicaba a millones de oyentes en términos sencillos su plan de acción, para ganarse el apoyo popular.

LA LEGISLACION DEL NUEVO TRATO: ALIVIO, RECUPERACION, REFORMA

En 1932, cuando el Presidente Roosevelt asumió el cargo, reunió al Congreso en una sesión especial. La catástrofe económica permitió que Roosevelt obtuviera la sanción de legislación importante que habría sido difícil de aprobar en tiempos menos críticos. El Nuevo Trato era singular tanto en su magnitud como en la suposición de que el gobierno federal tenía que asumir un papel más activo en la administración de la economía. Roosevelt dividió las medidas del Nuevo Trato en tres etapas: alivio, recuperación y reforma.

ALIVIO

Las medidas de alivio eran acciones de corto plazo, destinadas a ayudar a la gente hasta el restablecimiento de la economía.

La crisis bancaria. Más de diez mil bancos quebraron desde el comienzo de la Depresión. Roosevelt cerró todos los bancos del país precisamente después de su inauguración al declarar un "**Bank Holiday**" (asueto bancario). Sólo después de una inspección gubernamental de los archivos y declaración de solvencia se permitía que cada banco volviera a abrirse.

Ayuda para los desempleados. Más de un cuarto de la fuerza trabajadora de la nación se encontraba sin empleo y sin fuentes de ingresos. No había seguro contra el desempleo como lo hay hoy, y muchos se encontraban sin comida ni albergue. Roosevelt apoyaba el programa de "**alivio con trabajo**" que proporcionaba empleos.

El C.C.C. empleaba a los jóvenes de entre 18 a 25 años de edad a un sueldo mensual de $30

- **La Ley Federal de Ayuda de Emergencia (1933)** proporcionaba fondos a los gobiernos estatales y locales para ofrecer ayuda de emergencia, e hizo posible que millones de personas quedaran empleadas en proyectos de "trabajo creado".

- **El Cuerpo Civil de Conservación (1933)** ofrecía trabajo a millares de jóvenes que se dedicaban a plantar árboles, limpiar bosques y secar pantanos. Hacían trabajos de conservación de la naturaleza y restauración de campos de batalla. Los miembros del C.C.C. vivían en campamentos dirigidos por oficiales del ejército y recibían comida y uniformes gratis. La mayor parte de su paga se enviaba a sus familias.

- **La Administración de Obras Públicas**, o **P.W.A.**, **(1933)** y la **Administración de Progreso de Obras** o **W.P.A. (1935)** ayudaron a aumentar el empleo con la construcción de proyectos de obras públicas: escuelas, edificios de tribunales, correos, carreteras y puentes. La W.P.A. también empleaba a artistas, a escritores y a músicos para pintar murales, escribir libros de guía y producir dramas y conciertos.

Ayudas para dueños de casas y granjeros. A través del país, la gente ya no podía pagar hipotecas. Los bancos y prestamistas estaban obligados a "desahuciar" (tomar la propiedad y expulsar a la gente de sus casas y granjas). El gobierno aprobó leyes que otorgaban préstamos de emergencia a los propietarios de casas y granjas.

RECUPERACION

Roosevelt se daba cuenta de que, para reducir el desempleo, tenía que estimular la productividad. Las medidas de recuperación se destinaron a restaurar la economía al aumentar los incentivos de producción y restablecer el poder adquisitivo del pueblo.

Cebar de la bomba. Roosevelt tenía fe en "cebar la bomba": poner un poco de agua (dinero) en una bomba seca (la economía estadounidense) para producir el flujo. El gobierno esperaba que al poner dinero en las manos de los consumidores, éstos gastarían más, aumentando la demanda de bienes. Esto a su vez llevaría a la contratación de más trabajadores, aumentando su poder adquisitivo. Todas las medidas de alivio tenían este propósito secundario de cebar la bomba para la recuperación.

Ley de Recuperación Nacional (1933), o **N.R.A.**, se destinó a ayudar en la recuperación de las industrias con el aumento de precios y la reducción de la competencia destructiva. A las empresas se les pidió que cooperasen voluntariamente para formular códigos que establecían normas de precios, límites de producción, jornadas de trabajo más cortas y sueldos mínimos. Se desecharon las restricciones contra los "trusts" sobre la determinación de precios y la colaboración. Aunque un 95% de todas las industrias se afilió con la N.R.A., en 1935 la Corte Suprema declaró que la N.R.A. era inconstitucional, basándose en el principio de que el gobierno federal no tenía el poder de interferir con las empresas que actuaban sólo dentro de un estado.

Caricatura política que se burlaba de F.D.R. y de sus "agencias alfabéticas"

Leyes de Ajuste Agrícola (1933 y 1938), o **A.A.A.**, trataron de ayudar a los agricultores a elevar los precios al reducir la producción. Bajo la primera A.A.A., el gobierno sencillamente pagaba a los granjeros para que sembrasen menos. La Corte Suprema declaró en 1936 que la ley era inconstitucional. En 1938, se promulgó la segunda A.A.A. Bajo esa ley, el gobierno compraba el exceso de producción y lo almacenaba hasta que subían los precios. Esta ley tuvo éxito en elevar los precios de productos agrícolas.

Abandono del patrón oro. Roosevelt apartó el dólar del patrón oro y lo devaluó en un intento de aumentar los precios.

REFORMA

Las medidas de reforma estaban dirigidas a remediar los defectos en la estructura de la economía del país y asegurar que una depresión no volvería a repetirse jamás. Muchas de las medidas de la reforma se basaban en la idea de que el gobierno debía proteger a los individuos contra riesgos que no podían enfrentar por su propia cuenta.

La Corporación Federal de Seguros sobre Depósitos (F.D.I.C.), formada en 1933, aseguraba las cuentas bancarias para que la gente no temiese perder sus ahorros en caso de quiebra bancaria.

La Comisión de Valores y Cambios (S.E.C.), formada en 1934, es una agencia federal que vigila las operaciones de la bolsa de valores, previene el fraude y protege contra el derrumbe de la bolsa. Se requiere que las compañías que venden acciones proporcionen informes exactos a los inversionistas potenciales.

La Ley de Seguridad Social (1935) llegó a ser la ley de más influencia promulgada por el Nuevo Trato. Durante la Depresión, los estadounidenses no tenían una "red de seguridad" para prevenirlos de quedar perjudicados por el desempleo, enfermedad o la muerte de la persona que mantenía la familia. La Ley de Seguridad Social trató de cambiar esto.

F.D.R. firma la Ley de Seguridad Social el 14 de agosto de 1935

- **Seguro contra el desempleo**. Bajo la administración del gobierno federal y de los estatales, los trabajadores iban a recibir seguro de desempleo, que se financiaba principalmente con un impuesto sobre jornales.
- **Beneficios de jubilación**. Al jubilarse, los empleados iban a recibir pagos mensuales,

costeados por un impuesto especial en su sueldo combinado con las contribuciones de su patrono. Los mismos fondos proporcionan beneficios a sus cónyuges e hijos en caso de muerte prematura.

- **Los lisiados y los huérfanos**. Las personas lisiadas y los niños sin padres tenían derecho a recibir subsidios mensuales.

La dedicación del Dique Chickamauga, parte de la TVA

La Ley de Relaciones Laborales (1935) otorgaba a los trabajadores el derecho de sindicarse, entrar en convenios colectivos y someter quejas a la Junta Nacional de Relaciones de Trabajo. Otras leyes establecían horas máximas de trabajo, sueldos mínimos y prohibían el trabajo de niños en las fábricas.

La Autoridad del Valle de Tenesí, o **T.V.A.**, **(1933)**, era un experimento del Nuevo Trato en propiedad pública. La T.V.A. construyó y mantenía 21 grandes diques a lo largo del Río Tenesí. Esto permitió controlar las inundaciones y producir energía hidroeléctrica. La construcción de las presas trajo más prosperidad a la región. La T.V.A. muestra cómo el gobierno federal estaba inclinado a entrar en una situación para suplir las necesidades locales. Esto era controversial porque el gobierno retuvo el dominio del proyecto, en vez de entregarlo a empresas privadas de servicio público.

LAS REACCIONES AL NUEVO TRATO

LA POPULARIDAD DE F.D.R. Y DEL NUEVO TRATO

El público creía que Roosevelt estaba tratando de hacer algo para combatir la depresión. Esto lo hizo muy popular. El Nuevo Trato no puso fin a la depresión, pero las cosas gradualmente comenzaron a mejorarse.

Las elecciones de 1936. Roosevelt ganó las elecciones presidenciales de 1936 con una abrumadora mayoría de votos. En parte lo alcanzó al crear una nueva coalición demócrata, que incluía a los obreros, a los necesitados, a los negros y a otros grupos de minorías.

Las elecciones de 1940. En 1940 Europa se encontraba en medio de la Segunda Guerra Mundial. Roosevelt, creyendo que el país necesitaba su dirección, rompió con la tradición y se presentó como candidato para un tercer período. Fue reelegido otra vez.

Las elecciones de 1944. Roosevelt fue candidato para un cuarto plazo, un hecho sin precedentes. Fue reelegido en 1944 y murió un año más tarde. Después de su muerte se promulgó la **Enmienda XXII,** que limita a los futuros presidentes a sólo dos plazos.

LA CRITICA DE ROOSEVELT Y DEL NUEVO TRATO

A pesar de que el Nuevo Trato era generalmente popular, Roosevelt tuvo sus críticos. F.D.R. encontró oposición de los grandes negocios, especialmente en la primera parte de su administración. Los conservadores acusaron a F.D.R. de tratar de establecer una dictadura popular. En cambio los críticos radicales opinaban que F.D.R. no fue suficientemente lejos en su reforma del capitalismo estadounidense.

Huey Long, un senador de Luisiana, prometió dar a cada familia ingresos anuales de $5.000, que vendrían de los impuestos a los ricos. El **Padre Coughlin**, otro crítico de Roosevelt, pronunciaba discursos de radio a millones de personas, exigiendo la nacionalización de bancos y empresas de servicio público.

EL INTENTO DE ROOSEVELT DE RELLENAR LA CORTE SUPREMA (1937)

La mayor amenaza al Nuevo Trato no fueron sus críticos, sino la Corte Suprema. En 1935-36, la Corte declaró inconstitucionales tanto la N.R.A. como la A.A.A. Roosevelt temía que la Corte pronto pudiera declarar inconstitucional toda la legislación del Nuevo Trato. En 1937, propuso al Congreso que al presidente se le permitiera el nombramiento de un nuevo juez de la Corte por cada juez que no se jubilara a la edad de 70 años. Esto le habría permitido a F.D.R. 6 nuevos nombramientos, expandiendo el Tribunal a 15 jueces y dándole control de la Corte Suprema. La propuesta de F.D.R. fue vista por muchos como un intento de socavar la independencia del poder judicial. Así, a pesar de su popularidad, el intento de Roosevelt de rellenar la Corte fue extensamente censurado por el público y por el Congreso. Se vio como un intento de alterar la separación tradicional de poderes. El Congreso rechazó la propuesta de F.D.R. La Corte, sin embargo, no revocó la legislación del Nuevo Trato.

EVALUACION DEL NUEVO TRATO

¿Cuál fue el efecto total del Nuevo Trato en la sociedad estadounidense?, ¿bueno o malo? A continuación, se encuentran algunos de sus resultados: ¡júzgalos!

—EFECTOS—

- Se redujo el desempleo y en los peores años de la depresión se dio ayuda inmediata a los que no tenían alimento o albergue.
- Se aumentó la deuda de la nación.
- Se completaron valiosos proyectos de obras públicas como carreteras, edificios, puentes y diques.
- Se estableció una "red de seguridad" para proteger a los estadounidenses de la ruina financiera.
- Se establecieron nuevas agencias de reglamentación como la S.E.C., para impedir que volvieran a repetirse algunas de las causas de la depresión.
- Se aumentó el poder del obrerismo al dar a los trabajadores el derecho de sindicalizarse y establecer sueldos mínimos y jornadas máximas de trabajo.
- Se estableció el principio de que el gobierno federal debe dirigir la marcha ventajosa de la economía de los Estados Unidos.
- Se introdujo la protección de precios de los productos agrícolas para ayudar a los granjeros.
- Se aumentaron los impuestos para costear todos los programas nuevos, estableciendo el patrón de que gobierno nacional puede reducir el desempleo al gastar más dinero del recaudado de los contribuyentes.
- Se aumentó la dimensión de la burocracia federal y el grado de control federal sobre los negocios.

TERMINOS PARA RECORDAR

Nuevo Trato, charlas junto a la lumbre, asueto bancario, Enmienda XX, alivio con trabajo, cebar la bomba, plan para "rellenar la Corte", Ley de Seguridad Social, Corporación Federal de Seguros sobre Depósitos

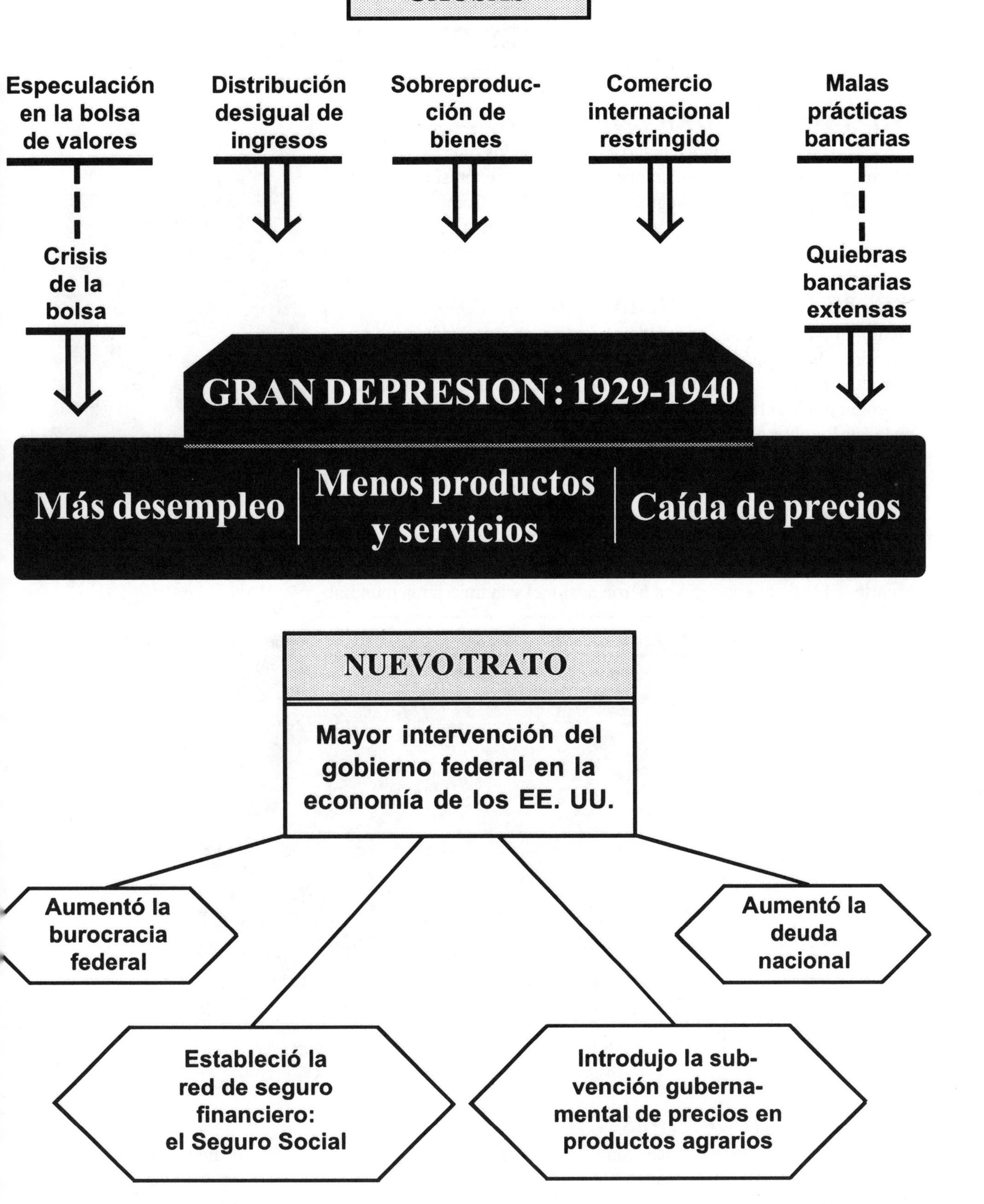
CAUSAS
Especulación en la bolsa de valores
Crisis de la bolsa
Distribución desigual de ingresos
Sobreproducción de bienes
Comercio internacional restringido
Malas prácticas bancarias
Quiebras bancarias extensas
GRAN DEPRESION: 1929-1940
Más desempleo
Menos productos y servicios
Caída de precios
NUEVO TRATO
Mayor intervención del gobierno federal en la economía de los EE. UU.
Aumentó la burocracia federal
Aumentó la deuda nacional
Estableció la red de seguro financiero: el Seguro Social
Introdujo la subvención gubernamental de precios en productos agrarios

PERSONAJES DE LA EPOCA

WILLIAM C. HANDY (COMPOSITOR)

A W. C. Handy se le conoce como el "padre de los blues". Los blues son una forma de música triste que constituye la expresión del alma y de los problemas de los negros en los EE. UU. Como compositor de música, Handy popularizó los "blues", haciéndolos parte del sabor característico de la música estadounidense en el mundo.

William C. Handy

HENRY FORD (FABRICANTE DE AUTOS)

Henry Ford desarrolló la idea de construir un automóvil que usara gasolina. Su propósito era construir autos al alcance de todos. Introdujo la banda de montaje en 1914, aumentando el rendimiento y la productividad al mover los autos a lo largo de una banda mecanizada, en la que los obreros completaban una tarea específica. Para 1924 Ford producía 1,6 millones de autos a un precio de menos de $300 cada uno.

CHARLES LINDBERGH (AVIADOR)

En 1927, Charles Lindbergh fue el primero en volar solo a través del Océano Atlántico a Europa. Su vuelo se hizo en un avión monomotor, *The Spirit of St. Louis*, que no tenía radio y sólo un compás para guiarlo. El viaje lo convirtió en héroe nacional y le trajo fama mundial.

La gente se reúne alrededor de Charles Lindbergh después de su vuelo transatlántico en 1927

LANGSTON HUGHES (ESCRITOR)

Langston Hughes se reconoce como uno de los mejores poetas del país. A menudo utilizaba sus experiencias en Harlem al escribir acerca de la vida del afroamericano en los Estados Unidos. Sus poemas, novelas, dramas y artículos demostraron que era uno de los escritores de más talento y versatilidad del Renacimiento de Harlem.

Carter G. Woodson

CARTER G. WOODSON (HISTORIADOR)

Conocido como el padre de la historia moderna africano-americana, Woodson inició la idea de tener un "Mes de historia de los negros". A principios de su carrera se dio cuenta de que se pasaban por alto, se ignoraban y se olvidaban muchos aspectos importantes de la historia africano-estadounidense. Dirigió la lucha por la enseñanza de la historia de los negros en las escuelas para que los estudiantes de esta raza apreciaran más las contribuciones de sus antepasados.

AL JOLSON (CANTANTE)

En 1927, Jolson era el astro en *The Jazz Singer*, una película sobre un muchacho judío criado en un humilde barrio de inmigrantes en Nueva York. Esta fue la primera película completamente hablada, y con ella terminó la era de películas mudas. Las películas habladas revolucionaron la industria cinematográfica, creando nuevas estrellas y héroes. El sonido hizo las películas más realistas, permitiendo a millones de estadounidenses escapar a las penas de la Depresión.

ELEANOR ROOSEVELT (HUMANITARIA)

Eleanor Roosevelt, la esposa del Presidente Franklin Roosevelt, sirvió como los ojos y los oídos de su marido al viajar a través del país y luego a través del mundo. Una activista política, abogaba fuertemente por los derechos de la mujer y la paz. También era campeona de los programas sociales de ayuda a los pobres. Su contribución más importante fue la ayuda en la formación de las Naciones Unidas y la redacción de la Declaración de Derechos Humanos.

Para la presentación de otros personajes de la época, véase F. Scott Fitzgerald y John Steinbeck en la sección de "Un examen de la cultura".

Eleanor Roosevelt

LA CONSTITUCION EN MARCHA

LEGISLACION IMPORTANTE

LA LEY DE TARIFAS ARANCELARIAS HAWLEY-SMOOT (1930)

Promulgada por el Presidente Hoover, esta ley trató de limitar la importación a los Estados Unidos por medio de aranceles altos, jamás vistos antes.

LA LEY DE SEGURIDAD SOCIAL (1935)

Esta ley se convirtió en el centro de la legislación originada en el período del Nuevo Trato. Inicialmente se promulgó como un programa modesto para servir de "red de seguridad" para los individuos frente a desastres personales como el desempleo o la vejez. Desde entonces, llegó a incluir la ayuda a los huérfanos, los lisiados, los enfermos crónicos y los pobres del país.

LA LEY DE RELACIONES LABORALES (1935)

Esta ley, a menudo llamada **Ley Wagner**, ayudó a los trabajadores a sindicarse, aumentando sus jornales y su poder adquisitivo. Las asociaciones obreras se desarrollaron rápidamente al tener esta ley para protegerlas.

UN PROCESO JUDICIAL DE IMPORTANCIA

SCHECHTER POULTRY CORPORATION vs. U.S. (1935)

Trasfondo: el Presidente Roosevelt logró la promulgación de la Ley Nacional de Recuperación Industrial (N.I.R.A.), que trataba de hacer que la economía se recuperara de la depresión. La ley otorgaba al presidente el derecho de establecer "códigos de conducta justa" para los negocios ocupados en comercio en sólo un estado. La Schechter Poultry Corp. fue sentenciada por no obedecer la ley, y apeló su sentencia basándose en el principio de que la ley daba al presidente un aumento de poder que era inconstitucional. La Corte Suprema falló que la N.I.R.A. era inconstitucional.

Decisión/Importancia: La Corte Suprema hizo claro que el Congreso, aun durante una crisis nacional como la depresión, no podía otorgar al presidente más poderes de los que eran específicamente otorgados por la Constitución. La decisión en el caso Schechter llevó a F.D.R. al plan para rellenar la Corte.

RESUMEN DE TU COMPRENSION

Instrucciones: ¿Entendiste bien lo que acabas de leer? Comprueba tu comprensión al responder a los siguientes ejercicios.

TERMINOS PARA RECORDAR

En una hoja aparte, define brevemente los siguientes términos:

Nativismo	Gran Depresión
Laissez-faire	Nuevo Trato
Individualismo tosco	Ley de Seguridad Social
Renacimiento de Harlem	*Schechter Poultry Corp. vs. U.S.*
Ciclos económicos	Plan para "rellenar" la Corte

CAMBIOS ECONOMICOS Y SOCIALES

En la década de los 1920 ocurrieron cambios económicos y sociales fundamentales. Resume tu comprensión de estos cambios al responder a las siguientespreguntas:

- ¿Qué factores contribuyeron a la prosperidad económica de los años 1920?
- Describe algunos de los nuevos valores y costumbres de los años 1920.
- Nombra y describe algunas de las contribuciones de los individuos asociados con estos cambios.

LA GRAN DEPRESION (1929-1940)

La Gran Depresión tuvo un profundo efecto en la nación. Resume tu comprensión de esta época al responder a las siguientes preguntas:

- ¿Cuáles fueron algunas causas de la Gran Depresión?
- Describe algunos de los programas usados para restablecer la economía.
- Discute el legado del Nuevo Trato para la nación.

LOS PERSONAJES DE LA EPOCA

Los individuos a menudo tienen una influencia importante en la vida política, económica o social de su tiempo. Según tu parecer, ¿qué individuo tuvo el mayor impacto en el período estudiado en este capítulo? Explica el porqué.

COMPRUEBA TU COMPRENSION

Instrucciones: Comprueba tu comprensión de esta unidad al contestar las siguientes preguntas. Selecciona la mejor contestación. Luego dirígete a los ensayos:

DESARROLLO DE DESTREZAS: INTERPRETACION DE UNA CARICATURA

Basa tus respuestas a las preguntas 1 a 3 en la caricatura dada y en tu conocimiento de estudios sociales.

Sólo dije "¡Dénme seis jueces más!"

Fuente: Biblioteca del Congreso

1 El burro mostrado en la caricatura simboliza
   1 una nación europea
   2 un sindicato obrero
   3 una organización agrícola
   4 un partido político

2 ¿Qué declaración expresa con más acierto la idea principal de la caricatura?
   1 Hay muchos problemas legales frente a la nación.
   2 No hay justicia en los Estados Unidos.
   3 Los animales deben estar enjaulados para prevenir daños.
   4 Hay límites a la autoridad presidencial.

3 La caricatura indica que su autor probablemente apoyaría la idea del
   1 federalismo
   2 privilegio ejecutivo
   3 sistema de "pesos y contrapesos"
   4 proceso legislativo justo

DESARROLLO DE DESTREZAS: INTERPRETACION DE UN DIALOGO

El debate que sigue se refiere a la época del Nuevo Trato de los últimos años de la década de 1930. Basa tus respuestas a las preguntas 4 a 6 en los comentarios de los hablantes y en tu conocimiento de estudios sociales.

Hablante A: La economía de nuestra nación fue arruinada por los costosos programas gubernamentales que destruyen la libertad de empresa y la iniciativa individual.

Hablante B: Estoy en completo desacuerdo. Nuestra economía será fortalecida por los proyectos de obras públicas, sistemas de seguros contra el desempleo y seguros de jubilación en la vejez. Esto es una revolución pacífica.

Hablante C: No tuvimos una revolución. Simplemente somos testigos de la evolución de una idea que nació en los días del populismo y progresismo.

Hablante D: No nos debe importar si los cambios son revolucionarios o evolutivos. Lo importante es hacer los cambios ahora por medio del proceso democrático.

4 La idea evolutiva a la que se refiere el hablante C es
1 el papel reglamentario del gobierno
2 la ilimitada acuñación de plata
3 los derechos civiles para las minorías
4 una enmienda sobre impuestos en los ingresos

5 La posición del hablante B está representada en medidas tales como
1 la Comisión de Valores y Cambios
2 la Ley de Acuerdos Comerciales Recíprocos y la Ley Sherman contra los "Trusts"
3 la Ley de Seguridad Social y la Autoridad del Valle del Tenesí
4 la Ley de Recuperación Nacional y la Ley de la Pureza de Alimentos y Drogas

6 ¿Cuál de los siguientes presidentes basó su política económica en la idea expresada por el hablante A?
1 Franklin D. Roosevelt
2 Lyndon Johnson
3 Herbert Hoover
4 Abraham Lincoln

DESARROLLO DE DESTREZAS: INTERPRETACION DE UNA GRAFICA LINEAL

Basa tus respuestas a las preguntas 7 y 8 en la gráfica lineal que sigue y en tus conocimientos de estudios sociales.

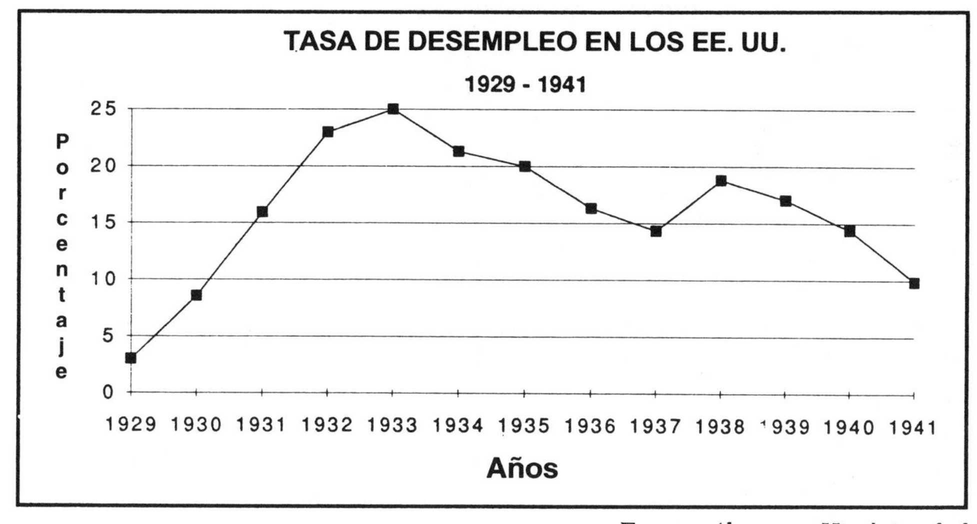

Fuente: Abstracto Histórico de los EE. UU.

7 ¿En qué año fue más alto el desempleo?
1 1929
2 1935
3 1933
4 1941

8 ¿Cuál acción gubernamental hubiera sido más beneficiosa entre los años 1931 y 1939?
1 una reducción en el suministro de dinero
2 la formación de más bancos estatales
3 el aumento de gastos en proyectos de obras públicas
4 un aumento de la ayuda del Congreso para el extranjero

9 El "Renacimiento de Harlem" se refiere al
1 estilo artístico de los primeros colonos holandeses en Nueva York
2 regimiento de soldados negros en la Primera Guerra Mundial
3 florecimiento de la literatura y música negra estadounidense en los años 1920
4 brillo de la cultura hispana en Nueva York en los años 1980

10 El problema principal que encontró Franklin Roosevelt al asumir la presidencia fue
1 el aumento de los precios
2 la falta de balance en el trato extranjero
3 la sobreproducción de las fábricas
4 el desempleo generalizado

11 Un resultado importante del Nuevo Trato fue la
1 eliminación de pobreza en los Estados Unidos
2 extensión del sistema de méritos en el servicio civil
3 destrucción del sistema de libre empresa
4 expansión del poder del gobierno federal

12 William C. Handy y Al Jolson son mejor conocidos por sus alcances en el campo de
1 la literatura
2 la música
3 la ciencia
4 la política

13 ¿Cuál fue una causa fundamental de la Gran Depresión?
1 sobreextensión de crédito y la crisis de la bolsa
2 la falta de bienes de consumo
3 el derrumbe del patrón de oro internacional
4 la subida en el precio del petróleo y de frutos de tierra

14 El propósito primario de la Ley de Seguridad Social de 1935 fue
1 lograr la integración en las escuelas públicas
2 proporcionar seguridad en caso de vejez o desempleo
3 reglamentar el comercio internacional
4 garantizar el proceso de contratos colectivos

15 El lema de las administraciones de Harding, Coolidge y Hoover podría expresarse mejor como
1 "Todavía no empezamos a pelear."
2 "Poder al pueblo."
3 "El negocio de los Estados Unidos es el comercio."
4 "Camina suavemente, pero lleva una estaca fuerte."

16 El significado principal de la Ley de Seguridad Social de 1935 fue que
1 proscribió los trusts en los Estados Unidos
2 elevó las tarifas arancelarias al principio de la Gran Depresión
3 proporcionó una "red de seguridad" para personas afectadas por desastres personales
4 estableció códigos para las empresas ocupadas en comercio intraestatal

17 ¿Cuál es la generalización que resulta mejor apoyada al examinar la prohibición en los Estados Unidos?
1 Es difícil hacer cumplir ciertas leyes a causa de las actitudes sociales.
2 El aumento de los impuestos puede influir en los gastos del consumidor.
3 La moralidad puede legislarse con éxito.
4 La gente se sacrificará de buena gana para el bien común.

18 ¿Cuál es la descripción más acertada de los programas del Nuevo Trato de Franklin Roosevelt?
1 Redujeron el número de empleados del gobierno.
2 Ampliaron la función del gobierno en la economía.
3 Enfatizaron la necesidad de dirección en el gobierno local.
4 Acentuaron la importancia del patrón de oro.

19 ¿Cómo se denominaría a alguien que favorece el fallo en el proceso de Sacco y Vanzetti, el resurgimiento del Ku Klux Klan y la Ley de Orígenes Nacionales de 1924?
1 individualista tosco
2 imperialista
3 nativista
4 mercantilista

20 Los términos N.R.A., W.P.A. y C.C.C. probablemente se discutirían en un ensayo que trate
1 de las causas de la Segunda Guerra Mundial
2 del movimiento progresista
3 del programa del Nuevo Trato
4 del feminismo

21 ¿Qué acto se ve a menudo como el intento más serio de socavar la independencia del poder judicial?
1 el nombramiento por Hoover de jueces conservadores a la Corte Suprema
2 el plan de Roosevelt de reorganizar la Corte Suprema
3 el nombramiento de jueces de plazo ilimitado al Tribunal Supremo
4 los aumentos periódicos de los sueldos de jueces del Tribunal Supremo

22 ¿Cuál rama del gobierno nacional declaró que la primera legislación del Nuevo Trato era inconstitucional?
1 el Senado
2 la Corte Suprema
3 el Presidente
4 la Cámara de Representantes

23 ¿Cuál es la descripción más acertada de los Estados Unidos en los años 1920?
1 expansión y apaciguamiento
2 depresión y militarismo
3 prosperidad y aislacionismo
4 recesión e imperialismo

24 ¿Cuál suceso llevó a los otros tres?
1 la introducción de nuevas agencias reguladoras
2 la crisis de la bolsa en 1929
3 la promulgación de la Ley de Seguridad Social
4 el aumento de la participación gubernamental en la economía

25 "...la depresión económica no puede remediarse con acción legislativa o pronunciamientos ejecutivos... La contribución del gobierno está en [fomentar] programas voluntarios en la comunidad."

—*Herbert Hoover*

Esta cita sugiere que en tiempos de crisis económica

1 el gobierno nacional debe tomar completa responsabilidad en la solución de problemas económicos
2 la gente debe ser paciente y los problemas económicos se resolverán solos
3 con el estímulo del gobierno, las organizaciones privadas deben tratar de resolver los problemas económicos
4 no se debe esperar que el gobierno intente resolver los problemas económicos puesto que no los causó

ENSAYOS

1 Hace mucho tiempo que los gobiernos usan sellos postales para rendir homenaje a ciertos individuos.

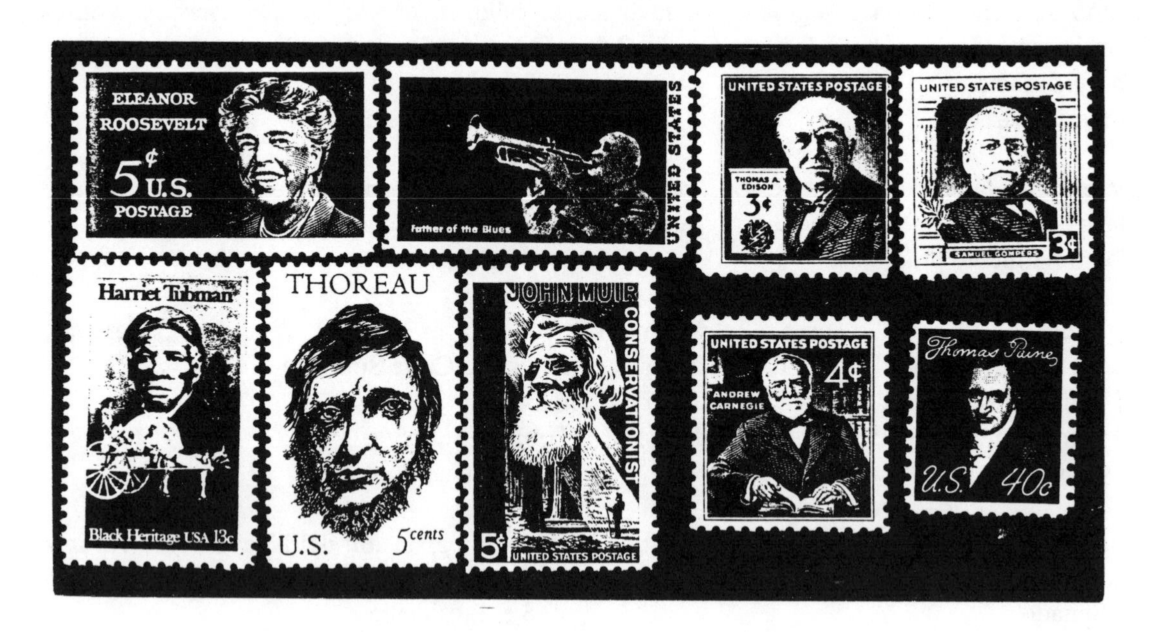

Fila de arriba: Eleanor Roosevelt, W. C. Handy, Thomas Edison, Samuel Gompers

Fila de abajo: Harriet Tubman, David Henry Thoreau, John Muir, Andrew Carnegie, Thomas Paine

Parte A

Escoge a *uno* de los individuos retratados: ____________________

Relata las contribuciones de esa persona a la sociedad estadounidense:

____

____

Escoge a *otro* individuo: ____________________________

Relata las contribuciones de esa persona a la sociedad estadounidense:

____

____

Parte B

En tu respuesta a la Parte B debes usar la información dada en la Parte A. Sin embargo, también puedes incluir información adicional y distinta en tu respuesta a la Parte B.

Escribe un ensayo discutiendo porqué se honra a algunas personas al retratarlas en un sello postal.

2 Los historiadores denominan diferentes épocas de acuerdo a los acontecimientos principales de esa época.

Epocas históricas

Era de la Reconstrucción
Período progresista
Los estrepitosos años veinte
La Gran Depresión

Escoge *tres* de los períodos históricos enumerados y en el caso de *cada uno*:

- Nombra el período de tiempo
- Explica por qué los historiadores le dieron ese nombre

3 Cierta legislación congresional cambió la vida estadounidense de un modo importante.

Legislación congresional

Ley de Comercio Interestatal (1887)
Ley Sherman contra los Trusts (1890)
Ley de Pureza de Alimentos y Drogas (1906)
Ley Federal de Sistema de Reservas (1913)
Ley de Seguro Social (1935)
Ley Wagner (1935)

Escoge *tres* de las leyes enumeradas y en el caso de *cada una*:

- Describe las características específicas de la ley
- Discute su efecto duradero en la vida estadounidense

CAPITULO 14

LA EDAD DE LA CRISIS MUNDIAL

VISION GENERAL

En la década de los 1930 la Gran Depresión golpeó con fuerza la economía de los Estados Unidos. A pesar de los grandes esfuerzos de los dirigentes del país, a mediados de los años 1930, la situación no mejoró notablemente. Para empeorar las cosas, en Alemania y en Italia llegaron al poder dictadores, y las nubes de guerra iban oscureciendo el horizonte europeo. Después de los sacrificios hechos en la Primera Guerra Mundial, los estadounidenses vacilaban ante la intervención en otra guerra europea. Sin embargo, el ataque japonés contra Pearl Harbor acabó con los intentos estadounidenses de mantener la neutralidad.

El período que siguió a la Segunda Guerra Mundial, fue diferente del período entre las guerras. Los líderes estadounidenses sentían no haber tratado de sofocar la agresión nazi en sus comienzos. Resolvieron no cometer el mismo error en su lucha contra el comunismo internacional. A pesar de su resolución, el comunismo estaba en marcha en Europa, en Asia y en la América Latina.

— LINEA CRONOLOGICA DE SUCESOS IMPORTANTES —

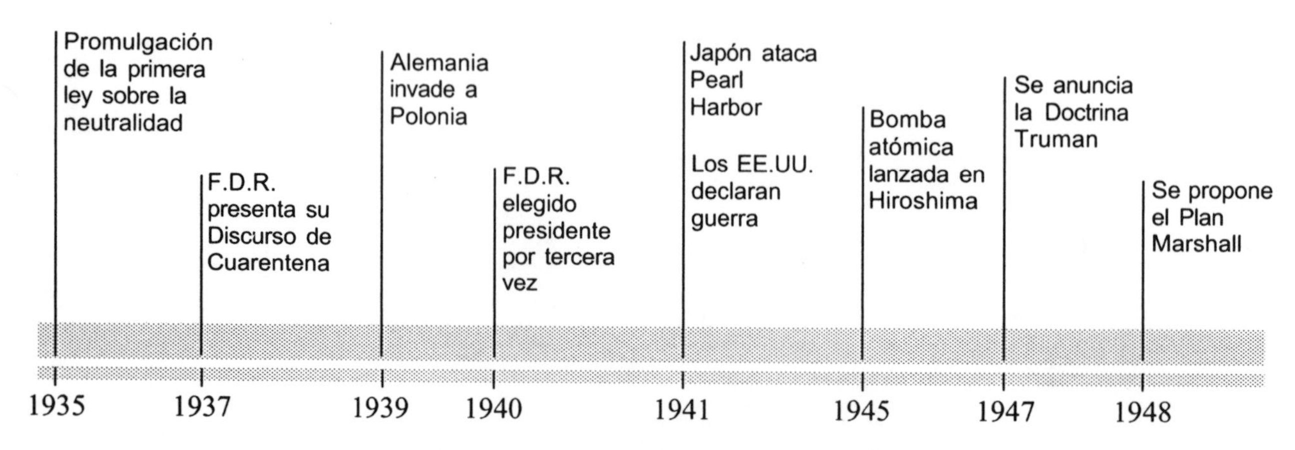

LA PAZ EN PELIGRO: 1920-1941

VUELTA A LA POLITICA AISLACIONISTA

Después de la Primera Guerra Mundial, los estadounidenses estaban desilusionados con su intervención en los asuntos extranjeros. En los años 1920, los EE. UU. volvieron a su política tradicional de aislamiento de los asuntos europeos. Se ocuparon de los sucesos dentro del país y se sentían a salvo de los acontecimientos en el extranjero porque los océanos los separaban de Europa y de Asia. Como resultado:

- Los Estados Unidos se negaron a ingresar en la Liga de Naciones.
- Insistían en cobrar las deudas de guerra a Francia y a Inglaterra, sus antiguos aliados.
- Promulgaron altos aranceles sobre productos europeos y limitaron la inmigración europea.
- Muchos estadounidenses se hicieron pacifistas, negándose a participar en cualquier guerra.

EXCEPCIONES AL AISLACIONISMO

Hubo algunas excepciones a la tendencia general hacia el aislacionismo. En 1921, los Estados Unidos fueron anfitriones de la **Conferencia Naval de Washington**, en la cual las potencias europeas y asiáticas accedieron temporeramente a limitar la expansión de armas navales y la magnitud de sus marinas. En 1928, los Estados Unidos promulgaron el **Pacto de Paz Kellog-Briand**, firmado por 62 países, en el cual se renunciaba al uso de la guerra. Entre 1923 y 1930, los banqueros estadounidenses prestaron fondos al gobierno alemán para ayudarle a financiar las indemnizaciones de guerra a Gran Bretaña y Francia. En 1930, se retiró esta ayuda como resultado de la depresión.

EL PRINCIPIO DE LA SEGUNDA GUERRA MUNDIAL EN EUROPA

La agresión alemana fue la causa fundamental del comienzo de la Segunda Guerra Mundial en Europa.

EL SURGIMIENTO DE LAS DICTADURAS EN EUROPA

La violencia y la expansión de la Gran Depresión a principios de los años 1930, llevó al triunfo de jefes fascistas en Alemania, Italia y otras partes de Europa. Las nuevas convicciones políticas, como el fascismo italiano y el nacionalsocialismo (nazismo) alemán, se fundieron con el nacionalismo intenso, el racismo y el culto a la violencia. **Adolfo Hitler**, el jefe de la Alemania nazi, estaba decidido a alcanzar la dominación alemana de Europa.

EL FRACASO DE LA LIGA DE LAS NACIONES

La Liga de las Naciones, responsable de la prevención de otra guerra, se mostró incapaz de esta tarea. La Liga fracasó por varias razones:

Fracasó la idea de la **protección colectiva**. Según esta idea, las naciones pacíficas se juntarían para prevenir guerras. Sin embargo, la Liga estaba predestinada al fracaso cuando los países importantes como los Estados Unidos y la Unión Soviética no se hicieron miembros.

Alemania y el Japón dejaron la Liga en los años 1930. Hitler comenzó a aumentar el poder militar alemán en abierto desafío del Tratado de Versalles. La Liga fue incapaz de detener el rearme alemán, la invasión japonesa de China, la invasión italiana de Etiopía en Africa y la intervención alemana e italiana en la Guerra Civil de España.

EL FRACASO DEL APACIGUAMIENTO: LA CONFERENCIA DE MUNICH (1938)

En 1938, Hitler anexó a Austria. Luego, trató de dominar los Sudetes, una parte de Checoslovaquia con muchos habitantes de habla alemana. Al principio, Francia y Gran Bretaña prometieron proteger a Checoslovaquia, pero se retractaron cuando Hitler hizo amenazas de guerra. En la Conferencia de Munich, los jefes ingleses y franceses, tratando de evitar la guerra, accedieron a darle a Hitler la sección occidental de Checoslovaquia. La política de ceder para satisfacer las demandas de un enemigo potencial se conoce como **apaciguamiento**. Esto sólo alentó a Hitler a hacer nuevas demandas.

COMIENZA LA SEGUNDA GUERRA MUNDIAL: LA INVASION ALEMANA DE POLONIA

En 1939, Hitler hizo nuevas demandas a Polonia. Temiendo que Hitler quisiera dominar a Europa, Inglaterra y Francia se negaron a ceder. Hitler respondió firmando un tratado de paz con Stalin, el dictador soviético, en el cual ambos acordaron la división de Polonia. Cuando Alemania invadió a Polonia en 1939, Inglaterra y Francia declararon la guerra contra Alemania, dando principio a la Segunda Guerra Mundial.

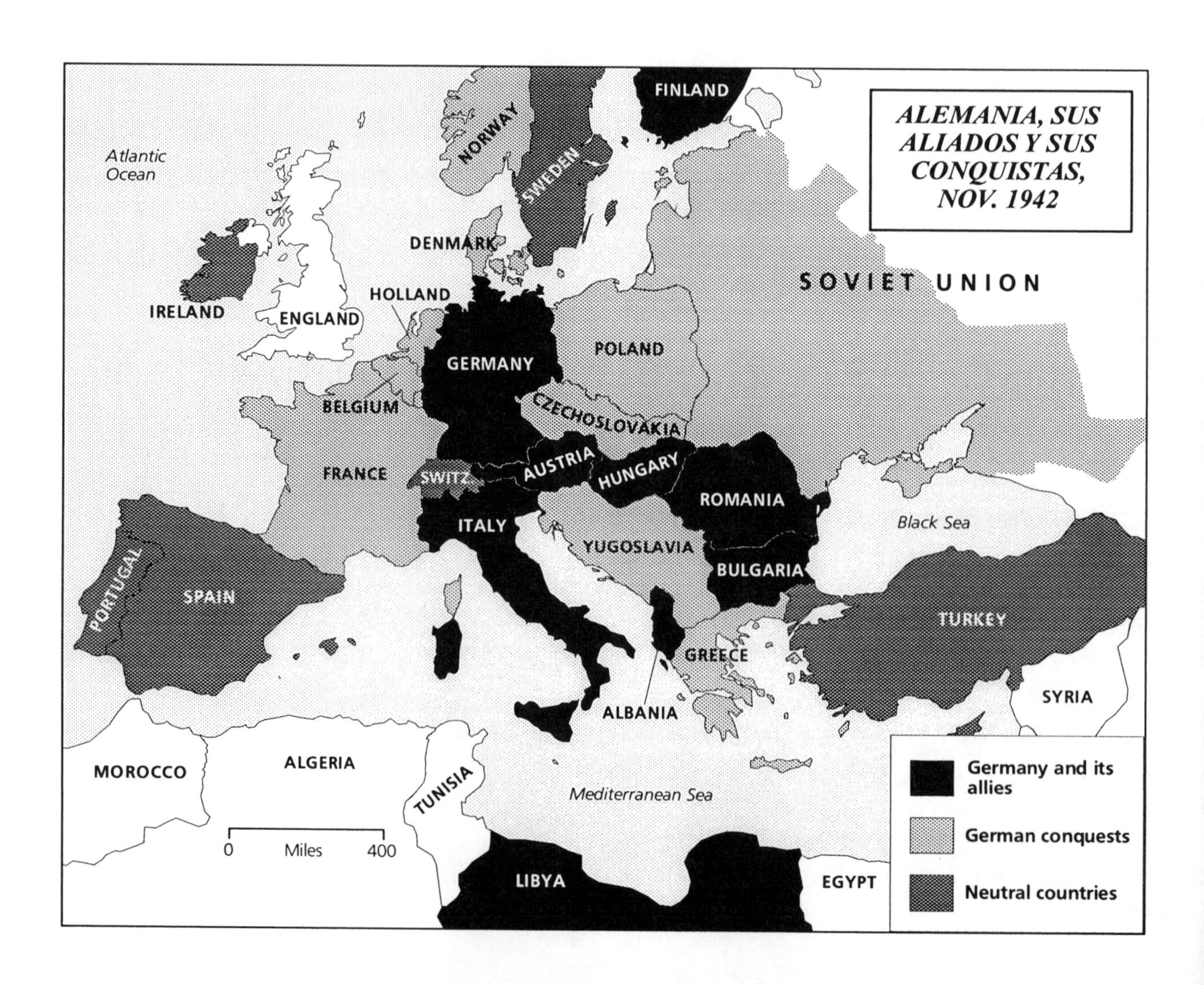

LOS ESTADOS UNIDOS CONSERVAN UNA NEUTRALIDAD CAUTA

EL AISLACIONISMO CONTINUA

A principios de los años 1930, los Estados Unidos estaban demasiado preocupados por los problemas de la Gran Depresión para participar activamente en las cuestiones mundiales. En 1943, la **Comisión Nye**, un cuerpo senatorial de investigación de la Primera Guerra Mundial, reveló que algunos individuos se beneficiaron mucho con la guerra. Esto ayudó a consolidar la opinión popular contra una nueva intervención en Europa. Ese mismo año, el Congreso promulgó una ley que impedía empréstitos adicionales a Francia y a Inglaterra porque estos países habían cesado sus pagos de deudas de guerra a los Estados Unidos.

LAS LEYES DE NEUTRALIDAD (1935-1937)

A medida que iba aumentando la probabilidad de guerra en Europa, el Congreso promulgó una serie de leyes destinadas a evitar la participación de los EE.UU. en otra guerra. Los EE.UU. entraron en la Primera Guerra Mundial porque hubo estadounidenses que perecieron en barcos aliados. Además, los submarinos alemanes atacaron barcos estadounidenses que llevaban abastecimientos a Francia e Inglaterra. Para evitar que se volviera a repetir la situación, las leyes de neutralidad prohibían a los estadounidenses viajar en barcos de naciones en guerra. También se prohibía la venta de armas o municiones a los países en guerra. A los estadounidenses se les permitía la venta a esos países de productos no-bélicos sólo a base de pago en efectivo.

FDR en su "Discurso de cuarentena" en octubre de 1937

EL DISCURSO DE CUARENTENA DE ROOSEVELT (1937)

Cuando las fuerzas japonesas invadieron el norte de China, el Presidente Roosevelt dijo al pueblo que las naciones pacíficas tenían que obrar en concierto y poner en cuarentena (aislar) a las naciones invasoras—de otro modo se esparciría la agresión. Sin embargo, la mayoría de los estadounidenses se oponían a cualquier forma de acción militar.

REVISION DE LAS LEYES DE NEUTRALIDAD

Aun cuando Alemania invadió a Polonia, la mayoría de los estadounidenses se oponía a participar en la guerra; estaba en favor de ayudar a los Aliados en todo, menos en la guerra. El Congreso modificó las leyes de neutralidad, permitiendo la venta de armas a Inglaterra y a Francia, con tal de que los Aliados pagaran en efectivo e hicieran el transporte en sus propios barcos.

LOS ESTADOS UNIDOS SE PREPARAN PARA LA GUERRA

Al mismo tiempo, los EE.UU. comenzaron los preparativos en caso de que fuesen arrastrados al conflicto. El Congreso aumentó los gastos en el ejército y en la marina. En 1940, al poco tiempo de la derrota y ocupación de Francia por Alemania, el Congreso aprobó el primer reclutamiento en tiempo de paz. Todos los hombres entre los 21 y 35 años tenían que inscribirse y eran sujetos a un año de servicio militar. En las elecciones presidenciales de 1940, Roosevelt rompió con la tradición y se presentó como candidato presidencial por tercera vez. Tanto F.D.R. como su oponente en la campaña electoral favorecían fuertes medidas de defensa.

LEY DE PRESTAMOS Y ARRIENDOS (1941)

Roosevelt propuso la Ley de Préstamos y Arriendos para vender, arrendar o prestar material bélico a "cualquier país cuya defensa el presidente considera esencial a la defensa de los Estados Unidos". El Congreso concedió fondos para la producción de buques, tanques, aviones y otros armamentos. En poco tiempo, los buques de guerra estadounidenses comenzaron a proteger barcos británicos que llevaban provisiones a Inglaterra. Los críticos del programa temían que esto pudiera arrastrar a los EE. UU. a la guerra. Sin embargo, la mayoría de los estadounidenses apoyaban la opinión de Roosevelt de que los Estados Unidos debían ayudar a los ingleses. Esperaban que la recia resistencia de Inglaterra mantendría a los EE.UU. fuera de la guerra.

LAS CUATRO LIBERTADES Y LA CARTA DEL ATLANTICO

En 1941, Roosevelt dijo al pueblo que esperaba establecer un mundo basado en cuatro libertades: libertad de palabra y expresión, libertad de religión, libertad de la escasez y libertad del temor. Roosevelt se encontró con Winston Churchill, el primer ministro británico, a bordo de un barco en el Atlántico para declarar sus objetivos para un mundo de postguerra. Los EE. UU. y Gran Bretaña anunciaron que no buscaban ventajas territoriales, que querían libertad de los mares y el fin de la guerra. La Carta del Atlántico fue la base de la formación de las Naciones Unidas.

La Conferencia de la Carta del Atlántico. FDR se encontró con Churchill, en secreto, a bordo del buque* Atlantic *el 10 de agosto de 1941.

LOS ESTADOS UNIDOS SE ACERCAN A LA GUERRA

El Presidente Roosevelt creía que la entrada de los EE.UU. en la guerra era inevitable. Sin embargo, antes de llevar a la nación a la guerra, tenía que ganarse el apoyo popular. En 1941, barcos mercantes armados fueron autorizados a llevar provisiones directamente a Inglaterra. Las tropas estadounidenses ocuparon a Groenlandia e Islandia. Aparentemente la participación de los EE.UU. en la guerra era sólo cuestión de tiempo.

LOS ESTADOS UNIDOS ENTRAN EN LA SEGUNDA GUERRA MUNDIAL: 1941

Sorprendentemente, no fueron los sucesos en Europa sino en el Pacífico los que finalmente llevaron a los EE.UU. a la guerra.

AUMENTO DE TIRANTEZ EN LAS RELACIONES ENTRE LOS ESTADOS UNIDOS Y EL JAPON

La política externa de los EE.UU. hacia el Japón antes de los años 1930 se caracterizaba generalmente por su falta de interés. En 1937, el Japón entró en guerra con China. Aunque la mayoría de los estadounidenses favorecía a China, Roosevelt no restringió el comercio con el Japón.

El Japón ocupa el sur de Indochina. Cuando el Japón ocupó el sur de Indochina en 1941, los EE.UU. reaccionaron con la congelación de los fondos japoneses en los EE.UU. y la interrupción de todo trato con el Japón. Esta acción dejó al Japón con muy poco petróleo. Los EE.UU. ofrecieron a restablecer el comercio sólo cuando el Japón retirara todas sus fuerzas de China e Indochina. El Japón rechazó esta petición.

El Japón prepara un ataque por sorpresa. Los jefes militares japoneses decidieron atacar a Indonesia, una colonia holandesa, para obtener el petróleo necesario. Al darse cuenta de que este paso seguramente llevaría a los EE.UU. a la guerra, también decidieron realizar un ataque por sorpresa contra los EE. UU. El Japón creía que ese ataque lograría dos propósitos. Primero, encontraría desprevenidos a los EE. UU., permitiendo la eliminación del poder naval estadounidense en el Pacífico. Segundo, el Japón podría consolidar sus conquistas y fortificar su posición en el Pacífico. Los jefes japoneses esperaban que los estadounidenses se cansarían pronto de la guerra y negociarían un tratado de paz, dejándolos en control de Asia Oriental.

TERMINOS PARA RECORDAR

Aislacionismo, Conferencia Naval de Washington, Pacto de Paz Kellog-Briand, seguridad colectiva, apaciguamiento, Comisión Nye, Leyes de Neutralidad, Discurso de Cuarentena, Ley de Préstamos y Arriendos, cuatro libertades, Carta del Atlántico

LOS ESTADOS UNIDOS EN GUERRA: 1941-1945

La mañana del 7 de diciembre de 1941, los aviones japoneses atacaron la flota estadounidense del Pacífico en **Pearl Harbor**, Hawai. Al día siguiente, el Congreso declaró la guerra contra el Japón. Cuatro días más tarde, Alemania e Italia, que estaban aliadas con el Japón, declararon la guerra contra los Estados Unidos. Los EE. UU. se encontraron en guerra en dos frentes—el Atlántico y el Pacífico.

El buque Shaw *atacado por sorpresa por los japoneses en Pearl Harbor (diciembre de 1941)*

LA SITUACION DENTRO DEL PAIS

El gobierno tuvo que movilizar mucho potencial humano e industrial para cumplir con sus enormes necesidades de guerra.

EL SERVICIO MILITAR OBLIGATORIO

Todos los hombres sanos entre los 18 y 45 años con el tiempo fueron obligados al servicio militar. Uno de cada diez estadounidenses estuvo en uniforme en algún tiempo de la guerra. Antes de que ésta terminara, más de quince millones de hombres fueron reclutados o sirvieron como voluntarios. Por primera vez, las mujeres también podían enlistarse en las fuerzas armadas. Cerca de 1 millón de negros participaron en el servicio militar a pesar de sufrir la indignidad de encontrarse en unidades segregadas.

Un cartel de recluta para el ejército

LA PRODUCTIVIDAD EN EL TIEMPO DE LA GUERRA

La victoria final de los Aliados se debió en gran parte a los alcances de la productividad estadounidense en el tiempo de guerra. La Oficina de la Movilización de Guerra y el Consejo de Productividad de Guerra eran las dos agencias que dirigían la economía de la guerra. Controlaban el uso de materias primas, la conversión de las fábricas a la producción de material bélico y la producción de bienes de consumo. También racionaban artículos fundamentales como la gasolina. La productividad del tiempo de guerra finalmente trajo el fin de la depresión.

Adaptación de la industria civil a la producción de guerra

LA FUERZA LABORAL

La conscripción y el aumento de la producción acabaron con el desempleo. Un gran número de trabajadores entró en las fuerzas armadas y fue al extranjero. Muchos negros llenaron las brechas resultantes. También aumentó notablemente el número de mujeres en la fuerza laboral; las mujeres ocuparon puestos en la industria pesada. Los negros siguieron emigrando a las ciudades del Norte.

LA PRODUCCION AGRICOLA

A pesar del número reducido de labradores, también aumentó la productividad agrícola gracias a los adelantos técnicos. Los comestibles sin embargo, eran necesarios para las fuerzas armadas y para los Aliados. Como resultado, se racionaban ciertos productos.

Las mujeres contribuyen al esfuerzo de la guerra como empleadas en una fábrica de Douglas Aircraft en California (1943)

LA FINANCIACION DE LA GUERRA

El costo de la guerra para los EE. UU. fue cerca de $350 billones, o sea más de diez veces del costo de la Primera Guerra Mundial. Cerca de un 40% del total se financió con impuestos, y el resto con préstamos. Los estadounidenses patrióticos compraban "bonos de guerra", que serían reembolsados con interés por el gobierno cuando terminase la guerra. A causa del alto costo de hacer la guerra, uno de sus efectos económicos fue de que los EE. UU. se convirtieron de nación acreedora en deudora.

EL REALOJAMIENTO FORZADO DE LOS ESTADOUNIDENSES DE ORIGEN JAPONES

El ataque por sorpresa contra Pearl Harbor causó temor entre muchos estadounidenses de que los 110.000 estadounidenses de origen japonés (nisei), en la costa del Pacífico, pudieran cometer actos de sabotaje.

Centros de realojamiento. Roosevelt ordenó el traslado de los nisei a la fuerza, a sitios donde permanecieron hasta después de la guerra. La mayoría se vio obligada a vender sus propiedades en un tiempo brevísimo, y vivían en los campos de reclusión en condiciones primitivas y de sobrepoblación.

Aumento del uso del poder presidencial. Igual que durante la presidencia de Lincoln, Roosevelt mostró que el poder presidencial a menudo aumenta notablemente durante la guerra. Roosevelt justificó su orden de traslado de los nisei como necesidad militar.

Los miembros de la familia Mochida esperando el autobús de evacuación en California (1942)

El temor racial. Este miedo a los japoneses-estadounidenses tenía una base racial, ya que nunca hubo evidencia de que los nisei fueran culpables de deslealtad. No se tomaron medidas parecidas contra los estadounidenses de origen italiano o alemán.

Korematsu vs. U.S. En 1944, en *Korematsu vs. U.S.*, la Corte Suprema defendió los traslados, argumentando que el sufrimiento de los nisei era sencillamente uno de los efectos negativos de la guerra—indicando que los derechos constitucionales pueden ser limitados en tiempos de guerra. Casi 50 años más tarde, el Congreso de los EE. UU. pidió perdón y decidió ofrecer compensación simbólica a las familias en cuestión.

LA GUERRA CONTRA ALEMANIA

Roosevelt decidió concentrar la energía estadounidense en derrotar primero a la Alemania nazi, ya que ésta era el enemigo más potente y peligroso. En el momento en que los EE. UU. entraron en la guerra, Hitler estaba en control de la mayor parte de Europa y del norte de Africa.

EL PLAN DE HITLER

Hitler planeaba reorganizar a Europa a lo largo de divisiones raciales. Los alemanes iban a componer la nueva clase dominante y los otros pueblos se convertirían en esclavos. Los judíos, gitanos, polacos y algunos otros, serían exterminados en masa. Estos planes llevaron al Holocausto —la muerte de millones de judíos y otros grupos étnicos en los campos de concentración, donde se les mataba con gas tóxico y sus cadáveres se quemaban en enormes hornos.

LA LUCHA DE LOS ALIADOS CONTRA ALEMANIA

El esfuerzo estadounidense se concentró en la guerra en Europa, al tratar de derrotar primero a Alemania.

Hitler se despliega excesivamente. Hitler cometió sus errores más graves cuando invadió la Unión Soviética en junio de 1941 y declaró la guerra a los EE. U.U. en diciembre de 1941, antes de haber derrotado a Gran Bretaña. Hacia el fin de 1941, el avance alemán en la Unión Soviética se detuvo precisamente antes de llegar a Moscú. El severo invierno ruso fue la causa de este fracaso.

Soldados estadounidenses en batalla durante la Segunda Guerra Mundial

El Norte de Africa e Italia. Roosevelt y Churchill prometieron al jefe soviético **José Stalin** que, para aliviar la presión contra el ejército soviético, abrirían un segundo frente contra Alemania en el oeste. Hacia el fin de 1942, las fuerzas aliadas desembarcaron tropas en Africa del Norte. Después de derrotar a las fuerzas alemanas allí, los Aliados avanzaron a Sicilia y al resto de Italia en 1943-1944.

Día D: junio 6, 1944. El "Día D" las tropas aliadas desembarcaron en las playas de Normandía. Una vez establecido el apoyo en Francia, los Aliados avanzaron rápidamente hacia el este, liberando a París y llegando hasta la frontera alemana.

La caída de la Alemania nazi. Mientras que las fuerzas estadounidenses, británicas y de la resistencia francesa invadían a Alemania desde el oeste, los soviéticos entraron desde el este. En 1945, el ejército soviético capturó a Berlín. Hitler se suicidó y Alemania se rindió.

LA GUERRA CONTRA EL JAPON

Los japoneses tuvieron ventajas iniciales en Asia y en la región del Pacífico mientras que los EE. UU. estaban preocupados con la reconstrucción de su marina y la lucha contra Alemania. El Japón invadió y ocupó las Filipinas poco después del ataque de Pearl Harbor. También ocupó Hong Kong, Borneo, las Islas Salomón, Java y Singapur.

La Infantería Marina planta la bandera de los EE.UU. en Iwo Jima. Esta foto por Joe Rosenthal vino a ser el modelo para el monumento en Washington, D. C.

La guerra comienza a tornarse contra el Japón. En 1943, cambió la suerte de los japoneses cuando los EE. UU. recobraron la superioridad naval en el Pacífico y las fuerzas estadounidenses procedieron a "saltar de isla en isla" liberándolas del control japonés, una a una. Al quedar derrotada Alemania, los EE. UU. comenzaron los preparativos para una invasión masiva del Japón.

El comienzo de la edad atómica. Ya antes de entrar en la guerra, el gobierno de los EE. UU. comenzó el "Proyecto Manhattan", para desarrollar una bomba atómica. Einstein, un pacifista, sugirió a F.D.R. que los EE. UU. desarrollasen una bomba porque ya la estaba preparando Alemania. Muchos investigadores, refugiados de la Alemania nazi y la Italia fascista, trabajaban en el proyecto en laboratorios secretos en Nuevo México. Después de que el gobierno había invertido más de $2 billones en el proyecto, la primera bomba atómica fue ensayada con éxito en el desierto de Nuevo México en julio de 1945.

Nagasaki fue bombardeada tres días después de Hiroshima.

Truman se decide a usar la bomba atómica. El Presidente Truman se dio cuenta de que la invasión del Japón podría acarrear cerca de un millón de muertes estadounidenses. Para eliminar una invasión tan cara, Truman recurrió a la bomba atómica que él consideraba un arma militar. Escogió como blanco ciudades que eran centros de producción militar japonesa. El 6 de agosto, una bomba atómica explotó sobre **Hiroshima** y tres días más tarde, otra sobre **Nagasaki**. En cada explosión perecieron cerca de 100.000 personas. El Japón se rindió poco después de la segunda explosión, cuando los EE. UU. acordaron dejar al emperador japonés en el trono.

El gobierno de los Estados Unidos empleó a investigadores para desarrollar un arma atómica, después de que Albert Einstein le hubiese avisado al Presidente Roosevelt que los alemanes probablemente estaban desarrollando armas de ese tipo. La bomba atómica llegó a perfeccionarse apenas en 1945, ya después de la rendición de Alemania. Truman llegó a saber de la existencia de esa bomba cuando llegó a ser presidente tras la muerte de Roosevelt. A Truman le tocó decidir si debía usarse contra el Japón la bomba atómica o una invasión por fuerzas convencionales.

LA DECISION DE LANZAR LA BOMBA ATOMICA

por Harry Truman

Establecí una comisión de expertos y les pedí que estudiaran con gran cuidado las posibilidades que podría tener para nosotros el arma nueva.

Era su recomendación que la bomba fuera usada contra el enemigo tan pronto como se pudiese. Además, recomendaron que esto se hiciera sin advertencia y contra un objetivo que mostrase claramente su fuerza destructiva. Me daba cuenta, por supuesto, que la explosión de una bomba atómica acarrearía destrucción y víctimas más allá de lo imaginable. Por otra parte, los consejeros científicos de la comisión ... concluyeron que ninguna muestra técnica que pudieran proponer, como lanzar la bomba en una isla desierta, llegaría a poner fin a la guerra. Tenía que usarse contra un objetivo del enemigo.

Era mía la decisión final de dónde y cuándo usar la bomba atómica. No me entiendan mal. Yo percibía la bomba como un arma militar y nunca dudé que debía usarse. Mis mejores consejeros militares recomendaron su uso. Cuando hablé con Churchill, él me dijo que estaba en favor del uso de la bomba atómica si esto ayudaba a terminar la guerra.

Al decidir usar esta bomba, quise asegurarme que se usaría como un arma de guerra, de acuerdo a las leyes de guerra. Esto quería decir que debía lanzarse en un objetivo militar. Le dije a Stimson que la bomba debía lanzarse lo más cerca posible a un centro de producción bélica de gran importancia militar....

El coronel Paul W. Tibbets piloteó el* Enola Gay*, usado en el bombardeo de Hiroshima

Para la misión se escogió una unidad especializada de bombarderos B-29. Siete bombarderos B-29 modificados, con sus pilotos y su tripulación, estaban listos y en espera de órdenes....

El 28 de julio, la Radio Tokio anunció que el gobierno japonés seguiría luchando. Ahora no había otra alternativa.

COMPRUEBA TU COMPRENSION

1. ¿Por qué decidió el Presidente Truman a lanzar la bomba en un objetivo en vez de sólo dar una muestra de su potencia?

2. ¿Crees que Truman haya tomado una decisión correcta? Explica el porqué.

3. Al darse cuenta de los cambios acarreados en el mundo por la bomba atómica, ¿crees que el Presidente Truman hubiera tomado una decisión diferente en el presente? Explica el porqué.

VOCES DEL PUEBLO

El 6 de agosto de 1945, el Enola Gay, un avión de la Fuerza Aérea de los Estados Unidos, lanzó una bomba atómica en la ciudad nipona de Hiroshima. Con el impacto inmediato de la bomba, murieron miles de personas. Los otros sobrevivieron para enfrentarse con la destrucción de sus vidas. En este trozo, adaptado del libro Hiroshima *de John Hersey, encontramos la descripción de los sufrimientos y reacciones del Reverendo Tanimoto, que sobrevivió la explosión de aquel funesto día de agosto.*

HIROSHIMA

por John Hersey

(*Fragmento*)

Entonces un tremendo destello de luz partió el cielo. El Sr. Tanimoto recordó que parecía una cortina de sol. Reaccionó con terror (estaba a dos millas del centro de la explosión). Tomó cuatro o cinco pasos, y se arrojó entre dos grandes rocas del jardín. Sintió una presión repentina, y entonces se le cayeron encima astillas, trozos de tablas y fragmentos de baldosas. No oyó estruendo alguno.

Cuando se atrevió, el Sr. Tanimoto levantó la cabeza y vio que su casa se había derrumbado. Creyó que la bomba había caído directamente encima de ella.

Lleno de pánico, se precipitó a la calle. Cuando salía corriendo, notó que la muralla de hormigón, que rodeaba la finca, se había derrumbado —hacia la casa en vez de en la dirección contraria.

En la escuela, se sorprendió mucho al ver vidrio por todo el piso y 50 o 60 personas heridas que esperaban ayuda. Pensó que tenían que haber caído varias bombas.

El Sr. Tanimoto se encontró con centenares de personas que estaban huyendo, y cada una de ellas estaba lastimada de alguna forma. Algunos tenían las cejas quemadas y la piel les colgaba de la cara y de las manos. Algunos vomitaban al caminar. Muchos estaban desnudos o con la ropa desgarrada. En algunos cuerpos desnudos, las quemaduras dejaron huellas de las tiras de las camisetas y de los tirantes de pantalón.

Muchos, a pesar de estar heridos, sostenían a los parientes que estaban en una condición peor aún. Casi todos estaban cabizbajos, con la mirada fija hacia adelante; estaban callados y no mostraban expresión alguna.

Tanimoto vio, al aproximarse al centro, que todas las casas estaban en ruinas y muchas se estaban quemando.. Aquí, los árboles estaban desnudos y sus troncos carbonizados. En ciertos lugares trató de entrar en las ruinas, pero siempre lo detuvieron las llamas. De por debajo de muchas casas, había quienes pedían socorro a gritos, pero nadie les ayudaba.

En general, ese día, los sobrevivientes ayudaban sólo a sus parientes o a sus vecinos inmediatos, porque no podían comprender ni tolerar un círculo de miseria más amplio. Los lisiados heridos ignoraban los gritos de otros, y el Sr. Tanimoto les pasó por el lado corriendo. Como cristiano, tenía compasión por los atrapados, y como japonés, estaba inundado por la vergüenza de estar ileso. Y al correr, rezaba "Dios les ayude y los saque del fuego".

Un fragmento de un templo sintoísta, es todo lo que queda en pie en la ciudad de Nagasaki después del bombardeo atómico en 1945

COMPRUEBA TU COMPRENSION

1. ¿Qué causó la extensa destrucción presenciada por Tanimoto?
2. ¿Por qué no sabía nada Tanimoto de las armas atómicas?
3. ¿Crees que haya sido justo el uso de la bomba atómica en Hiroshima en 1945? Explica el porqué.

EL TRATO DE LAS NACIONES DERROTADAS

LOS PROCESOS DE NUREMBERG

Los jefes aliados decidieron someter a juicio a los nazis más importantes por "crímenes contra la humanidad". La liberación de los presos en campos de concentración por las fuerzas aliadas al fin de la guerra contribuyó al testimonio de los crímenes nazis. El descubrimiento de millones de cadáveres, junto con los sobrevivientes desnudos y hambrientos, mostró el grado de la brutalidad nazi. Muchos de los jefes nazis fueron juzgados en Nuremberg, Alemania, entre 1945 y 1946—demostrando el hecho de que los individuos pueden ser responsabilizados por sus acciones, inclusive en tiempos de guerra. A los juzgados se les encontró culpables de comenzar la guerra y cometer atrocidades como la exterminación de los judíos y el maltrato de prisioneros. Los acusados trataron de defenderse declarando que no hacían más que seguir órdenes. Algunos fueron ejecutados o condenados a prisión perpetua.

Obreros esclavizados judíos en el campo de concentración en Buchenwald (1945). Algunos altos oficiales alemanes fueron juzgados en Nuremberg por estas atrocidades.

LA "DENAZIFICACION" Y LA DIVISION DE ALEMANIA

Alemania fue ocupada por los Estados Unidos, Gran Bretaña, Francia y la Unión Soviética. Los ocupantes introdujeron programas de reeducación que presentaban al pueblo alemán la maldad del credo nazi. La división de Alemania en diferentes zonas de ocupación llevó a la división del país en dos estados, la Alemania Occidental y la Oriental, que duró 45 años.

LA OCUPACION DEL JAPON

Douglas MacArthur fue el general estadounidense puesto a cargo de la reconstrucción y reforma del Japón durante la postguerra. Bajo su dirección, el pueblo japonés no fue castigado por comenzar la guerra, pero se impusieron serios cambios para hacer al Japón menos agresivo y menos imperialista. Se despojó al Japón de su imperio de ultramar, y los jefes militares fueron sometidos a juicio. El Japón renunció a la guerra y el uso de armas nucleares. También se le prohibió tener ejército y marina. En 1947 se promulgó una nueva constitución, convirtiendo al Japón en un país democrático.

El General Douglas MacArthur

EL EFECTO UNIVERSAL DE LA SEGUNDA GUERRA MUNDIAL

El fin de la Segunda Guerra Mundial trajo muchos cambios importantes en el mundo:

DESTRUCCION SIN PRECEDENTE

A través del mundo, más de 50 millones de personas perdieron la vida. Grandes partes de Europa, Africa y Asia quedaron en ruinas.

EL SURGIMIENTO DE LAS SUPERPOTENCIAS

El decaimiento del poder europeo dejó a dos superpotencias en dominio del mundo: los Estados Unidos y la Unión Soviética. Los EE. UU. tenían tremendo poder económico y control de la bomba atómica. La U.R.S.S. tenía su gran ejército que ocupó la mayor parte de la Europa Oriental. Sus diferencias en el punto de vista y en los intereses nacionales rápidamente llevaron a la "guerra fría".

LA FORMACION DE LAS NACIONES UNIDAS

A pesar del fracaso de la Liga de las Naciones, los aliados victoriosos formaron una nueva organización internacional para mantener la paz: las Naciones Unidas (O.N.U.).

La sede de la O.N.U. en Nueva York

Propósitos. De acuerdo a la **Carta de las Naciones Unidas**, el propósito principal de la organización es mantener la paz en el mundo, tratando al mismo tiempo de fomentar la amistad y cooperación entre las naciones. La O.N.U. también trata de eliminar el hambre, las enfermedades y la ignorancia a través del mundo.

Seguridad colectiva. Igual que la Liga de las Naciones, las Naciones Unidas dependen del concepto de la seguridad colectiva. Sin embargo, a diferencia de la Liga de las Naciones, la O.N.U. tiene sus propias fuerzas para mantener la paz, constituidas por las naciones afiliadas. También tiene un **Consejo de Seguridad**, que otorga a las potencias principales el poder de vetar las acciones de la O.N.U. Desgraciadamente, la O.N.U. es incapaz de resolver muchas disputas internacionales porque sus miembros a menudo están en desacuerdo sobre cuestiones fundamentales. Además, muchas de las políticas están dirigidas por las naciones del Tercer Mundo, que se juntaron para formar un fuerte bloque de influencia.

La Asamblea General, en la cual está representada cada nación-miembro

TERMINOS PARA RECORDAR

Pearl Harbor, centros de realojamiento, Korematsu vs. U.S., Holocausto, "Día D", bomba atómica, Hiroshima, Nagasaki, procesos de Nuremberg, O.N.U.

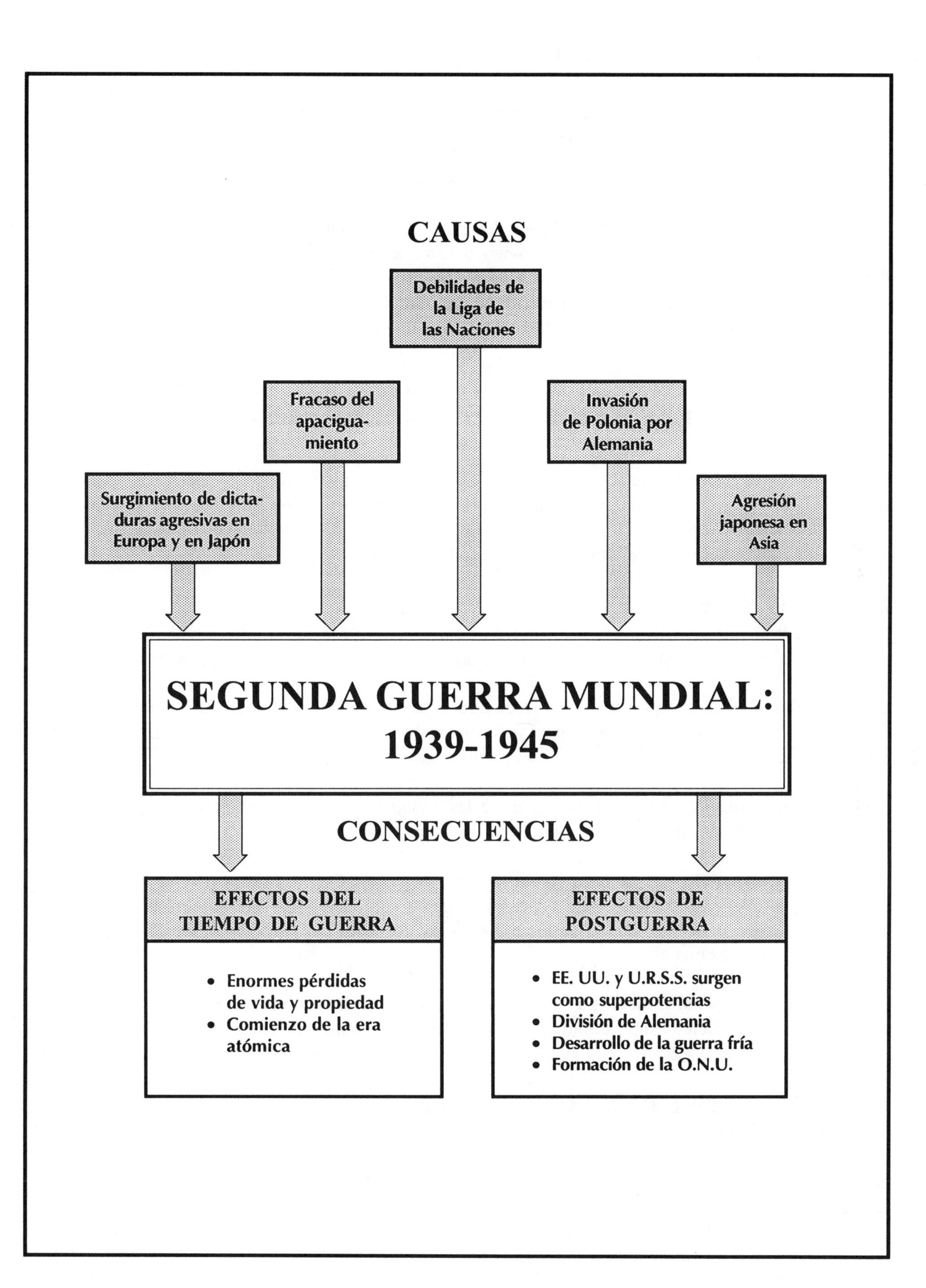
CAUSAS
Debilidades de la Liga de las Naciones
Fracaso del apacigua-miento
Invasión de Polonia por Alemania
Surgimiento de dicta-duras agresivas en Europa y en Japón
Agresión japonesa en Asia
SEGUNDA GUERRA MUNDIAL: 1939-1945
CONSECUENCIAS
EFECTOS DEL TIEMPO DE GUERRA
• Enormes pérdidas de vida y propiedad
• Comienzo de la era atómica
EFECTOS DE POSTGUERRA
• EE. UU. y U.R.S.S. surgen como superpotencias
• División de Alemania
• Desarrollo de la guerra fría
• Formación de la O.N.U.

LA GUERRA FRIA: 1945-1965

El fin de la Segunda Guerra Mundial dejó a dos grandes superpotencias en control de las cuestiones mundiales—los Estados Unidos y la Unión Soviética. Estos, a pesar de ser aliados durante la guerra, pronto llegaron a ser rivales en una "guerra fría". La guerra era "fría" sólo en el sentido de que al poseer armas nucleares, las dos superpotencias nunca se enfrentaron directamente en guerra abierta. Sin embargo, su competencia por el poder mundial llevó a frecuentes crisis internacionales y a confrontaciones en todos los continentes.

LAS RAICES DE LA GUERRA FRIA

El principio de la guerra fría se encontraba en los sistemas ideológicos en competencia existentes en los Estados Unidos y la Unión Soviética: la democracia y el comunismo. Los EE. UU. querían esparcir su sistema democrático capitalista, mientras la U.R.S.S. quería expandir su sistema comunista. Era inevitable que estas dos superpotencias chocaran al perseguir sus objetivos.

LAS IDEAS PRINCIPALES DEL COMUNISMO

Después de la Revolución Rusa en 1917, la Unión Soviética llegó a ser el primer país comunista en el mundo. El sistema comunista se basaba en las teorías de Carlos Marx, y sus ideas principales eran:

La lucha de clases. Los comunistas creen que en toda sociedad no-comunista, los terratenientes y empresarios ("capitalistas") usan su riqueza para aprovecharse de los obreros al robarles la mayoría de lo que producen. El conflicto de interés entre los propietarios y los trabajadores lleva a la lucha de clases.

La revolución violenta. Las condiciones de los trabajadores van empeorando, hasta que éstos son impulsados a derribar a sus dirigentes capitalistas en una revolución violenta.

La dictadura del proletariado (o **de la clase obrera).** Después de la revolución, los líderes comunistas establecen dictaduras para educar a la gente sobre las ideas del comunismo. Aunque la dictadura funciona para el beneficio de los trabajadores, los jefes del Partido Comunista mantienen el control en sus propias manos.

El nuevo estado comunista. La "dictadura de los obreros" gradualmente crea una nueva sociedad comunista. En este estado ideal, se elimina la propiedad privada y todos trabajan para el bien de la sociedad. Cada uno contribuye de acuerdo a sus habilidades y recibe beneficios sociales de acuerdo a sus necesidades.

LOS EE. UU. Y LA U.R.S.S.: ALIADOS EN LA GUERRA (1941-1945)

Tanto los Estados Unidos como la Unión Soviética trataron de mantenerse fuera de la Segunda Guerra Mundial. Sin embargo, esto se hizo imposible cuando las tropas de Hitler invadieron la Unión Soviética en 1941 y el Japón lanzó un ataque por sorpresa en Pearl Harbor. De esta manera, los EE. UU. y la U.R.S.S. se convirtieron en aliados de guerra en la lucha contra Alemania, demostrando que a menudo las alianzas entre rivales se basan en intereses comunes. Sin embargo, los soviéticos resintieron el hecho de que los EE. UU. y Gran Bretaña esperaran hasta 1944 para intervenir militarmente en el continente europeo. Durante todo este tiempo había sido el ejército soviético el que sufrió los embates de la lucha con los alemanes. Las pérdidas estadounidenses en la Segunda Guerra Mundial fueron de 300.000 muertos en comparación con 21 millones de militares y civiles muertos del lado soviético.

PLANES DE POSTGUERRA: LA CONFERENCIA DE YALTA (1945)

En 1945, Roosevelt, Churchill y Stalin se encontraron en Yalta, U.R.S.S., para hacer planes para la futura reorganización de Europa al fin de la guerra. Estaban de acuerdo en cuanto a la formación de las Naciones Unidas. También acordaron que Alemania quedaría dividida en cuatro zonas de ocupación diferentes. Finalmente, los tres decidieron restaurar gobiernos democráticos y permitir elecciones libres a través de los países liberados de Europa. Stalin prometió permitir elecciones libres en la Europa Oriental después de la guerra.

La Conferencia de Yalta (1945): Churchill (Gran Bretaña), F.D.R., y Stalin (URSS)

COMIENZA LA GUERRA FRIA

Truman reemplazó a Roosevelt tras la muerte de éste en 1945. Truman se encontró con Stalin en Potsdam, Alemania. En la Conferencia de Potsdam, empezaron a surgir serias diferencias, especialmente sobre el futuro de la Europa Oriental:

El punto de vista estadounidense. Los estadounidenses creían que sería un error desocuparse totalmente de los asuntos europeos tal como lo habían hecho después de la Primera Guerra Mundial. Creían que las naciones europeas querían ser democráticas como los Estados Unidos, pero que la Unión Soviética trataba de impedirlo. Los estadounidenses se daban cuenta de que no podían confiar en Stalin, ya que después de haber prometido elecciones libres en Polonia y en otros países de la Europa Oriental parecía negarse a cumplir su promesa. El comunismo se veía como un peligro y tenía que detenerse antes de que se esparciera.

El punto de vista soviético. Los soviéticos creían que tenían el derecho de controlar la Europa Oriental. Opinaban que al igual que los Estados Unidos controlaban la América Latina por medio de la Doctrina Monroe, la U.R.S.S. debía tener la última palabra en cuanto a sus vecinos del este de Europa. Los jefes soviéticos creían que las potencias occidentales no tenían interés directo en la Europa Oriental y no debían interferir en sus asuntos. Opinaban que no podían fiarse de los EE. UU. y de otras potencias occidentales. Después de todo, los aliados occidentales demoraron deliberadamente su intervención militar en Francia durante la guerra, lo que resultó en pérdidas muy grandes sufridas por la Unión Soviética.

LA CORTINA DE HIERRO CAE SOBRE LA EUROPA OCCIDENTAL

Cuando Stalin rechazó las elecciones libres en Polonia en 1946 y los Estados Unidos se negaron a compartir el secreto de la bomba atómica, la guerra fría comenzó en serio.

El tiempo de postguerra. Los soviéticos, cuyos ejércitos ocuparon la Europa Oriental, se negaron a salir al fin de la guerra. Pusieron a comunistas locales en el mando de todos los gobiernos de la región. Se interrumpieron el comercio y las comunicaciones entre el este y el oeste de Europa. Al parecer, cayó una "cortina de hierro", separando a la Europa Oriental del Occidente.

1940-1988. Durante los cuarenta años subsiguientes, fueron limitados los viajes y el contacto entre el Este y el Oeste, y los gobiernos del este de Europa se convirtieron en "satélites" de la Unión Soviética. En diferentes tiempos, se enviaron tropas soviéticas para aplastar las sublevaciones democráticas en Hungría, Checoslovaquia y otras naciones de la Europa Oriental.

Se derrumba la cortina de hierro. La cortina de hierro permaneció casi inalterada hasta 1989. Bajo la jefatura del presidente soviético Mikhail Gorbachev, se permitieron finalmente las elecciones libres en la Europa Oriental y comenzaron a retirarse las fuerzas de ocupación soviéticas.

LA POLITICA DE CONTENCION EN EUROPA

Los jefes estadounidenses respondieron a la dominación soviética de la Europa Oriental al desarrollar una política de **contención**. Los Estados Unidos trataron de evitar los errores de apaciguamiento de Hitler en los años 1930 al reaccionar firmemente contra cada intento de esparcir la influencia comunista. No trataron de derribar el comunismo donde ya existía, pero procedieron a evitar su expansión a otros países. Este propósito se convirtió en una cuestión principal de la política externa de los Estados Unidos.

LA DOCTRINA TRUMAN

Cuando los insurgentes comunistas amenazaron al gobierno de Grecia y de Turquía, el Presidente Truman otorgó ayuda militar a esos países. Prometió apoyo estadounidense a cualquier país en lucha contra el comunismo. Esto señaló el principio de la política estadounidense de "contención".

EL PLAN MARSHALL (1948)

Los Estados Unidos propusieron que se diera asistencia económica a los países europeos devastados por la guerra para ayudarles a reconstruir su economía. El General **George C. Marshall** hizo la propuesta para evitar la confusión y el desconcierto económico que siguieron la Primera Guerra Mundial. Los partidarios del plan creían que el apoyo económico resultaría en fuertes aliados europeos y socios de comercio para los EE. UU. Los estadounidenses creían que al luchar contra la pobreza en Europa, sus pueblos serían más resistentes a los atractivos y las pretensiones del comunismo. El Plan Marshall tuvo gran éxito: aceleró la recuperación de la Europa Occidental y creó buena voluntad hacia los Estados Unidos. Los jefes soviéticos rechazaron la oferta de asistencia del Plan Marshall para la Europa Oriental.

LA DIVISION DE ALEMANIA Y EL PUENTE AEREO DE BERLIN (1948)

En 1948, los franceses, ingleses y estadounidenses decidieron unir sus zonas de ocupación en Alemania en un solo estado: Alemania Occidental. Berlín, la antigua capital de Alemania, estaba situada en la zona soviética, pero también fue dividida en cuatro sectores, cada uno ocupado por una potencia diferente. La reacción soviética a la fusión de las zonas occidentales fue la declaración del bloqueo de Berlín occidental, y el cierre de todo vínculo con la ciudad por carretera y ferrocarril. Los aliados occidentales se negaron a abandonar a Berlín, y comenzaron transportes aéreos en masa para abastecer la ciudad. En un año se levantó el bloqueo soviético. En varios momentos en los 15 años subsiguientes, los soviéticos aplicaron nuevas presiones sobre Berlín.

LA FORMACION DE LA OTAN (1949)

En respuesta a la tensión surgida de la guerra fría, los Estados Unidos, el Canadá y diez países occidentales de Europa formaron la Organización del Tratado del Atlántico del Norte. La OTAN se basa en el concepto de **protección mutua**—cada miembro está comprometido a defender a otros miembros en caso de ataque. A través de la OTAN, los Estados Unidos extendieron su paraguas de protección nuclear a los países de Europa Occidental. En 1955, la Unión Soviética respondió a la formación de la OTAN con el establecimiento del **Pacto de Varsovia** con sus aliados orientales.

LAS FRICCIONES DETRAS DE LA CORTINA DE HIERRO

Durante los períodos de fricción detrás de la cortina de hierro en Europa, los EE. UU. creían que no debían interponerse directamente en una región donde el poder soviético estaba tan firmemente establecido. Aunque los EE. UU. censuraban en voz alta el uso de fuerza por los soviéticos, nunca interfirieron cuando éstos aplastaron la revolución anticomunista en Hungría en 1956, levantaron la Muralla de Berlín para prevenir las fugas al Occidente e invadieron a Checoslovaquia en 1968 para derribar allí un gobierno de reforma.

VOCES DEL PUEBLO

En los años que siguieron la Segunda Guerra Mundial, hubo temor de parte de altos oficiales del gobierno de los EE. UU. de que los comunistas tratarían de establecer su control en una gran parte del continente europeo desgarrado por la guerra. Al tratar de oponerse a los comunistas, el Presidente Harry S Truman, propuso en un discurso ante el Congreso el 12 de marzo de 1947 un programa de apoyo económico y militar a Grecia y Turquía. Este programa se convirtió en una parte importante de la política externa de los EE. UU. durante una generación entera.

LA DOCTRINA TRUMAN (1947)

(*Fragmento de discurso*)

Recientemente, a los pueblos de varios países del mundo se les impuso, contra su voluntad, un régimen totalitario. El Gobierno de los Estados Unidos protestó con frecuencia contra la coerción y contra la intimidación ... en Polonia, en Rumania y en Bulgaria. También tengo que decir que en varios otros países hubo sucesos parecidos.

En el momento presente de la historia, casi cada nación debe escoger entre los diferentes modos de vivir. A menudo, la elección no es libre.

Una de las maneras de vivir, se basa en la voluntad de la mayoría, y se distingue por las organizaciones libres, un gobierno representativo, las elecciones libres, las garantías de la libertad del individuo, la libertad de palabra y religión y la libertad de la opresión política.

La otra manera de vivir, se basa en la voluntad de la minoría, impuesta a fuerza sobre la mayoría. Depende del terror y de la opresión, del control de la prensa y la radio, de las elecciones determinadas de antemano y de la supresión de las libertades personales.

Creo que la política de los Estados Unidos debe dirigirse hacia apoyo a los pueblos libres que resisten los atentados de ser dominados por las minorías armadas o por las presiones externas.

Creo que debemos ayudar a los pueblos libres a forjar su destino de su propia manera.

Creo que nuestro apoyo debe darse principalmente por medio de ayuda económica y financiera que es esencial a la estabilidad económica y un proceso político ordenado.

El encuentro de Atlee, Truman y Stalin en Berlín después de la guerra. Poco después Truman autorizó el gasto de milliones de dólares para proteger a las naciones europeas contra la amenaza del comunismo.

COMPRUEBA TU COMPRENSION

1. ¿Qué es un régimen "totalitario"?
2. ¿Hasta qué punto era exacta la caracterización de Truman de la vida en una democracia y bajo un régimen totalitario?
3. ¿Cómo se transformó la conducta de Truman hacia el comunismo después de la experiencia del nazismo?
4. ¿Habrías apoyado la Doctrina Truman? ¿Por qué sí, o por qué no?

LA CONTENCION EN ASIA

En el momento en que los estadistas estadounidenses creían que habían tenido éxito en contener la expansión del comunismo en Europa, en Asia, el país más poblado del mundo se volvió comunista. Esto provocó nuevas preguntas para los líderes estadounidenses. ¿Serían capaces de contener la expansión del comunismo, no sólo en Europa, sino en todas partes del mundo?

LA CAIDA DE CHINA (1949)

Desde los año 1920, los comunistas chinos habían tratado de derribar el gobierno nacionalista. En 1937, cuando el Japón invadió a China, los nacionalistas y los comunistas hicieron tregua para luchar contra los japoneses. Derrotado el Japón, inmediatamente regresaron las contiendas entre los nacionalistas y los comunistas. Los comunistas, encabezados por **Mao Tse Tung**, recibieron municiones y apoyo de la Unión Soviética. Los EE. UU. proporcionaron mucha asistencia para ayudar el gobierno nacionalista bajo la jefatura de **Chiang Kai Chek**. A pesar de esta ayuda, los nacionalistas fueron derrotados por los comunistas en 1949. Chiang se retiró a la isla de Taiwan. En el continente, Mao estableció el estado comunista más grande del mundo; sin embargo, los EE. UU. se negaron a dar reconocimiento diplomático a ese gobierno. Usando su privilegio del veto en las Naciones Unidas, los EE. UU. evitaron exitosamente la admisión de la China maoísta en la ONU, y dieron al gobierno nacionalista chino la promesa de protección contra un ataque comunista.

LA GUERRA DE COREA (1950-1953)

Muchos estadounidenses estaban horrorizados de que los EE. UU. no se hubieran esforzado más para prevenir la caída de China en manos comunistas. Esto afectó la opinión popular al tiempo de estallar la Guerra de Corea.

MAPA 1 **A** Ataque de los norcoreanos el 25 de junio de 1950 **B** avance de los norcoreanos en septiembre de 1950 **C** ONU desembarca en Inchón el 15 de septiembre de 1950 **D** ONU avanza el 27 de octubre de 1950

MAPA 2 **E** Avance chino el 11 de diciembre de 1950 **F** Avance chino el 15 de enero de 1951 **G** Línea de armisticio el 27 de noviembre de 1951

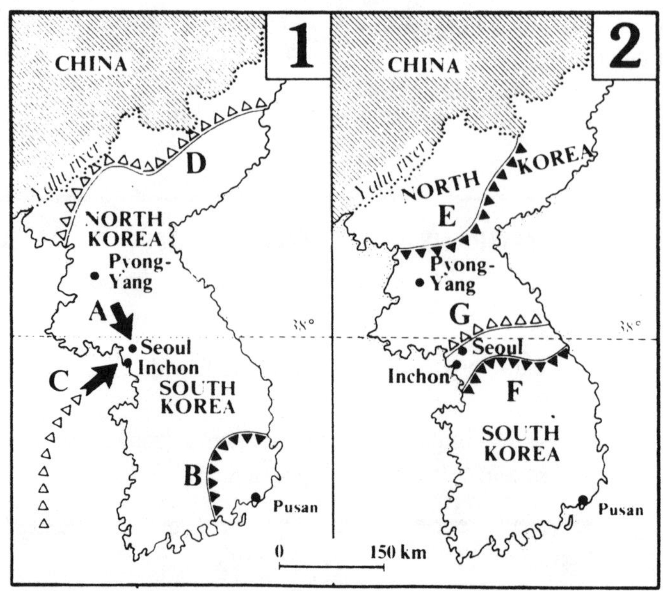

La división de Corea. Entre 1910 y 1945 Corea estaba bajo el dominio del Japón. Después de la Segunda Guerra Mundial, fue tomada del Japón y dividida en dos zonas de ocupación. Igual que en Alemania, en la zona soviética de Corea se estableció un gobierno comunista. Las elecciones en el sur llevaron a la formación de un gobierno no-comunista.

Invasión de los coreanos del norte. En 1950, Corea del Norte invadió a Corea del Sur en un intento de unificar el país bajo el gobierno comunista. Truman envió fuerzas estadounidenses para resistir la invasión.

Las Naciones Unidas en acción. A causa de un boicoteo del Consejo de Seguridad por la U.R.S.S., los EE. UU. pudieron hacer que se aprobara una resolución que censuraba el ataque de Corea del Norte, y lograron que se enviasen tropas de la ONU para apoyar a Corea del Sur. Esta fue la primera vez en que una organización internacional de paz usó fuerza militar contra la agresión.

La controversia Truman-MacArthur. Hacia el fin de 1950, las fuerzas del Norte de Corea inundaron la mayor parte de Corea del Sur. Truman envió al General Douglas MacArthur a encabezar las fuerzas estadounidenses. Las fuerzas de Corea del Sur habían retrocedido hasta la región de Pusán (véase el mapa). MacArthur sorprendió a los norcoreanos al desembarcar una gran fuerza en Inchón. Atacó la Corea del Norte, avanzando hasta el borde entre Corea del Norte y China. Esto trajo un ejército chino grande a la guerra, obligando a las fuerzas de MacArthur, más reducidas, a retroceder. Mac Arthur quería bloquear la China continental, retomar el control de China de los comunistas y usar armas atómicas si fuera necesario. Cuando Truman rechazó tales medidas, MacArthur lo criticó públicamente. Truman relevó a MacArthur de su mando, afirmando con éxito el control civil sobre los militares.

Se firma el armisticio. En 1952, Eisenhower fue elegido presidente con la promesa de que encontraría la forma de terminar la guerra en Corea. En 1953, se firmó un armisticio que ponía fin a la guerra, y que dejaba a Corea dividida exactamente tal como estaba antes de la invasión coreana del norte tres años antes.

EL AUMENTO DE LA CAPACIDAD NUCLEAR

En 1945, los EE. UU. eran el único país con armas atómicas. El Congreso formó la Comisión de Energía Atómica en 1946, dando el control de esas armas al presidente. Los estadounidenses se negaron a compartir el secreto de la bomba atómica y la Unión Soviética desarrolló su propia bomba en 1949. Los jefes estadounidenses anticipaban que la posesión de la bomba resultaría en una conducta más agresiva de parte de los soviéticos.

Bomba de hidrógeno (Isla de Bikini en el Pacífico)

LOS SOVIETICOS DESARROLLAN BOMBAS NUCLEARES

En 1952, los Estados Unidos desarrollaron la bomba de fusión de hidrógeno, mucho más potente que la bomba atómica anterior. La Unión Soviética explotó su primera bomba de hidrógeno menos de un año más tarde, mostrando que la brecha de tecnología entre los EE. UU. y la U.R.S.S. se iba reduciendo.

REPRESALIAS MASIVAS

En los años 1950, los jefes estadounidenses decidieron depender más de las armas nucleares que en un gran número de tropas como medio de defensa. Estas armas nucleares servían como **disuasión**—se prevendría el ataque de la Unión Soviética porque los Estados Unidos podría perjudicarla o destruirla con su gran arsenal de armas nucleares. Esta defensa por amenaza de represalias en masa costaba menos que mantener grandes fuerzas convencionales, pero era menos flexible. Los estadounidenses se dieron cuenta de que, por ser tan peligrosas, en casi ninguna situación se podía usar armas nucleares. Eran el arma de último recurso, cuyo uso podría justificarse sólo si estaba en riesgo la supervivencia misma de la nación.

LOS SOVIETICOS LANZAN EL SPUTNIK (1957)

En 1957, la Unión Soviética lanzó al espacio el primer satélite artificial. Este fue no sólo el principio de la "competencia en el espacio", sino que también tenía gran significado militar. Con proyectiles que podían viajar al espacio, la U.R.S.S. podría alcanzar a los EE. UU. con armas nucleares. Los Estados Unidos lanzaron al espacio su primer satélite en 1958.

LOS EFECTOS DE LA GUERRA FRIA EN LA SEGURIDAD DE LOS EE. UU.

La tensión entre las superpotencias tuvo un serio efecto en las cuestiones de seguridad interna de los EE. UU.

COMISION DE LA CAMARA SOBRE ACTIVIDADES ANTI-ESTADOUNIDENSES

Después de la Segunda Guerra Mundial, los estadounidenses estaban preocupados con la amenaza comunista en los EE. UU. El Presidente Truman mandó que se establecieran juntas de examen de lealtad. Bajo esta orden, se investigó a más de tres millones de estadounidenses. La participación presente o pasada en un grupo u organización considerada extremista se veía como "anti-estadounidense". Con muy poca evidencia, muchas personas fueron acusadas de actos "anti-estadounidenses". No se les permitía defenderse o saber quiénes eran sus acusadores — en seria violación de sus derechos constitucionales. El Congreso conducía sus propias verificaciones de lealtad por medio de la Comisión de la Cámara Sobre Actividades Anti-estadounidenses. La Comisión llegó hasta el punto de interrogar a actores, directores y escritores de Hollywood acerca de sus posibles inclinaciones comunistas.

El Senador Joseph MacCarthy en gran parte fue responsable por la histeria anticomunista de los años 1950

EL JUICIO DE LOS ROSENBERG

Según se iba intensificando la guerra fría, los estadounidenses se preocupaban aún más por la seguridad interna. En 1950, **Julius y Ethel Rosenberg** fueron arrestados por espionaje y acusados de vender a la Unión Soviética informes secretos sobre la bomba atómica. Los Rosenberg fueron encontrados culpables y fueron ejecutados. Igual que en el caso de Sacco y Vanzetti de los años 1920, muchas personas tenían serias dudas sobre la culpabilidad de los Rosenberg.

LOS EXAMENES DE TESTIGOS DE McCARTHY

En 1950, mientras los estadounidenses estaban todavía agitados por el caso de los Rosenberg, un senador de Wisconsin estremeció la nación aún más. El Senador **Joseph McCarthy** sostenía que en el Departamento de Estado se habían infiltrado centenares de comunistas. Aunque McCarthy nunca pudo comprobar sus alegaciones, sus cargos atemorizaron a mucha gente. El "**Macartismo**", el método usado por el senador, se identificó en la mente estadounidense con hacer una acusación sin ofrecer evidencia alguna para apoyarla. Igual que las alarmas rojas de los años 1920, sus alegatos sólo sirvieron para crear el temor de una revolución comunista.

TERMINOS PARA RECORDAR

Guerra fría, Conferencia de Yalta, cortina de hierro, política de contención, Doctrina Truman, Plan Marshall, puente aéreo de Berlín, OTAN, Pacto de Varsovia, Guerra de Corea, represalias masivas, disuasión nuclear, competencia en el espacio, Sputnik, juntas de examen de lealtad, exámenes de testigos de McCarthy

PERSONAJES DE LA EPOCA

ALBERTO EINSTEIN (INVESTIGADOR CIENTIFICO)

Alberto Einstein, un físico alemán que inmigró a los EE. UU., participó en el desarrollo de la fisión nuclear — la división del átomo para liberar enorme energía. Su "teoría de la relatividad" lo hizo el físico más importante de los tiempos modernos. En 1939, Einstein le informó al Presidente Roosevelt que los nazis estaban trabajando en una bomba atómica. Como resultado, Roosevelt comenzó un programa intenso para producir una bomba atómica. La que se produjo fue explotada sobre Hiroshima y Nagasaki, obligando a los japoneses a rendirse en la Segunda Guerra Mundial.

JACKIE ROBINSON (JUGADOR DE BEISBOL)

Jackie Robinson rompió la "barrera de color" al ser el primer negro que jugó al béisbol en las ligas mayores. Antes de que Robinson hubiese sido contratado por los Dodgers de Brooklyn en 1947, los negros estaban limitados a jugar sólo en la Liga Negra. Aunque al principio se enfrentó con resistencia y hostilidad, los talentos y destrezas de Robinson finalmente le permitieron alcanzar una buena acogida. En 1962, fue elegido al Baseball Hall of Fame en Cooperstown.

Jackie Robinson

DOUGLAS MacARTHUR (JEFE MILITAR)

Durante la Segunda Guerra Mundial, el General Douglas MacArthur fue el comandante aliado de las fuerzas estadounidenses en la región del Pacífico. Cuando la invasión japonesa lo hizo retroceder de las Filipinas, prometió regresar. Y dos años más tarde regresó, echando a los japoneses de las Islas Filipinas. Mac Arthur prosiguió a dirigir la ocupación del Japón después de la guerra y a servir como comandante de las fuerzas estadounidenses en el conflicto de Corea. Cuando trató de ensanchar la guerra proponiendo lanzar bombas atómicas en los centros industriales de China, el Presidente Truman lo despidió del puesto.

MARGARET CHASE SMITH (SENADOR)

Los votantes de Maine la eligieron al Senado por cuatro términos. En 1950 Smith alcanzó prominencia nacional al ser la primera en pronunciarse contra el Senador McCarthy. Lo acusó de cohibir a las personas de expresar sus opiniones por temor a que se les llamara comunistas o fascistas.

LA CONSTITUCION EN MARCHA

LEGISLACION IMPORTANTE

EL ACTO DE NEUTRALIDAD DE 1939

Ante el pedido del Presidente Roosevelt, el Congreso promulgó la Ley de Neutralidad de 1939, que permitía a Estados Unidos la venta de material bélico a cualquier nación que pagase en efectivo e hiciese el transporte en sus propios barcos. El propósito de la ley era ayudar a Inglaterra y a Francia en su lucha contra la agresión alemana mientras que los EE. UU. se mantenían neutrales.

LEY DE PRESTAMOS Y ARRIENDOS (1941)

Esta ley, propuesta por el Presidente Roosevelt, autorizaba el préstamo o arriendo de material bélico a los ingleses que se encontraban en guerra contra Alemania. Bajo los términos de esta ley los EE. UU. dieron más de $50 millones de ayuda a los Aliados. Este fue el primer paso significativo hacia la participación de los EE. UU. en la Segunda Guerra Mundial.

UN CASO JURIDICO DE IMPORTANCIA

KOREMATSU vs. LOS ESTADOS UNIDOS (1944)

Trasfondo: Muchos estadounidenses creían que los nisei cometerían actos de espionaje y sabotaje en favor del Japón. El Presidente Roosevelt promulgó una orden ejecutiva requiriendo que los nisei se mudaran de sus hogares a centros de reclusión tierra adentro. Korematsu fue sentenciado por permanecer en un lugar restringido. Creía que sus derechos constitucionales habían sido violados.

Decisión/Importancia: La Corte Suprema falló en favor del derecho del gobierno nacional a privar a los nisei de sus derechos constitucionales a causa de necesidad militar.

RESUMEN DE TU COMPRENSION

Instrucciones: ¿Entendiste bien lo que acabas de leer? Comprueba tu comprensión al responder a los siguientes ejercicios.

TERMINOS PARA RECORDAR

En una hoja aparte, define brevemente los siguientes términos:

Neutralidad
Seguridad colectiva
Leyes de Préstamos y Arriendos
Pearl Harbor
Campos de realojamiento
Procesos de Nuremberg
Holocausto
Guerra fría
Contención
Plan Marshall
Doctrina Truman
Guerra en Corea
Macartismo
Korematsu vs. U.S.

LA PAZ EN PELIGRO: 1920-1941

Los estadounidenses estaban bastante desilusionados con su participación en la Primera Guerra Mundial. Este hecho se reflejaba fuertemente en sus actitud en la política externa. Resume tu comprensión de este período de la historia estadounidense al responder a los siguientes:

- Delinea el desarrollo de la política externa de los Estados Unidos entre 1920 y 1941.
- ¿Por qué la Liga de las Naciones fue incapaz de prevenir la Segunda Guerra Mundial?
- ¿Qué factores contribuyeron al comienzo de la Segunda Guerra Mundial?

LA SEGUNDA GUERRA MUNDIAL

La participación de los Estados Unidos en la Segunda Guerra Mundial dejó rastros duraderos en el país y en su pueblo. Resume tu comprensión de esta idea al responder a las siguientes preguntas:

- Describe la situación de los japoneses-estadounidenses que vivían en la costa del Pacífico al principio de la guerra.
- ¿Por qué el Presidente Truman decidió usar la bomba atómica contra el Japón?
- ¿Por qué se sometió a juicio a los jefes de la Alemania nazi al fin de la guerra?

EL PERIODO DE LA GUERRA FRIA

Al fin de la Segunda Guerra Mundial se vio un gran cambio en las relaciones entre los EE. UU. y la U.R.S.S., su antigua aliada. Resume tu comprensión de estas relaciones al contestar las siguientes preguntas:

- ¿Por qué había desconfianza mutua entre los EE. UU. y la U.R.S.S.?
- ¿Cómo esperaban los líderes estadounidenses prevenir la expansión soviética en Europa y en Asia después de la Segunda Guerra Mundial?

■ ¿En qué forma se reflejaba el temor a la U.R.S.S. en los asuntos internos de los EE. UU. ?

PERSONAJES DE LA EPOCA

Los individuos a menudo tienen una influencia importante en la vida política, económica o social de su tiempo. ¿Cuál individuo crees que tuvo el efecto más grande en el período presentado en este capítulo? Explica el porqué.

COMPRUEBA TU COMPRENSION

Instrucciones: Comprueba tu comprensión de esta unidad contestando las siguientes preguntas. Selecciona la mejor contestación. Luego dirígete a los ensayos.

DESARROLLO DE DESTREZAS: INTERPRETACION DE UNA CARICATURA

Basa las respuestas a las preguntas 1 a 3 en la caricatura que sigue y en tu conocimiento de estudios sociales.

1 Esta caricatura tiene que ver con las relaciones entre los Estados Unidos y
 1 Africa
 2 Cuba
 3 la Unión Soviética
 4 la América del Sur

2 ¿Cuál declaración expresa con más acierto la idea principal de la caricatura?
1 La coexistencia pacífica nunca tendrá éxito.
2 Europa está dividida entre dos superpotencias.
3 Van desapareciendo las barreras entre la Europa Oriental y la Occidental.
4 Los problemas internos de una nación se resuelven mejor con un pacto.

3 El caricaturista probablemente apoyaría la política externa estadounidense de
1 aislacionismo
2 contención
3 colonialismo
4 imperialismo

DESARROLLO DE DESTREZAS: INTERPRETACION DE UN DIALOGO

Basa tus respuestas a las preguntas 4 a 6 en las declaraciones de los hablantes y en tu conocimiento de estudios sociales. Los hablantes hablan de la política externa de los EE. UU.

Hablante A: Los EE. UU. siempre han tenido dificultad en mantener una política externa creíble con la América Latina. Debemos hacer lo que que favorece los mejores intereses de todas las naciones en el Hemisferio Occidental. Sin embargo, debemos evitar los errores y la desconfianza creada en el pasado por nuestro comportamiento con la América Latina.

Hablante B: Tenemos que contener a los comunistas en la región oriental del Mediterráneo. Los comunistas están amenazando a Grecia y a Turquía. Si estos países se vuelven comunistas, temo que nuestros intereses en el Medio Oriente y en otras partes del mundo estén en peligro.

Hablante C: Después de la Segunda Guerra Mundial, Europa estaba en ruinas. Es nuestra responsabilidad prevenir el hundimiento económico de esta región vital. Debemos obrar para alcanzar una robusta economía para la Europa Occidental si queremos prevenir su caída en manos comunistas.

Hablante D: Los EE. UU. tienen que formular una política externa que alivie la tensión con la Unión Soviética. Tenemos que poner fin a esta desatinada competencia entre nosotros.

4 ¿Qué hablante apoyaría la Política del Buen Vecino de Franklin D. Roosevelt?
1 (A)
2 (B)
3 (C)
4 (D)

5 ¿Qué hablante se refería a la Doctrina Truman?
1 (A)
2 (B)
3 (C)
4 (D)

6 ¿A qué período de tiempo probablemente se referían los hablantes?
1 1850-1890
2 1900-1930
3 1930-1970
4 1970-1990

DESARROLLO DE DESTREZAS: INTERPRETACION DE UN MAPA

Basa tus respuestas a las preguntas 7 a 9 en el mapa que sigue y en tu conocimiento de estudios sociales.

AVANCES DE LOS ALIADOS EN EL PACIFICO

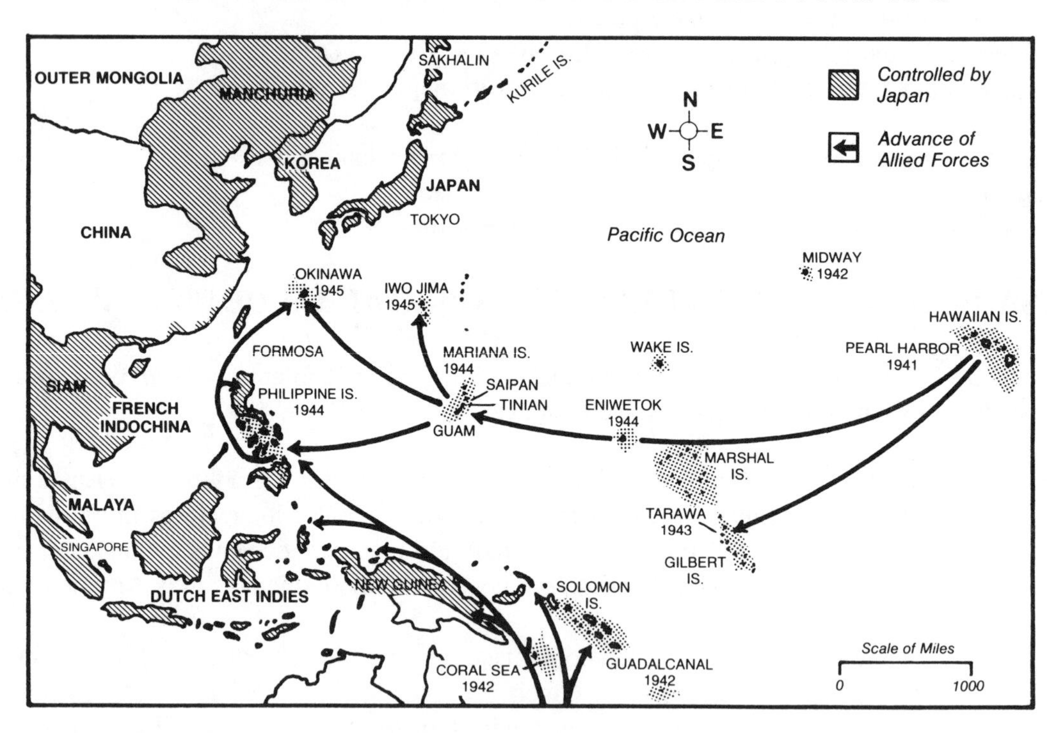

7 ¿A qué distancia del Japón se encuentra la isla de Iwo Jima?
1 aproximadamente 1.000 millas
2 aproximadamente 3.000 millas
3 aproximadamente 750 millas
4 aproximadamente 2.500 millas

8 ¿En qué orden fueron tomadas las islas por las fuerzas aliadas?
1 Islas Marshall —Isla de Wake — Iwo Jima
2 Guam — Islas Filipinas — Okinawa
3 Isla Gilbert — Isla de Wake — Guadalcanal
4 Midway — Isla de Wake — el Japón

9 ¿Qué países eran miembros de las fuerzas aliadas?
1 Francia y Alemania
2 Los EE. UU. e Inglaterra
3 El Japón y el Canadá
4 Corea y China

---

10 ¿Cuál es un ejemplo de apaciguamiento?
1 las leyes estadounidenses de neutralidad de 1935 y 1937
2 la ocupación alemana de Renania en 1936
3 el acuerdo de dar los Sudetes a Hitler en 1938
4 la invasión de Polonia por Alemania en 1939

11 ¿Cuál fue un objetivo importante de la política externa de los EE. UU. en los años entre la Primera y la Segunda Guerra Mundial?
1 aislamiento de los conflictos militares europeos
2 la contención del comunismo
3 afiliación activa en la Liga de Naciones
4 alianza militar con Francia e Inglaterra

12 ¿Cuál fue la causa fundamental de la Segunda Guerra Mundial?
1 la tensión entre los Estados Unidos y la Unión Soviética
2 las rivalidades nacionalistas dentro del Imperio Austro-Húngaro
3 la agresividad de la ideología nazi
4 la competencia europea por colonias en Africa

13 ¿Qué grupo de ciudadanos estadounidenses estuvo sujeto a la pérdida más grande de derechos constitucionales durante un período de actividad militar de los EE. UU.?
1 los estadounidenses de origen hispano durante la Guerra Hispano-Estadounidense
2 los estadounidenses de origen alemán durante la Primera Guerra Mundial
3 los estadounidenses de origen japonés durante la Segunda Guerra Mundial
4 los estadounidenses de origen chino durante el conflicto en Corea

14 El bombardeo de Hiroshima y Nagasaki resultó en
1 la erupción de la Segunda Guerra Mundial
2 la entrada de los E.E. U.U. en guerra contra el Japón
3 el comienzo de la era atómica
4 la reducción del esparcimiento del comunismo

15 ¿Cuál fue un resultado importante de la Segunda Guerra Mundial?
1 Inglaterra y Francia ayudaron a reconstruir la Unión Soviética
2 el desarrollo de una guerra fría entre los EE. UU. y la U.R.S.S.
3 Alemania tomó control de la Europa Oriental
4 Italia fue dividida en dos países

16 El término "guerra fría" se refiere a
1 la neutralidad de los EE. UU. antes de la Segunda Guerra Mundial
2 el intento de parte del Primer Ministro Chamberlain de apaciguar a Hitler
3 una disputa fronteriza entre la U.R.S.S. y la China comunista
4 un período de hostilidades entre los Estados Unidos y la Unión Soviética

17 Un trabajo escolar que tratara sobre el "macartismo", el proceso de los Rosenberg y los juramentos de lealtad, probablemente llevaría el título
1 La guerra gría y la seguridad de los EE. UU.
2 El trato de los estadounidenses de origen japonés en los EE. UU.
3 El Tribunal de Nuremberg para juzgar crímenes de guerra
4 El Holocausto y sus consecuencias

18 ¿Cuál de los siguientes caracterizó la política mundial inmediatamente antes de estallar la Primera y la Segunda Guerra Mundial?
1 la existencia de alianzas opuestas
2 la expansión de la influencia comunista en las naciones occidentales
3 el aumento de actos de agresión por las democracias occidentales
4 la decadencia del imperialismo

19 La decisión de la Corte Suprema de los EE. UU. en el caso de Korematsu vs. U.S. (1944) es importante porque muestra que
1 la Corte siempre es una defensora firme de la libertad personal
2 el prejuicio racial a menudo aumenta en tiempos de peligro nacional
3 en tiempos de guerra es limitado el derecho de protesta contra el servicio militar obligatorio
4 la discriminación racial es inconstitucional

20 La defensa principal usada por la mayoría de los nazis juzgados en Nuremberg después de la Segunda Guerra Mundial, era que
1 seguían órdenes dadas por sus superiores
2 servían al bien de la humanidad
3 llevaban a cabo principios éticos universales
4 reflejaban el deseo popular de su sociedad

21 ¿Cuál fue el principio fundamental expresado por el Tribunal de Crímenes de Guerra en Nuremberg después de la Segunda Guerra Mundial?
1 Los jefes nacionales y sus partidarios son responsables por sus acciones durante la guerra.
2 La línea de conducta seguida durante la guerra no puede criticarse después de la guerra.
3 Los individuos que obran en nombre del estado no pueden ser enjuiciados por sus acciones.
4 Ninguna acción es criminal si ocurre en tiempo de guerra.

22 ¿Cuál es una conclusión válida basada en la investigación del Holocausto?
1 La opinión mundial es un medio efectivo de prevenir el genocidio.
2 Aún una sociedad civilizada puede cometer actos salvajes.
3 La gente no debe participar en la política partidaria.
4 A los jefes militares no se les puede hacer responsables por actos cometidos durante la guerra.

23 La ayuda estadounidense a la Europa Occidental después de la Segunda Guerra Mundial tenía como propósito principal
1 crear un mercado común sin aranceles
2 proporcionar a los EE. UU. materias primas muy necesarias
3 llevar a la unidad política en Europa bajo la dirección de los EE. UU.
4 reconstruir la economía de las naciones europeas

24 ¿Qué participación militar estadounidense fue el resultado de una orden presidencial, en vez de una declaración de guerra dada por el Congreso?
1 la Guerra de 1812
2 la Guerra Hispano-Estadounidense
3 la Primera Guerra Mundial
4 la Guerra de Corea

25 Un estudio de las alarmas rojas de los años 1920 y de la era de McCarthy de los 1950 mostraría que
1 un gran número de soviéticos se infiltró en altos niveles del gobierno federal
2 el temor a la subversión puede llevar a la erosión de las libertades constitucionales
3 el comunismo gana influencia en tiempos de prosperidad económica
4 los juramentos de lealtad de parte de empleados del gobierno previenen el espionaje

1 Las naciones entran en guerra por muchas razones diferentes.

Parte A

Enumera *dos* factores o causas que hicieron que los Estados Unidos entraran en la Segunda Guerra Mundial.

1. ____

____

2. ____

____

Parte B

En tu respuesta a la Parte B debes usar la información dada en la Parte A. Sin embargo, también puedes incluir información adicional y distinta en tu respuesta a la Parte B.

Escribe un ensayo discutiendo algunas de las razones que llevaron a los Estados Unidos a la Segunda Guerra Mundial.

2 Los estadounidenses estaban escandalizados por una serie de sucesos que tuvieron lugar antes y durante la Segunda Guerra Mundial. Los siguientes titulares de periódicos mencionan algunos de esos acontecimientos.

Titulares

Gran Bretaña, Francia y Alemania Llegan al Acuerdo en Munich, 1938
El Congreso Aprueba Arriendos y Préstamos, 1941
Japón Ataca Pearl Harbor, 1941
Corte Suprema Falla en Caso Korematsu, 1944
Jefes Nazi a Juicio en Nuremberg, 1945

Escoge *tres* titulares. En el caso de *cada uno*:

- Describe las circunstancias que llevaron al titular de periódico
- Discute los efectos principales del acontecimiento

3 El Departamento de Estado de los EE. U.U. ha desarrollado los objetivos que orientan las decisiones de la política externa del país. Entre estos objetivos están:

- Impedir o resistir la agresión.
- Llevar a una asociación más estrecha entre las naciones del mundo.
- Ayudar a las naciones democráticas a recuperarse de la devastación de la guerra.
- Tratar de poner fin a la competencia armamentista y reducir el riesgo de guerra.
- Promover una comunidad mundial genuina basada en la cooperación y la ley.
- Castigar a los criminales de guerra culpables de crímenes contra la humanidad.

a Escoge *dos* decisiones importantes en la política estadounidense desde 1898. Citando información específica, explica cómo *cada* decisión apoyó uno de los objetivos de la lista.

b Discute cómo *uno* de los objetivos enumerados ha sido una fuente de controversia importante en los Estados Unidos desde 1898. (Proporciona información específica para apoyar tu respuesta.)

c Explica cómo *un* objetivo de política externa de la lista dada interfirió o entró en conflicto con un objetivo de la política externa de otro país desde 1898. Cita información específica en tu respuesta.

CLAVE PARA LA COMPRENSION DE LAS ARTES: UN EXAMEN DE LA CULTURA

Los seres humanos parecen tener un impulso interno que los lleva a expresar sus más profundas creencias, sentimientos y deseos. Las artes, tales como la literatura, pintura, arquitectura, fotografía, danza y música constituyen algunas de las formas de este impulso hacia la expresión. Sin embargo, cualquiera que sea la forma de la expresión artística, casi siempre tiende a reflejar algo sobre la sociedad de un tiempo específico. John Canaday lo resumió de la mejor forma al afirmar que:

> "Un cuadro es ... una proyección de la personalidad del hombre que la pintó, una aseveración de la filosofía de la época que la produjo, y puede tener un significado más allá de lo que afecta a un [individuo] o un sólo período de tiempo."

Aunque Canaday habla de la pintura, su declaración se aplica a otras formas de arte.

COMO ABORDAR UN TEMA RELATIVO A LA CULTURA

En los exámenes de historia se te puede pedir que escribas un ensayo para mostrar cómo una obra de arte refleja su tiempo. El problema se puede formular en una de las siguientes formas:

INTERPRETACION DE UNA OBRA DE ARTE

Se te presentará una obra de arte —una pintura, una fotografía de un edificio o un trozo literario. Luego se te pedirá que (a) interpretes la pintura, fotografía o edificio; y luego que (b) muestres cómo la obra refleja la época en la que se creó. Para responder a este tipo de problema, debes hacerte las siguientes preguntas sobre la obra:

- ¿Cuál es el tema, o de qué trata la obra?
- ¿Cómo refleja la obra la opinión del artista sobre el período de tiempo en que se produjo?
- ¿En qué período de tiempo fue creada la obra?

La última pregunta es muy importante, porque tienes que comparar el tema mostrado en la obra con los temas dominantes durante esa época de la historia del país.

IDENTIFICACION DE LA OBRA DE UN ARTISTA

Esta es la forma en que se presenta la mayoría de las preguntas relativas a la cultura. Se te pide que describas cómo un artista específico refleja su época. Este tipo de pregunta difiere de la "interpretación de una obra de arte", pues aquí se te pide que discutas los logros artísticos principales del artista. A continuación hay un ejemplo de una pregunta típica de esta clase:

Ciertos libros han tenido un impacto significativo en la sociedad. Algunos de estos libros son:

Thomas Paine — *El sentido común*
Harriet Beecher Stowe — *La cabaña del tío Tom*
Helen Hunt Jackson — *Un siglo de infamia*
Upton Sinclair — *La selva*

Escoge *dos* obras. En el caso de *cada una*:

- Describe la idea principal del libro
- Discute la influencia de la obra en la sociedad

Para que puedas escribir tanto sobre "la interpretación de una obra de arte" como sobre "la identificación de la obra de un artista", es importante que tengas un conocimiento de los temas principales que se manifiestan en las diferentes épocas de la historia estadounidense. En esto te puede ayudar el siguiente cuadro sinóptico.

PERIODO	TEMAS PRINCIPALES
El período constitucional	Esta época muestra una fuerte influencia del estilo y las normas europeas en la vida estadounidense. También se caracteriza por la importancia del patriotismo y los temas relacionados con la independencia.
La era de la Guerra Civil	En ese tiempo había preocupación por revelar la injusticia de la esclavitud y la inquietud que producía en el país.
El desarrollo del Oeste estadounidense	Este período refleja vigorosamente la influencia y el impacto de la frontera en el modo de vivir en los Estados Unidos.
La época dorada y los sindicatos obreros	Se reflejan los excesos de las empresas y las injusticias sufridas por los obreros.
Los estrepitosos años 1920	Este período reflejaba la prosperidad y las diversiones de las que gozaban muchas personas en la nación. Algunos escritores criticaron el materialismo estadounidense.
La Depresión y los años 1930	La preocupación principal de esta época era la de mostrar los problemas económicos en que se encontraba la nación.
La Segunda Guerra Mundial y la guerra fría	Estos tiempos se caracterizaron por los sentimientos de inestabilidad e inquietud por la agresión nazi en Europa, seguidos por la creciente amenaza del comunismo.

Los años 1960	Este período fue caótico, caracterizado por el descontento en el país sobre la Guerra de Vietnam y por el movimiento en pro de los derechos civiles.
Los años 1970	Este período se caracterizó por la experimentación, la innovación y el surgimiento de un estilo específicamente estadounidense.
Reagan y Bush: los años 1980	En los años 1980 fue notable la búsqueda de los valores tradicionales; una celebración de los alcances de la libre empresa estadounidense y un patriotismo renovado.

A continuación, se encuentra una visión general de los autores, arquitectos, pintores y fotógrafos más importantes en la historia estadounidense, y su influencia en la nación.

ESCRITORES	DESCRIPCION DE LA OBRA MAS CONOCIDA	SU INFLUENCIA EN LA SOCIEDAD
Thomas Paine	En *El sentido común*, Paine urgía a los colonos a seguir su destino y separarse de Gran Bretaña. Ridiculizaba la idea que una isla rigiera un continente.	El panfleto contribuyó a que los colonos se rebelaran contra los ingleses y lucharan por la independencia.
Alexander Hamilton	Junto con Madison y Jay, Hamilton escribió *The Federalist*, una colección de ensayos que explicaban la organización del nuevo gobierno constitucional y las ventajas de adoptarlo.	Estos 85 ensayos fueron muy influyentes en convencer a los estadounidenses para ratificar la Constitución de los Estados Unidos.
Harriet Beecher Stowe	En *La cabaña del tío Tom*, Stowe describió algunos de los horrores de la esclavitud que tenían lugar en el Sur.	El libro contribuyó a incitar los sentimientos de los norteños en favor de la eliminación de la esclavitud. Dio una nueva vida a la causa abolicionista.
Helen Hunt Jackson	Su libro, *Un siglo de infamia*, criticaba la política de mentiras y promesas rotas del gobierno federal hacia los indios.	El libro de Hunt Jackson hizo que la nación tuviese conciencia de los aprietos de los indígenas, y llevó a la legislación que benefició a los indios.
Frederick Jackson Turner	Su ensayo, "La importancia de la frontera en la historia estadounidense", explicaba el importante papel de la frontera en el desarrollo de la forma singular de la vida estadounidense.	Turner llamó la atención del país al papel importante que tenía la frontera en el desarrollo de los Estados Unidos.

Mark Twain	Su novela, *Las aventuras de Huckleberry Finn*, es una sátira social acerca de un muchacho y un esclavo fugitivo en su recorrido río abajo en el Mississipí.	Las novelas de Twain contribuyeron a la formación de un estilo nuevo de ficción en los Estados Unidos. Sus obras influyeron muchísimo en la lengua y en el estilo usados por muchos otros escritores en el futuro.
F. Scott Fitzgerald	Sus novelas trataban de la moralidad de los años 1920. Presentó crudamente la vida desenfrenada, la corrupción y la busca de éxito y dinero que destruían los principios éticos tradicionales.	Fitzgerald se convirtió en el portavoz literario de la Edad del Jazz de los años 1920. Su obra refleja la vida precipitada y los enormes cambios en las prácticas que tenían lugar en la sociedad estadounidense.
Upton Sinclair	Una novela de Sinclair, *La selva*, sacó a luz las condiciones insalubres que existían en las plantas empacadoras de carne.	El libro agitó a la nación, precipitando la legislación que reglamentaba las industrias de medicamentos y de comestibles.
John Steinbeck	En su novela más famosa, *Viñas de la ira*, mostró los aprietos de los granjeros durante la Gran Depresión.	Su novela hizo que la nación estuviese conciente del gran sufrimiento y desesperación de los labradores migratorios.
Betty Friedan	Su libro, *La mística femenina*, rebatió la idea de que las mujeres estaban contentas con ser amas de casa.	Su libro unió a las mujeres en el movimiento de liberación de la mujer de los años 1960.
Ralph Nader	En *Peligroso a cualquier velocidad*, Nader criticó a los fabricantes de autos por estar más preocupados por el lucro que por construir autos exentos de riesgos.	El libro de Nader urgió al Congreso a sancionar legislación que obligara a los fabricantes de autos a producir autos más seguros.
Rachel Carson	Su libro, *Primavera muda*, puso a los estadounidenses en guardia contra los efectos dañinos de insecticidas y pesticidas.	El público se hizo más conciente de la necesidad de proteger el medio ambiente y establecer medidas de seguridad.

PINTORES

Los pintores y escultores a menudo presentan a personas, escenas y estilos de vida en sus obras, permitiendo que las generaciones futuras "vean" situaciones que no verían de otro modo.

Gilbert Stuart: Stuart fue un retratista que concentró su talento artístico en pintar los rostros y figuras de personas famosas. Su retrato más conocido de George Washington se encuentra en el billete de un dólar.

Frederic Remington: Remington alcanzó la fama con sus pinturas, dibujos y esculturas basadas en la vida del Oeste primitivo. Sus obras destacan escenas de acción y animación asociadas con la vida en el Oeste —vaqueros enlazando un becerro o la caballería acometiendo a un grupo de indios.

John Audubon: Audubon fue artista y naturalista, mejor conocido por sus dibujos de aves. En 1839, Audubon publicó *Las aves de los Estados Unidos*, una colección de cuatro tomos de sus detallados dibujos en color.

Joshua Johnston: Nació esclavo y llegó a ser el primer negro que logró reconocimiento nacional como retratista. Aunque no tenía entrenamiento formal, poseía un gran talento. Sus retratos de familias aristocráticas eran notables por su atención al detalle y el uso del claroscuro. Sus obras se encuentran en la Galería Nacional de Arte y en las galerías de arte de las Universidades Howard y Fisk.

James A. Whistler: Un artista de los años 1800, su retrato más conocido, comúnmente llamado "La madre de Whistler", muestra de perfil a una mujer vestida sencillamente de negro, sentada en una silla de respaldo. Sus obras se encuentran en muchas galerías de arte importantes.

Mary Cassatt: Artista de los últimos años 1800 y de los principios de 1900, Cassat es una de las más conocidas pintoras del país. Sus modelos favoritos eran las madres y los niños. Sus cuadros se admiran por su sencillez y el uso agradable de colores suaves. Sus obras incluyen "Madre y niño", "Dama en la mesa de té" y "Mujeres modernas".

Thomas Eakins: Uno de los pintores sobresalientes del país; la obra de Eakins mostró trozos de la vida diaria en los Estados Unidos. Uno de los cuadros más conocidos, "La Clínica Gross", muestra a un cirujano haciendo una operación. La pintura creó una sensación al mostrar la sangre y los instrumentos normalmente asociados con la cirugía. Algunos consideraron esto demasiado realista y vulgar.

"Abuelita" Moses: Comenzó a pintar a la edad de 70 años, La Abuelita Moses representó escenas de la granja y del campo. Sus pinturas de colores vivos a menudo se encuentran reproducidas en calendarios y tarjetas de Navidad.

Jackson Pollock: Pollock llegó a representar el arte moderno abstracto al desprenderse de la pintura de forma tradicional. Sus obras causaron controversia porque, a diferencia del arte tradicional, muestran salpicaduras y gotas de colores vivos entrecruzándose en la tela.

FOTOGRAFOS

Las fotografías son documentos históricos que nos permiten viajar hacia atrás en el tiempo, casi como si estuviéramos allí cuando se capturó la imagen. Son una lección visual de historia.

Matthew Brady: Brady se dispuso a crear una historia fotográfica de la Guerra Civil. Su colección de fotografías incluye a las personas y los acontecimientos que tuvieron lugar durante la Guerra Civil. Sus imágenes permitieron que las futuras generaciones vieran con sus propios ojos el sufrimiento, la destrucción y la devastación de la guerra.

Dorothea Lange: contratada por una agencia gubernamental durante el Nuevo Trato, Lange viajó a través del país tomando fotos de la vida rural en los Estados Unidos. Sus fotografías llegaron a ser famosas porque presentaban el sufrimiento de los pobres durante la Gran Depresión.

Ansel Adams: Adams es mejor conocido por sus fotografías de paisajes regionales, especialmente del Sudoeste. Sus fotos enfatizan la naturaleza y adelantan la causa de la conservación de la naturaleza, parques y monumentos nacionales.

ARQUITECTOS

También los edificios reflejan el tiempo en que se construyeron. Durante el primer período de la historia del país, los edificios tenían el estilo arquitectónico europeo. Según los estadounidenses se transformaron de una sociedad rural en una industrial, su arquitectura reflejó este cambio.

Louis Sullivan: Sullivan llegó a ser la mente creadora del rascacielos. Creyendo que la "forma sigue a la función", en 1890 diseñó el primer rascacielos moderno, el Edificio Wainwright en Saint Louis. El uso de armazón de acero permitió la construcción de un edificio de diez pisos. Los proyectos de rascacielos de Sullivan cambiaron permanentemente el horizonte de las ciudades estadounidenses.

Frank Lloyd Wright: En los diseños de Wright, la arquitectura de los edificios armoniza con el paisaje que lo rodea. Por ejemplo, si la estructura se encuentra ante una cascada, el exterior del edificio refleja esta característica. Uno de los más conocidos proyectos de Wright es el Museo Guggenheim en la Ciudad de Nueva York.

I.M. (Ieoh Ming) Pei: Pei, mejor conocido por planear muchos edificios públicos, integraba cuidadosamente sus estructuras con el medio que las rodeaba. Algunas de sus obras incluyen la Biblioteca Conmemorativa de Kennedy en Harvard, el Centro de Artes Payne Mellon y el Mile High Center en Denver, Colorado.

El Edificio Flatiron (plancha) en Nueva York. Construido en 1903, fue el primer rascacielos (21 pisos) en la ciudad.

CAPITULO 15

LOS ESTADOS UNIDOS EN TIEMPOS INCIERTOS

VISION GENERAL

Los años 1950 y 1960 fueron un importante período de reforma social. El movimiento por los derechos civiles fue un punto crítico en la historia de los EE. UU.; los negros alcanzaron más igualdad en el trato y la nación se transformó en una sociedad más pluralista. El movimiento de "liberación femenina" logró más derechos civiles y sociales para las mujeres. En esos años, los presidentes Kennedy y Johnson introdujeron programas para mejorar las condiciones de los pobres de la nación. Una Corte Suprema activista, encabezada por el Presidente del Tribunal Earl Warren, amplió los derechos de los ciudadanos en el área de los derechos civiles, la representación electa y la ley criminal.

A pesar de los alcances de la era, el racismo y la pobreza continua pusieron en tensión el movimiento por los derechos civiles, cuyos líderes se volvieron más militantes. La "guerra contra la pobreza" fue sacrificada durante la guerra de Vietnam. Las mujeres también estaban descontentas con el ritmo lento del cambio social. Para 1970 muchos jóvenes creían que los EE. UU. habían traicionado sus principios al participar en la guerra de Vietnam. El país se iba dividiendo cada vez más sobre las cuestiones sociales fundamentales.

— LINEA CRONOLOGICA DE SUCESOS IMPORTANTES —

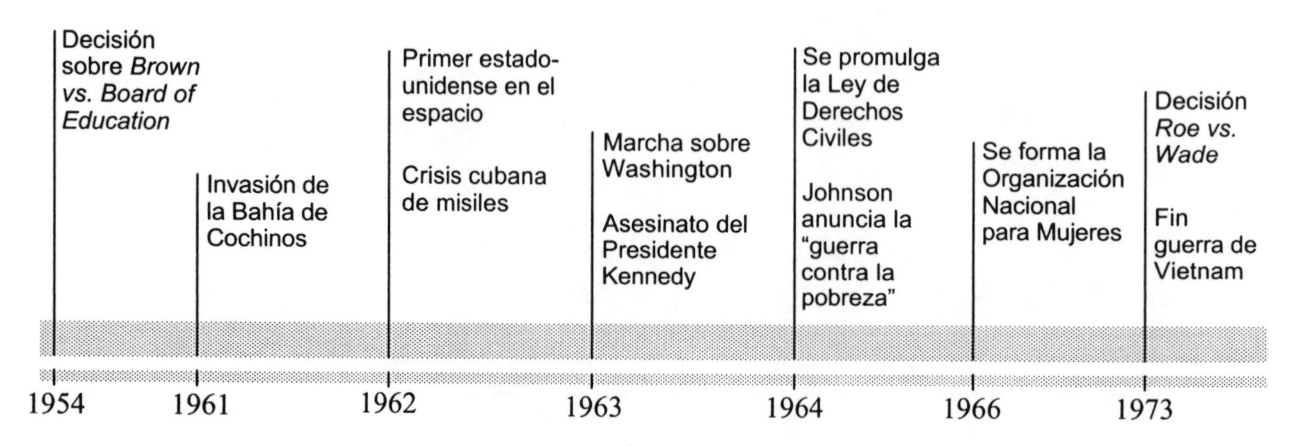

LOS AÑOS DE EISENHOWER: 1953-1960

LA POLITICA INTERNA BAJO EISENHOWER

Los años 1950 fueron esencialmente un período de recuperación y desarrollo económico. Las personas cuya vida había sido afectada por la Segunda Guerra Mundial se pusieron a trabajar y a establecer familias. El Presidente Eisenhower conservó los programas del Nuevo Trato. Estos tiempos fueron notables por varios acontecimientos importantes.

EL AUGE DE LA NATALIDAD

Este fue un tiempo de una natalidad altísima, conocida como el "baby boom".

Dwight D. Eisenhower

EL AUGE DE CONSTRUCCION DE VIVIENDAS

La **Ley G.I.** para veteranos les facilitó obtener préstamos para comprar casas. Los constructores levantaban casas más baratas, producidas en masa. En consecuencia, la posesión de casas aumentó un 50% entre 1945 y 1960. Los **suburbios** se desarrollaron con más rapidez que las ciudades mismas. El movimiento de las familias de ingresos medios desde las ciudades hacia los barrios periféricos llevó a una reducción de la base de impuestos y al principio de la decadencia de los centros de las ciudades del país.

LA PROSPERIDAD ECONOMICA

Los Estados Unidos llegaron a dominar el comercio internacional y fueron el productor de bienes más grande del mundo. La demanda de bienes de consumo llegó a un punto más alto que nunca. Se vendieron millones de automóviles y televisores en los años 1950 y se esparció el uso de refrigeradoras y otros aparatos. El producto nacional bruto (G.N.P.) se duplicó en los quince años entre 1945 y 1960.

LA CONFORMIDAD

Dentro de la sociedad estadounidense se recalcaba la conformidad. Las ideas fuera de lo ordinario se miraban con sospecha y hostilidad. El temor al comunismo fortaleció la aversión hacia las actitudes de inconformidad. La televisión, la música popular y las revistas enfatizaban los principios de la vida de familia y de la conformidad.

LA POLITICA EXTERNA BAJO EISENHOWER

Eisenhower dio control sobre la política externa a su Secretario de Estado, **John Foster Dulles**. Dulles vio la lucha contra el comunismo en términos morales—como una lucha del bien contra el mal. Quería contener el avance del comunismo e impedir que los soviéticos ganasen más territorios. En 1957 Eisenhower anunció que enviaría tropas estadounidenses a cualquier país del Medio Oriente que lo pidiera para defenderse contra el comunismo. Esta extensión de la política de contención hacia el Oriente Medio llegó a conocerse como la **Doctrina Eisenhower**.

EL MOVIMIENTO POR LOS DERECHOS CIVILES

El movimiento por los derechos civiles de los años 1950 y 1960 fue un punto crítico en la historia estadounidense, no sólo por alcanzar derechos iguales y mejores condiciones para los negros, sino también por transformar la sociedad estadounidense. La senda abierta por los líderes del movimiento en pro de los dere-chos civiles fue seguida por las mujeres, las minorías étnicas, los lisiados y la generación más joven. Estos esfuerzos contribuyeron a que la cultura estadounidense se volviera más franca y pluralista.

SURGE EL MOVIMIENTO POR LOS DERECHOS CIVILES

El movimiento por los derechos civiles no surgió de la nada a mediados de la década de los 1950. Los orígenes del movimiento datan de la época que siguió a la Guerra Civil.

SIGUE EL TRATO INJUSTO DE LOS NEGROS

Cien años antes, la Guerra Civil y la Reconstrucción habían prometido a los negros el alcance de igualdad con otros ciudadanos. Pero estas esperanzas llegaron a su fin en los tiempos subsiguientes a la Reconstrucción; en los estados del Sur, los negros perdieron sus derechos al voto y las leyes "Jim Crow" separaban a los blancos y los negros. Las leyes "Jim Crow" proporcionaron la base legal de la segregación racial en muchas partes de la nación hasta mediados del siglo XX. En el Sur, el temor inspirado por el Ku Klux Klan y los actos de violencia racial también mantenían a los negros "en su puesto".

Un ejemplo de la segregación en el Sur: el letrero dice "Lavamos sólo la ropa de los blancos".

LOS IDEALES CONSTITUCIONALES ESTADOUNIDENSES

En contra de estas desagradables realidades se encontraban los ideales de la Declaración de la Independencia y la Constitución, especialmente las enmiendas de la "Guerra Civil" (la XIII, XIV y XV). Estos documentos afirmaban que todos "nacieron iguales" y que todos los ciudadanos tenían derecho a "igual protección ante la ley". Aunque estas palabras no se cumplieron en su totalidad, proporcionaron la base de los futuros logros del movimiento por los derechos civiles. Los activistas de derechos civiles y una gran parte de la población general comprendían que el trato de los negros y otras minorías no estaba de acuerdo con los ideales democráticos estadounidenses.

EL IMPACTO DE LAS ORGANIZACIONES AFRICANO-ESTADOUNIDENSES

Desde la emancipación, los líderes negros lucharon por la expansión de sus derechos dentro de la sociedad estadounidense.

La Universidad de Howard, fundada en los años 1870, proporcionó un terreno de entrenamiento para los futuros líderes africano-estadounidenses. Líderes tales como W.E.B. Du Bois y otros al final de la Primera Guerra Mundial exigían que los negros desempeñaran un papel más importante en la sociedad estadounidense. Las organizaciones asociadas con las iglesias jugaron un rol importante en la movilización de la comunidad negra durante los primeros años del movimiento por los derechos civiles. La **N.A.A.C.P.** y la **Liga Urbana** fueron fundadas en la primera década del siglo XX para promover la igualdad de los miembros de las minorías dentro de la sociedad. El apoyo judicial a los derechos provistos en la Constitución ofrecía una manera no violenta de cambios en la sociedad estadounidense. Como consecuencia, en los años 1930, la Asociación para el Mejoramiento de la Gente de Color desarrolló una estrategia ambiciosa para lograr la desegregación de escuelas, al entablar una serie de juicios que desafiaban las leyes estatales.

EL IMPACTO DE LA SEGUNDA GUERRA MUNDIAL

La Segunda Guerra Mundial llevó a los EE. UU. a una lucha en defensa de la democracia. Más de un millón de negros habían estado en las fuerzas armadas durante los años de guerra. Se prohibió la discriminación en la contratación de las industrias de guerra, abriendo la puerta al empleo para muchos negros. Estos acontecimientos alentaron a los negros a levantar la voz para exigir sus derechos e igualdad dentro del país.

LA GUERRA FRIA

La guerra fría hizo a los jefes estadounidenses sensibles a la crítica de que los Estados Unidos no eran democráticos, especialmene cuando se presentaban como el campeón del "mundo libre". Los presidentes estadounidenses desde Truman a Johnson deseaban mantener la reputación del país en el extranjero. Los actos de racismo y discriminación afectaban la imagen del país a nivel internacional.

SUCESOS IMPORTANTES EN EL MOVIMIENTO POR LOS DERECHOS CIVILES

LOS AÑOS DE TRUMAN (1945-1953)

En 1946, al concluir la guerra, el Presidente Truman nombró una Comisión de Derechos Civiles especial. El comunicado que esta Comisión publicó en 1947, recomendaba el fin de la segregación en la vida estadounidense. En 1948 Truman ordenó la desegregación de las fuerzas armadas y el fin de las prácticas discriminatorias en la contratación de empleados en el gobierno federal. En 1947 **Jackie Robinson** llegó a ser el primer jugador negro en las ligas mayores de béisbol. Algunos estados como Nueva York promulgaron leyes que prohibían la discriminación en el alojamiento, el empleo y el uso de servicios para el público.

Harry S Truman

BROWN vs. BOARD OF EDUCATION DE TOPEKA, KANSAS (1954)

La decisión *Brown* fue vital para el desarrollo del movimiento por los derechos civiles. Ya en 1896, los negros pusieron a prueba el sistema de segregación que existía en el Sur. Pero en *Plessy vs. Ferguson*, la Corte Suprema sostuvo que las leyes de segregación no eran inconstitucionales, con tal que las facilidades ofrecidas a cada raza fuesen de igual calidad.

Trasfondo. Comenzando en la década del 1930, los abogados negros en la N.A.A.C.P. empezaron a combatir esta doctrina de "**separado pero igual**" en el campo de la enseñanza. Comenzaron poniendo a prueba la exclusión de negros de las escuelas de leyes y de programas para graduados en las universidades estatales en el Sur. La Corte Suprema falló a su favor, ya que los solicitantes negros no tenían otro lugar donde estudiar leyes en esos estados. En 1953, la N.A.A.C.P. apeló ante la Corte Suprema la decisión de una corte de menor instancia cuando a Linda Brown, una estudiante negra, se le negó la admisión a una escuela de blancos cerca de su casa. La N.A.A.C.P. alegaba que las escuelas públicas segregadas negaban a los niños negros la "protección igual" de la ley, a la cual tenían derecho según la Enmienda XIV. Además, la N.A.A.C.P. sostenía que la enseñanza recibida por los estudiantes negros era por su naturaleza inferior, ya que les daba el mensaje sicológico de que no eran bastante buenos para ser educados con los estudiantes blancos.

La decisión. El Presidente de la Corte Suprema, Earl Warren, presentó la decisión unánime sobre *Brown*, que declaraba que la segregación en las escuelas públicas era inconstitucional. Iguales-pero-separados, escribió Warren, no tiene lugar en el campo de la enseñanza pública: "Los institutos de enseñanza separados son inherentemente desiguales." Las cortes federales de menor instancia estaban a cargo de hacer cumplir esta decisión, al asegurarse que las juntas locales de educación obedecían la orden de desegregación. Más tarde la Corte mandó que esto se hiciera con "toda la debida y deliberada celeridad". Sin embargo, pasaron años antes de que la decisión Brown se llevara a cabo completamente.

Su importancia. El caso puso fin a la segregación legal en las escuelas y fue un punto crítico en el movimiento por los derechos civiles. La decisión mostró que la Corte Suprema estaba ahora inclinada a tomar parte en cuestiones sociales controversiales. Además, la decisión mostró cómo los cambios en las condiciones sociales, políticas y económicas a menudo afectan a la Corte.

EL LIDERATO DE MARTIN LUTHER KING, JR.

Un joven pastor protestante, el Dr. Martin Luther King, inició a fines de la década del 1950 su labor como organizador y director principal del movimiento por los derechos civiles. King, como Thoreau y Gandhi antes de él, creía en la filosofía de la **no-violencia**: la **resistencia pasiva** a las leyes injustas podría con el tiempo cambiar la actitud del opresor. King llevó a cabo esta resistencia a través de la desobediencia civil—si el gobierno sancionaba una ley injusta, la gente se opondría a esa ley por medios no-violentos tales como boicoteos, piquetes, "sit-ins" y manifestaciones.

EL BOICOTEO DE AUTOBUSES EN MONTGOMERY

El sistema de segregación en los estados del Sur impedía que los negros compartiesen restaurantes, fuentes de agua y autobuses con los blancos. King y otros líderes negros concentraron su atención en poner fin a la segregación en los autobuses en Montgomery, Alabama. En 1955, cuando **Rosa Parks** fue arrestada por no ceder su asiento a un pasajero blanco, los líderes negros locales usaron el incidente para comenzar el boicoteo de los autobuses públicos de Montgomery que duró 13 meses. Los jefes del boicoteo mancomunaron automóviles y taxis para llevar a los participantes al trabajo. El boicoteo mostró que los negros podían unirse para oponerse a la segregación.

Rosa Parks, decorada con la Medalla de la Libertad

LITTLE ROCK, ARKANSAS (1957)

Los estados del Sur demoraban a propósito la imposición de la decisión Brown. Cuando el gobernador de Arkansas no pudo proporcionar protección a nueve estudiantes negros que trataban de asistir a una escuela de blancos en Little Rock, el Presidente Eisenhower envió tropas federales para ofrecer esta protección. El año siguiente, el gobernador cerró esa escuela y pidió una prórroga del plan de integración. La Corte Suprema se pronunció contra cualquier demora y obligó a que la escuela volviera a abrirse.

LAS LEYES DE DERECHOS CIVILES DE 1957 Y 1960

Estas leyes formaron la División de Derechos Civiles del Departamento de Justicia y dieron a las cortes federales el poder de inscribir votantes negros en el Sur. Sin embargo, el Congreso hizo tan complicado el proceso de inscripción que esto debilitó la ley de 1960.

"SIT-INS" (1960)

Los "sit-ins" ("sentadas") comenzaron en el Sur cuando los estudiantes negros tomaron asientos en los mostradores de almuerzo reservados "sólo para blancos". Esta táctica pronto fue imitada a través de la región por los estudiantes que apoyaban el movimiento en pro de los derechos civiles.

VIAJES POR LA LIBERTAD

"Los viajes por la libertad" comenzaron cuando grupos interraciales tomaron autobuses a través de los estados del Sur. De acuerdo a la ley federal, eran inconstitucionales los asientos y facilidades segregadas para pasajeros interestatales. Los organizadores de los viajes por la libertad esperaban provocar confrontaciones para que el gobierno federal se viese obligado a intervenir. Los viajeros por la libertad a menudo se encontraban con violencia y muerte por los que se oponían a la integración.

LA CARTA DE KING DESDE UNA PRISION EN BIRMINGHAM (1963)

King y otros líderes concentraron sus actividades en lograr la desegregación en Birmingham, Alabama. King fue arrestado cuando encabezó una marcha a la ciudad. En la prisión escribió la "Carta desde una prisión de Birmingham" que explicaba por qué creía que era necesario agudizar la tensión para lograr igualdad de derechos, y por qué los negros no podían esperar más para obtener sus derechos constitucionales. La televisión mostró al resto de la nación los métodos despiadados usados por la policía de Birmingham para desbaratar las marchas y protestas. Como resultado de las protestas, los almacenes céntricos accedieron a desegregar los mostradores de comida ligera y contratar empleados negros.

LA MARCHA A WASHINGTON (1963)

Martin Luther King Jr. y otros líderes convocaron una marcha a Washington en apoyo de un proyecto de ley de derechos civiles presentado ante el Congreso por el Presidente Kennedy. Más de un cuarto de millón de personas participó en la marcha. King pronunció su discurso más conocido, "Tengo un sueño", en el cual dijo que anhelaba la llegada del día cuando la gente de todos colores viviría junta en paz.

La marcha a Washington, encabezada por el Dr. Martin Luther King, Jr., fue la manifestación más grande del movimiento por los derechos civiles

LA LEY DE DERECHOS CIVILES DE 1964

Esta importante ley trató de poner fin a la discriminación basada en la raza, color, religión u origen étnico. La Corte Suprema luego apoyó la constitucionalidad de la ley, basada en la autoridad del gobierno federal para reglamentar el comercio interestatal. La ley:

- Prohibía la discriminación en hoteles, restaurantes, sindicatos y puestos de empleo que tenían negocios con el gobierno federal, o que participaban en el comercio interestatal. También prohibía la discriminación de empleo basada en el sexo.

- Canceló la ayuda federal a los distritos escolares con escuelas segregadas.

- Amplió el poder del gobierno federal para inscribir votantes, y estableció la **Comisión de Igual Oportunidad de Empleo** para dar vigor a sus provisiones con respecto a los patronos y sindicatos.

LA LEY DE DERECHOS AL VOTO DE 1965

A la mayoría de los negros en el Sur se les negaba el derecho al voto por medio de capitación (un impuesto a los votantes), pruebas de saber leer y escribir y por medio del temor. Por muchos años las organizaciones de derechos civiles trataron, sin mucho éxito, de inscribir a votantes negros en el Sur. En 1964 el movimiento en pro de los derechos civiles puso sus energías en inscribir a los ciudadanos negros y en alentarlos a votar.

La marcha a Selma. En 1965, Martin Luther King fue a Selma, Alabama, para organizar una marcha de protesta que exigía el derecho al voto para los negros. Cuando los manifestantes fueron atacados, el Presidente Johnson reaccionó con el anuncio de que iba a introducir un proyecto de ley de derechos de votación.

La Ley del Derecho al Voto queda establecida. Esta ley acabó con la capitación y suspendió las pruebas de saber leer y escribir donde éstas se usaran para prevenir el voto de los negros. Esta ley llevó a un serio aumento en el número de votantes negros, y con el tiempo, los negros llegaron a ocupar muchos puestos políticos.

LA ACCION AFIRMATIVA (1965)

En 1965, el Presidente Johnson firmó una orden ejecutiva que requería que los patronos y establecimientos con contratos federales, para corregir los desequilibrios del pasado, aumentaran el número de empleados procedentes de dos grupos: las minorías y las mujeres. A los programas de "acción afirmativa" se debe el aumento en la cantidad de miembros de minorías en las universidades y en las profesiones. Sin embargo, los críticos sostienen que estos programas son una forma de discriminación a la inversa.

EL ASESINATO DEL DR. MARTIN LUTHER KING, JR. (1968)

King fue asesinado en Memphis, Tenesí, con lo que vino el fin de la primera etapa del movimiento por los derechos civiles.

El cortejo fúnebre de Martin Luther King, Jr., que fue llevado al cementerio en una antigua carreta tirada por mulas. Se calcula que 120 millones de personas vieron ese entierro en la televisión.

EL AUMENTO DE LA COMBATIVIDAD DE LOS AFRICANO-ESTADOUNIDENSES

A pesar de los alcances del movimiento por los derechos civiles, muchos negros, especialmente los jóvenes, creían que los cambios no estaban ocurriendo con bastante rapidez. No estaban de acuerdo con las ideas del Dr. King de cooperación con los blancos simpatizantes y con su programa de la no-violencia.

ESTALLAN LOS GHETTOS (1965-1968)

En el Norte, los negros se encontraban con casi tanta segregación como en el Sur, con la diferencia de que la segregación del Norte era la consecuencia de las costumbres residenciales, más bien que el resultado de leyes estatales. La frustración negra estalló finalmente en una serie de motines que sacudió las ciudades del Norte durante tres veranos consecutivos. La culminación de este desenfreno vino en la primavera de 1968 después del asesinato del Dr. King. En muchas ciudades a través del país, los amotinados rompían escaparates, volcaban autos y prendían fuegos. La **Comisión Kerner**, nombrada para investigar las causas de la inquietud urbana, anunció que la falta de oportunidades de empleo para los negros, la pobreza urbana y el racismo de los blancos eran las causas principales de los motines.

EL MOVIMIENTO POR EL PODER NEGRO

Los nuevos militantes creían en el **poder negro**, es decir, que los negros debían usar sus votos para ganar concesiones del gobierno, controlar sus propias comunidades, apoyar sus propios negocios y liberarse de la dominación económica, cultural y política de los blancos.

La busca de una nueva identidad. Muchos militantes fueron influidos por los logros de las naciones africanas que obtuvieron la independencia de sus antiguos gobernantes coloniales. Estos intelectuales africano-estadounidenses comenzaron a buscar las raíces de su propia identidad cultural. No querían simplemente imitar a los blancos o quedar absorbidos por la cultura convencional estadounidense. Creían que los negros deberían estar orgullosos y que "lo negro es hermoso".

Malcolm X puso en duda las ideas de resistencia pasiva del Dr. King. Creía que los negros debían responder a la violencia con violencia y que no podían depender de la bondad de otra gente. Malcolm X, un seguidor de Elijah Muhammad, rompió con los musulmanes negros en los años 1960 y formó su propia organización. Uno de los primeros jefes del **movimiento por el poder negro**, creía que los negros estadounidenses deberían controlar sus propios negocios, escuelas y comunidades. Fue asesinado en 1965.

El surgimiento de nuevos grupos. Los grupos tradicionales, tales como la Conferencia de Dirección Cristiana del Sur, la N.A.A.C.P., la Liga Urbana y el Congreso de Igualdad Racial (CORE), favorecían métodos pacíficos y la cooperación con los simpatizantes blancos. Sin embargo, surgieron nuevos grupos que desafiaron la jefatura de estas organizaciones africano-estadounidenses tradicionales:

- **La Comisión Coordinadora Estudiantil No-Violenta** (S.N.C.C.). Al principio la S.N.C.C. apoyaba los métodos pacíficos y reclutaba miembros tanto negros como blancos. Sin embargo, hacia el fin de la década de 1960, el grupo se volvió más beligerante y desaprobó la participación de los blancos.

- **Los musulmanes negros**. Los musulmanes negros, encabezados por Elijah Muhammad, creían que el islam debería ser la religión de los negros estadounidenses y que éstos deberían formar su propio estado, ya que era imposible la cooperación con los blancos.

- **Las panteras negras**. Las panteras querían que los negros se armaran. También exigían que los Estados Unidos pagaran "indemnizaciones" a la comunidad negra por los siglos de explotación y discriminación injusta.

TERMINOS PARA RECORDAR

N.A.A.C.P., Liga Urbana, desegregación, *Plessy vs. Ferguson*, *Brown vs. Board of Education*, "sit-ins", viajes por la libertad, "Carta desde una prisión en Birmingham", marcha a Washington, Ley de Derechos Civiles de 1964, Ley de Derecho al Voto, acción afirmativa, Informe de la Comisión Kerner, poder negro, musulmanes negros, panteras negras

VOCES DEL PUEBLO

El 28 de agosto de 1963, en la capital de la nación, tuvo lugar una de las manifestaciones más grandes de los Estados Unidos. Se reunieron más de 200.000 personas ante el monumento conmemorativo de Lincoln. Presionaban para que el Congreso aprobara el proyecto de la Ley de Derechos Civiles, propuesto por el Presidente Kennedy. El Dr. Martin King, Jr., líder por los derechos civiles, se dirigió a los presentes en uno de los discursos más elocuentes de la historia estadounidense.

TENGO UN SUEÑO

discurso del Dr. Martin Luther King, Jr.
(*Fragmento*)

"Todavía tengo un sueño. Es un sueño profundamente arraigado en el sueño estadounidense.

Tengo un sueño de que un día, esta nación se levantará y vivirá el verdadero significado de su credo. Sostenemos como verdades evidentes que todos los hombres nacen iguales.

Tengo un sueño de que un día, en los cerros rojos de Georgia, los hijos de los antiguos esclavos y los hijos de los antiguos amos de esclavos podrán sentarse juntos a la mesa de la hermandad.

Tengo un sueño de que un día, aún el estado de Misisipí, un estado sofocante por su calor de la opresión, se transformará en un oasis de libertad y justicia.

Tengo un sueño de que mis cuatros hijitos un día vivirán en una nación donde no se les juzgará por el color de su piel, sino por su carácter....

Esta es nuestra esperanza. Esta es la fe con la que volveré al Sur. Con esta fe podremos, de una montaña de desesperación, labrar una piedra de esperanza.

Con esta fe, podremos transformar el cencerreo discordante de nuestra nación en una hermosa sinfonía de hermandad.

Con esta fe, podremos trabajar juntos, rezar juntos, luchar juntos, ir juntos a la prisión, escalar en lo alto en busca de nuestra libertad, sabiendo que un día seremos libres.

Cuando dejemos que repique la libertad, cuando la dejemos tañer desde cada aldea y desde cada caserío, desde cada estado y desde cada ciudad, podremos apresurar la llegada de aquel día cuando todos los hijos de Dios, los negros y los blancos, los judíos, los protestantes y los católicos, podrán tomarse de las manos y cantar las palabras de una antigua canción religiosa de los negros, "¡Libres al fin! libres al fin, gracias a Dios Todopoderoso, ¡somos libres al fin!"

El Dr. Martin Luther King, Jr., el líder principal en la lucha para ganar igualdad política y económica para los negros en los EE. UU.

COMPRUEBA TU COMPRENSION

1. ¿Cuál es el origen de las palabras "Sostenemos que estas verdades son evidentes de que todos los hombres nacen iguales."?
2. ¿Cómo demuestra este discurso la opinión de King sobre la bondad fundamental de la naturaleza humana?
3. ¿Crees que un día el sueño de King llegue a realizarse? ¿Por qué sí o por qué no?
4. ¿Qué características de este discurso lo hacen elocuente y atrayente?

VOCES DEL PUEBLO

A principios de la década de 1960, Malcolm X, (Malcolm Little) percibió la lucha por los derechos civiles de una manera distinta a la de Martin Luther King, Jr. Malcolm X quería que los negros usaran métodos más militantes, inclusive el combate, para acabar con la discriminación y lograr lo que legítimamente les correspondía. Estaba en favor del separatismo negro más que de la integración. Ya que Malcolm X fue asesinado en 1965, es imposible saber cuál hubiese sido su influencia en las relaciones interraciales en los Estados Unidos.

VEO UNA PESADILLA

por Malcolm X

(*Fragmentos de discursos*)

En Harlem, el ingreso medio por familia es sólo $3.723 al año.

Una comisión del alcalde calcula que se necesitan $6.000 para mantener a una familia....Si los hombres de ciencia dicen que se necesitan $6.000 para que sobreviva una familia ordinaria, y... ustedes alcanzan un promedio un poco más de $3.700, hermanos, ustedes no sobreviven—ustedes están mal.

Aproximadamente 15.000 individuos en el Harlem central, reciben alguna forma de asistencia pública. Esto quiere decir "welfare".

¿Por qué tenemos que esperar para [tener] lo que la otra gente tiene cuando nace? ¿Por qué tenemos que ir a la Corte Suprema o al Congreso, o al Senado o a otro tipo de cuerpo legislativo para que nos digan que somos un hombre cuando a la otra gente no hay que decirle que son un hombre?

Malcolm X argumentaba en favor del "poder negro"

Tenemos que hacer que el mundo vea que el problema ante el que nos encontramos es un problema de la humanidad. No es un problema negro; no es un problema estadounidense. Ustedes y yo tenemos que convertirlo en un problema mundial, hacer que el mundo esté consciente de que no habrá paz en esta tierra mientras se violen nuestros derechos humanos en los Estados Unidos. Entonces el mundo tendrá que intervenir y tratar de hacer que se respeten y reconozcan nuestros derechos humanos. Tenemos que producir una situación que explotará este mundo tan alto como el cielo a menos que se nos oiga cuando pidamos alguna forma de reconocimiento y respeto como seres humanos. Esto es todo lo que queremos ser—humanos...

Mi razón para creer en el extremismo, es porque creo firmemente en mi corazón que el día que el negro tome un paso intransingente y se dé cuenta de que está ejerciendo sus derechos, que su propia libertad ha estado en peligro, cuando use todos los medios necesarios para obtener su libertad o poner fin a esa injusticia, no creo que estará solo.

Una de las razones por las que no...vacilo ante hacer todo lo que fuese necesario para ver que los negros hagan algo para protegerse, es que sinceramente creo que el día que lo hagan, muchos blancos tendrán más respeto hacia ellos, y habrá más blancos de su lado.

COMPRUEBA TU COMPRENSION

1. ¿Qué percibe Malcolm X como el verdadero problema de los negros en los Estados Unidos?
2. ¿Por qué se oponía Malcolm X a usar "la vara de medida de otros"? ¿Por qué creía en el uso de métodos extremistas?
3. ¿Apoyarías las ideas de Martin Luther King o las de Malcolm X? ¿Por qué?

LA PRESIDENCIA DE KENNEDY: 1960-1963

EL DISCURSO INAUGURAL DE KENNEDY

John F. Kennedy estableció un nuevo tono para la presidencia en su discurso inaugural, cuando dijo a los estadounidenses que la "antorcha" del gobierno pasaba "a una nueva generación". Prometió que los estadounidenses "pagarían cualquier precio, soportarían cualquier carga, enfrentarían cualquier sufrimiento, [y] apoyarían a cualquier amigo" en defensa de la libertad. Desafió a los estadounidenses a "no preguntar lo que el país puede hacer por uno" sino "lo que uno puede hacer por el país". Su discurso fue un intento de enardecer el espíritu idealista estadounidense.

LA POLITICA INTERNA BAJO KENNEDY

La "**Nueva Frontera**" del Presidente Kennedy simbolizaba el vigor de la juventud. Esto contrastó dramáticamente con la complacencia del gobierno durante los años de Eisenhower. La presidencia de Kennedy fue notable por varios acontecimientos importantes:

EL PROGRAMA DEL ESPACIO

Para contrarrestar el programa soviético del espacio, Kennedy anunció que los Estados Unidos enviarían a un hombre a la luna para el fin de la década. Durante la administración de Kennedy, John Glenn fue el primer estadounidense que hizo un viaje espacial alrededor de la Tierra.

John F. Kennedy

LOS PROGRAMAS INTERNOS ESTANCADOS

Mucha de la legislación de la Nueva Frontera del Presidente Kennedy se detuvo en el Congreso, donde se le opusieron los republicanos y los demócratas sureños. Kennedy propuso una reducción en los impuestos para estimular la economía, la formación del nuevo Departamento de Asuntos Urbanos, la creación del Medicare y un aumento de ayuda federal a la educación. Ninguna de estas medidas fue aprobada bajo Kennedy, pero muchas fueron establecidas por el Congreso como parte del programa de la "Gran Sociedad" del Presidente Johnson.

UN DESPERTAR CULTURAL

El Presidente y su señora llevaron a la Casa Blanca un estilo elegante y el interés por la cultura. Invitaban como huéspedes de honor a poetas, pintores, escritores y músicos de todos los grupos étnicos, en celebración de la rica herencia cultural de la nación.

LA POLITICA EXTERNA BAJO KENNEDY

LA CONTENCION EN LA AMERICA LATINA

En 1959, Fidel Castro y sus guerrilleros derrocaron al dictador cubano, Fulgencio Batista. En vez de la prometida democracia, Castro estableció un regimen socialista. Cuando Kennedy llegó a ser presidente, uno de los problemas más grandes que encontró fue la existencia del comunismo en Cuba, sólo a 90 millas de la costa de la Florida. Kennedy también temía la expansión del comunismo desde Cuba a otros países latinoamericanos.

Fidel Castro en un discurso ante la O.N.U.

La invasión de la Bahía de Cochinos. Los Estados Unidos rompieron relaciones con Cuba. En 1961, los exilados cubanos, armados y entrenados por los EE. UU, trataron de invadir a Cuba por la Bahía de Cochinos. El Presidente Kennedy se negó a prestar apoyo aéreo a los rebeldes durante la invasión, y estos fueron derrotados por el ejército de Castro. Esto fue un importante fracaso para la administración de Kennedy.

La Alianza para el Progreso (1961). Para responder al desafío cubano, Kennedy formó la Alianza para el Progreso, un programa que ofrece subvenciones y préstamos a los países latinoamericanos para fomentar el progreso económico, el desarrollo del comercio y las reformas agrarias.

La Alianza para el Progreso proporcionó fondos para la construcción de esta fábrica de abonos en Colombia

La crisis cubana de los misiles. En 1962, los EE. UU. descubrieron que Cuba secretamente estaba construyendo bases para misiles soviéticos. Kennedy impuso un bloqueo naval a la isla y amenazó con invadirla si los misiles no se retiraban. El Primer Ministro soviético Kruschef, accedió a remover los misiles a cambio de la promesa estadounidense de no invadir a Cuba. La crisis cubana de misiles se vio como el éxito más grande de la política externa de Kennedy.

KENNEDY Y LA RESPUESTA FLEXIBLE

Kennedy creía que Eisenhower había dependido demasiado de las "represalias masivas". Lo que quería él era que los Estados Unidos ofreciesen una "respuesta flexible"—para responder firmemente a la agresión comunista al nivel en que ocurriera. Kennedy aumentó el presupuesto militar y las proporciones de las fuerzas armadas. También creó un cuerpo especial—los boinas verdes—para combatir el comunismo por medio de guerrillas en las naciones en desarrollo en Asia, Africa y la América Latina.

LOS CUERPOS DE PAZ

Kennedy formó los Cuerpos de Paz, un programa de voluntarios estadounidenses que iban a los países en desarrollo en Africa, Asia y la América Latina para aplicar y difundir su pericia. El programa sigue en operación aún hoy.

EL ASESINATO DE KENNEDY

La nación quedó aturdida cuando el Presidente Kennedy fue asesinado por Lee Harvey Oswald en noviembre de 1963 en Dallas, Texas. El vicepresidente Lyndon Johnson llegó a ser Presidente.

LOS AÑOS DE JOHNSON: 1963-1968

LA POLITICA INTERNA BAJO JOHNSON

Al poco tiempo de tomar la presidencia en 1963, Johnson presentó una serie de propuestas de legislación social de gran alcance.

LA GRAN SOCIEDAD

El propósito de Johnson era convertir a los Estados Unidos en una "Gran Sociedad", al proveer oportunidades para todos los estadounidenses y mejorar su vida. Su Gran Sociedad era el programa más ambicioso de reforma social apoyado por un presidente desde el Nuevo Trato de Roosevelt. Cuando Johnson fue elegido presidente por su cuenta en 1964, se sintió bastante seguro como para sugerir legislación adicional para expandir su programa de la Gran Sociedad.

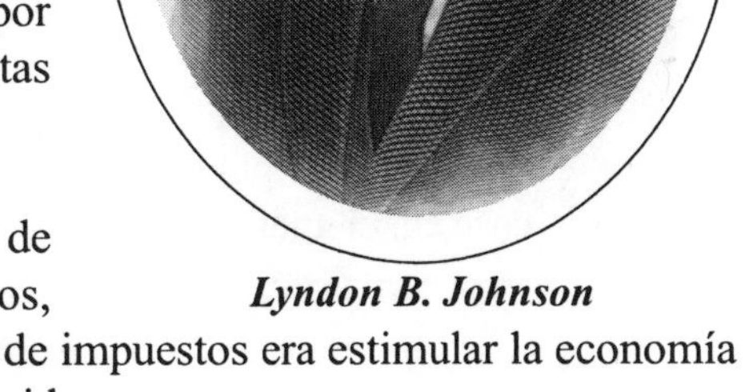

Lyndon B. Johnson

Ley de Derechos Civiles. Lyndon Johnson presionó ante el Congreso el programa más extenso de legislación sobre los derechos civiles desde la Reconstrucción. Este incluía las Leyes de Derechos Civiles de 1964, la Enmienda XXIV, que abolía toda capitación y la Ley de Votación de 1965. La sección previa sobre el movimiento por los derechos civiles contiene una discusión más amplia de estas leyes.

La reducción de impuestos. Johnson obtuvo una reducción de 11 billones de dólares en impuestos personales y corporativos, previamente propuesta por Kennedy. El propósito de la reducción de impuestos era estimular la economía al dejar más dinero en las manos de los inversionistas y los consumidores.

La "guerra contra la pobreza". Johnson declaró una "guerra contra la pobreza". La Ley de Oportunidades Económicas (1964) formó un nuevo departamento para administrar los programas establecidos por la ley. Estos incluían:

- Los **Cuerpos de Trabajo**, un programa destinado a entrenar a los jóvenes menesterosos.
- **VISTA** (Voluntarios en Servicio a los Estados Unidos) que era un "Cuerpo de Paz" interno de voluntarios que ofrecían sus servicios en regiones en desventaja económica.

La ayuda federal a la educación. La Ley de Instrucción Elemental y Secundaria de 1965 dio más de un billón de dólares a distritos escolares locales. La Ley de Instrucción Superior proporcionó fondos para becas y formó un Cuerpo Nacional de Maestros. "Head Start" proporcionó fondos para ayudar a los niños necesitados a asistir a la escuela primaria. Toda ayuda federal se ofrecía con la condición de que se desegregaran los distritos escolares locales.

PERFILES EN LA HISTORIA

César Chávez

Chávez nació en 1927, en la granja de sus padres en Arizona. Durante la Depresión la familia perdió su granja, por no poder pagar los impuestos y se convirtieron en trabajadores inmigrantes. Chávez fue un católico devoto y siguiendo las enseñanzas de Martin Luther King, creía en la resistencia pacífica como vía para alcanzar la justicia social. En los años 1950, cuando Chávez comenzó a organizar comunidades, las condiciones de vida de los agricultores inmigrantes eran pésimas. Fue por esto que decidió que la mejor forma de organizarlos era por medio de los sindicatos. Enfrentó diversos obstáculos durante su lucha por la sindicalización. Sin embargo, Chávez los organizó en lo que se llamó "Union de Agricultores de América" y en 1965 dirigió a los recogedores de uvas en una huelga que duró cinco años. Algunos estadounidenses boicotearon los vinos y uvas de California, obligando a los jefes de los agricultores a acceder a las demandas de Chávez; el nivel de vida de los agricultores mejoró considerablemente.

La ayuda a las ciudades. La Ley de Viviendas y Desenvolvimiento Urbano creó un puesto de gabinete encargado de los programas destinados a ayudar las ciudades del país. Se gastaron billones de dólares en la planificación urbana, la rehabilitación de los barrios bajos, la subvención de alquiler para los pobres y la reconstrucción de edificios.

LA GRAN SOCIEDAD CAE VICTIMA DE LA GUERRA DE VIETNAM

A pesar de las tremendas sumas gastadas en la Gran Sociedad, muchos estadounidenses permanecieron pobres. Entretanto, la intervención de Johnson en la Guerra de Vietnam se hizo cada vez más costosa, obligándolo a retirar fondos de los programas de la Gran Sociedad. A causa de su fracaso en Vietnam, Johnson anunció que no sería candidato presidencial en 1968. Sin embargo, la Ley de Derechos Civiles y la "acción afirmativa" permanecieron como los alcances duraderos de la era de Johnson.

LA POLITICA EXTERNA BAJO JOHNSON

El acontecimiento principal en la política externa del gobierno de Johnson fue la creciente participación estadounidense en Vietnam. Este tema se discute de lleno en el Capítulo l6.

TERMINOS PARA RECORDAR

Suburbios, Nueva Frontera, Cuerpos de Paz, Gran Sociedad, guerra contra la pobreza

LA CULTURA DE LA JUVENTUD DE LOS AÑOS SESENTA

LAS RAICES DE LA CULTURA DE LOS AÑOS SESENTA

A causa del auge de la natalidad en la postguerra, un gran número de estadounidenses llegó a sus veintes en la década de los 1960 y 1970. Esta generación estuvo bajo la influencia de la prosperidad de los años 1950, los nuevos métodos laxos de crianza de los niños, introducidos por expertos como el **Dr. Benjamin Spock**, y la televisión que los exponía al mundo. En su adolescencia, estos individuos también estuvieron expuestos al idealismo de Kennedy y los primeros años de Johnson.

UNA NUEVA REBELDIA

A diferencia de los estudiantes universitarios de los años 1950, los "baby boomers" tenían altas expectativas y una actitud de franco cuestionamiento al sistema vigente. Se oponían a las reglas sociales de sus mayores. Esta actitud con el tiempo produjo un ánimo de rebelión. Según alcanzaban la mayoría de edad, los "baby boomers" se oponían a la burocracia y al estilo impersonal y mecánico de vida de los Estados Unidos. Desafiaban el materialismo de los que estaban a cargo de la sociedad estadounidense, y que ellos llamaban el "**establishment**". Estaban escandalizados por la indiferencia del "establishment" ante la pobreza, la contaminación del ambiente y otros problemas que existían en los Estados Unidos y a través del mundo. La formación de la **Sociedad Estudiantil por una Sociedad Democrática** (S.D.S.) en 1960 y el movimiento de "libertad de palabra" en la Universidad de California en Berkeley en 1964, fueron síntomas de ese nuevo ánimo.

NUEVAS FORMAS DE RECREACION

La nueva "**cultura de la juventud**" fue especialmente influida por la música rock. Los Beatles de Inglaterra introdujeron nuevas modas y pelo largo para los varones ya en 1963. El pelo largo se convirtió en símbolo de la nueva cultura. La cultura de la juventud fue igualmente influida por una mayor libertad sexual, estimulada por "la píldora" anticonceptiva, y la disponibilidad de drogas como la marijuana y el L.S.D., un alucinante. Ya sin vínculos con la tradición, los jóvenes se sentían libres para experimentar con las drogas y el sexo. Adoptaron nuevos estilos como pantalones acampanados, sartas de cuentas y ropa de colores para distinguirse de la gente tradicional. Algunos de los llamados "**hippies**" abandonaron por completo la vida convencional estadounidense y se apartaron a comunas autosuficientes.

EL MOVIMIENTO CONTRA LA GUERRA

Muchos jóvenes estaban muy interesados en la política. Hacia el fin de los años 1960, sus preocupaciones se concentraron en la creciente participación estadounidense en Vietnam. En 1968, los jóvenes comenzaron a protestar por la participación del país en la guerra. En 1970, la mayoría de los recintos universitarios fueron cerrados por las protestas estudiantiles contra la invasión estadounidense en Camboya. Las protestas siguieron hasta que los Estados Unidos se retiraron de la guerra en 1973. El fin de la guerra y un nuevo ambiente competitivo causado por la recesión económica pusieron fin a la atmósfera liberal de los años 1960 en las universidades. Sin embargo, los años 1960 dejaron su huella al formar una sociedad estadounidense que era más liberal, más relajada y más pluralista que antes.

TERMINOS PARA RECORDAR

Establishment, Sociedad Estudiantil por una Sociedad Democrática (S.D.S), cultura de la juventud, hippies

EL MOVIMIENTO DE LIBERACION FEMENINA

Uno de los sucesos más importantes de los años 1960 fue el principio del movimiento de "liberación femenina".

LAS MUJERES DESDE LOS AÑOS 1940 HASTA LOS 1960

Después de obtener el derecho al voto en 1920 con la sanción de la Enmienda XIX, las mujeres siguieron progresando paulatinamente en las décadas siguientes:

1941-1945. Durante la Segunda Guerra Mundial, millones de mujeres entraron en la fuerza de trabajo para llenar los puestos abandonados por la partida de los hombres, tal como lo habían hecho en la Primera Guerra Mundial. Sin embargo, las mujeres seguían ganando en promedio menos de la mitad de los sueldos de los hombres.

1945-1960. Durante los años de la postguerra, parecía que el progreso de las mujeres había llegado a su cumbre, porque cesó el avance constante en la adquisición de derechos femeninos. En el gran "baby boom" de la postguerra, la mayoría de las mujeres se encontraban desempeñando el papel tradicional de esposa y madre. Las películas, la televisión y las revistas populares tendían a reforzar la imagen de la mujer como madre y ama de casa. A las mujeres casadas, que no se conformaban con la idea de la mujer como ama de casa, se las miraba con desdén.

RENACE EL MOVIMIENTO DE LIBERACION FEMENINA

Los movimientos feministas anteriores, concentraban sus esfuerzos primordialmente en lograr el sufragio femenino. A diferencia de eso, el movimiento de liberación femenina de los años 1960, estaba orientado principalmente a lograr la igualdad económica y social. Hubo varias razones por las que el movimiento resurgió repentinamente en este tiempo.

El descontento entre las mujeres. Muchas mujeres estaban disgustadas con su papel de amas de casa. Querían la libertad para entrar en el mundo profesional, trabajar fuera del hogar y ganar sueldos, como lo hacían los hombres.

La influencia del movimiento por los derechos civiles. El éxito del movimiento por los derechos civiles en atraer la atención hacia los problemas de los negros, inspiró a las mujeres a luchar por su igualdad con los hombres. Muchas de las dirigentes del movimiento feminista habían sido activistas en el movimiento por los derechos civiles. Para promover los derechos femeninos adoptaron muchos de los mismos métodos, tales como organizaciones, cabildeo, manifestaciones, boicoteo y huelgas.

Dirección dinámica. Las mujeres bien instruidas y talentosas, proporcionaron dirección dinámica.

- **Betty Friedan**. En 1963, el libro de Betty Friedan *La mística femenina*, rompió con la idea de que todas las mujeres estuvieran felices y contentas con llevar una vida como madres y amas de casa. Friedan notaba que las mujeres estaban tan capacitadas como los hombres, y que se les debería dejar competir por los mismos empleos y carreras. En 1966, Friedan participó en la formación de la **Organización Nacional para Mujeres** (**NOW**), que se convirtió en la voz principal del movimiento feminista.

- **Gloria Steinem** fundó una revista mensual, *Ms*., dedicada a las cuestiones y asuntos femeninos.

La influencia de la sociología. Los sociólogos, entre ellos mujeres como **Margaret Mead** y **Simone de Beauvoir**, comenzaron a fijarse en la posición de las mujeres. Vieron su baja posición en la sociedad occidental no como resultado de una desigualdad biológica sino más bien como una consecuencia de la estructura del poder dominada por los varones.

La "revolución sexual". La psicología freudiana hizo que la gente fuese más franca con relación a sus sentimientos sexuales. Se ofrecían cursos de educación sexual en las escuelas, y las píldoras contraceptivas protegían a las mujeres del embarazo. En este nuevo ambiente, el movimiento de liberación femenina atacaba el mito de la pasividad femenina. Además, las mujeres comenzaron a expresar con más fuerza sus objeciones a ser tratadas como "objetos sexuales" en vez de como seres humanos completos.

LAS CONSECUENCIAS DEL MOVIMIENTO DE LIBERACION FEMENINA

Los objetivos del movimiento de liberación femenina tuvieron gran alcance. Las mujeres buscaban más libertad y una vida social y económica más completa.

Educación. Como resultado de la **Ley de Igual Acceso a la Educación** (1972), las universidades que reciben ayuda federal no pueden discriminar en las admisiones basándose en diferencias de sexo. Con excepción de unas pocas, las universidades se volvieron coeducativas. Los programas de acción afirmativa, tratando de rectificar los abusos de la discriminación del pasado, fomentaban la contratación de profesoras. Las universidades comenzaron a ofrecer cursos sobre la historia de las mujeres y sus contribuciones a la sociedad. Finalmente, se obtuvo un trato más justo de las mujeres en las admisiones a las academias militares, escuelas de derecho y escuelas superiores de negocios.

Empleo. El movimiento de liberación femenina trató de terminar con la discriminación en la contratación y de establecer igualdad en las oportunidades de empleo para mujeres. Las mujeres querían tener puestos de responsabilidad. Querían leyes que requiriesen que las compañías diesen vacaciones de maternidad y ayuda federal para las guarderías de niños. El movimiento feminista logró alcanzar algunos de estos propósitos. En 1963, el Congreso estableció la **Ley de "Pago Igual"** que requería que las empresas pagaran a las mujeres el mismo sueldo que recibían los hombres por el mismo trabajo. La Ley de Derechos Civiles de 1964 prohibió la discriminación en la contratación basada en sexo así como en raza o nacionalidad. Los programas de acción afirmativa requerían que las compañías con contratos federales estableciesen metas para contratar a más mujeres. En la actualidad, un número creciente de puestos ejecutivos y gerenciales están ocupados por mujeres.

A pesar de estos éxitos, los críticos sostienen que las mujeres en general todavía no reciben el mismo pago por trabajo igual. Ciertos tipos de empleo que tienen grandes números de mujeres—como las enfermeras—ofrecen sueldos más bajos que los empleos ocupados por hombres de pericia equivalente.

Nuevas actitudes populares. Uno de los objetivos principales del movimiento fue crear nuevas actitudes populares hacia las mujeres. Sólo con cambiar las actitudes de la gente, argumentaban los afiliados del movimiento, las mujeres podrían lograr la "liberación" de las funciones tradicionales y de la posición inferior asociada con esas funciones. El feminismo tuvo un fuerte impacto en la vida estado-unidense.

Se criticaban los concursos de belleza femenina y se introdujo el título de "Ms." para reemplazar "Miss" y "Mrs." (que revelaban el estado civil de la mujer). Se combatían los términos "sexistas" usados en los nombres de ocupaciones (como médico, juez, poeta) y el uso de mujeres como objetos sexuales en la propaganda. Las dirigentes del movimiento luchaban contra la discriminación sexual en clubes de la élite social y contra textos que pasaban por alto las contribuciones y las experiencias de las mujeres. Los hombres que seguían tratando a las mujeres como inferiores fueron denominados "chauvinistas masculinos".

Se cabildeó para más fondos para la investigación de enfermedades femeninas como el cáncer ovárico y del seno, así como para problemas de las mujeres, como la violación y la violencia doméstica.

Según las mujeres asumían más responsabilidad en el trabajo, instaban a que los hombres y las mujeres compartiesen quehaceres domésticos como la cocina y la limpieza.

FRACASA LA ENMIENDA DE DERECHOS IGUALES

Un fracaso del movimiento de liberación femenina fue la imposibilidad de hacer que se estableciera la Enmienda de Derechos Iguales (ERA), que garantizara a las mujeres derechos iguales a los de los hombres. Los adversarios de la enmienda argumentaban que las mujeres ya tenían derechos iguales. Otros temían que la sanción de la ERA requiriese a las mujeres el servicio militar obligatorio. Aunque fue aprobada por el Congreso en 1972, la enmienda no fue ratificada por un suficiente número de estados.

LA CUESTION DEL ABORTO

El aborto es la terminación deliberada de un embarazo no deseado. La Corte Suprema fue involucrada en este asunto tan controversial.

Roe vs. Wade (1973). Jane Roe (un nombre ficticio) trató de poner fin a su embarazo. Fue arrestada por violar una ley estatal que consideraba el aborto como un crimen, a menos que estuviese en peligro la vida de la mujer. La Corte falló que el derecho constitucional de la mujer a la discreción le garantizaba el derecho al aborto sin restricciones en el primer trimestre del embarazo y derechos restringidos en el segundo. Esta decisión de la Corte Suprema trastocó las leyes estatales que prohibían todo aborto en el primer trimestre.

Webster vs. Reproductive Health Services (1989). La Corte Suprema apoyó una ley de Misuri que restringía el uso de fondos estatales por las clínicas que hacían abortos. La ley prohibe que los abortos se lleven a cabo en establecimientos públicos, o que sean realizados por empleados públicos. La Corte sostuvo el derecho del estado para decretar leyes restrictivas que limiten los abortos. Esta decisión volvió a traer al nivel estatal toda la cuestión del aborto.

El debate sobre el aborto se ha convertido hoy en una de las cuestiones más controversiales en los Estados Unidos. Muchas personas se han agrupado en torno a posiciones diametralmente opuestas.

EL ARGUMENTO PRO-VIDA	EL ARGUMENTO PRO-ELECCION
Este grupo se opone a los abortos, argumentando que cada vida es preciosa. Sostiene que la vida comienza con la concepción y que el abortar un feto es someterlo a una muerte horrible y dolorosa. El aborto es un asesinato. Sólo a Dios se le puede permitir la determinación de quién vive y quién muere. El estado tiene la obligación de proteger al feto. Si la mujer no está interesada en proteger al feto, el estado debe defender la causa del que no ha nacido.	Este grupo cree que el aborto es un asunto privado, que debe dejarse a la discreción de la mujer y de su médico. Se opone a que las creencias religiosas de un grupo se impongan en otros. Opina que el aborto legal es un derecho humano fundamental, como la libertad de palabra, y que debe dejarse a la mujer el control de su cuerpo. Argumenta que si se prohiben los abortos, esto sólo prevendrá los abortos legales de poco riesgo y aumentará la cantidad de abortos peligrosos "de callejón".

TERMINOS PARA RECORDAR

Organización Nacional para Mujeres, Enmienda ERA, aborto, *Roe vs. Wade*, *Webster vs. Reproductive Health Services*, pro-vida, pro-elección

RAZONES PARA SU DESARROLLO

- Legado de los movimientos feministas anteriores
- Influencia del movimiento por los derechos civiles
- Surgimiento de líderes dinámicas
- Revolución sexual de los años 1960
- Denegación continua de igualdad social y económica

MOVIMIENTO DE LA LIBERACION DE LAS MUJERES

CONSECUENCIAS DEL MOVIMIENTO

- Más mujeres en la fuerza de trabajo
- Más mujeres en las profesiones
- Surgimiento de las mujeres como fuerza política
- Expansión de derechos sociales y legales

PERSONAJES DE LA EPOCA

PHYLLIS SCHLAFLY (ACTIVISTA)

Phyllis Schlafly ve el movimiento de liberación femenina como una amenaza al papel tradicional de la mujer. Mantiene que habla en nombre de la mayoría de las mujeres que creen que no hay un papel más importante para la mujer que el de criar a los niños y ser una buena ama de casa. Se opone al establecimiento de la Enmienda E.R.A., que ella ve como una amenaza a la "condición especial" de las mujeres en la sociedad.

DR. BENJAMIN SPOCK (PEDIATRA)

El libro del Dr. Benjamin Spock, *El cuidado del bebé y del niño*, tuvo un efecto significativo en la forma en que las madres criaban a los niños. El Dr. Spock aconsejaba a los padres que fueran menos estrictos con sus hijos —que diesen de comer a los bebés cuando tuvieran hambre y los abrazaran cuando lloraban—en vez de seguir un horario rígido e inflexible. Esto contrastaba con lo que se aconsejaba a las madres anteriormente. En los años 1960 y 1970 el Dr. Spock fue un crítico franco de la política de los EE. UU. en Vietnam.

JOHN FOSTER DULLES (MINISTRO DE RELACIONES EXTERIORES)

En los seis años que John Foster Dulles sirvió de secretario de estado de Eisenhower, llegó a ser la persona central que dirigía la política externa de los EE. UU. Siguiendo su percepción altamente moral del mundo, convenció a Eisenhower a cambiar de la política de contención a una que hiciese retroceder el comunismo en el mundo.

RALPH NADER (ABOGADO DEL CONSUMIDOR)

El libro de Ralph Nader, *Peligroso a cualquier velocidad*, expuso el fracaso de la industria automovilística en producir coches seguros. Atacó a los fabricantes por estar más preocupados por sus ganancias que por construir autos seguros. Su libro presionó al Congreso a decretar legislación que presionó a construir automóviles menos peligrosos. Nader sigue con su rastrilleo a beneficio del consumidor en muchos otros campos.

RACHEL CARSON (AMBIENTALISTA)

Rachel Carson estaba a la cabeza del movimiento para instruir a los estadounidenses sobre los peligros de los pesticidas. Su libro, *La primavera muda*, escrito en 1962, fue la voz de alarma que permitió a los estadounidenses darse cuenta de la destrucción de la vida vegetal y animal causada por el uso de insecticidas y pesticidas. Advertía que iba a llegar el tiempo en que perecería la vida silvestre y las fuentes de alimentos estarían demasiado contaminadas para el uso humano.

JOAN BAEZ (CANTANTE)

Joan Baez, famosa cantante folklórica, nació en Nueva York y es hija de padres méxico-estadounidenses. En los años 1960 se convirtió en defensora de los derechos civiles y de la campaña en contra de la Guerra de Vietnam, haciendo presentaciones y demostraciones. También marchó con César Chávez y el Dr. Martin Luther King, Jr.

THURGOOD MARSHALL (MAGISTRADO DE LA CORTE SUPREMA)

Thurgood Marshall, nombrado por el Presidente Johnson en 1967, fue el primer negro asignado a la Corte Suprema. Como abogado del Fondo de Defensa de la N.A.A.C.P., y su co-fundador, Marshall presentó en 1954 ante la Corte Suprema el caso de *Brown vs. Board of Education*. Su subsiguiente nombramiento a la Corte coronó su gloriosa carrera en la jurisprudencia.

S.I. HAYAKAWA (SENADOR)

S.I. Hayakawa, un japonés-estadounidense, ha hecho contribuciones importantes a la sociedad estadounidense. Es un notable investigador y experto en la lengua inglesa y ha sido presidente universitario. También fue elegido por los votantes de California al Senado de los EE. UU. Es un activista en la lucha por hacer que el inglés sea declarado idioma oficial de los Estados Unidos (Movimiento del "English only").

BOB DYLAN (CANTANTE)

Bob Dylan fue un conocido cantautor en los años 1960. Muchas de sus canciones reflejaban los sentimientos de la época. Su canción "Blowing in the Wind" llegó a simbolizar el sentimiento de creciente inquietud de la generación joven. Su música influyó en muchos cantantes de rock-and-roll como los Beatles, los Byrds y Jimi Hendrix.

Para otros personajes de este período, véase Louis Sullivan, la Abuelita Moses y Betty Friedan en la sección "Un examen de la cultura".

LA CONSTITUCION EN MARCHA

LEGISLACION IMPORTANTE

LA LEY DE DERECHOS CIVILES DE 1964 y LA LEY DE DERECHOS CIVILES DE 1968

Uno de los alcances de más importancia del programa de la Gran Sociedad de Johnson fue la Ley de Derechos Civiles de 1964. Esta ley prohibió la discriminación en el voto, el empleo y el hospedaje público. Además, estableció la Comisión de Igual Oportunidad de Empleo para asegurar trato justo para todas las minorías. La Ley de Derechos Civiles de 1968 extendió la prohibición de discriminación racial a la venta o arriendo de viviendas.

LA LEY MEDICARE DE 1965

El programa del Seguro Social se expandió para proporcionar cuidado médico, seguro de hospitalización y asistencia de enfermeros a personas de más de 65 años.

PROCESOS JURIDICOS DE IMPORTANCIA

Los acontecimientos de los años de Kennedy y Johnson, especialmente con respecto al movimiento por los derechos civiles, no se pueden comprender sin referencia a la Corte Suprema bajo su Presidente Earl Warren. La Corte de Warren llegó a ser un fuerte partidario de los derechos civiles. En su interpretación de la Constitución, la Corte defendió lo que percibía como derechos del individuo. La Corte se convirtió en un instrumento importante del cambio social, protegiendo los derechos que las otras instituciones parecían demasiado débiles para defender.

Algunos críticos se oponían a ese activismo judicial, argumentando que la Corte debía dejar estas cuestiones a las ramas elegidas del gobierno. Otros críticos opinaban que la Corte de Warren fue demasiado lejos al formular derechos —especialmente los derechos de los acusados de crímenes, lo que hacía difícil la protección de la sociedad por la policía. Sin embargo, la Corte obró por un sentido de responsabilidad hacia la protección de los derechos individuales, que creía provenir de la Constitución.

Cuando las otras ramas no llegaron a proteger esos derechos, la Corte creía que era su obligación intervenir tan pronto como un caso apropiado venía a su jurisdicción.

Earl Warren

MAPP vs. OHIO (1961)

Trasfondo: Se sospechaba que Dollree Mapp guardaba materiales de juegos de azar en su casa. Cuando la policía llegó para registrarla, Mapp se negó a admitirla. Fue arrestada cuando trató de prevenir la entrada de la policía. Durante el registro se encontraron materiales obscenos, prohibidos por una ley de Ohio. Mapp creía que sus derechos bajo la Cuarta Enmienda habían sido violados.

Decisión/Importancia: La Corte Suprema estuvo de acuerdo con Mapp en que su derecho de protección contra "búsquedas y embargos irrazonables" había sido violado por la policía. Como resultado del caso, se prohibe que los oficiales estatales y locales usen en la corte evidencia obtenida en un registro ilegal.

BAKER vs. CARR (1962)

Trasfondo: Hacia el fin del siglo XIX y a principios del XX, la población del país aumentó rápidamente. También, grandes números de personas se mudaron de las regiones rurales a las ciudades. A menudo, las legislaturas estatales no llegaron a cambiar los límites de sus distritos electorales. Como resultado, la población en ciertas zonas rurales estaba representada en exceso, mientras que algunas ciudades no estaban adecuadamente representadas ante sus legislaturas estatales y en el Congreso.

Decisión/Importancia: En el pasado, la Corte Suprema se negó a opinar sobre el asunto, sosteniendo que la cuestión no era legal sino política. La Corte declaró ahora que las cortes federales pueden redistribuir los distritos legislativos. La decisión llevó a la formación de nuevos distritos electorales, que eran de proporciones similares, basados en el principio de "una persona, un voto".

GIDEON vs. WAINWRIGHT(1963)

Trasfondo: Clarence Gideon fue arrestado por hurto. Era demasiado pobre para tener un abogado, y no se le proporcionó un defensor. Su petición de un abogado fue rechazada porque bajo las leyes de la Florida, se nombraba a un abogado sólo en un caso de pena capital.

Decisión/Importancia: La Corte declaró que fue violado el derecho de Gideon, provisto en la Sexta Enmienda, a tener abogado aún en un caso no capital. El fallo de este caso requería que todos los estados proporcionasen gratis los servicios de un abogado a todos los que no pudieran permitirse el pago de uno.

MIRANDA vs. ARIZONA (1966)

Trasfondo: Ernesto Miranda fue arrestado por raptar y violar a una joven. Después de aparecer en una fila de policía, Miranda confesó el crimen. La policía no le dijo que tenía el derecho de callar y que no tenía que contestar sus preguntas. Tampoco se le informó que podía tener presente un abogado que le aconsejara.

Decisión/Importancia: La Corte Suprema revocó la convicción de Miranda. Ahora, se requiere que la policía informe a todos los sospechosos que tienen el derecho de callar, de tener un abogado presente durante las indagaciones y que les advierta que sus palabras pueden ser usadas contra ellos. Esto se conoce como los derechos "Miranda".

El siguiente caso se decidió cuando Earl Warren ya no era Presidente de la Corte.

UNIVERSITY OF CALIFORNIA vs. BAKKE (1978)

Trasfondo: Alan Bakke, un joven blanco, se le negó la admisión a una escuela de medicina que aceptaba a negros, chicanos y asiáticos con credenciales académicas menos deseables que las de Bakke. La escuela de medicina sostenía que se usaban las admisiones especiales para rectificar la discriminación racial del pasado. Bakke argumentaba que esto era discriminación racial a la inversa.

Decisión/Importancia: Aunque la Corte Suprema ordenó la admisión de Bakke, dijo que las escuelas podían tomar en cuenta la raza como factor de admisiones. Sin embargo, no podían tener cuotas específicas para diferentes grupos raciales. La decisión fue importante porque sostuvo el principio de acción afirmativa.

LAS ENMIENDAS CLAVE

ENMIENDA XXIV (1964)

A los ciudadanos no se les podía cobrar capitación en las elecciones federales.

ENMIENDA XXV (1967)

La Constitución original no proveía un procedimiento para el caso de que el presidente quedara incapacitado y no pudiera desempeñar su cargo. Después del asesinato de Kennedy, se ratificó la Enmienda XXV. Esta requería que el Vicepresidente asumiera la presidencia después de la muerte o renuncia del Presidente. También se establecieron procedimientos para determinar cuándo el Presidente estaba demasiado incapacitado para desempeñar su cargo.

RESUMEN DE TU COMPRENSION

Instrucciones: ¿Entendiste bien lo que acabas de leer? Comprueba tu comprensión al responder a las siguientes preguntas.

TERMINOS PARA RECORDAR

En una hoja aparte, define brevemente los siguientes términos:

- *Brown vs. Board of Education*
- Acción afirmativa
- Poder negro
- Nueva Frontera
- Movimiento por los derechos civiles
- Gran Sociedad
- Enmienda de Derechos Iguales
- Pro-vida
- Pro-elección
- *Roe vs. Wade*
- *Webster vs. Reproductive Health Services*
- La Corte bajo Warren

EL MOVIMIENTO POR LOS DERECHOS CIVILES

El movimiento de los derechos civiles de los años 1950 y 1960 fue un punto crítico en la historia estadounidense. Resume tu comprensión de este movimiento al contestar las siguientes preguntas:

- ¿Cuáles fueron algunos alcances importantes que el movimiento por los derechos civiles logró en el camino hacia la igualdad?
- ¿Por qué el movimiento por los derechos civiles se tornó más militante en los años 1960?

LA ADMINISTRACION DE KENNEDY Y DE JOHNSON

Durante la presidencia de Kennedy y de Johnson, ocurrieron muchos cambios en los Estados Unidos. Resume tu comprensión de estos cambios al contestar las siguientes preguntas:

- ¿Qué cambios tuvieron lugar en la política externa en los Estados Unidos durante la presidencia de Kennedy?
- ¿Cómo trató la Gran Sociedad del Presidente Johnson de expandir las reformas sociales en el país?

LA CULTURA DE LOS AÑOS SESENTA

La década del 1960 se distinguió por un cambio en la tradición y por un espíritu de rebelión. ¿En qué forma los años sesenta reflejaron este creciente sentido de inquietud?

EL MOVIMIENTO DE LIBERACION FEMENINA

A diferencia de los movimientos feministas anteriores, que enfocaron su atención primordialmente en obtener el sufragio femenino, el movimiento de la liberación femenina se dirigió principalmente a lograr igualdad social y económica. Resume tu comprensión de este movimiento respondiendo a las siguientes preguntas:

- ¿Qué factores ocasionaron el movimiento de liberación de la mujer?
- ¿Cuáles fueron algunos de los logros y fracasos del movimiento de liberación femenina?
- ¿Cómo el debate sobre abortos llegó a dividir la nación?

LA CORTE BAJO WARREN

La Corte bajo Warren se convirtió en defensora de las minorías y de los derechos de los acusados. Resume tu comprensión de la Corte de Warren al contestar las siguientes preguntas:

- ¿Qué casos, decididos por la Corte bajo Warren, trataron de lograr derechos iguales para las minorías y proteger a los acusados de un crimen?

- ¿Cómo alcanzó cada caso derechos iguales para las minorías, y extendió protecciones a los acusados de un crimen?

LOS PERSONAJES DE LA EPOCA

Los individuos a menudo tienen una influencia importante en la vida política, económica o social de sus tiempos. ¿Qué individuo crees que tuvo el impacto más grande en el período presentado en este capítulo? Explica el porqué.

COMPRUEBA TU COMPRENSION

Instrucciones: Comprueba tu comprensión de esta unidad al contestar las siguientes preguntas. Selecciona la mejor contestación. Luego dirígete a los ensayos.

DESARROLLO DE DESTREZAS: ANALISIS DE UNA CARICATURA

Basa tus respuestas a las preguntas 1 a 3 en la siguiente caricatura y en tu conocimiento de estudios sociales.

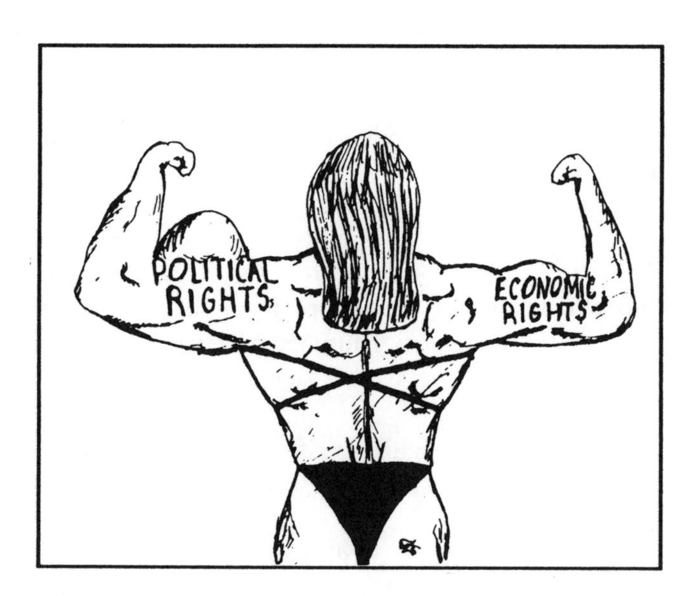

1 ¿Cuál persona probablemente sostendría que el caricaturista representó con exactitud la presente posición de la mujer en los Estados Unidos?
1 un feminista
2 una levantadora de pesas
3 un industrial
4 un granjero

2 ¿Cuál es la idea principal de la caricatura?
1 Las mujeres tienen iguales derechos políticos que los hombres.
2 Las mujeres tienen que lograr más derechos económicos.
3 Todas las personas fueron creadas con derechos iguales.
4 Los derechos políticos son más importantes que los derechos económicos.

3 ¿Cuál es la situación que probablemente apoyaría el caricaturista?
1 más importancia de las mujeres en el trabajo
2 la exclusión de las mujeres de las fuerzas armadas
3 un papel reducido de las mujeres en el gobierno
4 limitaciones en los abortos

A continuación hay citas de los escritos de tres autores africano-estadounidenses. Basa tus respuestas a las preguntas 4 y 5 en sus aseveraciones y en tu conocimiento de la historia de los EE. UU.

Autor A: "El negro debe tener un país y una patria propia... No los animen a creer que van a ser socialmente iguales a los blancos en los Estados Unidos, sin mostrar primero al mundo que son por su propia cuenta capaces de desenvolver su propia civilización."

Autor B: "Nuestro mayor peligro es que, en el gran salto de la esclavitud a la libertad, dejemos de ver el hecho de que la mayoría de nosotros ha de vivir del trabajo de nuestras manos, y dejemos de tener presente que vamos a prosperar en la medida en que aprendamos a dignificar y a glorificar la labor común y pongamos cerebro y pericia en las ocupaciones ordinarias de la vida."

Autor C: "Participamos en la agitación. Llevamos nuestros problemas hasta las cortes. Exigimos el derecho al voto. Enviamos a nuestros hijos a la universidad. Estimulamos el arte y la literatura negra. Estudiamos la historia africana pasada y presente. Declaramos que las razas de color estaban destinadas por lo menos a participar en la herencia de la humanidad."

4 Los líderes nacionalistas negros del siglo XX probablemente estarían más de acuerdo con las aseveraciones de los autores
1 A y B
2 A y C
3 B y C
4 A, B y C

5 ¿Cuál de los siguientes probablemente apoyaría las opiniones del autor A?
1 Malcolm X
2 Martin Luther King, Jr.
3 Thurgood Marshall
4 Jesse Jackson

Basa las respuestas a las preguntas 6 a 8 en la siguiente cita de un pronunciamiento de la Corte Suprema de los EE. UU. y en tu conocimiento de estudios sociales.

> "Concluimos que en el campo de la educación pública la doctrina de 'separados pero iguales' no tiene lugar. Los institutos de enseñanza separados son inherentemente desiguales. Por lo tanto, ... los demandantes ... están, a causa de la segregación ..., privados de la igualdad de protección por las leyes garantizada por la Enmienda Decimocuarta."

6 Esta cita de la Corte Suprema es una revocación de la decisión originalmente declarada en el caso de
1 *Plessy vs. Ferguson*
2 *Gideon vs. Wainwright*
3 *Roe vs. Wade*
4 *Miranda vs. Arizona*

7 ¿En qué época habrá hecho la Corte Suprema la decisión citada?
1 1860-1890
2 1900-1920
3 1920-1940
4 1940-1970

8 Esta decisión de la Corte Suprema está basada en la idea de que la segregación en la enseñanza probablemente llegaría a
1 negar a los individuos la posibilidad de progresar social y económicamente
2 crear innecesarios problemas administrativos en las escuelas del país
3 poner carga excesiva en los sistemas de transporte escolar
4 resultar en injustos aumentos en los impuestos para mantener un doble sistema escolar

---

9 ¿Qué persona está correctamente pareada con el movimiento con que se asocia?
1 Jane Addams/Movimiento sufragista
2 Betty Friedan/Movimiento feminista
3 Rachel Carson/Movimiento pro-vida
4 Eleanor Roosevelt/Movimiento conservador

10 Una persona afiliada con NOW probablemente estaría en favor de
1 otorgar poder a gobernadores estatales
2 aumentar el presupuesto militar
3 mejores oportunidades para las mujeres
4 el separatismo negro

11 En *Roe vs. Wade*, la Corte Suprema falló que
1 la segregación racial en las escuelas públicas es inconstitucional
2 la Corte tiene el poder de declarar como inconstitucionales las leyes federales
3 las mujeres merecen pago igual por trabajo igual
4 el derecho a la intimidad permite a las mujeres tener abortos

12 Los términos "hippies", "cultura de la juventud" y "anti-establishment" probablemente serían discutidos en un ensayo sobre la década de los
1 1940
2 1950
3 1960
4 1980

13 El estudio del arte, música y literatura de una nación nos ayuda a comprender mejor
1 su progreso económico
2 su desarrollo político
3 sus valores culturales
4 su progreso técnico

14 El Nuevo Trato de Roosevelt y la Gran Sociedad de Johnson tenían en común la idea de que
1 el comercio extranjero debe reducirse al mínimo
2 el gobierno federal debe ayudar a satisfacer las necesidades económicas de los desdichados
3 los impuestos deben elevarse para estimular que los consumidores compren
4 deben nacionalizarse las industrias principales

15 ¿Cuál de las siguientes descripciones caracteriza mejor las decisiones de la Corte Suprema de los EE. UU. bajo Earl Warren en los años 1950 y los 1960?
1 activista, con una manera liberal de interpretar la Constitución
2 circunspecta, con la filosofía de seguir la Constitución estrictamente
3 tradicional, con énfasis en los derechos estatales
4 conservadora, con énfasis en tratar severamente a los criminales

16 La diferencia fundamental entre las creencias de Malcolm X y Martin Luther King, Jr., tenían que ver con
1 el uso de la violencia para lograr igualdad racial
2 el deseo de la igualdad racial
3 el asunto de la intervenciones estadounidenses en Africa
4 la cuestión del orgullo de ser negro

17 ¿Cuál de las siguientes aseveraciones describe mejor una parte importante de la vida de los negros en el período entre la Primera y la Segunda Guerra Mundial?
1 Muchos negros se mudaron de vuelta al Sur para recobrar sus raíces.
2 La tensión racial aumentó a causa de la migración negra a las ciudades del Norte.
3 Decayó notablemente la influencia del Ku Klux Klan.
4 Los éxitos de los soldados negros en la Primera Guerra Mundial llevaron al trato justo de los negros.

18 En el caso de *Brown vs. Board of Education* (1954), la Corte Suprema decidió que
1 los institutos de enseñanza segregados son inconstitucionales
2 el transporte de los niños para eliminar la segregación es constitucional
3 la desobediencia civil para alcanzar derechos legales es constitucional
4 se permite cerrar escuelas públicas para evitar la integración

19 ¿Cuál aseveración resulta más claramente ilustrada por la decisión de la Corte Suprema en la decisión sobre *Brown vs. Board of Education*?
1 La Constitución asegura el control federal de la enseñanza en los estados.
2 El prejuicio racial ya no existe en los Estados Unidos.
3 Las personas de color obtuvieron igualdad económica y política con los blancos.
4 La interpretación de la Constitución por la Corte puede cambiar con el tiempo.

20 ¿Con qué declaración estaría más de acuerdo un partidario de la filosofía del Dr. Martin Luther King, Jr.?
1 Deben obedecerse todas las leyes de la sociedad.
2 Las manifestaciones contra las leyes injustas son moralmente correctas.
3 La desobediencia civil es dañina a la sociedad.
4 La violencia es aceptable si la causa es justa.

21 Los movimientos encabezados por Mahatma Gandhi de la India y Martin Luther King, Jr. se parecían en que ambos
1 apoyaban los intentos de derrocar los gobiernos establecidos
2 abogaban por la desobediencia civil para lograr cambio social
3 recurrían sólo a las clases altas para apoyo financiero
4 sus líderes acabaron ocupando un puesto político nacional

22 La cláusula de igual protección en la Enmienda XIV a la Constitución de los EE. UU., fue usada por el gobierno federal para justificar su intervención en cuestiones estatales que tenían que ver con
1 los derechos civiles
2 el nombramiento de jueces
3 el otorgamiento de títulos corporativos
4 la regulación de la moneda

23 ¿Cuál de los siguientes acontecimientos fue el resultado de los otros tres?
1 Se promulgaron las leyes de Derechos Civiles y Derecho de Votación en los años 1960.
2 A los negros se les impedía votar en varios estados.
3 Las leyes estatales apoyaban la segregación racial.
4 Se formó el movimiento por los derechos civiles.

24 ¿Qué actividad representa mejor la idea de acción afirmativa?
1 Una organización recluta activamente a mujeres y a miembros de minorías calificados para un programa de entrenamiento práctico en el empleo.
2 Una corporación contrata a las personas según su orden de llegada.
3 El único criterio de admisiones en una universidad es el resultado de un examen de entrada.
4 Una escuela para graduados acepta a todos los estudiantes que solicitan entrada.

25 "Bajo un gobierno que injustamente aprisiona a cualquiera, el lugar propio para un hombre justo es también la prisión."

—Henry David Thoreau

¿Qué idea apoyaría con más fuerza el autor de esta cita?
1 el control social
2 la conformidad
3 la suspensión de libertades civiles
4 la desobediencia civil

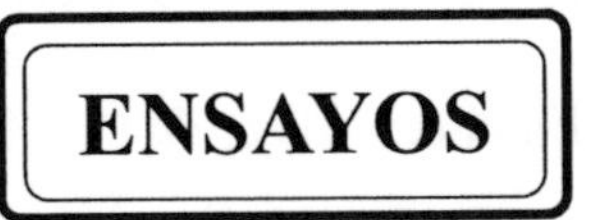

ENSAYOS

1 A lo largo de la historia de los Estados Unidos, varios grupos lucharon contra la discriminación.

Grupos

Mujeres
Africano-estadounidenses
Hispano-estadounidenses
Estadounidenses de origen asiático
Amerindios

Parte A

Escoge *uno* de los grupos enumerados. ____________________

Nombra *una* forma de discriminación enfrentada por ese grupo. ____________________

Describe *una* forma en la que el grupo trató de luchar contra la discriminación. ____________________

____

Escoge *otro* grupo. ____________________

Nombra *una* forma de discriminación encontrada por ese grupo. ____________________

Describe *una* manera en la que ese grupo trató de combatir la discriminación. ____________________

____

Parte B

En tu respuesta a la Parte B debes usar la información dada en la la Parte A. Sin embargo, también puedes incluir información adicional y distinta en tu respuesta a la Parte B.

Escribe un ensayo explicando cómo, a lo largo de la historia de los Estados Unidos, varios grupos lucharon contra la discriminación.

2 La dirección es un ingrediente esencial para el éxito de cualquier movimiento en la historia. A continuación, hay una lista de líderes pareados con el movimiento que dirigieron.

Líderes/ Movimientos

Eleanor Roosevelt/Derechos humanos
Martin Luther King, Jr./Movimiento por los derechos civiles
Betty Friedan y Gloria Steinem/Movimiento de la liberación femenina
Ralph Nader/Protección del consumidor
César Chavez/Derechos de labradores migratorios

Escoge *tres* de las parejas enumeradas. En el caso de *cada uno*, haz una evaluación de los logros del líder y del movimiento al discutir:

- el papel del líder en el movimiento
- las tácticas usadas por el movimiento
- el efecto del líder y del movimiento en la historia de los Estados Unidos

3 Los acontecimientos en los Estados Unidos a menudo causan controversias. En cada una de las declaraciones siguientes hay una controversia implícita:

Declaraciones

- Ningún grupo debe usar la violencia para lograr sus propósitos.
- Las mujeres deben recibir el mismo pago que los hombres en el mismo trabajo.
- Los patronos deben tener el derecho de contratar a los que quieran.
- El Presidente Kennedy debiera haber bombardeado a Cuba durante la crisis cubana de misiles.
- Todos los empleados de una compañía deben pertenecer a un sindicato.

Escoge *dos* declaraciones de la lista dada. En el caso de *cada* afirmación escogida:

- Nombra la controversia implícita en la declaración
- Discute brevemente el origen histórico de la controversia
- Presenta un argumento en favor y un argumento opuesto a la posición tomada en cada aseveración.

EL TRASFONDO CUBANO

Cuba, la mayor de las tres Antillas Mayores, se encuentra situada sólo a 100 millas del estado de Florida. La temperatura es templada y cálida y el suelo es propicio para el cultivo de caña de azúcar, tabaco y frutos menores. Cuando Cristóbal Colón desembarcó en Cuba en 1492, la encontró habitada por más de cien mil indígenas. Para el año 1512 los españoles ya habían colonizado la isla, y despúes de varios años la población indígena se extinguió a causa de las enfermedades y del trabajo agobiador. Los colonos trajeron esclavos africanos para continuar el cultivo de la caña y de otros frutos de tierra.

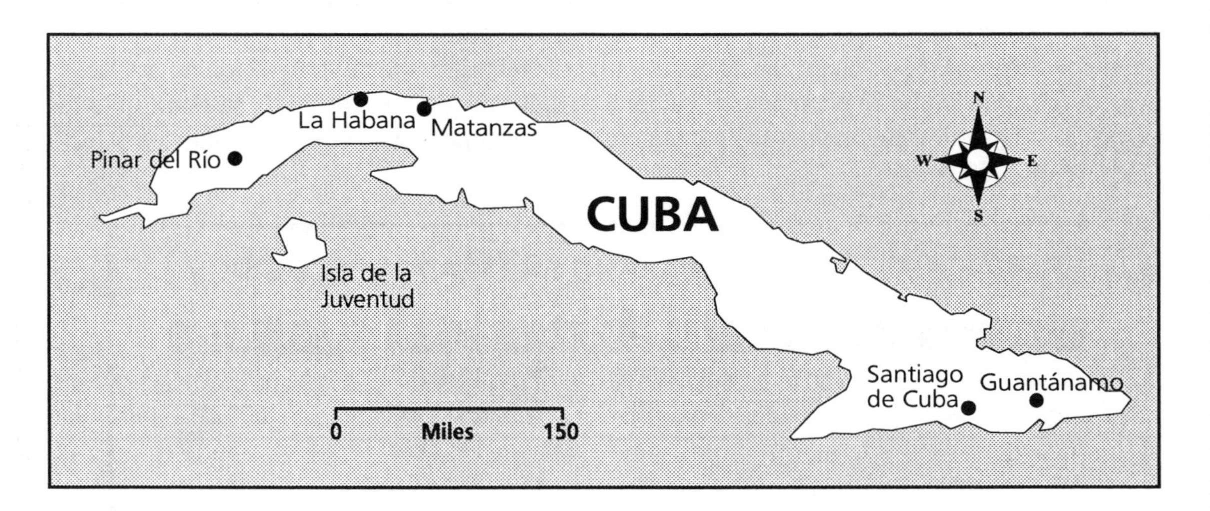

Mientras el resto de Latinoámerica alcanzó su independencia alrededor de 1820, España mantuvo su dominio sobre Cuba casi hasta fines del siglo XIX. La lucha por la independencia comenzó en 1868. Una pequeña armada de revolucionarios, organizados desde los Estados Unidos por José Martí, escritor y exilado cubano, desembarcó en Cuba en 1895. Martí fue asesinado poco tiempo después, pero la lucha armada continuó hasta 1898, cuando los Estados Unidos intervinieron en favor de los rebeldes y obligaron a España a reconocer la independencia de Cuba. Desde entonces, los Estados Unidos estuvieron relacionados con los asuntos políticos cubanos. El ejército estadounidense permaneció en Cuba hasta 1902 y regresó a ocupar la isla desde 1906 hasta 1909. Cuba fue regida por una serie de gobiernos inestables hasta que el dictador Fulgencio Batista ocupó el poder en 1930. En el año 1959, Fidel Castro joven revolucionario, expulsó a Batista del poder. Castro prometió establecer un gobierno democrático en Cuba, pero creía que había una necesidad primordial de reformas sociales y económicas. Arrestó y ejecutó a los seguidores de Batista, y confiscó las propiedades y los negocios de cubanos y extranjeros. Castro, bajo fuerte influencia de la ideología comunista, estaba convencido de que debía abolirse la propiedad privada. Los Estados Unidos detuvieron la compra de azúcar cubana cuando Castro tomó posesión de los negocios y las inversiones estadounidenses. En 1961, los Estados Unidos apoyaron económicamente a los refugiados cubanos en la invasión a Bahía de Cochinos, la cual se hizo con la intención de echar abajo el régimen de Castro. Sin embargo, la invasión fracasó y Castro comenzó a depender mucho más de la ayuda económica de la Unión Soviética. En 1962, la Unión Soviética transportó misiles nucleares a Cuba lo que causó la “crisis de los misiles” entre los EE. UU. y la U.R.S.S. Esta crisis tuvo su fin cuando la Unión Soviética retiró los misiles, y los Estados Unidos acordaron a no invadir Cuba.

LOS CUBANO-ESTADOUNIDENSES

Ya en el siglo XIX, un pequeño número de emigrantes cubanos se había establecido en el oeste de la Florida, donde trabajaban en la industria del tabaco. Sin embargo, no fue hasta 1959, con la llegada de Castro al poder, que un gran número de cubanos comenzó a venir a los Estados Unidos en una serie de olas migratorias. La primera fue de oponentes políticos de Castro, más tarde fueron propietarios adinerados de tierras, industriales, negociantes y profesionales cuyas propiedades fueron confiscadas por el gobierno de Castro. Unos años después fueron personas que se encontraban desilusionadas con el régimen. En 1980, vino a los Estados Unidos la última ola migratoria, cuando Castro anunció que cualquier ciudadano podía salir de Cuba por el puerto de Mariel. Los cubano-estadounidenses en Miami alquilaron pequeñas embarcaciones para recoger más de 130.000 “marielitos”.

POBLACIÓN DE ORIGEN HISPANO EN ESTADOS ESCOGIDOS

	MEXICO	PUERTO RICO	CUBA
California	6,118,996	126,417	71,977
Florida	161,499	247,010	674,052
Illinois	623,688	146,059	18,204
Massachusetts	12,703	151,193	8,106
Michigan	138,312	18,538	5,157
New Jersey	28,759	320,133	85,378
New Mexico	328,836	2,635	903
New York	93,244	1,086,601	73,345
Texas	3,890,820	42,981	18,195
Estados Unidos	**13,495,938**	**2,727,754**	**1,043,932**

Fuente: Oficina del Censo de los EE. UU.

Más de la mitad de la población cubano-estadounidense reside en el área de Miami, Florida. Estos inmigrantes han convertido a Miami en una ciudad próspera con sabor cubano. Los cubanos publican periódicos en español, y gozan de sus comidas y fiestas tradicionales. Muchos cubanos son profesionales de clase media con destrezas y experiencia en gerencia y bienes raíces. Tienen pequeños y grandes negocios propios en su nueva tierra. Otros latinoestadounidenses han invertido su dinero en bancos de Miami presididos por cubano-estadounidenses. Esto hace que Miami se esté convirtiendo en una nueva puerta de entrada para los negocios relacionados con Latinoámerica.

CAPITULO 16

LOS LIMITES DEL PODER

VISION GENERAL

Los años 1970 se caracterizaron por períodos de incertidumbre dentro del país y en el extranjero. Bajo el Presidente Nixon, los Estados Unidos se retiraron de Vietnam, comenzaron relaciones diplomáticas con la China comunista y alcanzaron una "detente" (o cese de hostilidades) con la Unión Soviética. Sin embargo, estos alcances fueron aguados por un escándalo que llevó a la renuncia de Nixon de la presidencia. Bajo los presidentes Ford y Carter, la nación se hundió en una recesión económica. El prestigio y el honor de los EE. UU. fueron perjudicados en la comunidad mundial cuando fueron capturados rehenes estadounidenses en Irán.

En los años 1980 el Presidente Reagan logró que la economía nacional se moviese otra vez hacia la prosperidad. Sin embargo, esto se hizo a costa de una deuda nacional muy acrecentada. Además, Reagan aumentó la importancia de los EE. UU. al asumir un nuevo liderato en los asuntos mundiales. A pesar de los estancamientos en el Medio Oriente y la América Central, Reagan tuvo un gran éxito en lograr un nuevo cese de hostilidades con la Unión Soviética.

En sus primeros años en el mando, el desafío más grande para Bush fue la reducción del déficit del presupuesto. Los alcances más importantes de Bush fueron en el campo de asuntos internacionales.

— LINEA CRONOLOGICA DE SUCESOS IMPORTANTES —

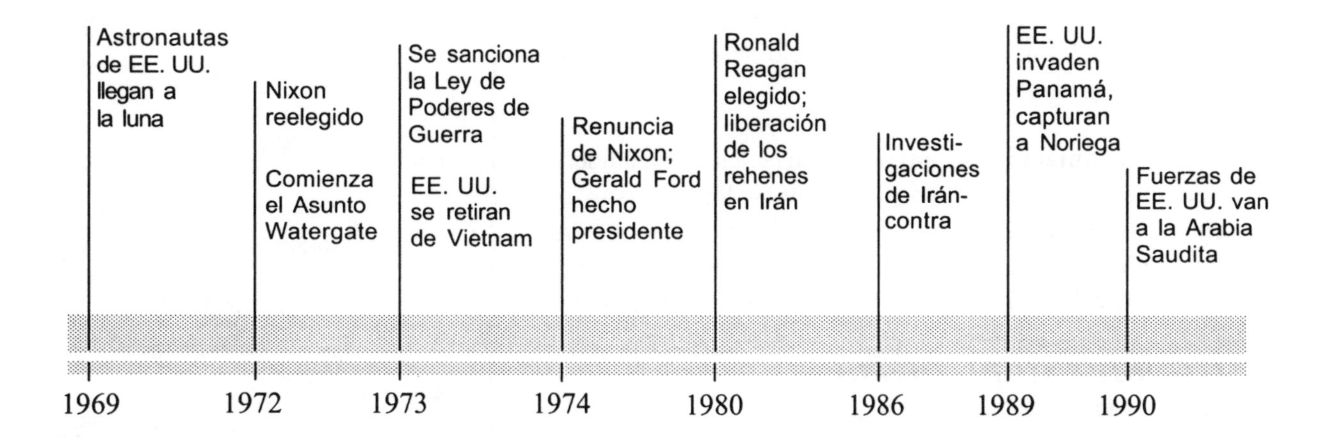

LA GUERRA DE VIETNAM: 1954-1973

En el siglo XIX, la Indochina (Vietnam, Laos y Camboya) cayó bajo el dominio francés. Durante la Segunda Guerra Mundial, el Japón tomó control de la región. Después de la derrota del Japón en 1945, los nacionalistas vietnamitas, encabezados por **Ho Chi Minh**, declararon la independencia de Vietnam. Se desató una guerra de nueve años cuando Francia se negó a reconocer el nuevo gobierno vietnamita. En 1954, los vietnamitas tuvieron una victoria decisiva, echando a los franceses de la Indochina. En la subsiguiente **Conferencia de Ginebra**, Laos y Camboya se convirtieron en estados independientes. Vietnam quedó dividido en dos: Ho Chi Minh y los comunistas vietnamitas quedaron en control del norte y un estado no-comunista fue establecido en el sur. El país iba a reunirse después de que hubiese elecciones en 1956.

SUCESOS PRINCIPALES DE LA INTERVENCION DE LOS EE. UU. EN VIETNAM

Después de la Conferencia de Ginebra, los Estados Unidos reemplazaron a Francia como el partidario principal del gobierno de Vietnam del Sur.

RAZONES PARA LA INTERVENCION DE LOS EE. UU.

Había varias razones por las cuales los jefes estadounidenses asumieron esta nueva responsabilidad.

Temor al comunismo: la teoría del dominó. Los estadounidenses temían que si Vietnam del Sur caía en poder de los comunistas, otros países asiáticos también caerían como una hilera de fichas de dominó. Esto permitiría la expansión comunista hasta que llegara a ser una amenaza directa a los Estados Unidos. Los estadounidenses creían que al hacer frente a los comunistas detendrían esta expansión, reflejando una opinión popular posterior a la Segunda Guerra Mundial de que el comunismo podía ser controlado.

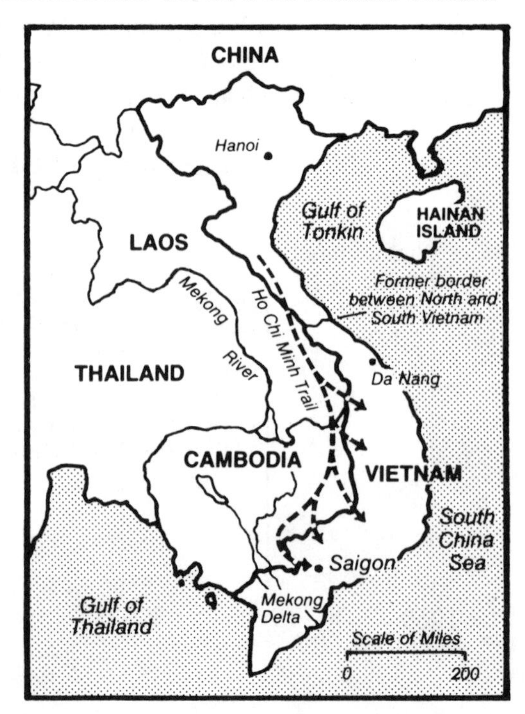

La fe en los beneficios de la democracia. Los jefes estadounidenses esperaban establecer una democracia adecuada en Vietnam del Sur, que sería un modelo para otros países en Asia, Africa y la América Latina.

La subestimación del enemigo. Los jefes estadounidenses creían que con la tecnología avanzada y los recursos económicos estadounidenses, no sería difícil derrotar a los comunistas. Subestimaron la fuerza del nacionalismo vietnamita y la determinación de los vietnamitas del norte a unificar el país.

EL GOBIERNO DE DIEM EN VIETNAM DEL SUR (1954-1963)

Después de la Conferencia de Ginebra Ngo Dinh Diem vino a ser el primer ministro de Vietnam del Sur. Diem estableció un gobierno represivo en el país y se negó a tener las elecciones prometidas para la unificación de Vietnam. A poco tiempo, los comunistas vietnamitas (conocidos como **Vietcong**), con el apoyo vietnamita del norte, comenzaron a guerrillear contra el gobierno de Diem. El Presidente Kennedy respondiendo al pedido de socorro, envió ayuda y unos cuantos miles de consultores militares para asistir a Diem a combatir el Vietcong. Diem que era católico, se volvió cada vez más impopular para la mayoría budista. En 1963, fue derrocado y asesinado por un grupo de generales vietnamitas sureños.

EL PRESIDENTE JOHNSON INTENSIFICA LA GUERRA (1964-1968)

Después de la caída de Diem, los Estados Unidos fueron más aún activos en la defensa de Vietnam del Sur.

La Resolución del Golfo de Tonkín. En 1964, el Presidente Johnson anunció que los vietnamitas del norte habían atacado a buques estadounidenses en las aguas internacionales del Golfo de Tonkín. El Congreso votó para otorgarle al presidente poderes militares extraordinarios para actuar rápidamente y poner fin a la agresión de Vietnam del Norte. Las investigaciones subsiguientes revelaron que los buques estadounidenses estaban en las aguas de Vietnam del Norte en cooperación con los buques de Vietnam del Sur que bombardeaban a Vietnam del Norte.

El Presidente Lyndon Johnson, en un viaje a Vietnam saluda a los soldados estadounidenses

Se intensifica en EE. UU. el empeño en la guerra. En 1965, la guerra en Vietnam se intensificó. Aunque el Congreso no declaró la guerra oficialmente, el Presidente usó la Resolución del Golfo de Tonkín como base para aumentar la participación de los EE. UU. en la guerra.

El bombardeo de Vietnam del Norte (1965). Johnson ordenó incursiones masivas de bombardeo en Vietnam del Norte. Esperaba debilitar a los vietnamitas del norte y destruir su capacidad de abastecer a los guerrilleros del Vietcong que peleaban en Vietnam del Sur.

- **Aumento en las fuerzas armadas**. Johnson comenzó a enviar más tropas de combate a Vietnam. Para 1968, más de 500. 000 soldados estadounidenses se encontraban en Vietnam.

- **Nuevas armas**. Nuevas armas de destrucción como el **napalm**, un tipo de bomba incendiaria, infligían terribles daños entre los vietnamitas. Los herbicidas como el "**agente naranja**" destruían la cubierta de la selva usada por el Vietcong.

LA OFENSIVA DE TET (1968)

Entretanto, los vietnamitas del norte comenzaron a enviar sus tropas regulares al Vietnam del Sur para ayudar al Vietcong. A principios de 1968, el Vietcong montó un ataque imponente, apoderándose de muchas ciudades principales en Vietnam del Sur. Una vez en control, cometían actos de terrorismo, como el asesinato de oficiales vietnamitas sureños. Aunque las fuerzas estadounidenses finalmente pudieron echar al Vietcong de estas plazas fuertes, la ofensiva fue un punto crítico en la guerra. Mostró al pueblo estadounidense que la victoria por parte de las fuerzas de los EE. UU. estaba lejos de concretarse.

EL PRESIDENTE NIXON PROSIGUE CON LA GUERRA (1969-1973)

La campaña de Nixon se hizo con la promesa de pronta "paz con honor". Sin embargo, la guerra se prolongó por cinco años más después de que Nixon asumiese su cargo. Bajo su presidencia, hubo varios acontecimientos en la guerra:

La vietnamización. Bajo la política de Nixon de "vietnamización", el ejército vietnamita del sur recibió el embate de la lucha. Esto le permitió a Nixon a retirar gradualmente de Vietnam las fuerzas estadounidenses. Al mismo tiempo Nixon aumentó el bombardeo estadounidense de Vietnam del Norte y la ayuda militar a Vietnam del Sur.

La invasión de Camboya. La administración de Nixon creía que la guerra sería más breve si se cortaban las rutas de abastecimiento (a través de Camboya) del norte al Vietnam del Sur. En 1970, las tropas estadounidenses invadieron a Camboya.

Las insinuaciones diplomáticas a China y a la Unión Soviética. Esas propuestas, descritas en la próxima sección de este capítulo, estaban destinadas a aplicar sobre Vietnam del Norte por parte de sus aliados comunistas.

La tregua y la retirada estadounidense. En 1973, los representantes de Nixon acordaron un cese de hostilidades con los vietnamitas del norte. Los soldados estadounidenses se retiraron de Vietnam.

La caída de Vietnam del Sur. Después de la retirada de las fuerzas estadounidenses, siguió la amarga lucha en Vietnam. A pesar de esto, en 1975, tanto Vietnam del Sur como Camboya cayeron ante las fuerzas comunistas. Vietnam fue reunificado bajo la dirección comunista.

POR QUE LOS EE. UU. NO PODIAN GANAR LA GUERRA

Para el fin de 1968, los Estados Unidos lanzaron más bombas en Vietnam que durante toda la Segunda Guerra Mundial. La guerra costaba 25 billones de dólares anuales. A pesar de estos esfuerzos, los Estados Unidos no podían ganar la guerra por las siguientes razones:

LA GEOGRAFIA DESFAVORABLE

Las selvas y los bosques de Vietnam proporcionaban una excelente cubierta para operaciones guerrilleras y movimientos secretos del enemigo. La frontera de Vietnam con la China comunista facilitó el abastecimiento constante de los comunistas. Los soldados estadounidenses encontraban caluroso e incómodo el clima.

EL APOYO COMUNISTA PARA VIETNAM DEL NORTE

Los vietnamitas del norte obtenían grandes cantidades de provisiones de los gobiernos comunistas de China y de la Unión Soviética. Los jefes estadounidenses no invadieron Vietnam del Norte ni usaron armas nucleares porque temían que esto podía llevar a una posible intervención china y soviética.

LA FALTA DE APOYO POPULAR PARA VIETNAM DEL SUR

La desorganización resultante de la guerra, debilitó el gobierno de Vietnam del Sur. La corrupción se volvió extensa. Los refugiados atestaban las ciudades principales. Ninguna de las facciones que dirigían a Vietnam del Sur podía ganarse el apoyo de la mayoría del pueblo vietnamita.

LAS TACTICAS GUERRILLERAS

Los soldados estadounidenses no estaban bien entrenados para combatir contra los guerrilleros que no salían al campo abierto. No estaban familiarizados con el idioma, la gente ni el terreno. Los miembros del Vietcong se escondían entre los otros vietnamitas y tenían el apoyo de muchos de ellos. Era difícil para los estadounidenses distinguir entre los amigos y los enemigos. Cualquier vietnamita, inclusive las mujeres y los niños, podía ser miembro del Vietcong. Los destacamentos estadounidenses, en busca del enemigo, a veces tenían órdenes de destruir aldeas enteras, causando la impopularidad de los estadounidenses en Vietnam.

LA POPULARIDAD DE LA CAUSA NACIONALISTA

Los vietnamitas del norte y algunos del sur veían a Ho Chi Minh como el padre de su país. Luchaban por su independencia, y estaban dispuestos a sufrir grandes pérdidas para llegar a su propósito: sacar las fuerzas estadounidenses de Vietnam y unificar el país.

EL DESCONTENTO Y LA DIVISION DENTRO DE LOS ESTADOS UNIDOS

La guerra en Vietnam fue una de las guerras más impopulares en la historia estadounidense. Según se iba prolongando la guerra y aumentaba la participación estadounidense, el público se iba desilusionando cada vez más con la dirección que tomaba esta guerra.

Aumenta el descontento con la guerra. La muchedumbre aclama al manifestante que quema su tarjeta de conscripción militar.

Palomas contra halcones. "Palomas" eran los que querían que los Estados Unidos se retirasen de Vietnam. Veían la contienda como una guerra civil entre los vietnamitas del norte y los del sur. Creían que los Estados Unidos actuaban de manera inmoral al bombardear a los civiles, quemando las aldeas y destruyendo el país. Entretanto, los "halcones" apoyaban la guerra y trataban de detener la expansión del comunismo. Veían la guerra como la defensa de una nación independiente ante la amenazadora invasión comunista.

Pérdida de credibilidad. Los jefes políticos estadounidenses, tratando de impresionar al público, a menudo falseaban los hechos. El Presidente Johnson decía al pueblo que se iba venciendo la guerra, pero los reporteros de televisión y los periodistas decían otra cosa. Esto produjo una creciente pérdida de credibilidad cuando la gente comenzó a perder la fe en la veracidad de su gobierno.

El movimiento contra la guerra. Muchos estadounidenses jóvenes comenzaron a dudar de su gobierno. Algunos rechazaron la sociedad, retirándose de ella y afiliándose a un creciente movimiento contra la guerra. Según la opinión popular se volvía en contra de la guerra, se multiplicaban dramáticamente las marchas, manifestaciones y reuniones. Los jóvenes quemaban sus tarjetas de conscripción, los estudiantes cerraban los recintos universitarios y los manifestantes llevaban sus protestas a Washington D.C. y a las asambleas políticas nacionales.

LA HERENCIA DE LA GUERRA DE VIETNAM

A excepción de la Guerra Civil, la Guerra de Vietnam fue la más conflictiva en la historia estadounidense. La guerra dejó efectos duraderos en la nación, y profundas heridas, muchas aún no cicatrizadas por completo.

EL IMPACTO DE LA OPINION PUBLICA

La Guerra de Vietnam, igual que la Guerra con España, mostró a los jefes estadounidenses que el éxito de las acciones del gobierno puede ser grandemente afectado por la opinión popular. En una democracia debe haber apoyo público para las acciones del gobierno.

LOS LIMITES DE LA AUTORIDAD PRESIDENCIAL EN TIEMPOS DE GUERRA

En la Guerra de Vietnam, igual que en la Guerra de Corea, se expandió significativamente la autoridad presidencial. Por consiguiente, en 1973 el Congreso trató de exigir para sí una parte más importante en la determinación de la política nacional. Sancionó la **Ley de Poderes en Tiempo de Guerra**, que limitaba el poder presidencial para enviar tropas al extranjero. (Véase la sección de Legislación Importante al fin de este capítulo.)

LA PERDIDA DEL PRESTIGIO DE LOS EE. UU. EN EL EXTRANJERO

La guerra llevó a una crisis de confianza. Igual que después de la Primera Guerra Mundial, muchos estadounidenses se inquietaron por la intervención de su país en el extranjero. Como resultado, los Estados Unidos adoptaron una actitud más aislacionista en asuntos mundiales, haciendo caso omiso de muchos acontecimientos en otras partes del mundo.

EL IMPACTO SOCIAL Y ECONOMICO

Los costos de la guerra llevaron al abandono de muchos programas de la Gran Sociedad instituidos bajo el Presidente Johnson y a una creciente inflación en la economía del país. Y sobre todo, entre muchos estadounidenses, se extendió la desconfianza hacia su gobierno.

LOS REFUGIADOS DE LOS BOTES Y EL AUMENTO EN LA INMIGRACION A LOS EE. UU.

Cuando los comunistas se apoderaron de Vietnam del Sur, muchos vietnamitas, temiendo persecución, escapaban en pequeños botes a los países vecinos no comunistas. Miles de estos refugiados inmigraron a los Estados Unidos.

LA MUERTE Y LA DESTRUCCION EN VIETNAM

Más de 58.000 estadounidenses murieron en la guerra, y otros miles sufrieron daños físicos y sicológicos. Perecieron más de un millón de vietnamitas, y más de la mitad de la población de Vietnam del Sur se quedó sin hogar. Quedaron arruinadas las ciudades, los arrozales, y toda la economía vietnamita.

TERMINOS PARA RECORDAR

Teoría del dominó, Resolución del Golfo de Tonkín, Ofensiva de Tet, palomas, halcones, pérdida de credibilidad, Ley de Poderes en Tiempo de Guerra

VOCES DEL PUEBLO

Michael Herr fue corresponsal de guerra. Su libro, Dispatches, *ha sido elogiado por sus detalles gráficos de la guerra de Vietnam. El fragmento que sigue, presenta algunos de los horrores de la guerra. Describe la Ofensiva Tet de 1968, cuando el vietcong (o VC), lanzó una campaña ambiciosa y bien coordinada contra muchas ciudades importantes a través de Vietnam del Sur.*

LA VIDA EN MEDIO DE LA GUERRA DE VIETNAM

por Michael Herr

(*Fragmento*)

Vietnam era un cuarto oscuro lleno de objetos mortíferos, los VC estaban por todas partes, todos a la vez, como arañas...Había momentos cuando tu miedo tomaba direcciones tan locas que tenías que detenerte y verlo dar vueltas. Olvídate del Cong, los árboles te matarían, la hierba de elefante se levantaba homicida, la tierra en la que pisabas poseía una inteligencia malévola...

La primera noche de la Ofensiva Tet estábamos en un campamento de Fuerzas Especiales, rodeados, según lo que sabíamos, y nos llegaban sólo malas noticias: de Hue, de Danang, de Qui Nhon, de Khe Sanh, de Ban Me Thuot, de Saigón mismo...

Soldados estadounidenses en un momento de calma en Vietnam

Por la mañana hubo como una docena de vietnamitas muertos a través del campo al que hacíamos fuego. Enviamos allá un camión en que cargarlos y sacarlos de allí...

Miles de personas murieron en Vietnam esa noche, los doce a través del campo, cien más a lo largo del camino entre el campo y el hospital de Can Tho...en los seis años siguientes los veía a todos, a los que ya había visto de veras y a los que me había imaginado, a los suyos y a los nuestros, a amigos que había querido y a extraños, cuerpos inmóviles en una danza...

Una noche, como un trozo de granada de metralla, que toma años para salir a la superficie, soñé y vi un campo lleno de muertos. Lo atravesaba con un amigo, más que amigo, un guía, y él me obligaba a inclinarme y a mirarles. Estaban cubiertos de polvo, ensangrentados como si fuesen pintados con un pincel grande, a algunos una explosión les quitó la ropa, [estaban] exactamente como aquel día que los echaban al camión en Can Tho, y yo dije, "Pero ya los he visto". Mi amigo no dijo nada, sólo apuntaba hacia ellos, y me volví a inclinar y esta vez les miré la cara.

Fuente: *Dispatches* by Michael Herr (1978). Avon Books, N.Y., pages 66-71 passim.

COMPRUEBA TU COMPRENSION

1. ¿En qué sentido era Vietnam un lugar "lleno de objetos mortíferos"? ¿Por qué tenía Herr tanto miedo?
2. ¿Cómo pudo Herr sobrevivir la Ofensiva Tet? ¿Por qué siguió viendo a soldados muertos en sus sueños?
3. ¿Con qué problemas se enfrentan a veces los soldados cuando regresan a la vida civil después de la guerra?
4. Mientras continuaba la lucha en Vietnam, los estadounidenses dentro de su país protestaban vigorosamente contra la guerra. ¿Crees que sus acciones estaban justificadas? Explica el porqué.

LA PRESIDENCIA DE NIXON: 1968-1974

NIXON Y LA PRESIDENCIA IMPERIAL

Los autores de la Constitución trataron de crear un equilibrio entre las diferentes ramas del gobierno para proteger a los estadounidenses de los abusos de la tiranía.

Nixon durante su discurso inaugural, el 20 de enero de 1969

EL AUMENTO DEL PODER PRESIDENCIAL

El aumento del poder presidencial en los últimos 50 años amenazaba con deshacer el equilibrio del poder garantizado por la Constitución. Una serie de acontecimientos expandió significativamente la autoridad presidencial. El Nuevo Trato otorgó al presidente más autoridad en la economía. Las dos guerras mundiales y la guerra fría dieron más importancia a los asuntos extranjeros. El temor al comunismo y la amenaza de un ataque nuclear crearon un ambiente favorable para el aumento del poder presidencial. La radio y la televisión aumentaron mucho el poder del presidente al permitirle pedir directamente el apoyo del público.

Algunos historiadores se refieren al uso de poderes presidenciales más allá de los declarados en la Constitución como a la "presidencia imperial".

LA PRESIDENCIA IMPERIAL

El aumento de la autoridad presidencial llegó al extremo durante la presidencia de Nixon. Nixon hacía decisiones de importancia sin consultar ni informar al Congreso.

Decisiones de política extranjera. Nixon no consultó ni informó al Congreso sobre el bombardeo y la invasión de Camboya y Laos, la colocación de minas en los puertos de Vietnam del Norte y la decisión de entablar relaciones con la China comunista.

Decisiones sobre gastos. Nixon se negó a gastar fondos asignados por el Congreso en los programas que él no aprobaba.

Abusos del poder. Nixon usó millones de dólares de fondos públicos para reconstruir y amueblar sus residencias privadas en California y en la Florida. Se sirvió de la C.I.A. y del F.B.I. para recoger información sobre sus adversarios políticos y para acosar a los que no estuviesen de acuerdo con él. Los ayudantes de Nixon usaban presión ilegal sobre las corporaciones para que contribuyeran con fondos para su campaña de reelección.

LA POLITICA EXTERNA BAJO NIXON

Nixon creía que la función principal del presidente era la de estar a cargo de la política externa del país. Sus logros en este campo incluyen la retirada de los EE. UU. de Vietnam, el comienzo de las relaciones diplomáticas con la China comunista y el principio de una cese de hostilidades con la Unión Soviética.

LA GUERRA DE VIETNAM

Cuando Nixon llegó a ser presidente en 1969, la cuestión principal para el país era la Guerra de Vietnam. Los estadounidenses se iban desilusionando con la guerra a medida que se prolongaba la lucha.

Los primeros intentos de terminar la guerra. Nixon hizo la "paz con honor" su objetivo. Persiguió una política de vietnamización de la guerra, desplazando la lucha de las tropas estadounidenses al ejército vietnamita del sur. Redujo las tropas estadounidenses mientras aumentó la ayuda a Vietnam del Sur, aumentó el bombardeo de Vietnam del Norte e hizo invadir a Camboya y a Laos.

Los Estados Unidos se retiran. Finalmente, en 1973, los vietnamitas del norte accedieron a firmar el **Acuerdo de Paz de París**. Los Estados Unidos acordaron retirar sus tropas de Vietnam y los vietnamitas del norte consintieron en liberar a los prisioneros de guerra estadounidenses. Los críticos de Nixon vieron el tratado nada más que como una forma "digna" para la retirada de los Estados Unidos de Vietnam. En realidad, los Estados Unidos perdieron la guerra.

LA REANUDACION DE LAS RELACIONES CON CHINA (1972)

Desde 1949, cuando los comunistas tomaron el mando en China, las distintas administraciones del gobierno estadounidense se negaron a establecer relaciones diplomáticas con la China comunista. En cambio, trataron el gobierno nacionalista exilado en la isla de Taiwan como el gobierno oficial de China. Nixon, sin embargo, visitó la China comunista y restableció relaciones diplomáticas normales con los chinos comunistas. Hubo varias razones por las cuales Nixon tomó este paso:

Después de 23 años en el mando, el gobierno comunista estaba en firme control de la China continental. Ya era tiempo de que los jefes estadounidenses llegaran a un acuerdo con los gobernantes de China. Nixon creía que él, como firme anti-comunista que encontraría poca crítica dentro del país, era el jefe estadounidense más apto para restablecer las relaciones con China.

Nixon esperaba usar los desacuerdos entre la China comunista y la Unión Soviética para contrarrestar la hostilidad de los soviéticos. Además, Nixon esperaba que la amistad con China urgiría a Vietnam del Norte a poner fin a la Guerra de Vietnam.

Richard M. Nixon

LA "DETENTE" CON LA UNION SOVIETICA (1972)

Nixon también introdujo una política de "detente" con la Unión Soviética al mitigar las relaciones tirantes. En 1972, Nixon fue el primer presidente estadounidense que visitó a Moscú. Esta visita llevó a algunos resultados subsiguientes importantes:

El Tratado de Limitación de Armas Estratégicas (S.A.L.T. I). Nixon firmó el acuerdo de S.A.L.T. I, con el que los EE. UU. y la Unión Soviética accedían a limitar el uso de ciertos sistemas de proyectiles.

El acuerdo de granos. Nixon accedió a vender cereales estadounidenses a la Unión Soviética para ayudarle a contender con la escasez de comestibles.

La guerra en el Medio Oriente. En 1973, estalló una guerra cuando Egipto y Siria realizaron un ataque de sorpresa contra Israel. Usando su amistad con los soviéticos, Nixon los persuadió a no intervenir cuando Israel repelió las fuerzas egipcias. Los Estados Unidos y la Unión Soviética presionaron entonces a Israel y a los estados árabes a cesar las hostilidades.

LA POLITICA INTERNA BAJO NIXON

En asuntos internos, Nixon reemplazó los programas de la Gran Sociedad con el reparto de rentas públicas, intentó limitar la inflación por medio del control de precios y sueldos, e hizo nombramientos conservadores a la Corte Suprema.

EL "NUEVO FEDERALISMO" DE NIXON

Nixon creía que los gastos federales en programas sociales eran a menudo ineficaces y derrochadores, y gradualmente redujo los programas johnsonianos de la Gran Sociedad. En vez de programas federales de beneficencia social, Nixon propuso un "**reparto de rentas**". Creía que los problemas locales podían tratarse mejor al nivel local. A esta nueva división de responsabilidad entre el gobierno local y el federal Nixon le dio el nombre de "Nuevo Federalismo".

LOS NOMBRAMIENTOS A LA CORTE SUPREMA

Nixon trató de reducir el poder del gobierno federal al nombrar a la Corte Suprema a jueces que favorecían la "circunspección judicial" más bien que el "activismo judicial". Con el tiempo, Nixon nombró cuatro de los nueve magistrados de la Corte Suprema.

LAS NUEVAS DIFICULTADES ECONOMICAS

En los años 1970 hubo aumento de precios, un nuevo déficit de comercio y un desempleo que aumentó gradualmente. Los gastos gubernamentales durante la Guerra de Vietnam, las dificultades con el valor del dólar y la subida de precios del petróleo contribuyeron a estos problemas. Para combatir la inflación Nixon redujo los gastos gubernamentales en los programas sociales. También impuso un control de los sueldos y precios en 1971, y otra vez en 1973. Estos intentos de controlar los sueldos y los precios no tuvieron éxito. El problema de la inflación combinada con el desempleo—conocido como "**stagflation**"—siguieron atormentando a los presidentes Nixon, Ford y Carter.

LA CORRUPCION EN EL GOBIERNO DE NIXON

LA DIMISION DEL VICEPRESIDENTE

Nixon había prometido al pueblo la vuelta a "la ley y el orden", pero los estadounidenses pronto se enteraron de que el gobierno mismo estaba corrupto. En 1973, **Spiro Agnew** dimitió de la vicepresidencia cuando se descubrió que se había dejado sobornar cuando era gobernador de Maryland. Bajo la Enmienda XXV, aprobada después del asesinato del Presidente Kennedy, Nixon nombró a Gerald Ford para reemplazar a Agnew como vicepresidente.

EL ASUNTO WATERGATE

En 1972, un grupo de antiguos agentes de la C.I.A., actuando para lograr la reelección de Nixon, fue apresado durante una entrada forzada en el centro directivo del Partido Demócrata en Washington, D.C. Esto provocó una serie de acontecimientos que llevaron a la dimisión de la presidencia por parte de Nixon:

El encubrimiento. Nixon pudo haber admitido que los ladrones estaban vinculados a algunos de sus ayudantes en la Casa Blanca, pero que obraban sin sus órdenes. En cambio, trató de encubrir el incidente al detener la investigación por parte de la F.B.I. alegando razones de seguridad nacional. A los ladrones se les ofrecieron sobornos para que callaran.

Se desenmaraña la intriga. En la tradición de la era progresista, un grupo de periodistas investigadores llegaron a saber acerca de la entrada ilegal en Watergate e hicieron reportajes sobre los posibles vínculos a la Casa Blanca. Una corte federal de distrito nombró un gran jurado para investigar la irrupción. El Senado también nombró una comisión para investigar el Asunto Watergate. Finalmente, el procurador judicial en jefe nombró un procurador especial para examinar el Asunto Watergate.

Las cintas de Watergate. En los exámenes de testigos ante el Senado, se descubrió que Nixon grababa secretamente todas sus conversaciones en la Casa Blanca. Tanto la comisión del Senado como el procurador especial querían oír las cintas magnetofónicas. Nixon se negó a entregárselas, y sólo ofreció versiones revisadas, reclamando **privilegio ejecutivo**, según el cual al Congreso se le prohibía indagar a miembros de la rama ejecutiva sin la aprobación del presidente. Con el tiempo, la Corte Suprema ordenó a Nixon entregar las cintas. Estas revelaron que Nixon había mentido al pueblo cuando dijo que no estaba comprometido en el encubrimiento de Watergate. Las cintas también revelaron otros actos ilegales del ejecutivo.

Nixon dimite. La Cámara de Representantes tomó medidas para residenciar a Nixon. Temiendo la incriminación, Nixon dimitió de su cargo y **Gerald Ford** llegó a ser presidente. Como tal, uno de los primeros actos de Ford fue perdonar a Nixon por cualquier crimen que hubiera cometido como presidente.

El impacto de Watergate. El Asunto Watergate redujo la confianza de los estadounidenses en los funcionarios públicos. Además, enseñó al pueblo unas cuantas lecciones importantes:

- Watergate mostró que el tremendo aumento de la autoridad presidencial había creado nuevas oportunidades de abuso.
- El escándalo señaló que el gobierno de los Estados Unidos se basa en la ley, no en los individuos, y que el sistema constitucional de control mutuo es eficaz.
- El Congreso no temió residenciar al presidente cuando se supieron sus delitos. Además, estableció nuevas leyes para limitar la autoridad presidencial y restablecer el equilibrio entre la rama ejecutiva y la legislativa.
- Watergate comprobó que el sistema de dos partidos es eficaz, y reafirmó la importancia de la prensa. El sistema de dos partidos contribuyó en este caso, pues el partido fuera del poder vigiló la administración del otro partido. La prensa cumplió con su tarea al descubrir la mala conducta del gobierno e informar al público.

- La Corte Suprema conservó su independencia al ordenar que Nixon entregara las cintas incriminantes.

- Nixon obedeció a la Corte Suprema y dimitió de su cargo cuando la censura parecía inevitable. En otros países pudiera haber tratado de tomar el poder con un golpe de estado.

TERMINOS PARA RECORDAR

Presidencia imperial, detente, Acuerdos S.A.L.T., "stagflation", Asunto Watergate, privilegio ejecutivo

LA PRESIDENCIA DE FORD: 1974-1977

El Presidente Gerald Ford operaba con un impedimento extraordinario, ya que no había sido elegido ni como vicepresidente ni como presidente. En cambio fue nombrado por Richard Nixon, un hombre que dimitió en medio de la ignominia.

LOS ASUNTOS INTERNOS BAJO FORD

FORD PERDONA A NIXON

El perdón de Nixon por parte de Ford vino a ser severamente criticado, ya que Nixon lo había nombrado su vicepresidente.

"STAGFLATION"

La economía fue la preocupación principal de Ford. Los Estados Unidos seguían padeciendo de la "stagflation", un amplio desempleo combinado con alta inflación. Ford quería combatir la inflación al limitar los gastos del gobierno; el Congreso demócrata quería aumentar los gastos gubernamentales para combatir el desempleo. En gran parte, la "stagflation" fue causada por una drástica subida en los precios mundiales del petróleo. Durante la Guerra Arabe-Israelí de 1973, los países árabes aprendieron a cooperar entre sí y a usar el petróleo como una arma política. Después de la guerra, la **Organización de Países Exportadores de Petróleo (OPEC)**, compuesto de países no sólo árabes, se dio cuenta que la cooperación podía llevar a precios más altos por su petróleo.

Gerald R. Ford

LA POLITICA EXTERNA BAJO FORD

LA CAIDA DE INDOCHINA (1975)

La incapacidad de Ford de dirigir al Congreso se hizo evidente cuando el gobierno de Vietnam del Sur cayó ante las fuerzas vietnamitas del norte en 1975. Cuando Ford pidió al Congreso nuevos fondos para un último esfuerzo de salvar el gobierno vietnamita del sur, el Congreso lo rechazó. Ford se vio obligado a presenciar la toma de Vietnam del Sur y de Camboya por gobiernos comunistas.

EL ACUERDO DE HELSINKI

Ford mantuvo la política de Nixon del cese de hostilidades con la Unión Soviética. En 1975, los Estados Unidos, la Unión Soviética y 33 otros países firmaron el Acuerdo de Helsinki, accediendo a reconocer como oficiales las fronteras posteriores a la Segunda Guerra Mundial y prometiendo respetar los "derechos humanos".

TERMINOS PARA RECORDAR

Acuerdo de Helsinki, OPEC

LA PRESIDENCIA DE CARTER: 1977-1981

Ford perdió la elección presidencial de 1976 frente a Jimmy Carter en parte porque muchos estadounidenses seguían culpando a su partido, el republicano, por los delitos de Watergate. Carter, oficial naval retirado y antiguo gobernador de Georgia, fue elegido por ser un "extraño" a la política de Washington.

El Presidente Jimmy Carter se dirige a una sesión conjunta del Congreso

LA POLITICA INTERNA BAJO CARTER

Para Carter, el problema principal interno fue la economía. La inflación pasó de los 10%, las tasas de interés subieron al 20% y seguía alto el nivel de desempleo. Los Estados Unidos pasaron a ser muy dependientes del petróleo importado cuando su precio subió vertiginosamente.

LA CRISIS DE ENERGIA

Para tratar con la crisis de energía, Carter creó el Departamento de Energía a nivel de gabinete. Pidió un impuesto especial sobre los autos grandes, pero su sanción fue obstruida por los grupos especiales de influencia política. Se estableció el impuesto pedido sobre "ganancias inesperadas" en los ingresos excesivos obtenidos por las compañías petroleras a causa del aumento de precios del producto; pero el Congreso le negó a Carter el poder de fijar precios o de racionar la gasolina. Los intentos gubernamentales para desarrollar combustibles sintéticos también fueron rechazados por el Congreso que favoreció subvenciones y préstamos a las compañías privadas dedicadas al desarrollo de la energía solar y de fuentes renovables o combustibles sintéticos. Los altos precios del petróleo y su escasez, continuaron a lo largo del término de Carter.

LA STAGFLATION

La inflación y la tasa de interés, subieron mucho en 1979, en parte a causa de la crisis petrolera. Carter redujo los gastos federales, pero la inflación no bajó hasta dos años después de que Reagan hubiera asumido la presidencia.

EL MEDIO AMBIENTE

Carter tenía un buen historial de protección del medio ambiente. La **Ley de Limpieza de Desechos de 1980** proporcionó fondos, provenientes de impuestos sobre sustancias químicas, para la depuración de escoriales tóxicos. Finalmente, después del accidente en 1979 del reactor nuclear en **Three Mile Island**, en el cual hubo escape de radiación, la Comisión Reglamentaria Nuclear estableció normas más estrictas para las plantas nucleares.

OTRAS PRACTICAS POLITICAS

Carter nombró a mujeres y a miembros de minorías a puestos judiciales y gubernamentales. Apoyó el establecimiento de la **Enmienda de Derechos Iguales** (que garantizara derechos iguales para ambos sexos), pero esta no fue ratificada por un número suficiente de estados. También patrocinó la Ley de Educación Bilingüe, que requería que las escuelas públicas proporcionasen instrucción a los estudiantes extranjeros en su lengua nativa mientras aprendían el inglés.

LA POLITICA EXTERNA DE CARTER

LOS DERECHOS HUMANOS

Carter quería que los Estados Unidos mantuvieran su liderazgo mundial al establecer un ejemplo moral para otras naciones. Carter dio gran importancia al asunto de los derechos humanos. Censuró el "apartheid" en Sudáfrica. Urgió a la Unión Soviética para que otorgase libertad de palabra a los disidentes y permitiera la emigración de los judíos soviéticos. Cortó la ayuda estadounidense a las dictaduras que violaban los derechos humanos.

EL ACUERDO DE CAMP DAVID (1977)

Para Carter, el alcance más grande en la política externa fue el Acuerdo de Camp David. Egipto e Israel eran enemigos desde la formación del estado de Israel en 1948, e hicieron guerra en 1948, 1956, 1967 y 1973. En 1977, Carter invitó al Presidente Anwar Sadat de Egipto y a Begin, el Premier de Israel a Camp David, donde los dos jefes llegaron a un acuerdo. Al extender esta invitación, Carter afirmó el interés y el liderato estadounidense por lograr la estabilidad en el Medio Oriente. Según el Acuerdo de Camp David, Israel accedió a devolver a Egipto la Península de Sinaí a cambio de un tratado de paz y el establecimiento de relaciones diplomáticas normales entre los dos países. A Sadat y a Begin se les otorgó el Premio Nóbel de Paz, pero otros jefes árabes censuraron el acuerdo porque no llegó a proporcionar una patria para los palestinos.

EL TRATADO DEL CANAL DE PANAMA (1977)

Carter creía que los Estados Unidos debían servir de ejemplo para el mundo al proceder de forma apropiada y respetar los sentimientos locales. En 1977, Carter negoció un nuevo arreglo de control del Canal de Panamá. El tratado devolvió el control de la Zona del Canal a Panamá, con la excepción del canal mismo. Los Estados Unidos acordaron poner el canal bajo control panameño en 1999. A cambio, Panamá dio a los Estados Unidos el derecho de defender el canal contra un ataque.

LA REVOLUCION IRANI Y LA CRISIS DE LOS REHENES (1978-1979)

El Sha de Irán era un firme aliado de los EE. UU. y un vivo anticomunista. Sin embargo, también era un monarca autoritario que usaba la policía secreta y medidas crueles contra sus adversarios. En 1978, estallaron extensas manifestaciones populares contra el régimen del Sha. Este huyó del país, y con el tiempo vino a los EE. UU. en busca de tratamiento médico. Entretanto, los jefes religiosos que eran hostiles a los Estados Unidos tomaron el mando de Irán. Resentían a los EE. UU. por haber ayudado al Sha y por apoyar a Israel. En represalias, los estudiantes iraníes detuvieron a varios empleados de la embajada estadounidense en la capital de Irán. Cincuenta personas permanecieron como rehenes por 444 días. Carter inmovilizó el capital iraní en los bancos estadounidenses. Aunque trató de liberar a los rehenes, todos sus intentos fracasaron. La reputación de los EE. UU. sufrió dentro y fuera del país, a causa de la incapacidad de Carter para obtener su pronta liberación. Las negociaciones finalmente llevaron a la vuelta de los rehenes, sólo momentos después de que Carter dejara su cargo y Reagan tomara la presidencia.

El Presidente Carter

LAS RELACIONES ENTRE LOS EE.UU. Y LA U.R.S.S.

Carter siguió la política de Nixon-Ford de cese de hostilidades con la Unión Soviética. Firmó el Tratado **S.A.L.T. II**, un acuerdo de control de armas que limitaba el número de proyectiles nucleares de cada superpotencia. Sin embargo, el tratado no llegó a ser ratificado por el Senado a causa de la invasión soviética de Afganistán en 1979. La invasión de Afganistán trajo de esta suerte un final temporero al "detente" (cese de hostilidades). Carter tomó las siguientes medidas: los EE. UU. cesaron las ventas de grano a la Unión Soviética y boicotearon los Juegos Olímpicos de 1980 en Moscú. El presidente aconsejó que el Senado postergase la ratificación del S.A.L.T. II.

TERMINOS PARA RECORDAR

hree Mile Island, violación de derechos humanos, Acuerdo de Camp David, Tratado del Canal de Panamá, crisis de rehenes en Irán

LA PRESIDENCIA DE REAGAN: 1981-1989

El Presidente Reagan introdujo cambios de gran alcance tanto en los asuntos internos como en la política extranjera. Para muchos, estos cambios trajeron la vuelta a la prosperidad, pero los críticos de Reagan temían que su política llegase a crear problemas importantes en el futuro.

LA POLITICA INTERNA BAJO REAGAN

El Presidente Reagan enfocó su política interna en la revocación de la creciente responsabilidad y control que había comenzado bajo el Presidente Franklin Roosevelt. Se concentró en reducir el desarrollo dramático de las proporciones del gobierno nacional.

EL "NUEVO FEDERALISMO" DE REAGAN

Reagan creía que el problema principal de los estadounidenses era un gobierno federal demasiado grande. Prometió reducir el control fuerte del gobierno al permitir que los gobiernos estatales y locales tratasen con problemas locales. También opinaba que los individuos y los negocios en un mercado libre eran más eficaces, y más capaces de resolver problemas económicos que las agencias gubernamentales.

Ronald Reagan

LA ECONOMIA AL ESTILO DE REAGAN

Igual que el del Presidente Franklin Roosevelt, el programa económico de Reagan era muy diferente del de la administración anterior. Cuando Reagan tomó el mando, el problema principal interno era la "stagflation", inflación alta y amplio desempleo. Reagan intentó resolver el problema con la "**economía de abastecimiento**". Trató de hacer más fácil la producción de bienes. Un amplio abastecimiento de bienes causaría la baja de precios, deteniendo la inflación. Algunos llamaron esta estrategia la "**reaganomía**". En 1983, finalmente comenzó la recuperación de la economía. Durante el resto de los años 1980, los estadounidenses gozaron de un período de prosperidad basada en varios factores:

Reducción de impuestos. Reagan redujo los impuestos a empresas y personas adineradas; creía que estos grupos estaban sobrecargados de impuestos y eran los más capaces de invertir sus ingresos. Sus inversiones elevarían la producción económica, acrecentarían el empleo, y resultarían en beneficios que llegarían a otros grupos con menos recursos.

Reducción en gastos internos. Para equilibrar la reducción de impuestos, Reagan redujo los gastos en los programas de beneficencia, tales como las estampillas de comestibles, la enseñanza, y programas de almuerzos escolares, el Medicaid, la ayuda para alojamientos de individuos de ingresos medios y los programas de entrenamiento vocacional. Invirtió la tendencia originada en los años 1930 en la que el gobierno asumía creciente responsabilidad en el intento de resolver los problemas sociales. Reagan prometió una "red de seguridad" para ayuda de emergencia a los "verdaderamente necesitados".

Límites en la reglamentación. Reagan opinaba que muchas reglas federales eran innecesarias y estorbaban el desarrollo económico. Eliminó mucha de la reglamentación de la industria. También creía que las empresas serían más exitosas si pudieran tomar decisiones sin la intromisión del gobierno.

Aumento de gastos militares. Los gastos militares, aumentados significativamente, estimularon la economía entera; crearon demanda para muchos bienes y servicios. Esto se costeó por medio de "**financiación deficitaria**", o sea que el gobierno puso más dinero en la economía del que recibió en impuestos.

Nuevos tipos de trabajo. La fuerza trabajadora industrial se redujo a causa del aumento de la mecanización en las fábricas y la creciente competencia internacional. Sin embargo, aparecieron nuevos empleos, especialmente en los sectores de servicio (ventas al por menor, comidas rápidas, enseñanza y sanidad).

Estabilización de precios del petróleo. Los autos más pequeños, las viviendas mejor protegidas de temperaturas extremas y los límites de velocidad más bajos en las carreteras llevaron a los estadounidenses a usar menos petróleo. Entretanto, el oleoducto de Alaska hizo que los Estados Unidos fuesen menos vulnerables a los aumentos de precios por la OPEC. La competencia entre los productores de petróleo también llevó a una leve reducción de precios.

LOS PROBLEMAS ANTIGUOS Y NUEVOS

A pesar de que Reagan puso fin a la "stagflation", surgieron nuevos problemas.

El déficit federal y la deuda nacional. El déficit federal es la suma que el gobierno federal gasta cada año más allá de lo que recauda en impuestos. El déficit se paga con empréstitos. Reagan prometió un **presupuesto equilibrado**—uno en el que los gastos gubernamentales fuesen iguales a las rentas recibidas. Sin embargo, durante la presidencia de Reagan, las proporciones del déficit federal aumentaron significativamente y la deuda nacional llegó a más del doble. Esto causó una fuerte crítica al Presidente Reagan ya que los efectos a largo plazo de los déficits presupuestarios del gobierno amenazan el desarrollo económico.

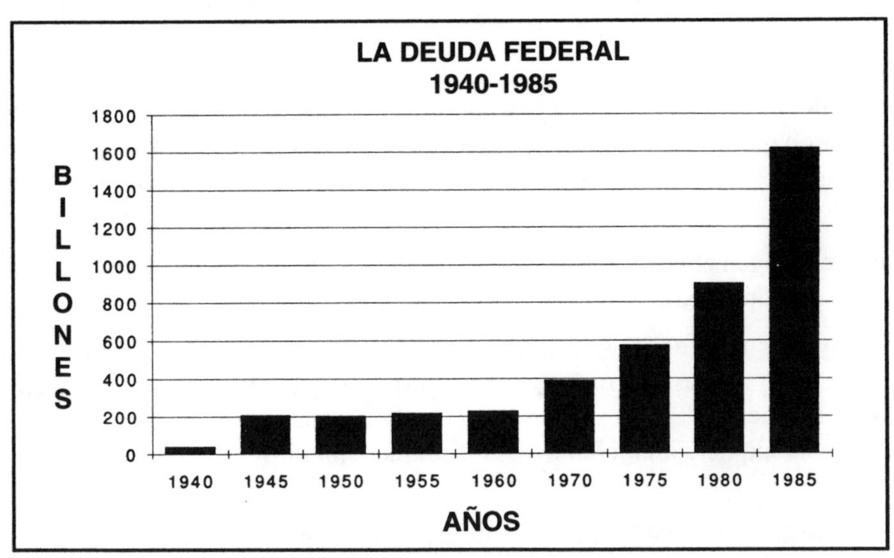

El desequilibrio comercial. El fomento del librecambio por parte de Reagan llevó a crecientes balanzas defavorables con el Japón, Corea del Sur, Taiwan y Alemania Occidental. Durante los años de Reagan, los EE. UU. se transformaron de una nación acreedora en deudora (que debe dinero). Los Estados Unidos compraron más bienes y servicios de los que vendieron al extranjero. Los dólares estadounidenses, usados para estas compras, fluyen de vuelta a los Estados Unidos como inversiones extranjeras en las propiedades estadounidenses y empréstitos al gobierno estadounidense para financiar el déficit.

Se cargan barcos destinados a los EE. UU.

El desequilibrio llevó al cierre de las plantas siderúrgicas y fábricas de autos, la pérdida de millones de empleos en la manufactura y la reducción de ingresos disponibles de los estadounidenses.

EL ASUNTO IRAN-CONTRA

El Presidente Reagan trató de seguir la práctica de negarse a entrar en negociaciones con terroristas. En 1986, su gobierno fue en contra de la política oficial al vender, en secreto, armas a Irán a cambio de la liberación de rehenes estadounidenses en el Líbano. Hubo una crítica intensa cuando esto fue revelado al público. En poco tiempo, se descubrió que las ganancias de la venta a Irán se usaron para apoyar a los contras que luchaban contra el gobierno comunista de Daniel Ortega en Nicaragua. Esta acción violaba una ley congresional que prohibía ayuda adicional a los contras. Una investigación del Asunto Irán-Contra absolvió al presidente de la culpa, pero varios funcionarios de Reagan fueron condenados por mentir al Congreso y enviados a prisión.

Daniel Ortega

LA POLITICA EXTERNA DE REAGAN

En sus primeros años como presidente, Reagan se dedicó a restablecer la confianza estadounidense. Creía que los EE. UU. deberían de seguir obrando como defensor mundial de la libertad y la democracia.

LA DOCTRINA REAGAN

En 1986, el Presidente Reagan anunció una nueva política, conocida como la Doctrina Reagan. Bajo ella, los EE. UU. declararon que ya no se limitarían sólo a detener el comunismo, sino que tratarían de hacerlo retroceder al ayudar a los "guerreros por la libertad" en sus intentos de liberar a sus países del control comunista.

Ayuda militar. Reagan envió ayuda militar a los rebeldes anticomunistas en Afganistán, Nicaragua, Angola y Camboya (Kampuchea).

Aumento de gastos militares. Reagan aumentó significativamente los gastos militares que habían disminuído en el período de postguerra de Vietnam. Propuso una **Iniciativa de Defensa Estratégica** (S.D.I.), o sistema de defensa de "**guerra de las galaxias**" contra ataques nucleares, usando tecnología avanzada. Este sistema inquietó a la jefatura soviética que temía los costos de desarrollar una tecnología equivalente.

Intervención militar. En 1983, el Presidente Reagan, usando su autoridad de comandante en jefe, envió la infantería marina estadounidense a la diminuta isla **Granada** en el Caribe tan pronto como los comunistas tomaron control allí. La intervención mostró la disposición de Reagan a usar la fuerza. Reagan tomó esta medida para proteger a los estudiantes estadounidenses de medicina que se encontraban allí, y para prevenir que Cuba y la Unión Soviética usaran la isla para expandir el comunismo a otras repúblicas insulares de la región.

LA CRITICA DE LA DOCTRINA REAGAN

Los críticos señalaron que la posición prodemocrática de Reagan era contradictoria. Apoyaba a los "guerreros por la libertad" anticomunistas, pero permanecía aliado a los dictadores no comunistas en Chile, las Filipinas y otras partes del mundo. Otros críticos indicaron que Reagan no hacía nada para combatir el comunismo en las regiones donde se encontraba firmemente establecido, como en la Europa Oriental. Finalmente, algunos críticos temían que la Doctrina Reagan llevase a los Estados Unidos a una situación parecida a la de Vietnam, pero esta vez en Nicaragua.

LA GUERRA CONTRA EL TERRORISMO

El terrorismo es el uso de bombardeos, asesinatos o raptos por grupos nacionalistas o religiosos, para asegurarse de que se oirá su voz y los gobiernos accederán a sus demandas. Los terroristas golpean sin advertencia, produciendo pánico en la población civil. El trato con los terroristas creó un dilema para el Presidente Reagan y para sus predecesores. Los jefes estadounidenses querían mostrar que eran fuertes y no se intimidaban fácilmente. Al mismo tiempo, al responder con demasiada dureza, podrían obligar a los terroristas a intensificar sus actividades o tomar represalias tomando rehenes civiles. Finalmente, los terroristas individuales, responsables por atrocidades, eran a menudo difíciles de identificar y capturar. Los rehenes en Irán, tomados durante la administración de Carter y presos por 444 días, quedaron en libertad momentos después de la inauguración de Reagan. Durante la continua guerra civil en el Líbano, otros civiles estadounidenses quedaron como rehenes. Reagan envió la infantería marina al Líbano como parte de la fuerza de vigilancia de paz de las Naciones Unidas. En 1983, cuando una misión terrorista suicida hizo volar sus cuarteles, Reagan retiró las fuerzas estadounidenses. Sin embargo, unos cuantos rehenes estadounidenses siguieron cautivos en el Líbano durante la presidencia de Reagan. Reagan tomó un paso audaz contra el terrorismo en 1986, cuando **mandó bombardear** dos ciudades en Libia en represalias por actos de terrorismo apoyados por el jefe libio Muammar Qaddafi.

EL TRIUNFO DE LA DEMOCRACIA

Los Estados Unidos eran un ejemplo perfecto de una democracia próspera, en contraste con las dificultades económicas en los países comunistas. En las Filipinas y en la América Latina, muchas dictaduras y gobiernos militares quedaron reemplazados por gobiernos civiles elegidos democráticamente. El fin de la guerra fría vino cuando el fracaso de su sistema económico y político obligó a los jefes soviéticos a introducir cambios. Gorbachev retiró tropas del Afganistán, permitió cambios pacíficos en la Europa Oriental y en 1987 firmó con Reagan un acuerdo para desmantelar millares de armas nucleares.

LAS CONFERENCIAS CUMBRE ENTRE REAGAN Y GORBACHEV

Desde 1985 en adelante, Reagan y Gorbachev se encontraron en una serie de importantes conferencias cumbre para discutir el desarme y otros asuntos. Gorbachev accedió a retirar las tropas soviéticas de Afganistán y a permitir un cambio pacífico en la Europa Oriental. En 1987, Gorbachev y Reagan acordaron el desmantelamiento de miles de proyectiles nucleares de alcance intermedio.

TERMINOS PARA RECORDAR

Nuevo Federalismo de Reagan, reaganomía, economía de abastecimiento, reglamentación limitada, financiación deficitaria, deuda nacional, presupuesto equilibrado, balance negativo, Asunto Irán-Contra, Doctrina Reagan, "guerras de las galaxias", invasión de Granada, terrorismo

LA PRESIDENCIA DE BUSH: 1989-1993

La campaña electoral de George Bush, vicepresidente bajo Reagan, se basó en la promesa de seguir la política de Reagan, pero con más énfasis en adelantar la educación, luchar contra las drogas y tratar compasivamente a los pobres y a los individuos sin hogar.

BUSH Y LA POLITICA INTERNA

La previa experiencia de Bush había sido principalmente en la política externa, y algunos críticos observaron que tenía poca experiencia con los complejos asuntos internos.

EL DEFICIT PRESUPUESTARIO

El desafío más grande para Bush fue la reducción del déficit presupuestario que aumentaba constantemente. Los acontecimientos en la Europa Oriental y en la Unión Soviética le permitieron reducir los gastos militares. A fines de 1990, en un acuerdo con los demócratas en el Congreso, Bush accedió a leves aumentos en los impuestos de los ricos. A pesar de estos factores, el déficit presupuestario siguió siendo un problema serio para el Presidente.

LA RECESION ECONOMICA

En 1990 los E.E. U.U. gradualmente entraron en una recesión causada por varios factores, entre ellos, la reducción de gastos debido a las grandes deudas de los consumidores, las corporaciones, los gobiernos locales y estatales, y el gobierno nacional. La reducción en los gastos militares resultó en el declive de las industrias relacionadas con la defensa. También surgieron problemas en la construcción. Al venderse menos casas, bajaron sus precios. Los bancos se encontraron con problemas a causa de inversiones erróneas y la baja en los precios de los inmuebles. Las fábricas de autos despidieron a más obreros a causa de la competencia extranjera. En California, Nueva York, la Florida, Michigan e Illinois, el desempleo pasó los 8%. Se culpó al presidente de no haber reconocido las primeras señales de la recesión y de no haber actuado de forma apropiada. La Reserva Federal, en un intento de remediar la recesión, redujo drásticamente la tasa del interés.

El Presidente Bush

EL "PRESIDENTE DE LA EDUCACION"

En 1988, el Presidente Bush dijo a los votantes que quería ser recordado como el "presidente de la educación". Declaró que en la enseñanza dentro del país se necesitaba un cambio de dirección y no sólo más dinero. Su propuesta fue la introducción de un "sistema de garantías"; un documento, redimible por el gobierno, daría a las familias la libertad de escoger las escuelas para sus hijos. Los críticos argumentan que se necesitan más fondos para las escuelas públicas, y creen que el plan de Bush llevará a mayor deterioro de esas escuelas.

NOMBRAMIENTOS A LA CORTE SUPREMA

En 1990 y 1991, a causa de la edad avanzada y mala salud, dimitieron dos de los m liberales de la Corte. Estas dimisiones permitieron a Bush nombrar a individuos conservado a los conservadores una mayoría decidida en la Corte. El Magistrado Brennan fue reemplaz **David Souter**, un juez de Nueva Hampshire. Cuando se retiró Thurgood Marshall, **Clarence** **mas**, un juez negro conservador, fue confirmado después de un borrascoso proceso de nominació exámenes de testigos. Como resultado de estos cambios, en las sesiones de la Corte Suprema e 1991, se endureció el trato de los procesados por crímenes.

EL MEDIO AMBIENTE

A causa de una serie de desastres, el medio ambiente cobró mayor importancia en los años de la administración de Bush. En Alaska un barco-tanque de Exxon derramó petróleo crudo en el mar, lo que resultó en daños a lo largo de la costa. En el Golfo Pérsico la guerra llevó al derrame de petróleo en el golfo y los incendios de los pozos petroleros en Kuwait. Aunque el President Bush reaccionó al fortalecer la Ley del Aire Limpio, los ambientalistas decían que su gobierno no hacía bastante en ese aspecto.

LA POLITICA EXTERNA DE BUSH

Los logros principales de Bush fueron alcanzados en los asuntos extranjeros:

LA INVASION DE PANAMA

En 1989, Bush actuó decisivamente contra **Manuel Noriega**, el dictador narcotraficante panameño. Envió fuerzas estadounidenses a invadir a Panamá, restablecer a las autoridades elegidas democráticamente y traer a Noriega a los EE. UU. para juzgarlo por tráfico de drogas. A Noriega se le encontró culpable.

LAS RELACIONES ENTRE LOS EE. UU. Y LA U.R.S.S.

Dos años después de la inauguración de Bush, los países de la Europa Oriental, dejaron el comunismo a favor de la democracia. Se derribó la muralla de Berlín, y Alemania fue reunida. Además, hubo cambios democráticos en la Unión Soviética. En agosto de 1991, el jefe soviético **Mikhail Gorbachev** recibió el firme apoyo de Bush que no reconoció a los líderes comunistas que temporeramente se apoderaron del gobierno. Después de asumir el poder, Gorbachev esperaba que los jefes de las repúblicas soviéticas aprobaran un nuevo tratado de unión. Sin embargo, hacia el fin de 1991, cada una de esas repúblicas decidió a separarse de la unión. La Unión Soviética fue disuelta y reemplazada por la Comunidad de Estados Independientes. Gorbachev se retiró de la política. Bush reconoció las recién independientes repúblicas y les ofreció asistencia económica.

Mikhail Gorbachev

"NAFTA" - ACUERDO DE LIBRECAMBIO NORTEAMERICANO

El Presidente Bush apoyó vigorosamente la expansión del comercio internacional, y estableció un tratado de librecambio con el Canadá. Más tarde, los EE. UU. y el Canadá trabaron negociaciones para establecer comercio sin restricciones con México. El Presidente Bush llegó a un acuerdo con los jefes nacionales, pero el tratado no llegó a ser aprobado por el Congreso antes de la expiración de su término.

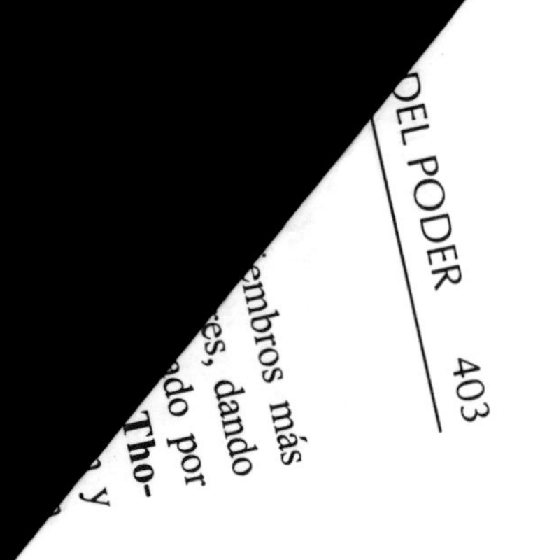

(1990)

8 años con Irán, el jefe iraquí **Saddam Hussein** desarrolló una gran tidades de armas quími- 90, invadió a Kuwait, olera y extendendien- le que Hussein tratara edio Oriente. Final- o de retirada ya que sus pedidos anteriores.

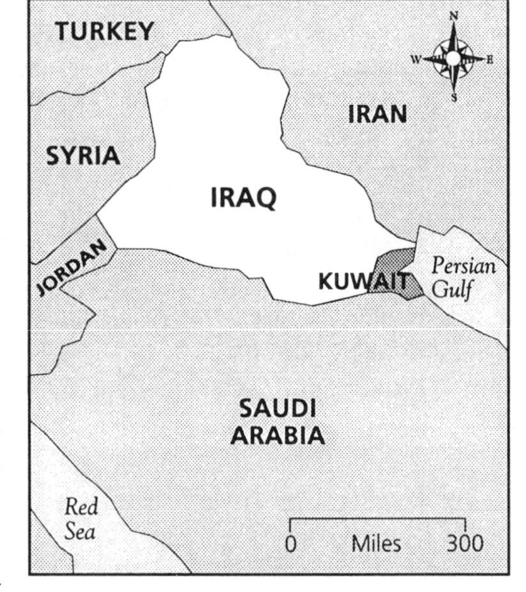

RESPUESTA DE LOS EE. UU.

Operación Escudo del Desierto. El Presidente Bush aumentó a casi 500.000 el número de soldados estadounidenses en la región, y se aseguró apoyo internacional. Cuando fracasaron todos los pasos diplomáticos y vencido el plazo de retirada dado a Hussein, las fuerzas estadounidenses y de la coalición de la O.N.U. lanzaron un ataque contra Iraq.

Operación Tormenta del Desierto. Bush prometió que esa operación no se convertiría en un asunto largo y extenso como Vietnam. Después de semanas de ataques aéreos contra Iraq, las fuerzas de la coalición atacaron a las fuerzas iraquíes en Kuwait, poniendo fin a la guerra en unos días. En febrero de 1990 Hussein accedió a retirar todas sus tropas desde Kuwait y hacer indemnizaciones a ese país. Algunos estadounidenses opinaban que la guerra debía haberse continuado hasta que Hussein fuese removido del poder, pero el Presidente Bush, al cumplir con su intención original de liberar a Kuwait, declaró el cese de hostilidades.

LAS CONSECUENCIAS DE LA GUERRA DEL GOLFO

La crisis fue importante por ser el primer desafío al orden en el mundo desde la guerra fría. La guerra elevó el prestigio de los Estados Unidos. El mundo quedó asombrado por el uso de la tecnología — los proyectiles "inteligentes", dirigidos por computadoras, que evadían el radar y llegaban a los objetivos con tremenda precisión.

En el norte de Iraq, estallaron sublevaciones contra Hussein entre los **kurdos**, que constituyen una minoría cultural distinta, y trataron de establecer su propio estado. Cuando Hussein comenzó la matanza de los kurdos, Bush intervino con las fuerzas estadounidenses para poner fin a las atrocidades y establecer campos de refugio para los kurdos.

LA INTERVENCION HUMANITARIA EN SOMALIA

En agosto de 1992, Bush inició la acción de abastecer a Somalia de comestibles y medicinas. Millones de habitantes de ese país en el noreste de Africa padecían hambre causada por la sequía y la guerra civil. Cuando los bandidos y jefes guerreros locales siguieron robando y arriesgando esos transportes, con la aprobación de la O.N.U., el Presidente Bush envió tropas para despejar las rutas.

TERMINOS PARA RECORDAR

"Nación más privilegiada", "NAFTA", Operación Tormenta del Desierto, ataques de los proyectiles "scud", kurdos, intervención humanitaria en Somalia

LA PRESIDENCIA DE CLINTON (1993 - presente)

Las elecciones presidenciales de 1992 eran inusitadas por haber sido una competencia entre tres candidatos. Los republicanos trataban de llamar atención a los "valores familiares" y no a los asuntos económicos, pero Bush fue dañado porque el público opinaba que no había hecho lo suficiente para combatir la recesión. A Bill Clinton, el candidato demócrata, le favoreció el surgimiento de un candidato de tercer partido, el billonario tejano **Ross Perot**. Este enfatizó los problemas que surgieron durante las administraciones de Reagan y de Bush, entre ellos el aumento de la deuda nacional y la pérdida de empleos a favor del extranjero. Por contraste, Clinton logró unificar el Partido Demócrata cuyos distintos grupos querían poner fin a los 12 años de control republicano de la Casa Blanca. Clinton ofreció un programa de cambios y el deseo de enfrentar los problemas como la deuda nacional y sanidad, ganándose así un 43% del voto popular.

El Presidente Clinton

LA POLITICA INTERNA DE CLINTON

Clinton comenzó su presidencia con varios programas nuevos. Sin embargo, tuvo dificultad en lograr el apoyo del Congreso.

El déficit presupuestario. A pesar del control demócrata del Congreso durante los dos primeros años de la presidencia de Clinton, éste tuvo bastante dificultad en lograr la aprobación de sus primeros presupuestos. En el primero de ellos redujo algunos gastos federales, aumentó los impuestos de los acomodados e incluyó un nuevo impuesto en la gasolina. Estas medidas ayudaron a reducir el déficit presupuestario federal.

Reformas en el cuidado médico. La esposa del presidente, **Hillary Rodham Clinton**, encabezó el cuerpo encargado de investigar las reformas en ese campo. El rasgo fundamental de la propuesta de Clinton era la garantía de seguros de salud para toda la población. El nuevo sistema iba a ser financiado en parte por impuestos adicionales en el tabaco; los patronos pagarían la mayoría de las primas de seguros de sus empleados; y se establecería una junta nacional de salud para controlar los costos médicos. Los adversarios del plan temían mayor participación del gobierno en el cuidado de la salud. Pronto se propusieron planes alternos, pero ninguno tuvo suficiente apoyo en el Congreso. El fracaso en este campo fue una derrota importante para el presidente.

Leyes criminales. El Presidente Clinton logró que se aprobara una ley importante que aumentó los fondos para la policía local y las prisiones, estableció una espera de cinco días en comprar armas y prohibió la venta de armas de asalto de tipo militar.

Nombramientos a la Corte Suprema. Los Presidentes Reagan y Bush nombraron conservadores a la Corte, y se temía que la mayoría resultante voltease las decisiones anteriores sobre el aborto, la acción afirmativa y los derechos del individuo. Clinton nombró a la Corte dos juristas moderados: Ruth Bader Ginsburg y Stephen Breyer.

Recuperación económica. Las medidas internas y la política comercial de Clinton contribuyeron a restablecer cierta confianza en la economía del país. En el segundo año de su administración, bajó el desempleo y aumentaron los gastos de consumidor y las ganancias de las empresas. Sin embargo, la Junta Federal de la Reserva que controla la cantidad de dinero en circulación, aumentó las tasas de interés para impedir una subida de precios. Esta medida deceleró el desarrollo económico.

Las elecciones congresionales. En 1994, los republicanos tuvieron una victoria importante en esas elecciones: por primera vez en 40 años ganaron el control de las dos cámaras del Congreso. Esto se percibió como indicación de que el público no estaba satisfecho con la administración de Clinton. Muchos votantes estaban descontentos con los aumentos de impuestos, la satisfacción de grupos de interés especial y el retorno a la gran presencia del gobierno. Durante la campaña electoral, muchos candidatos republicanos firmaron un documento llamado "Contract With America" que prometía impuestos más bajos, menos reglamentación gubernamental y reducción de gastos federales en programas sociales. Encabezados por Newt Gingrich, Presidente de la Cámara de Representantes, los republicanos propusieron varias leyes. Sin embargo, no fueron aprobadas sus propuestas de enmienda sobre el presupuesto equilibrado y la limitación en el tiempo de servir en el Congreso.

LA POLITICA EXTERNA DE CLINTON

Aunque Clinton llegó a la Casa Blanca con poca experiencia en asuntos extranjeros, algunos de sus éxitos más grandes están en ese campo. Dio gran importancia a los asuntos de comercio y economía. El Congreso aprobó el NAFTA y revisó el GATT (acuerdo internacional de bajar derechos de aduana a través del mundo). También se redujo el control sobre la exportación estadounidense y restableció el comercio con países como Vietnam. Además, Clinton participó en conferencias cumbre sobre asuntos de comercio con líderes asiáticos, latinoamericanos y europeos.

POLITICA EXTERNA DE CLINTON

Acuerdo Norteamericano de Comercio Libre (NAFTA) entre los EE.UU., el Canadá y México. A pesar de la oposición de los sindicatos y ambientalistas, el Congreso aprobó NAFTA en 1993, creando una zona de bajos aranceles en la región.

China. Al principio, con poco éxito, Clinton trató de vincular su política comercial con el fomento de derechos humanos en China. Sigue alentando reformas, pero separó los dos asuntos.

Israel. La administración de Clinton tuvo una contribución importante en el arreglo de un acuerdo de paz entre Israel y sus antiguos enemigos, la OLP y Jordania.

Rusia está en medio de crisis de transición del comunismo al mercado libre. Clinton apoyó a Yeltsin en su conflicto con el parlamento en 1993, y mostró poca oposición a su ataque desde 1994 contra los separatistas en Chechenia. Sin embargo, los EE.UU. protestan los planes rusos de vender combustible nuclear a Irán.

Iraq. En 1995 Clinton mandó un envío aéreo de fuerzas al Medio Oriente para obligar a Saddam Hussein a retirar miles de sus soldados enviados a la frontera con Kuwait.

Haití. El Padre **Jean-Bertrand Aristide** ganó las elecciones en 1990, pero fue depuesto por un golpe militar. Clinton envió tropas a Haití en 1994 y restauró a Aristide a su cargo.

Corea del Norte. La administración de Clinton está en negociaciones con los comunistas de ese país para eliminar allí la amenaza de armas nucleares.

Bosnia. Clinton no logró obtener cooperación internacional para terminar la guerra allí. Algunos consideran esto un gran fracaso en su política externa.

PERSONAJES DE LA EPOCA

NEIL ARMSTRONG Y EDWIN ALDRIN (ASTRONAUTAS)

En julio de 1969, 600 millones de telespectadores vieron a Neil Armstrong y a Edwin "Buzz" Aldrin salir de su cápsula lunar y caminar en la superficie de la luna. Este acontecimiento puso fin al esfuerzo, comenzado en 1957, de alcanzar a los soviéticos en la "carrera del espacio". Además, señaló un enorme logro de la tecnología estadounidense y contribuyó a elevar el prestigio de los Estados Unidos a través del mundo.

Edwin Aldrin se prepara a caminar en la superficie de la luna

CARL BERNSTEIN Y BOB WOODWARD (REPORTEROS)

Carl Bernstein y Bob Woodward eran reporteros del Washington Post. Gracias a sus reportajes, se descubrieron algunas de las conexiones entre la irrupción de Watergate y la administración de Nixon. Sus artículos diarios en el periódico ayudaron a impulsar la investigación de todo el Asunto Watergate.

MUHAMMAD ALI (CAMPEON DE BOXEO)

Muhammad Alí era un boxeador negro de categoría pesada, conocido por su estilo vistoso y maneras agresivas. Boxeador superior, mantuvo el título de campeón a intervalos entre 1964 y 1979. Musulmán negro por su religión, se negó a prestar servicio militar, sosteniendo su posición de objetor por conciencia. A causa de esta posición fue despojado de su título de campeón, pero lo recuperó más tarde.

SANDRA DAY O'CONNOR (JUEZ DE LA CORTE SUPREMA)

Sandra Day O'Connor fue electa para varios puestos en el estado de Arizona, como asistente procuradora, como senadora estatal y como juez de una corte superior. En 1981, fue nombrada para ocupar una vacante en la Corte Suprema de los EE.UU. Es la primera mujer en esta corte.

Sandra Day O'Connor

COLIN POWELL (PRESIDENTE DEL ESTADO MAYOR UNIFICADO)

En 1989, el Presidente Bush nombró a Colin Powell, general de cuatro estrellas, como Presidente del Estado Mayor Unificado. Un hijo de inmigrantes de Jamaica, alcanzó el puesto militar más alto del país. Powell llegó a ser prominente durante la presidencia de Reagan. Como su consejero de seguridad nacional, Powell restableció la respetabilidad y el honor del Consejo Nacional de Seguridad después del escándalo del Asunto Irán-contra. Powell reorganizó el Consejo a lo largo de claras líneas de autoridad y responsabilidad. También, se ganó el cariño de la nación cuando proporcionó liderato calmado e inspirador durante la Operación "Tormenta del Desierto" en la Guerra del Golfo en 1991.

Para otros personajes de este período, véase I.M. Pei, Jackson Pollock y Ansel Adams en "Un examen de la cultura".

LA CONSTITUCION EN MARCHA

LEGISLACION IMPORTANTE

LEY DE PODERES EN TIEMPO DE GUERRA (1973)

Esta ley fue aprobada para ayudar al Congreso a limitar el poder del presidente para hacer la guerra. Fue sancionada en respuesta a la preocupación de que los presidentes podrían comprometer a la nación en una guerra sin la aprobación del Congreso. La ley requiere que el presidente informe el Congreso de su decisión dentro de 48 horas de enviar tropas al combate en el extranjero. Si dentro de 60 días el Congreso no aprueba el uso de estas fuerzas, el presidente tiene que retirarlas.

LEY GRAMM-RUDMAN DE 1985

La Ley Gramm-Rudman trata de acabar con los enormes déficits del presupuesto federal. Establece objetivos anuales para el presupuesto federal hasta equilibrarlo en 1993. Si no se alcanzan los objetivos, dentro de un límite de 10 billones de dólares, se requieren reducciones automáticas en programas de defensa, educación, programas contra drogas, sanidad, el medio ambiente y proyectos en el espacio. La Corte Suprema declaró que la provisión de reducciones automáticas es inconstitucional.

CASOS JURIDICOS DE IMPORTANCIA

NEW YORK TIMES vs. U.S. (1971)

Trasfondo: El gobierno de los EE. UU. trató de impedir la publicación en el *New York Times* de los *Pentagon Papers*, un análisis secreto de la política en Vietnam. El gobierno argumentaba que debía permitírsele la limitación de la libertad de prensa cuando la seguridad de la nación estaba en riesgo.

Decisión/Importancia: La Corte Suprema sostuvo el derecho del *New York Times* a publicar los documentos. Declaró que la seguridad nacional no estaba amenazada, y que el intento de censura por el gobierno era inconstitucional.

LOS ESTADOS UNIDOS vs. NIXON (1974)

Trasfondo: Durante el Asunto Watergate se reveló que el Presidente Nixon poseía grabaciones secretas de todas las conversaciones en la Casa Blanca. Nixon se negó a obedecer una orden de la corte para entregar las cintas al procurador especial, reclamando privilegio ejecutivo, un derecho que él creía que estaba implícito en la Constitución. Nixon sostenía que el obedecer la exigencia de la Corte sería permitir el control judicial sobre el presidente. Esto iba contra el principio constitucional de la separación de poderes.

Decisión/Importancia: La Corte Suprema ordenó que el presidente entregase las cintas. Esta decisión reafirmó el principio de que nadie está por encima de la ley, ni siquiera el presidente de los Estados Unidos.

RESUMEN DE TU COMPRENSION

Instrucciones: ¿Entendiste bien lo que acabas de leer? Comprueba tu comprensión al responder a las siguientes preguntas.

TERMINOS PARA RECORDAR

En una hoja aparte, define brevemente los siguientes:

- Resolución del Golfo de Tonkín
- Ley de Poderes en Tiempo de Guerra
- Presidencia imperial
- Asunto Watergate
- Acuerdo de Helsinki
- Stagflation
- Acuerdo de Camp David
- Reaganomía
- Presupuesto equilibrado
- Déficit presupuestario
- Desequilibrio comercial
- Asunto Irán-Contra

LA GUERRA DE VIETNAM

La Guerra de Vietnam dejó profundas heridas en la nación, muchas aún no completamente cicatrizadas. Resume tu comprensión de la Guerra de Vietnam al responder a las siguientes preguntas:

- ¿Cuáles fueron los sucesos que llevaron a la participación de los Estados Unidos en Vietnam?
- ¿Cómo la Ofensiva de Tet de 1968 se convirtió en el punto crítico de la guerra?
- ¿Por qué los Estados Unidos fueron incapaces de ganar la guerra en Vietnam?
- ¿Cuál fue la herencia de la Guerra de Vietnam?

LAS PRESIDENCIAS DE NIXON Y DE CARTER

Las presidencias de Nixon y de Carter fueron notables por sus logros en la política externa combinados con dificultades en los asuntos internos. Resume tu comprensión de estas presidencias al responder a las siguientes preguntas:

- ¿Qué factores contribuyeron al aumento de la autoridad presidencial en el siglo XX?
- Describe algunas de las dificultades internas y los alcances de la política externa de las presidencias de Nixon y de Carter.
- ¿Cómo demostró el Asunto Watergate los puntos fuertes y los débiles del sistema de gobierno estadounidense?

LA PRESIDENCIA DE REAGAN

El Presidente Reagan introdujo cambios de amplio alcance tanto en la política externa como en los asuntos internos. Resume tu comprensión de esta aseveración al responder a los siguientes:

- ¿Qué acontecimientos en asuntos externos importantes tuvieron lugar durante la presidencia de Reagan?
- Describe algunos sucesos internos importantes de la presidencia de Reagan.

PERSONAJES DE LA EPOCA

Los individuos a menudo tienen una influencia importante en la vida política, económica o social de su tiempo. En tu opinión, ¿qué individuo tuvo el impacto más grande en el período presentado en este capítulo? Explica tu posición.

COMPRUEBA TU COMPRENSION

Instrucciones: Comprueba tu comprensión de esta unidad al contestar las siguientes preguntas. Selecciona la mejor contestación. Después de completar las preguntas de respuestas breves, dirígete a los ensayos.

DESARROLLO DE DESTREZAS: INTERPRETACION DE UNA CARICATURA

Basa las respuestas a las preguntas 1 a 3 en la caricatura que sigue y en tu conocimiento de estudios sociales.

1 ¿Qué concepto se muestra con más claridad en esta caricatura?
1 sistema de pesos y contrapesos
2 examen judicial
3 federalismo
4 supremacía nacional

2 ¿Cuál de los siguientes presidentes está presentado en la caricatura?
1 Jimmy Carter
2 Richard Nixon
3 Ronald Reagan
4 George Bush

3 La idea principal de la caricatura es que
1 El Congreso y el presidente a menudo están en desacuerdo.
2 La rama ejecutiva es la principal en el gobierno federal.
3 El Congreso tiene la llave del tesoro nacional.
4 Los programas del presidente son bastante populares.

DESARROLLO DE DESTREZAS: INTERPRETACION DE DIALOGOS

Basa tus respuestas a las preguntas 4 a 7 en las aseveraciones de los siguientes consejeros presidenciales y en tu conocimiento de estudios sociales.

Consejero A: Señor Presidente, sus gastos continuos en los programas de defensa, al ritmo actual, dejaron a la nación con un enorme déficit. Aunque usted personalmente se opone a un aumento de impuestos, tenemos que hacerlo.

Consejero B: Usted ya no puede seguir desafiando a los tribunales. Su administración se encuentra frente a un escándalo político. Esta crisis constitucional fue causada por su reclamación del privilegio ejecutivo, poniéndolo a usted en oposición directa a la rama judicial del gobierno federal.

Consejero C: Usted debe censurar los actos de terrorismo. No podemos permitir los secuestros de nuestros diplomáticos por terroristas extranjeros. Se necesita acción en esta situación —¡Usted tiene que hacer algo!

Consejero D: Su responsabilidad como Presidente es determinar nuestra política externa. Este otorgamiento constitucional de autoridad apoyará su objetivo de remover del poder a un gobernante extranjero hostil para proteger nuestros intereses en el Caribe.

4 ¿Cuál presidente recibe consejos del consejero A?
1 Eisenhower
2 Reagan
3 Carter
4 Nixon

5 El consejero B, con más probabilidad, se dirige al presidente
1 Eisenhower
2 Reagan
3 Carter
4 Nixon

6 El consejero C probablemente describe la participación de los Estados Unidos en
1 la crisis de los rehenes en Irán
2 el Golfo de Tonkín
3 la invasión de la Bahía de Cochinos
4 la invasión de Panamá

7 ¿Cuál de las siguientes situaciones sería apoyada con más probabilidad por el Consejero D?
1 la crisis de los rehenes en Irán
2 los encuentros cumbre de Camp David
3 el establecimiento del Nuevo Trato
4 la invasión de Panamá

DESARROLLO DE DESTREZAS: ANALISIS DE UNA LINEA CRONOLOGICA

Basa tus respuestas a las preguntas 8 a 10 en la siguiente línea cronológica y en tu conocimiento de estudios sociales.

SUCESOS EN LA HISTORIA DE VIETNAM EN EL SIGLO XX

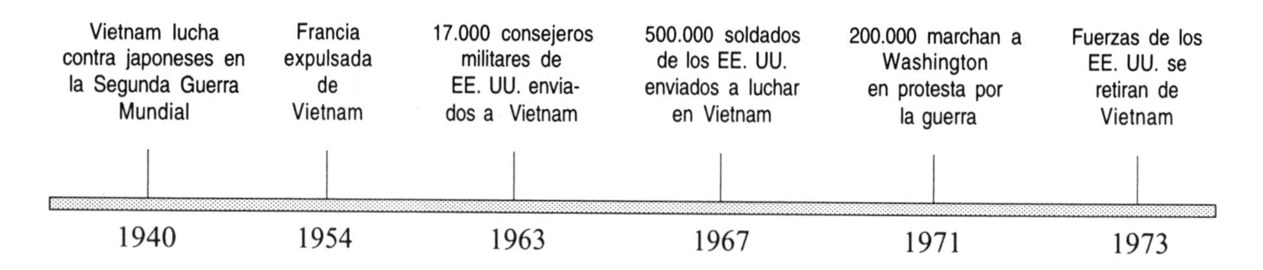

8 ¿En qué período se enviaron las primeras fuerzas militares de los EE. UU. a Vietnam?
1 1940 a 1954
2 1954 a 1967
3 1976 a 1973
4 después de 1973

9 La línea cronológica indica que los Estados Unidos y Vietnam
1 participaron en un conflicto militar
2 eran rivales de comercio en Asia
3 compartían tecnología avanzada
4 fueron aliados militares contra los franceses

10 ¿Cuál es la conclusión mejor apoyada por la información de la línea cronológica?
1 Vietnam a menudo luchaba contra invasores extranjeros.
2 El gobierno de Vietnam carecía de tradición democrática.
3 Los años de guerra dejaron a Vietnam en ruina económica.
4 En 1973 Vietnam del Norte fue tomado por Vietnam del Sur.

---

11 ¿Cuál fue la causa fundamental para la participación de los EE. UU. en la Guerra de Vietnam?
1 las diferencias religiosas entre Vietnam del Norte y el del Sur
2 el temor estadounidense a la expansión del comunismo en Asia
3 la invasión de Vietnam del Sur por Corea del Norte
4 la instalación de armas nucleares soviéticas en Vietnam

12 ¿Cuál acontecimiento tuvo lugar durante la administración de George Bush?
1 la invasión de Panamá
2 el establecimiento de la Ley de Derechos Civiles
3 la iniciación del Nuevo Trato
4 el escándalo de Watergate

13 Durante la presidencia de Reagan, sus propuestas para el presupuesto federal fueron muy criticadas porque
1 bajaron la tasa de interés y redujeron la inflación
2 aumentaron los gastos de beneficencia social
3 incluyeron déficits muy grandes
4 abogaron por el aumento de los impuestos sobre ingresos

14 La administración de Reagan encontró sus dificultades centroamericanas más grandes en
1 Nicaragua
2 Honduras
3 Guatemala
4 Costa Rica

15 Las acciones de los Estados Unidos en la Guerra de Vietnam mostraron que
1 la teoría del dominó es una táctica militar eficaz
2 la política militar en una democracia es influida por la opinión popular
3 la tecnología avanzada asegura la victoria
4 el uso limitado de armas nucleares estratégicas puede tener éxito

16 ¿Cuál de las siguientes aseveraciones refleja mejor el "Nuevo Federalismo" de Reagan?
1 el gobierno federal debe recibir más autoridad
2 los impuestos deben aumentarse para reducir el déficit federal
3 el gobierno federal debe devolver autoridad a los estados
4 se deben limitar los gastos militares para proporcionar fondos para programas sociales

17 El resultado del Asunto Watergate fue importante porque afirmó la idea de que
1 el gobierno se basa en la autoridad de las leyes y no de los individuos
2 el jefe ejecutivo tiene poderes casi ilimitados
3 el Congreso es ineficaz al tratar con una crisis constitucional
4 la Corte Suprema tiene miedo de tomar decisiones que tienen que ver con la presidencia

18 Durante la administración de Nixon, la política estadounidense hacia China se caracterizó por
1 los intentos de introducir la democracia en China
2 la hostilidad y aislamiento creciente
3 el establecimiento de un pacto de defensa mutua
4 una mitigación de relaciones tensas

19 El parecido fundamental entre la Guerra de Corea y la Guerra de Vietnam es que las dos
1 tenían que ver con la libertad de los mares
2 trataron de lograr libertad de religión
3 trataron de limitar la expansión del comunismo en Asia
4 intentaron restaurar en el poder a un rey en Asia

20 ¿Cuál fuente sería más útil para encontrar información sobre la topografía de Vietnam?
1 un atlas del sudeste de Asia
2 un texto de historia que describe la participación de los Estados Unidos en el sudeste de Asia
3 un boletín del Departamento de Estado que describe asuntos diplomáticos en Asia
4 las memorias de un veterano de la Guerra de Vietnam

21 La Resolución del Golfo de Tonkín y el hundimiento del *Maine* se parecen en que ambos acontecimientos
1 previnieron la expansión del comunismo
2 llevaron a los Estados Unidos a la guerra
3 trajeron gobiernos democráticos a Asia
4 alentaron la inmigración europea a los EE. UU.

22 ¿Cuál de las siguientes aseveraciones describe mejor la reacción en los Estados Unidos tanto después de la Primera Guerra Mundial como después del Conflicto de Vietnam?
1 Los Estados Unidos ampliaron su política de intervención mundial.
2 Los Estados Unidos se volvieron más cautos al participar en los acontecimientos mundiales.
3 Los Estados Unidos pagaron grandes indemnizaciones a sus adversarios de guerra.
4 El Congreso rápidamente aprobó fondos para la expansión militar.

23 ¿Qué factor tuvo la influencia más grande en la decisión del gobierno estadounidense de entrar en la Guerra con España y en retirarse del Conflicto de Vietnam?
1 las manifestaciones en las universidades
2 las presiones de las grandes corporaciones
3 el poder de la prensa
4 el consejo de los militares

24 ¿Cuál es la mejor explicación del aumento en la autoridad presidencial durante la Guerra de Vietnam?
1 El Congreso temía ejercer sus poderes constitucionales.
2 La Constitución fue suspendida durante el tiempo de guerra.
3 El Presidente estaba en posición de actuar rápida y decisivamente.
4 En tiempo de guerra, la Constitución pone todo el poder en las manos del Presidente.

25 "Creo que debe ser política de los Estados Unidos el apoyar a los pueblos libres que resisten los intentos de subyugación por minorías armadas o por presiones externas. Creo que nuestra ayuda debe consistir principalmente en asistencia económica y financiera..."
—*Harry Truman*

Estas ideas en la cita las utilizó el Presidente Reagan para justificar la intervención estadounidense en los asuntos
1 de la América Central
2 de la Europa Occidental
3 de Vietnam
4 del Canadá

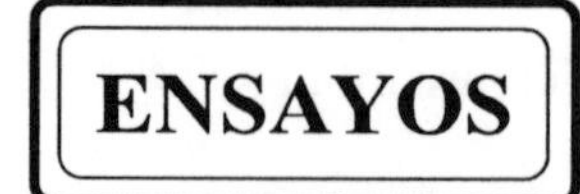

1 Las guerras son grandes conflictos en el mundo que llevan a cambios importantes.

Guerras

Guerra Civil
Guerra Hispano-Estadounidense
Primera Guerra Mundial
Segunda Guerra Mundial
Guerra de Corea
Guerra de Vietnam

Parte A

Escoge *una* de las guerras enumeradas. ______________________

Enumera *dos* cambios que produjo esta guerra en los Estados Unidos.

1.____

____

2.____

____

Escoge *otra* guerra enumerada. ____________________

Enumera *dos* cambios que produjo esta guerra en los Estados Unidos.

1.____

____

2.____

____

Parte B

En tu respuesta a la Parte B debes usar la información dada en la Parte A. Sin embargo, también puedes incluir información adicional y distinta en tu respuesta a la Parte B.

Escribe un ensayo explicando cómo las guerras son grandes conflictos que a menudo producen cambios importantes en una nación.

2 En un sondeo, los historiadores evaluaron a los presidentes de los E.E. U.U. en cuanto a características tales como habilidad de dirección, logros, manejo de las crisis, destrezas políticas e integridad. A continuación, se encuentran enumerados algunos presidentes y su nivel de calificación.

Calificación alta	Calificación baja
Abraham Lincoln	Andrew Johnson
Theodore Roosevelt	Ulysses S. Grant
Woodrow Wilson	Warren Harding
Harry S Truman	Jimmy Carter
Franklin D. Roosevelt	Richard Nixon

a Escoge a *un* presidente de cada grupo. En el caso de *cada uno* discute hasta qué punto estás en acuerdo o desacuerdo con la evaluación de los historiadores. [Usa información histórica específica para apoyar tu posición.]

b Nombra a cualquier presidente no enumerado en la lista y declara si le darías una calificación alta o baja. Apoya tu posición usando información histórica específica.

UNA CLAVE PARA LA COMPRENSION DE LOS TEMAS DEL DIA: UN EXAMEN DE LA POLITICA SOCIAL

Muchos ensayos en los exámenes de estudios sociales tratan de problemas, cuestiones y tendencias que afectan la política social. Esta sección te dará una visión general de la información necesaria para escribir estos ensayos.

PROBLEMAS

Hay muchos problemas que afectan a los Estados Unidos y la vida de sus habitantes.

LA PREGUNTA DE ENSAYO

La presentación del tema de ensayo basado en estas cuestiones se dirigirá a varios problemas introducidos por una aseveración general. A continuación, tienes un ejemplo de tal aseveración:

> Muchos de los problemas importantes de los Estados Unidos durante los años 1980 seguirán siendo un desafío para la nación en los años 1990.

Los tipos de problemas enumerados van a ser los que afecten el bienestar nacional interno o los que tienen que ver con las naciones extranjeras. Las cuestiones citadas con más frecuencia son:

Problemas internos

La epidemia del SIDA
El aumento de costos del cuidado de la salud
Los individuos sin hogar
El déficit presupuestario
La epidemia de las drogas
La criminalidad creciente
La crisis de los bancos de ahorros y prestamos
El dilema de la agricultura
Las amenazas al ambiente

Problemas mundiales

El terrorismo internacional
El narcotráfico
El desequilibrio comercial
La violación de los derechos humanos
La crisis de las deudas
La inestabilidad política en el mundo

Veamos cómo contestar este tipo de ensayo.

UN ENFOQUE GENERAL

Aunque en las preguntas de ensayo se pueden pedir cosas diferentes, generalmente habrá un énfasis en:

(a) **Definir el problema.** Aquí se espera que describas la naturaleza del problema. Te puede ser útil hacer un repaso mental —quién, qué, dónde y cuándo— al describir o definir el problema.

(b) **Enumerar las causas**. Aquí se espera que expliques por qué sucedió algo. Las causas son las diferentes razones que por las que surgió el problema.

(c) **Explicar los efectos**. Aquí se espera que expliques el efecto o impacto que el problema tiene en la sociedad.

(d) **Presentar algunas soluciones**. Aquí se espera que discutas algunas medidas que:

- las agencias gubernamentales o privadas han tomado para resolver el problema.
- tú recomendarías para resolver el problema.

Para mejorar tus métodos de estudio, cuando leas algo sobre un problema social, debes pensar en estos cuatro aspectos: *definir* el problema, *enumerar* sus causas, *explicar* los efectos y *sugerir* algunas soluciones.

CUESTIONES CONTROVERSIALES

A lo largo de tu curso de historia de los Estados Unidos, estudiaste las cuestiones duraderas que tienen que ver con los diversos aspectos de la Constitución de los EE. UU. A diferencia de los problemas, donde la mayoría de las personas están de acuerdo en que hay un asunto que debe resolverse, una controversia es aquella en que hay dos puntos de vista o más opuestos o contrarios.

LA PRESENTACION DEL TEMA

A menudo el tema del ensayo sobre las cuestiones controversiales se introduce con una aseveración general. A continuación, tienes un ejemplo de tal aseveración que introduce el tema:

> En los Estados Unidos, a menudo hay situaciones en las que los intereses del individuo están en conflicto con las necesidades de la sociedad. A continuación se encuentran enumeradas varias controversias que pueden llevar a tal conflicto.

Este tipo de ejercicio trata de comprobar tu comprensión de los puntos de vista opuestos sobre una cuestión específica. Las cuestiones citadas más a menudo son:

El control de las armas de fuego
La oración en las escuelas
El derecho a morir (Eutanasia)
Los programas de asistencia social ("welfare")
Los programas de acción afirmativa
La pena de muerte
Las pruebas sobre el uso de drogas
El aborto

Veamos cómo uno debe dirigirse a redactar este tipo de ensayo.

UN ENFOQUE GENERAL

Aunque hay diferentes cosas que pueden pedirse en la pregunta de ensayo sobre estas controversias, generalmente habrá un énfasis en:

(a) **La definición de la controversia**. Aquí se espera que la describas. Te ayudará hacer un repaso mental —quién, qué, dónde y cuándo— al definir la cuestión.

(b) **La explicación de los puntos de vista opuestos**. Aquí se espera que hables sobre las partes en conflicto en una cuestión o controversia. Se te puede pedir que presentes uno o más argumentos usados por cada lado para apoyar su opinión.

(c) **El manejo de la cuestión**. Aquí se espera que discutas o expliques alguna medida tomada por el gobierno con respecto al asunto.

Para mejorar tus métodos de estudio, cuando leas algo sobre una controversia social, debes pensar en estos tres aspectos: ¿puedes *definir* la cuestión, *explicar* los puntos de vista y *discutir* las medidas tomadas por el gobierno con respecto al asunto?

TENDENCIAS

A lo largo de la historia de los Estados Unidos, se pueden identificar diferentes tendencias. Una tendencia es una línea de acción que toma una cierta dirección. Generalmente, la tendencia aparece en los asuntos que tendrán algún impacto en el futuro de la nación.

LA PRESENTACION DEL TEMA

Con frecuencia, los temas de ensayos sobre las tendencias se introducen con una generalización. A continuación tienes un ejemplo de tal generalización:

> La tecnología afectó mucho a la sociedad estadounidense desde el fin de la Segunda Guerra Mundial. A continuación, hay una lista de los diferentes campos en que los adelantos tecnológicos acarrearon cambios en la sociedad estadounidense.

En este tipo de ensayo se comprueba tu comprensión de los tipos de cambios. Con frecuencia, se te pedirá que discutas las tendencias que tienen lugar en los siguientes:

La tecnología
El cuidado de la salud
El papel de la mujer
La enseñanza
El lugar de trabajo
La población
El papel de las minorías

Veamos cómo dirigirnos a redactar este tipo de ensayo.

UN ENFOQUE GENERAL

Aunque se puede pedir información diversa sobre las tendencias, la mayoría de los temas se enfocarán en:

(a) **La definición de la tendencia**. Aquí se espera que describas la tendencia o su desenvolvimiento. Otra vez te podría servir bien el repaso de la lista mental —quién, qué, dónde y cuándo— al definir la tendencia.

(b) **La predicción del efecto.** Aquí se espera que discutas el efecto o impacto que la tendencia ha tenido o tendrá en la sociedad.

Para mejorar tus métodos de estudio, cuando leas algo sobre una tendencia o su desenvolvimiento, debes pensar en estos dos aspectos: ¿puedes *definir* la tendencia y *pronosticar* sus efectos?

CAPITULO 17

PERSPECTIVAS PARA EL FUTURO

VISION GENERAL

Durante sus primeros doscientos años los Estados Unidos se enfrentaron con muchos cambios y problemas. La nación constantemente encontró formas de solucionar sus problemas. Pero ¿qué futuro le espera al país en el umbral de su tercer siglo como nación? Al aprender a tratar con los desafíos del pasado, los EE. UU. se convirtieron en una nación más rica y vigorosa. Sin embargo, a pesar de los logros del pasado, los estadounidenses no pueden descansar. Tu generación y las futuras generaciones se encontrarán con cuestiones nuevas y singulares. En este capítulo se exploran algunos de estos retos emergentes.

PROBLEMAS IMPORTANTES

- La epidemia del SIDA
- Los costos crecientes del cuidado de salud
- Los individuos sin albergue
- El déficit del presupuesto
- La epidemia de las drogas
- La criminalidad creciente
- El dilema de las granjas
- El medio ambiente
- El terrorismo internacional
- El tráfico de drogas
- El desequilibrio comercial
- Los violación de los derechos humanos
- La crisis de las deudas
- La inestabilidad política

CUESTIONES IMPORTANTES

- El control de las armas
- La oración en las escuelas
- El derecho a la muerte (eutanasia)
- Los programas de acción afirmativa
- La pena de muerte
- Las pruebas sobre el uso de drogas
- El aborto
- Los derechos civiles y el desorden público

TENDENCIAS IMPORTANTES

- La tecnología
- El cuidado de la salud
- El papel de la mujer
- La enseñanza
- La fuerza trabajadora
- Los cambios en la población
- El papel de las minorías

PROBLEMAS IMPORTANTES

LOS PROBLEMAS INTERNOS

Hay muchos problemas que afectan a la nación y nuestra vida. Veamos algunos de los problemas principales ante los que se encuentra hoy la nación.

LA EPIDEMIA DEL SIDA

El síndrome de inmunodeficiencia adquirida (SIDA) resulta de un virus que impide que el sistema interno de defensa del organismo pueda combatir las enfermedades. El individuo muere cuando ya no puede resistir las infecciones. El SIDA se transmite de una persona a otra por medio del intercambio de los fluidos del cuerpo, especialmente por medio del contacto sexual, jeringuillas hipodérmicas infectadas y transfusiones de sangre contaminada. Se sabe muy poco sobre el origen de este mal.

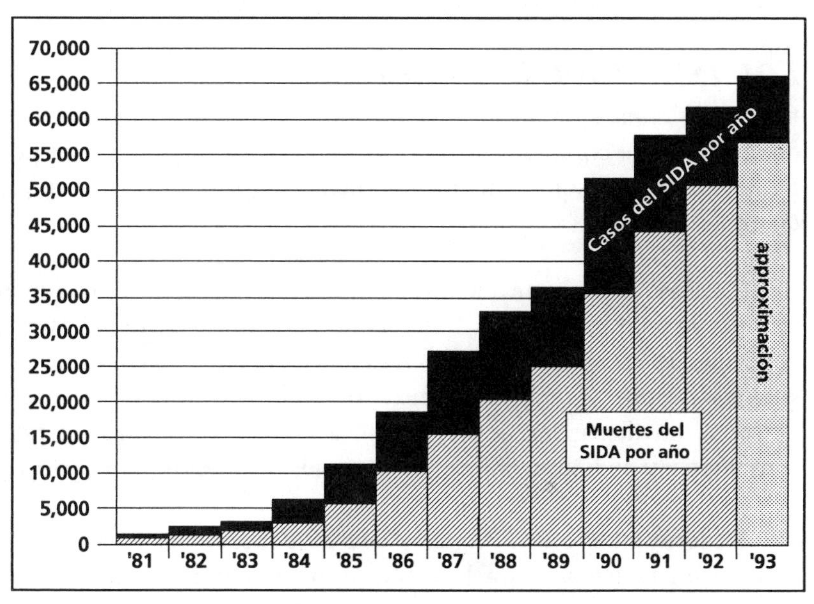

Fuente: Departamento de Salud y Servicio a la Población/Centro de Control de Enfermedades

Impacto. Desde el comienzo de la epidemia del SIDA, han muerto más de 82.000 estadounidenses. Sólo en 1989, las muertes llegaron a 21.000. Los pronósticos relativos a esta enfermedad son aún más deprimentes. El esparcimiento de la epidemia resulta en hospitales atestados y crecientes costos de sanidad. El aumento en el número de casos amenaza con abrumar todo el sistema del cuidado de la salud.

Acciones. El gobierno de los Estados Unidos gasta billones de dólares, provenientes de impuestos, en la investigación, el tratamiento y la educación sobre esta enfermedad; pero aún no hay una cura para el SIDA. Actualmente, el único tratamiento aprobado para el SIDA es la droga llamada AZT.

EL AUMENTO EN LOS COSTOS DEL CUIDADO DE LA SALUD

En el presupuesto del estadounidense promedio, los costos del cuidado de salud son los que han aumentado más. La tecnología médica hace posible que se salven vidas por medio de los transplantes de órganos humanos, complicadas operaciones del corazón, operaciones con rayos laser y medicamentos prodigiosos. Esto llevó a drásticos aumentos en el costo de los tratamientos y de la investigación médica. Con el costo promedio del hospital de $800 al día, es fácil comprender por qué algunas pólizas del cuidado de la salud aumentan casi en un 50% al año. A medida que aumentaron estos costos, casi un 15% de la población no pudo permitirse estos seguros. Para estos 40 millones de individuos, los seguros son simplemente demasiado caros. Otros son rechazados por las compañías de seguros a causa de problemas de salud preexistentes al solicitar la póliza.

Acción federal. En 1965, el Congreso aprobó la **Ley Medicare**, para proporcionar seguro de hospitalización de bajo costo a los ciudadanos de 65 o más años de edad. Se espera que los gastos gubernamentales en cuidado de salud vayan a triplicarse entre los años 1990 y 2000. Si los costos siguen subiendo, hay preocupación por las futuras reducciones en la ayuda provista por Medicare. Ciertos grupos exigen alguna forma de seguro de salud nacional. El Canadá tiene un programa de esta índole, que proporciona servicio médico gratuito a todos sus ciudadanos.

Acción estatal. Los estados formaron programas de **Medicaid** para ayudar a las personas menesterosas, de menos de 65 años, con sus gastos médicos. Pero según estos van subiendo, los estados necesitan encontrar métodos distintos e innovadores para controlar los costos médicos.

LOS INDIVIDUOS SIN HOGAR

Los individuos sin albergue a menudo son representados como vagos o enfermos mentales que duermen en los portales. Una tercera parte de los individuos sin hogar se compone de familias. Aunque un 20% de las personas sin albergue tienen empleo a tiempo completo, no pueden encontrar alojamiento que puedan pagar.

Causas. Las razones del problema son varias. A medida que aumenta la demanda de viviendas, se produce la carestía de éstas. Las personas que viven de ingresos mínimos, a menudo se encuentran en la calle cuando los alquileres suben más allá de lo que pueden pagar. A esto se suma la falta de alojamientos subvencionados y un gran número de apartamentos que se convirtieron en "condominios". Muchas personas no tienen las destrezas educacionales y técnicas necesarias en una sociedad de orientación tecnológica y no logran obtener los ingresos necesarios para costear el alto precio de las viviendas.

Recomendaciones. Algunos sugieren incentivos de impuestos reducidos para que las empresas construyan viviendas para la gente de bajos ingresos; también se propone que las agencias oficiales compren casas con derechos de redención extinguidos y que se aliente a grupos de inquilinos a renovar los apartamentos existentes. Sin embargo, otros dudan que el problema pueda resolverse con la intervención directa del gobierno. Enfatizan que el problema es más profundo que la mera falta de dinero.

LOS DERECHOS CIVILES Y EL DESORDEN PUBLICO

Como resultado de los adelantos en los derechos civiles de las décadas de 1960 y 1970, y el desarrollo de una considerable clase media negra, muchos comenzaron a creer que ya no se necesitaban más los programas basados en la raza, establecidos para ayudar a la minoría negra. Sin embargo, muchos líderes de las minorías mantienen que sus comunidades se ven privadas de la igualdad de oportunidades. Las frustraciones de las minorías estallaron en los motines en Los Angeles en 1992. Después de perseguir a alta velocidad a un automovilista negro, la policía lo detuvo y lo maltrató. Este episodio, filmado por un testigo, se vio en la televisión a través de todo el país. Cuando el jurado declaró inocentes a los policías juzgados por el uso excesivo de la fuerza, estallaron los barrios negros y latinos. Se saquearon y quemaron miles de edificios, y murieron más de 70 personas. Los motines llamaron atención a la situación de las minorías y a los problemas de las tensiones raciales en el país.

EL DEFICIT PRESUPUESTARIO

Véase el Capítulo 16 para una discusión completa de este problema.

LA EPIDEMIA DE LAS DROGAS

Los Estados Unidos se encuentran frente a un creciente problema de drogas. Cada año, el uso de las drogas ilícitas incluye un creciente número de víctimas en la población del país. En los EE. UU. se consume un 60% de las drogas ilegales del mundo. Muchas de ellas, como la heroína y la cocaína causan adicción y pueden causar la muerte.

Impacto. El uso de las drogas ilícitas alcanzó proporciones epidémicas porque uno de cada cuatro adictos se convierte en traficante, haciendo ventas a sus amigos, vecinos y compañeros de trabajo para costear su vicio. Las drogas ilícitas van llegando al país en cantidades sin precedentes, llevando al aumento de la criminalidad, las salas de emergencia atestadas, un sistema legal abrumado y prisiones apiñadas.

Acciones. A pesar de los millones de dólares gastados en la guerra contra las drogas, las drogas están disponibles a precios más bajos y en cantidades más grandes que antes. Las soluciones, tales como enviar tropas a países extranjeros para impedir el cultivo de plantas que producen los narcóticos, no tuvieron éxito inicial. Algunos sugieren que la única forma eficaz de reducir su abuso es educar a los jóvenes sobre los peligros de las drogas ilícitas.

EL AUMENTO DE LA CRIMINALIDAD

Desde 1975, hubo un aumento en las actividades criminales. En 1988 una cuarta parte de todos los hogares en los Estados Unidos fue víctima de algún crimen violento o robo. El problema del crimen va aumentando y hay poca indicación de que haya control de la situación a corto plazo.

Causas. Muchos crímenes los cometen las personas más pobres y menesterosas que parecen incapaces de salir del ciclo de la pobreza. Otros crímenes están relacionados con las drogas. Generalmente, la proporción más alta de la criminalidad se encuentra entre los individuos desempleados, los que vienen de familias deshechas, los que no tienen vivienda, los que usan drogas ilegales y los que dependen de la asistencia social. Las razones presentadas con más frecuencia tienen que ver con la frustración de los que viven en la pobreza, la disponibilidad de las armas de fuego, la abundancia de narcóticos y la violencia estimulada por la televisión y el cine.

Acciones sugeridas. Algunos creen que el remedio está en el aumento de la fuerza policial, las sentencias de prisión más largas y las leyes de control de armas más estrictas. Otros sugieren que el problema se podría remediar con más empleos y programas de adiestramiento vocacional.

LA CRISIS DE BANCOS DE AHORROS Y PRESTAMOS

Entre 1934 y 1985, casi no hubo quiebras bancarias. Sin embargo, por primera vez desde la Gran Depresión de 1929, se multiplicaron los fracasos bancarios, amenazando el bienestar financiero de la nación.

Causas. Los bancos se benefician al usar los fondos de sus depositantes para hacer préstamos. Los préstamos a personas de poco haber, las tasas de interés fluctuantes, la insuficiente reglamentación de los bancos, el fraude y el robo son algunas de las razones que explican la presente crisis bancaria.

Impacto. Muchos creen que la crisis de los bancos de préstamos y ahorros es el problema más importante que enfrenta la nación. Las quiebras bancarias amenazan con reducir la confianza de los depositantes estadounidenses. Ya que cada cuenta está asegurada por la F.D.I.C., este fondo sufrirá gran presión financiera. Además, los contribuyentes de impuestos, en los próximos 30 años tendrán que pagar cerca de $1 trillón para pagar a los depositantes de las instituciones de préstamos y ahorros malogradas.

EL DILEMA DE LAS GRANJAS

Hace doscientos años, la mayoría de la población del país se ocupaba de la agricultura. Hoy, la proporción es sólo un 2%. La granja estadounidense pasó por una revolución en el rendimiento de cosechas. En 1900 un granjero producía bastante para alimentar a 8 personas; para 1990, podía producir lo suficiente para alimentar a 80 personas. A medida que los agricultores producían más, la granja ordinaria cuadruplicó sus dimensiones. Esta tendencia creó un dilema para el granjero estadounidense. Los aumentos de producción se lograron con la compra de terrenos adicionales e inversiones en maquinaria moderna. Sin embargo, la producción más alta lleva a la baja de precios. Por consiguiente, los granjeros a menudo son incapaces de pagar sus hipotecas y préstamos. En 1987 casi 250.000 personas abandonaron la agricultura, reduciendo el número de granjeros estadounidenses al nivel más bajo desde la Guerra Civil.

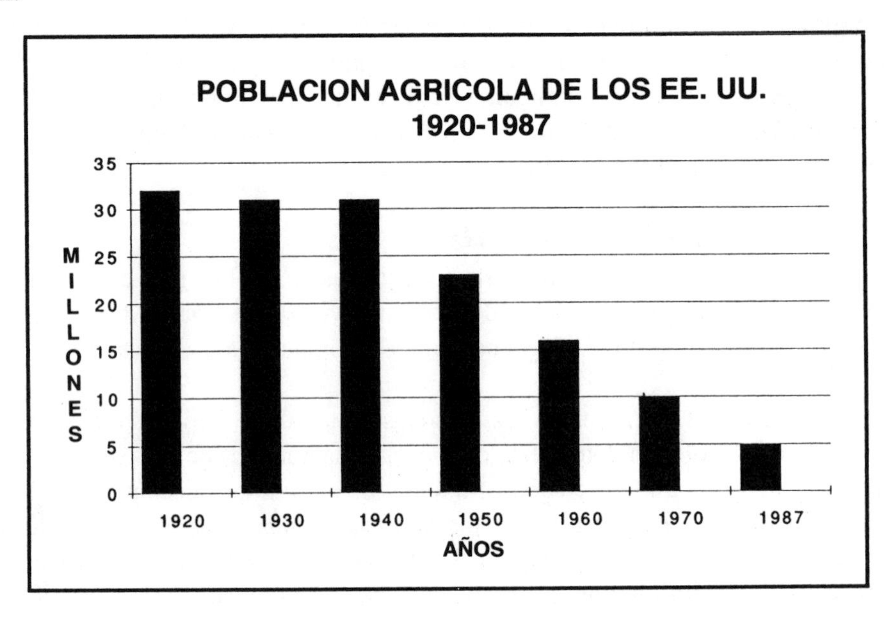

Fuente: Estadísticas históricas de los EE. UU.

EL AMBIENTE

Los sondeos de opinión pública indican que la protección del medio ambiente rápidamente va llegando a ser la preocupación primaria de los estadounidenses. Aparentemente hay buenas razones para esto.

Los desperdicios. La sociedad industrializada estadounidense produce a diario billones de toneladas de desechos. Decidir dónde poner esta basura, crea serios problemas. La incineración emite toxinas perniciosas hacia la atmósfera. La descarga en los mares contamina el agua y pone en riesgo la vida acuática. Los depósitos de basura se van cerrando porque ya no tienen más espacio. Se necesita encontrar nuevos métodos para tratar con este creciente problema.

La contaminación del aire. El aire se contamina con la quema de los combustibles minerales como la hulla y el petróleo para crear energía. Esto puede tener efectos nocivos en la atmósfera.

- **Lluvia ácida**. Muchas materias contaminantes, que resultan de los humos producidos por la industria y los automóviles, se convierten en ácidos al reaccionar con la humedad del aire. Cada vez que llueve o nieva, estos ácidos, a menudo muy tóxicos, vuelven a la tierra con la precipitación; matan peces, destruyen bosques, causan erosión y ponen en riesgo al ambiente. El gobierno de los Estados Unidos trata de imponer normas más estrictas para controlar las causas de esta contaminación.

- **Erosión de la capa de ozono**. La capa de ozono se reduce rápidamente a causa del uso de ciertos compuestos de flúor y carbono. La capa de ozono es importante porque absorbe la radiación ultravioleta que pasa por la atmósfera. El exceso de esa radiación puede producir cáncer de la piel. Se ha propuesto legislación que limite la producción y el uso de estos compuestos dañinos.

- **El calentamiento del globo**. Las materias contaminantes en el aire impiden el escape del calor al espacio. El **efecto de invernadero** resultante puede elevar permanentemente la temperatura del globo, lo suficiente como para convertir las granjas en desiertos, secar los ríos y derretir el hielo polar, elevando los mares a niveles peligrosos. Los Estados Unidos son el ofensor principal: producen un 25% de los gases que causan el problema. A medida que se queman más combustibles para mover los automóviles y producir la electricidad para aparatos de aire acondicionado, el problema se va empeorando. Los estadounidenses tienen que reducir su demanda de electricidad, quemar menos combustibles minerales y aumentar los fondos destinados a buscar mejores fuentes de energía.

La administración de recursos. La carestía de petróleo de los años 1970 hizo que los estadounidenses se dieran cuenta de que los recursos de la tierra son limitados. A principios del siglo, los estadounidenses producían más de lo que consumían en materias primas; hoy la situación se ha invertido. Los ciudadanos estadounidenses están más conscientes de la necesidad de conservación; hay un movimiento para expandir la conservación de los recursos del país, más intentos de hacer uso repetido de material (reciclaje) y legislación federal y estatal para proteger los recursos nacionales.

CUESTIONES DE ALCANCE MUNDIAL

El mundo que se "encoge" resultó en un creciente sentido de **interdependencia global**, creando una situación en la que los sucesos y las relaciones entre los Estados Unidos y las otras naciones del mundo son más importantes que nunca para nuestro futuro.

EL TERRORISMO INTERNACIONAL

Para una discusión completa de este problema, véase el Capítulo 16.

EL TRAFICO DE DROGAS

Muchas drogas ilegales llegan a los EE. UU. desde Turquía, Tailandia, México, Colombia, Bolivia y Perú. Los intentos estadounidenses de detener la entrada de los narcóticos en los Estados Unidos resultaron en poco éxito. Los gobiernos extranjeros a menudo están reacios a terminar con el tráfico de drogas a causa de las grandes ventajas financieras que proporciona. Por ejemplo, en Colombia, un granjero ordinario gana $3,50 al día con el cultivo tradicional, pero puede ganar más de $25 al día al cultivar plantas ilegales. El narcotráfico se sostiene por medio de sobornos y amenazas a las vidas de los oficiales de gobierno de esas naciones. En algunos países los narcotraficantes principales se perciben como "Robin Hoods" nacionales, que crean empleos y traen los dólares estadounidenses necesarios a la economía local.

EL DESEQUILIBRIO COMERCIAL

Para una discusión completa de este problema, véase el Capítulo 16.

LAS INFRACCIONES CONTRA LOS DERECHOS HUMANOS

Los derechos humanos abarcan los derechos naturales que uno tiene como ser humano, tales como la libertad de palabra, de pensamiento, de asamblea, de viajar y de participar en el gobierno. La violación de los derechos humanos generalmente tienen lugar en los países donde se encuentra en control un solo partido político. Este partido no tolera la disidencia política, no permite la libertad de expresión y limita significativamente el derecho del ciudadano a moverse y a viajar. Los ciudadanos se encuentran en temor constante de arrestos arbitrarios, prisión, tortura o asesinato. Los Estados Unidos protestan activamente contra las infracciones que tienen lugar en:

Sudáfrica. Hasta hace poco, el gobierno sudafricano blanco siguió la política del "apartheid"— discriminación racial contra los sudafricanos negros. Esta práctica impulsó a muchos estadounidenses a urgir al gobierno de los EE. UU. para que impusiera sanciones económicas contra el gobierno de Sudáfrica. La política externa de los Estados Unidos trató de que el poder político del país se compartiese entre los diferentes grupos de influencia política. Para promover el fin del "apartheid", los Estados Unidos limitaron la importación desde Sudáfrica, vendieron las inversiones estadounidenses y urgieron a las empresas estadounidenses para que dejaran de hacer negocios en ese país.

Nelson Mandela, el líder más prominente de la oposición al "apartheid", en una visita reciente a la O.N.U.

China. En 1989, las manifestaciones estudiantiles que estallaron en la **Plaza Tiananmen** en Pekín, fueron brutalmente aplastadas por el gobierno. Esto llevó a fuertes protestas de los Estados Unidos y a un enfriamiento de las relaciones entre las dos potencias. Los Estados Unidos detuvieron la venta de material militar a China. Algunos estadounidenses han pedido medidas más rigurosas, tales como un cese de todo el comercio con China y la ruptura de relaciones diplomáticas.

LA CRISIS DE LAS DEUDAS

Entre 1972 y 1980, muchos países latinoamericanos, especialmente México, el Brasil y la Argentina, tomaron grandes empréstitos de los bancos estadounidenses y del Banco Mundial. Aumentaron diez veces sus deudas, y cuando llegó la recesión mundial, muchas naciones no pudieron pagar sus préstamos.

Impacto. La crisis de deudas tuvo un efecto negativo en los Estados Unidos, el exportador principal para la región. Desgraciadamente para los EE. UU. estas naciones carecen de capital para pagar por la importación. Como resultado, las ventas estadounidenses a esos países se redujeron muchísimo, haciendo más difícil para los EE. UU. la reducción de su propio déficit de comercio.

Acciones. Para mantener un cierto grado de estabilidad política en la región, los bancos estadounidenses tuvieron que aceptar pagos reducidos. Esto creó presión adicional en el sistema bancario del país.

LA INESTABILIDAD POLITICA

La inestabilidad política se convirtió en una realidad corriente del mundo de hoy. La situación política cambiante en algunas regiones del mundo, llevó a una amenaza creciente a la estabilidad y a la paz mundial.

La Europa Oriental. La Unión Soviética puso fin a su fuerte control sobre la Europa Oriental y, como resultado, surgieron gobiernos democráticos. En el presente, la situación política en la Europa Oriental cambia casi a diario. Una guerra civil estalló entre las diferentes regiones de la antigua Yugoslavia; desde la disolución de la U.R.S.S., Rusia está frente a un desastre económico. La política externa de los Estados Unidos en esa región va cambiando. En el futuro probablemente se verá un aumento del comercio y de las inversiones estadounidenses en la región.

Una patrulla de la O.N.U. en la región del conflicto árabe-israelí

El conflicto árabe-israelí. Los desacuerdos entre Israel y sus vecinos árabes sobre las fronteras y la suerte de los árabes palestinos, es una causa constante de tensión y guerras. La política tradicional de los Estados Unidos había sido la de tomar partido por Israel. El gobierno de Bush trató de encontrar un enfoque más equilibrado de la situación. Los Estados Unidos siguen preocupados por las futuras relaciones árabe-israelíes, dándose cuenta de que cualquier conflicto en la región puede incluir a los Estados Unidos.

La invasión de Kuwait por Iraq. En el verano de 1990, el Presidente iraquí, Saddam Hussein ordenó la invasión de Kuwait. Aunque los Estados Unidos no tenían un convenio militar con Kuwait, trataron de impedir el control iraquí de las tierras de la región, ricas en petróleo. Los Estados Unidos censuraron la invasión iraquí e inmovilizaron todo el capital kuwaití e iraquí dentro del país. Junto con otras naciones, enviaron tropas a la Arabia Saudita para prevenir que los iraquíes se apoderasen de los campos petrolíferos de este país.

TERMINOS PARA RECORDAR

SIDA, Medicaid, individuos sin hogar, lluvia ácida, calentamiento del globo, interdependencia mundial, efecto de invernadero, violación de los derechos humanos, crisis de las deudas

VOCES DEL PUEBLO

Cada año, los estadounidenses emiten 200 millones de toneladas de vapor en la atmósfera, agregan 7 millones de autos a los escoriales, tiran en la basura 76 billones de envases disponibles; se vierten millones de toneladas de aguas inmundas y desechos industriales en los ríos y en los océanos. Hoy en día, la gente está cada vez más consciente de los daños hechos en el medio ambiente. De hecho, el 22 de abril, los estadounidenses celebran el Día de la Tierra, participando en varias actividades dirigidas hacia la protección del ambiente. El estilo de vida, del que han disfrutado los estadounidenses hasta ahora, está en riesgo si las normas de conducta siguen sin cambios. En el trozo siguiente, un antiguo secretario de asuntos internos aconseja a los estadounidenses sobre el futuro.

LA HUMANIDAD: ¿LA PROXIMA ESPECIE EN PELIGRO DE EXTINCION?

por Cecil Andrus

"La Tierra no pertenece al hombre, el hombre pertenece a la Tierra." Este lema es una declaración de hecho, no una opinión. El hombre está esencialmente vinculado con su ambiente. Si tratamos bien el ambiente, sustentará y enriquecerá nuestra vida. Si no, desapareceremos de la tierra.

En el fondo, nuestra situación no difiere de las otras especies en riesgo...La pérdida de la región donde viven, el uso de los pesticidas sin ningunas restricciones, o cualquier impacto creado por el hombre, puede predestinarlas a la destrucción. El ambiente de nuestra especie es la tierra entera, pero ésta también es limitada.

Las decisiones con respecto al medio ambiente, se hacen más difíciles cada día...Un distinguido subsecretario de este departamento, expresó bien este reto...

"Una nación tan desarrollada, como los Estados Unidos, tan dependiente de sus recursos naturales, no puede detener su...desarrollo económico sin un gran impacto en su bienestar y en su modo de vivir. Ni tampoco puede esta nación seguir con su desarrollo económico sin más atención al impacto que su industria tiene en el medio ambiente. El interés público ...requiere prudencia y la atención completa del gobierno."

...pronto, tendremos que reformar el presente "sueño estadounidense" de las riquezas en constante aumento...Quizás ahora sea el tiempo de ir en busca de riquezas más espirituales—riquezas que se derivan de la armonía con nuestro prójimo y con nuestro ambiente. Los indios de la antigüedad, respetaban y veneraban la tierra. Nos convendría desarrollar la actitud expresada por el Cacique Joseph de los Nez Percé:"... compréndanme bien en cuanto a mi afecto hacia la tierra. Nunca dije que podía hacer con la tierra lo que me placía. El único que tiene el derecho de disponer de ella, es el que la había creado..."

El alcance de esa armonía, requerirá no sólo dedicación, sino también mucho trabajo arduo.

FUENTE: ANUARIO DEL DEPARTAMENTO DE ASUNTOS INTERNOS DE LOS EE. UU.

COMPRUEBA TU COMPRENSION

1. ¿Cuál es la idea principal presentada por Cecil Andrus?
2. ¿Por qué compara Andrus al hombre con las especies en riesgo?
3. ¿Por qué cree Andrus que se hacen más difíciles las decisiones con respecto al ambiente?
4. ¿Es aceptable cualquier grado de destrucción del ambiente para lograr un nivel de vida más alto?
5. ¿Qué actividades sugerirías para el próximo Día de la Tierra, para crear más conciencia sobre el medio ambiente?

VOCES DEL PUEBLO

En 1991, Thurgood Marshall se jubiló después de una larga y distinguida carrera en la Corte Suprema. En su lugar fue confirmado Clarence Thomas, un africano-estadounidense, distinguido juez y oficial público. El pasaje que sigue, es parte de del discurso de Thomas, dirigido a los graduados del Savannah State College en junio de 1985. En su discurso, Thomas advierte a los graduados que no se rindan a la tentación de culpar a otros por su falta de éxito, sino que trabajen con ahinco para superarse.

PRIMERO HAY QUE RESISTIR

por Clarence Thomas

(*Fragmento*)

Yo soy el producto del odio y del cariño—del odio a la estructura social y política que dominó la ciudad de mi juventud, segregada y llena de odio, y del cariño de los míos, que decían con sus acciones: "Puedes triunfar, pero primero, tienes que resistir."

Ese mundo cruel e insensible, está aún lleno de discriminación. Todavía presenta una vida diferente para los que no son de la raza o sexo apropiado. Es un mundo en el cual los que tienen ventajas reciben más dividendos que los otros.

No nos respetamos a nosotros mismos, ni a nuestras mujeres, ni a nuestros bebés. ¿Cómo podemos esperar que una raza que fue arrojada a lo más bajo de las condiciones sociales y económicas...se supere si nos escondemos de la responsabilidad por nuestro propio destino?

Hemos perdido algo. Buscamos modelos de conducta en lugares equivocados. Nos negamos a buscar en nuestro no tan distante pasado las lecciones y principios que necesitamos para llevarnos hacia el futuro incierto. Pasamos por alto lo que ha permitido a los negros de este país sobrevivir la crueldad de la esclavitud y el amargo rechazo de la segregación. Dejamos de ver la realidad de los valores positivos y corremos hacia el espejismo de las promesas, visiones y sueños. Pero yo tuve una ventaja sobre los estudiantes y niños negros de hoy. Nunca oí que se presentaran excusas. Tampoco vi que mis modelos de conducta se consolaran con excusas. Las mujeres que trabajaban en esas cocinas, sabían que el prejuicio era la causa de sus aprietos, pero esto no las detuvo en su trabajo.

"Como un niño criado en Georgia, recuerdo haber sido excluído de algunos parques, estadios y cines."

Mi abuelo sabía porqué su negocio no era más exitoso, pero seguía levantándose a las 2 de la mañana para hacer entregas de hielo, leña y aceite combustible. Claro, sabían que eso era malo. Sabían muy bien que estaban controlados por el prejuicio. Pero no estaban inmovilizados por él. Luchaban contra la discriminación. Yo tuve el beneficio de conocer a las personas que sabían que tenían que caminar una línea más recta, trepar una montaña más alta y llevar una carga más pesada. Tomaban todo lo que les permitía la segregación y el prejuicio y al mismo tiempo luchaban para eliminar esas terribles barreras.

No se dejen seducir por las sirenas y por los proveedores de miseria que obtienen beneficios...de culpar a otros por estos problemas. No se rindan a la tentación de siempre culpar a otros....

Veo dos caminos por delante. En el primero, corre neciamente una raza de gente a lo largo de la carretera de destrucción dulce e intoxicante, con sus luces brillantes y grandes promesas, construida por los sociólogos y políticos. Del otro lado,... el camino poco usado, por el que van los que aguantaron la esclavitud,...la segregación y el odio. Es el camino que podría recompensar el trabajo duro, la disciplina y la inteligencia; que podría ser justo y podría proveer oportunidades iguales. Pero no hay garantías.

COMPRUEBA TU COMPRENSION

1. ¿Qué quiere decir Thomas al indicar que los "que tienen ventajas" siguen recibiendo más dividendos que los otros?
2. ¿Qué implica al decir que los negros buscan modelos en lugares equivocados?
3. ¿Por qué advierte contra culpar a otros por los problemas y las dificultades que encuentran hoy los negros?
4. ¿Crees que las ideas presentadas por Clarence Thomas serían aprobadas por la mayoría de los negros hoy?

CUESTIONES CONTROVERSIALES IMPORTANTES

A lo largo de la historia de los Estados Unidos, han habido cuestiones que han resultado en puntos de vista opuestos o contrarios. Las que siguen, son algunas de las controversias que enfrentan hoy los estadonidenses.

LA CUESTION DEL CONTROL DE ARMAS

¿Debe haber límites en el derecho del ciudadano a poseer un arma de fuego?

SI. Las armas deben ser usadas sólo por los policías, a los que contratamos y entrenamos para hacer cumplir nuestras leyes, y no por los ciudadanos comunes. Las armas dan a la gente un sentido falso de seguridad. Los ciudadanos rectos mueren, accidentalmente, más a menudo que los criminales. Las armas que se encuentran en los hogares del ciudadano honrado, con frecuencia acaban en las manos de los criminales, llevando a la muerte de personas inocentes. Las armas equivocadamente promueven en la sociedad la mentalidad de "matar".

NO. En la Segunda Enmienda, la Constitución sostiene el derecho de los ciudadanos a tener armas. Las armas, usadas razonable y prudentemente pueden proporcionar medios de defensa propia a los ciudadanos. Los que apoyan el derecho del ciudadano a tener armas, sostienen que en las comunidades donde se permite la posesión de armas, el crimen se ha reducido significativamente. En un sondeo entre criminales, se estableció que éstos temen más a los civiles armados que a la policía.

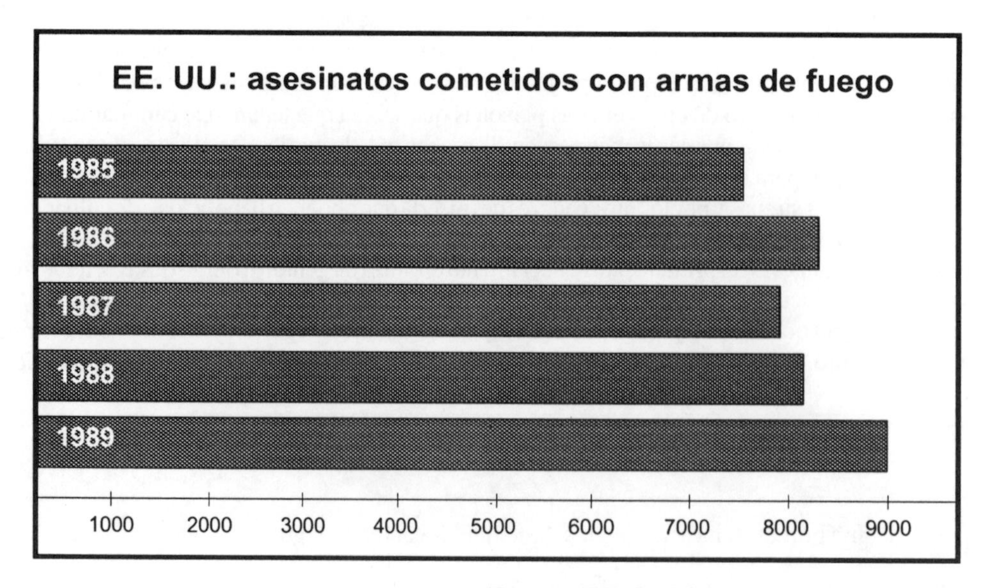

Fuente: F.B.I., *El crimen en los EE. UU.*

LA ORACION EN LAS ESCUELAS

¿Debe permitirse la oración en las escuelas públicas?

SI. Una oración en silencio en la escuela no debe considerarse inconstitucional. La Constitución permite la libertad de prácticas religiosas, no la eliminación de la religión. Al prohibir la oración en las escuelas, abandonamos una parte importante de la enseñanza de principios morales y éticos a nuestros hijos. La pared que separa a la iglesia y al estado, se atraviesa a menudo; se usan fondos públicos para comprar libros y proporcionar transporte a los estudiantes de las escuelas parroquiales; las posesiones religiosas no pagan impuestos; los capellanes son una parte permanente de las fuerzas armadas y cada sesión del Congreso se abre con una oración. ¿Por qué, entonces, hemos de prohibir la oración en las escuelas?

NO. La oración en las escuelas viola la separación constitucional entre la iglesia y el estado. Afecta a los alumnos que no desean tomar parte en tales actividades, y los pone en ridículo ante los maestros y los estudiantes. Además, el rezar es un acto personal y privado, y no debe llevarse a cabo en una escuela pública.

EL DERECHO A MORIR

¿Tiene uno el derecho a escoger una muerte sin sufrimiento?

SI. Es importante la calidad de la vida, no la vida misma. Cuando lo único que le queda al individuo es el dolor y el sufrimiento, sin esperanza de una cura, el gobierno no debe interponerse en permitir una muerte digna, tranquila, sin sufrimiento. Una persona que haya dejado un **testamento en vida** ya ha escogido esta alternativa. Dice a la sociedad que prefiere la **eutanasia** (muerte por compasión) a una agonía prolongada, sin posibilidad de sobrevivir. Este es un fin más digno que el estar sometido al sostenimiento artificial de la vida cuando uno está definitiva, terminante, e incurablemente enfermo.

NO. Cada vida tiene algún valor, y es ética y legalmente incorrecto ayudar a morir a una persona. La vida es un regalo precioso de Dios y es inmoral quitar esa decisión de sus manos. Los médicos que participan en los "suicidios auxiliados" no son curadores, como fueron entrenados para serlo, sino que se convierten en verdugos. Los médicos deben ocuparse de aliviar el dolor y no de matar. Finalmente, si la alternativa de muerte sin dolor se hiciera legal, muchos ancianos se sentirían apremiados a matarse por el bien de su familia, aunque en realidad no quisieran morir.

LOS PROGRAMAS DE ACCION AFIRMATIVA

¿Deben fomentarse los programas de acción afirmativa?

SI. Los programas de acción afirmativa requieren que los patronos rectifiquen la discriminación del pasado por medio de esfuerzos especiales para contratar a las mujeres y a los miembros de minorías antes que a los otros, aun cuando éstos tengan las mismas o hasta mejores calificaciones. Tales acciones son necesarias para ayudar a los grupos minoritarios a compensar los años de discriminación. Muchas mujeres y miembros de minorías no tienen los recursos para remediar su situación económica por su propia cuenta. Además, los individuos que tienen el poder de seleccionar y contratar, son varones blancos. Si hay alguna esperanza de ayudar a los grupos de minorías a lograr igualdad completa, se necesita ayuda especial.

NO. Los programas de acción afirmativa que tratan de poner fin a la discriminación contra las mujeres y las otras minorías, producen discriminación inversa contra los varones y los blancos. Las cuotas artificiales, basadas en la raza o el sexo, para contratar a ciertas personas, sólo sirven para socavar nuestro intento nacional de lograr una sociedad "ciega al color". Tales programas, en efecto, disminuyen la estimación propia de estos grupos, al mostrarles que no son capaces de progresar por su propia cuenta. Las cuotas que obligan a las empresas a contratar a personas sin calificaciones adecuadas y producen una hostilidad creciente.

LA CUESTION DE LA PENA DE MUERTE

¿Debe haber pena de muerte?

SI. Los que critican la pena de muerte deben ver más allá del estrecho interés del individuo, y tomar en cuenta el interés de todos los miembros de la sociedad. El castigo debe corresponder al crimen para que no se convierta en una burla a la justicia. Si eliminamos la pena de muerte, sólo la vida de los asesinos estará a salvo. Los criminales deben aprender a respetar y a temer la ley; la pena de muerte asegurará eso. La mayoría de los asesinatos se comete generalmente en las sociedades que no tienen pena de muerte.

NO. La pena capital nunca ha sido un persuasivo eficaz contra el crimen. La pena de muerte no es más que retribución y venganza. Viola el derecho a la vida del individuo al someterlo a una muerte inhumana y degradante. La ejecución de los criminales es cruel ya que les hace sufrir un prolongado período de ansiedad antes de la ejecución. También es cara por acarrear apelaciones en las cortes. La muerte es irrevocable y los jurados se componen de seres humanos que a menudo cometen errores.

LAS PRUEBAS SOBRE EL USO DE DROGAS EN EL TRABAJO

¿Debe exigirse que el individuo se someta a pruebas sobre el uso de drogas?

SI. El abuso de las drogas aumenta a diario. Si se permiten las pruebas sobre el uso de drogas en el lugar de trabajo, el temor a los resultados positivos puede servir de freno al futuro uso de drogas. Los exámenes físicos de los empleados no son nada nuevo. Los patronos y las compañías de seguros a menudo los requieren antes de contratar a un individuo o de darle una póliza de seguro. El examen de los empleados permite que las compañías se protejan a sí mismas al rechazar a ciertos solicitantes. Estos podrían tener un carácter débil, usar drogas en el trabajo, poner en riesgo la vida de otras personas o participar en posibles actividades criminales contra la empresa.

NO. Se asume que el individuo es inocente hasta que se le compruebe la culpa. Las pruebas sobre el uso de drogas asumen que el individuo es culpable hasta que compruebe su inocencia con un resultado negativo. Las pruebas de drogas son una invasión al derecho individual a la intimidad. Lo que uno hace fuera de las horas de trabajo no le debe interesar al patrono. Si se permite que una compañía ponga a sus empleados a prueba, se permite que el patrono use la intimidación económica para hacer cumplir con las leyes gubernamentales. Las empresas no deben intervenir en el cumplimiento de la ley. Las pruebas sobre el uso de drogas son notoriamente inseguras. Hay mucha competencia en ese campo y los intentos de reducir costos pueden llevar a frecuentes errores en los resultados.

LA CUESTION DEL ABORTO

Véase el Capítulo 15 para una discusión completa de este asunto.

TERMINOS PARA RECORDAR

Testamento en vida, eutanasia, pena de muerte, control de armas, programas de acción afirmativa, pruebas sobre el uso de drogas

LAS TENDENCIAS PRINCIPALES

A lo largo de la historia estadounidense ciertas tendencias influyeron en el desarrollo del país y de su pueblo. Veamos algunas de las tendencias importantes de hoy.

LA TECNOLOGIA

La tecnología es la aplicación de la ciencia a la vida diaria. Se convirtió en una parte importante del país cambiante y en desarrollo. Hoy, los adelantos en el campo de las computadoras encabezan la revolución en la tecnología. Aunque las computadoras existían ya en 1945, cada año se encuentran imaginativas y nuevas formas de usarlas. La computadora contribuyó significativamente a la calidad de vida en los Estados Unidos. Nos proporcionó múltiples máquinas y aparatos que ahorran trabajo. La industria de las computadoras, a menudo culpada por eliminar empleos, contrapesó esta tendencia al crear millones de empleos en el sector de servicio.

EL CUIDADO DE LA SALUD

En 1953, dos investigadores, Watson y Crick, descubrieron que el DNA es el mecanismo universal de la herencia. Desde entonces, los investigadores van llegando cada vez más cerca a descubrir cada uno de los supuestos 100.000 genes humanos encontrados en 23 cromosomas. Este adelanto lleva a una revolución en el campo de la manipulación genética.

Eliminación de las enfermedades. Los investigadores médicos están al margen de una revolución en la medicina en el campo de la manipulación genética. Miles de enfermedades tales como el cáncer, la fibrosis cística, ciertas anemias y la enfermedad Tay-Sachs, pueden ser causadas por el mal funcionamiento de genes específicos. Si pudieran encontrarse y corregirse las señas genéticas de esas enfermedades, serían infinitas las posibilidades de eliminar los males e imperfecciones humanas.

Impacto. Los adelantos en la manipulación genética preocupan a algunos con respecto al futuro potencial de esta nueva tecnología. Si los investigadores son capaces de crianza selectiva, ¿tratarán de crear una raza superior? Esta tecnología da origen a muchas cuestiones éticas nuevas.

EL PAPEL DE LA MUJER

El movimiento feminista logró mucho, pero las líderes feministas sostienen que aún queda mucho por hacer. Algunos reformadores creen que las mujeres todavía necesitan alcanzar igualdad de pago. Las mujeres con empleos de tiempo completo ganan sólo cerca de un 70% de lo que ganan los hombres. Aunque miles de mujeres son empleadas gubernamentales, todavía tienen que tratar de obtener una proporción justa de representación en el gobierno. El número de administradoras llegó a exceder el doble, pero las mujeres aún se encuentran ante muchas puertas cerradas en el trabajo.

Enfoques nuevos. Recientemente, el feminismo se concentraba en asuntos tales como el cuidado de los niños, las vacaciones de maternidad, la asignación de bienes más justa en los divorcios y menos intromisión gubernamental en los derechos al aborto. No todas las líderes feministas están de acuerdo sobre los futuros objetivos del movimiento. Esto crea una división entre las que favorecen reglas especiales para las mujeres y las que apoyan igualdad completa con los hombres.

LA ENSEÑANZA

La educación es esencial para una marcha eficaz de la democracia. La enseñanza también se ve como la senda para mejorar la situación del individuo en la sociedad. Sin embargo, las escuelas públicas estadounidenses se encuentran ante una crisis.

Impacto. Casi 23 millones de estadounidenses no saben leer y escribir, y otros 40 millones leen sólo al nivel del octavo grado. El analfabetismo va aumentando por 2,3 millones de personas al año. El ritmo al que los estudiantes abandonan sus estudios en la escuela secundaria, va llegando a un 30%. En las escuelas ubicadas en las ciudades la tasa es de cerca de un 60%. En las comparaciones de resultados en matemáticas y ciencia, los estudiantes estadounidenses constantemente salen peor que los jóvenes de otros países industriales. Muchos patronos se preguntan quién desempeñará las futuras tareas complejas necesarias en nuestra sociedad avanzada tecnológicamente. Algunos pedagogos quieren crear un **sistema de garantías de fondos públicos**, que permitiría a los padres escoger cualquier escuela que quieran para sus hijos. Otras sugerencias incluyen mejoras en los sueldos de los maestros, métodos innovadores de enseñanza y más énfasis en las destrezas fundamentales.

LA FUERZA TRABAJADORA

Una fuerza trabajadora numerosa, bien entrenada y motivada fue la base sobre la que se fundó la dirección estadounidense de la economía mundial. A medida que las empresas se mecanizan y aumenta el uso de las computadoras, las empresas se encuentran frente a la escasez de trabajadores capaces de llevar a cabo las tareas necesarias.

La razón para el cambio. Estos asuntos que se han desarrollado en el trabajo, han tenido los siguientes resultados:

- No hay bastantes personas jóvenes capaces de llenar las vacantes anticipadas. A medida que los "baby boomers" llegan a la edad media, disminuye el número de jóvenes que comienza a trabajar. Se calcula que el número de vacantes llegará a 23 millones en los años 1990.
- Los requisitos para los empleos de principiantes van subiendo con más rapidez que el número de trabajadores capaces de llenar los puestos. Por ejemplo, los mecánicos de autos hoy tienen que ser capaces de arreglar maquinaria complicada y tienen que comprender intrincados manuales de servicio. Los oficinistas, que en el pasado sólo tenían que usar máquinas de escribir manuales, ahora tienen que saber usar computadoras, procesadores de palabras y otros aparatos complicados.

- Un reto serio es el cambio de la economía de manufactura a la de servicio. Lo que complica la situación, es la disparidad entre lo que muchos trabajadores saben hacer y lo que es necesario que hagan. Las recientes investigaciones muestran que uno de cada ocho empleados lee al nivel de cuarto grado. Una compañía de teléfonos, informó que un examen de destrezas fundamentales en la lectura y las matemáticas fue aprobado por sólo 2.000 de los 57.000 solicitantes.
- Los principios tradicionales de trabajo parecen estar en declive. Los bajos logros en la enseñanza y la alta tasa de abandono de estudios indican un futuro funesto para la fuerza trabajadora estadounidense. Algunos jóvenes creen que pueden ganar miles de dólares vendiendo drogas ilegales y por consiguiente se niegan a aceptar empleos que pagan $4 por hora.

El manejo de la situación. Para poder enfrentarse a la urgente demanda de trabajadores en el futuro, las empresas participan más en el campo de la enseñanza. Algunas compañías enseñan ahora a los empleados a leer y a escribir, adoptan escuelas, regalan equipo de oficina costoso, ayudan a entrenar a los maestros y ofrecen becas a los estudiantes necesitados.

LA FAZ CAMBIANTE DE LA POBLACION DE LOS EE. UU.

La población que envejece. La población del país va envejeciendo. En 1900, sólo un 4% de la población tenía 65 años o más. Se calcula que para el año 2030, el número de personas de esa edad llegará al 21%. Esto presentará grandes retos tanto a las familias individualmente como a la nación en su totalidad.

- Las cuestiones que afectan a los ancianos recibirán más atención política, ya que la gente madura tendrá más influencia política por su alta participación en el voto.
- En el presente, un 25% del presupuesto federal se gasta en los ancianos, pero esta cantidad aumentará mucho según se presenten al gobierno nuevas exigencias para más viviendas, hospitales, asilos y otras instituciones de cuidado de largo plazo.
- Se anticipan serias dificultades financieras en el sistema de seguro social. Se necesitarán grandes aumentos de impuestos para costearlo todo.

La movilidad de la población. Tradicionalmente los estadounidenses pasaban su vida entera en el lugar donde nacieron. Hoy, el estadounidense promedio se muda cada cinco años.

- Los centros tradicionales de población, el Noreste y el Medio Oeste han sufrido un declive de población. Las regiones de más aumento son los estados de la "franja soleada" (Nevada, Arizona y Nuevo México), el Noroeste (Washington, Oregón, Idaho) y la Florida.
- Hace doscientos años, la mayoría de la población vivía en las regiones rurales agrarias, pero ahora no es así. La gente se radica en las regiones suburbanas que rodean las ciudades centrales. En 1980, un 75% de la población del país vivía en las ciudades o en los suburbios circundantes.

Un sistema moderno de carreteras permite el movimiento de una parte del país a otra

Los cambios étnicos y raciales de la población. En el siglo XXI, los grupos de minorías raciales y étnicas serán la mayoría. Se calcula que para el año 2056, los estadounidenses blancos serán la minoría. Los pronósticos indican que aumentará mucho la

EL CENTRO DE LA POBLACION

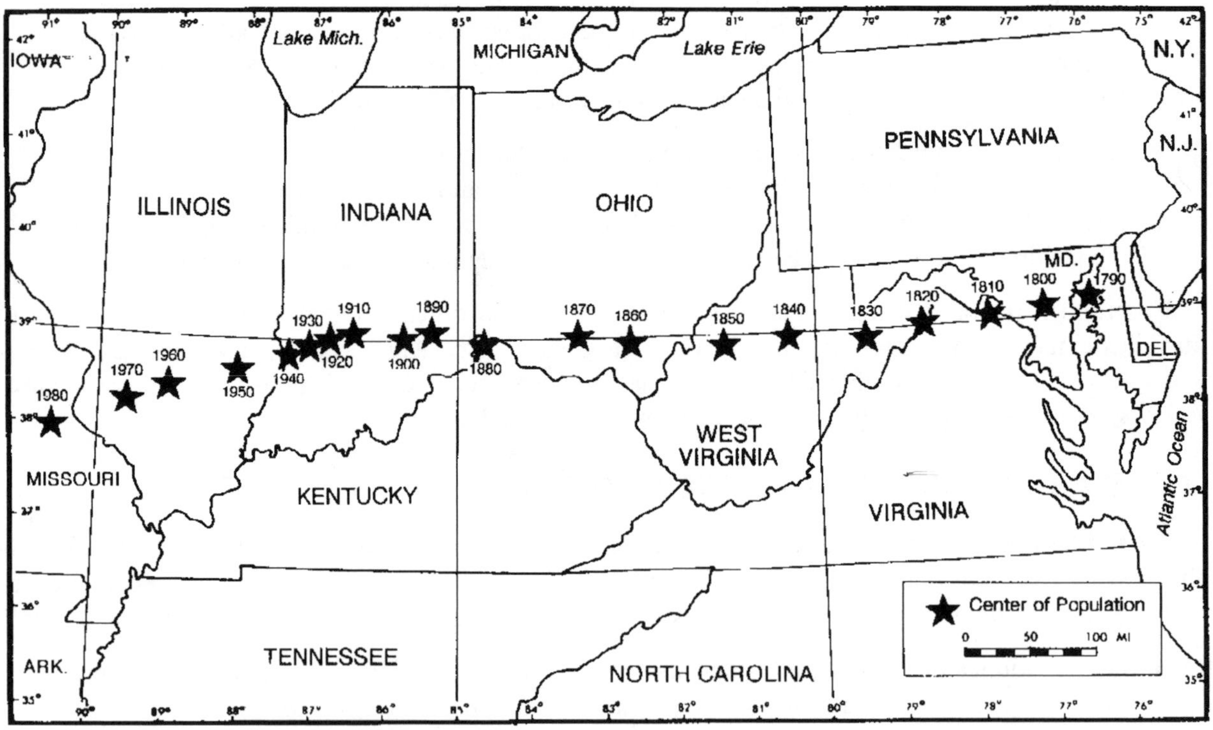

En 1790, la población estaba concentrada a lo largo de la costa del este. El mapa muestra la mudanza gradual hacia el oeste y el sur.

población hispana y la de color, mientras que la otra no tendrá aumento. Estos cambios tienen implicaciones importantes para la nación.

- Continuará la tendencia presente hacia el **bilingüismo**, y los estadounidenses blancos sentirán más competencia en el mercado laboral.
- Las autoridades elegidas, darán más prioridad a las necesidades de las minorías raciales y étnicas. Tal cambio podría llevar al aumento de los conflictos étnicos y raciales dentro de la sociedad.
- El programa de los planes de estudios de la mayoría de las escuelas puede cambiar, y poner menos énfasis en la historia tradicional europea. También pueden cambiar los principios nacionales, tradicionalmente basados en la cultura occidental.

Los nuevos inmigrantes. Los altísimos niveles de la inmigración reciente, causan un importante debate nacional: ¿debe reducirse, detenerse o aumentarse la inmigración? Entre 1970 y 1986, los inmigrantes ilegales llegaron a cerca de 5,5 millones de personas. Millares de refugiados llegaron de Cuba y de las regiones desgarradas por la guerra en el sudeste de Asia. Además, al mismo tiempo llegaron 9,6 millones de inmigrantes legales. Este flujo de inmigrantes ilegales, de refugiados y de inmigrantes legales lleva a cambios importantes en los Estados Unidos.

- La mayoría de los inmigrantes que llegan ahora a los Estados Unidos vienen de los países del Tercer Mundo, sea de Asia (41%) o de la América Latina (37%). Estos inmigrantes están aislados de la población general del país por su lengua y su cultura.

- La mayoría de los inmigrantes son bastante jóvenes y en edad de concebir. Esto tendrá un efecto importante en el sistema escolar público de la nación. Las escuelas enfrentarán grandes problemas para asimilar a los hijos de estos inmigrantes al resto de la sociedad.

- Los inmigrantes tienden a radicarse en unos cuantos estados y ciudades, creando un impacto más fuerte en esas regiones, más allá de lo que sugieren los números. En ciertas ciudades han surgido núcleos de pobreza.

EL PAPEL DE LAS MINORIAS

El movimiento por los lisiados. Más de 43 millones de estadounidenses se encuentran impedidos de una forma u otra. Con una base política tan grande, los lisiados condujeron un exitoso movimiento de ataque contra la discriminación que padecen los minusválidos. Por ejemplo, un trabajador impedido, generalmente gana un 64% de lo que ganan los otros.

- **Ley de Estadounidenses Lisiados**. En 1990, el Congreso sancionó la Ley de Estadounidenses Lisiados, que proscribe la discriminación contra los impedidos. La ley extiende a los minusválidos la misma protección contra la discriminación que se dio a las mujeres, a los negros y a otras minorías étnicas en los años 1960 y 1970.

- **Crítica de la ley**. Algunas empresas se quejan del alto costo de construcción de rampas de acceso, ascensores adicionales e instalación de aparejos especiales. Estas compañías sostienen que los costos subirán a billones de dólares si se requiere que se lleven a cabo ciertas provisiones de la ley para hacer todas las tiendas y los edificios de oficinas accesibles a los impedidos.

El movimiento por los derechos civiles. Algunos ven el movimiento por lograr la igualdad completa para los africanos-estadounidenses y los ciudadanos hispanos como la revolución más grande de este país. Sin embargo, al presente, la situación económica de los negros y de los hispanos sigue sin aclararse.

- **Resultados mixtos**. Aunque el movimiento por los derechos civiles logró mucho para las minorías, persiste la discriminación racial. El desempleo, el crimen, los embarazos de las menores, la mortalidad infantil, el uso de drogas ilegales y otros síntomas de pobreza siguen más altos entre las minorías.

- **Alojamiento y educación**. Los dos campos en los que se enfocó el movimiento por los derechos civiles fueron el de la vivienda y la enseñanza. Se logró mucho, pero la igualdad total en estos dos aspectos es elusiva. Algunos sostienen que el escape de los blancos de las ciudades céntricas a los suburbios en los últimos 40 años es una prueba del fracaso de la integración. Los negros en las escuelas centrales de las ciudades están tan segregados hoy como lo estuvieron cuando se decidió el caso de *Brown vs. Board of Education* hace casi 40 años. Aunque se alcanzó mucho, la mayoría concuerda en que aún queda mucho por hacerse.

Jesse Jackson, el líder negro más prominente del país

TERMINOS PARA RECORDAR

Tecnología, manipulación genética, sistema de garantías de fondos públicos, Ley de Estadounidenses Lisiados

PERSONAJES DE LA EPOCA

BARBARA McCLINTOCK (INVESTIGADORA)

Barbara McClintock, investigadora en genética en Cold Spring Harbor Laboratories en Long Island, descubrió que los genes se mudan de un cromosoma a otro. Este movimiento puede llevar a la reordenación de los genes dentro de una célula. Por su obra de exploración en genética recibió el Premio Nóbel en medicina.

JESSE JACKSON (LIDER DE DERECHOS CIVILES)

En 1984, Jesse Jackson fue uno de los adversarios de Reagan en la campaña por la presidencia. Llegó a ser el primer candidato negro para ese cargo. En los años 1960, asistió a Martin Luther King, Jr. en el movimiento en pro de los derechos civiles. Desde el asesinato del Dr. King, Jackson es el líder negro más prominente e importante del país. Encabeza varias organizaciones nacionales que ayudan a los pobres y a los oprimidos a lograr la igualdad política y económica.

SALLY RIDE Y GUION BLUFORD, JR. (ASTRONAUTAS)

Tanto Sally Ride como Guion Bluford, Jr., están en el programa de NASA. En 1983, Ride fue la primera mujer en el espacio. Más tarde el mismo año, Guion Bluford, Jr. fue el primer negro en emprender un viaje espacial.

AN WANG (HOMBRE DE NEGOCIOS)

An Wang emigró a los EE. UU. desde China y se convirtió en un gigante en el campo de las computadoras. En 1951, inventó un componente esencial de la memoria de la computadora. Usando este invento y su capacidad directiva en el campo de la tecnología de computadoras, fundó su propia compañía, Wang Laboratories. Su empresa está a la delantera en la vinculación de las computadoras con los procesadores de palabras y en el desarrollo de otros tipos de equipo de oficina.

LA CONSTITUCION EN MARCHA

LEGISLACION IMPORTANTE

LEY DE ESTADOUNIDENSES LISIADOS (1990)

Esta ley, firmada por el Presidente Bush, prohibe la discriminación contra los impedidos en el empleo, en el alojamiento público, en el transporte y en las telecomunicaciones. Al definir como lisiados a todos que tengan impedimento mental o físico, la ley garantiza que se les tratará de forma igual en el empleo y se les dará acceso fácil a los edificios de oficinas, tiendas, restaurantes, estadios, trenes y autobuses.

PROCESOS JURIDICOS DE IMPORTANCIA

EPPERSON vs. ARKANSAS (1968)

Trasfondo: Una maestra fue despedida por violar una ley de Arkansas que le impedía enseñar la teoría de la evolución humana (la descendencia de los humanos de un orden inferior de animales). La maestra sostenía que su derecho a enseñar esta teoría era protegido por la Primera Enmienda.

Decisión/Importancia: La Corte Suprema falló que la ley de Arkansas violaba el principio de la Cláusula de Establecimiento de la Primera Enmienda. Esta cláusula declara que entre la iglesia y el estado hay una "pared de separación". Ni el estado ni el gobierno nacional pueden establecer una religión oficial. Ninguno puede promulgar leyes que apoyen una religión o favorezcan un punto de vista religioso sobre otro. Esta decisión indicó que la Corte no aceptaría nada menos que la neutralidad religiosa en las escuelas públicas.

GOSS vs. LOPEZ (1975)

Trasfondo: Goss, un estudiante de escuela secundaria en Ohio, sin examen de testigos, fue suspendido de la escuela por mala conducta. Goss argumentaba que aunque era estudiante, no podía ser suspendido de sus clases sin una vista para determinar causa probable. Su situación violaba la cláusula del debido proceso de ley de la Enmienda XIV, que garantiza a todo ciudadano trato igual ante la ley.

Decisión/Importancia: La Corte Suprema concordó con Goss. Sostuvo que los estudiantes tenían los mismos derechos que los adultos, y se les debía otorgar los mismos derechos y protección bajo la cláusula de igual protección de la Enmienda XIV.

NEW JERSEY vs. T.L.O. (1985)

Trasfondo: A T.L.O., una estudiante de escuela secundaria en Nueva Jersey, la encontraron fumando en el cuarto de baño. La llevaron a la oficina del vicedirector; se registró su bolsa que contenía cigarrillos, artículos relacionados al uso de drogas y otra evidencia incriminatoria. T.L.O. sostenía que el registro de su bolsa era una infracción a su derecho contra "registros y embargos irrazonables".

Decisión/Importancia: La Corte Suprema apoyó a los oficiales de la escuela. A diferencia de la policía que tiene que mostrar "causa probable", los oficiales escolares necesitan sólo mostrar "sospecha razonable" para hacer un registro. Esto es porque a una escuela se le debe otorgar el poder de mantener un ambiente de aprendizaje seguro.

RESUMEN DE TU COMPRENSION

Instrucciones: ¿Entendiste bien lo que acabas de leer? Comprueba tu comprensión al responder a las siguientes preguntas.

TERMINOS PARA RECORDAR

En una hoja aparte, define brevemente los siguientes:

SIDA
Lluvia ácida
Efecto de invernadero
Interdependencia mundial
Infracciones contra los derechos humanos
Tecnología
Manipulación genética
Aborto
Testamento en vida
Acción afirmativa

PROBLEMAS IMPORTANTES

Los Estados Unidos se encuentran frente a una cantidad de problemas importantes. Resume tu comprensión de estos problemas al completar el siguiente cuadro:

PROBLEMA	CAUSAS	IMPACTO	RECOMENDACIONES
La epidemia del SIDA			
Los individuos sin hogar			
La criminalidad creciente			
La crisis de bancos de préstamos y ahorros			
Las amenazas al ambiente			
El déficit presupuestario			
El terrorismo internacional			
La violación de los derechos humanos			

CUESTIONES CONTROVERSIALES IMPORTANTES

En el presente hay una cantidad de conflictos sobre las cuestiones importantes en los Estados Unidos. Resume tu comprensión de estas controversias al completar el siguiente cuadro:

CUESTIONES CONTROVERSIALES	EXPLICA LOS PUNTOS DE VISTA OPUESTOS
El aborto	
La oración en la escuela	
El derecho a morir	
Los programas de acción afirmativa	
Las pruebas sobre el uso de drogas	

TENDENCIAS IMPORTANTES

Hay un número de tendencias importantes que tienen lugar en el país, que afectarán a muchas personas. Resume tu comprensión de estas tendencias al completar el cuadro que sigue:

CAMPO	DESCRIBE SU EFECTO/IMPACTO
La tecnología	
El cuidado de la salud	
La educación	
La población	
El papel de las minorías	

COMPRUEBA TU COMPRENSION

Instrucciones: Comprueba tu comprensión de esta unidad al contestar las siguientes preguntas. Selecciona la mejor contestación. Luego dirígete a los ensayos.

Basa tus respuestas a las preguntas 1 a 3 en la caricatura dada y en tu conocimiento de estudios sociales.

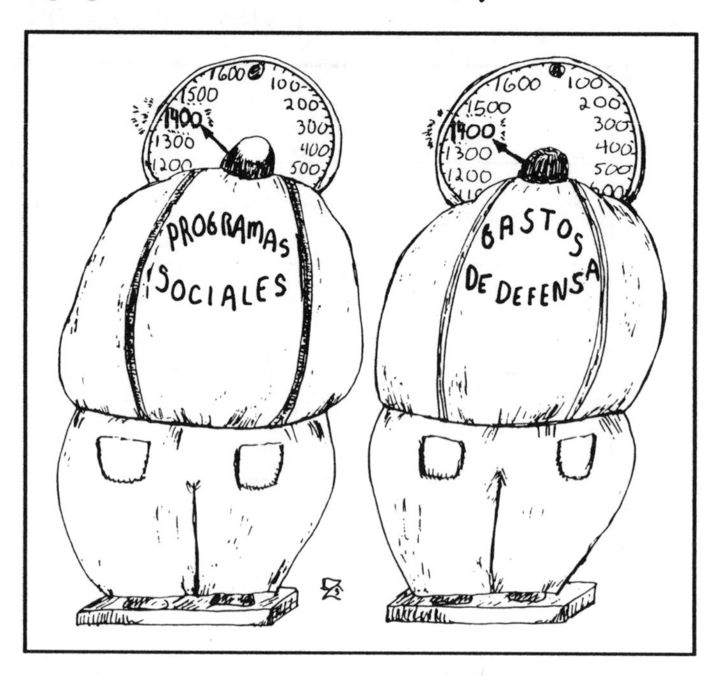

1 El caricaturista se preocupa principalmente por
  1 el poder creciente de la presidencia
  2 el estado presente de preparación militar
  3 la reducción del costo de programas sociales
  4 el aumento de gastos gubernamentales

2 ¿Cuál de las siguientes aseveraciones resume mejor la idea principal de la caricatura?
  1 El Congreso carece del poder para tratar con los problemas de la nación.
  2 El Congreso cree que la defensa es más importante que los programas sociales.
  3 Se necesitan fondos adicionales para los programas sociales y de defensa.
  4 Los programas sociales y de defensa son demasiado costosos y deben reducirse.

3 ¿Quién estaría más de acuerdo con el caricaturista?
  1 un ingeniero de carreteras
  2 un contribuyente de impuestos
  3 un general del ejército
  4 una persona que recibe sellos para alimentos

Basa tus respuestas a las preguntas 4 a 6 en las declaraciones de los hablantes y en tu conocimiento de estudios sociales.

Hablante A: Esta tierra es mía y tengo el derecho de hacer con ella lo que quiera. Si la vendo para casas de apartamentos, puedo sacar más dinero que si la vendiera para casas particulares o áreas de recreación.

Hablante B: Los apartamentos crearían demasiada demanda en el abastecimiento de agua e instalaciones sanitarias. La tierra debe usarse para parques.

Hablante C: El vecindario está alborotado. Los crímenes se han duplicado. La gente tiene miedo a salir de noche. Hay que hacer algo.

Hablante D: Las viviendas en nuestra ciudad vecina son inadecuadas para cumplir con las necesidades de la gente. Nuestro vecindario tiene la responsabilidad de ayudar a resolver este problema.

4 El hablante C probablemente estaría en favor de
1 cerrar las plantas nucleares
2 una guerra contra los narcóticos
3 una reducción del consumo de petróleo
4 aumentar el presupuesto de defensa

5 Muchos ambientalistas probablemente estarían de acuerdo con las declaraciones del hablante
1 A
2 B
3 C
4 D

6 Los principios del sistema de libre empresa son más evidentes en la aseveración del hablante
1 A
2 B
3 C
4 D

Basa tus respuestas a las preguntas 7 a 9 en la gráfica dada y en tu conocimiento de estudios sociales.

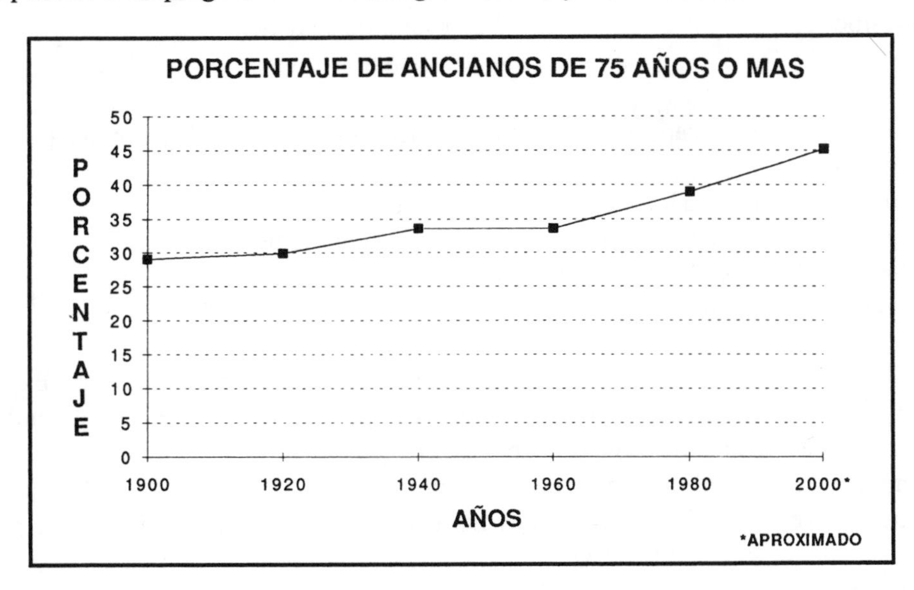

Fuente: Oficina del Censo de los EE. UU.

7 Según la gráfica, ¿en qué año sobrepasa el 40% la proporción de personas de 75 o más años de edad?
1 1940
2 1960
3 1980
4 2000

8 Según a la gráfica, ¿cuál de las siguientes aseveraciones es la más acertada sobre las proporciones de la población anciana en los Estados Unidos?
1 La proporción de ancianos permaneció relativamente sin cambios.
2 Se calcula que la proporción de ancianos se duplicará entre 1900 y 1980.
3 El número de ancianos disminuyó desde 1920.
4 Va aumentando el número de personas de 75 años o más.

9 La tendencia mostrada en la gráfica probablemente es un resultado directo de
1 los adelantos en el cuidado médico
2 la reducción de afiliación en sindicatos
3 el aumento de conocimientos en las escuelas
4 la reducción del desempleo

---

10 En los Estados Unidos la movilidad social hacia arriba generalmente es fomentada por
1 la existencia de la enseñanza pública
2 el establecimiento de reglamentación local de zonas
3 la adopción de leyes estatales de segregación
4 el sistema de federalismo

11 ¿Qué contribuyó más al desarrollo de los suburbios en los Estados Unidos durante el siglo XX?
1 los adelantos en sistemas de transporte
2 una disminución en los ingresos medios por cabeza
3 un aumento del número de mujeres empleadas en la industria
4 un deseo de la clase media por desarrollar ideas y estilos originales

12 "Vivimos en un tiempo cuando el conocimiento de asuntos mundiales ya no es simplemente una buena idea o un lujo. Es esencial al bienestar de la nación."
Esta cita se basa en el reconocimiento de la importancia en el mundo de hoy
1 del patriotismo
2 del nativismo
3 de la interdependencia
4 de la asimilación

13 En los Estados Unidos, los alcances de la tecnología médica moderna produjeron una gran controversia con respecto a la
1 distribución de servicios médicos en varias regiones del país
2 función apropiada de las corporaciones en la investigación médica
3 preparación de los médicos en nuevas técnicas
4 definición de la vida y la muerte

14 ¿Cuál probablemente será un efecto importante de la disminución de la natalidad en los Estados Unidos?
1 un aumento en el esfuerzo de la propaganda comercial por capturar el mercado juvenil
2 una oleada de construcción de escuelas públicas
3 un aumento en el poder político de las personas jubiladas
4 un incremento en el poder de los estudiantes universitarios como grupo de influencia política

15 "Si una nación espera ser ignorante y libre, en un estado de civilización, espera algo que jamás existió, ni jamás existirá."
¿Cuál idea resulta mejor apoyada por esta declaración?
1 la enseñanza obligatoria
2 un gobierno central fuerte
3 el sufragio universal
4 el derecho del gobierno a cobrar impuestos

16 Basándose en las tendencias actuales, ¿cuál declaración sobre el futuro de los Estados Unidos es la más acertada?
1 El número de personas que viven en las granjas aumentará drásticamente.
2 Habrá un aumento en la base urbana de los impuestos.
3 Disminuirá la cantidad de ancianos.
4 Habrá una demanda más grande de trabajadores adiestrados.

17 Una diferencia importante entre la futura población de los EE. UU. y la de mediados del siglo XIX, es que en el futuro
1 disminuirá la población de los EE. UU.
2 el número de blancos se triplicará
3 habrá un aumento de empleos en las fábricas
4 los estadounidenses blancos serán excedidos en número por los de color

18 ¿Cuál aseveración describe mejor la situación presente de las mujeres?
1 Ahora más mujeres entran en la fuerza trabajadora.
2 El papel de la mujer no cambió en los últimos 50 años.
3 Menos mujeres se interesan por tener una carrera.
4 Menos mujeres tratan de obtener una educación universitaria.

19 ¿Cuál sería el mejor ejemplo de la práctica de "acción afirmativa"?
1 dar comida a los miembros de minorías que no tienen albergue
2 proporcionar viviendas municipales a los ancianos
3 ayudar a los miembros de minorías a lograr igualdad en las admisiones universitarias
4 bajar la edad requerida para el voto de los miembros de minorías

20 ¿Cuál declaración sería la más difícil de comprobar?
1 Más radiación está pasando por la capa de ozono.
2 Las drogas ilegales entran en los Estados Unidos desde el extranjero.
3 La posesión de armas nucleares aumenta el peligro de guerra nuclear.
4 Los principios morales de la nación pasarán por enormes cambios en el futuro.

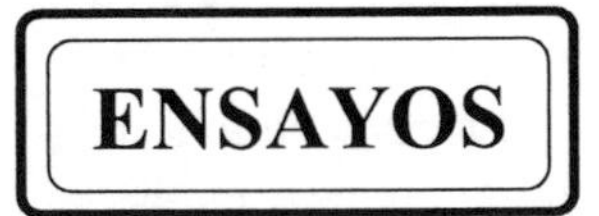

1 Muchos de los problemas que enfrentan los Estados Unidos durante los años 1980 seguirán siendo un reto para la nación hasta bien entrados los 1990.

Problemas

La epidemia del SIDA
El terrorismo internacional
Los riesgos al medio ambiente
La epidemia de drogas
Los individuos sin hogar

Parte A

Escoge *uno* de los problemas enumerados. ____________________

Enumera *dos* modos en los que este problema representará un reto para la nación en los años 1990.

1.____

2. ____

Escoge *otro* de los problemas enumerados. ____________________

Enumera *dos* modos en los que este problema representará un reto para la nación en los años 1990.

1. ____

2. ____

Parte B

En tu respuesta a la Parte B debes usar la información dada en la parte A. Sin embargo, también puedes incluir información adicional y distinta en tu respuesta a la Parte B.

Escribe un ensayo explicando cómo algunos de los problemas de los años 1980 seguirán retando a la nación durante los 1990.

2 A continuación se enumeran las cuestiones controversiales ante las que se encuentran hoy los estadounidenses.

Cuestiones controversiales

Los estudiantes con SIDA que asisten a las escuelas públicas
El aborto
La pena de muerte
La oración en las escuelas públicas
El derecho a morir

Escoge *tres* de las cuestiones enumeradas, y en el caso de *cada una*:

- Discute la controversia relacionada con el asunto.
- Presenta un argumento específico para cada lado de la controversia.
- Discute una acción gubernamental específica que se tomó para resolver el problema.

UN RESUMEN FUNDAMENTAL

Esta sección consiste en tres partes que deben ser útiles en tu repaso antes del examen final. Cada parte contiene aspectos de todo el libro para repasar los elementos que aparecen con frecuencia en los exámenes de historia.

- Repaso de historia
- Las trece cuestiones constitucionales duraderas
- Tipos principales de política externa

REPASO DE HISTORIA

Como preparación final para un examen de historia, te va a ayudar hacer un repaso de términos históricos, conceptos y personas.

TERMINOS HISTORICOS

En la historia y el gobierno de los Estados Unidos hay muchos términos fundamentales que debes aprender y recordar. Estos términos pueden ser de diferentes tipos. A continuación hay algunos ejemplos:

- documento—Constitución de los EE. UU.
- suceso—bombardeo de Pearl Harbor
- período de tiempo—Era de la Reconstrucción
- movimiento—movimiento progresista
- organización— Naciones Unidas
- política—contención
- grupo—maleteros
- proceso jurídico—*Brown vs. Board of Education*
- guerra—Segunda Guerra Mundial

Lo que tienen en común estos tipos de términos es que se refieren a algo específico que existía o tuvo lugar, sea un documento que se firmó, o un grupo que vino a formarse o una guerra lidiada. Las preguntas que tienen que ver con estos términos, generalmente te pedirán que reconozcas sus características principales:

- qué es
- su propósito
- sus causas
- sus efectos

Para recordar la información más fácilmente te conviene presentar la expresión en forma gráfica. Se sugiere que para cada uno de los términos que siguen, prepares una tarjeta de 3 por 5 pulgadas (nota el siguiente ejemplo).

TERMINOS CLAVE

DECLARACION DE LA INDEPENDENCIA

Qué es: documento escrito por Thomas Jefferson declarando la independencia estadounidense de Inglaterra en 1776.

Importancia: La declaración llevó a la independencia estadounidense y estableció los propósitos fundamentales del gobierno.

Tu dibujo puede aparecer tal como se muestra, o al otro lado de la tarjeta.

Abolicionistas
Artículos de la Confederación
Asunto Watergate
Brown vs. Board of Education
Códigos negros
Convenio de las tres quintas partes
Constitución implícita
Decisión *Dred Scott*
Declaración de Derechos
Doctrina Monroe
Enmiendas de Guerra Civil
Gideon vs. Wainwright
Gran convenio
Gran Depresión
Guerra de Vietnam
Guerra Hispano-Estadounidense
Ley de Poderes del Tiempo de Guerra
Leyes Jim Crow
Liga de las Naciones
Marbury vs. Madison
Miranda vs. Arizona
Movimiento granjero
Nuevo Trato
Plessy vs. Ferguson
Política del Libre Acceso
Política de Buen Vecino
Primera Guerra Mundial
Proclamación de la Emancipación
Progresistas
Rastrilladores de mugre
Reconstrucción
Regionalismo
Renacimiento de Harlem
Roe vs. Wade
Schenck vs. U.S.
Segunda Guerra Mundial

CONCEPTOS IMPORTANTES

En el estudio de la historia y del gobierno de los Estados Unidos, hay muchos conceptos fundamentales que debes aprender y recordar. Los conceptos son los ladrillos del conocimiento, son palabras o frases que designan categorías de información. Los conceptos nos permiten organizar vastas cantidades de conocimientos. Muchas de las preguntas relativas a conceptos te piden que definas un concepto o que des un ejemplo de uno. Por lo tanto, cuando estudias, te ayudará en el caso de cada concepto importante:

- dar su definición
- dar un ejemplo del mismo

DEMOCRACIA

Definición: El gobierno del pueblo por sí mismo, generalmente por medio de representantes elegidos.

Ejemplo: El sistema de gobierno por representación en los Estados Unidos.

Tu dibujo puede aparecer tal como se muestra, o en el otro lado de la tarjeta.

Aborto
Acción afirmativa
Aculturación
Asimilación
Boicoteos
Contención
Déficit de presupuesto
Democracia
Derechos civiles
Desequilibrio comercial
Efecto de invernadero
Enmienda
Etnocentrismo
Federalismo
Frontera
Grandes empresas
Gremios
Imperialismo
Indios
Interdependencia mundial
Laissez-faire
Lluvia ácida
Monopolio
Nacionalismo
Nativismo
Neutralismo
Periodismo sensacionalista
Presupuesto equilibrado
Violación de derechos humanos
Rastrilleo de mugre
SIDA
Sindicatos obreros
Sistema de libre empresa
Sufragio
Tecnología
Tercer partido

PERSONAJES IMPORTANTES

Al estudiar la historia y el gobierno de los Estados Unidos, tienes que aprender y recordar información sobre individuos famosos. Observa que muchas de estas personas son presidentes estadounidenses. Te ayudará si al estudiar conoces:

- el tiempo en que vivió la persona
- los logros importantes de la persona

Recuerda que te conviene presentar la información sobre la persona en forma gráfica. Se sugiere que para cada individuo que sigue, prepares una tarjeta de 3 por 5 pulgadas (nota el ejemplo siguiente).

FRANKLIN D. ROOSEVELT

Período de tiempo: Presidente 1933-1945 (Gran Depresión y Segunda Guerra Mundial).

Logros: Roosevelt promulgó la legislación del Nuevo Trato que ayudó a sacar los EE. UU. de la Gran Depresión. Muchas de estas leyes, tal como la Ley de Seguro Social, nos afectan aún hoy.

Tu dibujo puede aparecer tal como se muestra, o al otro lado de la tarjeta.

George Washington
Thomas Jefferson
Alexander Hamilton
Abraham Lincoln
Susan B. Anthony
Booker T. Washington
Thomas Edison
Theodore Roosevelt
John D. Rockefeller
Woodrow Wilson
Franklin D. Roosevelt
Harry Truman
Douglas MacArthur
Dr. Martin Luther King, Jr.
Betty Friedan
Richard Nixon
Ronald Reagan
George Bush

Además de repasar estos términos, conceptos y personajes importantes, debes repasar los ensayos que se encuentran al fin de cada capítulo.

LAS TRECE CUESTIONES CONSTITUCIONALES DURADERAS

A lo largo de la historia de los Estados Unidos, ciertas cuestiones constitucionales perduraron y persistieron. Estas cuestiones se reflejan en ciertos problemas, procesos jurídicos en la Corte Suprema y acontecimientos en la historia del país. La sinopsis siguiente nombra los asuntos persistentes, los sucesos vinculados con la cuestión y dónde buscar información sobre ellos en este libro.

LA CUESTION DURADERA	*MOMENTO EN LA HISTORIA ESTADOUNIDENSE EN QUE SURGIO LA CUESTION*	*PARA SABER MAS CONSULTA LAS PAGINAS*
1. **El poder nacional: los límites y el potencial**	• La esclavitud en los territorios	p. 133
	• Procesos judiciales para "reventar" trusts	p. 233
	• El gobierno durante la Depresión	p. 297

LA CUESTION DURADERA	*MOMENTO EN LA HISTORIA ESTADOUNIDENSE EN QUE SURGIO LA CUESTION*	*PARA SABER MAS CONSULTA LAS PAGINAS*
2. El federalismo: el equilibrio entre la nación y los estados	• Los convenios constitucionales	p. 74
	• Las cuestiones de la Reconstrucción	pp. 140-142
	• *Gibbons vs. Ogden*	p. 120
	• *Munn vs. Illinois*	p. 239
	• *Muller vs. Oregon*	p. 239
3. La judicatura: ¿intérprete de la Constitución o transformadora de las reglas que rigen la sociedad?	• *Marbury vs. Madison*	p. 93
	• La decisión sobre *Dred Scott*	p. 149
	• *Plessy vs. Ferguson*	p. 150
	• *Schechter Poultry Corp. vs. U.S.*	p. 306
4. Libertades civiles: el equilibrio entre el gobierno y el individuo	• Las alarmas rojas	p. 285
	• *Schenck vs. Estados Unidos*	p. 269
	• El surgimiento del macartismo	p. 335
5. Los derechos de los acusados de crímenes y la protección de la comunidad	• *Mapp vs. Ohio*	p. 372
	• *Gideon vs. Wainwright*	p. 372
	• *Miranda vs. Arizona*	p. 372
6. Igualdad: su definición como principio constitucional	• La Declaración de la Independencia	p. 70
	• Las Enmiendas de la Guerra Civil	p. 149
	• B.T. Washington y W.E.B. Du Bois	pp. 145-147
	• El movimiento por los derechos civiles	pp. 352-358
	• *La Universidad de California vs. Bakke*	p. 373
7. Los derechos femeninos bajo la Constitución	• La Enmienda XIX	pp. 200-201
	• El movimiento de liberación femenina	pp. 365-369
	• *Roe vs. Wade*	p. 368
	• *Webster vs. Reproductive Services*	p. 368
	• La fracasada enmienda de derechos iguales	p. 367
8. Los derechos de grupos étnicos y raciales bajo la Constitución	• Legislación de la vida de los amerindios	pp. 205-207
	• Política cambiante de los EE. UU. sobre la inmigración	pp. 193-195
	• *Korematsu vs. Estados Unidos*	p. 321
	• *Brown vs. Board of Education*	pp. 353-354
	• La marcha a Washington, 1963	p. 355

LA CUESTION DURADERA	*MOMENTO EN LA HISTORIA ESTADOUNIDENSE EN QUE SURGIO LA CUESTION*	*PARA SABER MAS CONSULTA LAS PAGINAS*
9. **El poder presidencial en tiempo de guerra y en asuntos externos**	• Wilson y la Primera Guerra Mundial	pp. 266-269
	• F.D.R. y la Segunda Guerra Mundial	pp. 317-322
	• Truman y la Guerra de Corea	pp. 332-333
	• Johnson y la Guerra de Vietnam	pp. 385, 387
	• Ley sobre los Poderes en Tiempo de Guerra	p. 408
	• La crisis de rehenes en Irán	p. 397
10. **La separación de poderes y la capacidad de gobernar**	• El conflicto sobre la Reconstrucción	pp. 140-142
	• El plan de F.D.R. para rellenar la Corte	p. 302
	• El Asunto Watergate	pp. 393, 408
	• El Asunto Irán-contra	p. 400
11. **Vías de representación**	• El surgimiento de los terceros partidos políticos	p. 226
	• El movimiento progresista	pp. 227-232
	• *Baker vs. Carr*	p. 372
12. **Los derechos a la propiedad y la política económica**	• El plan financiero de Hamilton	p. 107
	• Intentos del gobierno de reglamentar las grandes empresas	pp. 165, 174
	• La legislación del Nuevo Trato	pp. 298-301
	• Reagonomía	p. 397
13. **El cambio y la flexibilidad constitucional**	• El papel de la cláusula elástica	p. 79
	• La Constitución implícita	pp. 90-92
	• El proceso de enmiendas	p. 80
	• La Corte bajo Warren	pp. 354, 371

LAS CLASES PRINCIPALES DE POLITICA EXTERNA

A lo largo de la historia de los Estados Unidos, el gobierno del país seguía una variedad de diferentes líneas de conducta en sus relaciones con otras naciones. Muchos exámenes te piden que describas y des ejemplos de esas prácticas. A continuación hay un resumen de las más importantes:

POLITICAS DIRIGIDAS HACIA LA EXPANSION

Política	*Descripción*	*Ejemplo*
Expansión territorial	La compra o anexión de territorios para aumentar las dimensiones de un país	La compra de Luisiana y la anexión de tierras mexicanas

Imperialismo	El dominio de un país sobre otro, menos potente	La anexión estadounidense de las Islas Filipinas

POLITICAS DIRIGIDAS HACIA LA SEGURIDAD NACIONAL

Política	*Descripción*	*Ejemplo*
Aislacionismo (no-participación)	Rechazo de intervención en otros países cuando estos pueden llevar a la guerra	La política de los EE. UU. en los años 1920 y 1930
Alianzas militares	Unión de fuerzas de dos o más países contra un enemigo mutuo	La afiliación de los EE. UU. con la O.T.A.N.
Ayuda militar	Envío de provisiones militares para ayudar a un país amigo	La proclamación de la Doctrina Truman
Seguridad colectiva	Dependencia de organizaciones internacionales o alianzas militares para aumentar la seguridad nacional	La participación en las Naciones Unidas y la O.T.A.N.
Respuesta a la agresión	Entrada en guerra en caso de ataque contra el país o contra un país aliado	La Primera y la Segunda Guerra Mundial
Contención	Prevención de ganancias territoriales por el enemigo o la extensión de su ideología a otras naciones	Los intentos de los EE. UU. de contener la influencia soviética en Europa y el S.E. de Asia
"Detente"	Reducción de tensiones entre naciones hostiles (Cese de hostilidades)	Las relaciones entre los EE. UU. y la U.R.S.S. bajo Reagan

POLITICAS DIRIGIDAS A FORTALECER LA DEFENSA DE LOS EE. UU.

Política	*Descripción*	*Ejemplo*
Estado de preparación militar	La protección de la seguridad nacional al tener listo un ejército y una marina fuerte	El aumento de gastos militares por Reagan en los años 1980
Disuasivo nuclear (competencia en las armas)	La posesión de tantas armas nucleares que cualquier nación temería atacarnos	La acumulación de armas nucleares en los años 1950

POLITICAS DIRIGIDAS A FOMENTAR PRINCIPIOS ESTADOUNIDENSES EN EL EXTRANJERO

Política	*Descripción*	*Ejemplo*
Ayuda económica	Entrega de fondos, abastecimiento o consejos de expertos a los países en desarrollo	La Alianza Para el Progreso y el Plan Marshall
Reconocimiento de gobiernos extranjeros	El poder de los presidentes para enviar y recibir embajadores, y así reconocer y legitimar a un gobierno extranjero	Los presidentes de los EE. UU. se negaron a reconocer al gobierno comunista en Rusia, 1917-1933
Democracia	Los intentos de trabar amistad con las naciones amantes de la paz	Los Catorce Puntos de Wilson trataron de "hacer el mundo seguro para la democracia"
Apoyo de los derechos humanos	Los intentos de persuadir a gobiernos extranjeros a respetar los derechos humanos fundamentales de sus ciudadanos	Firma del Acuerdo de Helsinki
Desarme	Los intentos por los EE. UU. de llevar a la reducción de armas militares en el mundo	Acuerdos S.A.L.T. con la Unión Soviética

CAPITULO 18

EXAMENES

EXAMEN DE COMPROBACION 1

PARTE I

Instrucciones: Contesta las 50 preguntas de esta parte. Para cada pregunta o declaración, *señala* la mejor contestación.

Basa tus respuestas a las preguntas 1 a 3 en la siguiente caricatura política y en tu conocimiento de estudios sociales.

1 ¿Cuál rama del gobierno está representada por el camión?
1 legislativa
2 ejecutiva
3 judicial
4 burocrática

2 ¿Cuál principio de gobierno queda ilustrado en la caricatura?
1 la separación de poderes
2 el federalismo
3 la Declaración de Derechos
4 el examen judicial

3 Bajo el sistema de pesos y contrapesos, para detener el camión la persona usaría el poder de
1 declarar la guerra
2 comenzar el proceso de residenciamiento
3 usar el examen judicial
4 negociar tratados

---

4 El poder fundamental del gobierno de los Estados Unidos proviene
1 del pueblo
2 del presidente
3 del Congreso
4 de la Corte Suprema

5 La Declaración de Derechos se refiere a
1 la Declaración de la Independencia
2 las primeras diez enmiendas a la Constitución
3 la separación de poderes en el gobierno federal
4 la emancipación de los esclavos

6 La función principal del Congreso es la de
1 promulgar leyes para estados específicos
2 juzgar si las leyes son constitucionales
3 dirigir la política externa
4 formular leyes nacionales

7 El término "examen jurídico" significa que
1 los estados y el gobierno federal comparten el poder
2 la Corte Suprema puede determinar que ciertas leyes son inconstitucionales
3 el Congreso puede examinar a los individuos nombrados por el presidente a la Corte Suprema
4 el presidente puede nombrar magistrados a la Corte Suprema

8 ¿Cuál documento se redactó primero?
1 la Constitución de los EE. UU.
2 la Declaración de la Independencia
3 los Artículos de la Confederación
4 la Declaración de Derechos

9 El derecho a tener un abogado que represente a uno en un proceso criminal es el mejor ejemplo del derecho
1 a la libertad de palabra
2 a las oportunidades iguales
3 al control mutuo
4 al debido proceso de ley

10 En el caso de *Marbury vs. Madison* la Corte Suprema falló que
1 la segregación racial es constitucional
2 la Corte puede declarar inconstitucionales las leyes federales
3 en ciertos casos, los acusados tienen derecho a tener abogado
4 los acusados deben ser informados de sus derechos

11 Los presidentes, gobernadores y alcaldes se parecen en el sentido en que todos
1 formulan leyes
2 hacen cumplir las leyes
3 examinan las leyes
4 hacen tratados

12 Los temas de "libertad de palabra" y "debido proceso de ley" con más probabilidad se discutirán en un ensayo que tiene que ver con
1 el federalismo
2 el sistema de pesos y contrapesos
3 la Declaración de Derechos
4 el examen judicial

13 ¿Cuál fue la causa principal de la Guerra Civil?
1 las disputas entre Inglaterra con respecto a los derechos civiles
2 el bombardeo de Pearl Harbor por el Japón
3 las diferencias regionales que opusieron una parte del país contra otra
4 el hundimiento de buques estadounidenses por los alemanes

14 ¿Cuál acontecimiento tuvo lugar durante la administración de Abraham Lincoln?
1 se publicó la Proclamación de Emancipación
2 se firmó la Declaración de la Independencia
3 estalló la Guerra Hispano-Estadounidense
4 se arregló el Convenio de Misuri

15 ¿Cuál grupo fue más afectado por la institución de las enmiendas de la Guerra Civil?
1 las mujeres
2 los antiguos esclavos
3 los fabricantes del Norte
4 los inmigrantes

16 ¿A qué período de la historia de los EE. UU. probablemente se refiere una persona que habla de "códigos negros", de "maleteros" y de Taddeus Stevens?
1 la Revolución Estadounidense
2 la Reconstrucción
3 el Renacimiento de Harlem
4 la guerra fría

17 John D. Rockefeller, Andrew Carnegie y Cornelius Vanderbilt fueron famosos
1 líderes obreristas
2 líderes de derechos civiles
3 jefes militares
4 industriales

Basa tus respuestas a las preguntas 18 y 19 en la gráfica de barras que sigue y en tu conocimiento de estudios sociales.

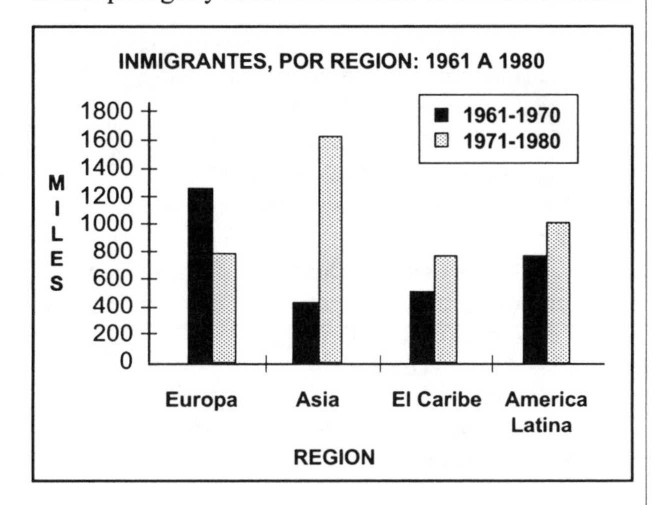

18 ¿Cuál es la región del mundo cuya inmigración a los Estados Unidos disminuyó en los años 1961-1980?
1 Europa
2 Asia
3 el Caribe
4 la América Latina

19 ¿Cuál región, durante el tiempo indicado, contribuyó la mayor cantidad de inmigrantes a los Estados Unidos?
1 Europa entre 1961 y 1970
2 Asia entre 1971 y 1980
3 el Caribe entre 1961 y 1970
4 la América Latina entre 1971 y 1980

---

20 El movimiento granjero abarcaba a
1 los blancos sureños que aterrorizaban a los negros
2 los obreros industriales que cooperaban para recibir jornales más altos
3 los agricultores que se unieron para sobreponerse al poder de los ferrocarriles
4 las sociedades formadas por inmigrantes para aprender las usanzas estadounidenses

21 ¿Quién está correctamente pareado con el campo en el que logró distinguirse?
1 Samuel Gompers—movimiento feminista
2 Jane Addams—reforma social
3 John Muir—reforma de prisiones
4 Dorothea Dix—conservación del ambiente

Basa tus respuestas a las preguntas 22 a 24 en las declaraciones de los hablantes y en tu conocimiento de estudios sociales.

Hablante A: El gobierno no debe entrometerse en los asuntos de negocios.

Hablante B: Los periodistas tienen que seguir revelando las injusticias de las grandes empresas para lograr las reformas necesarias.

Hablante C: El pueblo tiene que preservar el poder de controlar a su gobierno. Creo firmemente en dar al pueblo una voz más importante en los asuntos del gobierno.

Hablante D: Nuestro gobierno debe asumir un rol más importante en la protección de los obreros contra los abusos de las grandes empresas.

22 ¿Cuál hablante podría ser llamado "rastrillador de mugre"?
1 A
2 B
3 C
4 D

23 ¿Cuál hablante probablemente apoyaría la política de "laissez-faire"?
1 A
2 B
3 C
4 D

24 ¿A qué tiempo en la historia estadounidense se refieren las ideas expresadas por los hablantes?
1 la Era de la Reconstrucción
2 el movimiento progresista
3 la Gran Depresión
4 el movimiento en pro de los derechos civiles

25 ¿Cuál fue la causa principal del movimiento progresista en los Estados Unidos?
1 la influencia de los rastrilladores, populistas y reformadores sociales
2 la crisis de la bolsa de 1929
3 los conflictos raciales en el Oeste
4 la migración de la gente de las ciudades al campo

26 ¿Cuál suceso tuvo lugar durante el gobierno de Theodore Roosevelt?
1 la construcción del Canal de Panamá
2 el establecimiento de la Enmienda XIV
3 la Guerra Hispano-Estadounidense
4 la formación de la OTAN

27 El término "Destino Manifiesto" se refiere a la creencia de que los Estados Unidos debían dedicar sus energías hacia
1 un mayor desarrollo industrial
2 la expansión más amplia hacia el oeste
3 la igualdad y la justicia para todos
4 la libertad de pensamiento y religión

28 La Doctrina Monroe fue fundamentalmente usada para
1 justificar la intervención estadounidense en la América Latina
2 permitir que las potencias europeas estableciesen colonias en el Nuevo Mundo
3 mantener a los Estados Unidos fuera de conflictos europeos
4 abrir el Japón y China al comercio estadounidense

29 ¿Cuál titular de periódico refleja mejor el concepto del "imperialismo"?
1 "Corte Suprema Proscribe Segregación en Escuelas Públicas"
2 "Naciones Unidas Fundadas en San Francisco"
3 "Presidente McKinley Anuncia Anexión de Filipinas por EE. UU."
4 "Presidente Bush se Encuentra con Gorbachev en Conferencia Cumbre"

30 Si los apuntes de un estudiante contienen información sobre el hundimiento del *Lusitania*, la lucha en las trincheras y las Potencias Centrales, el alumno probablemente estudia la
1 Guerra de Corea
2 Primera Guerra Mundial
3 Segunda Guerra Mundial
4 Guerra de Vietnam

31 ¿Cuál fue un resultado importante de la Primera Guerra Mundial?
1 Las tropas estadounidenses ocuparon al Japón.
2 La Unión Soviética tomó control de la Europa Oriental.
3 Gran Bretaña y Francia perdieron el control de sus colonias.
4 Alemania cedió territorios a los Aliados.

32 El resultado principal de la participación de los EE. UU. en la Guerra de Vietnam fue que
1 el rey fue restaurado al poder en Vietnam del Sur
2 se eliminó la amenaza de que los comunistas se apoderasen de Vietnam
3 la guerra creó descontento y división dentro de los Estados Unidos
4 los Estados Unidos eliminaron la futura inmigración desde Vietnam

33 Los "lockouts", listas negras y contratos de "perro amarillo" representan los medios usados por
1 la dirección contra los obreros
2 los sindicatos contra la gerencia
3 el gobierno contra los inmigrantes
4 los partidos políticos contra los votantes

34 ¿Cuál fuente sería de más uso para una persona que buscase información sobre la Edad del Jazz y el Renacimiento de Harlem?
1 las *Actas del Congreso*
2 un atlas
3 *El Informe Económico del Presidente*
4 una enciclopedia

35 El "Desastre del 29" se refiere
1 a una catástrofe ferroviaria en 1829
2 a la crisis de la bolsa de Nueva York en 1929
3 al hundimiento del buque naval *Maine* que dio principio a la Guerra Hispano-Estadounidense
4 a la explosión de la nave espacial Challenger

36 ¿Cuál fue un resultado importante de la Depresión de los años 1930?
1 una subida en los precios del petróleo
2 la escasez de bienes de consumo
3 el comienzo de la Segunda Guerra Mundial
4 el desempleo generalizado

37 Los términos "asueto bancario", W.P.A. y C.C.C. lo más probablemente se discutirán en un ensayo sobre
1 el movimiento progresista
2 el Nuevo Trato
3 las causas de la Segunda Guerra Mundial
4 el movimiento feminista

38 ¿Cuál suceso tuvo lugar durante el gobierno de Franklin D. Roosevelt?
1 la formación de la Oficina de Libertos
2 la sanción de la Enmienda XIV
3 la construcción del Canal de Panamá
4 el comienzo de la Segunda Guerra Mundial

39 ¿Cuál fue la causa fundamental de la Segunda Guerra Mundial?
1 la competencia europea por colonias en Africa
2 la agresividad de la Alemania nazi
3 la tirantez entre los Estados Unidos y la U.R.S.S.
4 los abusos de derechos humanos en Sudáfrica

40 El bombardeo de Hiroshima y Nagasaki resultó en
1 el establecimiento de la Política de Libre Acceso en el Japón
2 el comienzo de la Segunda Guerra Mundial
3 la entrada de los Estados Unidos en guerra contra el Japón
4 la rendición de los japoneses a los Estados Unidos

41 El término "guerra fría" se refiere a
1 la neutralidad de los Estados Unidos antes de la Primera Guerra Mundial
2 los intentos del Premier Chamberlain de apaciguar a Hitler
3 el largo período de desconfianza entre la U.R.S.S. y los EE.UU.
4 el movimiento hacia el oeste a través de los Estados Unidos

Basa tus respuestas a las preguntas 42 y 43 en la tabla dada y en tu conocimiento de los estudios sociales.

DATOS DE POBLACION POR REGIONES

Región	Población, 1987 (en millones)	Porcentaje del cambio (1980-1987)
Estados Unidos	**243.3**	**+7.4%**
Noreste	**50.3**	**+2.3%**
Medio Oeste	**59.5**	**+1.1%**
Sur	**83.9**	**+11.3%**
Oeste	**49.7**	**+15.1%**

42 ¿Cuál región tuvo la población más grande en 1987?
1 el Noroeste
2 el Medio Oeste
3 el Sur
4 el Oeste

43 ¿Cuál declaración es la más acertada?
1 Hubo aumento de población en todas las regiones de los EE. UU.
2 La mayoría de los estadounidenses vive en el Sur.
3 El Medio Oeste tiene la menor cantidad de habitantes.
4 El Oeste tiene la población más grande.

---

44 Los términos "detente", "glasnost" y "perestroika" están asociados con las relaciones entre los Estados Unidos y
1 Cuba
2 la U.R.S.S.
3 China
4 el Japón

45 Susan B. Anthony, Betty Friedan y Gloria Steinem se asocian con el movimiento
1 en pro de los derechos femeninos
2 en pro de la igualdad racial
3 en pro de la reforma del ambiente
4 de ayuda a los lisiados

46 En *Roe vs. Wade*, la Corte Suprema falló que
1 la Corte puede declarar inconstitucionales las leyes federales
2 la segregación racial es inconstitucional
3 los acusados deben ser informados de sus derechos
4 los estados no pueden prohibir el aborto a las mujeres en los primeros meses del embarazo

47 ¿Cuál fue una causa fundamental de la Guerra de Vietnam?
1 las diferencias religiosas entre los musulmanes y los judíos
2 el temor estadounidense a la expansión comunista en el sureste de Asia
3 a invasión de Corea del Sur por Corea del Norte
4 la presencia de misiles soviéticos en Cuba

48 Durante la administración del Presidente Jimmy Carter, Irán
1 bajó los precios mundiales del petróleo
2 declaró la guerra contra Israel
3 invadió la Unión Soviética
4 tomó rehenes estadounidenses

49 El gobierno de Reagan se encontró con sus dificultades más grandes de política externa en
1 Nicaragua
2 Nigeria
3 Grecia
4 México

50 ¿Cuál aseveración es una opinión más que un hecho?
1 El Presidente Theodore Roosevelt ganó el Premio Nóbel de la Paz.
2 El Senado de los EE. UU. votó contra la afiliación con la Liga de las Naciones.
3 El Japón bombardeó Pearl Harbor en 1941.
4 Las Naciones Unidas ayudaron a lograr la paz mundial.

PARTE II

RESPONDE A DOS PREGUNTAS DE ESTA PARTE

1 Los principios establecidos en la Constitución de los EE. UU. sirven para proteger nuestras libertades.

Principios

Declaración de Derechos
Separación de poderes
Federalismo
Soberanía popular

Parte A

Escoge *uno* de los principios enumerados: ____________________

Define su significado. ____________________

____

Describe *una* forma en la que ese principio protege nuestras libertades. ____________________

____

Escoge *otro* principio: ____________________

Define su significado. ____________________

____

Describe *una* forma en la que ese principio protege nuestras libertades. ____________________

____

Parte B

En tu respuesta a la Parte B debes usar la información dada en la Parte A. Sin embargo, también puedes incluir información adicional y distinta en tu respuesta a la Parte B.

En una hoja aparte, escribe un ensayo discutiendo cómo los principios establecidos en la Constitución de los Estados Unidos contribuyen a la protección de nuestra libertad.

2 La política externa de un país a menudo es determinada por los sucesos en otros países.

Sucesos

El buque de guerra *Maine* explota en Cuba — 1898
Alemania invade a Polonia — 1939
Misiles soviéticos encontrados en Cuba — 1962
Khomeini destituye al shah del poder en Irán — 1979

Parte A

Escoge *dos* acontecimientos de la lista. En el caso de *cada uno*:

- Describe el suceso
- Relata cómo los EE. UU. reaccionaron al suceso

Suceso:	Respuesta de los EE. UU.
Suceso:	Respuesta de los EE. UU.

Parte B

En tu respuesta a la Parte B debes usar la información dada en la Parte A. Sin embargo, también puedes incluir información adicional y distinta en tu respuesta a la Parte B.

En una hoja aparte, escribe un ensayo discutiendo cómo la política externa de un país con frecuencia es determinada por los acontecimientos en otros países.

3 Las ideas y las acciones de ciertos individuos llevaron a cambios importantes en los Estados Unidos.

Individuos

Thomas Jefferson
Abraham Lincoln
Susan B. Anthony
Thomas Edison
Henry Ford
Franklin Delano Roosevelt
Martin Luther King, Jr.

Parte A

Escoge a *un* individuo de la lista dada:____________________________

Determina la idea o la acción de ese individuo que llevó a cambios importantes en los Estados Unidos.

____

____

Escoge a *otro* individuo de la lista:____________________________

Determina la idea o la acción de ese individuo que llevó a cambios importantes en los Estados Unidos.

____

____

Parte B

En tu respuesta a la Parte B debes usar la información dada en la Parte A. Sin embargo, también puedes incluir información adicional y distinta en tu respuesta a la Parte B.

En una hoja aparte, escribe un ensayo discutiendo cómo las ideas o las acciones de ciertos individuos llevaron a cambios importantes en los Estados Unidos.

4 Basa tu ensayo en la caricatura dada y en tu conocimiento de estudios sociales.

Parte A

1. ¿Cuál es la idea principal de la caricatura? ______

2. Escoge *un* problema mostrado en la caricatura: ______

3. Describe el problema. ______

______

4. Escoge *otro* problema mostrado en la caricatura: ______

5. Describe el problema. ______

______

Parte B

En tu respuesta a la Parte B debes usar la información dada en la Parte A. Sin embargo, también puedes incluir información adicional y distinta en tu respuesta a la Parte B.

En una hoja aparte, escribe un ensayo discutiendo una posible solución para cada uno de los problemas que escogiste.

______

EXAMEN DE COMPROBACION 2

PARTE I

Instrucciones: Contesta todas las 48 preguntas en esta parte. Para cada aseveración o pregunta, *selecciona la mejor contestación*.

1 "Estos son tiempos que ponen a prueba el alma de los hombres. El soldado de verano y el patriota del tiempo soleado, en esta crisis, ¿se estremecerán ante el servicio a su país?..."

¿Qué actitud se refleja mejor en esta cita?
1 neutralidad
2 nacionalismo
3 colonialismo
4 imperialismo

2 El gobierno de los Estados Unidos bajo los Artículos de la Confederación podría considerarse exitoso porque
1 estableció una vigorosa, muy respetada política externa
2 creó un mercado abierto que fomentaba el comercio interestatal
3 puso a la nación en una firme base financiera
4 proporcionó un sistema para gobernar los territorios del Oeste que contribuyeron a la expansión del país

3 En los Estados Unidos, los jueces federales tienen un cargo vitalicio para
1 disminuir la intromisión política en sus decisiones
2 obtener experiencia en su trabajo
3 desarrollar una filosofía judicial que sea conforme con la de los jueces
4 tener la oportunidad de ver los resultados de sus decisiones a largo plazo

4 La expresión "debido proceso de ley" se refiere
1 al poder de la Corte Suprema para examinar la constitucionalidad de las leyes
2 al derecho de la policía a arrestar a cualquiera que parezca sospechoso
3 al procedimiento en el Congreso por el cual un proyecto se convierte en ley
4 a la protección dada a los ciudadanos contra acciones injustas del gobierno

5 En la historia de los Estados Unidos, el Gabinete y las comisiones congresionales surgieron como resultado de
1 provisiones específicas de la Constitución original
2 enmiendas constitucionales
3 decisiones de la Corte Suprema
4 costumbre y precedente

6 En los años 1820 y 1869, los sureños querían que se extendiese la esclavitud a los territorios del Oeste para que el Sur pudiera
1 seguir eligiendo presidentes sureños
2 seguir dominando la Corte Suprema
3 mantener bastante fuerza en el Senado para proteger sus intereses
4 usar la labor de los esclavos para expandir sus industrias

7 La función principal de los partidos políticos en los Estados Unidos es
1 llenar los requisitos constitucionales
2 nombrar candidatos y conducir campañas políticas
3 seguir una tradición que comenzó durante la época colonial
4 asegurar que los candidatos para cargos públicos son honestos y obedecen la ley

8 Después de la Guerra Civil, la sanción de las Enmiendas XIII, XIV y XV llevó a
1 mayor supremacía federal sobre los estados
2 la pérdida de derechos iguales para las minorías
3 una expansión del poder de los estados para cobrar impuestos a los negocios interestatales
4 una limitación en el papel del gobierno federal

9 La corporación llegó a ser una forma popular de organización de empresas durante el tiempo que siguió la Guerra Civil porque
1 hizo posible para la gerencia una supervisión más estrecha de las actividades diarias
2 hizo posible que las empresas reuniesien más capital
3 atrajo a los agricultores ansiosos de aumentar la producción
4 alentó a los obreros industriales a formar cooperativas de negocios

10 El propósito principal de la Ley Sherman contra los "Trusts" de 1890 fue
1 reducir el papel de las cortes en disputas obreras
2 declarar ilegales los sindicatos
3 limitar el desarrollo de los monopolios
4 introducir reformas de servicio civil

11 "La manufactura tiene beneficios positivos que ofrecer a la sociedad y por lo tanto debe ser fomentada por el gobierno."

El autor de esta aseveración probablemente abogaría por
1 tarifas arancelarias para proteger la industria de los Estados Unidos
2 control gubernamental de los precios que piden los fabricantes por sus productos
3 grandes negocios de propiedad gubernamental
4 legislación contra los "trusts"

12 ¿Cuál aseveración sobre la inmigración a los Estados Unidos sería más difícil de apoyar con hechos?
1 Los habitantes de los Estados Unidos representan a casi todas las partes del mundo.
2 La mayoría de los inmigrantes vino a los Estados Unidos para mejorar su situación económica.
3 Para algunos grupos de inmigrantes, la asimilación a la cultura estadounidense fue fácil; para otros, fue muy difícil.
4 Los inmigrantes del siglo veinte favorecen los objetivos de la política externa de los Estados Unidos más que los inmigrantes anteriores.

13 A diferencia de otras minorías en los Estados Unidos, los indios pueden invocar derechos garantizados en
1 la Enmienda XIV
2 la Declaración de Derechos
3 tratados con los Estados Unidos
4 las asambleas estatales

14 Históricamente, la política del gobierno de los Estados Unidos hacia los amerindios se caracterizaba constantemente por
1 los esfuerzos de otorgarles responsabilidad para dirigir sus propios asuntos
2 un deseo de ayudarlos por medio de legislación protectiva
3 negarse a otorgarles la ciudadanía de los Estados Unidos
4 ideas equivocadas sobre su cultura y sus tradiciones

15 Durante la era progresista, los rastrilladores de mugre lograban llegar al público por medio de sus
1 novelas y artículos en la prensa popular
2 funciones de dirección en corporaciones poderosas
3 propuestas congresionales
4 participación en campañas políticas

16 ¿Cuál poder constitucional fue la base principal para que el Congreso promulgase legislación reglamentaria de actividades en los negocios hacia el fin del siglo XIX y el comienzo del XX?
1 habilitar la defensa común
2 reglamentar la moneda
3 establecer un sistema uniforme de pesos y medidas
4 reglamentar el comercio entre los estados

17 Un objetivo tanto de los populistas como de los progresistas fue
1 anular las leyes Jim Crow y lograr igualdad racial
2 garantizar a los obreros el derecho al convenio colectivo
3 reducir el dominio de las grandes empresas sobre la economía
4 lograr el retiro de las tropas federales de los antiguos Estados Confederados

18 ¿Cuál fue un resultado importante de la Ley de Heredades Familiares de 1862?
1 aumento de la conciencia pública de la necesidad de conservar los recursos naturales
2 aumento en el desarrollo de los terrenos en el Oeste
3 disminución de conflictos entre los indios y los colonos blancos
4 disminución de oportunidades económicas para la gente del Este

19 Las organizaciones obreras recibieron bien la Ley Clayton contra los "Trusts"porque ésta
1 permitía talleres cerrados en las industrias principales
2 declaraba que los sindicatos no eran conspiraciones en restricción del comercio
3 requería que el presidente nombrara a un jefe sindicalista al Gabinete
4 permitía que los sindicatos contribuyeran con grandes sumas de dinero a las campañas políticas

20 El Nuevo Nacionalismo de Theodore Roosevelt y la Nueva Libertad de Woodrow Wilson, estaban destinadas principalmente a
1 aumentar el poder y la influencia de los Estados Unidos en asuntos extranjeros
2 reducir la intervención del gobierno en la economía
3 ayudar a los Estados Unidos a solucionar los problemas causados por la industrialización
4 proteger los derechos constitucionales de las minorías religiosas y raciales

21 El propósito principal del movimiento feminista a principios del siglo XX era obtener
1 el derecho al voto
2 igual pago por igual trabajo
3 la libertad de practicar el control de la natalidad
4 el fin de la discriminación en la contratación

22 En 1913 se estableció el Sistema de la Reserva Federal para
1 desarrollar una política federal de impuestos
2 ayudar a proteger el ambiente
3 reducir el desequilibrio en el comercio internacional
4 reglamentar la industria bancaria

23 Durante el fin del siglo XIX y principios del XX, la política externa de los Estados Unidos se caracterizaba por la
1 reducción de interés en el Lejano Oriente
2 extendida aplicación de la Doctrina Monroe
3 aceptación del principio de seguridad colectiva
4 formación de alianzas militares con las naciones europeas

24 En términos de comercio y finanzas internacionales, los EE. UU. salieron de la Primera Guerra Mundial
1 como una nación acreedora importante
2 dependientes del petróleo del Oriente Medio
3 cargados con un enorme déficit comercial
4 responsables por la reconstrucción de la economía tanto de los aliados de guerra como de los enemigos

25 La prohibición de la bebidas alcohólicas, el juicio de Scopes y la sanción de la Ley de Orígenes Nacionales, todos ocurrieron durante los años 1920. Estos sucesos muestran que durante esta década
1 el espíritu reformador del movimiento progresista era tan fuerte como siempre
2 las relaciones entre los negros y los blancos comenzaron a mejorar
3 había en el país un conflicto entre los ideales nuevos y los antiguos
4 el país estaba más receptivo a las ideas socialistas

26 Una característica importante de la economía de los Estados Unidos en los años 1920 fue
1 un retraso del uso de la tecnología y la industria
2 la prosperidad general de los granjeros
3 la distribución desigual de ingresos entre los estadounidenses
4 el aumento en el vigor de las organizaciones laborales

27 ¿Cuál declaración describe mejor el obrerismo durante los años 1930?
1 Se desarrolló con rapidez una vez protegido por leyes el derecho de organizarse.
2 Sólo las asociaciones de obreros diestros sobrevivieron la Depresión.
3 Los sindicatos casi desaparecieron como resultado de la Depresión.
4 Las asociaciones se juntaron para promover una solución socialista a la Depresión.

28 A mediados de los años 1930, los críticos vieron el plan de Franklin D. Roosevelt para llenar la Corte Suprema con jueces adicionales como
1 una respuesta ineficaz a los problemas de la Gran Depresión
2 una infracción contra el principio de pesos y contrapesos
3 una amenaza al gobierno representativo
4 el principio del socialismo en el sistema judicial

29 ¿Cuál idea se aproxima más a los principios fundamentales del programa del Nuevo Trato de Roosevelt?
1 el credo jeffersoniano de que el gobierno debe seguir la política de "laissez-faire"
2 la opinión de los industriales del siglo XIX de que los "trusts" y monopolios beneficiaban la economía
3 la política sureña de post-Reconstrucción que impedía que los negros alcanzaran poder económico
4 la filosofía progresista de que la autoridad del gobierno debe usarse para solucionar problemas sociales y económicos

30 El gobierno de los Estados Unidos trató de justificar el realojamiento de los japoneses-estadounidenses durante la Segunda Guerra Mundial a base de
1 la necesidad en tiempo de guerra de proteger la seguridad nacional era más importante que la protección de los derechos del individuo
2 que las mayoría de las personas realojadas no eran ciudadanos de los Estados Unidos y por lo tanto tenían pocos derechos legales
3 que los nisei se negaron a servir en las fuerzas armadas
4 que los nisei debían ser tratados de la misma forma que los alemanes-estadounidenses

31 La causa inmediata de la entrada de los Estados Unidos en la Segunda Guerra Mundial fue que la nación
1 tenía que cumplir con sus acuerdos de seguridad colectiva con las naciones occidentales europeas
2 sentía que era necesario defender el principio de la libertad de los mares
3 sufrió un ataque militar directo
4 estaba preparada para usar sus capacidades militares y atómicas superiores

32 "...los Estados Unidos deben hacer todo lo que puedan para ayudar al regreso de condiciones económicas normales en el mundo, sin las cuales no puede haber estabilidad política ni paz segura."

Esta cita expresa la idea fundamental
1 del Plan Marshall
2 de la Doctrina Eisenhower
3 del Acuerdo de Camp David
4 del Convenio de Yalta

33 La política externa que los Estados Unidos aplicaron en la década subsiguiente a la Segunda Guerra Mundial trataba de
1 apoyar a grupos revolucionarios al usar las fuerzas armadas estadounidenses para ayudarles a derribar gobiernos comunistas
2 apoyar los esfuerzos de los pueblos libres a resistir el comunismo
3 asegurar la neutralidad de los Estados Unidos en los asuntos mundiales
4 permitir la expansión comunista a cambio de concesiones en el comercio

34 ¿Cuál acción es el mejor ejemplo de desobediencia civil?
1 Un hombre está enojado porque la ciudad subió el precio de pasaje en autobús. Se sube al autobús, negándose a pagar el pasaje.
2 Los estudiantes de una escuela secundaria están trastornados porque las autoridades escolares mantienen un sistema impopular de notas. Los jóvenes comienzan un motín en el comedor de la escuela.
3 Un grupo de padres se opone a que se cierre un centro de recreación mantenido por la ciudad; los padres organizan una campaña de peticiones para protestar el cierre del centro.
4 Una mujer se niega a pagar sus impuestos federales sobre ingresos en protesta contra el aumento de gastos militares, aunque comprende que su acción es ilegal.

35 ¿Cuál aseveración es acertada sobre el movimiento de los negros por los derechos civiles en los años 1960?
1 Estimuló el desarrollo de otros movimientos de reforma.
2 Sus líderes no llegaron a usar las cortes como un medio para lograr sus propósitos.
3 El apoyo y la participación de los blancos fueron rechazados desde el principio del movimiento.
4 El movimiento no llegó a lograr un progreso significativo.

36 ¿Cuál fue un efecto importante de la guerra fría sobre los Estados Unidos en los años 1950?
1 El Congreso sancionó leyes que prohibían el contacto de los Estados Unidos con los países comunistas.
2 Los Estados Unidos se negaron a formar alianzas militares con otras naciones.
3 La participación, o aun la participación anterior, en movimientos extremistas se veía como anti-estadounidenses.
4 A los estadounidenses se les pedían juramentos de lealtad antes de inscribirse para votar.

37 El uso del término "activista judicial" para describir la Corte Suprema de los Estados Unidos se refiere a la idea de que la Corte
1 se niega a ejercer su poder de examen jurídico
2 no es capaz de solucionar problemas sociales importantes
3 funciona como una legislatura al tratar de problemas sociales
4 es moderada al decidir casos relativos a las libertades civiles

38 Para los Estados Unidos, un parecido entre la Guerra de Corea y la de Vietnam fue que durante ambas
1 las fuerzas de los Estados Unidos lograron contener la expansión comunista
2 se extendió la autoridad presidencial en tiempo de guerra
3 la economía del país no fue afectada por los gastos de las guerras
4 había poca controversia pública con respecto a la participación estadounidense en las guerras

39 ¿Cuál es una declaración acertada sobre la participación de los EE. UU. en la Guerra de Vietnam?
1 Vino sólo después de una declaración formal de guerra.
2 Se basó en la Política de Libre Acceso.
3 Se debió exclusivamente a las acciones del gobierno del Presidente Lyndon Johnson.
4 Reflejaba la doctrina de contención que siguió a la Segunda Guerra Mundial.

40 En los Estados Unidos, ¿cuál tendencia indica que la familia se adaptó a las condiciones sociales y económicas cambiantes de los últimos 20 años?
1 el aumento del número de niños que trabajan en las fábricas
2 una subida en el número de establecimientos para el cuidado de los niños
3 la disminución del número de mujeres que trabajan fuera de casa
4 la disminución de los ingresos medios de la familia

41 Desde la Segunda Guerra Mundial, los ayudantes del presidente aumentaron en número e influencia principalmente porque
1 el Congreso gradualmente cedió muchos de sus poderes a la rama ejecutiva
2 aumentó el alcance y la complejidad de las responsabilidades del presidente
3 los presidentes trataron de aislarse del pueblo
4 las enmiendas constitucionales ensancharon las funciones de la presidencia

42 Una característica principal del sistema económico de los EE. UU. desde 1960 es
1 el aumento de ingresos por persona
2 la disminución en la importancia de las grandes corporaciones
3 el aumento en el desempleo crónico entre ciertos grupos de la sociedad
4 el aumento en las empresas de propiedad gubernamental

43 ¿Cuál sería el encabezamiento más apropiado para la lista que sigue?

I. ______________________
A. Credit Mobilier
B. Teapot Dome
C. Watergate
D. Asunto Irán-contra

1 Corrupción del gobierno
2 Reformas de servicio civil
3 Conferencias sobre el desarme
4 Líneas de política externa

44 ¿Cuál fue el problema más importante dentro del país durante la Guerra Civil, la Primera Guerra Mundial y la Guerra de Vietnam?
1 la subversión por las organizaciones comunistas
2 obtener fondos suficientes para costear la guerra
3 mantener al pueblo informado sobre el progreso de la guerra
4 equilibrar el control social y la libertad individual

45 ¿Cuál fue la causa principal del nativismo a lo largo de la historia de los Estados Unidos?
1 un deseo de unidad nacional en tiempos de crisis
2 la expansión de la enseñanza pública
3 la falta de diversidad cultural
4 un deseo de apoyar la política gubernamental establecida

46 A base de un examen de la política externa de los Estados Unidos, ¿cuál aseveración es la más acertada?
1 Los Estados Unidos no participaron en asuntos extranjeros hasta la segunda mitad del siglo XIX.
2 Históricamente, el presidente ejerce la mayor parte del control sobre la determinación de la política externa.
3 Los Estados Unidos constantemente se niegan a intervenir en los asuntos internos de las naciones centroamericanas.
4 El uso de fuerzas militares para apoyar la política externa no ocurrió hasta el siglo XX.

47 ¿Cuál de las siguientes políticas es una expresión de nacionalismo económico?
1 ayuda al extranjero
2 protección arancelaria
3 libre comercio
4 "laissez-faire"

48 ¿Cuál es una generalización válida sobre la política externa de los Estados Unidos durante el siglo XX?
1 La política "del garrote" de Theodore Roosevelt finalmente llevó a relaciones de amistad y confianza entre los Estados Unidos y la América del Sur.
2 La mayoría de las decisiones políticas se basó en la filosofía de aislacionismo.
3 El desarrollo y el uso de armas atómicas alteró el curso de la diplomacia y de la política externa de los Estados Unidos.
4 Las naciones en desarrollo tenían poca influencia en las decisiones de la política externa de los Estados Unidos.

Advertencia a los estudiantes:

Al desarrollar las respuestas a la Parte II, es importante
(1) incluir información específica sobre hechos siempre que sea posible
(2) mantenerse dentro del tema; no irse por la tangente
(3) evitar generalizaciones exageradas o declaraciones generales sin prueba suficiente; no debes proveer más información de la necesaria para probar tu punto.
(4) tener presentes estas definiciones generales:
(a) *discutir* significa "hacer observaciones sobre algo, usando hechos, razonamiento y argumentación; presentar con cierto detalle"
(b) *describir* significa "ilustrar algo con palabras o hablar del asunto"
(c) *demostrar* significa "señalar; presentar claramente una posición o idea al declararla y dar información que la apoye"
(d) *explicar* significa "hacer claro o comprensible: presentar las razones o causas de algo; mostrar el desarrollo lógico de algo o su relación con otros elementos"

PARTE II

RESPONDE A UNA PREGUNTA DE ESTA PARTE

1 Durante cada administración presidencial enumerada a continuación, la expansión de los poderes gubernamentales ocurrió como resultado de las acciones del presidente en respuesta a problemas internos del país y/o problemas de política externa.

Administraciones presidenciales

George Washington (1789-1797)
Abraham Lincoln (1861-1865)
Theodore Roosevelt (1901-1909)
Franklin D. Roosevelt (1933-1945)
Lyndon B. Johnson (1963-1969)

Escoge *tres* de las administraciones presidenciales enumeradas y en el caso de *cada una*:

- Describe un problema de política interna o externa con el que se enfrentaban los Estados Unidos durante esa administración

- Discute cómo las acciones del presidente en respuesta al problema resultaron en la expansión del poder gubernamental

2 A lo largo de la historia de los Estados Unidos, los derechos de los individuos se expandieron en respuesta a situaciones sociales, económicas o políticas específicas. A continuación, se encuentran enumerados varios métodos por los cuales se ampliaron los derechos del individuo.

Enmiendas a la Constitución de los Estados Unidos
Decisiones de la Corte Suprema
Legislación federal
Legislación estatal y local
Acciones de los partidos políticos

Escoge *tres* de los métodos enumerados, y en el caso de *cada uno*:

- Describe una situación en la que se trataba de los derechos del individuo
- Muestra cómo el método se usó en respuesta a la situación
- Muestra cómo el método usado resultó en la expansión de los derechos del individuo

PARTE III

RESPONDE A DOS PREGUNTAS DE ESTA PARTE

3 En varias épocas de la historia de los Estados Unidos, los granjeros y los obreros industriales se enfrentaron con problemas políticos, sociales y económicos.

Epocas

1865-1900
1920-1940
1945-el presente

a Escoge *dos* de los períodos enumerados y en el caso de cada uno, discute un problema encontrado por los agricultores y un problema enfrentado por los obreros industriales.

b En el caso de *uno* de los problemas discutidos en la respuesta **a**, discute una acción específica emprendida por un grupo o por el gobierno para tratar de resolver el problema.

4 Varios factores en la historia de los Estados Unidos han tenido influencia en el rol de las mujeres en la sociedad estadounidense.

Factores

La revolución industrial
El movimiento feminista
La Segunda Guerra Mundial
Los medios de comunicación

a Escoge *tres* de los factores enumerados. Usando ejemplos específicos, discute el impacto de cada factor en el papel de la mujer en la sociedad estadounidense.

b Muestra cómo la sociedad de los EE.UU. ha sido afectada por los cambios recientes en el papel de las mujeres.

5 Desde el fin de la Segunda Guerra Mundial (1945), las situaciones en los asuntos mundiales han afectado los intereses de los Estados Unidos. A continuación se encuentra una lista de estas situaciones.

Asuntos mundiales

Expansión de la influencia comunista en la América Latina
Expansión del terrorismo internacional
Tirantez en el Medio Oeste
Expansión comunista en Asia
Violación de derechos humanos en Africa
Cambios en las naciones de la Europa Oriental

Escoge *tres* de las situaciones enumeradas y en el caso de *cada una*:

- Nombra una acción o un suceso específico relacionado con este asunto que causó preocupación para los Estados Unidos desde 1945.
- Explica por qué la acción o el suceso fue causa de preocupación para los Estados Unidos.
- Discute la reacción de los Estados Unidos a esta acción o al suceso.

6 Los poemas que siguen reflejan dos puntos de vista opuestos de los estadounidenses con respecto a la inmigración.

I

"¡Quedaos, antiguas tierras, con la legendaria pompa!" grita ella
con labios silenciosos. "Dadme a vuestros fatigados, los menesterosos,
vuestros pueblos amontonados, de libre respiro ansiosos,
el cuidado desecho de vuestra rebosante ribera.
¡Enviad a estos, los desamparados, por tempestades agitados, a mí;
junto a la puerta dorada, yo levanto mi candil!"

II

De par en par abiertas e indefensas están nuestras puertas,
y por ellas arremete el tropel salvaje, abigarrado—...
¡Oh! Libertad, ... ¿bueno es
dejar las puertas sin resguardo? ... Ten cuidado
que de tu frente nacidas en enjambre las estrellas
no queden en el polvo pisadas. Como de antaño
pisó a Roma en tropel el godo y el vándalo, ...

a Usando información histórica específica, muestra cómo la reacción estadounidense a la inmigración reflejaba las actitudes presentadas en cada poema.

b En tiempos recientes, los inmigrantes a los Estados Unidos de la Unión Soviética, el sudeste de Asia y la América Latina han tenido un efecto en la sociedad estadounidense. Escoge uno de estos grupos de inmigrantes y discute el impacto social, político o económico de ese grupo en la sociedad estadounidense.

7 La tecnología afectó significativamente a la sociedad estadounidense desde el fin de la Segunda Guerra Mundial en 1945. A continuación se encuentran enumeradas varias áreas de la vida estadounidense en los que los adelantos tecnológicos produjeron cambios.

Campos

Fuentes de energía
Medicina
Actividades en las horas libres
Educación
Transporte
Control de la contaminación del ambiente

Escoge *tres* de los campos enumerados y en el caso de *cada uno*:

- Nombra un desarrollo tecnológico específico que tuvo un efecto importante en esa área desde 1945.
- Discute *un* resultado positivo y *uno* negativo de ese desarrollo tecnológico en la sociedad estadounidense.

LA DECLARACION DE LA INDEPENDENCIA

En el Congreso, 4 de julio de 1776

Declaración unánime de los trece Estados Unidos de América

Cuando, en el curso de los acontecimientos humanos, se hace necesario para un pueblo disolver los vínculos políticos que lo han unido con otro, y asumir, entre las potencias de la tierra un sitio separado e igual, al cual tiene derecho según las leyes de la naturaleza y del Dios de la naturaleza, el respeto debido a las opiniones de la humanidad exige que se declaren las causas que obligan a ese pueblo a la separación.

Sostenemos como verdades evidentes que todos los hombres nacen iguales, que están dotados por su Creador de ciertos derechos inalienables, entre los cuales se cuentan el derecho a la vida, a la libertad y al alcance de la felicidad; que, para asegurar estos derechos, los hombres instituyen gobiernos, derivando sus justos poderes del consentimiento de los gobernados; que cuando una forma de gobierno llega a ser destructora de estos fines, es un derecho del pueblo cambiarla o abolirla, e instituir un nuevo gobierno, basado en esos principios y organizando su autoridad en la forma que el pueblo considere la más conveniente para obtener su seguridad y su felicidad. En realidad, la prudencia aconsejará que los gobiernos establecidos hace mucho tiempo no sean cambiados por causas ligeras y transitorias; en efecto, la experiencia ha demostrado que la humanidad está más bien dispuesta a sufrir, mientras los males sean tolerables, que a hacerse justicia aboliendo las formas de gobierno a las cuales se halla acostumbrada. Pero cuando una larga cadena de abusos y usurpaciones, que persiguen invariablemente el mismo objetivo, demuestra la intención de reducir al pueblo a un despotismo absoluto, es derecho del hombre, es su obligación, arrojar a ese gobierno y procurarse nuevos guardianes para su seguridad futura. Tal ha sido el paciente sufrimiento de estas colonias; tal es ahora la necesidad que las obliga a cambiar sus antiguos sistemas de gobierno. La historia del actual rey de la Gran Bretaña es una historia de agravios y usurpaciones repetidas, que tienen como objetivo directo establecer una tiranía absoluta en estos Estados. Para demostrar lo anterior, presentamos los siguientes hechos ante un mundo que no los conoce:

El Rey ha negado su asentimiento a las leyes más provechosas y necesarias para el bienestar público.

Ha prohibido a sus gobernadores sancionar leyes de importancia inmediata y apremiante, a menos que su ejecución se suspenda hasta obtener su asentimiento; y, una vez suspendidas, se ha negado por completo a prestarles atención.

Se ha negado a aprobar otras leyes convenientes a grandes regiones pobladas, a menos que sus habitantes renuncien al derecho de representación en la legislatura, derecho que es inestimable para el pueblo y terrible sólo para los tiranos.

Ha convocado a los cuerpos legislativos en sitios desusados, incómodos y distantes del asiento de sus documentos públicos, con el único propósito de fatigarlos para cumplir con sus medidas.

En repetidas ocasiones ha disuelto las cámaras de representantes, por oponerse con firmeza viril a sus intromisiones en los derechos del pueblo.

Durante mucho tiempo, y después de estas disoluciones, se ha negado a permitir la eleción de otras cámaras; por lo cual, los poderes legislativos, cuyo aniquilamiento es imposible, han retornado al pueblo en general para su ejercicio; permaneciendo el Estado, mientras tanto, expuesto a todos los peligros de una invasión exterior y a trastornos internos.

Ha tratado de impedir la población de estos Estados, dificultando, con este propósito, las leyes de naturalización de extranjeros, rehusando aprobar otras para fomentar su inmigración y elevando las condiciones para las nuevas adquisiciones de tierras.

Ha entorpecido la administración de la justicia al negar su asentimiento a las leyes que establecen los poderes judiciales.

Ha hecho que los jueces dependan solamente de su voluntad, para el ejercicio de su cargo y en cuanto a la cantidad y pago de su sueldo.

Ha fundado una gran diversidad de oficinas nuevas, enviando a enjambres de funcionarios para acosar a nuestro pueblo y menguar su sustento.

En tiempo de paz, ha mantenido entre nosotros ejércitos permanentes, sin el consentimiento de nuestras legislaturas.

Ha influido para que la autoridad militar sea independiente de la civil y superior a ella.

Se ha asociado con otros para sometemos a una jurisdicción extraña a nuestra constitución y no reconocida por nuestras leyes; aprobando sus actos de pretendida legislación: Para acuartelar, entre nosotros, grandes cuerpos de tropas armadas. Para protegerlos, mediante un juicio ficticio, del castigo por los asesinatos que pudiesen cometer entre los habitantes de estos Estados. Para suspender nuestro comercio con todas las partes del mundo. Para agra gravarnos con impuestos sin nuestro consentimiento. Para privarnos, en muchos casos, de los beneficios de un juicio por jurado. Para transportarnos al ultramar, con el fin de juzgarnos por supuestos agravios. Para abolir en una provincia vecina el libre sistema de las leyes inglesas, estableciendo en ella un gobierno arbitrario y extendiendo sus límites, con el objeto de dar un ejemplo y disponer de un instrumento adecuado para introducir el mismo gobierno absoluto en estas Colonias. Para suprimir nuestras cartas constitutivas, abolir nuestras leyes más estimables y alterar en su esencia las formas de nuestros gobiernos. Para suspender nuestras propias legislaturas y declararse investido con facultades para legislarnos en todos los casos, cualesquiera que sean.

Ha abdicado de su gobierno en estos territorios al declarar que estamos fuera de su protección y al emprender una guerra contra nosotros.

Ha saqueado nuestros mares, arrasado nuestras costas, incendiado nuestras ciudades y destruido la vida de nuestro pueblo.

Al presente, está transportando grandes ejércitos de mercenarios extranjeros para completar la obra de muerte, desolación y tiranía, ya iniciada en circunstancias de crueldad y perfidia que apenas si tienen paralelo en las épocas más bárbaras, y por completo indignas del jefe de una nación civilizada.

Ha obligado a nuestros conciudadanos, aprehendidos en alta mar, a que tomen armas contra su país, para convertirlos así en los verdugos de sus amigos y hermanos, o a llevarlos a la muerte bajo sus manos.

Ha provocado insurrecciones intestinas entre nosotros y se ha esforzado por lanzar sobre los habitantes de nuestras fronteras a los inmisericordes indios salvajes, cuyo conocido principio en la guerra es la destrucción de vidas, sin distinción de edades, sexos ni condiciones. En todas las fases de estos abusos, hemos pedido una reparación en los términos más humildes; nuestras súplicas constantes han sido contestadas solamente con ofensas repetidas. Un príncipe, cuyo carácter está así marcado por todas las acciones que definen a un tirano, no es el soberano adecuado para gobernar a un pueblo libre. Tampoco hemos incurrido en faltas de atención para con nuestros hermanos británicos. Los hemos enterado, oportunamente, de los intentos de su legislatura para extender una autoridad injustificable sobre nosotros. Les hemos recordado las circunstancias de nuestra emigración y colonización en estos territorios. Hemos apelado a su justicia y magnanimidad naturales, y los hemos conjurado, por los lazos de nuestra común ascendencia, a que repudien esas usurpaciones, las cuales, inevitablemente llegarán a interrumpir nuestros vínculos y correspondencia. Ellos han sido sordos a la voz de la justicia y de la consaguinidad. Por lo tanto, debemos aceptar la necesidad de proclamar nuestra separación, y en adelante los consideramos como al resto de la humanidad: enemigos en la guerra, amigos en la paz.

POR LO TANTO, NOSOTROS, los representantes de los ESTADOS UNIDOS DE AMERICA, reunidos en Congreso General, y apelando al Juez Supremo del mundo en cuanto a la rectitud de nuestras intenciones, en el nombre y por la autoridad del buen pueblo de estas Colonias, solemnemente publicamos y declaramos que estas Colonias Unidas son, y de derecho deben ser ESTADOS LIBRES E INDEPENDIENTES; que están exentos de toda lealtad a la Corona Británica, y que todos los lazos políticos entre ellos y el Estado de la Gran Bretaña son y deben ser totalmente disueltos; y que, como Estados libres e independientes, tienen poder para declarar la guerra, concertar la paz, contraer alianzas, establecer el comercio y para efectuar todos aquellos actos y cosas que los estados independientes pueden, por su derecho, llevar a cabo.

Y, en apoyo de esta declaración, confiando firmemente en la protección de la divina Providencia, comprometemos mutuamente nuestra vida, nuestros bienes y nuestro honor sacrosanto.

CONSTITUCION DE LOS ESTADOS UNIDOS DE AMERICA

[*Preámbulo*]

Nosotros, el Pueblo de los Estados Unidos, a fin de formar una Unión más perfecta, establecer la justicia, garantizar la tranquilidad nacional, proveer para la defensa común, fomentar el bienestar general y asegurar los beneficios de la libertad para nosostros y para nuestra posteridad, promulgamos y establecemos esta Constitución para los Estados Unidos de América.

ARTICULO I

Sección 1
[*Poderes legislativos*]

Todos los poderes legislativos otorgados por esta Constitución residirán en un Congreso de los Estados Unidos, que se compondrá de un Senado y una Cámara de Representantes.

Sección 2
[*La Cámara de Representantes, cómo se establece, poder de residenciamiento*]

La Cámara de Representantes se compondrá de miembros elegidos cada dos años por el pueblo de los distintos estados, y los electores en cada estado cumplirán con los requisitos exigidos a los electores de la rama más numerosa de la asamblea legislativa de dicho estado.

No podrá ser representante ninguna persona que no haya cumplido los veinticinco años de edad, que no haya sido durante siete años ciudadano de los Estados Unidos y que, al tiempo de su elección, no resida en el estado que ha de elegirlo.

Tanto los representantes como las contribuciones directas se distribuirán entre los diversos estados que integren esta Unión, de acuerdo al número respectivo de sus habitantes, el cual se determinará añadiendo al número total de personas libres, incluyendo a las que estén obligadas al servicio por determinado número de años, y excluyendo a los indios que no paguen contribuciones, las tres quintas partes de todas las demás. Se efectuará el censo dentro de los tres años siguientes a la primera reunión del Congreso de los Estados Unidos y en lo sucesivo cada diez años, en la forma en que éste lo disponga por ley. No habrá más de un representante por cada treinta mil habitantes, pero cada estado tendrá por lo menos un representante. Y hasta que se realice el censo, el Estado de Nueva Hampshire tendrá derecho a elegir tres representantes; Massachusetts, ocho; Rhode Island y las Plantaciones de Providence, uno; Connecticut, cinco; Nueva York, seis; Nueva Jersey, cuatro; Pensilvania, ocho; Delaware, uno; Maryland, seis; Virginia, diez; Carolina del Norte, cinco; Carolina del Sur, cinco y Georgia, tres.

Cuando ocurran vacantes en la representación de cualquier estado, la autoridad ejecutiva de éste promulgará autos para la celebración de elecciones para cubrirlas.

La Cámara de Representantes elegirá su Presidente y demás funcionarios y tendrá la facultad exclusiva de iniciar procedimientos de residenciamiento.

Sección 3
[*El Senado, cómo se establece, juicios de residencia*]

El Senado de los Estados Unidos se compondrá de dos senadores por cada estado, elegidos por sus respectivas asambleas legislativas por el término de seis años. Cada senador tendrá un voto.

Tan pronto como se reúnan [los senadores] después de la primera elección, serán divididos en tres grupos lo más iguales posible. El puesto de los senadores del primer grupo quedará vacante al finalizar el segundo año; el del segundo grupo, al finalizar el cuarto año, y el del tercer grupo, al finalizar el sexto año, de forma que cada dos años se renueve una tercera parte de sus miembros. Si ocurren vacantes por renuncia o por cualquier otra causa, mientras esté en receso la asamblea legislativa del estado respectivo, la autoridad ejecutiva del mismo podrá hacer nombramientos provisionales hasta la próxima sesión de la asamblea legislativa, la que entonces cubrirá tales vacantes.

No podrá ser senador quien no haya cumplido treinta años de edad, no haya sido durante nueve años ciudadano de los Estados Unidos y no resida, al tiempo de su elección en el estado que ha de elegirlo.

El Vicepresidente de los Estados Unidos será Presidente del Senado, pero no tendrá voto, excepto en caso de que los votos estén igualmente divididos.

El Senado elegirá sus demás funcionarios, así como también un presidente *pro tempore* en ausencia del Vicepresidente o cuando este desempeñe el cargo de Presidente de los Estados Unidos.

Tan sólo el Senado tendrá el poder de hacer juicios en procedimientos de residenciamiento. Cuando se reúnan con este fin, los senadores estarán bajo juramento o declaración solemne. Si se residencia al Presidente de los Estados Unidos, presidirá la sesión el juez presidente de la Corte Suprema. Nadie será convicto sin que concurran las dos terceras partes de los miembros presentes.

La sentencia en procedimientos de residenciamiento no podrá exceder la destitución del cargo e inhabilitación para obtener y desempeñar ningún cargo de honor, de confianza o de retribución en el gobierno de los Estados Unidos; pero el individuo convicto quedará, no obstante, sujeto a ser acusado, juzgado, sentenciado y castigado de acuerdo a la ley.

Sección 4
[*Elecciones de senadores y representantes*]

La fecha, lugar y modo de celebrar las elecciones de senadores y representantes se determinarán por la asamblea legislativa de cada estado; pero el Congreso podrá en cualquier momento, mediante legislación pertinente, hacer o modificar tales disposiciones, excepto en relación al lugar donde se habrá de elegir a los senadores.

El Congreso se reunirá por lo menos una vez al año y tal sesión comenzará el primer lunes de diciembre, a no ser que por ley se fije otro día.

Sección 5
[*Quórum, Diarios, sesiones, clausura de sesiones*]

Cada cámara será el único juez de las elecciones, resultados de las mismas y capacidad de sus propios miembros; y la mayoría de cada una de ellas constituirá quórum para realizar sus actividades; pero un número menor podrá recesar de día en día y estará autorizado para compeler la asistencia de los miembros ausentes, en la forma y bajo las penalidades que determine cada cámara. Cada cámara adoptará su reglamento, podrá castigar a sus miembros por conducta impropia y expulsar a un miembro con el voto de dos terceras partes.

Cada cámara tendrá un Diario de Sesiones, que publicará periódicamente, con excepción de tales partes que, a su juicio, deban mantenerse en secreto; y al pedido de la quinta parte de los miembros presentes, se harán constar en dicho diario los votos afirmativos y negativos de los miembros de una u otra cámara sobre cualquier asunto.
Mientras esté reunido el Congreso, ninguna cámara podrá, sin el consentimiento de la otra, levantar sus sesiones por más de tres días, ni reunirse en otro lugar que no sea aquel en que las dos estén instaladas.

Sección 6
[*Remuneración, privilegios, incapacidad*]

Los senadores y representantes recibirán por sus servicios una remuneración fijada por ley y pagadera por el Tesoro de los Estados Unidos. Mientras asistan a las sesiones de sus respectivas cámaras, así como mientras se dirijan a ellas o regresen de las mismas, no podrán ser arrestados, excepto en casos de traición, delito grave o alteración del orden público. Tampoco podrán ser interrogados fuera de la cámara por ninguno de sus discursos o debates en ella.

Ningún senador o representante, mientras dure el término por el cual fue elegido, será nombrado para ningún cargo civil bajo la autoridad de los Estados Unidos, que hubiese sido creado o cuyos emolumentos hubiesen sido aumentados durante tal término; y nadie que desempeñe un cargo bajo la autoridad de los Estados Unidos podrá ser miembro de ninguna de las cámaras mientras ocupe tal cargo.

Sección 7
[*Procedimientos para la aprobación de leyes y resoluciones*]

Todo proyecto de ley para imponer contribuciones se originará en la Cámara de Representantes; pero el Senado podrá proponer enmiendas o concurrir en ellas como en los demás proyectos [de ley].

Todo proyecto que haya sido aprobado por la Cámara de Representantes y el Senado, antes de convertirse en ley, será sometido al presidente de los Estados Unidos. Si él lo aprueba, lo firmará; y si no, lo devolverá con sus objeciones a la cámara en donde se originó el proyecto, la que anotará en su Diario las objeciones íntegramente, y procederá a reconsiderarlo. Si después de tal reconsideración dos terceras partes de dicha cámara convienen en aprobar el proyecto, este se enviará, junto con las objeciones a la otra cámara, la que también lo reconsiderará y si resulta aprobado por las dos terceras partes de sus miembros, se convertirá en ley. En todos los casos, la votación en cada cámara será nominal y los votos en pro y en contra del proyecto, así como los nombres de los votantes se inscribirán en el Diario de cada una de ellas. Si el presidente no devuelve un proyecto de ley dentro de los diez días (excluyendo los domingos), después de haberle sido presentado, dicho proyecto se convertirá en ley, tal cual si lo hubiese firmado, a no ser que, por haber recesado, el Congreso impida su devolución; en tal caso el proyecto no se convertirá en ley.

Toda orden, resolución o votación que requiera la concurrencia del Senado y de la Cámara de Representantes (excepto cuando se trate de levantar las sesiones) se presentará al presidente de los Estados Unidos; y no tendrá efecto hasta que éste la apruebe o, en caso de ser desaprobada por él, hasta que dos terceras partes del Senado y de la Cámara de Representantes la aprueben nuevamente, de acuerdo a las reglas y restricciones prescritas para los proyectos de ley.

Sección 8
[*Poderes del Congreso*]

El Congreso tendrá facultad: Para imponer y recaudar contribuciones, derechos [de aduanas, consumos, etc.], impuestos y arbitrios; para pagar las deudas y proveer para la defensa común y el bienestar general de los Estados Unidos; pero todos los derechos, impuestos y arbitrios serán uniformes a través de los Estados Unidos.

Para tomar dinero a préstamo con cargo al crédito de los Estados Unidos.

Para reglamentar el comercio con naciones extranjeras, así como entre los diferentes estados y con las tribus indias.

Para establecer una regla uniforme de naturalización y leyes uniformes de quiebras a través de los Estados Unidos.

Para acuñar moneda, reglamentar el valor de esta y de la moneda extranjera, y fijar normas de pesas y medidas.

Para fijar penas por la falsificación de los valores y de la moneda de los Estados Unidos.

Para establecer oficinas de correos y vías postales.

Para fomentar el progreso de la ciencia y de las artes útiles, garantizando por tiempo limitado a los autores e inventores el derecho exclusivo a sus respectivos escritos y descubrimientos.

Para establecer tribunales inferiores a la Corte Suprema.

Para definir y castigar la piratería y las felonías graves cometidas en alta mar, así como las infracciones del derecho internacional.

Para declarar la guerra, conceder patentes de corso y represalia y establecer reglas relativas a capturas en mar y tierra.

Para reclutar y mantener ejércitos; pero ninguna asignación para este fin lo será por un período mayor de dos años.

Para formar y mantener una armada.

Para establecer reglas para el gobierno y reglamentación de las fuerzas de mar y tierra.

Para dictar reglas para llamar a la milicia hacer cumplir las leyes de la Unión, suprimir insurrecciones y rechazar invasiones.

Para proveer para la organización, armamento y disciplina de la milicia y el gobierno de aquella parte de ella que estuviese al servicio de los Estados Unidos, reservando a los estados respectivos el nombramiento de los oficiales y la autoridad para adiestrar a la milicia de acuerdo con la disciplina prescrita por el Congreso.

Para ejercer legislación exclusiva en todas las materias concernientes a aquel distrito (que no excederá de diez millas cuadradas) que, por cesión de algunos estados y aceptación del Congreso, se convirtiese en la sede del gobierno de los Estados Unidos; y para ejercer igual autoridad sobre todas aquellas tierras adquiridas con el consentimiento de la asamblea legislativa del estado en que se encuentren, con el fin de construir fuertes, almacenes, arsenales, astilleros y otros edificios que sean necesarios. Y

Para aprobar todas las leyes que sean necesarias y apropiadas para poner en práctica las facultades precedentes, así como todas aquellas que en virtud de esta Constitución puedan estar investidas en el gobierno de los Estados Unidos o en cualquiera de sus departamentos o funcionarios.

Sección 9
[*Limitaciones sobre los poderes del Congreso*]

Antes del año 1808, el Congreso no podrá prohibir la inmigración o importación de aquellas personas cuya admisión considere conveniente cualquiera de los estados existentes; pero se podrá imponer un impuesto o derecho a tal importación que no excederá de diez dólares por persona.

No se suspenderá el privilegio del auto de habeas corpus, a menos que, en caso de rebelión o invasión, la seguridad pública así lo exija.

No se aprobará ningún proyecto de ley para condenar sin celebración de juicio ni ninguna ley ex post facto.

No se impondrá capitación u otra contribución directa, sino en proporción al censo o enumeración que esta Constitución ordena se lleve a cabo.

No se impondrán contribuciones o derechos sobre los artículos que se exporten de cualquier estado.

No se dará preferencia, por ningún reglamento de comercio o de rentas internas, a los puertos de un estado sobre los de otro; tampoco podrá obligarse a las embarcaciones que se dirijan a un estado o salgan de él, a que entren, descarguen y paguen derechos en otro.

No se podrá retirar cantidad alguna del Tesoro sino como consecuencia de asignaciones hechas por ley; y periódicamente se publicará una declaración de cuentas de los ingresos y egresos públicos.

Los Estados Unidos no concederán títulos de nobleza; y ninguna persona que desempeñe bajo la autoridad del Gobierno un cargo retribuido o de confianza podrá aceptar, sin el consentimiento del Congreso, donativo, emolumento, empleo o título de clase alguna, de ningún rey, príncipe o nación extranjera.

Sección 10
[*Restricciones sobre los poderes de los estados*]

Ningún estado celebrará tratado, alianza o confederación alguna; concederá patente de corso y represalia; acuñará moneda; emitirá cartas de crédito; hará pago de deudas en otro numerario que no sea oro y plata; aprobará ningún proyecto de ley para condenar sin celebración de juicio, ley ex post facto, o que menoscabe la obligación de los contratos, ni concederá títulos de nobleza.

Ningún estado podrá, sin el consentimiento del Congreso, fijar impuestos o derechos sobre las importaciones o exportaciones, excepto cuando sea absolutamente necesario para hacer cumplir sus leyes de inspección; y el producto neto de todos los derechos e impuestos que fije cualquier estado sobre las importaciones o exportaciones, ingresará en el Tesoro de los Estados Unidos; todas esas leyes quedarán sujetas a la revisión e dirección del Congreso.

Ningún estado podrá, sin el consentimiento del Congreso, fijar derecho alguno de tonelaje, ni mantener tropas o embarcaciones de guerra en tiempos de paz, ni celebrar acuerdos o pactos con otro estado o con potencias extranjeras, ni entrar en guerra, a menos que fuese de hecho invadido o estuviese en peligro tan inminente que su defensa no admita demora.

ARTICULO II

Sección 1
[*Poder ejecutivo, elección, requisitos para el cargo de presidente*]

El poder ejecutivo residirá en el presidente de los Estados Unidos de América. Este desempeñará sus funciones por un término de cuatro años y junto con el vicepresidente, escogido para el mismo término, se elegirá de la siguiente manera:

Cada estado designará, en la forma que lo prescribiera su asamblea legislativa, un número de electores igual al número total de senadores y representantes que le corresponda en el Congreso; pero no será nombrado elector ningún senador o representante o persona alguna que ocupe un cargo de confianza o retribuido bajo la autoridad de los Estados Unidos.

Los electores se reunirán en sus respectivos estados y votarán bajo votación secreta por dos personas, de las cuales, por lo menos una no será residente del mismo estado que ellos. Y harán una lista de todas las personas por quienes se haya votado, así como del número de votos que obtenga cada una. Los electores firmarán y certificarán esta lista y la remitirán sellada a la sede del Gobierno de los Estados Unidos, dirigida al presidente del Senado. En presencia del Senado y de la Cámara de Representantes, el presidente del Senado abrirá todos los certificados y se contarán los votos. Será presidente la persona que obtenga el mayor número de votos si dicho número es la mayoría del número total de electores designados; si más de una persona obtiene tal mayoría y recibe el mismo número de votos, entonces, de entre ellas, la Cámara de Representantes, por votación secreta, elegirá a una de ellas como presidente; si ninguna persona obtiene mayoría, entonces la Cámara elegirá en igual forma al presidente de entre las cinco personas que hayan obtenido más votos en la lista. Pero en la elección del presidente, la votación será por estados, con un voto para la representación de cada estado. Para este fin, el quórum consistirá en uno o más miembros de las dos terceras partes de las representaciones de los estados, y para que haya elección será necesaria una mayoría de todos los estados. En cualquier caso, una vez elegido el presidente, será vicepresidente la persona que obtenga mayor número de votos de los electores. Pero si hay dos o más con un número igual de votos, el Senado, por votación secreta, elegirá entre ellas al vicepresidente.

El Congreso determinará la fecha para seleccionar a los electores y el día en que habrán de votar; y el día será el mismo en todos los Estados Unidos.

No será elegible para el cargo de presidente quien no sea ciudadano por nacimiento o ciudadano de los Estados Unidos al tiempo que se adopte esta Constitución; tampoco lo será quien no haya cumplido treinta y cinco años de edad y no haya residido catorce años en los Estados Unidos.

En caso de destitución, muerte, renuncia o incapacidad del presidente para desempeñar las funciones de su cargo, éste pasará al vicepresidente; en caso de destitución, muerte, renuncia o incapacidad tanto del presidente como del vicepresidente, el Congreso dispondrá, mediante legislación, quién desempeñará la presidencia y tal funcionario ejercerá el cargo hasta que cese la incapacidad o se elija un nuevo presidente.

Como remuneración por sus servicios el presidente recibirá, en las fechas que se determinen, una compensación, que no podrá ser aumentada ni disminuida durante el tiempo para el cual se eligió y no recibirá durante dicho término ningún otro emolumento de los Estados Unidos ni de ninguno de los estados.

Antes de comenzar a desempeñar su cargo, el presidente prestará el siguiente juramento o declaración solemne: "Juro (o declaro) solemnemente que desempeñaré fielmente el cargo de presidente de los Estados Unidos y que de la mejor manera a mi alcance, guardaré, protegeré y defenderé la Constitución de los Estados Unidos."

Sección 2
[*Poderes del presidente*]

El presidente será el comandante en jefe del ejército y de la armada de los Estados Unidos, así como de la milicia de los distintos estados cuando ésta sea llamada al servicio activo de los Estados Unidos; podrá exigir opinión por escrito al jefe de cada departamento ejecutivo, sobre cualquier asunto que se relacione con los deberes de sus respectivos cargos, y tendrá facultad para suspender la ejecución de sentencias y para indultar por delitos contra los Estados Unidos, excepto en casos de residenciamiento.

Con el consejo y consentimiento del Senado, tendrá poder para contraer tratados, siempre que concurran en ellos las dos terceras partes de los senadores presentes; asimismo, con el consejo y consentimiento del Senado, nombrará embajadores, otros ministros y cónsules públicos, los jueces de la Corte Suprema y todos los demás funcionarios de los Estados Unidos cuyos cargos se establezcan por ley y cuyos nombramientos esta Constitución no prescriba; pero por ley, el Congreso podrá confiar el nombramiento de aquellos funcionarios subalternos que crea prudente, únicamente al presidente, a los tribunales de justicia o a los jefes de departamento.

El presidente tendrá poder para cubrir todas las vacantes que ocurran durante el receso del Senado, otorgando nombramientos que expirarán al finalizar la próxima sesión del Senado.

Sección 3
[*Poderes y obligaciones del presidente*]

El presidente informará periódicamente al Congreso sobre el estado de la Unión y le recomendará para su consideración aquellas medidas que él estime necesarias y convenientes; podrá, en ocasiones extraordinarias, convocar a ambas cámaras o una de ellas, y en caso de que las cámaras no estuviesen de acuerdo en cuanto a la fecha para recesar, el presidente podrá fijarla según lo juzgue apropiado; [el presidente] recibirá a los embajadores y demás ministros públicos; velará por el fiel cumplimiento de las leyes y nombrará todos los funcionarios de los Estados Unidos.

Sección 4
[*Residenciamiento*]

El presidente, el vicepresidente y todos los funcionarios civiles de los Estados Unidos, serán destituidos de su cargo mediante procedimientos de residenciamiento tras previa acusación y fallo condenatorio por traición, soborno u otros delitos graves y menos graves.

ARTICULO III
Sección 1
[*Poder judicial, ejercicio del cargo*]

El poder judicial de los Estados Unidos, residirá en una Corte Suprema y en aquellos tribunales inferiores que periódicamente el Congreso instituya y establezca. Los jueces, tanto de la Corte Suprema como de tribunales inferiores, desempeñarán su cargo, mientras observen buena conducta y en determinadas fechas recibirán por sus servicios una compensación que no será rebajada mientras desempeñen su cargo.

Sección 2
[*Jurisdicción*]

El poder judicial se extenderá a todo caso que en derecho y equidad surja de esta Constitución, de las leyes de los Estados Unidos, así como de los tratados celebrados o que se celebren bajo su autoridad; a todos los casos que afecten a embajadores y otros ministros y cónsules públicos; a todos los casos de almirantazgo y jurisdición marítima; a todas las controversias en que los Estados Unidos sean parte; a las controversias entre dos o más estados; entre un estado y los ciudadanos de otro estado; entre los ciudadanos de diferentes estados, entre los ciudadanos del mismo estado que reclamen tierras en virtud de concesiones hechas por diversos estados y entre un estado o sus ciudadanos y estados, ciudadanos o súbditos extranjeros.

La Corte Suprema tendrá jurisdicción original en todos los casos que afecten a embajadores, ministros y cónsules públicos y en aquellos en que un estado sea parte. De todos los demás casos antes mencionados la Corte Suprema tendrá jurisdicción de apelación, tanto en cuestiones de derecho como de hecho con las excepciones y bajo la reglamentación que establezca el Congreso.

Todas las causas criminales se juzgarán ante jurado, excepto las que den lugar al procedimiento de residenciamiento; y el juicio se celebrará en el estado en que se cometió el delito; si no se cometió en ningún estado, se celebrará el juicio en el sitio o en los sitios que el Congreso ordene por ley.

Sección 3
[*Traición, prueba de dicha y castigo*]

El delito de traición contra los Estados Unidos consistirá solamente en hacer guerra contra el país o en unirse a sus enemigos, dándoles ayuda y protección. Nadie será convicto de traición sino por el testimonio de dos testigos del mismo hecho evidente o por confesión en corte abierta.

El Congreso tendrá poder para fijar la pena correspondiente al delito de traición, pero la sentencia por traición no tendrá efectos en los herederos del culpable ni llevará consigo la confiscación de sus bienes, excepto durante la vida de la persona sentenciada.

ARTICULO IV

Sección 1
[*Fe y crédito entre estados*]

Se dará entera fe y crédito en cada estado a los actos públicos, documentos y procedimientos judiciales de los otros estados. Y el Congreso podrá prescribir mediante leyes generales la manera de probar tales actos, documentos y procedimientos, así como sus efectos.

Sección 2
[*Privilegios e inmunidades, fugitivos*]

Los ciudadanos de cada estado disfrutarán de todos los privilegios e inmunidades de los ciudadanos de otros estados.

Toda persona acusada de traición, delito grave o de cualquier otro delito, que huyese de la justicia y fuese hallada en otro estado, a solicitud de la autoridad ejecutiva del estado de donde se fugó, será entregada a dicha autoridad para ser devuelta al estado que tenga jurisdicción para juzgar sobre el delito.

Ninguna persona obligada a servir o trabajar en un estado, bajo las leyes allí vigentes, que huyese a otro estado, será dispensada de prestar dicho servicio o trabajo amparándose en leyes o reglamentos del estado al cual se acogiese, sino que será entregada a petición de la parte que tuviese derecho a dicho servicio o trabajo.

Sección 3
[*Admisión de nuevos estados*]

El Congreso podrá admitir nuevos estados a esta Unión; pero no se formará ni establecerá ningún estado nuevo dentro de la jurisdicción de ningún otro estado; tampoco se formará ningún estado por unión de dos o más estados, o partes de estados, sin el consentimiento tanto de las asambleas legislativas de los estados en cuestión como del Congreso.

El Congreso podrá disponer de, o promulgar todas las reglas y reglamentos necesarios relacionados con el territorio u otra propiedad perteneciente a los Estados Unidos; nada en esta Constitución se interpretará en forma tal que pueda perjudicar cualesquiera reclamaciones de los Estados Unidos o de algún estado en particular.

Sección 4
[*Garantía de gobierno republicano*]

Los Estados Unidos garantizarán a cada estado de esta Unión una forma republicana de gobierno y protegerán a cada uno de ellos contra toda invasión; y cuando lo solicite la asamblea legislativa o el ejecutivo (si no pudiese convocar la legislatura), le protegerá contra violencia interna.

ARTICULO V

[*Enmiendas a la Constitución*]

El Congreso propondrá enmiendas a esta Constitución, siempre que dos terceras partes de ambas cámaras lo estimen necesario, o a petición de las asambleas legislativas de dos terceras partes de los estados, convocará una convención para proponer enmiendas, las cuales, en uno u otro caso serán válidas, para todos los fines y propósitos, como parte de esta Constitución, cuando las ratifiquen las asambleas legislativas de las tres cuartas partes de los estados, o las convenciones celebradas en las tres cuartas partes de los mismos, de acuerdo con uno o el otro modo de ratificación propuesto por el Congreso; disponiéndose, que ninguna enmienda antes del año mil ochocientos ocho afectará en modo alguno la primera y la cuarta cláusula de la novena sección del primer Artículo; y que no se privará a ningún estado, sin su consentimiento, de la igualdad de sufragio en el Senado.

ARTICULO VI
[*Deudas, supremacía, juramento*]

Todas las deudas y obligaciones contraídas antes de promulgarse esta Constitución, serán tan válidas contra los Estados Unidos bajo esta Constitución como lo eran bajo la Confederación.

La presente Constitución, las leyes de los Estados Unidos que en seguimiento de ella se aprueben; y todos los tratados celebrados o que se celebren bajo la autoridad de los Estados Unidos, serán la suprema ley del país; los jueces de cada estado estarán obligados a observarla aun cuando hubiese alguna disposición en contrario en la Constitución o en las leyes de cualquier estado.

Los senadores y representantes antes mencionados, los miembros de las asambleas legislativas de los diversos estados, así como todos los funcionarios ejecutivos y judiciales, tanto de los Estados Unidos como de los diversos estados, serán obligados bajo juramento o declaración solemne a sostener esta Constitución; pero nunca habrá un requisito religioso para desempeñar ningún cargo o empleo, retribuido o de confianza, bajo la autoridad de los Estados Unidos.

ARTICULO VII
[*Ratificación y establecimiento*]

La ratificación de las convenciones de nueve estados será suficiente para que esta Constitución rija entre los estados que la ratifiquen.

Dada en convención, con el consentimiento unánime de los estados presentes, el día diecinueve de septiembre del año de Nuestro Señor mil setecientos ochenta y siete, año doce de la independencia de los Estados Unidos de América.

EN TESTIMONIO de lo cual suscribimos la presente.

ENMIENDAS A LA CONSTITUCION

ENMIENDA I
[*Libertad de religión, de palabra y de prensa*]

El Congreso no aprobará ninguna ley con respecto al establecimiento de religión alguna, o que prohíba el libre ejercicio de la misma; o que limite la libertad de palabra o de prensa; o el derecho del pueblo a reunirse pacíficamente y a solicitar del gobierno reparación de agravios.

ENMIENDA II
[*Derecho a poseer y portar armas*]

Siendo necesaria para la seguridad del Estado libre una milicia bien organizada, no se limitará el derecho del pueblo de tener y portar armas.

ENMIENDA III
[*Alojamiento de soldados*]

En tiempos de paz ningún soldado será alojado en casa alguna, sin el consentimiento del dueño, ni tampoco lo será en tiempos de guerra, sino de la manera prescrita por la ley.

ENMIENDA IV
[*Protección contra registros y asimientos irrazonables*]

No se violará el derecho del pueblo a la seguridad de sus personas, hogares, documentos y bienes, contra registros y embargos irrazonables, y no se expedirá ninguna orden, sino a virtud de causa probable, apoyado por juramento o declaración solemne, y que describa en detalle el lugar que ha de ser registrado, y las personas o cosas que han de ser detenidas o incautadas.

ENMIENDA V

[Derechos de los acusados en procesos criminales]

Ninguna persona será obligada a responder por delito capital o infamante, sino en virtud de denuncia o acusación por un gran jurado, excepto en los casos que ocurran en las fuerzas de mar y tierra, o en la milicia, cuando se hallen en servicio activo en tiempos de guerra o de peligro público; ni podrá nadie ser sometido por el mismo delito dos veces a un juicio que pueda ocasionarle la pérdida de la vida o la integridad corporal; ni será obligado en ningún caso criminal a declarar contra sí mismo, ni será privado de su vida, de su libertad o de su propiedad, sin el debido proceso de ley; ni se podrá tomar propiedad privada para uso público, sin justa compensación.

ENMIENDA VI

[Derecho a un juicio rápido, testigos, abogado, etc.]

En todas las causas criminales, el acusado gozará del derecho a un juicio rápido y público, ante un jurado imparcial del estado y distrito en que el delito haya sido cometido, distrito que será previamente fijado por ley; a ser informado de la naturaleza y causa de la acusación; a confrontarse con los testigos en su contra; a que se adopten medidas compulsivas para la comparecencia de los testigos que cite en su favor y a la asistencia de un abogado para su defensa.

ENMIENDA VII

[Juicio por jurado en casos civiles]

En litigios en derecho común, en que el valor en controversia exceda de veinte dólares, se mantendrá el derecho a juicio por jurado, y ningún hecho decidido por un jurado será revisado por ningún tribunal de los Estados Unidos, sino de acuerdo con las reglas del derecho común.

ENMIENDA VIII

[Fianzas, multas, castigos]

No se exigirán fianzas excesivas, ni se impondrán multas excesivas, ni castigos crueles e inusitados.

ENMIENDA IX

[Reservación de los derechos del pueblo]

La enumeración de ciertos derechos en la Constitución no se interpretará en el sentido de negar o de traer otros derechos retenidos para el pueblo.

ENMIENDA X

[Poderes reservados de los estados o del pueblo]

Los poderes que esta Constitución no delegue a los Estados Unidos, ni prohíba a los estados, quedan reservados a los estados respectivamente o al pueblo.

ENMIENDA XI

[Restricciones sobre el poder judicial]

El poder judicial de los Estados Unidos no será interpretado en el sentido de extenderse a los litigios en derecho o en equidad, invocados o seguidos contra uno de los estados de la Unión por ciudadanos de otro estado, o por ciudadanos o súbditos de cualquier estado extranjero.

ENMIENDA XII
[*Elección del presidente y vicepresidente*]

Los electores se reunirán en sus respectivos estados y votarán en secreto por los candidatos para presidente y vicepresidente, uno de los cuales, por lo menos, no será residente del mismo estado que ellos; designarán en sus papeletas la persona votada para presidente, y en papeleta distinta la persona votada para vicepresidente, y harán listas distintas de todas las personas votadas para presidente y de todas las personas votadas para vicepresidente, con indicación del número de votos emitidos en favor de cada una, listas que serán firmadas y certificadas y remitidas por ellos, debidamente selladas a la sede del gobierno de los Estados Unidos, dirigidas al presidente del Senado; el presidente del Senado, en presencia del Senado y de la Cámara de Representantes, abrirá todos los certificados y se contarán los votos; la persona que obtenga el mayor número de votos para el cargo de Presidente, será presidente, si tal número constituye la mayoría del número total de los electores nombrados; y si ninguna persona obtuviese tal mayoría, entonces de entre las tres personas que obtengan el mayor número de votos para presidente, la Cámara de Representantes elegirá inmediatamente, por votación secreta, al presidente. Pero al elegir al presidente, los votos se emitirán por estados, teniendo un voto la representación de cada estado; a este fin, el quórum consistirá en un miembro o miembros de dos terceras partes de los estados, siendo necesaria la mayoría de todos los estados para la elección. Y si la Cámara de Representatnes, cuando el derecho de elegir recaiga sobre ella, no elige presidente antes del cuarto día del mes de marzo siguiente, entonces el vicepresidente actuará como presidente, al igual que en el caso de muerte u otra incapacidad constitucional del presidente. Será vicepresidente la persona que tenga el mayor número de votos para el cargo de vicepresidente, si dicho número equivale a la mayoría del número total de electores designados; y si ninguna persona obtiene mayoría, entonces el Senado elegirá al vicepresidente de entre las dos personas que obtengan mayor número de votos; a este fin, el quórum consistirá en las dos terceras partes del número total de senadores, requiriéndose la mayoría del número total para la elección. Pero ninguna persona inelegible constitucionalmente para el cargo de presidente será elegible para vicepresidente de los Estados Unidos.

ENMIENDA XIII

Sección 1
[*Abolición de la esclavitud*]

Ni la esclavitud ni la servidumbre involuntaria existirán en los Estados Unidos o en cualquier lugar sujeto a su jurisdicción, excepto como castigo por un delito del cual la persona haya sido debidamente convicta.

Sección 2
[*Poder para hacer cumplir con esta enmienda*]

El Congreso tendrá facultad para hacer cumplir las disposiciones de este artículo mediante legislación pertinente.

ENMIENDA XIV

Sección 1
[*Los derechos civiles no serán limitados por los estados*]

Todas las personas nacidas o naturalizadas en los Estados Unidos y sujetas a su jurisdicción, serán ciudadanas de los Estados Unidos y del estado en que residan. Ningún estado aprobará o hará cumplir ninguna ley que restrinja los privilegios o inmunidades de los ciudadanos de los Estados Unidos; ni ningún estado privará a persona alguna de su vida, de su libertad o de su propiedad, sin el debido proceso de ley, ni negará a nadie, dentro de su jurisdicción, la igual protección de las leyes.

Sección 2
[*Repartimiento de representantes en el Congreso*]

Los representantes serán repartidos entre los diversos estados, de acuerdo con sus respectivos números de habitantes, contando el número total de personas en cada estado, excluyendo a los indios que no paguen contribuciones. Pero cuando en cualquier elección para la designación de electores que hayan de elegir al presidente y al vicepresidente de los Estados Unidos, a los representantes en el Congreso, a los funcionarios ejecutivos y judiciales de un estado o a los miembros de su asamblea legislativa, se niegue el derecho a votar a cualquiera de los residentes varones de tal estado que tenga veintiún años de edad y sea ciudadano de los Estados Unidos, o cuando de cualquier modo ese derecho le sea restringido, excepto participar en una rebelión o en otro delito, la base de la representación será reducida en dicho estado en la proporción que el número de tales ciudadanos varones tenga con respecto al total de ciudadanos varones de veintiún años de edad en tal estado.

Sección 3
[*Personas incapacitadas para ejercicio de cargo público*]

No será senador o representante en el Congreso, o elector para elegir presidente y vicepresidente, ni desempeñará cargo civil o militar alguno, bajo la autoridad de los Estados Unidos o de cualquier estado, quien, habiendo jurado previamente defender la Constitución de los Estados Unidos como miembro del Congreso, como funcionario de los Estados Unidos, como miembro de una asamblea legislativa de cualquier estado o como funcionario ejecutivo o judicial del mismo, haya tomado parte en una insurrección o rebelión contra los Estados Unidos, o haya suministrado ayuda o confortación a sus enemigos. Pero el Congreso, por el voto de dos terceras partes de cada cámara, podrá anular tal incapacidad.

Sección 4
[*Cuáles deudas públicas son válidas*]

No se cuestionará la validez de la deuda pública de los Estados Unidos autorizada por ley, inclusive las deudas contraídas para el pago de pensiones y recompensas por servicios prestados para suprimir insurrecciones o rebeliones. Pero ni los Estados Unidos ni ningún estado asumirá o pagará deuda u obligación alguna contraída en ayuda de insurrección o rebelión contra los Estados Unidos, ni reclamación alguna por la pérdida o emancipación de ningún esclavo; y tales deudas, obligaciones y reclamaciones serán consideradas ilegales y nulas.

Sección 5
[*Poder para hacer cumplir esta enmienda*]

El Congreso tendrá facultad para hacer cumplir las disposiciones de este artículo mediante legislación pertinente.

ENMIENDA XV

Sección 1
[*Sufragio de los negros*]

Ni los Estados Unidos ni ningún estado de la Unión negará o limitará a los ciudadanos de los Estados Unidos el derecho al sufragio por razón de raza, color o condición previa de esclavitud.

Sección 2
[*Poder para hacer cumplir esta enmienda*]

El Congreso tendrá facultad para hacer cumplir las disposiciones de este artículo mediante legislación pertinente.

ENMIENDA XVI

[*Autorización de impuestos sobre ingresos*]

El Congreso tendrá facultad para imponer y recaudar contribuciones sobre ingresos, de cualquier fuente de que se deriven, sin distribución entre los diversos estados y sin considerar ningún censo o enumeración.

ENMIENDA XVII

[*Elección popular de senadores*]

El Senado de los Estados Unidos se compondrá de dos senadores por cada estado, elegidos por el pueblo de éste por un período de seis años, y cada senador tendrá un voto. Los electores de cada estado deberán poseer los requisitos necesarios para ser electores de la rama más numerosa de las asambleas legislativas estatales.

Cuando en el Senado ocurran vacantes en la representación de algún estado, la autoridad ejecutiva de tal estado dará oden escrita de elecciones para cubrir tales vacantes: *Provisto*, que la asamblea legislativa de cualquier estado podrá facultar a su ejecutivo a extender nombramientos provisionales hasta que el pueblo cubra las vacantes por elección, en la forma que disponga la asamblea legislativa.

Esta enmienda no será interpretada en el sentido de afectar la elección o término de ningún senador elegido antes de convertirse en parte de la Constitución.

ENMIENDA XVIII

Sección 1

[*Prohibición nacional contra bebidas alcohólicas*]

Transcurrido un año después de la ratificación de esta enmienda, quedan prohibidas la fabricación, venta o transportación de bebidas embriagantes dentro de, así como su importación o la exportación desde los Estados Unidos y todo territorio sujeto a su jurisdicción.

Sección 2

El Congreso y los diversos estados tendrán poder concurrente para hacer cumplir las disposiciones de esta enmienda mediante legislación pertinente.

Sección 3

Este artículo no entrará en vigor a menos que sea ratificado como enmienda a la Constitución por las asambleas legislativas de los diversos estados, de acuerdo a las estipulaciones de la Constitución, dentro de siete años contados a partir de la fecha en que el Congreso la someta a la consideración de los estados.

ENMIENDA XIX

[*Sufragio femenino*]

El derecho de sufragio de los ciudadanos de los Estados Unidos no será negado o limitado por los Estados Unidos o por ningún estado por razón de sexo.

El Congreso tendrá el poder para hacer cumplir las disposiciones de este artículo mediante legilación pertinente.

ENMIENDA XX

Sección 1

[*Términos del ejercicio del cargo*]

El término del presidente y del vicepresidente expirará al mediodía del veinte de enero, y el de los senadores y representantes al mediodía del tres de enero de los años en los cuales tal término hubiese expirado de no haberse ratificado esta enmienda; y entonces comenzará el término de sus sucesores.

Sección 2
[Plazo de reunión del Congreso]

El Congreso se reunirá por lo menos una vez al año y tal sesión comenzará al mediodía del tres de enero, a menos que por ley [el Congreso] fije otra fecha.

Sección 3
[Provisiones en caso de muerte del presidente electo]

Si en la fecha fijada para el comienzo del término del presidente, el presidente electo hubiese muerto, el vicepresidente electo será el presidente. Si no se hubiese elegido presidente antes de la fecha en que deba empezar su término, o si el presidente electo dejase de estar capacitado, entonces el vicepresidente electo actuará como presidente hasta que un presidente quede habilitado; y el Congreso podrá por ley proveer para el caso en que ni el presidente ni el vicepresidente electos reúnan los requisitos necesarios, declarando quién actuará entonces como presidente, o el modo en que seleccionará el que haya de actuar como tal, y esa persona actuará en esa capacidad hasta que un presidente o un vicepresidente reúna los requisitos necesarios.

Sección 4
[Elección del presidente]

El Congreso podrá por ley proveer para el caso de la muerte de cualquiera de las personas de entre las cuales la Cámara de Representantes puede elegir un presidente, cuando sobre ella recaiga el derecho de tal elección, y para el caso de la muerte de cualquiera de las personas de entre las cuales el Senado puede elegir un vicepresidente, cuando sobre dicho Senado recaiga el derecho de tal elección.

Sección 5

Las secciones 1 y 2 empezarán a regir el quince de octubre siguiente a la ratificación de esta enmienda.

Sección 6

Este artículo no entrará en vigor a menos que las asambleas legislativas de tres cuartas partes de los diversos estados lo ratifiquen como enmienda a la Constitución, dentro de siete años contados a partir de la fecha en que les sea sometida.

ENMIENDA XXI

Sección 1
[Revocación de la prohibición de alcohol]

La Enmienda XVIII a la Constitución de los Estados Unidos queda por la presente anulada.

Sección 2
[Transportación de alcohol a los estados con leyes "secas"]

La transportación o importación de bebidas embriagantes a cualquier estado, territorio o posesión de los Estados Unidos, para entrega o uso en los mismos, en infracción de las leyes allí en vigor, queda por la presente prohibida.

Sección 3

Este artículo no entrará en vigor a menos que haya sido ratificado como enmienda a la Constitución, por convenciones en los diversos estados, de acuerdo a lo estipulado en la Constitución, dentro de siete años contados a partir de la fecha en que el Congreso la someta a la consideración de los estados.

ENMIENDA XXII

Sección 1
[*Términos para el ejercicio del cargo de presidente*]

Nadie podrá ser elegido más de dos veces para el cargo de presidente, y nadie que haya ocupado el cargo de presidente, o que haya actuado como presidente por más de dos años del término para el cual fue elegida otra persona, podrá ser elegido más de una vez para el cargo de presidente. Pero este Artículo no se aplicará a persona alguna que ocupe el cargo de presidente cuando dicho artículo fue propuesto por el Congreso, y no impedirá que cualquier persona que esté ocupando el cargo de presidente, o actuando como presidente, durante el término en que este artículo entre en vigor, ocupe el cargo de presidente o actúe como presidente durante el resto de dicho término.

Sección 2

Este artículo no entrará en vigor a menos que las asambleas legislativas de tres cuartas partes de los diversos estados lo ratifiquen como enmienda a la Constitución, dentro de siete años contados a partir de la fecha en que les sea sometida por el Congreso.

ENMIENDA XXIII

Sección 1
[*Representación en el Colegio electoral, Distrito de Columbia*]

El Distrito que constituya la sede del Gobierno de los Estados Unidos, nombrará en la forma que disponga el Congreso: Un número de electores de presidente y vicepresidente igual al número total de senadores y representantes en el Congreso al que el Distrito tendría derecho si fuese un estado, pero en ningún caso mayor al número de electores del estado menos poblado; [dichos electores] se nombrarán además de los elegidos por los estados, pero se considerarán para los fines de la elección de presidente y vicepresidente, como electores nombrados por un estado; y se reunirán en el Distrito y realizarán las funciones prescritas por el artículo doce de enmienda.

Sección 2

El Congreso tendrá el poder para hacer cumplir las disposiciones de este artículo mediante legislación pertinente.

ENMIENDA XXIV
[*Se prohíbe el impuesto de capitación*]

Sección 1

El derecho que tienen los ciudadanos de los Estados Unidos de votar en cualquier primaria o de otra naturaleza, de presidente o vicepresidente, de electores de presidente o vicepresidente, o de senador o representante en el Congreso, no les será negado o restringido por los Estados Unidos o por cualquier estado, por razones de falta de pago de cualquier impuesto de capitación o de otra naturaleza.

Sección 2

El Congreso tendrá el poder para hacer cumplir las disposiciones de este artículo mediante legislación pertinente.

ENMIENDA XXV
[*Sucesión presidencial*]

Sección 1

En caso de remoción del presidente de su puesto, o de su muerte o renuncia, el vicepresidente se convertirá en presidente.

Sección 2

Cuando haya una vacante en el puesto de vicepresidente, el presidente nombrará un vicepresidente que ocupará el puesto al confirmarse el nombramiento por una mayoría de votos de ambas cámaras del Congreso.

Sección 3

Cuando el presidente transmita al presidente *pro tempore* del Senado y al presidente de la Cámara de Representantes su declaración escrita de que es incapaz de desempeñar las facultades y obligaciones de su puesto y hasta que les transmita una declaración escrita en contrario, el vicepresidente se encargará de cumplir con esas facultades y obligaciones como presidente interino.

Sección 4

Siempre que el vicepresidente y una mayoría, ya sea de los funcionarios principales de los departamentos ejecutivos o de otros cuerpos que por ley pueda señalar el Congreso, transmitan al presidente *pro tempore* del Senado y al presidente de la Cámara de Representantes su declaración escrita de que el presidente es incapaz de cumplir con las facultades y obligaciones de su puesto, el vicepresidente deberá asumir inmediatamente las facultades y obligaciones del puesto como presidente interino.

En adelante, cuando el presidente transmita al presidente *pro tempore* del Senado y al presidente de la Cámara de Representantes su declaración escrita de que no existe ninguna incapacidad, asumirá de nuevo las facultades y obligaciones de su puesto, a menos que el vicepresidente y una mayoría, ya sea de los funcionarios principales del departamento ejecutivo o de otro cuerpo que el Congreso pueda señalar por ley, transmitan, dentro de cuatro días, al presidente *pro tempore* del Senado y al presidente de la Cámara de Representantes, su declaración escrita de que el presidente es incapaz de desempeñar las facultades y obligaciones de su cargo. En consecuencia, el Congreso resolverá el problema reuniéndose para tal efecto dentro de 48 horas, si no está en sesión. Si el Congreso, dentro de los 21 días después de recibir la declaración escrita y, si no está en sesión, dentro de los 21 días después de que se pida su reunión, determina por el voto de las dos terceras partes de ambas cámaras que el presidente es incapaz de desempeñar las facultades y obligaciones de su puesto, el vicepresidente continuará desempeñándolas como presidente interino; en caso contrario, el presidente reasumirá las facultades y obligaciones de su cargo.

ENMIENDA XXVI

[*Se establece la edad de 18 años como requisito para el voto*]

Sección 1

El derecho de sufragio de los ciudadanos de los Estados Unidos, que sean de la edad de dieciocho años o más, no será negado o limitado por los Estados Unidos o por ningún estado por razón de edad.

Sección 2

El Congreso tendrá el poder para hacer cumplir las disposiciones de este artículo mediante legislación pertinente.

ENMIENDA XXVII

[*Aumento de remuneración de los miembros del Congreso*]

Ninguna ley que aumente la compensación por los servicios de los senadores y los representantes se pondrá en efecto antes de que se hayan celebrado las elecciones de los miembros del Congreso.

ILLUSTRATION CREDITS

Chapter 1. Page 4, National Archives; 5, Stewart Milstein Collection; 6, Stewart Milstein Collection.

Chapter 5. Page 48, National Archives; 49, Library of Congress; 51, Library of Congress; 54, Library of Congress; 59, National Cowboy Hall of Fame; 60, Library of Congress; 61, National Archives; 68, National Archives.

Chapter 6. Page 69, Schomberg Center for Black Studies of the N.Y. Public Library; 70 (m) National Archives, (b) National Archives; 73, Library of Congress; 75, Library of Congress; 76, National Archives; 81, Library of Congress; 82, Supreme Court Collection; 83, Library of Congress; 84, U.S. Census Bureau; 85, Library of Congress; 87, Supreme Court Collection; 93 (t) Schomberg Center for Black Studies of the N.Y.P.L., (m) Associated Publishers.

Chapter 7. Page 106, National Archives; 110, National Archives; 111, National Archives; 113, National Archives; 114, National Archives; 115, National Archives; 117, National Archives; 118, Library of Congress; 119, Supreme Court Collection.

Chapter 8. Page 131, Bureau of Engraving and Printing; 134 (t) Library of Congress, (b) Schomberg Center for Black Studies of the N.Y.P.L.; 135 (m) Library of Congress, (b) Library of Congress; 136, Library of Congress; 137, Library of Congress; 138, National Archives; 140, National Archives; 141, Bureau of Engraving and Printing; 142, Library of Congress; 144, Library of Congress; 146, National Archives; 147, Schomberg Center for Black Studies of the N.Y.P.L.; 148 (t) National Archives, (m) National Archives, (b) Library of Congress.

Chapter 9. Page 161, National Archives; 164, Library of Congress; 167, National Archives; 170, Library of Congress; 171, Library of Congress; 172, Library of Congress; 178 (t) Library of Congress, (b) Library of Congress.

Chapter 10. Page 189, National Archives; 190, Library of Congress; 191, National Archives; 192 (l) Stewart Milstein Collection, (r) National Archives; 197, Library of Congress; 198, Library of Congress; 199, National Archives; 200, Library of Congress; 202(l) National Archives, (r) National Archives; 203, National Archives; 205, National Archives; 206, Library of Congress; 207, National Archives; 209, National Archives.

Chapter 11. Page 225, (t) Library of Congress, (b) Library of Congress; 226, Bureau of Engraving and Printing; 229, Theodore Roosevelt Association; 230, National Archives; 232, Library of Congress; 233, (t) Freer Gallery of Art, (b) Library of Congress; 234 (t) Theodore Roosevelt Association, (b) Bureau of Engraving and Printing; 235, Bureau of Engraving and Printing.

Chapter 12. Page 253, Library of Congress; 254 (l) Library of Congress, (r) National Archives; 256, Library of Congress; 257, Library of Congress; 258, Library of Congress; 259, National Archives; 260 (t) Library of Congress, (l) National Archives, (r) Theodore Roosevelt Association; 262, National Archives; 264, Library of Congress; 267, National Archives; 268, Library of Congress; 271, Library of Congress.

Chapter 13. Page 286, Bureau of Engraving and Printing; 287 (t) National Archives, 287 (b, l) Ford Motor Company, (b, r) Ford Motor Company; 289 (l) Ford Motor Company, (r) Ford Motor Company; 290 (t) Library of Congress, (b) Library of Congress; 291, Schomberg Center for Black Studies of the N.Y.P.L.; 292, National Archives; 294, National Archives; 296, National Archives; 298 (t) F.D. Roosevelt Library, (m) F.D. Roosevelt Library; 299, F.D. Roosevelt Library; 300 (t) Library of Congress, (b) F.D. Roosevelt Library; 301, F.D. Roosevelt Library; 304 (t) Associated Publishers, (b) Library of Congress; 305 (t) Associated Publishers, (m) F.D. Roosevelt Library.

Chapter 14. Page 317, F.D. Roosevelt Library; 318, F.D. Roosevelt Library; 319, National Archives; 320 (t,l) Ford Motor Company (t,r) National Archives (m) National Archives; 321 (t) National Archives (b) National Archives; 322 (m) National Archives (b) National Archives; 323, National Archives; 324, National Archives; 325 (t) National Archives (m) Library of Congress; 326 (t) United Nations 103905: Y. Nagata (b) United Nations 176105: John Isaac; 329, F.D. Roosevelt Library; 331, Library of Congress; 333, National Archives; 334, National Archives; 335, Schomberg Center for Black Studies of the N.Y.P.L.; 349, Stewart Milstein Collection.

Chapter 15. Page 351, Bureau of Engraving and Printing; 352, Schomberg Center for Black Studies of the N.Y.P.L.; 353, Library of Congress; 354, Schomberg Center for Black Studies of the N.Y.P.L.; 355, National Archives; 356, Schomberg Center of N.Y.P.L.; 359, Library of Congress; 360, Schomberg Center for Black Studies of the N.Y.P.L.; 361, National Archives; 362 (t) United Nations: S. Lwin (m) National Archives; 363, Bureau of Engraving and Printing; 372, Supreme Court Collection.

Chapter 16. Page 385, National Archives; 387, Library of Congress; 389, Schomberg Center for Black Studies of the N.Y.P.L.; 390, Library of Congress; 391, Bureau of Engraving and Printing; 394, Bureau of Engraving and Printing; 395, Library of Congress; 397, White House; 398, Bureau of Engraving and Printing; 400, (t) Japanese National Tourist Organization (m) United Nations 170503: M. Grant; 402, David Valdez: White House; 403, United Nations 172547: Y. Nagata; 404, U.S. Department of Defense; 405, U.S. Department of Defense; 406, The White House; 407 (t) N.A.S.A., (b) Supreme Court Collection .

Chapter 17. Page 426, United Nations 176005: P. Sudhakaran; 427, United Nations 158077: John Isaac; 428, National Archives; 4289, Schomberg Center for Black Studies of the N.Y.P.L.; 435, National Archives; 437, Schomberg Center for Black Studies of the N.Y.P.L.; 438 (l) N.A.S.A. (r) N.A.S.A.

INDICE ALFABETICO

CH

D

H

I

J

K

L

LL

M

N

O

P

R

S